Detlef Pollack · Jan Wielgohs (Hrsg.)

Akteure oder Profiteure?

Politische Kultur in den neuen Demokratien Europas

Herausgegeben von

Detlef Pollack
Gert Pickel
Jörg Jacobs
Olaf Müller

Detlef Pollack
Jan Wielgohs (Hrsg.)

Akteure oder Profiteure?

Die demokratische Opposition
in den ostmitteleuropäischen
Regimeumbrüchen 1989

VS VERLAG

Bibliografische Information der Deutschen Nationalbibliothek
Die Deutsche Nationalbibliothek verzeichnet diese Publikation in der
Deutschen Nationalbibliografie; detaillierte bibliografische Daten sind im Internet über
<http://dnb.d-nb.de> abrufbar.

Gedruckt mit freundlicher Unterstützung der Bundesstiftung zur Aufarbeitung der SED-Dikatur

1. Auflage 2010

Alle Rechte vorbehalten
© VS Verlag für Sozialwissenschaften | Springer Fachmedien Wiesbaden GmbH 2010

Lektorat: Dorothee Koch / Sabine Schöller

VS Verlag für Sozialwissenschaften ist eine Marke von Springer Fachmedien.
Springer Fachmedien ist Teil der Fachverlagsgruppe Springer Science+Business Media.
www.vs-verlag.de

Umschlaggestaltung: KünkelLopka Medienentwicklung, Heidelberg
Gedruckt auf säurefreiem und chlorfrei gebleichtem Papier
Printed in Germany

ISBN 978-3-531-15576-0

Inhalt

Ressourcen und Gelegenheiten oppositioneller Akteure im Regimeumbruch von 1989 – Einleitung

Jan Wielgohs und Detlef Pollack

Zwei Jahrzehnte nach dem Ende des Staatssozialismus sind die epochalen politischen Umbrüche von 1989 im Osten Europas schon weit in den Hintergrund des öffentlichen Interesses gerückt, sie sind zu historischen Ereignissen geworden, derer im wesentlichen nur noch anlässlich runder Jubiläen gedacht wird. Die kollektiven Erinnerungen an die Zeit vor 1989 sind weitgehend von den Erfahrungen der postsozialistischen Transformationsprozesse überlagert. Der politische Systemwechsel hat den Menschen in Osteuropa einen bedeutenden Gewinn an individueller Freiheit und Rechtssicherheit gebracht, der, wie zahlreiche Surveys belegen, in den meisten ehemals sozialistischen Ländern nach wie vor von der Mehrheit der Bürger gewürdigt wird. Doch gleichzeitig hat der Umbau der sozioökonomischen Ordnung großen Bevölkerungsgruppen enorme soziale Belastungen auferlegt. Selbst in einigen neuen Mitgliedsländern der Europäischen Union, die bei der Reorganisation ihrer Volkswirtschaften von weitaus größerer externer Unterstützung profitierten als die meisten ehemals sowjetischen und jugoslawischen Republiken, sind die Kosten des Übergangs nach wie vor handgreiflich. In Polen und der Slowakei lag die durchschnittliche Arbeitslosigkeit 2007, im letzten Jahr vor der Weltwirtschaftskrise, um die 10 Prozent, in den hoch privilegierten ostdeutschen Bundesländern (Wiesenthal 1996) bei nahezu 17 Prozent. Der offiziell von Armut gefährdete Bevölkerungsanteil ist nach dem Systemwechsel drastisch gestiegen und lag 2007 in Lettland, Bulgarien und Rumänien zwischen 21 und 25 Prozent.[1] Ganze Regionen, die noch vor weniger als zwanzig Jahren bedeutende Industriezentren waren, haben sich inzwischen in periphere Provinzen verwandelt, die von den allgemeinen Modernisierungsprozessen weitgehend abgekoppelt sind. Die Diskurse der Bevölkerungsmehrheiten sind daher heute vor allem durch die Sorge um die materielle Sicherung des Alltagslebens und die Erlangung von Zukunftssicherheit gekennzeichnet. Wenn die sozialistische Vergangenheit hier auftaucht, dann zumeist in Form verklärter Erinnerungen an sichere Arbeitsplätze, niedrige Kriminalitätsraten, kostenlose Schul- und Universitätsausbildung, allgemeine soziale Sicherheit etc. Vor diesem Hintergrund stehen die einstmals gefeierten Repräsentanten der demokratischen Opposition – wie die Popularitätskurven so bekannter Figuren wie Lech Wałęsa, Václáv Havel oder Bärbel Bohley bezeugen – in der Öffentlichkeit ihrer Länder heute nicht mehr in allzu hohem Kurs.

Was also kann Sozialwissenschaftler heute noch dazu veranlassen, sich mit Problemen dieser untergegangenen gesellschaftlichen Ordnung zu beschäftigen, dazu noch speziell mit dem scheinbar marginalen Phänomen intellektueller Dissidenz und politischer Opposition? Historische Aufklärung und politische Bildung sind zweifellos wichtige Aufgaben in jeder demokratischen Gesellschaft. Gerade in Zeiten, in denen das allgemeine Vertrauen in die Leistungsfähigkeit demokratischer Institutionen erheblichen Belastungen durch tief greifende sozioökonomische Wandlungsprozesse mit wachsender sozialer Unsicherheit und Ungleichheit ausgesetzt ist, wie gegenwärtig in fast allen modernen Industriegesellschaften,

---

1   Die Angaben betreffen die Armutsgefährdung nach staatlichen Sozialtransferzahlungen. Die Quote vor Sozialtransfers liegt um 4 bis 6 Prozentpunkte höher (vgl. Eurostat).

können sich Aufklärung über die Kosten diktatorischer Herrschaft und die Kenntnis historischer Traditionen kollektiver Auflehnung als wichtige Stützen für ein zivilgesellschaftli-
ches Resistenzpotential gegen autoritäre Versuchungen oder plutokratische Aushöhlungen
von Demokratie erweisen.

Ausschlaggebend für dieses Buchprojekt waren jedoch nicht politische, sondern inner-
wissenschaftliche Motive. Denn hinsichtlich der Bedeutung dissidentischer und oppositioneller Gruppen für den politischen Umbruch 1989-91, die den zentralen Gegenstand dieses
Bandes bildet, gehen die Einschätzungen bis heute weit auseinander. Öffentliche Ge-
schichtsdarstellungen in Massenmedien, aber auch retrospektive Betrachtungen ehemaliger
Aktivisten und Interpretationen verschiedener Zeithistoriker vermitteln nicht selten den
Eindruck, dass die Überwindung der kommunistischen Regime und der Übergang zur De-
mokratie vor allem ein Verdienst der oppositionellen Gruppen und Bewegungen waren. Im
Kontrast dazu erklären Sozialwissenschaftler den Zusammenbruch der kommunistischen
Regime zumeist als ein Resultat der Konstruktionsfehler des staatssozialistischen Systems
und seiner strukturellen Unfähigkeit, dem Druck des Systemwettstreits des Kalten Krieges
Stand zu halten (Kuran 1991). In der sozialwissenschaftlichen Literatur ist weitgehend
unumstritten, dass Dissidenz, Opposition und auch die Massenproteste des Herbstes 1989
nicht die maßgebliche Ursache für den Systemumbruch waren; im Verlauf ihrer Geschichte
haben die kommunistischen Regime schließlich immer wieder massive Protestbewegungen
und tief greifende Krisen überstanden. Zweifellos sind daher die systembedingte Innovati-
onsunfähigkeit, der seit dem Beginn des Zeitalters der modernen Informations- und Kom-
munikationstechnologien wachsende ökonomische Rückstand gegenüber den westlichen
Industrienationen und der in den 1980er Jahren fortschreitende Loyalitätsverfall in der
osteuropäischen Bevölkerung als elementare Gründe für den Niedergang des Staatssozialismus anzusehen. Aber wäre es deshalb korrekt, die oppositionellen Kräfte als die bloße
„Begleiterscheinung"[2] eines quasi-automatischen Implosionsgeschehens zu interpretieren?
Strukturelle Faktoren, funktionale Widersprüche und Inkonsistenzen des Systems sowie
externe Bedingungen (wie etwa die Aufhebung der Brežnev-Doktrin) wirken nicht „an
sich", sondern nur, indem sie das Handeln unterschiedlicher politisch relevanter Akteure
beeinflussen. Deren Handlungen sind jedoch keine zwangsläufige Folge struktureller Faktoren, sondern ein Ergebnis der Verfügbarkeit über Handlungsressourcen, der Ausbildung
von Wertorientierungen, der Interpretation von Handlungssituationen und entsprechender
Entscheidungen, die so oder anders ausfallen können. Der Zusammenbruch der kommunistischen Regime ist unserer Auffassung nach daher nicht hinreichend zu erklären, wenn man
ihn nicht als Resultat der Interaktionen verschiedener politischer Akteure betrachtet, welche
die wahrgenommenen objektiven Bedingungen und die vergangenen wie antizipierten
Handlungen anderer Akteure im Lichte ihrer eigenen Ziele interpretierten und in ihren
jeweiligen Handlungen darauf reagierten. In einer solchen akteursorientierten Perspektive

---

2   In Bezug auf das Ende des Regimes in der DDR behauptet zum Beispiel Ehrhart Neubert, es sei „das histori-
     sche Verdienst der DDR-Opposition, im Kampf gegen ein totalitäres Regime die gesellschaftliche Selbstbe-
     freiung ermöglicht zu haben" (Neubert 1997: 826). Die Gegenposition formulierte Claus Offe mit dem Ar-
     gument, dass der Regimewechsel nicht durch politisches Handeln von unten und oben, sondern durch Mas-
     senflucht von DDR-Bürgern in den Westen bedingt war. „Die oppositionellen Kräfte haben das Ende der
     DDR nicht herbeigeführt, sondern sie waren nur die kurzfristige Begleiterscheinung dieses Endes" (Offe
     1992: 36). Zu einer alternativen Position, die den Regimewechsel als Resultat der Interaktion von Hand-
     lungslinien verschiedener Akteure erklärt, vgl. Pollack (2000, Kapitel 4).

erscheint das Handeln oppositioneller Kräfte durchaus als relevant, auch wenn es für das Umbruchgeschehen in den verschiedenen Ländern durchaus von unterschiedlicher Bedeutung war. Im Folgenden wollen wir daher anhand einiger repräsentativer Länderbeispiele solche typologische Unterschiede im Interaktionszusammenhang zwischen oppositionellen Gruppen, verschiedenen Fraktionen von Regimeeliten und der Bevölkerung herausarbeiten.

Die Ursachen des Systemzusammenbruchs im sowjetischen Machtbereich sind in den 1990er Jahren zum Gegenstand zahlreicher sozialwissenschaftlicher Analysen geworden. Die Mehrzahl der Erklärungsversuche konzentriert sich jeweils auf einen der folgenden Faktoren: den „Gorbačev-Faktor", die Anfang der 1980er Jahre aufbrechende Fragmentierung der sowjetischen Machteliten, die destruktive Eigendynamik der Überdehnung des sowjetischen Imperiums, die Niederlage des Ostblocks im technologischen Wettbewerb mit dem Westen, den in der systemimmanenten Innovationsschwäche der Planwirtschaft bedingten ökonomischen Niedergang in den 1980er Jahren, die Legitimationskrise und die Rolle politischer Oppositionsbewegungen.[3] Mit der Zeit hat jedoch die Auffassung an Geltung gewonnen, dass keiner dieser Faktoren allein eine hinreichende Erklärung zu liefern vermag. Der Zusammenbruch des Staatssozialismus in Osteuropa ist vielmehr als ein Resultat des Zusammenwirkens unterschiedlicher – ökonomischer, politischer und kultureller, exogener und endogener – Prozesse zu verstehen, die jeweils eigene Dynamiken aufweisen, deren Zusammentreffen aber eine historisch einzigartige Konstellation von Ereignissen darstellt. Er demonstriert, so Renate Mayntz, beides: „Die Kontingenz (...) historischer Prozesse *und* das Wirken verallgemeinerbarer Mechanismen und Bedingungszusammenhänge" (Mayntz 1995: 14). So betrachtet, bildet der politische Regimewechsel in den Ländern Osteuropas – oder die Transition vom Staatssozialismus zu diversen postsozialistischen Regimen[4] – nur einen „Moment" eines langfristigen, multidimensionalen und multifaktoriell bedingten gesellschaftlichen Wandels (Ettrich 2003: 231). Die „Revolutionen" von 1989-91 erscheinen hier – um einen Gedanken von Hannah Arendt (1963) zu paraphrasieren – nicht als Ursache, sondern als Folge des Niedergangs des Staatssozialismus.

Die Serie der Ereignisse, die den unmittelbaren Zusammenbruch des Systems markieren – beginnend mit der gesetzlichen Zulassung eines pluralistischen Parteiensystems und dem Verzicht der kommunistischen Partei auf die konstitutionelle Garantie ihres Machtmonopols im Januar/ Februar 1988 in Ungarn, über den Amtsantritt der Regierung Mazowiecki in Polen, der ersten nichtkommunistischen Regierung im Ostblock im August 1989, den Fall der Berliner Mauer im November 1989, die Exekution des rumänischen Diktators Ceaușescu im Dezember 1989, bis hin zur Verkündung der nationalen Unabhängigkeit der baltischen Republiken im Frühjahr und der Auflösung der UdSSR im Herbst 1991 – illustriert den imperialen Charakter dieses Prozesses, die Interdependenz seiner nationalen Verläufe. Zweifellos hat die Erosion der staatssozialistischen Ordnung in Ungarn und Polen schon lange vor dem Beginn von Perestroika und Glasnost in der UdSSR eingesetzt. Aber die friedliche Auflösung der politischen Regime wäre auch in diesen Fällen ohne die vorherige Aufhebung der Brežnev-Doktrin schwer möglich gewesen. In der DDR, der ČSSR und

---

3   Einen kompakten Überblick über die Literatur zum Zusammenbruch des Sozialismus sowjetischen Typs und eine kritische Auseinandersetzung mit verschiedenen Erklärungsansätzen liefert Ettrich (2003).

4   Wir sprechen an dieser Stelle bewusst nicht von „transition to democracy", um der Tatsache Rechnung zu tragen, dass der Regimewechsel in der Mehrzahl der postsozialistischen Staaten nicht liberaldemokratische, sondern hybride bzw. neue autoritäre Regime hervorgebracht hat, und zwar nicht nur in Zentralasien und dem Kaukasus, sondern mit Russland, Belarus und Albanien beispielsweise auch in Europa.

Bulgarien war der Einfluss der sowjetischen Entwicklung essenziell, wobei die vorausgegangenen Ereignisse in Polen und Ungarn hier eine zusätzliche „katalysatorische" Wirkung zeigten.

Dennoch war die Krise des Regimes in keinem Land primär oder gar ausschließlich exogen bedingt. Sie hatte in allen Fällen vor allem endogene, systemimmanente Ursachen und national-spezifische Merkmale, wobei einzelne Faktoren – Einflüsse des Weltmarkts oder Folgen der Politik Gorbačevs, die Spaltung der Regimeeliten oder die politische Mobilisierung der Gesellschaft – in den verschiedenen Ländern jeweils von unterschiedlichem Gewicht waren. Der Umstand, dass – im Unterschied zu China, Nordkorea und Kuba – keines der osteuropäischen Regime von der Zusammenbruchsdynamik verschont blieb, auch nicht das von der UdSSR weitgehend unabhängige jugoslawische und albanische, zeigt, dass die wichtigsten Ressourcen für die Sicherung kommunistischer Herrschaft Ende der 1980er Jahre in all diesen Ländern weitgehend erschöpft waren. In den 1980er Jahren hatte sich immer deutlicher gezeigt, dass das staatssozialistische System das Tempo der internationalen ökonomischen und technologischen Entwicklung, das sich durch die Innovationen im Bereich der modernen Informationstechnologien zunehmend beschleunigte, nicht mehr mitzugehen vermochte und daher immer weniger in der Lage war, die Bevölkerung sozialpolitisch und ideologisch zu integrieren. Angesichts dessen zerfiel schließlich auch der letzte Stützpfeiler des Herrschaftssystems – die Loyalität der „Dienstklassen". Je weiter sich die ökonomische Krise verschärfte und je offensichtlicher die Aussichtslosigkeit systemimmanenter Reformversuche wurde, desto geringere Chancen sahen auch die Angehörigen dieser Schicht von höheren und mittleren Leitungskadern, ihre eigene privilegierte soziale Lage durch Treue zum bisherigen Regime sichern zu können. In dem Maße, wie sie sich für einen Wandel öffneten und auch bereit waren, nichtsozialistische Alternativen zumindest zu tolerieren, näherte sich der Destabilisierungsprozess seinem kritischen Punkt. Letztendlich fand sich in keinem osteuropäischen Land ein hinreichender Teil dieser Schicht mehr bereit, die Risiken auf sich zu nehmen, die der Versuch, das Regime mit Gewalt aufrecht zu erhalten, mit sich gebracht hätte. Dies war der entscheidende Punkt, durch den sich die blockweite Konstellation am Ende der 1980er Jahre von der polnischen Situation im Jahr 1981 unterschied.

> „Der Staatssozialismus wurde durch seine wichtigste Trägerschicht aufgegeben. Teils leitete die Dienstklasse den Übergang zu einem marktwirtschaftlichen System selbst ein, teils duldete sie die Übernahme der Macht durch die Opposition oder schloss mit dieser einen Transformationspakt" (Brie 1996: 56).

Wenn wir uns im Folgenden der Rolle der aus den dissidentischen Milieus hervorgegangenen oppositionellen Gruppen in den Prozessen des politischen Regimewechsels zuwenden, dann setzen wir ein solches multikausales Verständnis der Umbruchsdynamik voraus. Dissidenz und Opposition erscheinen dabei immer nur als eine – mehr oder weniger gewichtige – Komponente unter der Vielzahl von Faktoren, die den Prozess des Systemzusammenbruchs beeinflusst haben, und zwar eine, die sofern überhaupt, in der Regel erst sehr spät zur Wirkung kam. Folglich betrachten wir ihr Wirken nicht als Ursache des Niedergangs der nationalen Regime, sondern fragen danach, inwieweit ihnen eine katalysatorische Funktion für deren Zusammenbruch zugeschrieben werden kann, und sie den Verlauf des Regimewechsels beeinflusst haben. Damit rücken die verschiedenen Muster der Interaktionen zwischen Regimeeliten, Opposition und Bevölkerung in der Endphase des Systems ins Zentrum der Betrachtung. Drei Variablen spielen eine herausragende Rolle für die unterschiedlichen Varianten des Regimewechsels: die Mobilisierung der Bevölkerung, die Handlungskapazität oppositioneller Gruppen, sowie die Kohäsion der kommunistischen Führung und ihre Reaktion auf die Systemkrise, wobei unserer Auffassung nach letzterer die entscheidende Bedeutung für den Modus des Regimewechsels zuzuschreiben ist.

In der Transformationsforschung der ersten Hälfte der 1990er Jahre findet man unterschiedliche Typologien für den Modus des Regimewechsels (Huntington 1990; Karl/Schmitter 1991; Beyme 1994; Kitschelt 1995). Wenn man von feinen Unterschieden absieht, dann laufen sie im Großen und Ganzen auf drei typologische Muster hinaus, die sich primär durch die Rolle der Eliten des alten Regimes voneinander unterscheiden.

Das *erste* Muster, das in der Literatur als „transformation" (Huntington), „imposition" (Karl/Schmitter) oder „preventive reform" (Kitschelt) bezeichnet wird, zeichnet sich vor allem dadurch aus, dass die Demokratisierung des politischen Systems von Gruppen des alten Establishments über die gesamte Transitionsperiode bis zu den ersten freien Wahlen kontrolliert bzw. dominiert wurde. Repräsentative Fälle dieses Musters sind Russland, Bulgarien und Rumänien. In allen diesen Fällen erwiesen sich reformbereite Fraktionen des Parteiapparates in der Lage, die Oberhand über die „hardliner" des Regimes zu gewinnen und die Führung der Staates zu übernehmen, bevor Oppositionsgruppen die strategische Kapazität entwickeln konnten, die es ihnen ermöglicht hätte, die Reform der politischen Institutionen entscheidend zu beeinflussen und einen signifikanten Elitenwechsel einzuleiten. Der Zeitpunkt, zu dem sich solch ein reformkommunistischer Flügel formierte, seine Intentionen, die konkreten Muster der Interaktionen zwischen den verschiedenen Akteuren und die Rolle früherer Dissidenten variierten dabei durchaus erheblich zwischen den Ländern.

In der UdSSR hat die unter Gorbačev neu formierte Parteiführung 1986 selbst eine partielle Liberalisierung und Demokratisierung des politischen Systems eingeleitet. Dabei ging es ihr vor allem darum, politische Verbündete gegen die konservative Bürokratie in Staat und Partei zu gewinnen, welche die primär militärisch motivierten Wirtschaftreformen hartnäckig zu sabotieren versuchte (Ettrich 2003: 239). Die nicht intendierte Folge war eine breite politische Mobilisierung zunächst in den Metropolen, bald aber auch in den russischen Provinzstädten und den anderen Sowjetrepubliken, an der Gorbačevs Ziel, den Sozialismus und die UdSSR zu retten, letztlich scheiterte. Frühere Dissidenten spielten vor allem in der frühen Mobilisierungsphase eine wichtige Rolle. Aktivisten der unter Andropov zerschlagenen Menschenrechtsbewegung gehörten zu den Initiatoren der sogenannten „informellen Vereinigungen" (*neformaly*) und 1988 zu den Gründern der ersten explizit oppositionellen Partei, der Demokratischen Union. Die neuen Vereinigungen und Parteien trugen maßgeblich zu der breiten politischen Mobilisierung der Bevölkerung bei, welche die Parteiführung 1989 zur Öffnung der Wahlen zum 1. Volksdeputiertenkongress zwang, in dessen Verlauf die Fraktion um Gorbačev weiter in die Defensive geriet. Je weiter die politische Mobilisierung voran schritt und die KPdSU auseinander fiel, desto schneller verloren jedoch die ehemaligen Menschenrechtsaktivisten und anderen liberalen Intellektuellen an Gewicht. Denn neben nationalistisch-traditionalistischen Strömungen des früheren politischen Untergrunds formierten sich nun zunehmend auch Funktionseliten der Bürokratie auf Seiten der Opposition gegen Gorbačev. Während die liberal-demokratischen Erben der Menschenrechtsbewegung zunehmend marginalisiert wurden, gelang es den Eliten der alten

Dienstklassen letztlich, sich den Zugang zu erheblichen Ressourcen politischer und ökonomischer Macht über den politischen Regimewechsel hinaus zu erhalten.

Die rumänische Parteiführung um Ceauşescu hat sich von der Entwicklung in der
UdSSR und den Nachbarländern nicht beeindrucken lassen und bis zu ihrem bitteren Ende
jegliche Reformen verweigert. Allerdings war sie bis zum Schluss in der Lage, die Formierung potenzieller Rivalen innerhalb des engeren Führungskreises konsequent zu unterbinden, und die wenigen, versprengten Dissidenten und kritischen Intellektuellen an der Bildung einer politischen Opposition zu hindern. Der Zusammenbruch des Regimes wurde
durch spontane Massenproteste eingeleitet. Die Entmachtung des Ceauşescu Clans erfolgte
jedoch durch gut vernetzte Funktionseliten des Partei- und Sicherheitsapparates, die sich
dann umgehend in Form der Nationalen Rettungsfront gegen die Reste des Clans und neue
konkurrierende Akteure formieren konnten. Den neuen Machthabern ging es nicht mehr um
eine Reformierung des Sozialismus, sondern nur noch darum, sich unter den veränderten
Umständen ihren privilegierten Zugang zu politischen und ökonomischen Machtressourcen
zu erhalten. Oppositionelle Gruppen und Parteien entstanden erst danach. Sie konnten aufgrund ihrer organisatorischen Schwäche und geringen kulturellen Resonanz in der Bevölkerung die anschließenden Verhandlungen am Runden Tisch nur unbedeutend beeinflussen.
Der Regimewechsel in Rumänien fand also weitgehend ohne Beteiligung oppositioneller
Gegeneliten statt; er hatte den Charakter einer „Quasi-Revolution" (Tismaneanu 1993:
313), in deren Ergebnis Elitenformationen des alten Establishments die Bildung der neuen
politischen Institutionen klar dominierten.

Ein *zweites* Muster zeigte der Regimewechsel in der ČSSR und – zumindest in der de-
struktiven Phase – auch in der DDR. Es zeichnet sich im wesentlichen dadurch aus, dass
maßgebliche Teile der administrativen Eliten des alten Regimes unter dem Eindruck zunehmender Krisensymptome der Parteiführung ihre Loyalität entzogen, aber angesichts
massiver Proteste der Bevölkerung nicht mehr in der Lage waren, selbst die Kontrolle über
den Regimewechselprozess zu erlangen. Das so entstandene Machtvakuum eröffnete für
oppositionelle Gegeneliten die Gelegenheit, mit Unterstützung durch die Protestbewegung
der Bevölkerung dominanten Einfluss auf die Reformen der politischen Institutionen zu
gewinnen. In der Literatur wird dieser Modus des Regimewechsels zumeist als „implosion"
(Beyme; Kitschelt) oder „replacement" (Huntington) bezeichnet. Ähnlich wie in Rumänien
und Bulgarien hatten sich auch in diesen beiden Ländern die alten Parteiführungen bis zu
ihrer Ablösung signifikanten Reformen verweigert. Auf die Resonanz, die die Entwicklung
in der UdSSR, in Ungarn und Polen in der einheimischen Intelligenz und auch darüber
hinaus fand, und die wachsende Unzufriedenheit in der breiteren Bevölkerung reagierten
sie bis weit in das Jahr 1989 hinein entweder mit politischer Ignoranz oder der Signalisie-
rung gesteigerter Repressionsbereitschaft. In beiden Ländern bildeten, ähnlich wie in Rumänien, spontane Massenproteste der Bevölkerung den unmittelbaren Auslöser für den
Zusammenbruch des Regimes, mit der berühmten Leipziger Montagsdemonstration am 8.
Oktober und der Studentendemonstration am 17. November 1989 in Prag sowie dem anschließenden Aufruf zu einem Generalstreik als den jeweiligen „Wendepunkten". In der
DDR war den Protestdemonstrationen die Flucht mehrerer tausend Bürger, vor allem junger
Menschen, über die westdeutschen Botschaften in Warschau und Prag und die ungarisch-
österreichische Grenze im Sommer 1989 vorausgegangen. Diese massive Fluchtwelle hat
der Bevölkerung die Paralysierung des Regimes vor Augen geführt und damit maßgeblich
zum Anwachsen der Protestbereitschaft im Lande beigetragen. In beiden Ländern erfolgte

die Mobilisierung der Bevölkerung – ähnlich wie in Rumänien – weitgehend unabhängig von den Aktivitäten politischer Oppositionsgruppen, die von der Dynamik der Protestbewegungen selbst überrascht wurden.

Der entscheidende Unterschied zum rumänischen und auch zum bulgarischen Fall bestand jedoch darin, dass sich sowohl in der ČSSR als auch in der DDR seit Mitte der 1980er Jahre landesweite Netzwerke herauszubilden begonnen hatten, die zwar sehr locker strukturiert waren, aber dennoch eine mehr oder weniger regelmäßige Kommunikation zwischen diversen Dissidentengruppen ermöglichten. In der ČSSR wurde die *Charter 77* ab 1987 faktisch selbst zu einer Art „Kommunikationszentrum" für eine wachsende Zahl neugegründeter Gruppen (siehe Tůma in diesem Band). In der DDR hatten die Friedens- und Umweltgruppen, die teils schon seit Ende der 1970er Jahre unter dem Dach der evangelischen Kirchen agierten, in den 1980er Jahren eine dezentrale Netzwerkstruktur aufgebaut, die durch regelmäßige Workshops, Seminare etc. eine direkte Kommunikation zwischen den Gruppen gewährleistete und auch die Herausbildung einer „milieuinternen Elite" beförderte (Ohse in diesem Band; Wielgohs/Schulz 1995). Aufgrund dieser Vorgeschichte konnten die aus diesen Milieus heraus gegründeten oppositionellen Vereinigungen im Herbst 1989 auf Ressourcen und kulturelle Kompetenzen zurückgreifen, die die vereinzelten rumänischen (und bulgarischen) Dissidenten vollständig oder weitgehend entbehrten. So waren sie in der Lage, noch kurz vor der Ablösung der alten Parteiführungen koordiniert handelnde Oppositionsbewegungen zu formieren. Die moralische Autorität ihrer Aktivisten, die im tschechoslowakischen Fall freilich substanzieller war als im ostdeutschen, und das Angebot plausibler Interpretationen der Situation, ermöglichte es ihnen, die spontanen und diffusen Massenproteste gegenüber dem Regime politisch zu repräsentieren und damit einer gewaltsamen Eskalation vorzubeugen. Dies war eine entscheidende Voraussetzung dafür, dass sich die in Reaktion auf die Protestbewegung kurzfristig „erneuerten" Führungseliten des Regimes letztlich auf Verhandlungen über die Kapitulationsbedingungen einlassen mussten. In der ČSSR gewannen die aus der Dissidentenbewegung stammenden Akteure gemeinsam mit neuen oppositionellen Kräften, Intellektuellen und Experten, denen nach 1968 der Zugang zum Establishment versperrt war, die Kontrolle über den Systemwechselprozess. Im ostdeutschen Fall delegierte die Bevölkerungsmehrheit diese Funktion nach dem Fall der Berliner Mauer dann sukzessive an die westdeutsche politische Klasse.

Das *dritte* Muster war durch eine die politische Akteurskonstellation zu Beginn der unmittelbaren Regimewechselphase gekennzeichnet, in der reformbereite Fraktionen innerhalb der Parteielite die Oberhand gewonnen hatten, gleichzeitig aber mit einer politisch handlungsfähigen Opposition konfrontiert waren. Die Konditionen des Übergangs wurden durch einen formell oder informell ausgehandelten Pakt zwischen Reformkommunisten und Oppositionseliten geregelt, der teils darauf zielte, die „hardliner" unter den Regimeeliten zu neutralisieren, teils einer Eskalation der sozialen und politischen Konflikte vorbeugen sollte. Die Evolution der innerparteilichen Konflikte und Fragmentierungsprozesse wies dabei zwischen den betreffenden Ländern ebenso große Unterschiede auf wie die Geschichte und Struktur der Opposition sowie das Niveau und der Einfluss der Protestbereitschaft in der Bevölkerung. Die prominenten Repräsentanten einer solchen „negotiated transition" sind Ungarn auf der einen Seite und Polen auf der anderen.

Innerhalb der ungarischen Parteielite, in der seit 1968 die Differenzierungsprozesse stetig voran geschritten und die Kräfteverhältnisse zwischen den konkurrierenden Fraktionen immer in Bewegung waren, hatten sich Anfang 1988 die Reformer endgültig gegen die

Konservativen und die „Zentristen" um Kádár durchgesetzt. Sie konnten sich dabei auf die große Mehrheit der Funktionseliten stützen. Denn diese hatte sich unter den Bedingungen des relativ liberalen kulturellen Klimas und der Expansion der „zweiten Wirtschaft" längst vom dogmatischen Marxismus losgesagt, ökonomische Effizienz und attraktive Konsumgüter schätzen gelernt, und „keine Lust (mehr), zu den alten Zeiten der Mangelwirtschaft zurückzukehren" (Ettrich 2003: 241). Die Reformkommunisten leiteten mit der gesetzlichen Einführung der Versammlungs- und Vereinigungsfreiheit im Januar 1989 die Demokratisierung von sich aus ein. Zwar reagierte sie damit auf politisch alternative Gründungsinitiativen, die bereits zuvor eingesetzt hatten und toleriert wurden, standen aber kaum unter einem akuten politischen Druck seitens der Opposition, der ihnen keine andere Wahl gelassen hätte. Die ungarischen Dissidenten haben durch ihre kritischen Diskurse seit den 1970er Jahren die Entideologisierung der Parteireformer zweifellos gefördert. Ihre diversen Strömungen, die sich schon 1988 relativ gefahrlos zu oppositionellen Protoparteien organisieren konnten, haben aber von der Öffnung des politischen Systems mehr profitiert, als dass sie unmittelbar dazu beigetragen hätten. Auch die breitere Bevölkerung spielte in diesem Prozess noch keine aktive Rolle. Die Expansion der „zweiten Wirtschaft" hatte seit zwei Jahrzehnten Individualisierungstendenzen in der ungarischen Gesellschaft ganz erheblich forciert und die sozialen Fundamente für kollektives politisches Handeln nachhaltig untergraben (Deppe/Tatur 1997). Der Beitrag der Opposition zum Systemwechsel bestand vor allem darin, dass sie nach dem Beginn der Demokratisierung zu Protestaktionen mobilisierte und damit die Reformkommunisten unter anhaltenden Druck setzte. In dem Maße, wie letztere an öffentlicher Autorität verloren, bestimmte die Opposition zunehmend selbst die Themen des Wandels. Durch ihr koordiniertes Auftreten am Runden Tisch (vgl. Szabó in diesem Band) konnte sie als Repräsentant der Bevölkerungsmehrheit fungieren und dadurch einen wichtigen Beitrag zur Aufrechterhaltung der gesellschaftlichen Integration während der Umbruchperiode leisten.

Auch in Polen hatte das kommunistische Establishment im Zuge zahlreicher Krisen und interner Differenzierungsprozesse im Laufe der Jahre erheblich an Kohäsionskraft eingebüßt, wobei allerdings die reformorientierten Strömungen bis Ende der 1980er Jahre nie einen dem ungarischen Fall vergleichbaren Einfluss erlangen konnten. Hier war es der Druck der Bevölkerung, der die Liberalisierung des politischen Systems auslöste. In der zweiten Hälfte der 1980er Jahre, nach der Lockerung des Kriegsrechts, kam es im Ergebnis von Preiserhöhungen und einer rapiden Verschlechterung des Lebensstandards erneut zu massiven sozialen Protesten. Angesichts der hohen Auslandsverschuldung und westlicher Boykottmaßnahmen kam die Parteiführung um Jaruzelski jedoch um einschneidende ökonomische Reformschritte nicht mehr umhin. Daher unternahm sie mit einer zunächst vorsichtigen politischen Liberalisierung den Versuch, moderate Vertreter der Opposition in ihre Reformvorhaben einzubinden, in der Hoffnung, auf diese Weise die Proteste eindämmen zu können und gleichzeitig ihre Position gegenüber den „hardlinern" in der Parteiführung zu stärken. Die Intellektuellen der Opposition waren gleichermaßen an einem solchen Pakt interessiert, weil sie befürchten mussten, dass anderenfalls die sozialen Konflikte eskalieren und die politische Entwicklung außer Kontrolle geraten würden (Sonntag in diesem Band). Angesichts der zunehmenden Protestdynamik konnten sie diese mäßigende Wirkung jedoch nur ausüben, indem sie die Forderung der Straße nach Wiederzulassung der *Solidarność* öffentlich unterstützten und in den Verhandlungen am Runden Tisch zur zentralen Bedingung ihrer Einwilligung in einen Transformationspakt erhoben. Der polnische

Transformationspakt, der der Opposition zunächst nur einen begrenzten Zugang zu den politischen Entscheidungsgremien öffnete und der kommunistischen Partei für die Übergangsperiode eine weiterhin dominante institutionelle Position zusicherte, war im Unterschied zum ungarischen in erster Linie das Resultat der politischen Mobilisierung der Bevölkerung gegen eine Regimeelite, innerhalb derer die Position des Reformflügels bis zum Beginn der Verhandlungen immer prekär war. Es war das Verdienst der Intellektuellen der Opposition, die mobilisierte Gesellschaft zur Akzeptanz dieser „Selbstbeschränkung der Revolution" zu gewinnen und damit die Option für eine gewaltfreie, aber umfassende Transformation der gesellschaftlichen Ordnung zu öffnen.

Dieser kursorische Überblick zeigt, dass die Bedeutung der oppositionellen Gruppen für den Verlauf des Regimewechsels zwischen den Ländern erheblich variierte. Das Niveau der Fragmentierung der Regimeeliten sowie der Mobilisierung der Bevölkerungen haben den Modus des Regimewechsels maßgeblich beeinflusst und damit den Rahmen definiert, innerhalb dessen die Opposition handeln konnte. Aber sie liefern keine vollständige Erklärung für den Ausgang des Regimeumbruchs. Dort, wo sich aus dissidentischen Milieus heraus rechtzeitig eine einheitlich agierende demokratische Opposition formierte, die in der Lage war, die Bevölkerung gegenüber dem kommunistischen Regime effektiv zu repräsentieren, konnte sie den Verlauf des Umbruchprozesses maßgeblich mitgestalten. Eine entscheidende Voraussetzung dafür war die Existenz alternativer, von einem demokratischen Grundkonsens gezeichneter Netzwerke. Ob diese sich über eine längere Tradition offener Dissidentenbewegung herausgebildet hatten, wie Ostmitteleuropa, oder über kritische Diskurse in diffusen, aber breiten Intellektuellenmilieus, wie in den baltischen Sowjetrepubliken, scheint dafür von sekundärer Bedeutung gewesen zu sein. In all diesen Fällen mündete der Regimewechsel, ob vermittelt über „Elitenpakte" oder im Ergebnis einer „implosion" des kommunistischen Regimes, in einen Sieg der demokratischen Opposition bei den ersten freien Wahlen. In Russland, Bulgarien und Rumänien standen solche Netzwerkstrukturen nicht in hinreichendem Maße zur Verfügung. In allen drei Ländern gelang es Nachfolgeformationen der alten Eliten, sich vor der Formierung handlungsfähiger Demokratiebewegungen zu rekonsolidieren und die Politik der ersten frei gewählten Regierung zu dominieren oder zumindest in starkem Maße mitzubestimmen. Wie sich nur wenige Jahre später herausgestellt hat, war dieser Unterschied im Ausgang der „Gründungswahlen" für den weiteren Verlauf der Transformation, insbesondere für die ökonomische Entwicklung, von nachhaltiger Bedeutung (Fish 1998). Während die Mehrzahl der Länder, in denen die demokratische Opposition diese Wahlen für sich entschied, 2004 Vollmitglied der Europäischen Union geworden ist, sind die anderen zunächst in erheblichen reformpolitischen Rückstand geraten, der ihre Entwicklung bis heute kennzeichnet.

Der folgende Band behandelt politisch alternative Akteure und ihre Bedeutung für den Regimeumbruch aus unterschiedlichen Perspektiven. Im ersten Teil wird die Herausbildung oppositioneller Gruppen in der ČSSR, Polen, Ungarn, Rumänien und der DDR in Form historisch-soziologischer Fallstudien überblicksartig dargestellt. Der zweite Teil ist intervenierenden Akteuren – Kirchen und ausländischen Medien – gewidmet, die zum einen für die Entwicklung oppositioneller Milieus in der Niedergangsphase der kommunistischen Regimes von Bedeutung waren, zum anderen in der unmittelbaren Regimewechselphase eine zum Teil einflussstarke, die demokratische Opposition unterstützende Rolle spielten. Der dritte Teil schließlich enthält eine Reihe von Länderstudien bzw. Vergleichsanalysen, die die nationalen Unterschiede in der Rolle der aus den dissidentischen Milieus hervorgegangenen oppositionellen Kräfte in den Regimewechselprozessen herausarbeiten. Ein abschließender Beitrag befasst sich mit den strukturellen Bedingungen des Umbruchs und resümiert im Vergleich der hier behandelten Länder die Bedeutung der unterschiedlichen Akteure für den Ausbruch der offenen Regimekrise und den Verlauf des Regimewechsels.

Literatur

Beyme, Klaus von (1994): Systemwechsel in Osteuropa. Frankfurt (Main): Suhrkamp.

Brie, Michael (1996): Staatssozialistische Länder Europas im Vergleich. Alternative Herrschaftsstrategien und divergente Typen. In: Wiesenthal, Helmut (Hrsg.): Einheit als Privileg. Vergleichende Perspektiven auf die Transformation Ostdeutschlands. Frankfurt (Main): Campus: 39-104.

Deppe, Rainer/Tatur, Melanie (1997): Transformationssequenzen und Gewerkschaftskonstellationen in Polen und Ungarn. In: E. Dittrich/ F. Fürstenberg/ G. Schmidt (Hrsg.): Kontinuität im Wandel. München: Hampp: 131-154.

Ettrich, Frank (2003): „Die ,Zerstörung des Zerstörten' (Hegel). Der Zusammenbruch des Sozialismus sowjetischen Typs als sozialwissenschaftliches Problem. In: Brussig, Martin/ Ettrich, Frank/ Kollmorgen, Raj (Hrsg.): Konflikt und Konsens: Transformationsprozesse in Ostdeutschland. Opladen: Leske + Budrich: 215-54.

Fish, Steven M. (1998): The Determinants of Economic Reform in the Post-communist World. East European Politics and Societies 12 (1), 31-78.

Huntington, Samuel P. (1990): The Third Wave. Norman: University of Oklahoma Press.

Karl, Terry L./Schmitter, Philippe C. (1991): Modes of Transition in Latin America and Eastern Europe. International Social Science Journal 43, 269-84.

Karasimeonov, Georgi (1997): The Transition to Democracy. In: Karasimeonov, Georgi (ed.): The 1990 Election to the Bulgarian Grand National Assembly and the 1991 Election to the Bulgarian National Assembly. Berlin: Sigma, 10-22.

Kitschelt, Herbert (1995): Formation of Party Cleavages in Post-communist Democracies. Party Politics 1 (4), 447-72.

Kuran, Timur (1991): Now out of never: The element of surprise in the East European revolution of 1989. World Politics 44, 7-48.

Mayntz, Renate (1995): Historische Überraschungen und das Erklärungspotential der Sozialwissenschaften. Heidelberger Universitätsreden 9. Heidelberg: C.F. Müller.

Neubert, Ehrhart (1997): Geschichte der Opposition in der DDR 1949-1989. Berlin: Ch. Links.

Offe, Claus (1992): Die Integration nachkommunistischer Gesellschaften: die ehemalige DDR im Vergleich zu ihren osteuropäischen Nachbarn. 26. Kongress der Deutschen Gesellschaft für Soziologie. 1. Oktober 1992, Düsseldorf.

Pollack, Detlef (2000): Politischer Protest. Politisch alternative Gruppen in der DDR. Opladen: Leske + Budrich.

Tismaneanu, Vladimir (1993): The Quasi-Revolution and its Discontents: Emerging Political Pluralism in Post-Ceausescu Romania. East European Politics and Societies 7 (2), 309-48.

Wielgohs, Jan/Schulz, Marianne (1995): Die revolutionäre Krise am Ende der achtziger Jahre und die Formierung der Opposition. In: Deutscher Bundestag (Hrsg.): Materialien der Enquete-Kommission „Aufarbeitung von Geschichte und Folgen der SED-Diktatur in Deutschland". Bd. VII/2, Nomos, Baden-Baden: 1951-94.

Wiesenthal, Helmut (Hrsg.) (1996): Einheit als Privileg. Frankfurt (Main): Campus.

I. Dissidenz und Opposition in Ostmitteleuropa im Überblick. Fallstudien

Opposition in der Tschechoslowakei : Ein historischer Überblick

Oldrich Tůma

Einführung

Die Geschichte der Opposition im tschechoslowakischen kommunistischen Regime über dessen gesamte Herrschaftszeit hinweg zu verfolgen, ist eine schwierige Aufgabe. Im Laufe von mehr als vierzig Jahren haben die Opposition, das Regime und die Gesellschaft signifikante Veränderungen durchlaufen. Dadurch sind starre Interpretationen unmöglich. Glücklicherweise gibt es einen Umstand, der die analytischen Bemühungen erleichtert: Nach der Hälfte der Zeit seines Bestehens erlebte das kommunistische Regime in der Tschechoslowakei eine ernsthafte Krise, in der seine Strukturen erheblich aufgebrochen und geschwächt wurden. Diese Krise, die üblicherweise als Prager Frühling bezeichnet wird, teilt die Geschichte des Regimes in zwei Phasen ein: 1948-1968 und 1968-1989.

Um es grob zu vereinfachen, scheinen die beiden Phasen der Geschichte des Regimes eine gemeinsame Struktur von Aufstieg und Niedergang zu haben: Zunächst die Zeit der Etablierung (oder Re-Konsolidierung in der zweiten Phase), dann eine Zeit relativer Stabilität und schließlich die Krise und Destabilisierung (oder der Zusammenbruch in der zweiten Phase). Die Geschichte der Opposition weist allerdings keine solche Symmetrie auf. Während der ersten Epoche war die Opposition in den Jahren nach der kommunistischen Machtübernahme im Jahr 1948 am stärksten und am deutlichsten sichtbar. Im Gegensatz dazu war die Opposition in der zweiten Phase gegen Ende, in den Jahren vor dem Fall des Regimes im November 1989, bedeutungsvoller.

Wir werden also, unter Berücksichtigung dessen, dass es sich hier um eine Vereinfachung handelt, die Geschichte der Opposition gegen das Regime ebenfalls in zwei Zeitphasen einteilen. Auch muss darauf hingewiesen werden, dass die tschechische und die slowakische Region der ehemaligen Tschechoslowakei sich nicht immer in gleicher Weise entwickelt haben. Dies gilt insbesondere für die zweite Phase nach 1969. Von daher ist die folgende Interpretation auf die Situation in Tschechien ausgerichtet. An den Stellen, an denen die Situation in der Slowakei davon abweicht, soll jedoch darauf hingewiesen werden.

Wenn auch die Opposition gegen das Regime in den tschechischen Ländern nicht unerforscht geblieben ist, so ist doch die Aufmerksamkeit der Forscher ungleich verteilt. Die Aktivitäten der Opposition in den 1970er und 1980er Jahren sind ziemlich gut bearbeitet. Es gibt Dokumentensammlungen und allgemeine Studien über die wichtigsten Oppositionsgruppierungen, besonders über die in den späteren Jahren des Regimes (vgl. Gruntorád 1998 und 1999, Hlušičková/Otáhal 1993; Hlušičková/Císařovská 1994; Kokošková/Kokoška 1996; Prečan 1990 und 1993; Svobodová 1995). Auch die Aktivitäten des Regimes (Geheimpolizei, Gerichtsdokumente, usw.) sind gut erforscht (siehe Žáček 2001 und 2002). Zudem wurden viele mündliche Überlieferungen und zahlreiche Interviews mit Akteuren der Opposition aufgezeichnet, die großen Teils im Archiv des Instituts für Zeitgenössische Geschichte aufbewahrt sind. Zu den Aktivitäten der Opposition in der Zeit direkt nach der Niederschlagung des Prager Frühlings gibt es verschiedene Studien und

Dokumentationen (Pernes 1999; IfCH 1997a-c; Otáhal 1993 und 1995), darunter eine umfangreiche Veröffentlichung von Dokumenten über die Massendemonstrationen gegen das
Regime im August 1969 (Tůma et al. 1996).

Die Geschichte der 1950er und 1960er Jahre ist dagegen nicht so gründlich dokumentiert. Es gibt zwar über diesen Zeitraum zahlreiche Veröffentlichungen von Historikern und
Journalisten. Diese konzentrieren sich mehr auf die Reaktionen des Regimes auf die verschiedenen Aktivitäten der Opposition, auf Verfolgung und Unterdrückung, gehen aber
weniger auf die Aktivitäten der Opposition selbst ein (u.a. Bulínová et al. 1993; Dvořáková
1993; Kaplan 1993b und 1999; Radosta 1993). Eine Dokumentation über „anti-staatliche"
Faltblätter aus den frühen Jahren des Regimes liegt von Kaplan/Váchová (1994a und b)
vor.

Die antikommunistische Opposition während des gesamten Zeitraumes 1948-89 wird
für gewöhnlich nicht als ein zusammenhängendes Phänomen mit gleichen Wurzeln angesehen. Die unterschiedliche Terminologie, die bei der Erforschung dieser beiden Zeiträume
zu finden ist, belegt diese Tatsache. Die oppositionellen Ereignisse, die nach 1948 stattfanden, werden gewöhnlich als „Widerstand" bezeichnet, während die der 70er und 80er Jahre
die Bezeichnung „Dissens" erhalten haben. Erst ganz zum Ende hin findet man den Begriff
der „Opposition", was die interne Transformation der unabhängigen Gruppierungen und eine Veränderung in ihrem Schwerpunkt von einer Opposition des Dissenses hin zu politischer Opposition widerspiegelt. Im Folgenden wird der Begriff der „Opposition" für alle
Akteure politischer Aktivitäten verwendet, die das Ziel hatten, das Regime zu stürzen oder
substantielle Veränderungen in seinem Verhalten oder seiner Art zu bewirken, unabhängig
von ihren unterschiedlichen Formen und Zielen.

Historischer Überblick

Sowohl der Anfang als auch das Ende des tschechoslowakischen kommunistischen Regimes hatten im Vergleich zu ähnlichen Ereignissen in anderen osteuropäischen Ländern
einen überraschenden Charakter. Zwei Tage, der 25. Februar 1948 und der 17. November
1989, stehen für diese Ereignisse im historischen Gedächtnis der Tschechen.

Antikommunistischer Widerstand 1948-56

Im Februar 1948 triumphierten in einer kurzen, offenen politischen Krise[1] die gut vorberei-
teten Kommunisten über ihre Gegner. Die Parameter des politischen Systems änderten sich
über Nacht, und die tschechische Gesellschaft blieb tief gespalten in zwei Lager: diejenigen, die den Wunsch hatten, das neue „gerechte" kommunistische Regime zu errichten, und
diejenigen, die seinen Sturz erhofften. Ein wichtiger psychologischer Aspekt war der weit
verbreitete Glaube oder wenigstens die Hoffnung, dass das kommunistische Regime nicht
lange andauern würde; dass die internationalen Entwicklungen entweder zu einem neuen
Krieg führen würden, der in einer sowjetischen Niederlage enden würde, oder dass der

---

1   Über die kommunistische Machtübernahme gibt es umfangreiche Literatur (vgl. Kaplan 1987; 1993a).

Druck aus dem Westen ein solches Resultat ohne Krieg bewirken könnte. Die Überzeugung, dass der ausländische Druck das Regime dazu zwingen würde, freie Wahlen abzuhalten, hielt sich bei vielen sogar über ein oder zwei Jahre nach dem kommunistischen Staatsstreich. Die Erwartung der Unterstützung aus dem Westen stärkte die Handlungsbereitschaft der Opposition und ihre Hoffnung auf Erfolg. Diese Entschlossenheit verschwand erst nach 1956, als klar wurde, dass „die Amerikaner nicht kommen". Zu dieser Zeit wurden die Personen, die sich gegen das Regime engagierten, der „dritte Widerstand" genannt – nach dem „ersten Widerstand" gegen die Habsburger während des Ersten Weltkrieges und dem „zweiten Widerstand" gegen die Nazis während des Zweiten Weltkrieges.

Bald hatte das neue Regime seine Kontrolle über nahezu jeden Bereich des öffentlichen Lebens durchgesetzt. Öffentliche Massenproteste wie die im Sommer und Herbst 1948 wurden vom Regime gefürchtet, aber die Demonstrationen waren spontan und unorganisiert und daher ineffektiv. Im Juli 1948 wurde das „Sokolský Slet", das traditionelle Fest der *Sokol*-Organisation für körperliche Fitness abgehalten. *Sokol* war eine nationalistische Organisation, auf die die Kommunisten praktisch keinen Einfluss hatten, und viele ihrer Mitglieder hatten sich am tschechischen Widerstand während der beiden Weltkriege beteiligt. Zehntausende von Menschen aus dem ganzen Land nahmen an den Massensportübungen und dem darauf folgenden Marsch durch Prag teil. Die Teilnehmer priesen enthusiastisch den ehemaligen Präsidenten Edvard Beneš (1935-48), der kurz nachdem die Kommunisten die Macht übernommen hatten, sein Amt niedergelegt hatte und bald darauf verstorben war. Die Polizei verhaftete mehr als 200 Personen. Am 8. September 1948 reisten Tausende nach Prag zum Begräbnis von Präsident Beneš, was wiederum von *Sokol* organisiert wurde. Staatliche Kräfte hielten die meisten Trauernden davon ab, in die Stadt zu gelangen, was sie aber nicht daran hinderte, ihrer Missbilligung gegenüber dem Regime Ausdruck zu verleihen. Die Polizei und die „Volksmiliz", die bewaffneten Einheiten der Kommunistischen Partei (KSČ), griffen wiederholt ein, und wieder gab es viele Verhaftungen. Diese Vorfälle haben das Regime freilich nicht gefährdet. Nichtsdestotrotz wurden sie zu Meilensteinen auf dem Weg zu schärferen und massiveren Repressalien. Am Tag nach dem Begräbnis von Beneš beschloss die Führung der KSČ, die Situation zu nutzen und – nach den Worten von Klement Gottwald, dem ersten kommunistischen Präsidenten – „eine Reihe von Maßnahmen gegen Reaktionäre" zu ergreifen. Unter der neuen Hardliner-Politik wurden Zwangsarbeiterlager organisiert. Es wurden Maßnahmen durchgeführt, um kleine und große Unternehmen und die größeren Landwirte zu beseitigen und es wurde beschlossen, mögliche Feinde des Regimes – „reaktionäre Elemente" – außerhalb größerer Städte zu verbringen. Die Repressionswelle hatte auch auf die Führungspersonen von *Sokol* schwere Auswirkungen (siehe Kaplan 1993a).

Vom Frühling 1948 an erhielten die Aktivitäten der Opposition mehr oder weniger den Charakter von Untergrundarbeit. Sie bestanden einmal aus leeren Debatten, wie die, die zwischen den Abgeordneten der Vor-Februar-Parteien, Milada Horáková und ihren Kollegen, zum Beispiel darüber geführt wurden, was zu tun sei, wenn das Regime erst einmal dazu gezwungen sei, freie Wahlen abzuhalten.[2] Wirkungsvollere Formen beinhalteten die Verteilung von Propaganda-Flugblättern, organisierte Fluchten aus dem Land, die Zusammenarbeit mit ausländischen Geheimdiensten und Pläne für einen bewaffneten Aufstand

---

2   Im Jahr 1950 wurden Horáková, eines der bekanntesten Opfer des kommunistischen Regimes, und 13 weitere Personen zum Tode verurteilt, und Hunderte weitere Personen wurden inhaftiert (Kaplan 1996).

oder andere Akte bewaffneten Widerstands. Die Verteilung von Flugblättern, die zum Widerstand aufriefen, war eine sehr häufig praktizierte Tätigkeit in jener Zeit (Kaplan 1993b; 1999; Bulínová et al. 1993). Hunderte von Gruppierungen und Einzelpersonen nahmen daran teil. Die größte Anzahl von Flugblättern, 27.300, wurde vom Staatssicherheitsdienst (StB) im Jahr 1949 konfisziert; in den drei darauffolgenden Jahren war ihre Zahl immer noch hoch (ungefähr 15.000). Erst nach 1953 hat sie signifikant abgenommen: von 6.000 bis hin zu ein paar hundert pro Jahr zu Beginn der 1960er Jahre[3].

Nach 1948 verließen Zehntausende die Tschechoslowakei, hauptsächlich über die immer stärker bewachte Grenze. Hunderte starben bei solchen Versuchen, und Tausende wurden inhaftiert. Manchmal waren sogenannte Infiltrationsagenten daran beteiligt, Personen, die aus verschiedenen Gründen zurück in die Tschechoslowakei kamen. Ihre Aktivitäten wurden von westlichen Geheimdiensten koordiniert mit dem Ziel, den Widerstand im Land zu unterstützen. Tschechoslowakische Agenten, die von Westdeutschland aus operierten, organisierten Desinformationsprojekte und spielten unter anderem eine Rolle im Zustandekommen des größten politischen Schauprozesses gegen hohe kommunistische Funktionäre außerhalb der UDSSR – des sogenannten Slánský-Prozesses, bei dem elf der Angeklagten 1951 zum Tode verurteilt wurden (Lukes 1999). Derartige Aktivitäten verursachten dem machthabenden Regime Unannehmlichkeiten, provozierten immer stärkere Gegenmaßnahmen und Repressionen und trugen letztlich indirekt zu einer gewissen Destabilisierung und Unsicherheit bei (siehe Mastny 1996). Allerdings war ihr Erfolg im Allgemeinen begrenzt, und der StB unterdrückte sie erfolgreich. Mitte der 1950er Jahre hörten diese Operationen praktisch auf.

Viele Widerstandsgruppen planten weitreichende bewaffnete Aktivitäten – von der Ermordung führender Vertreter des Regimes bis hin zu großen Revolten. Keiner dieser Pläne wurde jemals erfolgreich ausgeführt; sie wurden vom StB entdeckt und verhindert, meist in ihrer Anfangsphase. An den Versuchen zweier Staatsstreiche im März und im Mai 1949 waren sogar einige Armeeeinheiten beteiligt, aber auch sie schlugen bereits vor dem Versuch ihrer Realisierung fehl (siehe Dvořáková 2002). Die meisten der Widerstandsaktivitäten waren von wesentlich kleinerer und oft sehr isolierter Natur. Gewaltakte gab es zwar, aber meist nur sporadisch. Zu ihnen zählen zum Beispiel der erfolgreiche Angriff auf den hohen StB-Offizier Major Schramm im Sommer 1948 (Kaplan 1993a), die Erschießung von lokalen kommunistischen Funktionären in der Herrnhuter Gemeinde Babice im Sommer 1951 im Zusammenhang mit der Kollektivierung der Landwirtschaft (Zejda 2001) und die Aktivitäten der Brüder Mašín[4]. Es ist bis zum heutigen Tag nicht klar, in welchem Ausmaß die Gewaltakte vom StB manipuliert oder direkt organisiert wurden, zumindest in den Fällen von Major Schramm und Babice.

---

3   Archiv des Innenministeriums der Tschechischen Republik (fond Inspekce ministra, box 33, vol. 7.)
4   Der Mašín-Fall ist der bekannteste und kontroverseste. Im Jahr 1948 gründeten die Söhne eines Helden aus dem Widerstand gegen die Nazis eine bewaffnete Gruppe mit anfänglich großen Plänen, die auch die Ermordung Präsident Gottwalds beinhalteten. Deren tatsächliche Aktivitäten waren weitaus bescheidener. Die Gruppe versuchte, an Waffen und Gelder für Untergrundaktivitäten heranzukommen und führte Sabotageakte, hauptsächlich gegen kollektivierte landwirtschaftliche Betriebe, aus, wobei sie vier Menschen tötete. Im Jahr 1953 entschloss sie sich, die Tschechoslowakei zu verlassen und schoss sich ihren Weg durch die DDR. Mindestens vier ostdeutsche Polizisten starben. Die beiden Brüder erreichten Westberlin (und traten später in die US-Armee ein), zwei Mitglieder der Gruppe wurden gefasst und später in der Tschechoslowakei hingerichtet (Němeček 1998).

Tausende, vielleicht sogar Zehntausende (wenn man die Zahl der Verurteilten heranzieht) mit unterschiedlichen sozialen und ideologischen Hintergründen haben an Aktivitäten der Opposition teilgenommen. Sie arbeiteten meist zerstreut in voneinander isolierten Gruppierungen. Wenn größere Netzwerke entstanden, standen diese sehr wahrscheinlich unter der Kontrolle des StB. Die große Mehrheit der Gruppen wurde früher oder später unterdrückt (Málek 1999). Die Situation in den Dörfern erwies sich für die Behörden zwar als komplexer, doch der Widerstand der Landwirte gegen die Kollektivierung wurde ebenfalls schrittweise überwunden (Jech 2001).

Abgesehen vom Widerstand im Untergrund war das Regime hin und wieder mit spontanen Massenprotesten konfrontiert. Dies waren oft Streiks oder andere soziale Unruhen, die nach dem traditionellen Muster des Arbeiterprotestes stattfanden. Auch wenn sie keinen politischen Charakter besaßen, fürchtete das Regime sie und bestrafte die Beteiligten hart. Der größte solcher Proteste – Streiks und Straßendemonstrationen – fand in Brünn 1951 vor Weihnachten statt (Pernes 1997). Das Regime sah sich einer immer größer werdenden Gefahr ausgesetzt. Teile der Öffentlichkeit – besonders in einigen kleinen Städten in der Slowakei – reagierten auf die Auflösung der Mönchsklöster und die Verhaftung von Mitgliedern der Mönchsorden im April 1950. Die Demonstrationen wurden mit Hilfe von Armeeeinheiten niedergeschlagen, wobei auch von Schusswaffen Gebrauch gemacht wurde (Jech et al. 1993). Eine wirkliche Krise trat auf, als das Regime, um den katastrophalen Zustand der Wirtschaft zu bewältigen, im Juni 1953 eine Währungsreform durchführte, die praktisch alle Ersparnisse vernichtete und zur Senkung des Lebensstandards beitrug. Dies führte zum Massenwiderstand – Streiks, Demonstrationen und Unruhen – in einigen Städten. Die größten Auseinandersetzungen fanden am 1. Juni in Pilsen statt. Was ursprünglich ein sozialer Protest war, wurde diesmal schnell zu einer politischen Demonstration. Mit Lobrufen auf Beneš und die Vereinigten Staaten und mit Forderungen nach freien Wahlen beherrschten die Demonstranten die Stadt für mehrere Stunden, besetzten einige Gebäude (Rathaus, Gerichtsgebäude) und entwaffneten Einheiten der „Volksmiliz". Erst Militär- und Polizeieinheiten, die aus anderen Regionen nach Pilsen entsandt wurden, konnten den Widerstand brechen. Streiks und Unruhen von geringerer Intensität gab es auch in anderen Städten, diese wurden aber energisch unterdrückt. Großangelegte Razzien und hunderte von Verurteilungen folgten (vgl. Musilová 1994; Kaplan/Váchová 1993; Jirásek/Šula 1992; Štěpánek 1993).

Die Ereignisse in Pilsen und anderswo waren in der Tat die erste große Erschütterung für die kommunistischen Regime in Mittelosteuropa. Bei ihnen handelte es sich um spontane Erhebungen. Es gab keine organisierten Oppositionskräfte, die in der Lage gewesen wären, die Situation zu nutzen. Die Opposition im Untergrund war praktisch schon vernichtet worden. In späteren Jahren hielten nur einige wenige Oppositionsgruppen ihre Bemühungen aufrecht, wenn auch im Jahr 1956 die Widerstandsaktivitäten stärker wurden. Im Frühling protestierten Studenten in Prag und Bratislava, und beim nationalen Schriftstellerkongress waren mutige Stimmen öffentlicher Kritik zu hören (Matthews 1956). Im Herbst 1956, gewiss durch die Ereignisse in Polen und Ungarn beeinflusst, erstreckten sich die Beispiele von Widerstandsaktivitäten auf einen Angriff auf ein Militärwaffendepot, auf den Plan, Präsident Gottwald zu ermorden, sowie eine in Prag für den 28. Oktober, dem nationalen Unabhängigkeitstag, geplante Demonstration. Diese Aktionen erwiesen sich allerdings nicht als erfolgreich. Insgesamt schaffte es das Regime, den Erschütterungen von 1956 unbeschadet standzuhalten (Blaive 2001; Pernes 1996

Paradoxien des Prager Frühlings

Das Scheitern der Revolten in Ungarn und Polen markierte das Ende der ersten Welle bedeutender Oppositionsaktivitäten. Die Menschen wurden sich immer mehr dessen bewusst, dass das Regime sich auf unabsehbare Zeit etabliert hatte und dass die Bemühungen, es zu stürzen, sinnlos waren. Die ideologischen Polarisierungen lösten sich auf und die tschechische Gesellschaft wurde immer homogener, da jedermann zu realisieren begann, dass es unvermeidbar war, sich auf die gegebenen Umstände einzustellen. Die Anzahl der enthusiastischen Unterstützer des Regimes begann allerdings ebenfalls abzunehmen. Viele ehemals überzeugte Befürworter des Regimes nahmen nach und nach die Meinung an, dass etwas verändert werden musste. Obwohl einige zerstreute Gruppen und Einzelpersonen versuchten, ihren Kampf weiter zu führen, war 1960, als die letzte politische Hinrichtung stattfand, der Widerstand letztlich gebrochen.

Gleichzeitig allerdings sah sich das Regime, zumindest in der strengen Form, die es während der 1950er Jahre angenommen hatte, immer stärker einer neuen Herausforderung gegenüber – diesmal aber nicht durch diejenigen, die es stürzen wollten, sondern durch die, die versuchten, es zu verbessern. Studenten und Intellektuelle hatten diese neue Welle kritischen Denkens (die sie selbst keinesfalls als Opposition betrachteten) bereits im Frühling 1956 ins Leben gerufen. In den 1960er Jahren verstärkten sich derartige Bemühungen nicht nur unter jungen Leuten, Studenten und Intellektuellen, sondern auch innerhalb der Parteistruktur selbst. Ab 1965 beherrschten kritisch gesinnte Studenten die Leitung der offiziellen Jugendorganisation an einigen Universitäten. Im Jahr 1967 eskalierte die latente Krise und brach beim vierten Kongress des Schriftstellerverbandes, bei Studentendemonstrationen im November in Prag und anderswo offen aus. Eine sehr facettenreiche Koalition aus kritischen Kräften erzielte im Januar 1968 Veränderungen in der Führung der KSČ. Der Prager Frühling hatte begonnen. Da es hier zu weit führen würde, den Prager Frühling im Detail zu erläutern,[5] seien hier nur die für unser Thema – Widerstand gegen das Regime – relevanten Aspekte behandelt. Aus diesem Blickwinkel erweist sich der Prager Frühling als eine Geschichte von Paradoxien.

Obwohl es eine ernsthafte Krise gab, die zu einem weitreichenden Zerfall der fundamentalen Säulen des Regimes führte, wurde diese nicht als eine Kollision zwischen Regime und Opposition wahrgenommen. Im Gegenteil, für einige Zeit hatte die Partei die echte Unterstützung nicht nur der Mehrheit der Bevölkerung, sondern sogar derjenigen, die die Rolle der politischen Opposition spielten. So versuchten zum Beispiel Aktivisten, die Sozialdemokratische Partei neu aufzubauen, Organisationen ehemaliger politischer Gefangener, radikale Studentenverbindungen und den sogenannten Klub der engagierten Parteilosen (KAN) – widersprüchliche Aktivitäten, die auf die Bestärkung der Kommunistischen Partei ebenso hinausliefen wie auf den Aufbau einer oppositionellen Partei, zu der unter den gegebenen Umständen der Klub der engagierten Parteilosen bestimmt gewesen wäre. Diese Gruppen erwarteten weit mehr von der reformistischen Führung der KSČ, als diese zu leisten willens oder in der Lage war: nämlich eine tiefgreifende Veränderung im System. Die KSČ-Führung hielt an der Idee des sozialistischen Systems fest; die Diskussionen, die 1968

---

5   Unter der umfangreichen Literatur, die dem Prager Frühling gewidmet ist, siehe zum Beispiel Kural/Mencl (1993); Pauer (1995); Williams (1997); Skilling (1976).

in der Öffentlichkeit geführt wurden, implizierten aber das Ende des Sozialismus. Dubček und seine Genossen wünschten sich sicherlich ein rationaleres, humaneres und liberaleres kommunistisches System. Aber sie wollten nicht, dass das System demontiert wurde. Obwohl das Konfliktpotential existierte, nahm es nie Gestalt an. Das eigentliche Problem war der Druck aus Moskau und die mehr denn je berechtigte Befürchtung einer sowjetischen Intervention, die dann ja auch tatsächlich stattfand. Dubčeks Führung wurde als die Verteidigung nationaler Souveränität wahrgenommen und erfreute sich enormer Unterstützung sowie des Vertrauens der Öffentlichkeit, inklusive der Kräfte der zukünftigen Opposition, die zu dieser Zeit die Gelegenheit versäumten, sich selbst zu organisieren. Tatsächlich lag es außerhalb der Fähigkeiten von Dubček und seinen Genossen, der Situation gerecht zu werden. Als treue Kommunisten konnten sie sich eine Abspaltung von Moskau schlechterdings nicht vorstellen. Die neu entstandene Zivilgesellschaft beschränkte ihre Aktivitäten, um zukünftige Verhandlungen von Dubček mit Moskau nicht zu erschweren – freilich umsonst.

Die soziale Energie des Prager Frühlings floss schließlich in den Widerstand gegen die militärische Invasion des Warschauer Pakts im August ein. Zu den Paradoxien von 1968 zählt, dass die Mobilisierung der Gesellschaft nicht gegen das kommunistische Regime an sich gerichtet war, sondern auf die Unterstützung des Regimes unter Dubčeks Führung. Allerdings bedeutete das, was als Unterstützung für die amtierende tschechoslowakische Führung beabsichtigt war, in Wirklichkeit einen Akt souveränen Widerstandes gegen die tragende Säule des kommunistischen Regimes, nämlich die Sowjetunion. Wie die Geschichte seitdem gezeigt hat, konnte kein kommunistisches Regime in Europa ohne sowjetische Unterstützung überleben. Der Widerstand im August 1968 war gewaltlos, aber effektiv. Die politische Szene um die Intervention herum war chaotisch, und der Kreml sah sich gezwungen, mit Dubček und anderen reformistischen Führungspersonen, die sich enormer Glaubwürdigkeit erfreuten, zu verhandeln. Nach dem sowjetischen Einmarsch arbeiteten Dubček und seine Genossen daran, die öffentliche Stimmung nach und nach zu beruhigen, teilweise in dem Glauben, dass sie wenigstens minimale Reformen retten könnten, teilweise aber auch mit dem Ziel, ihre eigenen politischen Karrieren zu sichern. Beide Bemühungen erwiesen sich als nicht erfolgreich. Die Reformer knickten unter dem Druck aus Moskau allmählich ein, bis sie, einer nach dem anderen, aus dem öffentlichen Leben verschwanden. In den Monaten, die auf den August 1968 folgten, spielte sich immer wieder das gleiche Szenario ab: Gewerkschaften, Studenten, Künstlerverbände und der Großteil der restlichen Gesellschaft forderten, dass Dubček und seine Genossen keine weiteren Zugeständnisse machen sollten und boten mit Streiks und Demonstrationen ihre Unterstützung an. Das Führungspersonal konnte das in sie gesetzte Vertrauen auf den Kundgebungen allerdings nicht rechtfertigen, machte deshalb Zugeständnisse gegenüber Moskau, was die Ernüchterung und Skepsis der Öffentlichkeit verstärkte.

Nach der Intervention und der gewaltsamen Auflösung der Krise hätte sich die Situation in ähnlicher Weise wie ein Jahrzehnt später in Polen entwickeln können, wo die Opposition weiterhin, auch nachdem das Regime sich erneut gefestigt hatte, eine Rolle spielte. In der Tschechoslowakei war dies allerdings nicht der Fall. Stattdessen wurde die einst mächtige politische und geistige Bewegung für einige Jahre fast völlig still. Um dieses Rätsel zu erklären, muss man nicht nur das Verschwinden der Opposition in Rechnung ziehen, sondern auch die strategischen Mängel bei den Reformkommunisten berücksichtigen. Sogar während der liberalsten Phase im Frühling 1968 entstand keine oppositionelle Gruppe mit einem eigenen, klar formulierten Programm, das das Potential gehabt hätte, Dubčeks Kapitulation zu überleben. Die gewaltige soziale Energie wurde durch die Unterstützung von Leuten verschwendet, die unfähig oder unwillig waren, sie zu nutzen. Was tatsächlich in der undurchsichtigen Situation stattfand, wurde erst gegen Ende klar. Im August 1969, am ersten Jahrestag der sowjetischen Intervention, holte die neue Führung zum Schlag gegen den letzten bedeutenden Teil der Bevölkerung aus, der sich noch weigerte, zu kapitulieren oder die Niederlage kampflos hinzunehmen, hauptsächlich junge Leute. Es brachen Unruhen in Dutzenden tschechischen Städten aus, die einige Tage andauerten und die mit einer Brutalität niedergeschlagen wurden, die mehrere Menschenleben kostete (Tůma 1998; Tůma et al. 1996). Ironischerweise waren die Notstandsgesetze, die eine intensive und effektive Verfolgung der Protestierenden ermöglichten, von genau dem Mann unterzeichnet worden, für den die Menschen auf die Straße gingen: Alexander Dubček, der die Funktion des Parlamentsvorsitzenden inne hatte – einen Posten, den er zwei Wochen später verlieren sollte.

Zerstreute Opposition in einer demobilisierten Gesellschaft

Die schwere Krise, die das Regime im Jahr 1968 erschütterte, endete schließlich in einer erneuten Konsolidierung. Währenddessen spielte die Opposition nie eine unabhängige Rolle – zumindest nicht als eine klar definierte politische Kraft. Zu Beginn der 1970er Jahre gab es noch einige Gruppen, die versuchten, irgendeine Art von Oppositionsaktivität in Gang zu setzen. Die Revolutionäre Jugendbewegung (Hnutí revoluční mládeže) kam aus radikalen studentischen Kreisen in Prag, die mit radikalen linksgerichteten Gruppen in Frankreich und Westdeutschland in Verbindung standen. In Brünn bildeten Mitglieder der offiziellen Tschechoslowakischen Sozialistischen Partei (ÈSS) eine illegale Gruppe.[6] Ehemalige Mitglieder der KSČ, die 1968 den Reformflügel begründet hatten, spielten während der frühen 1970er Jahre ebenfalls eine wichtige Rolle in der Opposition. Später gehörten viele der Akteure aus dieser Phase zu den Aktivisten der bedeutendsten Oppositionsgruppe der letzten Jahre des Regimes: der Charta 77. Unter ihnen befanden sich Petr Uhl, ein Gruppenführer der Revolutionären Jugendbewegung (RYM), die ehemaligen hochrangigen Parteimitglieder Jaroslav Šabata und Milan Hübl, die Historiker Jaroslav Mezník und Jan Tesař, und viele andere. Die Opposition dieser Zeit diente als eine Art Brücke zwischen dem Prager Frühling und der jüngeren Generation, die zwanzig Jahre später, in der finalen Krise des Regimes, aktiv wurde.

Die Aktivitäten der Opposition waren in den frühen 1970ern fast ausschließlich auf die tschechischen Länder begrenzt; die Slowakei blieb von den wütenden Protesten im August 1969 fast unberührt. Dort fand die erneute Konsolidierung des Regimes schneller statt, und die slowakische Gesellschaft litt wesentlich weniger unter Repressionen als die tschechi-

---

6   Neben der KSČ existierten offiziell vier weitere Parteien in der kommunistischen Ära. Bei diesen handelte es sich um Marionettenorganisationen, die vollständig unter der Kontrolle des Regimes standen und dazu dienten, dem System eine pseudo-demokratische Fassade zu geben. Während des Prager Frühlings versuchten diese Parteien oder einige ihrer lokalen Verbände unabhängig zu werden, wobei der Lokalverband der ÈSS in Brünn am aktivsten war. Einige seiner Mitglieder setzten ihre Aktivitäten fort, auch nachdem die Parteiführung besänftigt und wieder unter die Kontrolle des Regimes gebracht worden war. Im Jahr 1971 bezeichnete sich die Gruppe selbst als Tschechoslowakische Bewegung für den Demokratischen Sozialismus.

sche. Zudem wurde die Föderalisierung der Tschechoslowakei, die die Schaffung einer Reihe von eigenständigen staatlichen Institutionen für die Slowakei mit sich brachte, die einzige bedeutende Reform von 1968, die die Politik der „Normalisierung", wie die erneute Konsolidierung des Regimes offiziell genannt wurde, überlebte. Obwohl auch in der slowakischen Gesellschaft der sowjetische Einmarsch abgelehnt wurde, unterschied sich ihre kollektive Erinnerung an 1968 vielfach von der in den tschechischen Ländern, und die Slowaken gingen in einer etwas anderen psychologischen Atmoshäre in die 1970er Jahre als die Tschechen. Dies blieb in hohem Maße so, auch in den nächsten zwanzig Jahren.

Nach dem Sommer 1969 war die Opposition gezwungen, ihre Aktivitäten immer mehr im Verborgenen durchzuführen, auch wenn die Tschechen wenig Erfahrung in der Kunst der Verschwörung besaßen. Ein relativ gut durchdachtes System des funktionierenden Untergrunds wurde von der RYM ausprobiert. Zu dieser Zeit bestanden die Aktivitäten der Opposition hauptsächlich darin, Petitionen zu schreiben, die gegenseitigen Kontakte aufrecht zu erhalten, politische Programme zu diskutieren und zu beschließen, alternative Kommunikationswege zu erkunden (dies beinhaltete auch den Beginn des Samizdat) und Flugblätter zu verteilen. Eine groß angelegte Verteilung von Flugblättern war für den Herbst 1971 geplant, als das Regime sich selbst schon so gut gefestigt fühlte, dass es Parlamentswahlen im traditionellen Stil ausrief, mit den üblichen 99,9 Prozent der Stimmen zugunsten einer einzigen Vorschlagsliste von Kandidaten ohne Opposition. Die Repressionsorgane waren sehr erfolgreich mit ihren Maßnahmen gegen die gesetzlich verbotene Opposition. Im Dezember 1969 löste der StB die RYM auf und verhaftete ihre Stammmitglieder. Bis 1971/72 waren praktisch alle Oppositionsgruppen aufgelöst worden. Prozesse und Verurteilungen folgten bald darauf. Im Frühling 1971 kamen Mitglieder der RYM vor Gericht. Die höchste Anzahl an Prozessen fand im Sommer 1972 gegen die oppositionellen Sozialisten und Ex-Kommunisten in Brünn statt.[7]

Allerdings waren im Gegensatz zu der Zeit vor zwanzig Jahren nicht Zehntausende beteiligt, sondern „nur" ein paar Duzend Personen (oder höchstens Hunderte, wenn man diejenigen mitzählt, die im Rahmen der besonderen gesetzlichen Maßnahme vom 22. August 1969 kurze Haftstrafen oder Bewährungsstrafen erhielten), und ihre Strafen fielen weitaus milder aus als damals. Die längste Haftstrafe, die ausgesprochen wurde, betrug fünf Jahre. Allerdings wurden Hunderttausende durch den Verlust des Arbeitsplatzes und der Beendigung ihrer beruflichen Laufbahn (oder der Schulbildung ihrer Kinder) in sehr schwierige und bedrohliche Situationen gebracht. Die öffentliche Reaktion auf diese neuen Bedingungen war gemäßigt. Die Menschen neigten dazu, sich in ihre Privatsphäre zurückzuziehen.

Zu diesem Zeitpunkt erschien es ausgeschlossen zu sein, das Regime entweder loszuwerden oder zu reformieren. In gewissem Maße kann man den Rückzug ins Privatleben („innere Emigration") als eine Variante der Strategie betrachten, die in den späten 1970er Jahren von einer neuen Welle der Opposition, die sich selbst die „nicht-politische" Opposition nannte, gewählt wurde. Sie verfocht den Aufbau einer „Parallelgesellschaft" durch die Schaffung einer unabhängigen Kultur (Samizdat, Zimmertheater, private Ausstellungen, usw.), die von der offiziellen kommunistisch dominierten Kultur abgetrennt war. Dieses neue Milieu bezeichnete sich selbst als *Underground*, aber es handelte sich mehr um einen kulturellen als um einen politischen Untergrund, der stark von der amerikanischen Gegenkultur der späten 1960er Jahre beeinflusst war. Nonkonformistische junge Leute, die nach

---

[7]   Bezüglich der Repression in diesem Zeitraum siehe zum Beispiel Cuhra (1997); Tůma (1999a).

dem August 1969 resignierten, engagierten sich in den 1970er Jahren nicht politisch, sondern wollten nur ihr eigenes Leben führen. Ihr Lebensstil, ihre ästhetischen Normen und Gewohnheiten, die stark westlich beeinflusst waren und in denen die Rockmusik ein bedeutendes Kommunikationsmittel und das sichtbarste verbindende Band darstellte, wurden vom Regime für inakzeptabel und irrational erklärt. Der *Underground* bildete einen der letzten Bereiche der Gesellschaft außerhalb der Kontrolle des Regimes.[8]

Die Charta 77

Zu Beginn des Jahres 1976 beschloss das Regime, den nonkonformistischen jungen Leuten eine Lektion zu erteilen, und verhaftete Mitglieder der bekannten *Underground*-Rockband „Plastic People of the Universe". Zur Überraschung des Regimes riefen die Verhaftungen eine Welle der Sympathie hervor, die weit über die Rockfans hinausging. Die jungen Künstler bekamen Rückendeckung von Vertretern aus Kultur und Politik, von denen das Regime geglaubt hatte, dass es sie nach 1969 zum Schweigen gebracht hätte. Viele von ihnen hatten einen internationalen Ruf, der das Regime zuweilen davon abhielt, direkte Repressionen anzuwenden. Der Aufschrei im Namen der „Plastic People" erwies sich als erfolgreich: Die meisten dieser Inhaftierten wurden freigelassen, nur vier von ihnen kamen im Herbst 1976 vor Gericht und erhielten relative milde Urteile.

Ausgehend von diesem Akt der Solidarität, von dem Erlebnis einer gemeinsamen Erfahrung und der Entdeckung, eine eigene Stimme zu haben, wurde Ende 1976, Anfang 1977 die Gruppe Charta 77 gegründet. Sie sollte die bedeutendste Oppositionsgruppe während der letzten dreizehn Jahre des Regimes werden. Weitere Faktoren, die bei der Gründung der Charta 77 eine Rolle spielten, betrafen vor allem Veränderungen der internationalen politischen Szene, insbesondere die Entspannungspolitik zwischen den Supermächten und das Helsinki-Abkommen. Die erste Erklärung, die von der Charta herausgegeben wurde, basierte daher nicht zufällig direkt auf der Schlussakte von Helsinki (Mastny 1986; Thomas 2001).

Allerdings gab es auch vorher schon Gründe dafür, eine größer angelegte Aktion in Angriff zu nehmen. Dies hatte wahrscheinlich mit der Tatsache zu tun, dass die tschechische Gesellschaft – und viele Akteure der Liberalisierung der späten 1960er Jahre – die Rückkehr eines starren kommunistischen Regimes für ein Übergangsphänomen hielten, das nicht lange andauern würde. Erst als die Jahre vergingen, gewann die Erkenntnis Raum, dass die bestehenden Bedingungen stabil waren und man lernen musste, mit der Situation, wie sie nun einmal war, umzugehen. Wie es von einem Guru des tschechischen Untergrunds, Ivan M. Jirous, formuliert wurde:

> „Wir begannen zu begreifen, dass das, worin wir leben, nicht vorübergehend ist, dass es so, wie es ist, eine lange Zeit, wahrscheinlich für immer weitergehen wird" (Jirous 1997: 187).

Ähnlich Václav Havel, die führende Figur der Opposition der 1970er und 1980er Jahre:

---

8   Bezüglich der Atmosphäre und der Lebensumwelt dieser Zeit vgl. etwa die Memoiren einiger Protagonisten des musikalischen und kulturellen Untergrunds: Chadima (1992); Hlavsa/Pelc (1992); Jirous (1997) (Die wahre Geschichte der Plastic People).

„Ich habe einfach aufgehört, darauf zu warten, dass die Welt besser wird und mein Recht, in die Welt einzugreifen oder meine Meinung über sie zu äußern, wahrgenommen" (Havel 1990a: 139).[9]

Die erste Erklärung der Charta 77 wurde von 242 Personen unterzeichnet, andere unterzeichneten sie nach und nach, und bis Ende 1989 hatten 1.886 Personen ihre Unterschrift darauf gesetzt.[10] Allerdings war der Kreis der wirklich aktiven Mitglieder der Charta auf ein paar hundert begrenzt. Jedes Jahr wählte die Charta 77 drei Vertreter, die bevollmächtigt waren, in ihrem Namen zu sprechen und ihre Dokumente zu unterzeichnen. Die ersten Sprecher waren Václav Havel, der Philosoph Jan Patočka und der ehemalige Außenminister von 1968, Jiří Hájek.

Aus Überzeugungsgründen sowie aus taktischen Gründen stellte die Charta 77 sich selbst nicht als politische Oppositionsgruppe dar, sondern als eine Organisation, die die Einhaltung der Menschenrechte, der Rechtsstaatlichkeit und die Erfüllung internationaler Verpflichtungen überwachte. Die Charta 77 gründete ihre Argumentation auf geltende Gesetze und wollte ihre Angelegenheiten öffentlich führen. Das heißt nicht, dass sie nicht im Untergrund arbeitete. Beispielsweise nahmen ihre Mitglieder an heimlichen Treffen mit Vertretern der polnischen Opposition in Wäldern nahe der Grenze teil. Das Regime hätte derartige Aktivitäten unterbinden können, wollte aber nicht zu weit gehen. Das lag zum Teil an der inländischen und ausländischen öffentlichen Meinung. Der Besuch des niederländischen Ministers van der Stoel in der Tschechoslowakei, bei dem er sowohl Regierungsmitglieder als auch den Sprecher der Charta 77, Jan Patočka, traf, wurde zu einem Modell für das spätere Verhalten vieler westlicher Politiker und Diplomaten. Es verhalf der Charta 77 zu internationaler Legitimität und ermutigte andere Diplomaten und Staatsmänner, führende Personen der Charta 77 zu besuchen.

Dennoch verfolgte das Regime Mitglieder der Charta 77. Viele waren gezwungen, ins Exil zu gehen, andere wurde inhaftiert, aber das Regime griff nicht mehr zu den harten Methoden der 1950er Jahre. Es wurde für die Charta 77 bald zur Routine, die Praktiken des Regimes zu analysieren und zu kritisieren, die eigenen Ansichten und Vorschläge zu veröffentlichen und zum Dialog aufzurufen, auch wenn ihre Vorschläge vom Regime nie akzeptiert wurden. Ihr aktiver Kern konzentrierte sich auf Prag und Brünn, aber das Wissen über die Aktivitäten der Charta 77 und ihre Glaubwürdigkeit im Volk waren offenkundig größer, als sich das die Akteure selbst vorstellten. In der Slowakei allerdings fand die Charta 77 sehr wenig Unterstützung und Resonanz.

Politische Opposition in der finalen Krise des Regimes

Mitte der 1980er Jahre begann sich die Situation zu ändern, wiederum im Zusammenhang mit neuen internationalen Entwicklungen. Das kommunistische System in Polen war immer mehr Problemen ausgesetzt und die Gelegenheitsstrukturen für oppositionelles Handeln erweiterten sich. Die Tschechoslowaken beobachteten die Situation in Polen mit großem Inte-

---

9   Siehe auch die Beschreibungen der Unterzeichneten über ihre Motive, wie sie sie zwanzig Jahre später erklärten (Císařovská et al. 1997).

10 Zu einer Liste der Unterzeichneten, der Sprecher und einer Auswahl an Dokumenten der Charta und anderer zeitgenössischer Texte siehe Prečan (1990); Skilling (1981).

resse. Was dort geschah, hatte einen starken Einfluss auf die Verhältnisse in der Tschecho-slowakei, nicht zuletzt aufgrund der engen Verbindungen zwischen der tschechoslowaki-schen und der polnischen Opposition. Ebenso waren natürlich Entwicklungen in der Sow-jetunion von großer Bedeutung. Gorbatschows Reformen wurden mit gemischten Gefühlen aus Sympathie und Skepsis verfolgt, aber sie stärkten die Hoffnungen auf Veränderung und lieferten Argumente für die Kritik an dem verknöcherten System in der Tschechoslowakei. Von 1987 an erweiterte sich das Spektrum der unabhängigen Initiativen. Der Charta 77 und ihrer spezialisierten Untergrundorganisation, *Výbor na obranu nespravedlivě stíhaných* (Komitee zur Verteidigung zu Unrecht Verfolgter, gegründet im Jahr 1978) schlossen sich viele Gruppen an. Die Mitgliedschaft in ihnen überlappte sich zumindest teilweise mit der in der Charta; im Unterschied zur Charta besaßen diese Gruppen stärker politisch ausge-richtete Programme. Eine dieser Gruppen war *Hnutí za občanskou svobodu* (Bewegung für die bürgerliche Freiheit), die im Herbst 1988 gegründet wurde. Die *Democratická initiativa* (Demokratische Initiative) andererseits nahm eine kritische Haltung zur Charta 77 ein. *Obroda* (Wiedergeburt) plädierte wiederholt für das reformkommunistische Experiment von 1968. Junge Leute gründeten den *Nezavislé mírové sdružení* (Unabhängiger Friedens-verein) oder die Gruppe *České děti* (Tschechische Kinder) (vgl. Hlušičková/Otáhal 1993; Hlušičková/Císařovská 1994; Svobodová 1995; Kokošková/Kokoška 1996). Die beiden letztgenannten Gruppen hatten Programme, die etwas außerhalb des Mainstream lagen: Die erste trat für einen konsequenten Pazifismus ein, die letzte hatte – zumindest formell – eine Neigung zur Monarchie; worauf es allerdings mehr ankam, war die Entscheidung beider Gruppen für eine klare und unverdeckte Opposition.

Die kommunikativen und technischen Möglichkeiten der Opposition hatten sich deut-lich verbessert, zum Teil dank aus dem Ausland erhaltener Unterstützung. Tausende Ex-emplare von Zeitschriften, die die aktuelle politische Situation betrafen, wurden verteilt. Von Ende 1987 an wurde die Zeitung *Lidové noviny* in regelmäßigen monatlichen Abstän-den heraus gebracht.[11] Junge Menschen – die Generation derjenigen, die als Teenager im August 1969 auf den Straßen und in den Gefängnissen geschlagen worden waren – ergrif-fen die Initiative und formulierten ihren Protest. Diese Generation entwickelte eine radikale Haltung. Das Samizdat-Journal *Sport*, das im Jahr 1989 veröffentlicht wurde, verfolgte ex-plizit einen Kurs der direkten politischen Aufwiegelung, und seine Leute deklarierten sich selbst offen als Anti-Kommunisten.

1988 begann die Bevölkerung mehr und mehr in der allgemeinen Öffentlichkeit ihre Unzufriedenheit auszudrücken, manchmal gingen die Menschen sogar auf die Straße. Auch wenn derartige Demonstrationen auf Prag beschränkt blieben und sich nur ein paar tausend Menschen daran beteiligten, nahm ihre Anzahl nun deutlich zu. Zwar gab es bereits Mitte der 1980er Jahre einige kleinere Straßendemonstrationen, die erste wirklich große De-monstration jedoch fand am 21. August 1988, dem 20. Jahrestag des sowjetischen Einmar-sches in die Tschechoslowakei, statt. Die Größe der Demonstration überraschte nicht nur das Regime, sondern auch die Angehörigen der etablierten Opposition. Sie war hauptsäch-lich vom Unabhängigen Friedensverein und den Tschechischen Kindern organisiert wor-den, entstand aber auch zu einem großen Teil spontan. Bis zum Ende des Jahres fanden ver-schiedene weitere Demonstrationen statt, die nun gemeinsam mit der Charta 77 angekün-digt und organisiert wurden.

---

11   Es gibt eine Neuausgabe in zwei Bänden: Lidové noviny 1988 a 1989, Prag 1990.

Im darauffolgenden Jahr änderte sich die Situation in hohem Tempo und grundlegender, als es die etablierte Opposition erwartet hätte. Wiederholt fanden Straßendemonstrationen statt, und die Protestpetitionen trugen nun nicht nur hunderte sondern zehntausende von Unterschriften. Bei Unruhen im Januar fanden sechs Tage lang Demonstrationen im Zentrum von Prag statt (Vladislav/Precan 1990). Tausende von Künstlern, Akademikern und anderen öffentlich aktiven Personen unterzeichneten eine Petition für die Freilassung von Václav Havel, der im Zusammenhang mit den Demonstrationen inhaftiert worden war und bis Mai eingesperrt blieb. Die Petition „Einige Sätze", die im Sommer 1989 von Václav Havel als eine moderate Liste von Forderungen der Opposition erarbeitet worden war, erhielt bis zum Herbst 1989 fast 50.000 Unterschriften. Macht und Einfluss der Opposition wuchsen schnell.

In der Slowakei veränderte sich die Situation ebenfalls, obwohl sich dort die Unabhängigkeitsbemühungen stärker auf Themen wie die Religionsfreiheit oder ökologische Probleme konzentrierten (Lesňák 1998; Šimulčík 1997). Dies traf auch auf den slowakischen Samizdat zu, und die einzige große Demonstration in der Slowakei vor dem November 1989, die sogenannte „Kerzendemonstration" in Bratislava im Frühjahr 1988, war eine Demonstration für die Religionsfreiheit (Šimulčík 1998).

Vor dem November 1989 gab es kein vereintes Koordinationsorgan der Opposition, obwohl es Versuche gegeben hat, eine solche Dachorganisation zu schaffen. Dies könnte teilweise an den Konflikten zwischen den einzelnen Oppositionsgruppen und Persönlichkeiten gelegen haben, teilweise offensichtlich aber auch an den spaltenden Aktionen des StB. Das Nichtvorhandensein einer solchen allumfassenden Organisation wurde teilweise durch die Tatsache kompensiert, dass die Autorität von Václav Havel immer weniger bestritten wurde. Bezüglich ihrer Taktik verließ sich die Opposition auf traditionelle Muster – Aufrufe zum Dialog mit staatlichen Autoritäten oder zu Gesprächen am Runden Tisch (nach dem erfolgreichen polnischen Modell), nicht aber zur Beseitigung des Regimes (Otáhal 1994: 70f). Im August 1989 wurde die Unentschlossenheit und Uneinigkeit der Opposition offensichtlich. Dem radikalisierten Teil der Bevölkerung und der Opposition erschien der bevorstehende Jahrestag des sowjetischen Einmarsches von 1968 als eine gute Gelegenheit, die Konfrontation mit dem Regime zu suchen. Der Kern der traditionellen Opposition allerdings, auch Václav Havel selbst, befürchtete drastische repressive Maßnahmen und appellierte an die Öffentlichkeit, Demonstrationen zu unterlassen. Insofern war der 21. August 1989 kein Wendepunkt. Es gab zwar eine Demonstration in Prag. Diese war aber kleiner als diejenigen, die im Januar stattgefunden hatten. Solche verpassten Gelegenheiten schwächten die Opposition in den nächsten Wochen (Otáhal 1994; Keane 1999).

Dennoch radikalisierte sich die Situation. Die Ereignisse in den Nachbarländern, besonders die in der DDR, übten einen beträchtlichen Einfluss auf die sich verändernde Stimmung aus. Tatsächlich fand der Zusammenbruch des ostdeutschen Regimes teilweise direkt vor den Augen der tschechoslowakischen Öffentlichkeit statt, und zwar in Form des Exodus von Tausenden DDR-Bürgern über die westdeutsche Botschaft in Prag (Tůma 1999b; 1999c).

Auch der Ausbruch der finalen Krise überschritt wieder den Horizont und die Pläne der traditionellen Opposition. Sie setzte ein, als Studenten der Prager Universität eine Zusammenkunft für den 17. November organisierten, um der Nazi-Repression gegen tschechische Studenten im Jahr 1939 zu gedenken. Die Oppositionsinitiativen spielten dabei keine Rolle; beteiligt waren lediglich unabhängige Studenten, die der Opposition nahe standen und die

mit Vertretern der offiziellen Studentenorganisationen an den Universitäten zusammenar-
beiteten. In der angespannten Atmosphäre konnte keine öffentliche Versammlung stattfinden, ohne zu einer Demonstration gegen das Regime zu werden – diese hier war jedoch die
größte. Bis zu 50.000f Menschen nahmen in der Schlussphase am Marsch ins Stadtzentrum
teil. Die Demonstration wurde in einer besonders brutalen Weise aufgelöst, und eine Zeit
lang hielten sich Gerüchte, ein Student sei dabei gestorben.[12]

Schneller und wesentlich radikaler als die Charta 77 reagierten die studentischen und
künstlerischen Gemeinschaften. Die Charta bereitete eine Erklärung im üblichen Stil vor,
die so beschwichtigend war, dass der Sprecher Alexandr Vondra bei einem Treffen von
Studenten und Theaterleuten am 18. November beschloss, sie angesichts der wesentlich ra-
dikaleren Reden, die gehalten wurden, nicht einmal vorzulesen. Die Studenten und Künstler
riefen zu Streiks an den Universitäten und Theatern auf sowie zu einem Generalstreik, der
am 27. November stattfinden sollte. In Prag und in hundert anderen Orten fanden tägliche
Zusammenkünfte statt, die nicht Tausende sondern Millionen anzogen. Innerhalb weniger
Tage stand das Regime am Rande des Zusammenbruchs.

Während der gesamten Krise lief die „traditionelle Opposition" immer einen Schritt
hinter der öffentlichen Stimmung her. Schließlich aber übertraf sie sich selbst und reagierte
flexibel. Der Improvisationsgeist, der sich während der nächsten Tage zeigte, ist seither le-
gendär geworden. Am 19. November wurde das Bürgerforum als Dachorganisation für die
Opposition gegründet. Es formulierte ein minimales, aber klares politisches Programm, übte Druck aus und konnte so die Situation beherrschen (Suk 1995). Eine ähnlich vereinte
Oppositionsgruppierung, die VPN – Verejnosť proti násiliu (Öffentlichkeit gegen Gewalt) –
wurde in Bratislava gegründet. Sie arbeitete eng mit dem Bürgerforum zusammen, organisierte Massenproteste und nahm später neben dem Bürgerforum an den Gesprächen am
Runden Tisch teil. Zu Beginn konnte die VPN ein radikaleres und politisch klarer profilier-
tes Programm als das Bürgerforum formulieren, aber die Positionen der beiden Zentren der
Revolution kamen schnell zusammen und ergänzten sich gegenseitig auf fast ideale Weise[13].

Wie gezeigt, hatte die „traditionelle Opposition", insbesondere Václav Havel, eine größere Unterstützung innerhalb der Gesellschaft, als den Vertretern der Opposition bewusst
war. Am wichtigsten war zu dieser Zeit allerdings die moralische Autorität und nicht die
politische Erfahrung. Es war in der Tat die moralische Autorität, die in diesen euphorischen
und enthusiastischen Tagen das größte Gewicht hatte! Vielleicht war die Führung des Bürgerforums, als sie weiter zum Dialog aufrief anstatt zum sofortigen Regimewechsel, in Annahmen verfangen, die aus der Zeit vor dem 17. November stammten. Vielleicht war die
angewandte Strategie nicht auf die tatsächliche Situation abgestimmt. Wohl aber waren dies
die Taktiken und die tagtäglichen Aktivitäten. Am 10. Dezember wurde mit der Gründung
einer „Regierung des nationalen Einverständnisses" (die aus relativ unbelasteten kommunistischen Parteimitgliedern und dem Bürgerforum bestand) ein formeller Kompromiss
zwischen der Opposition und dem Regime geschlossen, in Wirklichkeit aber hatte das Regime bereits aufgehört zu existieren. Mit der Wahl des Oppositionsführers Václav Havel

---

12   Zu den Ereignisse vom 17. November und der daraus folgenden „Samtenen Revolution" vgl. Otáhal (1994);
     Otáhal/Sládek (1990); Otáhal/Vaněk (1999); Suk et al. (1999).

13   Bezüglich der Situation in der Slowakei vgl. Pešek/Szomolányi (2000).

zum Präsidenten der Republik am 29. Dezember wurde die Übertragung der politischen Macht zu einem symbolischen Endergebnis gebracht.

Die Opposition und ihr traditioneller Kern der Charta 77 spielten eine bedeutende Rolle in der Schlussphase des Zusammenbruchs des kommunistischen Regimes. Zweifellos trug die Tatsache, dass so etwas wie die Charta 77 existierte und sich Personen mit enormer moralischer Autorität und mit der Bereitschaft zum Handeln und zur Einnahme von Führungspositionen in ihr engagierten, zur schnellen, geordneten und vollständigen Abdankung des Regimes bei.

Analytische Betrachtungen

Ziele und Visionen

Die Motive und Ziele der Opposition nach dem Februar 1948 lassen sich klar dahingehend zusammenfassen, dass sie auf den Umsturz des Regimes ausgerichtet waren. Die Überzeugung, dass im Jahr 1948 nach dem Widerstand gegen die Habsburger und dem Widerstand gegen die Nazis ein „dritter Widerstand" entstanden war, sagt viel über die mit ihm verbundenen Erwartungen aus: Wie im ersten und im zweiten Fall wurde auch der antikommunistische Widerstand als Teil eines Weltkonfliktes angesehen. Weithin erwartete man den Ausbruch eines Krieges zwischen dem Westen und dem Sowjetblock, der zur militärischen Niederlage der UDSSR und zum Fall des kommunistischen Regimes in der Tschechoslowakei führen würde. Es wurde für weniger wahrscheinlich, aber immer noch für möglich gehalten, dass der Westen den Kalten Krieg ohne einen bewaffneten Konflikt gewinnen könne und die Sowjetunion durch den erfolgreichen Druck von allen Seiten ihre Vormachtstellung über Mitteleuropa aufgeben müsse. Genau dies waren die Vorstellungen, die nach dem Februar 1948 von führenden Vertretern der unterdrückten nicht-kommunistischen Parteien, auch von dem bekanntesten Opfer des Regimes, Milada Horáková, sowie von nicht-kommunistischen Politikern im Exil diskutiert wurden (Kaplan 1996).

Die Opposition in den 1970er und 1980er Jahren, die fast ausschließlich durch die Charta 77 verkörpert wurde, hatte andere Zielsetzungen und Wahrnehmungen bezüglich ihrer eigenen Bedeutung. Sie versuchte, das Regime dazu zu zwingen, wenigstens begrenzte Zugeständnisse im Bereich der Menschenrechte, der kulturellen Freiheit, der Rechtsstaatlichkeit und der Erfüllung internationaler Verpflichtungen zu machen. Dies war zu jener Zeit das höchste, was die Opposition zu erreichen sich zutraute. Über die längste Zeit während dieser Epoche verfügte die Opposition nicht über ein wirkliches politisches Programm. Nichtsdestotrotz waren ihre Themen – Menschenrechte, Rechtsstaatlichkeit, Überwachung durch unabhängige bürgerliche Gruppen – von fundamentaler politischer Bedeutung; ihre Arbeit wurde vom Regime genau beobachtet. Es gab auch eine Agenda, die auf persönlichen Anstand, ein unabhängiges Leben und darauf Wert legte, sich nicht durch das Regime einschüchtern oder korrumpieren zu lassen, in der es also darum ging, eine Gesellschaft zu schaffen, die so unabhängig wie möglich vom Regime war, oder etwas, das der katholische Intellektuelle und Charta 77-Aktivist Václav Benda im Jahr 1978 eine „Parallelgesellschaft" nannte (siehe Prečan 1990). Erst in der finalen Krise des Regimes veränderten sich die Ziele und die Handlungsfähigkeiten der Opposition. Bis dahin wurden die Forderungen nach fundamentalen systemischen Veränderungen stets verbunden mit Verhandlungen zwischen dem Regime und der Opposition in Form von direkten Dialogen oder Gesprächen am Runden Tisch. Die Vorstellung, dass das Regime vollständig gestürzt werden könnte, kam eher spontan und außerhalb der etablierten Opposition auf und wurde von ihren Führungspersonen erst im November/ Dezember 1989 übernommen.

Der geistige Hintergrund der Opposition nach dem Februar 1948 lässt sich leicht schildern. Er entstand aufgrund der Erfahrung der tschechoslowakischen Vorkriegszeit, die nach den Jahren der Besatzung durch die Nazis und die Etablierung des kommunistischen Regimes idealisiert wurde. Die Opposition rief offen zu einer Wiederherstellung der Vorkriegsdemokratie auf.

In den 1970er und 1980er Jahren war die Situation eine ganz andere; die Denkweise der Opposition war weit weniger politisch ausgerichtet. Die Charta 77 wurde durch verschiedene intellektuelle Strömungen der 1960er Jahre beeinflusst, die vom Existentialismus bis hin zur Neuen Linken reichten. Es gab in den Reihen der Opposition einige originäre Denker, hauptsächlich Jan Patočka und Václav Havel, die sich mehr mit existentiellen Fragen als mit der politischen Revolution beschäftigten. Sie sahen in der osteuropäischen Opposition eine Gelegenheit, eine unabhängige neue Gesellschaftsordnung zu errichten, die nicht nur die Unzulänglichkeiten des Kommunismus, sondern auch die des Kapitalismus und der traditionellen Demokratie überwinden würde[14].

Die Oppositionen der beiden Epochen haben jeweils Lernprozesse durchlaufen, die zu identifizierbaren Verhaltensänderungen führten. Die Opposition nach dem Februar 1948 erkannte, dass ihre Bemühungen, eine politische, illegale und bewaffnete Opposition zu betreiben, zum Scheitern verurteilt waren. Diese Erkenntnis sowie die Effektivität der Repression waren ein bedeutender Faktor, der dazu beitrug, dass die Opposition Mitte der 1950er Jahre beinahe ausgelöscht wurde. Andererseits war die Transformation der Opposition von dem Betreiben aktiver Politik hin zur Orientierung an unabhängiger Kultur, jugendlicher Gegenkultur usw. nicht so sehr Teil einer bewussten taktischen Veränderung, die aus Lernerfahrungen resultierte, als vielmehr das logische Resultat sozialer Entwicklungen.

In den 1980er Jahren ging der Lernprozess in die entgegengesetzte Richtung. Ein wichtiger Teil dieser Lektion bezog sich auf ausländische Erfahrungen, insbesondere auf die erfolgreiche Demontage des kommunistischen Regimes in Polen und die Taktiken der dortigen Opposition sowie auf Entwicklungen in der DDR. Einige Studentenführer, die die DDR besucht hatten, waren dort zu Augenzeugen des Zusammenbruchs des Regimes geworden. Die Organisation der Hauptdemonstration am 17. November wurde nicht unwesentlich durch ihre noch frische ostdeutsche Erfahrung inspiriert.[15] Vor diesem Hintergrund lernte die tschechoslowakische Opposition, ihren Aktivitäten eine offene politische Richtung zu geben, den massiven gesellschaftlichen Aufbruch erfolgreich zu kanalisieren und schließlich die Macht zu übernehmen. Das anfänglich radikaler und politischer definierte Programm der slowakischen Opposition war zweifellos von Vertretern der ungarischen Minderheit innerhalb der VPN beeinflusst, die mit dem Programm und den Taktiken der Opposition in Ungarn bestens vertraut waren.

---

14   Siehe zum Beispiel Havel (1985, 1990); Texte von Jan Patočka (und weitere Gedanken über das Programm der Charta 77) in Prečan (1990).

15   Siehe die Interviews mit Studenten, die von Otáhal/Vaněk (1999) veröffentlicht wurden.

Interne Struktur und Formen der Oppositionstätigkeit

Die soziale Struktur der Opposition nach dem Februar 1948 war sehr unterschiedlich. Sie umfasste Mitglieder der politischen Parteien, die vor dem Februar 1948 entstanden waren, Organisationen wie *Sokol* und die Pfadfinder, Armeeoffiziere, Amtspersonen der katholischen Kirche, Landwirte, die gegen die Kollektivierung waren, und vielleicht die Mehrheit der jungen Leute – sowohl Studenten als auch Arbeiter. Die Struktur der Opposition der 1970er Jahre war wesentlich klarer. Man kann sogar sagen, dass die Namen der Akteure bekannt sind – sie unterzeichneten die Charta 77. An ihr waren hauptsächlich Intellektuelle beteiligt, insbesondere (allerdings nicht durchgängig) diejenigen, die kulturelle, politische und wirtschaftliche Positionen in den vom Regime in den 1960er Jahren genehmigten Strukturen innehatten. Im Laufe der Jahre gewann die Opposition an Größe. Im November 1989 waren zwei Hauptgruppen am aktivsten, die Universitätsstudenten und die Künstler.

Wie erwähnt, bemühte sich die Opposition vor dem Februar 1948 vor allem um die Durchführung illegaler Untergrundaktivitäten, und ihre Organisations- und Kommunikationsmethoden spiegelten diese Tatsache wider. Aber von wenigen Ausnahmen abgesehen (z.B. illegale Gruppierungen innerhalb der Armee), erwiesen sich die Versuche, breitere Netzwerke mit mehreren Mitgliedern aufzubauen, nicht als erfolgreich. Selbst wenn der Eindruck entstand, als gingen von derartigen Netzwerken beachtliche Wirkungen aus, waren sie normalerweise vom StB infiltriert.

Die Charta 77 und ihre Schwesterorganisationen wollten nie eine organisierte Institution außerhalb des Gesetzes werden. Folglich sind sie es auch nie geworden. Auch wenn sie ebenfalls von konspirativen Methoden Gebrauch machten, gaben sie nie den Anspruch auf, ihre Aktivitäten in voller Übereinstimmung mit geltendem tschechoslowakischem Recht und offen durchzuführen. Die Charta 77 und das Komitee zur Verteidigung zu Unrecht Verfolgter schafften es, ihre Botschaft über das ganze Land auszubreiten, allerdings fand die Hauptkommunikation zwischen Prag und Brünn statt. Die gemeinsame Kommunikation wurde vor allem durch Aktivitäten wie die Verbreitung von Petitionen, die Wahl von Sprechern der Charta 77 und die Beobachtung der landesweiten Verfolgung aufrechterhalten. Die Mitglieder der Opposition waren durch Gefühle der Solidarität und des Kameradschaftsgeistes miteinander verbunden, die durch enge zwischenmenschliche Beziehungen gestärkt wurden.

Allgemeine kontextbezogene Voraussetzungen für die Aktivitäten der Opposition

Während der ersten Jahre des kommunistischen Regimes waren die Bedingungen für die Aktivitäten der Opposition ziemlich ungünstig. Zu Beginn hatte das Regime eine breite öffentliche Unterstützung. Für viele sah es nicht so aus, als ob die Opposition einen externen Feind bekämpfen würde, wie dies in Polen der Fall war. Vielmehr waren die nichtkommunistischen Kräfte durch die Niederlage demoralisiert. Persönlichkeiten, die höchste Ämter inne gehabt hatten, wie Präsident Beneš und der Außenminister Jan Masaryk (der Sohn von Tomáš Garrigue Masaryk, dem Gründer der Tschechoslowakischen Republik) riefen aus Angst vor Chaos und internen Kämpfen nie zum offenen Widerstand gegen das Regime auf. Die Opposition erhielt zwar Unterstützung aus dem Ausland, aber diese erwies sich als sehr begrenzt und flaute nach 1956 ab.

Nach 1969 war die Situation eine andere. Das Regime war definitiv unpopulär und die Opposition wurde als eine Kraft angesehen, die sich gegen einen Unterdrücker von außen wandte. Allerdings profitierte das Regime von einem weit verbreiteten Gefühl der Skepsis, einem Mangel an Vertrauen auf die Möglichkeit von Veränderungen und dem Fehlen eines oppositionellen politischen Programms. Die Opposition nutzte Beziehungen zur Außenwelt effektiver, und das Regime, das die Fassade der Normalität und ordnungsgemäßer Beziehungen zum Westen aufrechterhalten wollte, war in seinen Reaktionsmöglichkeiten beschränkt. Nach 1977 verschafften westliche Diplomaten der Opposition Legitimität, indem sie Kontakte mit Persönlichkeiten der Opposition unterhielten. Westliche Diplomaten und Freiwillige erleichterten Kontakte zwischen der Opposition und Gruppen im Exil, besorgten Materialien usw. Einige dieser Kanäle wurden aufgedeckt und unterbunden, aber im Gegensatz zu den 1950er Jahren rissen die Verbindungen zwischen der inländischen Opposition und Personen im Exil nie ab. In der späten Phase des Regimes kam Unterstützung aus Ungarn und Polen, wo die regimekritische Opposition Hilfe für Oppositionelle in der Tschechoslowakei besorgte. Eine bedeutende Unterstützung stellten die westlichen Radiostationen dar, insbesondere *Radio Freies Europa* und *Voice of America*. Besonders in den 1980er Jahren hielten sie die Menschen über die Aktivitäten der Opposition auf dem Laufenden, und die Opposition konnte die breite Öffentlichkeit direkt über Telefoninterviews erreichen.

Nicht zuletzt veränderten in der zweiten Hälfte der 1980er Jahre die Entwicklungen in der Sowjetunion und in anderen Ostblockländern die Opportunitätsstrukturen oppositionellen Handelns in der Tschechoslowakei tiefgreifend.

Wenn man die Zahl der inhaftierten und verurteilten Personen bedenkt, war der Umfang der Oppositionsaktivitäten nach 1948 keinesfalls gering. Während der ersten Jahre übte die Opposition durchaus einen gewissen Einfluss auf die Gesellschaft aus und war in der Lage, die Botschaft zu vermitteln, das Regime stünde kurz vor dem Zusammenbruch. Sie stellte einen effektiven Faktor in der gesellschaftlichen Entwicklung dar und vermochte es, die Kollektivierung zu verzögern und lokale Regimefunktionäre in ländlichen Gegenden einzuschüchtern. Allerdings änderte sich die Situation aufgrund der umfangreichen und brutalen Repression schnell zu Gunsten des Regimes.

In den 1970er und 1980er Jahren besaß die Opposition einen wesentlich bedeutenderen Einfluss, als es die schiere Zahl ihrer Aktivisten vermuten ließ. Die bloße Existenz der Opposition, verbunden mit der Unfähigkeit des Regimes, sie zum Schweigen zu bringen, diente dazu, Horizonte zu erweitern und den öffentlichen Bewegungen einen gewissen Schwung zu verleihen. Über eine lange Zeit war die Opposition nicht stark (oder entschlossen) genug, um die Gesellschaft gegen das Regime zu mobilisieren; ihre Stimme und ihre Ideen blieben allerdings Teil des öffentlichen Diskurses. Das Regime fühlte sich gezwungen, öffentlich auf die Forderungen der Opposition zu reagieren. Auch wenn es versuchte, die Ausbreitung oder Zunahme der Oppositionsaktivitäten zu unterdrücken, erwies es sich als unfähig, den Einfluss der Opposition zu beseitigen. Nach geheimen Meinungsumfragen waren vierzig Prozent der Öffentlichkeit vertraut mit den Zielen der Opposition und sympathisierten mit ihnen. Die Prozentzahl lag bei Personen mit einem höheren Bildungsgrad und bei denen, die in den größeren Städten lebten, sogar noch höher (vgl. Vaněk 1994). Und was vielleicht am wichtigsten war, die Repression steigerte die moralische Autorität der Opposition. Von daher hatte die Opposition im entscheidenden Moment im November

1989 jene Unterstützung in der Bevölkerung, die das „Normalisierungs"-Regime nach 1968 nie gewinnen konnte.

Dem Regime fehlten nach 1968 die soziale Autorität und die erforderliche Flexibilität, um die Opposition nicht nur zu überwachen, sondern auch mit ihr außerhalb des Überwachungs-Kontextes zu kommunizieren. Das Geheimnis seiner Stabilität lag in seiner Dominanz über die Gesellschaft, der vorherrschenden Skepsis der tschechischen Gesellschaft bezüglich der Sinnhaftigkeit politischen Engagements und der relativ erträglichen sozioökonomischen Situation. Es gab nicht die Spur von Autorität oder echter Legitimität. Über den gesamten zwanzigjährigen Zeitraum nach 1969 lässt sich nichts anderes erkennen als der Versuch, den Status Quo aufrecht zu erhalten, Kritik zu unterdrücken und öffentliche Diskussionen und Veränderungen zu vermeiden. Das Beharren auf einer solchen Praxis war wiederum eine Reaktion auf die Erfahrung aus den 1960er Jahren, als das Bemühen der kommunistischen Partei um eine größere Flexibilität in einer Katastrophe endete. Für eine lange Zeit schien der Versuch des Regimes erfolgreich zu sein, die Machtverhältnisse durch eine Hinhaltetaktik aufrechtzuerhalten. Umso schneller und überraschender kam dann allerdings sein endgültiger Untergang.

Literaturverzeichnis

Blaive, Muriel (2001): Promarněná příležitost. Československo a rok 1956. Prag.

Bulínová, Mariel/ Janišová, Milena/ Kaplan, Karel (Hrsg.) (1994): Církevní komise ÚV KSČ 1949-1953: Edice dokumentů. Prag/ Brno.

Chadima, Mikoláš (1992): Alternativa. Svědectví o českém rock and rollu sedmdesátých let. Prag.

Císařovská, Blanka et al. (1997): Charta 77 očima současníků. Po dvaceti letech. Prag/ Brno.

Cuhra, Jaroslav (1997): Trestní represe odpůrců režimu v letech 1969-1972. Prag.

Dvořáková, Zora E.G. (1993): Z letopisů třetího odboje. Prag.

Gruntorád, Jiří (1998): Informace o Chartě 77: 1978-1990. Článková bibliografie. Brno.

Gruntorád, Jiří (1999): 'Samizdat', in Cuhra, J./Veber, V. (Hrsg.): Za svobodu a demokracii. Prag, S. 145-55.

Havel, Václav (1985), The Power of the Powerless. Ed. by J. Keane. Hutchinson.

Havel, Václav (1990a): Disturbing the Peace. A Conversation with Karel Hvížďala. New York.

Havel, Václav (1990b): O lidskou identitu. Prag.

Hlavsa, Mejla/ Pelc, Jan (1992): Bez ohňů je underground. Prag.

Hlušičková, Růžena/ Císařovská, Blanka (Hrsg.) (1994): Hnutí za občanskou svobodu 1988-1989. Sborník dokumentů. Prag.

Hlušičková, Růžena/ Otáhal, Milan (Hrsg.) (1993): Čas demokratické iniciativy 1987-1990 (sborník dokumentů). Prag.

Holub, Ota (1981): Vlčí komando. Prag.

IfCH (Institute for Contemporary History) (1997a): Pokrok. Samizdatový časopis 1971, Prag.

IfCH (Institute for Contemporary History) (1997b): Fakta, připomínky, události. Samizdatový časopis 1971-1972. Prag.

IfCH (Institute for Contemporary History) (1997c): Počátky odporu proti normalizačnímu režimu ve vzpomínkách účastníků. Prag.

Jech, Karel (2001): Soumrak selského stavu. Prag.

Jech, Karel/ Janišová, Milana/ Váchová, Jana (Hrsg.) (1993): Akce K – likvidace klášterů v v roce 1950. Dokumenty a přehledy. 2 Bde. Prag.

Jirásek, Zdeněk/ Šula, Jaroslav (1992): Velká peněžní loupež v Československu aneb 50:1. Prag.

Jirous, Ivan M. (1997): Magorův zápisník Prag.

Kaplan, Karel (1987): The Communist Party in Power. London.

Kaplan, Karel (1993a): Nekrvavá revoluce. Prag.

Kaplan, Karel (Hrsg.) (1993b): K politickým procesům v Československu 1948-1954. Dokumentace Komise ÚV KSČ pro rehabilitaci 1968. Prag.

Kaplan, Karel (1996): Největší politický proces: M. Horáková a spol. Brno.

Kaplan, Karel (1999): Nebezpečná bezpečnost: Státní bezpečnost 1948-1956. Brno.

Kaplan, Karel/ Váchová, Jana (Hrsg.) (1993): Perzekuce po měnové reformě 1953. Dokumenty. Prag.

Kaplan, Karel/ Váchová, Jana (Hrsg.) (1994a): Letáky 1948. Prag.

Kaplan, Karel/ Váchová, Jana (Hrsg.) (1994b): Letáky 1949. Prag.

Keane, John (1999): Václav Havel. A Political Tragedy in Six Acts. London.

Kokošková, Zdeňka/ Kokoška, Stanislav (Hrsg.) (1996): Obroda, klub za socialistickou přestavbu. Dokumenty. Prag.

Koudelka, František (1993): Státní bezpečnost 1954-1968: Základní údaje. Prag.

Kural, Václav/ Mencl, Vojtěch (1993): Československo roku 1968, 2 Bde. 1-2. Prag.

Lesňák, R. (1998): Listy z podzemia: kresťanské samizdaty 1945-1989. Bratislava.

Lukes, Igor (1999): Der Fall Slánský. In: Vierteljahrshefte für Zeitgeschichte H. 47, S. 459-501.

Lukes, Igor (2001): Changing Patterns of Power in Cold War Politics: The Mysterious Case of Vladimir Komarek. In: Journal of Cold War Studies H. 3, S. 61-102.

Málek, Jiří (1999): Metody Státní bezpečnosti na likvidaci třetího odboje v letech 1948-1953. In J. Cuhra and V. Veber (Hrsg.): Za svobodu a demokracii. Bd. I. Prag, S. 60-84.

Mastny, Vojtech (1986): Helsinki, Human Rights, and European Security. Analysis and Documentation. Durham.

Mastny, Vojtech (1996): The Cold War and Soviet insecurity. The Stalin Years. New York/ Oxford.

Matthews, John P. C. (1956): Majales: The Abortive Student Revolt in Czechoslovakia in 1956. Washington.

Musilová, Dana (1994): Měnová reforma 1953 a její sociální důsledky. Prag.

Němeček, Jan (1998): Mašínové: Zpráva o dvou generacích. Prag.

Otáhal, Milan (1993): První fáze opozice proti tzv. normalizaci 1969-1972. In: Mandler, E. (Hrsg.): Dvě desetiletí před listopadc. Prag, S. 11-33.

Otáhal, Milan (1994): Opozice, moc, společnost 1969-1989. Prag.

Otáhal, Milan (1995): Malý akční program Československého hnutí za demokratický socialismus. In: Soudobé dějiny. Bd. 2, S. 374-98.

Otáhal, Milan/ Sládek, Zdeněk (1990): Deset pragských dní (17.-27. listopad). Dokumentace. Prag.

Otáhal, Milan/Vaněk, Miroslav (1999): Sto studentských revolucí. Studenti v období pádu komunismu – životopisná vyprávění. Prag.

Pauer, Jan (1995): Prag 1968: Der Einmarsch des Warschauer Paktes. Bremen.

Pernes, Jiří (1996): Ohlas maďarské revoluce roku 1956 v československé veřejnosti. In: Soudobé dějiny. Bd. 3, S. 512-26.

Pernes, Jiří (1997): Brno 1951. Příspěvek k dějinám protikomunistického odporu na Moravě. Prag.

Pernes, Jiří (1999): Od demokratického socialismu k demokracii. Nekomunistická socialistická opozice v Brně v letech 1968-1972. Brno.

Pešek, Ján/ Soňa Szomolányi (Hrsg.) (2000): November 1989 na Slovensku. Súvislosti, predpoklady a dosledky. Bratislava.

Prečan, Vilém (Hrsg.) (1990): Charta 77, 1977-1989. Od morální k demokratické revoluci. Dokumentace. Scheinfeld/ Bratislava.

Prečan, Vilém (1993): Independent Literature and Samizdat in Czechoslovakia in the 1970s and 1980s. In: L. Miller (Hrsg.): Literature and Politics in Central Europe. Columbia, S. 91-107.

Radosta, Petr (1993): Protikomunistický odboj. Historický nástin. Prag.

Šimulčík, Ján (1997): Svetlo z podzemia: Z kroniky katolíckeho samizdatu. Prešov.

Šimulčík, Ján (1998): Čas svitania. Sviečková manifestácia 25. marca 1988. Prešov.

Skilling, H. Gordon (1976): Czechoslovakia's Interrupted Revolution. Princeton.

Skilling, H. Gordon (1981): Charter 77 and Human Rights in Czechoslovakia. London.

Štěpánek, Zdeněk (1993): Utajené povstání 1953. Prag.

Suk, Jiří (1995): Vznik Občanského fóra a proměny jeho struktury: 19. listopad – 10. prosinec 1989. In: Soudobé dějiny. Bd. 2, S. 17-41.

Suk, Jiří (1997/98): Občanské fórum: listopad – prosinec 1989. Bd. 1: Události, Bd. 2: Dokumenty. Brno.

Suk, Jiří/ Cuhra, Jaroslav/ Koudelka, František (1999): Chronologie zániku komunistického režimu v Československu 1985-1989. Prag.

Svobodová, Jana (Hrsg.) (1995): Nezávislá skupina České děti 1988-1989. Dokumenty. Prag.

Thomas, Daniel C. (2001): The Helsinki Effect. International Norms, Human Rights, and the Demise of Communism. Princeton/ Oxford.

Tůma, Oldřich (1994): Zítra zase tady. Protirežimní demonstrace v předlistopadové Praze jako politický a sociální fenomén, Prag.

Tůma, Oldřich (1998): Ein Jahr danach. Das Ende des Prager Frühlings im August 1969. In: Zeitschrift für Geschichtswissenschaft H. 46, S. 720-732.

Tůma, Oldřich (1999a): Normalizace und Repression in der Tschechoslowakei 1968-1989. In: Ch. Boyer und P. Skyba (Hrsg.): Repression und Wohlstandsverprechen. Dresden, S. 129-40.

Tůma, Oldřich (1999b): 9:00 Prague-Libeň, horní nádraží: Exodus východních Němců přes Prahu v září 1989. In: Soudobé dějiny. Bd. 6, S. 147-64.

Tůma, Oldřich (1999c): Die Botschaftsgeschichte. In: W. Wendt (Hrsg.): Das Palais Lobkowicz. Prag, S. 35-39.

Tůma, Oldřich et al. (Hrsg.) (1996): Srpen '69. Edice dokumentů. Prag.

Vaněk, Miroslav (1994): Veřejné mínění o socialismu před 17. listopadem 1989. Analýza výsledků výzkumů veřejného mínění prováděných ÚVVM od roku 1972 do roku 1989. Prag

Vladislav, Jan/ Prečan, Vilém (1990): Horký leden 1989 v Československu. Prag.

Williams, Kieran (1997): The Prague Spring and its Aftermath. Cambridge.

Žáček, Pavel (2001): Přísně tajné. Státní bezpečnost za normalizace. Prag.

Žáček, Pavel (2002): StB na Slovensku za 'normalizácie'. Agónia komunistickej moci v zvodkách tajnej polície. Bratislava.

Zdeněk, Vališ (2002): Třetí vojenský odboj. In: V. Veber und L. Babka (Hrsg.): Za svobodu a demokracii. Bd. III. Hradec Králové, S. 27-32.

Zejda, Radovan (2001): Babice. Třebíč.

Ideen und Gelegenheiten: Politische Opposition und sozialer Protest in Polen 1956 – 1989

Stefani Sonntag

Einleitung

Ziel dieses Beitrags ist es, die Geschichte von sozialem Protest und politischer Opposition[1] in Polen zwischen 1956 und 1989 in groben Linien nachzuzeichnen: die Interaktionen unterschiedlicher Organisationen, Gruppen und Bewegungen unter je unterschiedlichen politischen, ökonomischen und sozialen Rahmenbedingungen gegen ein staatliches Regime, das sich im Grad seiner Repressivität und Durchsetzungskraft ebenfalls veränderte.

Die zentrale Frage lautet: In welchen politischen Situationen und unter welchen Voraussetzungen konnten sich organisierte und zielgerichtete Formen politischer Opposition punktuell oder mit „gewisser Kontinuität" mit spontanen Formen des Protestes verbinden? Anders gefragt: Wann entstanden soziale Bewegungen,[2] die als politische Akteure in den Prozess sozialen Wandels einzugreifen in der Lage waren? Aus dieser Perspektive lassen sich für den Zeitraum von 1956 bis 1989 zwei Perioden unterscheiden: Zwischen 1956 und 1976 gab es mehrere größere spontane Protestwellen, die jedoch nie in eine längerfristige Mobilisierung größerer Bevölkerungsgruppen mündeten. Demgegenüber lässt sich die Periode von 1976 bis 1989 als Formierungs- und Mobilisierungsphase einer sozialen Bewegung beschreiben, die mit den Arbeiterprotesten vom Juni 1976 und der Gründung des Komitees zur Verteidigung der Arbeiter (KOR) begann, mit der Legalisierung der *Solidarność* ihren Höhepunkt erreichte und bis zur Ausrufung des Kriegsrechtes im Dezember 1981 dauerhaft zu mobilisieren in der Lage war. Danach erreichte die *Solidarność* nie mehr den Mobilisierungsgrad von 1980/81. Der Umbruch 1988/89 trug nicht den Charakter eines von unten erzwungenen Systemwechsels, er wurde vielmehr zwischen Regierung und Opposition am berühmten „Runden Tisch" verhandelt. Dennoch war der „Druck der Straße" *ein* wichtiger Einflussfaktor für die Ingangsetzung der Verhandlungen und die Verhandlungsführung der oppositionellen Eliten. Insofern blieb die *Solidarność* nach 1981 – wenn auch nur noch punktuell und in veränderter Gestalt – als kollektiver Akteur erkennbar.

Der Beitrag gliedert sich in zwei Abschnitte. Im ersten Teil werden in einem chronologischen Überblick die wichtigsten ereignisgeschichtlichen Entwicklungen von Opposition und Widerstand in Polen in der Zeit von 1956 bis 1989 skizziert. Es folgen die systemati-

---

[1] Der Begriff „politische Opposition" wird hier nach dem polnischen Begriff „opozycja polityczna" in Anlehnung an den in der polnischen Literatur einflussreichsten Definitionsvorschlag von Andrzej Friszke (1994: 5) verwendet: „bewusstes, geplantes organisatorisches oder intellektuelles Handeln, das auf den Sturz des Systems bzw. dessen Reform gerichtet ist". Unter „sozialem Protest" (opór społeczny) versteht Friszke spontanes, auch massenhaftes Handeln. Die zentralen Unterscheidungskriterien sind demnach Zielreichweite und Organisationsgrad. Zur Kritik an Friszke vgl. Strzembosz, 2000. Vgl. außerdem Friszke 2000; 2001, 2007: 124-139.

[2] „in its broadest sense, we define a social movement as an organized and sustained effort of a collectivity of inter-related individuals, groups and organizations to promote or to resist social change with the use of public protest activities" (Neidhardt/Rucht 1991: 450).

schen Perspektiven. Hier werden in der Darstellung zunächst die internen Faktoren kollektiven oppositionellen Handelns – ideologische Orientierungen einerseits und Organisationsstrukturen andererseits – analysiert. Im letzten Schritt werden die externen Rahmenbedingungen für oppositionelles Handeln berücksichtigt. Hier ist nicht eine isolierte Beschreibung des wechselnden nationalen und internationalen politischen und ökonomischen Kontextes von Interesse. Ausgehend vom Begriff der *Politischen Gelegenheitsstrukturen* (vgl. McAdam et. al. 1996) geht es hier mit Blick auf die eingangs gestellte Frage um den Versuch einer resümierenden Erklärung von Entstehung und Entfaltung, Erfolg und Misserfolg kollektiven oppositionellen Handelns aus dem Zusammenspiel von internen und externen Faktoren.

Chronologischer Überblick: Entwicklungslinien der Geschichte von Opposition und Widerstand, 1956 – 89

1947 hatte sich in Polen das staatssozialistische System mit maßgeblicher militärischer Unterstützung der Sowjetunion gegen den Widerstand der nicht-kommunistischen Untergrundarmee *Armia Krajowa* durchgesetzt. Bis Mitte der 1950er Jahre basierte die Stabilisierung des Systems neben dem Versprechen sozialer und wirtschaftlicher Reformen hauptsächlich auf Ausübung und Androhung von Terror (vgl. Borodziej 2000).[3]

1954/56 – 76
Nach dem Tod Stalins 1953 begann innerhalb der polnischen kommunistischen Partei bereits 1954 eine intensive Reformdebatte. Die offene Kritik am Terrorregime Stalins in der Folge des XX. Parteitags der KPdSU 1956,[4] die Wirtschaftskrise und Konflikte um die Nachfolge Bolesław Bieruts im Amt des Generalsekretärs der Polnischen Vereinigten Arbeiterpartei (PVAP) führten zur ersten schweren Krise des Regimes. Im Juni 1956 brach in Poznań ein Arbeiteraufstand aus.[5] Anlass der Proteste waren Normerhöhungen, ein Rückgang der Reallöhne und schlechte Arbeitsbedingungen. Am 28. Juni startete von den ZISPO-Motorenwerken ein Demonstrationszug durch die Stadt, der sich innerhalb weniger Stunden in einen revolutionären Massenprotest gegen das politische System verwandelte. Die anfänglichen Forderungen nach Lohnerhöhungen wurden zunehmend von Parolen wie „Schluss mit dem Bolschewismus" und „Wir wollen ein freies Polen" übertönt. Das Militär schlug die Proteste innerhalb von zwei Tagen blutig nieder.[6] Die Bevölkerung reagierte mit zahlreichen Solidaritätsbekundungen und Streiks (vgl. Machcewicz 1993). Der Druck auf

---

3   Unter den Intellektuellen gab es aber einflussreiche Gruppen, die das kommunistische System unterstützten, auch um ein Wiedererstarken des extremen Nationalismus zu verhindern.

4   Im Vergleich zu den anderen osteuropäischen Ländern war Chrustschows Geheimreferat vom XX. Parteitag in Polen am leichtesten zugänglich. Entgegen der Erwartung der Parteiführung führten die offenen Diskussionen über den Text jedoch zu einer Verschärfung statt zur Abmilderung der Krisenstimmung (Zaremba 2001: 230).

5   Machcewicz (1993) führt die Tatsache, dass die Unruhen gerade in Poznań ausbrachen, u.a. auf das unterdurchschnittliche Lohnniveau der Industriearbeiter, geringe Investitionen und besonders brutale Methoden bei der Zwangskollektivierung der Bauern zurück.

6   Laut Hoensch (1998: 314) wurden dabei 48 Menschen getötet; Friszke (2003: 219) zählt 73 Tote und über 500 Verletzte. Zum Ablauf der Ereignisse vgl. Machcewicz (1993).

die Parteispitze, auf die anhaltende Unzufriedenheit zu reagieren, schlug sich in verschärften Fraktionskämpfen nieder und führte letztlich zur Rehabilitierung Władysław Gomułkas,
des früheren Generalsekretärs der Polnischen Arbeiterpartei (PPR), der 1948 als „National-
kommunist" abgesetzt und interniert worden war. Im Oktober 1956 wählte das Zentralko-
mitee Gomułka – gegen den Willen Chrustschows und angesichts auf Warschau vorrü-
ckender sowjetischer Panzereinheiten – zum neuen Parteichef. Vor diesem Hintergrund
fanden im Oktober und November 1956 erneut Demonstrationen statt. Gomułka, den „das
Prestige seiner Gefangenschaft in Stalinschen Gefängnissen mit einem Heiligenschein um-
gab" (Michnik 1985: 18), verstand es, die nationalistische[7] Stimmung im Land zu kanalisieren und die Hoffnungen auf Demokratisierung, wirtschaftliche Erholung, und vor allem auf
mehr nationale Souveränität auf seine Person zu lenken (vgl. Machcewicz 1993: 234ff). So
gelang es ihm, mit einem Appell an die Bevölkerung die Massenproteste zu beenden, wobei
der Schock über den sowjetischen Einmarsch in Ungarn im November ebenfalls zur Befrie-
dung der Situation in Polen beitrug.

Mit dem Machtantritt Gomułkas war ein Wandel in der Legitimationsstrategie der Partei verbunden. Von nun an bildete das Wohl der polnischen Nation den obersten Maßstab
für die Bewertung von Politik, der „proletarische Internationalismus" verlor demgegenüber
an Bedeutung. Die Mehrheit begann, sich in der neuen Ordnung einzurichten und lehnte
diese nicht mehr als dem Wesen der polnischen Nation fremd ab (vgl. Zaremba 2001). Eine
wesentliche Rolle spielte dabei ein Abkommen mit der katholischen Kirche, das im Dezember 1956 in Kraft trat und letzterer ein hohes Maß an Autonomie einräumte und Religionsunterricht an den staatlichen Schulen wieder erlaubte. Nach 1956 verlor die Tatsache,
ob jemand Parteimitglied war oder nicht, für die sozialen Beziehungen zunehmend an Bedeutung (vgl. Świda-Ziemba 1997: 181). Angesichts spürbarer materieller und politischer
Erleichterungen, sowie der Angst vor einer erneuten Verschärfung der Repressionen, waren
die Jahre nach 1956, die ironisch als „kleine Stabilisierung" bezeichnet werden, von einer
weitgehenden Bereitschaft zu Konformität geprägt. Die Mehrheit der Bevölkerung konzentrierte sich auf den erträumten und von der Partei in Aussicht gestellten privaten Wohlstand.

Die überwältigende Zustimmung zur Wahl Gomułkas dauerte indes nur kurz. Schon
nach wenigen Jahren sah sich die Bevölkerung in ihren Hoffnungen enttäuscht – durch eine
schrittweise Verschärfung der Zensur, erneute Angriffe gegen die Kirche[8] und zunehmende
Repressionen gegen Wissenschaftler, Künstler und Publizisten. Der von Gomułka 1956
angekündigte Ausbau der Konsumgüterindustrie wurde nur kurzfristig zum Zweck der
politischen Stabilisierung verfolgt (vgl. Ziemer 1987: 220). Zwar wurde die Zwangskollektivierung der Landwirtschaft revidiert. Doch die privaten bäuerlichen Betriebe wurden bei
der staatlich regulierten Zuweisung von Saatgut, Futter etc. gegenüber staatlichen Farmen
weiterhin benachteiligt. So spitzte sich das politische Klima ab Mitte der 1960er Jahre wie-

---

7   Die Abrechnung mit dem Stalinismus hatte sowohl in der Partei als auch in der Bevölkerung eine starke
    nationalistische und antisemitische Färbung (vgl. Kuroń 1991: 155; Kersten 1992: 143ff; Machcewicz 1993:
    216ff).

8   Der erneute Kampf gegen die Kirche hatte seinen Höhepunkt Mitte der 1960er Jahre mit dem damals höchst
    umstrittenen Brief der polnischen an die deutschen Bischöfe mit den Worten: „Wir vergeben und bitten um
    Vergebung". Etliche Reiseanträge zum II. Vatikanischen Konzil in Rom wurden abgelehnt (vgl. Madajczyk
    1994).

der zu. Symptomatisch dafür war, dass die Kirche 1966 eine Gegenveranstaltung zur staatlichen 1000-Jahr-Feier Polens veranstaltete.

Als im Januar Adam Mickiewicz Nationaldrama „Dziady", das zum Kanon der polnischen Aufstandsliteratur gehört, nach zehn Aufführungen am Nationaltheater Warschau verboten wurde, schlug der Unmut gegen die Zensur in offenen Protest um. Im Februar protestierte der Schriftstellerverband gegen die Absetzung des Dramas in einer Resolution, in der dieser Akt zugleich als Ausdruck einer allgemeinen Zensurverschärfung verurteilt wurde (vgl. Fik 1995). Am 8. März demonstrierten Studenten der Universität Warschau. Diese erste größere Protestaktion wurde durch einen brutalen Milizeinsatz aufgelöst. So wurde der 8. März der Auftakt für eine drei Wochen dauernde Welle von Protesten gegen die Zensur und für die Freiheit von Wissenschaft und Kunst, die fast alle Hochschulen des Landes erfasste (vgl. Eisler 1991, 2006, Osęka 2008).

Die Regierung reagierte mit Massenverhaftungen, Zwangseinberufungen zum Militär, mit der vorübergehenden Schließung ganzer Fakultäten und mit einer nur mühsam als „antizionistisch" kaschierten antisemitischen Pressekampagne, die die Proteste als antipolnische jüdische Verschwörung diffamierte. Am 19. März forderte Gomułka in einer öffentlichen Rede, die im Fernsehen übertragen wurde und am folgenden Tag im Volltext in der Tagespresse nachzulesen war, alle Polen jüdischer Herkunft auf, sich zu einer – zur polnischen oder israelischen – Nation zu bekennen.[9] Es war die schockierend offene Ankündigung dessen, was folgte: Nach dem Ende der Studentenunruhen wurde mehr als die Hälfte aller damals noch in Polen lebenden Juden faktisch in die Emigration gezwungen. Mit der Ausreisegenehmigung wurde ihnen zugleich die polnische Staatsbürgerschaft entzogen (vgl. Friszke 1994: 254ff). Die Propagandastrategie der Parteiführung konnte erfolgreich zur Isolierung der Studentenbewegung beitragen, weil sie – im Gewand des Boulevardjournalismus – virulente antisemitische und soziale Vorurteile bediente, die in weiten Teilen der Gesellschaft verbreitet waren (vgl. Zaremba 1998; Stola 2000).

Nach dem Ende der Studentenunruhen gelang es Gomułka nur kurzfristig, seine Macht zu stabilisieren. Am 12. Dezember 1970 beschloss die Regierung eine massive Erhöhung der Preise für Lebensmittel. Zwei Tage später traten die Arbeiter der Schiffswerft in Gdańsk in einen Streik, der in sechstägige Straßenschlachten mündete. Als bekannt wurde, dass das Militär dabei Arbeiter erschossen hatte, sah sich die Parteiführung zu Konsequenzen veranlasst und setzte Gomułka am 20. Dezember ab. Sein Nachfolger, Edward Gierek, verkündete eine „neue sozioökonomische Politik" und versprach eine Verbesserung der Lebens- und Arbeitsbedingungen, das Ende des Konsumverzichtes sowie einen „lebendigen Dialog" der Regierung mit der Arbeiterschaft (vgl. Ziemer 1987: 66ff)[10]. Für eine Beendigung der Krise reichte das indes nicht aus. Erst nachdem die neue Regierung am 15. Februar 1971 nach erneuten Streiks in Szczecin und Łódź die Preiserhöhungen zurückgenommen hatte, beruhigte sich die Lage wieder (vgl. Eisler 2000, 2000a; Friszke 2003).

---

9   Bereits lange vor den Studentenprotesten hatten unter dem Innenminister Moczar gezielte antisemitische „Säuberungen" in Militär und Innenministerium begonnen. Die Frage, ob Moczar als Motor der antisemitischen Säuberungen und Pressekampagne letztlich – und dann vergeblich – das politische Ziel verfolgte, Gomułka zu stürzen, lässt sich aus den verfügbaren Quellen nach wie vor nicht beantworten; vgl. dazu ausführlich Eisler 2006: 516-632.

10 Ähnliche wirtschaftspolitische Kurswechsel wurden zu dieser Zeit mit Ausnahme Rumäniens in allen RGW-Ländern vollzogen (Hübner/Danyel 2002: 807).

Die erste Hälfte der Amtszeit Giereks stand im Zeichen einer zweiten „kleinen Stabilisierung", eines fragilen, aber spürbaren wirtschaftlichen Aufschwungs und politischer Liberalisierung. Das Verhältnis zur Kirche beruhigte sich wieder und im Kontext der internationalen Entspannungspolitik verbesserten sich die Beziehungen zu Westeuropa. Giereks Kalkül, die Herrschaft der Partei über Effizienz zu legitimieren, ging auf, so lange die breite Bevölkerung von einem allgemeinen Wohlstandswachstum profitierte (Ziemer 1987: 230ff). Ab 1975 geriet die Wirtschaft in Folge erheblicher Auslandsverschuldung in zunehmende Schwierigkeiten, die Nachfrage nach Konsumgütern zu befriedigen. Insbesondere im mittleren Management und in der technischen Intelligenz wuchs der Unmut darüber, wirtschaftlichen Fehlentscheidungen passiv zusehen zu müssen. Die sozialen Unterschiede wurden größer und individueller Wohlstand war noch sichtbarer von politischem Wohlverhalten bzw. Einfluss abhängig. Auch unter Gierek vermochte es die Parteiführung nicht, die Grundlagen für ein flexibles Krisenmanagement zu entwickeln. Im Gegenteil: Die ökonomischen Entscheidungsstrukturen wurden noch stärker zentralisiert. Eine Folge war, dass wirtschaftlich bedingte Unzufriedenheit immer wieder an das politische Zentrum adressiert wurde.

1976 – 1989

Am 24. Juni 1976 verkündete die Regierung massive Preiserhöhungen und löste damit Massenproteste aus, an denen sich landesweit ca. 55.000 Menschen beteiligten (vgl. Friszke 1994). Die Miliz setzte zwar keine Schusswaffen ein, ging aber brutal gegen die Streikenden vor und scheute bei den Verhören auch vor Foltermethoden nicht zurück. Mehrere Hundert Arbeiter wurden verhaftet und Tausende entlassen. Die staatliche Propagandakampagne war ähnlich aggressiv wie die von 1968, wenngleich ohne die antisemitische Färbung. Zwar endeten die Proteste nach der umgehenden Rücknahme der Preiserhöhungen. Doch in den Augen der Bürger war die Wirtschaftspolitik Giereks entgültig gescheitert, und die Konzession der Regierung wurde als ein klares Signal der Schwäche des Regimes wahrgenommen.

In Reaktion auf diese Ereignisse gründeten 14 prominente Intellektuelle im September 1976 das Komitee zur Verteidigung der Arbeiter (KOR),[11] das Hilfe für die Repressionsopfer organisierte. Die Gruppe konnte ihren ersten Erfolg verbuchen, als die Regierung im Juli 1977 eine Amnestie für alle inhaftierten Teilnehmer der Proteste von 1976 verkündete. Kurz darauf weitete KOR[12] seine Aktivitäten auf die Unterstützung von Opfern jeglicher staatlicher Gewalt und die öffentliche Kontrolle von Menschenrechtsverletzungen aus.

Inspiriert durch diese prominente Initiative, bildeten sich in der zweiten Hälfte der 1970er Jahre zahlreiche illegale Gruppen, von denen viele mit *KOR* kooperierten oder sich an gemeinsamen Aktionen beteiligten.[13] Der sog. „Zweite Umlauf", die polnische Version

---

11 Die Parteizeitung Trybuna Ludu informierte ihre Leser am 13. Dezember 1976 von der illegalen KOR-Gründung. Zuvor hatte *Radio Free Europe* davon berichtet.

12 Fortan lautete die Selbstbezeichnung „Komitee zur gesellschaftlichen Selbstverteidigung KSS KOR". In der Regel wird auch für die Zeit zwischen September 1977 und 1981 die Bezeichnung KOR weiter verwendet.

13 Darunter insbesondere die nationalistische „Bewegung zur Verteidigung der und Menschen- und Bürgerrechte" (ROPCiO) und die daraus hervorgegangene „Bewegung für ein Junges Polen" (RMP), die „Studentischen Solidaritätskomitees" (SKS), die „Freien Gewerkschaften", die „Konföderation Unabhängiges Polen" (KPN) sowie unabhängige Bauernorganisationen (vgl. Friszke 1994).

des Samizdat, der ab 1977 eine Vielzahl an Untergrundpublikationen und –zeitschriften hervorbrachte, illustriert die große ideologische Heterogenität dieser Szene. Es entstanden die ersten landesweit organisierten oppositionellen Gruppen, die z.T. über mehrere Jahre kontinuierlich agierten, und es entwickelten sich erste Ansätze einer Kooperation zwischen oppositionellen Intellektuellen und Arbeitern.

Im Juni 1979 besuchte der gerade neu gewählte Papst Johannes Paul II sein Heimatland. Dieser Besuch des ehemaligen Krakauer Bischofs Karol Wojtyła löste in ganz Polen eine Welle von Euphorie aus. Die öffentlichen Gottesdienste glichen einer Machtdemonstration gegen die staatliche Ordnung. Vor Millionen von Menschen zitierte er auf dem Warschauer Siegesplatz: „Sende aus deinen Geist, und das Antlitz der Erde wird neu" und er fügte hinzu: „*dieser* Erde" (zit. nach Friszke 2003: 359).[14] Wahrheit und Menschenwürde, Durchbrechung der Diskrepanz von öffentlicher und privater Moral, Veränderungen nicht „von oben" zu fordern, sondern „von unten" zu initiieren – dies waren bereits die politisch-moralischen Leitlinien der *KOR*-Aktivisten. Nun wurden sie bei den öffentlichen Auftritten des Papstes mit religiöser Bedeutung aufgeladen und so mit massenwirksamen nationalen und religiösen Symbolen verknüpft, die der Opposition zuvor gefehlt hatten (vgl. Tatur 1989: 114ff). Vor diesem Hintergrund wirkte die Wahl Wojtyłas zum Papst wie ein Katalysator für die Formierung der *Solidarność*.

Ein Jahr später lösten erneute Preiserhöhungen eine zweimonatige landesweite Streikwelle aus. Die ersten regionalen Streiks im Juli 1980 blieben zunächst auf einzelne Betriebe beschränkt und konnten durch begrenzte Zugeständnisse befriedet werden. Diese Taktik, die auch dafür spricht, das die Regierung die Proteste anfangs unterschätzte, scheiterte allerdings in den folgenden Wochen: Die Nachricht, dass mit Streiks auf regionaler Ebene Zugeständnisse erstritten wurden, wurde massenhaft als Botschaft verstanden, dass nur wer streikt, Lohnerhöhungen durchsetzen kann (vgl. Staniszkis 1984: 3). Die Taktik der Regierung, die Konflikte auf der regionalen Ebene zu lösen, hat somit selbst zur landesweiten Ausbreitung der Streiks beigetragen. Alle Streiks im Juli und August 1980 zeichneten sich durch eine disziplinierte Streikführung und vor allem die räumliche Begrenzung der Aktionen auf die Betriebe aus – ein Resultat kollektiven Lernens aus den Erfahrungen von 1956, 1970 und 1976.[15] Ihre neue Qualität erreichte diese Protestwelle, nachdem die Lenin-Werft in Gdańsk am 14. August in den Streik getreten war. Nachdem die Leitung der Werft den Forderungen der Arbeiter schon nachgegeben hatte, fassten diese den unerwarteten Beschluss, ihren Streik aus Solidarität mit den Arbeitern anderer Betriebe fortzusetzen. Unter der Leitung von Lech Wałęsa wurde ein zwischenbetriebliches Streikkomitee gebildet und autorisiert, mit der Regierung zu verhandeln. Die erste der berühmten 21 Gdańsker Forderungen, welche das Komitee als Verhandlungsgrundlage vorlegte, betraf die Zulassung unabhängiger Gewerkschaften und damit ein explizit politisches Ziel.

---

14   Vgl. auch Kuroń 1991: 98; Michnik/Tischner/Żakowski (1995): 282ff.

15   Bei der wissenschaftlichen Verortung der *Solidarność* im Kontext der gesamten Oppositionsgeschichte gibt es zwei unterschiedliche Ansätze: Der Mainstream der Forschung versteht die *Solidarność* als direkte Folge der ihr vorausgegangenen – vor allem von Intellektuellen getragenen – politischen Opposition um KOR (Ash 1983; Ost 1990; Bernhard 1996; Kühn, 1999). Dieser Interpretation widersprechen die Vertreter des „revisionist approach". Sie betonen den Charakter der *Solidarność* als Arbeiterbewegung, deren Entstehung und Entfaltung einer eigenen Entwicklungsdynamik unterlag (Goodwyn 1991; Laba 1991; Kennedy 1991), obwohl auch sie keineswegs jeglichen Einfluss der politischen Opposition bestreiten.

Zwischen dem 31. August und 11. September erzielten überbetriebliche Streikkomitees in Gdańsk, Szczecin, Jastrzębie und Katowice Vereinbarungen mit Regierungsvertretern, die das Recht zur Gründung unabhängiger Gewerkschaften und das Streikrecht garantierten und Lohnerhöhungen, eine Reduzierung der Samstagsarbeit sowie freien Zugang zur Presse in Aussicht stellten. Die Euphorie, die daraufhin im ganzen Land ausbrach, schlug sich in der Gründung zahlreicher lokaler und regionaler *Solidarność*-Gliederungen nieder. Am 22. September 1980 verabschiedete die „Unabhängige Sich Selbst Verwaltende Gewerkschaft *Solidarność*" ihr Statut. An die Spitze ihres Exekutivorgans, der Landesverständigungskommission, wurde Lech Wałęsa gewählt. Mit der Legalisierung der *Solidarność* hatte der Anspruch der Partei, die Avantgarde der Arbeiterklasse zu sein, als ideologische Legitimation ihrer Herrschaft endgültig ausgedient (vgl. Staniszkis 1984).

Im Herbst 1980 gab es zahlreiche regionale und landesweite Streiks mit dem Ziel, die Regierung zur Umsetzung der Vereinbarungen von Gdańsk zu zwingen. Dennoch wurde die gerichtliche Registrierung der neuen Gewerkschaften erheblich verzögert,[16] der Konflikt um die freien Samstage erwies sich als zäh und nahm zunehmend den Charakter eines symbolischen Kräftemessens an. Die unabhängige Wochenzeitung konnte nicht vor April 1981 erscheinen und auch die Lohnerhöhungen wurden verschleppt (vgl. Kühn 1999).

Wegen der katastrophalen Versorgungslage rief Wojciech Jaruzelski, der am 11. Februar 1981 das Amt des Ministerpräsidenten übernommen hatte, die Bevölkerung zu einem Streikmoratorium von 90 Tagen auf. Das hohe Prestige des Generals ebnete diesem Aufruf auch innerhalb der *Solidarność* den Weg für eine breite Zustimmung (vgl. Kuroń 1991: 169). Trotzdem brach nur einen Monat später der bis dato größte Konflikt zwischen der Regierung und *Solidarność* aus – die sog. „Bydgoszcz-Krise". Im März 1981 hatten sich Vertreter der privaten Bauern mit den zuständigen Behörden der Wojewodschaft Bydgoszcz auf Verhandlungen um die Zulassung einer unabhängigen Bauerngewerkschaft verständigt. Nachdem die Vertreter der Bauern zu der entsprechenden Sitzung des Wojewodschaftsrats angereist waren, setzte die Ratsleitung den Punkt wieder von der Tagesordnung ab. Als sich die Bauern aus Protest weigerten, den Saal zu verlassen, wurden sie von der Miliz mit Gewalt aus dem Gebäude getrieben. Noch in der Nacht verfasste die Landesleitung der *Solidarność* einen Bericht, der die Mitglieder im ganzen Land mobilisierte. Nach einem landesweiten Warnstreik am 27. März gelang es Wałęsa unter Vermittlung des Primas der Katholischen Kirche, die Regierung zu einem Kompromiss zu veranlassen. Letztere stellte die Verabschiedung eines neuen Gewerkschaftsgesetzes in Aussicht und versprach, die Schuldigen des brutalen Milizeinsatzes vor Gericht zu stellen, ohne sich jedoch auf eine feste Zusage hinsichtlich der Bauerngewerkschaft einzulassen. Obwohl die Verhandlungsdelegation der *Solidarność* damit ihre Hauptforderung nicht durchsetzen konnte, willigte sie in den Kompromiss ein und sagte den zuvor angekündigten Generalstreik ab, allerdings ohne das zuständige Gremium, die Landesverständigungskommission, zu konsultieren. Angesichts des zu dieser Zeit in Polen stattfindenden Manövers der Warschauer Pakt Staaten wollten sowohl die Gewerkschaftsführung als auch die Regierung einen Generalstreik in jedem Fall verhindern. Der Preis für die *Solidarność* bestand darin, dass sich danach die Gräben zwischen dem gemäßigten Flügel und radikalen Kräften, die

---

16 Die *Solidarność* wurde am 10.11.1980 gerichtlich registriert. Die Zulassung von unabhängigen Studenten- und Bauernvertretungen erfolgte erst im Frühjahr 1981.

die Konfrontation mit der Regierung suchten, weiter vertieften (vgl. Kühn 1999; Friszke 2003).

Nach der Bydgoszcz-Krise beruhigte sich die allgemeine Lage vorübergehend. Größere Streiks blieben vorerst aus und die Kundgebungen zur Erinnerung an die Arbeiteraufstände von 1956 und 1976 verliefen friedlich. Zugleich nahm der Druck aus Moskau zur Beendigung der „Konterrevolution" zu und die Angriffe gegen die *Solidarność* wurden aggressiver. Die Lebensmittelversorgung verschlechterte sich drastisch; Anfang August legte ein Hungermarsch in Warschau für drei Tage den Straßenverkehr an zentralen Punkten lahm. Trotz einer Rationierung wurde die Versorgung mit Lebensmitteln, Seife, Kleidung und anderen Dingen des täglichen Bedarfs im Herbst 1981 zum Hauptproblem der Bevölkerung. Die Regierung verschärfte die Krise noch, indem sie erhebliche Warenmengen zurück hielt, was offenbar wurde, als sich kurz nach der Ausrufung des Kriegsrechts die Läden plötzlich wieder füllten (vgl. Kühn 1999: 187).

Die Untätigkeit der Regierung im Angesicht der katastrophalen Lage schürte auch die Konflikte innerhalb der *Solidarność*. Im September und Oktober 1981 tagte in Gdańsk der erste *Solidarność*-Kongress. Spannungen zeigten sich vor allem in der Debatte über die betriebliche Selbstverwaltung. Auf der Basis eines Gesetzentwurfs, den die Netzwerkbewegung[17] eingebracht hatte, verabschiedete der Kongress ein Positionspapier zur Wirtschaftsreform, dessen zentrale Forderung in der Verlagerung der Planungs- und Entscheidungsbefugnisse auf die Betriebe bestand. Am 22. September handelte das Präsidium der Landesverständigungskommission einen Kompromiss mit der Regierung aus, der jedoch im entscheidenden Punkt, der Wahl der Betriebsdirektoren, der Regierung die Oberhand überließ und damit den Spielraum für die betriebliche Selbstverwaltung sehr begrenzte. Die Leitung der *Solidarność* hatte sich damit über den Beschluss des Gewerkschaftstags hinweg gesetzt; im weiteren Verlauf des Kongresses erwies sich ein Dialog zwischen den Moderaten und den Radikalen als zunehmend unmöglich.

Die Parteiführung wiederum stand zwischen September 1980 und Dezember 1981 unter permanentem Druck Moskaus, der nicht zuletzt durch das Manöver demonstriert wurde, das die Armeen des Warschauer Pakts zeitgleich zum Delegiertenkongress der *Solidarność* im Ostseeraum veranstalteten. Im Oktober 1981 hatte sich Moskau von der Idee einer Intervention verabschiedet. Dies war auch dem Vertrauen gegenüber General Jaruzelski geschuldet (vgl. Paczkowski 2002), der im Oktober 1981 Stanisław Kania als Parteichef ablöste und seitdem die Vorbereitungen für die Einführung des Kriegsrechts forcierte. Aus der Perspektive des 13. Dezember 1981 gesehen, hat es für eine evolutionäre Erneuerung in Polen nie eine reale Chance gegeben. Aus der Sicht der *Solidarność*-Akteure sah die Situation bis dahin jedoch anders aus. Die Debatten auf dem Delegiertenkongress im Oktober waren keineswegs allein von der Angst vor einer Intervention oder dem Kriegsrecht geprägt. Trotz sich verschärfender Drohungen in der Presse traute die Mehrheit der *Solidarność*-Mitglieder der Regierung bis zum 12. Dezember nicht zu, dass sie einen Krieg gegen die eigene Bevölkerung wagen würde (vgl. Kuczyński 2002: 208; Archiwum Solidarności: 23, 69).

---

17   Die Netzwerkbewegung war ein branchenübergreifender Zusammenschluss von *Solidarność*-Vertretungen der großen Industriekomplexe, die parallel zu den regionalen Gliederungen existierten.

Noch am 11. und 12. Dezember verabschiedete die Landeskommission eine Resolution mit der Forderung nach Erneuerung aller Volksvertretungen. Wenige Stunden später, in der Nacht vom 12. auf den 13. Dezember rief Jaruzelski den Kriegszustand aus. Obwohl die Presse schon seit Oktober über die rechtlichen Möglichkeiten zur Verhängung des Ausnahmezustands diskutiert hatte, war die *Solidarność* auf diesen Fall nicht vorbereitet (vgl. Curry 1996: 187).[18] Noch in derselben Nacht wurden 3.000 der wichtigsten *Solidarność*-Funktionäre inhaftiert. *Solidarność*-Anhänger in Partei, Verwaltung, Justiz und Militär sowie in den Hochschulen und Schulen wurden entlassen (vgl. Friszke 2003: 410; Holzer/ Leski 1990). Die Presse wurde wieder gleichgeschaltet. Sofortigen wirksamen Protest gegen das Kriegsrecht konnte die *Solidarność* ohne vorherige Vorbereitung nicht mehr organisieren. In nur wenigen Städten gab es Demonstrationen, die von der Armee jedoch schnell und brutal aufgelöst wurden.

Die *Solidarność* blieb jedoch auch während des Kriegsrechtes das Symbol des Widerstands gegen das Regime, und Wałęsa, der 1983 mit dem Friedensnobelpreis ausgezeichnet wurde, blieb ihre überragende, wenn auch nicht unumstrittene Integrationsfigur. Der *Solidarność* gelang es, sich mit wiederholten öffentlichen Protestaktionen, der Aufrechterhaltung einer effektiven Organisationsstruktur im Untergrund und dank einem guten, auch internationalen Bündnissystem öffentlich sichtbar zu bleiben. Mit der Machtübernahme Michail Gorbatschows in Moskau veränderten sich ab 1985 die Rahmenbedingungen zu Gunsten einer schrittweisen Öffnung des Warschauer Regimes, das dank der hohen Auslandsverschuldung und der prekären sozialen Situation schon unter erheblichem Liberalisierungsdruck stand. Am 11. September 1986 erließ Jaruzelski eine Amnestie für alle politischen Häftlinge. Die USA quittierten diesen Schritt mit der Aufhebung ihrer Wirtschaftssanktionen.

Im Innern verband Jaruzelski damit die Hoffnung, gemäßigte Oppositionsführer in seine Wirtschaftsreformpläne einbinden zu können. Eine begrenzte politische Liberalisierung sollte die sozialen Kosten der Reform, vor allen die unumgänglichen Preiserhöhungen, abfedern helfen. Als jedoch am 27. November 1987 mehr als 50 Prozent der Bürger einem Aufruf der *Solidarność* folgten und der Wirtschaftsreform in einem Referendum die Zustimmung verweigerten, zeichnete sich ab, dass die Regierung an der verbotenen Gewerkschaft nicht mehr vorbeikommen würde. Nachdem Preiserhöhungen im Frühjahr 1988 erneut massive Streiks ausgelöst hatten, nahm die Regierung im Juni erste geheime Verhandlungen mit *Solidarność*-Vertretern auf. Beide Seiten hatten ein vitales Interesse an Gesprächen, weil sie damit rechnen mussten, dass andernfalls die politische Entwicklung gänzlich außer Kontrolle geraten würde. Dennoch endeten die Verhandlungen vorerst ohne Erfolg.

Im August gab es erneut zahlreiche Streiks, koordiniert von zwischenbetrieblichen Komitees in der Tradition von 1980. Mit dem Slogan „keine Freiheit ohne die *Solidarność*" wurde die Wiederzulassung der verbotenen Gewerkschaft nun „von unten" auf die politische Agenda gesetzt. Die Regierung sah sich schließlich gezwungen, Verhandlungen über weitgehende politische und ökonomische Reformen einschließlich der Wiederzulassung der *Solidarność* in Aussicht zu stellen.

---

18 Lediglich in Wrocław waren zuvor 80 Mio. Zł. versteckt worden. Hier gelang es auch, im Untergrund schnell funktionsfähige Strukturen aufzubauen. Wrocław entwickelte sich zum stärksten *Solidarność*-Zentrum in der Illegalität (vgl. Friszke 2003: 413f; vgl. dazu ausführlich Kamiński 2006).

Im September 1988 begannen schließlich vorbereitende Gespräche zwischen der
Solidarność-Führung und Vertretern der Parteispitze. Der politische Druck aus der Gesellschaft war dabei nur ein Motiv für die Kompromissbereitschaft des Jaruzelski-Flügels. Ein
weiteres Motiv lag in der wachsenden Gefahr eines innerparteilichen Putsches seitens der
radikalen Gegner eines Kompromisses mit der *Solidarność*. Als die Spannungen innerhalb
der Parteiführung auf dem 10. Plenum des Zentralkomitees der PVAP im Januar 1989 ihren
Höhepunkt erreichten, verband Jaruzelski die Abstimmung über die Aufnahme von Gesprächen mit der *Solidarność* mit der Vertrauensfrage. Mit seinem Erfolg war endgültig der
Weg für die Verhandlungen des berühmten „Runden Tisches" frei.

Die wichtigsten Verhandlungsergebnisse waren die Einigung über die Re-
Legalisierung der *Solidarność*, die am 17. April 1989 erfolgte, sowie über die Abhaltung
halbfreier Wahlen zum Sejm und freier Wahlen zum Senat, der neuen Zweiten Kammer des
Parlaments (vgl. Paczkowski 1997; Friszke 2002), die in den Grenzen des ausgehandelten
Kompromisses mit einem überwältigenden Erfolg für die *Solidarność* ausgingen. Am 25.
August erhielt Polen als erstes Land des Warschauer Pakts mit Tadeusz Mazowiecki einen
nicht-kommunistischen Ministerpräsidenten.[19]

Systematische Perspektiven

Ideologische Orientierungen und programmatische Debatten

Im Zentrum dieses Abschnitts stehen drei Fragen zur Welt- und Selbstdeutung der verschiedenen oppositionellen Gruppierungen: Wen definierten sie als ihre soziale Basis und
als ihre Gegner? Wie definierten sie die zentralen Konfliktlinien der Gesellschaft? Wo
sahen sie Ansatzpunkte für oppositionelles Handeln?

1954/56 – 1976

Bis 1976 bildeten reformkommunistische Ideen einerseits und national-katholische Ideen
andererseits die wichtigsten Pole der Kritik am staatssozialistischen System.[20] Die Debatten
wurden unabhängig voneinander in verschiedenen Milieus geführt. Sie prägten die Wertorientierungen der Akteure der späteren politischen Opposition und bildeten die – je nach
Standpunkt – positiven oder negativen Bezugspunkte für die Debatten der 1970er Jahre.

Die ideologisch am Marxismus orientierte Entstalinisierungsdebatte wurde maßgeblich
von Intellektuellen der Partei und der ihr angegliederten Verbände sowie Wissenschaftlern
und Schriftstellern getragen, die sich selbst als Motor sozialen Wandels begriffen.[21] Die
Kritik zielte in zwei Richtungen: Zum einen wandte sie sich gegen die soziale Entfremdung
und bürokratische Erstarrung des Parteiapparates. Zum anderen thematisierten die Parteiin-
tellektuellen selbstkritisch ihre eigene Rolle in der Vergangenheit, in der sie ein Regime
ideologisch gestützt hatten, dessen verbrecherischer Charakter durch die Enthüllungen des

---

19   Vgl. hierzu ausführlich der Beitrag von Andrzej Paczkowski in diesem Band.
20   Vgl. die Unterscheidung zwischen „Revisionismus" und „Neopositivismus" bei Michnik 1985; auch Friszke
     1994: 184ff.
21   Herausragende Bedeutung hatten die Schriften des Philosophen Leszek Kołakowski (vgl. Kołakowski 1967;
     Friszke 1994: 174ff.

XX. Parteitages der KPdSU offen zu Tage getreten war. Sie forderten Freiheit für Wissenschaft und Kunst und eine innerparteiliche Demokratisierung als Voraussetzung, um Kritik an den bestehenden Verhältnissen formulieren und Reformalternativen entwickeln zu können. Während der Tauwetter-Periode entwickelten sie, orientiert an der Utopie eines demokratischen Sozialismus und adressiert an die Partei, umfassende Reformmodelle für Wirtschaft und Gesellschaft.

Die Studentenbewegung der späten 1960er Jahre war maßgeblich durch die polnische Tauwetter-Periode inspiriert (vgl. Friszke 1994: 228).[22] Dies betrifft insbesondere die Deutung der zentralen Konfliktlinien der Gesellschaft und die Strategie zu ihrer Überwindung. Die exponierten Akteure des März 1968 leiteten ihren Protest aus einer politisch-moralischen Verpflichtung zum gesellschaftlichen Engagement ab, die seit ihrer Formierungsphase 1964-67 einen essenziellen Bestandteil ihrer kollektiven Identität als linke Intellektuelle bildete. Mit der Absetzung des Nationaldramas „Dziady" im Januar 1968 gewann für viele Studenten erstmals auch eine positive nationale Widerstandstradition und ein nationales Ethos der Intelligenz an Bedeutung (vgl. Michnik 1993). Der Schock über den offenen Antisemitismus und die Niederschlagung des Prager Frühlings bewirkten die Abkehr von einer reformkommunistischen Strategie, die in erster Linie auf Reformen „von oben" gesetzt hatte. Zu Beginn der 1970er Jahre setzte eine Debatte über neue Oppositionskonzepte ein, in deren Verlauf die Partei als Adressat oppositioneller Forderungen zunehmend in den Hintergrund rückte. Gleichzeitig erfuhr die Gesellschaft eine deutliche Aufwertung als Adressat oppositionellen Engagements. Hierin liegt eine ideologische, aber auch eine strategische Umorientierung, mit der die oppositionellen Intellektuellen auf die 68er-Erfahrung einer weitgehenden sozialen Isolation reagierten.

Die Welt- und Selbstdeutungsmuster der katholischen ZNAK-Bewegung,[23] lassen sich wie folgt zusammenfassen: Die Bewegung verstand sich selbst als die wahre Repräsentantin der polnischen Nation und sah sich der Mission verpflichtet, das Überleben der polnischen katholischen Traditionen zu sichern. Ihr primärer Gegner war nicht das reale Herrschaftssystem, sondern die ihm zu Grunde liegende kommunistische Ideologie. Um deren Einfluss begrenzen und den Freiraum für religiöse Entfaltung sichern zu können, erschien auch die Präsens katholischer Abgeordneter im *Sejm* opportun. Der Übereinkunft mit der Partei lautete: Loyalität und politische Abstinenz gegen religiöse und kulturelle Autonomie.

Anfang der 1970er Jahre entwickelte sich zwischen linken und katholischen Kreisen ein intensiver Dialog.[24] Exilzeitschriften, die liberale katholische Presse und die in Warschau noch intakten sozialen Netzwerke der Intelligenz boten dafür die notwendige Infrastruktur.

---

22 Einige studentische Resolutionen und Flugblätter wurden z. T. im unmittelbaren Anschluss an die Ereignisse im Pariser Exil veröffentlicht; vgl. Instytut Literacki (1969); siehe auch Hemmerling/Nadolski (1991).

23 Hierzu zählen die katholischen Zeitschriften *Znak* (Zeichen), *Więź* (das Band) und *Tygodnik Powszechny* (Allgemeines Wochenblatt), die seit 1957 im Parlament vertretene Abgeordnetengruppe ‚Znak', sowie die Klubs der Katholischen Intelligenz; vgl. hierzu ausführlich Friszke (1997).

24 Paradigmatisch für die Annäherung linker und kirchlicher Kreise waren zwei Texte, die sich beide großer Resonanz im katholischen und politisch-oppositionellen Milieu erfreuten: Cywiński (1984; erstmals publiziert 1971) und Michnik (1980, erstmals publiziert 1976).

1976 – 89

Das Neue an der Oppositionsbewegung, die sich mit der *KOR*-Gründung 1976 zu formieren begann, war die Orientierung an Ideen der Civil Society.[25] Allen neuen Gruppierungen ging es darum, Veränderungen durch selbständiges Handeln „von unten" herbeizuführen. Für die Intellektuellen von *KOR* verlief die zentrale Konfliktlinie zwischen dem tendenziell totalitären Herrschaftsapparat und einer Gesellschaft ohne demokratische Rechte. Zur Überwindung dieses Konfliktes entwickelten sie eine basisdemokratische Strategie der gesellschaftlichen Selbstorganisation. Ihre zentrale Handlungsmaxime lässt sich mit den Begriffen Solidarität und Öffentlichkeit zusammenfassen. Ideologisch legte sich *KOR* nicht fest – eine Konsequenz aus den Erfahrungen von 1956 und 1968, als ideologische Barrieren die Bündelung des breiten Spektrums von Protest- und Reformgruppen verhinderte. Für andere Gruppierungen, wie z. B. die „Konföderation eines unabhängigen Polens" (KPN) oder die „Bewegung zur Verteidigung der Menschen- und Bürgerrechte" (ROPCiO) und die „Bewegung für ein Junges Polen" (RMP) war dagegen die Befreiung der (katholischen) Nation aus der Unfreiheit das zentrale Ziel. Diese Gruppierungen unterschieden sich im Wesentlichen durch die Radikalität ihrer Aktionsformen voneinander.

Die erbittertsten Kämpfe innerhalb der *Solidarność* entzündeten sich immer wieder an der Frage nach der angemessenen Strategie. Der Konflikt zwischen den „Moderaten", die für Selbstbeschränkung und Kompromissbereitschaft plädierten, und den „Radikalen", die die offene Konfrontation mit dem Regime verfochten, dominierte die Strategiediskussion über die gesamte Zeit zwischen der Gründung der Gewerkschaft und der Einführung des Kriegsrechts. Der Konflikt zeigte sich erstmals deutlich im Kontext der Bydgoszcz-Krise; auf dem Kongress im Herbst 1981 wurde er anlässlich des Kompromisses, den die Gewerkschaftsleitung in der Frage der betrieblichen Selbstverwaltung mit der Regierung eingegangen war, offen ausgetragen. Die „Moderaten" begrüßten den Kompromiss als Fortschritt, wobei vor allem die Führung um Lech Wałcsa und die intellektuellen Berater – Tadeusz Mazowiecki, Bronisław Geremek, Jacek Kuroń u.a. – immer wieder auf die „Grenzen der nationalen Sicherheit" hinwiesen und für eine taktische Selbstbeschränkung plädierten. Die „Radikalen" um den Vorsitzenden der Region Bydgoszcz, Jan Rulewski, lehnten den Kompromiss dagegen als strategisch falsches und ängstliches Zurückweichen gegenüber der Regierung ab. Darüber hinaus kritisierten sie das eigenmächtige Handeln der Gewerkschaftsleitung und ihrer demokratisch nicht legitimierten Berater. Dabei kam es auch zu einer partiellen Überlappung der Strategiedebatte durch die Diskussion um das zentrale Bezugskollektiv. Im „fundamentalistischen" Flügel gewannen nationalistische Gruppierungen wie RMP und KPN zunehmend an Einfluss (vgl. Kühn 1999: 228). Zwar wurde Wałęsa auf dem Kongress als Vorsitzender bestätigt, aber die Tatsache, dass nur 55,2 Prozent der Delegierten für ihn stimmten und drei Vertreter des „radikalen" Flügels gegen ihn kandidiert hatten, zeigt deutlich, wie gespalten die *Solidarność* unmittelbar vor der Ausrufung des Kriegsrechts war.

Ungeachtet der Zersplitterung der Opposition in zahlreiche, in der Regel regional begrenzte Gruppen, vertieften sich nach der Verhängung des Kriegsrechtes die Gräben zwischen den beiden wichtigsten Fraktionen des oppositionellen Spektrums. Spannungen und

---

25   Michnik (1985, erstmals 1976) und Kuroń (1980, erstmals 1977) gelten als Klassiker der osteuropäischen Civil Society-Debatte (vgl. Fehr 1996: 76ff).

Konflikte, die bereits seit Ende der 1970er Jahre bestanden, lassen sich bis zum Runden Tisch und darüber hinaus verfolgen. Nach der Amnestie von 1986 bewegten sich die „Moderaten" angesichts des dringenden Bedarfs an substanziellen Wirtschaftsreformen und der Grenzen ihres politischen Spielraums deutlich auf die Regierung zu und zeigten Bereitschaft zur Kooperation. Die „Radikalen" lehnten dagegen jegliche Zusammenarbeit mit der Regierung ab (vgl. Kühn 1999). Eine Integration über den gemeinsamen Feind, die die *Solidarność*-Bewegung seit ihrer Formierung ab 1976 maßgeblich ausgemacht hatte, hatte damit keine Erfolgschancen mehr. Aus Sicht der Radikalen hatte der gemäßigte Mainstream um Lech Wałęsa ihnen den Boden für gemeinsames Handeln entzogen. Die Kritik an Wałęsa beschränkte sich im Übrigen nicht auf die politische Strategie, sie mahnten auch ein erhebliches Demokratiedefizit innerhalb der neu geschaffenen Organisationsstrukturen an. Diese knüpften personell in der Tat nur teilweise an die Besetzung der Führungsgremien von 1981 an. Neue Mitglieder wurden ohne demokratische Legitimation kooptiert, und gewannen auf dieser Basis den entscheidenden Einfluss auf die Nominierung der Kandidaten für die Parlamentswahlen im Juni 1989. Der Streit, der bis heute um den Systemwandel, die dritte polnische Republik und die „verratenen Ideale" der *Solidarność* geführt wird, liegt wesentlich in den Friktionen begründet, welche die Bewegung seit ihrer Formierungsphase begleitet haben.

Mobilisierungsstrukturen

Unter Mobilisierungsstrukturen werden hier formelle oder informelle Organisationsformen, auch private Netzwerke, verstanden, die für die Mobilisierung von Protestaktionen und die Kommunikation von Zielorientierungen und Situationsdeutungen zur Verfügung stehen (McAdam et al. 1996). Auch in dieser Hinsicht brachte das 1976 die entscheidende Wende, die der politischen Opposition in Polen den langen Atem für eine dauerhafte Mobilisierung verlieh.

1956 – 76
Während der Tauwetter-Periode wurde die Reformdebatte hauptsächlich von Reformern innerhalb der Partei und ihrem institutionellen Umfeld getragen. Schon 1955 war die Zensur kaum noch zu spüren. Es waren die offiziellen Zeitungen und Zeitschriften – vor allem „Po Prostu", aber partiell selbst die Hauptstadtzeitung „Życie Warszawy" und das Parteiorgan „Trybuna Ludu" –, die der Reformdebatte als Foren dienten. Die Nutzung der bestehenden Organisationsstrukturen, die an die Partei gebunden blieben, bedeuteten Stärke und Schwäche zugleich. Einerseits mussten nicht erst eigene Organisationsstrukturen aufgebaut werden, um Reformideen kommunizieren und Aktionen organisieren zu können. Andererseits stellten sich nach der Wahl Gomułkas zunehmend Loyalitätskonflikte ein – zwischen der Parteidisziplin auf der einen Seite und der Reformorientierung auf der anderen.

In der Ära Gomułkas konnten die Reformdebatten bis 1968 nur noch in kleinen Nischen weiter geführt wurden. Sie blieben daher im Wesentlichen auf die Diskussionszirkel der Intellektuellen beschränkt. Die Universität Warschau hatte dabei als Kommunikationsraum eine herausragende Bedeutung. Hier entstand zwischen 1964 und 1968 ein Netzwerk von informellen oppositionellen Zirkeln, in denen Unzufriedenheit artikuliert werden konnte. Nach dem 8. März 1968 griffen die Studentenproteste über Warschau hinaus auf fast alle Hochschulen des Landes über. Die Informationen über die Ereignisse in Warschau wurden teilweise über persönliche Kontakte und Kuriere übermittelt, vor allem aber über die Nachrichten und Gerüchte, die von *Radio Free Europe* verbreitet wurden. Ende März gab es Ansätze zu einer landesweiten Vernetzung der an den Hochschulen entstandenen Streikkomitees, die jedoch mit der gewaltsamen Beendigung der Studentenbewegung im Keim erstickt wurden. Als 1970 die Streiks an der Küste ausbrachen, waren die rudimentären politisch-oppositionellen Netzwerke der Intelligenz der 1960er Jahre weitgehend zerschlagen. Die Proteste von 1970 und 1971 blieben nicht nur regional, sondern auch sozialstrukturell begrenzt. Dies änderte sich 1976 nachhaltig mit der Gründung von *KOR*.

1976 – 89

Den organisatorischen Kern von *KOR* bildeten anfangs 14, später bis zu maximal 33 öffentlich bekannte Mitglieder - international bekannte Intellektuelle und jüngere erfahrene Oppositionelle. Die meisten von ihnen waren nicht nur in Polen bekannt, sondern auch im Ausland. Verhaftungen waren entsprechend „kostspielig", weil sich die Regierung aufgrund der Abgängigkeit der Wirtschaft von Krediten aus dem Westen größere Proteste im In- und Ausland kaum leisten konnte. *KOR* baute ein Netz von illegalen Mitarbeitern auf, die Familien von Inhaftierten und politischen Arbeitslosen unterstützten, Opfer staatlicher Repressionen medizinisch und juristisch betreuten, Spenden sammelten sowie Zeitschriften und Flugblätter publizierten. *KOR* leistete einen wesentlichen Beitrag zur Vernetzung des oppositionellen Milieus. Die meisten der zahlreichen neuen Gruppen, die in der zweiten Hälfte der 1970er Jahre im Umfeld von *KOR* entstanden, arbeiteten mit *KOR* zusammen. Dies lässt sich an zahlreichen gemeinsamen Aktionen ablesen.[26] *KOR* gelang es darüber hinaus, über einzelne Aktionen Mitglieder – Gruppen oder einzelne Personen – aus der liberalkatholischen Bewegung zu integrieren sowie über gemeinsame publizistische Tätigkeiten dauerhafte Kontakte zu Oppositionellen vor allem in der Tschechoslowakei und Ungarn zu knüpfen.[27]

Eine zentrale Rolle als Mobilisierungsstruktur spielte seit dieser Zeit der „zweite Umlauf"[28] Die wichtigste und auflagenstärkste Zeitschrift „Robotnik" (Arbeiter), veröffentliche 1979 die „Charta der Arbeiterrechte" in über 100.000 Exemplaren, die von 100 Unterstützern aus über 20 Städten – in der großen Mehrheit Arbeiter und Angehörige der technischen Intelligenz – unterschrieben worden war und in fast allen großen Firmen des Landes verteilt wurde. An der Konzeption und Distribution waren u.a. die Klubs der Katholischen Intelligenz beteiligt (vgl. Strobel 1985: 50). Die zentralen Aspekte der „Charta der Arbeiterrechte" fanden sich dann ein Jahr später im Forderungskatalog der streikenden Arbeiter der Lenin-Werft wieder. Die politisch oppositionellen Gruppen, die vor 1980 entstanden waren, stellten der Streikbewegung im Sommer 1980 ihre Netzwerke, Kommunikationsmit-

---

26 Wegen der Verhaftung von 10 Mitgliedern der Charta 77 traten im Oktober 1979 in der Warschauer Heilig-Kreuz-Kirche u.a. *KOR*- und ROPCiO-Aktivisten in den Hungerstreik (vgl. Friszke 1994: 447-448).

27 Václav Havel und Miklós Haraszti gehörten z.B. zur Redaktion der literarisch-politischen Untergrundzeitschrift Krytyka.

28 Vorbild war der sowjetische Samizdat, der in polnischen Exilzeitschriften seit den 1970er Jahren aufmerksam rezipiert wurde (vgl. Friszke 1994: 297ff).

tel und die intellektuelle Unterstützung in der Verhandlungsführung zur Verfügung, Ressourcen, die für eine dauerhafte Mobilisierung der Bewegung unabdingbar waren. In diesem Sinne wurde 1976 die Formierung der *Solidarność* eingeleitet.

Nach der Legalisierung der *Solidarność* wuchs die Zahl der Mitglieder explosionsartig an. Im September 1980 zählte die Gewerkschaft bereits 3 Mio. Mitglieder, im Herbst 1981 fast 10 Mio. und damit das Dreifache der kommunistischen Partei zu dieser Zeit.[29] Den höchsten Organisationsgrad erreichte sie mit z.T. über 90 Prozent in den Großstädten und großen staatlichen Betrieben. Zwischen den einzelnen Berufsgruppen gab es deutliche Unterschiede. Bauern und Handwerker waren deutlich unterrepräsentiert, Arbeiter, vor allem höher qualifizierte, und Leitungskader bis zur mittleren Ebene klar überrepräsentiert (vgl. Strobel 1985). Die *Solidarność* wurde als regional gegliederte Einheitsgewerkschaft gegründet. An der Spitze stand die Landesverständigungskommission (ab Oktober 1981: Landeskommission) mit Sitz in Gdańsk. Dieses Gremium hatte formal keine Weisungsbefugnis nach unten. Gleichwohl konnten viele Konflikte, die auf lokaler oder regionaler Ebene entstanden waren, nur unter Einschaltung der *Solidarność*-Führung gelöst werden. Hier lag auch ein gewichtiger Spannungsherd: Einerseits konnte die Landeskommission Aktionen und Proteste in den Regionen nur begrenzt kontrollieren. Andererseits wurden ihre Mitglieder als Feuerwehr für die Lösung vieler regionaler Konflikte immer wieder in Anspruch genommen, allen voran Lech Wałęsa, die wichtigste landesweite Integrationsfigur.

Im Laufe der 16 Monate ihres legalen Bestehens zeigten sich innerhalb der *Solidarność* Probleme, welche in ihrer Doppelfunktion als gewerkschaftliche Interessenvertretung und soziale Bewegung begründet lagen. Als Gewerkschaft war die *Solidarność* mit dem Staat als Arbeitgeber konfrontiert, der sich zunehmend weniger verhandlungsbereit zeigte, seine Zusagen nicht einhielt und überdies nicht in der Lage war, die sich 1981 dramatisch zuspitzende Versorgungskrise effektiv zu bekämpfen. Als Bewegung stand die *Solidarność* vor dem Problem, dass Konflikte mit der Regierung, die in den Regionen entstanden waren, oft nur durch die Landeskommission zu lösen waren. Die *Solidarność*-Leitung hatte einerseits das Interesse, die spontanen Aktionen an der Basis zu zähmen, um die Kontrolle nicht zu verlieren und eine Eskalation zu vermeiden. Andererseits lief sie damit Gefahr, an Rückhalt in der Basis zu verlieren und damit ihre Machtgrundlage sukzessive einzubüßen. Dieses Problem wurde in den Demobilisierungstendenzen nach der Bydgoszcz-Krise deutlich erkennbar (vgl. Kühn 1999: 180). Nach der Verhängung des Kriegsrechtes vergrößerte sich die Kluft zwischen den Funktionären und der einfachen Mitgliedschaft noch.

Die Mobilisierungsstrukturen der *Solidarność*-Bewegung wandelten sich unter dem Kriegsrecht fundamental (vgl. Friszke 2006). Trotz der massiven Repressionen gelang es der *Solidarność* dennoch, die nötigen Organisationsformen zu entwickeln, um das Kriegsrecht im Untergrund zu überleben. Unter den Bedingungen der Illegalität entfaltete sie erneut eine beeindruckende Publikationstätigkeit. Trotz der Massenverhaftungen seit dem 13. Dezember 1981 konnten sich sowohl überregional als auch regional Organisationsstrukturen erhalten bzw. neu etablieren. Im April 1982 trafen sich führende Aktivisten der nun verbotenen *Solidarność* und gründeten als zentrale Leitungsorganisation im Untergrund die

---

29 Im Dezember 1980 sank die Parteimitgliedschaft auf unter 3 Millionen. 700.000 Mitglieder der PZPR waren zugleich in der *Solidarność* (vgl. Kühn 1999: 108).

„Provisorische Koordinierungskommission" (TKK). Organisatorische und finanzielle Hilfe wurde maßgeblich im Ausland organisiert mit mehreren Verbindungsbüros in verschiedenen Ländern, und einem zentralen Koordinationsbüro in Brüssel. Trotz der massenhaften Inhaftierungen und Internierungen, trotz der organisatorischen Schwächung und trotz des massiven Mitgliederschwundes blieb die *Solidarność* in ihrer illegalen Phase öffentlich sichtbar und initiierte – im Rahmen einer grundsätzlich gemäßigten, auf allmählichen Wandel abzielenden Strategie – immer wieder auch öffentliche Aktionen, Proteststreiks und Demonstrationen.

Die betrieblichen Organisationsstrukturen wurden nahezu vollständig zerschlagen und konnten sich bis zu den Verhandlungen am Runden Tisch nicht mehr als organisatorische Basis der ab 1987 wieder offen agierenden politischen Führung der *Solidarność* konsolidieren. Nicht die Streikführer vom Frühjahr und Sommer 1988 waren die maßgeblichen Verhandlungspartner der Regierung, sondern der gemäßigte Flügel der alten Führung um Lech Wałęsa und sein intellektueller Beraterstab. Aus dem fundamentalistischen Flügel der *Solidarność*-Leitung von 1981 hatten sich neue Gruppierungen gebildet, welche den Runden Tisch und die dort ausgehandelten Vereinbarungen in einer Weise öffentlich verurteilten, die einem Aufruf zum Wahlboykott gleich kam (vgl. Kühn 1999: 420f; Tatur 1991: 240ff).[30]

Die Katholische Kirche fungierte in der Zeit des Kriegsrechts zum einen als Schutzraum für die zersplitterten oppositionellen Gruppen. Zum anderen übernahmen die Kirchengemeinden wichtige oppositionelle Aktivitäten – z. B. die Betreuung von Repressionsopfern in ähnlicher Weise wie *KOR* in den 1970er Jahren. Mit dem Bedeutungsgewinn der Kirche für die politische Opposition ging auch eine „Verkirchlichung des politischen Protestes" einher, eine Bewegung religiöser Erneuerung, die insbesondere auch die junge städtische Intelligenz erfasste (vgl. Tatur 1991: 243f).

Politische Gelegenheitsstrukturen

In diesem Abschnitt werden die Rahmenbedingungen, unter denen sich Widerspruch gegen das staatssozialistische Herrschaftssystem in der Volksrepublik Polen äußerte, diskutiert: Veränderungen im Legitimitätsglauben der Bevölkerung, Bündnispartner für Protest, die Repressionsbereitschaft des Staates, die internationalen Rahmenbedingungen und schließlich die Offenheit oder Geschlossenheit des politischen Systems für Protestforderungen (vgl. McAdam et. al. 1996: 10). Ob Veränderungen der gesellschaftlichen Rahmenbedingungen tatsächlich zu *politischen Gelegenheiten* für kollektive Aktionen werden, hängt wesentlich mit davon ab, wie sie durch politische Akteure, die hinreichend gut organisiert sind, wahrgenommen und interpretiert werden. Eine handlungsleitende, kollektive Deutung eines Ereignisses oder der Veränderung von gesellschaftlichen Rahmenbedingungen wiederum kommt nur zustande, wenn sie sich aus einer bereits entwickelten ideellen Grundorientierung des betreffenden kollektiven Akteurs ableiten lässt (vgl. McAdam et al. 1996: 8). Von daher muss die Binnenperspektive der unterschiedlichen Protestzusammenhänge hier noch einmal mit einbezogen werden.

---

30   Vgl. dazu ausführlicher den Beitrag von Andrzej Paczkowski in diesem Band.

1956 – 1976

Mit der offenen Diskussion über das Ausmaß der stalinistischen Verbrechen stürzte das kommunistische Herrschaftssystem in Polen in eine grundlegende Legitimationskrise. Im Juni 1956 stellte die herrschende Elite ihre Bereitschaft, Gewalt einzusetzen, unter Beweis. Die Angst der Bevölkerung vor Repressionen und Gewalt verhinderte in den folgenden Monaten größere Straßendemonstrationen, unterband aber nicht jegliche Äußerungen von Widerspruch. Im Gegenteil: Nach den Arbeiterprotesten in Poznań organisierte die Partei Gegendemonstrationen, auf denen Teilnehmer von Kundgebungen, die gegen das blutige Vorgehen des Regimes in Poznań protestierten, als Aufwiegler beschimpft wurden. Diese „bestellten" Gegendemonstrationen wurden jedoch häufig durch Solidaritätsbekundungen mit den Juni-Protesten unterlaufen. Der Glaube an die Legitimität der Parteiherrschaft in der Bevölkerung war durch die Gewalterfahrung von Poznań massiv erschüttert und durch die anhaltende Wirtschaftskrise zusätzlich untergraben worden. In den Augen der Mehrheit der Bevölkerung galt die Regierung zu dieser Zeit als „nicht-polnisch" als dem „Wesen der polnischen Nation" fremd. Überdies ließen sich die Friktionen innerhalb der herrschenden Elite, die nach den Ereignissen von Poznań eskalierten, angesichts einer fast freien Presse nicht mehr hinter verschlossenen Türen austragen und konnten insofern als politische Gelegenheit für Proteste wahrgenommen werden.

Die Wahl Gomułkas gegen die unterschwellige Gewaltandrohung aus Moskau nahm die Bevölkerung primär als eine beeindruckende Demonstration wiedergewonnener nationaler Souveränität war. So wurde der Legitimationsglaube auf einer neuen Grundlage wieder hergestellt. Zudem versprach Gomułka, dass dieser polnische Weg zum Sozialismus ein demokratischer sein werde, was er in den ersten Monaten nach seiner Wahl u.a. auch damit zu bestätigen schien, dass er die von unten entstandene Rätebewegung in vielen Betrieben gewähren ließ. Die brutale Niederschlagung des ungarischen Volksaufstands - unmittelbar nach der Wahl Gomułkas - leistete der Stabilisierung seiner Herrschaft wichtige Dienste, indem sie der Bevölkerung wie der Parteibasis die außenpolitisch definierten Grenzen für Reformen vor Augen führte.

Der Grund, warum die Massenproteste und die innerparteilichen Reformdiskussionen sich gegenseitig nicht befruchten konnten, lag darin, dass der nationalen und religiösen Rhetorik der Massendemonstrationen des Jahres 1956 ein gänzlich anderes Wertesystem zu Grunde lag als der Reformdebatte der kritischen marxistischen Intellektuellen.

In der zweiten Hälfte der 1960er Jahre wuchs die Unzufriedenheit in der Bevölkerung wieder spürbar an; Gomułka's Charisma als Garant einer neuen polnischen Souveränität war nach der Tauwetter-Periode weitgehend verschlissen. Dennoch war die Gelegenheitsstruktur für die Mobilisierung kollektiven Protesthandelns zu Beginn des Jahres 1968 eher ungünstig. Das Regime hatte sich gegenüber Reformforderungen von außen weitgehend verschlossen und war in hohem Maße bereit, jegliche Form von Protest umgehend zu unterbinden. Für die sich formierende Studentenbewegung boten sich weder innerhalb noch außerhalb der herrschenden Elite strategische Bündnispartner an. Um zu erklären, wie unter solch ungünstigen Umständen die Mobilisierung der Protestbewegung im Frühjahr 1968 möglich war, muss man vor allem das kollektive Selbstverständnis und die Interpretation der Situation durch die Aktivisten dieser Bewegung in Betracht ziehen.

Die oppositionellen Studentengruppen, die sich seit 1964 an der Universität Warschau gebildet hatte, verstanden sich als linke Intellektuelle, die die Idee eines demokratischen

Sozialismus vertraten. Im Namen dieser Idee bestanden sie nicht nur auf dem Recht, das bestehende System zu kritisieren, sondern fühlten sich dazu auch moralisch verpflichtet. Mit Adam Michniks Nationaldrama „Dziady", das eine polnische Aufstandstradition thematisiert, in der die Intelligenz eine Führungsrolle einnahm, sahen sich die Studenten in diesem politischen Selbstverständnis zusätzlich bestätigt.

Das Aufführungsverbot für dieses Theaterstück traf daher die oppositionellen Studenten gleichsam im Zentrum ihrer kollektiven Identität und forderte damit fast zwangsläufig ihren Protest heraus. Da das Verbot auch außerhalb des studentischen Milieus auf Unmut stieß, sahen sie in dieser Situation zugleich eine günstige Chance für eine breitere Protestmobilisierung. Mit der Protestresolution des Warschauer Schriftstellerverbandes zeichnete sich ein potentieller Verbündeter ab. Gleichzeitig hofften sie darauf, dass die Entwicklung in der Tschechoslowakei, wo – mit offensichtlicher Duldung Moskaus - gerade die Reformkommunisten um Alexander Dubček an die Macht gelangt waren, auch die liberaleren, reformorientierten Kräfte innerhalb der polnischen Parteielite stärken würde. Öffentliche Proteste am dogmatischen Kurs der Parteiführung erschienen ihnen als geeignetes und aussichtsreiches Mittel, einen solchen Prozess zu beschleunigen.

Trotz der anfänglich spektakulären Mobilisierungserfolge erwies sich dieses Kalkül jedoch schnell als eine Fehleinschätzung der Situation. Mit ihrer intelligenzfeindlichen Propagandakampagne machte die Parteiführung der Öffentlichkeit klar, dass sie sich auf keinen Dialog einlassen würde. Und angesichts der Kundgebungen gegen die Studenten, die der Parteiapparat in zahlreichen Betrieben organisiert hatte, stellte sich die Hoffnung der Studenten, dass ihre Proteste auf die Arbeiter überspringen könnten, schnell als Illusion heraus. Solidaritätsaktionen aus anderen Bevölkerungsgruppen blieben auf einige wenige symbolische Aktionen beschränkt. Die Isolierung der protestierenden Studenten, der Mangel an Verbündeten, und hohe Repressionsbereitschaft des Regimes führten dazu, dass die Studentenbewegung bereits *in statu nascendi* unterdrückt wurde, ohne auch nur eine ihrer Forderungen durchsetzen zu können.

1976 – 1980

Die Formierung der *Solidarność* zu einer sozialen Bewegung wurde durch das Zusammenspiel mehrerer Kontextfaktoren ermöglicht, die im Folgenden zusammenfassend beschrieben werden. Die ökonomische Krise in der zweiten Hälfte der 1970er Jahre zerstörte das soziale Arrangement, auf dem die politische Stabilität des Regimes seit dem Amtsantritt Giereks basiert hatte. Der Staat erwies sich als zunehmend unfähig, seine Wohlfahrtsversprechungen einzulösen. Im Ergebnis sank die Bereitschaft der Bevölkerung, sich gegenüber der Parteiführung loyal zu verhalten, dramatisch und die Protestbereitschaft stieg rapide an. Bis dato hatte das Regime alle größeren politischen Unruhen (1956, 1968, 1970, 1976) durch den umgehenden Einsatz von Gewalt beenden können. Als im Sommer 1980 die landesweite Streikwelle ausbrach, sah sich die politische Führung jedoch mit Umständen konfrontiert, die ihr erhebliche Restriktionen auferlegte und – im Unterschied zu den früheren Krisen – für einen Rückgriff auf massive Repressionen zunächst wenig Erfolgsaussichten boten. Aufgrund der hohen Abhängigkeit der polnischen Wirtschaft von westlichen Kreditgebern musste sie für den Fall einer gewaltsamen Unterdrückung der Streiks mit dramatischen ökonomischen Konsequenzen rechnen. Zudem war mit dem polnischen Papst ein neuer Akteur ins Spiel gekommen, dessen internationale Autorität die polnische Regierung in diesem Fall mit zusätzlichen diplomatischen Schwierigkeiten zu konfrontieren drohte. Dazu kamen erhebliche innenpolitische Restriktionen. Eine Entscheidung für die Gewaltoption hätte die Parteiführung mit zusätzlichen internen Konflikten belastet. Vor allem aber konnte sie – angesichts der namentlich unter den Wirtschaftsfunktionären virulenten Unzufriedenheit – kaum abschätzen, inwieweit sie sich in diesem Fall noch auf die Gefolgschaft der „Dienstklassen"[31] hätte verlassen können, die zu den wichtigsten Stabilitätsbedingungen autoritärer Regime gehört.

Aus der Sicht der Opposition boten diese Umstände bessere Aussichten als je zuvor, die Protestbewegung auf Dauer zu stellen und so dem Regime weitreichende politische Konzessionen abzuringen. Die innerparteilichen Spannungen waren deutlich sichtbar anhand der hohen Beteiligung von Parteimitgliedern an den Streiks, der Kompromissbereitschaft der Regierung in den Verhandlungen mit dem Streikkomitee der Leninwerft im August 1980 in Gdańsk und der kurz darauf folgenden der Absetzung Giereks. Die Gefahr einer Intervention sowjetischer Truppen schien relativ gering angesichts der unerwarteten Schwierigkeiten, mit denen Moskau im Afghanistan-Krieg konfrontiert war. Zudem hatte die Opposition in der Katholischen Kirche einen starken Verbündeten. Während der Streiks im August 1980 stellte sich das Episkopat öffentlich hinter die Forderungen der *Solidarność*. Die Klubs der Katholischen Intelligenz stellten ihr ihre Infrastruktur zur Verfügung und „Experten", die sie bei den Verhandlungen mit der Regierung berieten.

Der Durchbruch der *Solidarność* im Sommer 1980 war das Resultat des Zusammentreffens verschiedener Faktoren: der politischen Strategie, die die Opposition seit Mitte der 1970 im Rahmen der Civil Society Debatte entwickelt hatte, der Tatsache, dass die Aktivisten der Streikbewegung auf die organisatorische Infrastruktur und die sozialen Netzwerke zurückgreifen konnten, die zuvor im oppositionellen Milieu entstanden waren, und einer günstigen politischen Gelegenheitsstruktur. Mit der Zustimmung der Regierung zur Gründung einer unabhängigen Gewerkschaft wurde das politische Institutionensystem erstmals für eine Interessenorganisation geöffnet, die nicht unter der Kontrolle des Parteistaats stand. Damit ergaben sich zunächst völlig neue Möglichkeiten für zivilgesellschaftliche Partizipation. Zugleich bestätigte sich aber gleichsam im „Praxistest", dass dieses System nicht in der Lage war, eine solche „institutionelle Innovation" zu integrieren.

Nach der Legalisierung der *Solidarność* veränderte sich das Zusammenspiel von politischen Gelegenheitsstrukturen, Mobilisierungsstrukturen und Zielorientierungen. Die Erosion des Legitimitätsglaubens der „Dienstklassen" manifestierte sich in der Gründung von Basisstrukturen innerhalb der regionalen Gliederungen der Partei. Zu nennen sind hier vor allem die „horizontalen Strukturen" – Zusammenschlüsse von Regionalfunktionären, die „quer" zu der vertikalen Hierarchie des Parteiapparats verliefen und damit das zentralistische Organisationsprinzip kommunistischer Staatsparteien unterminierten. Das Ziel dieser Initiativen war die Erarbeitung und Durchsetzung von Konzepten der Dezentralisierung der ökonomischen und politischen Entscheidungsprozesse.

Im Unterschied zu früheren Krisen gelang es der Parteiführung nach dem Sommer 1980 nicht mehr, das Vertrauen oder zumindest die Loyalität der breiten Bevölkerung zu-

---

31 Der Begriff „Dienstklasse" bezeichnet die „politische und die Funktionselite bzw. die Nomenklatura im weitesten Sinne" unterhalb des im Politbüro und im Sekretariat des ZK konzentrierten Machtzentrums (Brie 1996: 42).

rück zu gewinnen. Ihr Versuch, die Implementation ihrer Zusagen an die *Solidarność* zu verschleppen, wiederholte Verstöße gegen die Vereinbarungen von Gdańsk und Provokationen wie die in Bydgoszcz unterminierten die letzten Chancen für ein funktionsfähiges Arrangement zwischen Staat und Gesellschaft. Auf der einen Seite gewannen innerhalb der *Solidarność* die radikalen Strömungen nun zunehmend an Einfluss. Auf der anderen Seite geriet die Parteiführung unter wachsenden Druck seitens der Sowjetunion und anderer Staaten des Warschauer Pakts, die „Konterrevolution" zu beenden. Eine zivile Lösung des Konflikts schien zusehends unmöglich. Spätestens mit der Wahl Jaruzelskis zum Parteichef im Oktober 1981 war die Entscheidung für das Kriegsrecht gefallen (vgl. Paczkowski 2002).

Mit der Liberalisierung in der Sowjetunion und der Aufhebung der Breschnew-Doktrin veränderten sich die Kontextbedingungen erheblich zugunsten einer erneuten Mobilisierung von Opposition und Protest. Gleichzeitig belegten regelmäßige Meinungsumfragen, dass angesichts der anhaltend schlechten ökonomischen Situation Unzufriedenheit und Protestbereitschaft in der Bevölkerung wieder zunahmen (vgl. Paczkowski 1997: 9). Hier lag ein entscheidendes Motiv für Jaruzelski, die noch inhaftierten politischen Häftlinge zu amnestieren. Ab November 1986 konnte die *Solidarność* zwar noch nicht wieder legal, aber offen agieren. Damit wurde sie neben der Regierung und der Kirche zum dritten politischen Akteur in der Phase des Systemwechsels, die zweieinhalb Jahre später in den fundamentalen Umbruch der gesellschaftlichen Ordnung mündete. Die Spaltung der herrschenden Elite zwischen Reformgegnern und Reformbefürwortern trug wesentlich dazu bei, dass der Verhandlungsprozess ab Ende 1988 an Tempo und Intensität gewann. Die Bereitschaft der engeren Parteispitze um Jaruzelski, mit der *Solidarność* nicht nur zu verhandeln, sondern ihr auch Zugang zu den politischen Entscheidungsgremien zu gewähren, eröffnete der Opposition erstmals die Möglichkeit, die Entwicklung des Landes maßgeblich mitzugestalten und substanzielle politische und ökonomische Reformen durchzusetzen.

Literatur

Archiwum Solidarności (Hrsg.) (1986): Krajowa Komisja Porozumiewawcza NSZZ "Solidarność".
      Posiedzenie w dniach 11-12 grudnia 1981 r. Warschau: NOWA.
Ash, Timothy Garton (1983): The Polish Revolution. Solidarity 1980-82. London: Penguin.
Bernhard, Michael H. (1993): The Origins of Democratization in Poland. Workers, Intellectuals, and
      Oppositional Politics, 1976-1980. New York: Columbia UP.
Borodziej, Włodziemierz (2000): Gewalt in Volkspolen (1944-1989). In: Osteuropa 50 (12): 1364-
      1384.
Brie, Michael (1996): Staatssozialistische Länder Europas im Vergleich. Alternative Herrschaftsstra-
      tegien und divergente Typen. In: Wiesenthal, Helmut (Hrsg.): Einheit als Privileg. Frankfurt
      (Main): Campus: 39-104.
Curry, Jane L. (1996): The Solidarity Crisis, 1980-81: The Near Death of Communism. In: Curry,
      Jane L./Fajfer, L. (Hrsg.): Poland's Permanent Revolution. Washington: American University
      Press: 167-209.
Cywiński, Bohdan (1984): Rodowody Niepokornych. Warschau: Krąg.
Eisler, Jerzy (1991): Marzec 1968: Geneza, Przebieg, Konsekwencje. Warschau: PWN.
Eisler, Jerzy (2000): Grudzień 1970. Geneza, Przebieg, Konsekwencje. Warschau: Sensacje XX
      wieku.
Eisler, Jerzy (Hrsg.) (2000a): Grudzień 1970 w dokumentach MSW. Warschau: IPN.

Eisler, Jerzy (2006): Polski Rok 1968. Warschau: IPN.

Fehr, Helmut (1996): Unabhängige Öffentlichkeit und soziale Bewegungen. Opladen: Leske + Budrich.

Fik, Marta (1995): Marcowa Kultura: Wokół ‚Dziadów', Literaci i Władza, Kampania Marcowa. Warschau: Wodnika.

Friszke, Andrzej (1994): Opozycja Polityczna w PRL 1945 – 1980. London: Aneks.

Friszke, Andrzej (1997): Oaza na Kopernika. Klub Inteligencji Katolickiej 1956-1989. Warschau: Biblioteka Więzi.

Friszke, Andrzej (2000): Opór społeczny w PRL 1956-1980. Tezy, uwagi, pytania. In Kamiński, Łukasz (Hrsg.). Studia i materiały z dziejów opozycji i oporu społecznego. Bd. IV. Wrocław: GAJT: 122-29.

Friszke, Andrzej (2001): Przystosowanie i Opór. Rozważania nad postawami społecznymi 1956-1970. In: Szarota, Tomasz (Hrsg.): Komunizm. Ideologia, System, Ludzie. Warschau: Neriton: 139-55.

Friszke, Andrzej (2002): Okrągły Stół. Geneza i przebieg. In Machcewicz, Paweł (Hrsg.): Polska 1986-1989: koniec systemu. Materiały międzynarodowej konferencji. Bd. 1: Referaty. Warschau: Trio: 74-117.

Friszke, Andrzej (2003): Polska. Losy Państwa i Narodu 1939-1989. Warschau: Iskry.

Friszke, Andrzej (Hrsg.) (2006): Solidarność podziemna 1981-1989. Warschau: ISP PAN.

Friszke, Andrzej (2007): Przystosowanie i opór. Studia z dziejów PRL. Warschau: Biblioteka Więzi

Goodwyn, Lawrence (1991): Breaking the Barrier: The Rise of Solidarity in Poland. Oxford: Oxford University Press.

Hemmerling, Zygmunt/ Nadolski, Marek (Hrsg.) (1991): Opozycja wobec rządów komunistycznych w Polsce 1956-1976. Warschau: Ośrodek Badań Społecznych.

Hoensch, Jörg K. (1998): Geschichte Polens. Stuttgart: UTB.

Holzer, Jerzy/Leski, Krzysztof (1990): Solidarność w podziemiu. Łódź: Wyd. Łódzkie.

Hübner, Peter/Danyel, Jürgen (2002): Soziale Argumente im politischen Machtkampf: Prag, Warschau, Berlin 1968-1971. In: Zeitschrift für Geschichtswissenschaft 50 (9): 804-32.

Instytut Literacki (Hrsg.) (1969): Wydarzenia Marcowe 1968. Resolucje i ulotki studenckie, ulotki MSW. Paris: Instytut Literacki.

Kamiński, Łukasz (2006): Regionalny Komitet Strajkowy NSZZ "Solidarność" Dolny Śląsk (1981-1990). In: Friszke, Andrzej (Hrsg.): Solidarność podziemna 1981-1989. Warschau: ISP PAN: 309-351.

Kersten, Krystyna (1992): Polacy, Zydzi, Komunizm. Anatomia Pólprawd 1939-68. Warschau: NOWA.

Kołakowski, Leszek (1967): Der Mensch ohne Alternative. Von der Möglichkeit und Unmöglichkeit, Marxist zu sein. München: Piper.

Kuczyński, Waldemar (2002): Burza nad Wisłą. Dziennik 1980-1981. Warschau: Iskry.

Kühn, Hartmut (1999): Das Jahrzehnt der Solidarność. Die politische Geschichte Polens 1980-1990. Berlin: BasisDruck.

Kula, Marcin (Hrsg.) (2000): Solidarność w ruchu 1980-1981. Warschau: NOWA.

Kuroń, Jacek (1980): Gedanken zu einem Aktionsprogramm. In: Dross, Armin Th. (Hrsg.): Polen. Freie Gewerkschaften im Kommunismus? Reinbek: Rowohlt: 182-203.

Kuroń, Jacek (1991): Glaube und Schuld. Einmal Kommunismus und zurück. Berlin: Aufbau Verlag.

Laba, Ramon (1991): The Roots of Solidarity: A Political Sociology of Poland's Working Class Democratization. Princeton: Princeton University Press.

Machcewicz, Paweł (1993): Polski Rok 1956. Warschau: Mówią Wieki.

Madajczyk, Piotr (1994): Na drodze do pojednania. Wokół orędzia biskupów polskich do biskupów niemieckich z 1965 roku: Warschau: PWN.

McAdam, Doug/McCarthy, John D./ Zald, Mayer N. (Hrsg.) (1996): Comparative Perspectives on Social Movements. Cambridge: Cambridge University Press.

Michnik, Adam (1980): Die Kirche und die polnische Linke: München: Chr. Kaiser.

Michnik, Adam (1985): Der Neue Evolutionismus. In Michnik, Adam: Polnischer Frieden. Aufsätze zur Konzeption des Widerstands. Berlin: Rotbuch: 40-54.

Michnik, Adam (1993): Świat Się Zakołysał. Adam Michnik w dwudziestą piątą rocznicę Marca. In: Gazeta Wyborcza (Magazyn Gazety). 12. März: 6.

Michnik, Adam/Tischner, Józef/Żakowski, Jacek (1995): Między Panem a Plebanem. Krakau: Znak.

Neidhardt, Friedhelm/Rucht, Dieter (Hrsg.) (1991): The Analysis of Social Movements: The State of the Art and Some Perspectives for Further Research. In: Rucht, Dieter (Hrsg.): Research on Social Movements. Frankfurt (Main): Campus: 421-64.

Ost, David (1990): Solidarity and the Politics of Anti-Politics: Opposition and Reform in Poland since 1968. Philadelphia: Temple University Press.

Osęka, Piotr (2008): Marzec '68. Krakau: Znak.

Paczkowski, Andrzej (1997): Polska 1986-1989: od kooptacji do negocjacji. Kilka uwag o wchodzeniu w proces zmiany systemowej. Warschau: ISP PAN.

Paczkowski, Andrzej (2002): Droga do mniejszego zła. Krakau: Wyd. Literackie.

Staniszkis, Jadwiga (1984): Polands Self-Limiting Revolution. Princeton: Princeton University Press.

Stola, Dariusz (2000): Kampagna antysyjonistyczna w Polsce 1967-1968. Warschau: ISP PAN.

Strobel, Georg (1985): NSZZ „Solidarność". Beitrag zur Analyse der Organisation und politischen Wirkung einer sozialen Sammlungsbewegung. In Bingen, Dieter (Hrsg.): Polen 1980-1984. Dauerkrise oder Stabilisierung? Baden-Baden: Nomos: 47-100.

Strzembosz, Tomasz (2000): Polacy w PRL: sprzeciw, opozycja, opór. Zachowania opozycyjne w systemie totalitarnym. In: ARCANA 35 (5): 121-41.

Świda-Ziemba, Hanna (1997): Człowiek wewnętrznie zniewolony. Warschau: ISNS UW.

Tatur, Melanie (1989): Solidarność als Modernisierungsbewegung. Frankfurt (Main): Campus.

Zaremba, Marcin (1998): Biedni Polacy 68. Społeczeństwo polskie wobec wydarzeń marcowych w świetle raportów KW i MSW dla kierownictwa PZPR. In Kula, Marcin et al. (Hrsg.): Marzec 1968. Bd. I: Referaty. Warschau: PWN: 144-70.

Zaremba, Marcin (2001): Komunizm, legitymizacja, nacjonalizm. Warschau: TRIO.

Ziemer, Klaus (1987): Polens Weg in die Krise. Eine politische Soziologie der 'Ära Gierek'. Frankfurt (Main): Athenäum.

Revisionismus, Liberalismus und Populismus: Die Opposition in Ungarn

Máté Szabó

Die Katakomben des Kommunismus sind nun schon seit fast fünfzehn Jahren in Schaubuden verwandelt und zum Objekt der „Vergangenheitsbewältigung" geworden. Eine politisch verantwortungsvolle und wissenschaftlich solide Aufarbeitung der Geschichte von Opposition und Dissidenz, wie sie im ostdeutschen Fall erfolgt ist, steht jedoch in Ungarn trotz der Öffnung der kommunistischen Archive und einiger bahnbrechender Publikationen noch weitgehend aus. Im „Kampf um die Vergangenheit" spielt das Thema „1956" – der Volksaufstand und die darauf folgende Repressionswelle – eine so herausragende Rolle, dass Dissidenz und Opposition der 1970er und 1980er Jahre vergleichsweise wenig Aufmerksamkeit erfahren haben. Ungarische Soziologen und Politologen haben sich nur selten dieser Thematik angenommen; der überwiegende Teil der Publikationen ist historischen Charakters. Unter den Arbeiten, die bereits während der kommunistischen Ära veröffentlicht wurden, sind insbesondere eine Überblicksdarstellung zu Opposition und Dissidenz bis 1982 (Dalos 1986), eine umfassende Untersuchung des ungarischen Populismus bis 1958 (Borbándi 1976), und eine kritische Studie über die intellektuelle Wende der ungarischen Opposition von links-alternativen zu neo-liberalen Orientierungen bis Mitte der 1980er Jahre (Faragó 1986) hervorzuheben. Die einzige umfassende Studie, die nach dem Regimewechsel verfasst wurde, ist eine Gesamtdarstellung der „Politik des Kádár-Regimes gegenüber der Opposition"(Csizmadia 1995).

Der folgende Beitrag bietet einen Überblick über die Entwicklung von Dissidenz und Opposition in Ungarn, wobei insbesondere dem Verhältnis der verschiedenen historisch bedingten soziokulturellen Strömungen und ihrer Bedeutung für den Regimewandel am Ende der 1980er Jahre Beachtung geschenkt wird.

Die Entstehung von Dissidenz und Opposition

Wie in den anderen Ostblockländern wurde in der zweiten Hälfte der 1940er Jahre auch in Ungarn unter maßgeblichem sowjetischem Einfluss ein stalinistisches Regime etabliert (Fischer 1999), dessen Wandel hier aber früher einsetzte als anderswo. Bereits 1953 prallten innerhalb der kommunistischen Elite harte Stalinisten und moderate Kommunisten unversöhnlich aufeinander. Das erste Lager wurde von Mátyás Rákosi angeführt. Das zweite gruppierte sich um den frühen Reformkommunisten Imre Nagy. Nagy plädierte für einen „ungarischen Weg zum Sozialismus", der den nationalen Besonderheiten stärker Rechnung tragen sollte, z.B. durch die Zulassung eines größeren Privatsektors im Agrarbereich und eine Öffnung gegenüber spezifischen Traditionen der ungarischen Kultur. Nagy repräsentierte damit die quasi-offizielle Version des „Revisionismus" – einer Abweichung bisheriger Kommunisten von der dogmatischen stalinistischen Version des Marxismus-Leninismus, wie sie in den 1950er Jahren überall im kommunistischen Lager zu beobachten war (Tőkés 1996).

Dieser innerparteiliche Flügelkampf eröffnete zugleich auch für Akteure außerhalb der Parteiführung Gelegenheiten für die Artikulation kritischer bzw. nonkonformistischer politischer Bestrebungen. Er hat nicht unerheblich zum Ausbruch des Volksaufstands im Oktober 1956 beigetragen, der dem reformkommunistischen Revisionismus von Imre Nagy für eine kurze Zeit zur politischen Hegemonie verhalf.

Mit der Niederschlagung des Volksaufstands durch sowjetische Truppen und der darauf folgenden Welle von Repressionen, die bis 1958 anhielt (Huszár/ Szabó 1999), konnte zwar der akute Widerstand gegen das Regime gebrochen, aber systemkritisches, antitotalitäres Denken – auch innerhalb der kommunistischen Partei – nicht auf Dauer unterdrückt werden. Schon bald nach dem Abebben des Terrors gegen die Aktivisten des Volksaufstands und kritische Intellektuelle und der Reorganisation der Ungarischen Kommunistischen Partei zur Ungarischen Sozialistischen Arbeiterpartei (USAP) brach die Diskussion um den „ungarischen Weg zum Sozialismus" wieder auf. Es kam erneut zu Konflikten innerhalb der Parteiführung, in deren Folge sich die Bedingungen für die Artikulation von Dissidenz langfristig verbesserten. Zwar wurden prominente Kritiker des Systems teilweise aus der Führung verdrängt oder wählten selbst die Exit-Option, wie z. B. András Hegedűs, der 1956 Ministerpräsident war (Rozgonyi/Zsille 2001). Doch der politische Einfluss des Revisionismus konnte auf Dauer nur noch begrenzt, nicht mehr ausgerottet werden.

Der im osteuropäischen Vergleich moderate Umgang mit innerparteilichen ideologischen Konflikten hat nicht zuletzt mit der Persönlichkeit von János Kádár zu tun, dem Funktionär, den Moskau für die Führung des Kampfes gegen die „Konterrevolution" und die Sicherung seiner Hegemonialansprüche auserwählt hatte. Kádár, der ursprünglich dem Nagy-Flügel angehörte, hatte sich kurz vor der Intervention der Sowjets auf deren Seite geschlagen. Seine Motive für diese Entscheidung wurden nie vollständig aufgeklärt; zum einen erfolgte sie wohl unter erheblichem Druck aus Moskau, zum anderen konnte er den zunehmend radikaler werdenden Reformvorstellungen von Nagy wohl aus eigener Überzeugung nicht mehr folgen. Aber er war kein *hardliner* wie etwa Ceauşescu oder Honecker, sondern hielt auch nach 1956 an wesentlichen Zielen der Entstalinisierung fest. Wenngleich Regimekritiker auch weiterhin mit gewissen Sanktionen rechnen mussten, so bleiben diese im osteuropäischen Vergleich relativ moderat. Politische Verbrechen in staatlichem Auftrag hat es nach 1958 in Ungarn faktisch nicht mehr gegeben. Diese Ambivalenz prägte Kádárs Führungsverhalten über seine gesamte Amtszeit. Auf der einen Seite repräsentierte und wahrte er den Moskauer Hegemonialanspruch. Auf der anderen wurden unter seiner Führung signifikante Liberalisierungsprozesse eingeleitet oder zumindest toleriert (Huszár 2001, 2003). Von dieser Gratwanderung, die in Ungarn auch als „Dialektik von Repression und Toleranz" bzw. „repressive Toleranz" bezeichnet wird, hat die Entwicklung von Dissidenz und Opposition nachhaltig profitiert.

Die Ausdifferenzierung alternativer Milieus

Nach der Beendigung des Terrors gegen die Teilnehmer des Volksaufstandes von 1956 hat sich das Kádár-Regime gegenüber kritischen Intellektuellen wieder schrittweise geöffnet. Es wurde eine Amnestie erlassen, das Publikationsverbot für zahlreiche Autoren wurde aufgehoben, viele Akademiker, die entlassen worden waren, konnten ihre berufliche Arbeit wieder aufnehmen, und politischen Emigranten wurde die Rückkehr nach Ungarn gestattet. In der Folge erlangten frühere Repräsentanten des Revisionismus zunehmenden Einfluss in der Wissenschaft und im kulturellen Leben.

Um die neue „Politik der Toleranz" glaubhaft zu demonstrieren, wurde verschiedenen prominenten Intellektuellen, die im Kontext des Volksaufstandes verfolgt worden waren, sogar wieder ein herausragender Status in der Öffentlichkeit zuerkannt. Zu den international bekanntesten Beispielen zählen der Schriftsteller Tibor Déry und der Philosoph Georg Lukács. Déry saß wegen seines Engagements für den Aufstand im Gefängnis und wurde 1960 durch eine Amnestie entlassen. Seine Bücher waren bald wieder auf dem Markt und wenig später galt er offiziell als Nationalklassiker (Dalos 1986: 15). Lukács, der sich schon in der Zwischenkriegszeit einen Namen als unorthodoxer marxistischer Theoretiker gemacht hatte und 1956 der Reformregierung von Imre Nagy angehörte, war mit anderen Mitgliedern der Nagy–Regierung nach ihrer Gefangennahme in Rumänien interniert worden. Nach seiner Rückkehr konnte er seine akademische Tätigkeit nach einigen Jahren des inneren Exils weitgehend ungehindert fortsetzen. Aus dem Kreis seiner Schüler, der „Budapester Schule", gingen später führende Figuren der demokratischen Opposition hervor (Faragó 1986; Heller 1999), denen Lukács Zeit seines Lebens wirksamen Schutz gewähren konnte.[1]

Unter den Veränderungen, die den Übergang vom stalinistischen zum post-totalitären markierten, sind insbesondere folgende hervorzuheben:

- Das Kádár-Regime definierte seine politische Strategie als „Kampf an zwei Fronten"; es richtete sich fortan nicht nur gegen den von Nagy repräsentierten Revisionismus, sondern gleichermaßen und offen gegen den durch Rákosi symbolisierten Stalinismus.

- Die Orientierung auf Machtsicherung durch Repression wurde zurück genommen zugunsten einer Strategie der „Legitimation durch Konsum"; in der Folge erfuhren in der Wirtschafts- und Sozialpolitik die Konsumwünsche der Bevölkerung zunehmende Beachtung.

- Die Prioritäten der Repressionsorgane wurden neu definiert; der Schwerpunkt verschob sich von der Bekämpfung des „inneren Feindes", der Dissidenten, auf die Abwehr des „äußeren Feindes", neben den „Imperialisten" vor allen der Exilungarn. Die Strategie gegenüber Andersdenkenden wurde zugunsten „weicher" Methoden korrigiert; Schauprozesse und Gefängnisstrafen gegen politische Dissidenten wurden aufgegeben.

- Das Ministerium für Staatssicherheit (ÁVH) wurde aufgelöst und in das Innenministerium eingegliedert. Die Parteiführung verband damit die Absicht, die Aktivitäten des Sicherheitsapparats stärker unter ihre Kontrolle zu bringen und die ÁVH

---

1   Nach Lukács Tod 1971 wurden einige seiner Schüler allerdings zum Rückzug aus dem öffentlichen Leben gezwungen bzw. in die Emigration gedrängt.

als Machtfaktor im Konflikt zwischen den verschiedenen Führungsgruppen auszuschalten.

So bildete sich eine Art „verdeckter Pluralismus" heraus, ein heterogenes Spektrum kritischer Intellektueller, das von reformorientierten Ökonomen bis zu avantgardistischen Künstlern reichte, die großen Teils Ideen eines demokratischen Sozialismus anhingen und diese auch in verschiedenen literarischen und Fachzeitschriften zum Ausdruck bringen konnten. Zu öffentlichen Protesten kam es in dieser Periode, die der ungarischen Bevölkerung erhebliche soziale Verbesserungen und einen spürbaren Gewinn an persönlichen Freiheiten brachte, jedoch nicht.

Das Jahr 1968 brachte auch für Ungarn einschneidende Veränderungen, die die Entwicklung von Dissidenz und Opposition erheblich beeinflussten. Dem Reformflügel innerhalb der Parteiführung gelang es, mit dem sog. Neuen Wirtschaftsmechanismus relativ weitreichende Wirtschaftsreformen durchzusetzen. Der Bereich der zentralstaatlichen Wirtschaftsplanung wurde erheblich eingeschränkt zugunsten der Förderung einer Zweiten Wirtschaft, die durch Marktmechanismen reguliert wurde. Auch im politischen Bereich gab es weitere Liberalisierungsfortschritte, wodurch sich die Rahmenbedingungen für kritisches politisches Engagement deutlich verbesserten. Gleichzeitig führten die Niederschlagung des Prager Frühlings und die Beteiligung ungarischer Truppen an der sowjetischen Intervention dazu, dass zahlreiche kritische Intellektuelle den Glauben an den Demokratisierungswillen des Kádár-Regimes aufgaben und mehr und mehr den offenen Dissens suchten (Heller 1999). Den Wendepunkt bildete ein Aufruf von Mitgliedern der Budapester Schule zur Solidarisierung mit der tschechoslowakischen Demokratiebewegung. „Dies war der erste öffentliche Protest von ungarischen Intellektuellen seit 1956" (Dalos 1986: 19). Das Jahr 1968 markiert somit den Übergang vom Revisionismus zu nicht-kommunistischer Dissidenz und Opposition.

Während sich innerhalb der Parteiführung die Konflikte zwischen orthodoxen Leninisten, Kádáristen und wirtschaftsliberalen Reformkommunisten fortsetzten, bildete sich außerhalb des Establishments eine neue Dissidenten- und Oppositionsbewegung heraus, innerhalb derer sich folgende Strömungen unterscheiden lassen:

(a) Nach 1968 entstand aus dem Milieu der Revisionisten heraus eine liberaldemokratisch orientierte Strömung. Sie bestand vornehmlich aus Budapester Intellektuellen, die sich nach dem Prager Frühling liberalen und kommunitaristischen Ideen zuwandten. Zu ihren bekanntesten Vertretern zählten die Lukács-Schüler Ágnes Heller, János Kis und György Bence sowie die Schriftsteller György Dalos und Miklós Haraszti. Aus dieser Strömung entstand in den 1970er Jahren der ungarische Samizdat (Paetzke 1986), 1988 dann die oppositionelle Allianz der Freien Demokraten (*Szabad Demokraták Szövetsége* - SZDSZ).

(b) Eine zweite Quelle von Dissidenz bildete der national orientierte Populismus, der die ungarische Literatur und Kunst bis heute beeinflusst und sich nach 1968 zu einer eigenen Richtung innerhalb der Opposition entwickelt hat (Zsille 1985). Die populistische Opposition, zu deren wichtigsten Vertretern die Schriftsteller Sándor Csoóri und István Csurka sowie die Historiker József Antall, Csaba Kiss, György

Szabad und Lajos Für zählten, mündete 1988 in die Gründung des Ungarischen Demokratischen Forum (*Magyar Demokrata Fórum* - MDF), das 1990 die ersten freien Wahlen gewann.

(c) Beginnend in den 1970er Jahren entwickelten sich unter Studenten und jungen Intellektuellen eine jugendliche Protestszene (Kenedi 1996) sowie breitere jugendliche Subkulturen, die ihren Ausdruck vor allem in Rockmusik und verschiedenen Devianzformen suchten. In den 1980er Jahren formierte sich daran anknüpfend eine reformorientierte Studentenbewegung, die sich für Hochschulreformen und eine Demokratisierung des Kommunistischen Jugendverbandes engagierte und gegen Umweltverschmutzung und atomare Bedrohung protestierte. Aus diesem jugendlichen Protestmilieu, das man als „neue soziale Bewegung im Sozialismus" charakterisieren kann (Knabe 1988), entstand 1988 die Allianz der Jungdemokraten (*Fiatal Demokraták Szövetsége* - FIDESZ).

Urbanisten versus Populisten: historische Ursprünge

Wenngleich es auch in anderen Ländern, namentlich in Polen, latente Differenzen zwischen liberal-universalistischen und national-konservativen oppositionellen Strömungen gab, bildete die Rivalität zwischen Populisten und Urbanisten, die es in dieser Intensität in anderen Ländern nicht gab, ein Spezifikum der ungarischen Opposition. Ihre Wurzeln lassen sich bis in die ungarische Nationalbewegung gegen die Habsburger Monarchie verfolgen, innerhalb derer über Jahrzehnte ähnliche Konflikte ausgetragen wurden wie zwischen den *Narodniki* und den *Zapadniki* in der russischen Geschichte. Die Populisten (*népies*) verfochten die Idee eines nationalen Sonderwegs zwischen Ost und West, einer „organischen" Alternative jenseits der westlichen Moderne. Ihre zentralen Begriffe waren Nation, Identität und Gemeinschaft. Parallel dazu entwickelte sich aus dem urbanen bürgerlichen Milieu heraus eine Strömung, die sich den liberalen und universalistischen Werten und der Fortschrittsorientierung der westeuropäischen Aufklärung verpflichtet fühlte und sich an westlichen Vorstellungen von Marktwirtschaft und Parlamentarismus orientierte.

In der Zwischenkriegszeit standen zwar beide Gruppierungen in Opposition gegen das Horthy-Regime. Da aber die Ideen der Urbanisten sowohl von den Kommunisten als auch den Faschisten bekämpft wurden, waren die Populisten in dieser Zeit für beide politische Richtungen anfällig. Führende Vertreter der populistischen Bewegung, der hauptsächlich Schriftstellern, Publizisten und Historiker angehörten, waren Antisemiten. Sie interpretierten den Kapitalismus als ein Werk des Judentums, das die ungarische Kultur zu zerstören drohe, und sympathisierten zumindest mit den ungarischen Faschisten. Andere unterstützten den illegalen Widerstand und nach dem sowjetischen Einmarsch die Machtübernahme der Kommunisten, insbesondere, weil sie sich davon eine gerechte Lösung der Agrarfrage, d.h. die Auflösung des ungarischen Latifundien-Systems zugunsten der ärmeren Landbevölkerung versprachen.

Diese Gleichzeitigkeit von Nähe und kritischer Distanz zum Kommunismus setzte sich nach der kommunistischen Machtübernahme fort. Einige führende Repräsentanten der populistischen Bewegung stiegen in das neue politische und kulturelle Establishment auf.

So fanden diejenigen, die sich für den Weg in die Opposition entschieden, immer wieder einflussreiche Ansprechpartner, die ihnen Schutz boten und Wirkungsmöglichkeiten verschafften. Die Tatsache, dass prominente Populisten gleichzeitig im offiziellen Raum und in informellen Netzwerken agieren konnten, hat maßgeblich dazu beigetragen, dass die populistische Untergrundbewegung die kommunistische Herrschaft nicht nur überlebte, sondern ihren Ideen immer wieder Gehör verschaffen konnte. Zu ihren wichtigsten Themen gehörten der „Kosmopolitismus" des Kádár-Regimes, die Vernachlässigung nationaler Interessen, die Amerikanisierung der ungarischen Sprache und Kultur, der Rückgang der Bevölkerung sowie Natur-, Landschafts- und Denkmalschutz. Insbesondere beklagten sie das Versäumnis des Kádár-Regimes, die ungarischen Minderheiten in den Nachbarländern zu unterstützen. In einem gewissen Maße ist es den Populisten in der Tat gelungen, das offizielle Tabu über die Minderheitenfrage zu durchbrechen, alternative Diskurse über ungarische Identität in Gang zu setzen und Unterstützung für die Erhaltung des Ungarntums im Ausland zu mobilisieren.

Von den Urbanisten der Zwischenkriegszeit fand sich kaum jemand in der kommunistischen Nachkriegselite wieder. Nach 1968 entstand jedoch eine neue Urbanisten-Generation, die ihren Ausgangspunkt im kommunistischen Milieu selbst hatte. Einige ihrer führenden Vertreter waren früher selbst Mitglieder der kommunistischen Partei gewesen, hatten zusammen mit späteren Führungskadern an ungarischen oder sowjetischen Universitäten studiert und verfügten daher ebenfalls über enge Kontakte in das politische Establishment. Die Urbanisten entstammten in der Regel auch anderen Berufsgruppen, vornehmlich der Philosophie, den Sozialwissenschaften und der Ökonomie. Ihre zentralen Themen bezogen sich auf die universellen Menschenrechte und politischen Bürgerrechte, die Demokratisierung des politischen Systems und ökonomische Reformen. Insbesondere im ökonomischen Bereich zeigte sich ein starker Einfluss oppositioneller Ideen. Die experimentierfreudige Wirtschaftspolitik des Kádár-Regimes hat mehrere Generationen von sog. „Reformökonomen" hervorgebracht, die zum Teil schon in den 1960er Jahren die sozialistische Planwirtschaft als ein historisches Relikt betrachteten. Für einige von ihnen stellten auch die marktsozialistischen Reformen nur eine Übergangsphase zur privaten Marktwirtschaft dar, Zwischenschritte auf dem Weg in die Europäsche Gemeinschaft und die OECD. Hinsichtlich der Ökonomie waren in der Ära des Kádárismus die Grenzen zwischen den offiziellen und den inoffiziellen Diskursen allerdings weit weniger scharf gezogen als in politischen Themenbereichen, insbesondere wenn es um die Lage der Menschenrechte ging.

Seit den 1960er bildete der Konflikt zwischen Urbanisten und Populisten das dominante Strukturierungsprinzip der ungarischen Opposition. Auch die kommunistische Parteiführung differenzierte ihre politische Strategie gegenüber der Opposition nach diesen beiden Strömungen, wobei sie die erste als „die Bürgerlichen" (*polgári*), die zweite als die „radikalen Nationalisten" (*nemzeti radikális*) bezeichnete (Csizmadia 2001: 71).[2]

---

2   Ausführlicher zu Urbanismus und Populismus in der ungarischen Oppositionsgeschichte vgl. Szabó 2009.

Dissidenz – Gegenkultur – Opposition

1972 wurden die politische Liberalisierung und die Wirtschaftsreformen von 1968 auf Druck der Breschnew-Führung abgebrochen. Seitdem ging das Regime gegen Dissidenten wieder restriktiver vor, ohne allerdings zum Repressionsniveau der 1950er Jahre zurückzukehren. Dies führte einerseits zu einer weitgehenden Verdrängung kritischer Intellektueller aus der offiziellen Öffentlichkeit, andererseits aber auch zu einer Erstarkung der kritischen Milieus und ihrer informellen Strukturen. So bildete sich eine Gegenkultur heraus, die auf informellen Netzwerken von Intellektuellen basierte und ihren Ort in Cafés, Ateliers, und privaten Räumen fand. Es entstand ein dichtes Netzwerk von Samizdat und Untergrundverlagen, vor allem in Budapest, aber auch in einigen größeren Universitätsstädten (Dalos 1986; Csizmadia 1995). Neben verschiedenen Formen der indirekten Auflehnung gegen das Regime (Produktion und Verbreitung inoffizieller oder verbotener Literatur, Versammlungen und regulären Vorlesungsreihen sowie illegalen Kunstausstellungen und Filmvorführungen in Privatwohnungen) kam es nun zunehmend auch zu direkten Protestaktionen (Unterschriftensammlungen, Petitionen, öffentlichen Manifestationen).

Erneut wirkte eine Solidaritätsaktion wie ein Katalysator für die Politisierung der dissidentischen Milieus. Im Januar 1977 veröffentlichten 43 Intellektuelle, darunter sowohl Urbanisten als auch Populisten, über *Radio Freies Europa* eine Erklärung, in der sie ihre Unterstützung für die tschechoslowakische Charta 77 zum Ausdruck brachten (Dalos 1986: 38.). Péter Kende (1989: 65) bezeichnet diese Erklärung „als ‚Gründungsakt' einer neuen Opposition". In den folgenden Jahren stieg die Zahl von Dissidenten, die ihre oppositionelle Haltung gegenüber dem Regime offen bekannten und bereit waren, entsprechende Sanktionen auf sich zu nehmen, spürbar an. Eine erneute Solidaritätserklärung mit der Charta 77 im Jahr 1979 fand bereits 250 Unterzeichner (Dalos 1986: 54.). So formierte sich sukzessive eine Gegen-Elite von Künstlern, Philosophen und Wissenschaftlern, die ihrer Kritik am kommunistischen System sowohl in Ungarn als auch im Westen Gehör zu verschaffen suchte (Faragó 1986; Schöpflin 1979; Szilágyi 1999), wobei ihre Resonanz vorerst noch weitgehend auf kleinere Kreise der wissenschaftlichen und künstlerischen Intelligenz begrenzt blieb. Zumindest einer der Gründe dafür ist in den zu dieser Zeit bevorzugten Themen der Dissidenten selbst zu finden. So sprach die Tatsache, dass die öffentlichen Erklärungen der demokratischen Opposition der Solidarität mit Dissidenten in anderen Ostblockländern galten, zwar für das „übernationale Selbstbewusstsein dieser Generation". Sie verweist aber auch darauf, wie (Dalos 1986: 40) schreibt, dass zumindest die Urbanisten Probleme, die den größeren Teil der ungarischen Intelligenz beschäftigten, etwa Fragen der nationalen Identität, die Lage der ungarischen Minderheiten in den Nachbarländern sowie soziale Probleme, stark vernachlässigt hatten.

Ende der 1970er Jahre sind erste Versuche zu beobachten, dieses Defizit zu beheben, und über die engen Grenzen des eigenen Milieus hinaus in die Gesellschaft hinein zu wirken. 1979 gründeten Angehörige der urbanistischen Opposition den „Fonds zur Unterstützung der Armen" (SZETA - *Szegényeket Támogató Alap*). Der Fonds sammelte Geld und Kleidung und bot kostenlose Rechtsberatung an. Da Armut zu dieser Zeit in Ungarn zu einem akuten gesellschaftlichen Problem wurde, offiziell aber tabuisiert blieb, verhalf dieses soziale Engagement der Gruppe zu schnell wachsender Popularität. Viele Intellektuelle, die über die Lektüre von Samizdatpublikationen hinaus in der Opposition nicht aktiv werden wollten, waren dennoch gern bereit, SZETA finanziell zu unterstützen (Dalos 1986: 61). Diese Initiative spiegelte nicht nur innere Unzufriedenheit mit der über die 1970er Jahre hinweg praktizierten selbstgenügsamen Kleingruppenpolitik wider. Sie verwies darauf, dass die Verknüpfung der politischen Themen mit praktischem Engagement in den Problembereichen, die größere Kreise der Bevölkerung bewegten, auch neue Möglichkeiten der gesellschaftlichen Mobilisierung eröffnete, und bildete somit eine Art „Pilotprojekt" für die oppositionellen Initiativen der 1980er Jahre.

Parallel zur Formierung der oppositionellen Gegenelite entwickelten sich verschiedene Formen spontanen Jugendprotestes, die der Parteiführung Sorgen bereiteten (Kenedi 1996). Von besonderer Bedeutung, weil traditionsbildend, waren die Demonstrationen, die seit Anfang der 1970er Jahre regelmäßig am 15. März in Budapest stattfanden. An diesem Tag, dem Jahrestag des Beginns der ungarischen bürgerlichen Revolution von 1848, versammelten sich Schüler und Studenten an den Denkmälern für die Revolution, am Nationalmuseum und am Bathyäny-Licht, um ihren Unmut über das System zu demonstrieren. Ihr Protest richtete sich vornehmlich gegen die Vernachlässigung nationaler Themen durch das Kádár-Regime und dessen „kosmopolitischen" Charakter. Zusätzliche Brisanz erhielt die Aktion dadurch, dass sie nicht nur an 1848, sondern indirekt noch an ein anderes Ereignis erinnerte – die große Jugenddemonstration vom 23. Oktober 1956. Ab 1973 verschärfte der Staat seine Maßnahmen gegen die Demonstranten, die Polizei griff regelmäßig ein, und nicht wenige Teilnehmer wurden aus dem Gymnasium oder der Universität ausgeschlossen. Zwar konnte die Kundgebung auf diese Weise nicht gänzlich unterbunden werden, aber die Zahl der Teilnehmer ging mit den Jahren zurück. Die Jugenddemonstrationen der 1970er Jahre waren spontaner Natur; zwischen ihren Initiatoren und den Intellektuellen der Opposition, die sich bis 1987 jeglicher Teilnahme an öffentlichen Kundgebungen enthielten (Kende 1989: 71), bestanden keine direkten Kontakte. Ein solcher Schulterschluss erfolgte erst Ende der 1980er Jahre, dann aber verhalf er diesen Demonstrationen zu einer beeindruckenden Dynamik.

Das Erwachen der Zivilgesellschaft

Unter dem Einfluss verschiedener internationaler Ereignisse änderten sich mit Beginn der 1980er Jahre die internen wie externen Voraussetzungen für alternative politische Aktivitäten signifikant.

(a) Der überraschende Erfolg der polnischen *Solidarność* im Sommer 1980 und die bittere Enttäuschung darüber, dass in Ungarn eine ähnliche Mobilisierung der Massen gegen das Regime ausgeblieben war, stürzte die ungarische intellektuelle Opposition in eine tiefe Krise und löste eine heftige Debatte darüber aus, ob ihre Aktivitäten überhaupt noch Sinn machen würden, wenn sie keine breiteren Kreise der Gesellschaft erreichen konnten (Arato 1992; Dalos 1986; Szabó 1991b). Einige Aktivisten gaben ihr Engagement auf, andere plädierten dafür, sich künftig am Vorbild von Adam Michniks Strategie des „radikalen Reformismus" zu orientieren und die Institutionen der Gegenöffentlichkeit weiter auszubauen. Für die letztgenannte Gruppierung erwies sich die Verhängung des Kriegsrechts in Polen am 13. Dezember 1981 als ein einschneidendes Ereignis. Sie führte zu einer signifikanten

Politisierung ihres Selbstverständnisses: Von nun an „war die Zeit vorbei, dass sich die informelle Gruppe der kritischen Intelligenz (...) als vorwiegend ‚kulturelle Opposition' verstand" (Dalos 1986: 79). Die Hinwendung zur „eigentlichen" Politik blieb dann auch nicht ohne Konsequenzen für das praktische Handeln.

(b) 1983 starb nach fast zwanzig Jahren Amtszeit der sowjetische Parteichef Leonid Brežnev. Mit der Ernennung Jurij Andropovs zu seinem Nachfolger eröffnete sich für die ungarische Führung die Chance, die 1972 abgebrochenen Wirtschaftsreformen wieder aufzunehmen. Die *Second Economy* mit Marktmechanismen und kleinen Privatunternehmen wurde wieder offiziell zugelassen, konnte aber allein der schon in der Krise befindlichen Wirtschaft keine hinreichenden Impulse mehr verleihen. Da die Regierung aus Angst vor einer politischen Destabilisierung effektive Reformmaßnahmen scheute, versuchte sie, den relativ passablen Lebensstandard, der die wichtigste Legitimationsgrundlage des Kádár-Regimes bildete, mittels westlicher Kredite aufrecht zu erhalten. Bereits 1982 hatte Ungarn mit rund 9 Mrd. US$ die höchste Auslandsverschuldung unter den Ostblockländern. Beide Faktoren – die Minderung des Drucks aus Moskau, der nach dem Amtsantritt von Michail Gorbačevs 1985 dann fast vollständig entfiel, und die ökonomisch bedingte Notwendigkeit, auf die Erwartungen des Westens Rücksicht zu nehmen – veränderten auch die politischen Rahmenbedingungen für alternatives politisches Engagement in maßgeblicher Weise. Einerseits war das Regime zunehmend zu Toleranz gezwungen. Andererseits bescherte die Öffnung des Landes gegenüber dem Westen der Opposition den Zugang zu bedeutenden Ressourcen. Dies führte zu folgenden Tendenzen, die für die Entwicklung von Dissidenz, Opposition und Protest bis 1988 kennzeichnend waren: einem spürbaren Ausbau der Gegenöffentlichkeit, einer Zunahme zivilgesellschaftlicher Aktivitäten und einer Verdichtung der internen und externen Vernetzung der politisch alternativen Akteure.

Die Expansion der Gegenöffentlichkeit

In Reaktion auf ihre Sinnkrise von 1980 begann die intellektuelle Opposition, ihre publizistischen Aktivitäten massiv zu verstärken und für weitere Kreise zu öffnen. Anfang 1981 wurde in der Wohnung von László Rajk[3] ein regelrechtes Verkaufszentrum für den Vertrieb von Untergrundliteratur eingerichtet. Im Dezember 1981 veranstaltete der Unabhängige Verlag AB, der kurz zuvor unter der Leitung von Gábor Demszky gegründet worden war, seine erste öffentliche Buchpräsentation - György Petris Gedichtband „Der ewige Montag" erschien in einer Auflage von 960 Siebdruckexemplaren. Ebenfalls im Herbst 1981 erschien die erste Ausgabe der Zeitschrift *Beszélő* (Sprecher)[4]. *Beszélő* war in mehrerer Hinsicht ein Novum; es war das erste Periodikum des ungarischen Samizdat und in seinem

---

3   Sohn des prominenten kommunistischen Politikers László Rajk, Mitglied des Politibüros, 1946-48 Innenminister und anschließend Außenminister, der 1949 auf Betreiben Stalins und Rákosi in einem Schauprozess wegen angeblicher Spionage zum Tode verurteilt und am 15.10. 1949 hingerichtet wurde. Interview Paetzke (1986: 62ff.).

4   Vgl. Beszélő összkiadäs, Bde. 1-3, AB-Beszélő: Budapest 1992.

Impressum waren die Redakteure - János Kis, Ferenc Kőszeg, Miklós Haraszti, György Petri und Bálint Nagy – mit Klarnamen, Adressen und Telefonnummern genannt. Vor allem aber war es das Organ, in dem die Opposition nach der Verhängung des Kriegsrechts in Polen ihre politische Programmdebatte quasi öffentlich zur führen begann (Dalos 1986: 78f.). Trotz verschiedener Versuche der Behörden, die Aktivitäten durch Einschüchterungen der Redakteure und Wohnungsdurchsuchungen zu behindern,[5] war der Aufschwung des Samizdat nicht mehr aufzuhalten. Wurden Untergrundpublikationen zwischen 1976 und 1980 nie in mehr als 200 Exemplaren hergestellt (Dalos 1986: 36), so erreichten *Beszélő* und andere Untergrundzeitschriften jetzt Auflagen von mehreren Tausend Stück und wurden mehr oder weniger regelmäßig bei *Radio Freies Europa* besprochen. Péter Kende (1989: 68) schätzte 1987 die Zahl der Aktivisten der organisierten Opposition auf 200 bis 500, die Leserschaft ihrer Bücher und Zeitschriften jedoch auf bis zu mehreren zehntausend.

Neue Soziale Bewegungen und zivilgesellschaftliche Netzwerkbildung

Parallel zur Expansion des Samizdat wurden ab Anfang der 1980er Jahre nun auch außerhalb der engeren Kreise der politischen Opposition Gruppen von vornehmlich jüngeren Angehörigen der Intelligenz aktiv, die teils von den westeuropäischen Neuen Sozialen Bewegungen inspiriert waren, teils an die Studentenproteste der 1970er Jahre anknüpften.

Die Aufrüstung des westlichen Territoriums des Ostblocks mit nuklearen Mittelstreckenraketen und die sog. Nachrüstung an der Westgrenze der Nato hatten Ende der 1970er, Anfang der 1980er Jahre massive Protestbewegungen in ganz Westeuropa ausgelöst und auch in Osteuropa, insbesondere in der DDR, die Aktivitäten pazifistischer Gruppen stimuliert (Pollack 2000: 77f.). Vor diesem Hintergrund wurde im September 1983 von verschiedenen religiösen und studentischen Gruppen auch in Ungarn eine unabhängige Friedensbewegung ins Leben gerufen (Haraszti 1990; Szabó 1990, 1991a; Ehring/Hücking 1983), die versuchte, teils mit Unterstützung aus der westlichen Friedensbewegung, Kampagnen gegen die nukleare Aufrüstung zu organisieren. Eine zentrale Rolle spielte dabei die Friedensgruppe *Dialógus* (Dalos 1986b). Ihrem erklärten Selbstverständnis nach wollten sich die Initiatoren politisch „in der Mitte zwischen der Regierung und der Opposition" positionieren und lehnten es daher zunächst ab, sich dem offiziellen Nationalen Friedensrat unterzuordnen. Da Kritik an der Rüstungspolitik des Warschauer Pakts jedoch einen besonders sensiblen Punkt in den Beziehungen zu Moskau berührte, war die Parteiführung in dieser Hinsicht zu keinerlei Toleranz bereit und setzte die unabhängigen Gruppen unter massiven Druck. Als Ferenc Köszegi, der bekannteste Repräsentant von *Dialógus*, nach heftigen Debatten dem Nationalen Friedensrat beitrat, geriet die Bewegung in eine tiefe Krise. Einige Gruppen von Jugendlichen versuchten, ihre Aktivitäten fortzusetzen, doch nach einem massiven Zusammenstoß mit der Polizei bei einem Festival im August 1984 war die unabhängige Friedensbewegung endgültig zerschlagen (Kende 1989: 69).

Als langlebiger und erfolgreicher erwies sich die ebenfalls in den frühen 1980er Jahren aufkommende ökologische Bewegung. Den entscheidenden Anstoß dafür gab das gemein-

---

5   Nach mehreren Razzien in der Wohnung von Rajk wurde die Samizdat-Buchhandlung im Dezember 1982 aufgelöst. Im September 1983 schlugen „Verkehrspolizisten" Gábor Demszky zusammen (Dalos 1986: 79).

same Projekt der ungarischen und der tschechoslowakischen Regierung für den Bau eines großen Donau-Staudamms zur Produktion von Elektroenergie. 1983 verfasste eine Expertenkommission der Ungarischen Akademie der Wissenschaften, die von der Regierung um ihre Stellungnahme gebeten worden war, ein Memorandum, das der Öffentlichkeit klar machte, dass mit diesem Projekt das ökologische Gleichgewicht der gesamten Nord-West-Region des Landes in Gefahr gebracht wurde. Ende 1984 gründeten kritische Experten den sog. Donaukreis, eine unabhängige Vereinigung mit dem Ziel, auf legalem Weg die Öffentlichkeit gegen das Staudamm-Projekt zu mobilisieren. Der Gruppe gelang es, aus allen Schichten der Gesellschaft, insbesondere der Intelligenz, etwa 6.000 Unterschriften für eine Petition zu sammeln und damit mehr Menschen zu aktivieren als je eine autonome Aktion zuvor (Kende 1988: 70).

Die Staudamm-Gegner bestanden von Anfang an darauf, keine politische Opposition bilden zu wollen, sondern das ökologisch höchst gefährliche Projekt ausschließlich mit legalen Mitteln, der Sammlung von Unterschriften für Volksbegehren, der Organisation von „Umwelt-Spaziergängen" und ähnlichen Aktionen verhindern zu wollen. Dies ermöglichte es ihnen, über die politische Opposition hinaus zahlreiche Journalisten, Naturwissenschaftler, Ökonomen und Ingenieure sowie Bewohner der betroffenen Region zu mobilisieren und auch andere lokale Initiativen gegen Umweltverschmutzung zu ermutigen (Sólyom 1988). Wenngleich die Behörden auch die Aktionen der Umweltinitiativen regelmäßig zu behindern suchten, blieb das Staudamm-Thema immer virulent. Nach mehreren Massendemonstrationen in den Jahren 1988 und 1989, die in einer Kundgebung mit 35.000 Teilnehmern vor dem Parlamentsgebäude am 2. September 1988 ihren Höhepunkt erreichten (Kende 1989: 88), sah sich die letzte kommunistische Regierung schließlich gezwungen, die ungarische Beteiligung an dem Projekt aufzukündigen.[6]

Wie bereits erwähnt, hatte die Umwelt- und Friedensbewegung ihren Ursprung außerhalb der „eigentlichen" oppositionellen Szene. Ihre Initiatoren waren zumeist jüngere Intellektuelle, die mit der symbolischen Politik der Opposition nicht viel anfangen konnten und stattdessen den Anspruch erhoben, ihren Anliegen auf legale Weise Geltung zu verschaffen. Es erscheint wie eine Ironie der Geschichte, dass das Kádár-Regime selbst dafür sorgte, die Isolierung der Opposition zu beenden. Indem es den „neuen Legalisten" mit ähnlichen Schikanen und Sanktionen verdeutlichte, dass das Vertretungsmonopol der Partei auch im Bereich der Friedens- und Umweltpolitik über der in der Verfassung garantierten Meinungs- und Versammlungsfreiheit stand, drängte es diese geradezu zwangsläufig in die Nähe der Illegalität. Das Ergebnis war eine zunehmende wechselseitige Vernetzung zwischen der „alten" Opposition und den neuen zivilgesellschaftlichen Gruppierungen (Bozóki 1988; Haraszti 1990). Die Themen Ökologie und Friedenspolitik fanden nun Eingang in den Samizdat und wurden sukzessive in den Menschenrechtsdiskurs der Urbanisten bzw. den nationalpolitischen Diskurs der Populisten integriert.

Einen weiteren Versuch zivilgesellschaftlicher Mobilisierung jenseits des traditionellen Grabens zwischen Urbanisten und Populisten bildete das Netzwerk der alternativen „Fachkollegs" (Bozóki 1988, 1992; Machos 1993). In den 1980er Jahren wurden an den größten Universitäten des Landes, vornehmlich in Budapest, selbstverwaltete Studentenheime gegründet, in denen dann alternative Lehr- und Forschungsprogramme für Studenten organi-

---

6   Nach 1990 hat die Slowakei ihren Teil des Staudamm-Projekts allerdings einseitig fortgesetzt.

siert wurden. Neben Seminaren und Vortragsveranstaltungen gab es mehrere nationale und internationale Konferenzen. Die Kollegs waren untereinander vernetzt, es gab nationale Treffen zur Koordination gemeinsamer Aktivitäten. Im Rahmen dieser Kollegs wurden faktisch alle in der Opposition wie in der kritischen Öffentlichkeit virulenten Themen behandelt – Menschenrechte und Wirtschaftsreformen, Fragen der nationalen Geschichte und die Lage der ungarischen Minderheiten im Ausland, Ökologie und Friedenspolitik. Teils versuchten Vertreter der verschiedenen oppositionellen Strömungen über diese Veranstaltungen neue Anhänger zu gewinnen, teils versuchten die Kollegs, eine eigene alternative Plattform jenseits der traditionellen Lager der Opposition zu organisieren. Zu ihren zentralen Anliegen gehörte nicht zuletzt eine Reform des Hochschulwesens. Die zwei bedeutendsten Kollegs waren das László-Rajk-Kolleg an der Karl-Marx-Universität der Wirtschaftswissenschaften und das „Haus in der Ménesi-Straße" an der Eötvös-Loránd-Universität, das nach 1989 in István-Bibó-Kolleg umbenannt wurde. Die beiden Häuser betrieben den gemeinsamen Verlag *Századvég* (Ende des Jahrhunderts). Das spätere Bibó-Kolleg wurde die Keimzelle der Partei FIDESZ.[7]

Transnationale Kontakte

Bereits in den 1970er Jahren gab es diverse Kontakte der ungarischen Opposition zu Dissidentengruppen in anderen osteuropäischen Ländern, zu Exil-Ungarn, sowie zu verschiedenen Kreisen der westeuropäischen Neuen Linken. Besonders eng waren die Beziehungen zur tschechischen Opposition sowie zu Dissidenten der ungarischen Minderheiten in den Nachbarländern, unter denen Miklós Duray in der Slowakei und László Tőkés in Rumänien jeweils eine zentrale Rolle spielten. Darüber hinaus bestanden gute Beziehungen zur polnischen Opposition sowic zu einigen Gruppen in der DDR. Über Kontakte zu Dissidenten in der UdSSR und Bulgarien ist dagegen wenig bekannt. In den 1980er Jahren wurden die internationalen Beziehungen weiter ausgebaut. Wichtige Unterstützung dafür leisteten Netzwerkinstitutionen, die ihren Sitz im Ausland hatte. Die freien Universitäten in Korcula und Dubrovnik (Kroatien), die in den 1970er Jahren von jugoslawischen Intellektuellen aus dem Kreis der Praxis-Philosophie gegründet worden waren, fungierten bis in die frühe Transformationsperiode hinein als Begegnungszentren für vornehmlich linke und liberale Gruppen aus Ost- und Westeuropa. Zahlreiche Konferenzen und Seminare boten Gelegenheiten für einen regen Austausch zwischen osteuropäischen Dissidenten untereinander und die Herstellung von Kontakten zu westeuropäischen Kreisen, die dann zum Teil auch jenseits dieser Treffen aufrechterhalten wurden (Miszlivetz 1989). Für die Kontakte zwischen ungarischen Exilgruppen, Minderheitsungaren und der Opposition spielte das von der Schweiz aus organisierte Europäische Netzwerk der Freien Ungarischen Protestantischen Universität *(Európai Protestáns Magyar Szabadegyetem)* eine besondere Rolle. Hier gab z.B. Iván Szelényi die in Ungarn verbotenen Bücher oppositioneller Autoren, darunter István Bibó und György Konrád, in ungarischer Sprache heraus, die dann über das Netzwerk nach Ungarn geschmuggelt wurden.

Von erheblicher Bedeutung für die Entwicklung der zivilgesellschaftlichen Gruppen war die Unterstützung aus dem westlichen Ausland, etwa durch Organisationen der westeu-

---

7   Beide Kollegs existieren bis heute.

ropäischen Friedens- und Ökologiebewegungen. Die entscheidende Rolle spielte jedoch das Engagement des in Ungarn geborenen amerikanischen Finanzmagnaten George Soros. Anfang der 1980er Jahre gründete Soros in Kooperation mit der Ungarischen Akademie der Wissenschaften in Ungarn eine der ersten legalen privaten Stiftungen und legte damit in seinem Herkunftsland den Grundstein für sein späteres philanthropisches „Imperium". Bereits in der Gründungsphase waren Intellektuelle aus der Opposition in die Strategieentwicklung und die Planung der Aktivitäten involviert. Der Förderung einer offenen Gesellschaft verpflichtet, unterstützte die Soros-Stiftung die Aktivitäten der aufkommenden zivilgesellschaftlichen Gruppen durch zahlreiche Stipendien, die Beschaffung von technischer Ausrüstung und die Vermittlung von Kooperationskontakten zu westlichen Initiativen. Während der Transformationsperiode haben mehr und mehr westliche Regierungen und Organisationen die Förderprogramme der Soros-Stiftung unterstützt und die Institutionalisierung der informellen oppositionellen und alternativen Bewegung zu einer soliden Struktur von Vereinen, Stiftungen, Nichtregierungsorganisationen und politischen Parteien mitfinanziert. Die Hilfe aus dem Westen war dabei nicht nur von materieller, sondern auch symbolischer Bedeutung: Sie demonstrierte gegenüber der reformkommunistischen Führung die internationale Anerkennung und Legitimität der neuen Organisationen.

Die Opposition im Prozess des Regimewechsels

Der Wandel vom Parteistaat zu einer pluralistischen Demokratie hat in Ungarn früher eingesetzt als in den anderen Ostblockländern. In Ungarn wurde bereits Anfang 1988, d.h. ein Jahr vor Beginn der Rund-Tisch-Gespräche über die Bedingungen des Regimewechsels, die Versammlungs- und Vereinigungsfreiheit rechtlich verankert. Neue Bürgerrechte und demokratische Freiheiten wurden in Kraft gesetzt und gewannen sukzessive reale Geltung. Die Zensur wurde aufgehoben, die Medien liberalisiert und Autoren, die sich bis dato nur im Samizdat äußern konnten, durften nun auch in offiziellen Medien auftreten. Im Mai 1988 trat János Kádár auf einem außerordentlichen Parteitag der USAP als Generalsekretär zurück; der von Imre Pozsgay angeführte Reformflügel gewann endgültig die Oberhand in der Parteiführung. Noch im gleichen Jahre setzte die Herausbildung einer legalen pluralistischen Parteienlandschaft ein. Streng genommen endet daher im ungarischen Fall die Geschichte von Dissidenz und Regime-Opposition bereits 1988 (Kende/Smolar 1989). 1988 und 1989 waren Jahre des Übergangs, in denen die „alte Opposition" aus der Illegalität in die Öffentlichkeit trat und sich gleichzeitig in den neuen politischen Strukturen auflöste, während der kommunistische Parteiapparat, die Sicherheitsorgane[8] und die Polizei trotz einiger Gegenattacken allmählich den Rückzug antraten. Diese Übergangsperiode endete

---

8 Der Konflikt zwischen den rivalisierenden Flügeln der Partei wurde zunehmend auch innerhalb des Staatssicherheitsdienstes ausgetragen, in dem seit 1988 eine Reformgruppe daran arbeitete, die Doktrin dieses Dienstes nach rechtsstaatlichen Verfassungsgrundsätzen neu zu definieren (Révész 1999). Die endgültige Auflösung des Apparats begann Anfang 1990, nachdem ein Offizier der Opposition geheime Dokumente zugespielt hatte, die belegten, dass der Dienst bis in den Wahlkampf hinein gegen die politischen Gegner der USP konspirierte. Im Zuge dieses „Duna-Gate-Skandal" dankte der letzte kommunistische Innenminister ab, und die Abteilung zur Bekämpfung der „inneren Feinde" wurde aufgelöst.

im Frühjahr 1990 mit den ersten freien Wahlen, die mit der Abwahl der Reformkommunisten den politischen Systemwechsel besiegelten.

Die Faktoren, die diese Entwicklung ermöglicht haben, sind natürlich nicht nur in Ungarn zu suchen. Die Kämpfe der *Solidarność* in Polen, *Glasnost* und *Perestrojka* in der
UdSSR und insbesondere die Aufhebung der Brežnev-Doktrin durch Gorbačev waren ohne
Zweifel entscheidende Voraussetzungen dafür, dass sich die ungarischen Reformkommu-
nisten innerhalb der Partei frühzeitig durchsetzen konnten und auf so weitreichende politische Reformen einließen. Umstritten ist jedoch die Rolle, die die Opposition für die politische Öffnung des Regimes spielte. Mehrere Autoren sehen die Hauptursache für den frühen
Start der politischen Reformen in dem Umstand, dass die maßgeblichen Befürworter des
Wandels gerade nicht in der Opposition waren, sondern eine „Opposition innerhalb der
Partei" bildeten, so etwa Tőkés (1996). Kende (1989: 87) ist zwar der Auffassung, dass die
1988 eingeleiteten Reformen im politischen und sozialen Bereich, wie etwa die Assoziationsfreiheit und die Zulassung neuer Gewerkschaften „als ein Sieg der Opposition betrachtet
werden [können], die es nie unterlassen hat, in dieser Richtung zu argumentieren", aber
auch er hebt die Bedeutung des Reformflügels innerhalb der Parteielite hervor. Ohne diese
grundsätzlich in Frage zu stellen, behaupte ich dennoch, dass die Kräfte der „alten" Opposition und der Zivilgesellschaft den Verlauf der Transformation nicht unwesentlich beeinflusst haben.

Frühe Parteigründungen

In der zweiten Hälfte der 1980er Jahre suchten Populisten und Urbanisten verstärkt nach
Möglichkeiten der Kooperation. Vom 14.-16. Juni 1985 trafen sich Vertreter beider Strömungen in der Nähe der Gemeinde Monor, um sich über Grundprobleme der Nation, die
Ausgestaltung einer demokratischen Ordnung sowie Ziele und Strategien ökonomischer
Reformpolitik zu verständigen. Insbesondere in dem ersten Themenbereich wurde sehr
schnell deutlich, wie weit die Positionen auseinander lagen. Für István Csurka beispielsweise, einen der führenden Vertreter der Populisten, hatte in diesem Bereich die Lage der
ungarischen Minderheiten oberste Priorität. Die Urbanisten rückten dagegen die Probleme
der Roma in Ungarn in den Vordergrund. Letztlich erwiesen sich die Differenzen in grundlegenden Wertorientierungen und politischen Zielvorstellungen als unüberbrückbar. Zwar
gab es noch weitere Versuche der Verständigung und zum Teil auch gemeinsame Aktionen
gegen das Regime. Aber eine einheitliche demokratische Oppositionsbewegung wie in
Polen, der Tschechoslowakei oder in den baltischen Republiken kam in Ungarn nicht zustande. Nach dem Treffen von Monor nahm das Verhältnis zwischen den beiden Strömungen ungeachtet punktueller Kooperationen einen zunehmend konfrontativen Charakter an.

Nicht zuletzt wurde diese Entwicklung auch durch die politische Taktik der Parteireformer forciert. Der reformkommunistische Flügel versuchte nämlich, führende Populisten,
zu denen Imre Pozsgay zum Teil persönliche Kontakte unterhielt, zur Unterstützung seiner
eigenen Reformrichtung zu gewinnen. Dementsprechend verhielt er sich gegenüber der
populistischen Opposition schon seit 1987 tolerant bis kooperativ, während er die Aktivitäten der Urbanisten weiterhin behinderte. So wurde beispielsweise eine große Demonstration, die die Populisten am 27. Juni 1988 in Budapest gegen die „Systematisierungspolitik"

in Rumänien[9] veranstalten, offiziell zugelassen. Demonstrationen, die Urbanisten wenig später zum Gedenken an den Volksaufstand von 1956 sowie an den rumänischen Arbeiteraufstand von 1987 organisierten, wurden dagegen nicht genehmigt und auf Anweisung des Politbüros von der Polizei gewaltsam verhindert. Wenngleich die Werbung der Reformkommunisten am Ende erfolglos blieb, profitierten die Populisten doch in nicht geringem Maße von dieser Vorzugsbehandlung, insofern diese ihnen den Aufbau eigener legaler Institutionen erheblich erleichterte, während die Urbanisten auf Unterstützung aus dem Westen und der Soros-Stiftung angewiesen blieben.

Die anhaltende Rivalität zwischen Populisten und Urbanisten resultierte in einer politischen Konstellation für die Übergangsperiode, die sich von der in den meisten anderen Ostblockländern deutlich unterschied. Dort trat die demokratische Opposition dem alten Regime in Form sehr heterogener Einheitsformationen – der polnischen *Solidarność*-Bürgerkomitees, des tschechischen Bürgerforums, der baltischen Volksfrontbewegungen – gegenüber, die sich in der Regel erst nach den ersten oder zweiten freien Wahlen in verschiedene Parteien auflösten. In Ungarn dagegen gab es keine solche Forumsbewegung. Mit der Gründung des MDF (Populisten) 1987, der SZDSZ (Urbanisten) und der Fidesz (unabhänigige Jugendbewegung) im Jahr 1988 erfolgte die Ausdifferenzierung der Opposition und die Formierung eines pluralen demokratischen Parteiensystems schon vor dem unmittelbaren Regimewechsel.

Mobilisierung der Öffentlichkeit

Entgegen der verbreiteten Erwartung hat dies ihre Handlungsfähigkeit gegenüber den Reformkommunisten - im Vergleich zu den *Umbrella*-Formationen in anderen Ländern – keineswegs beeinträchtigt, weil die drei Oppositionsparteien in der Lage waren, in den entscheidenden Fragen der Rund-Tisch-Verhandlungen zu kooperieren. Im Gegenteil: Die Herausbildung zahlreicher unabhängiger politischer Klubs und Interessenorganisationen verbreiterte die soziale Basis der Opposition. Kende (1989: 88) schätzt die Mitgliederzahl der neuen Parteien für Ende 1988 bereits auf mehrere Tausend. In dieser Übergangsphase verbanden sich in den neuen Parteien Elemente der früheren „Bewegungspolitik" – lockere Organisationsformen, offene Kommunikationsstrukturen, radikale Forderungen, Konflikt- und Protestbereitschaft, Abstinenz gegenüber Korruption – mit den strategischen Vorteilen formaler Organisationen. Diese Kombination machte die neuen Parteien für viele Gruppen der Zivilgesellschaft bzw. der alternativen Bewegungen attraktiv. Gleichzeitig ermöglichte es die Gründung mehrerer oppositioneller Parteien, unterschiedliche Bevölkerungsgruppen zu mobilisieren und so wachsenden Druck auf das Regime auszuüben. Ab 1988 traten prominente Vertreter der „alten" Opposition auf allen wichtigen Großdemonstrationen als Redner auf, was auf der einen Seite zu einem Anwachsen der Teilnehmerzahlen beitrug, auf der anderen Seite ihren Forderungen zusätzlichen Nachdruck verlieh. Den Auftakt bildete

---

9   Angeblich mit dem Ziel, mehr landwirtschaftliche Nutzfläche zu gewinnen, hatte Ceauşescu unter der Losung der „Systematisierung" angeordnet, die Einwohner kleiner ländlicher Gemeinden in größere Ortschaften umzusiedeln und die Gemeindeflächen in die landwirtschaftliche Nutzung einzubeziehen. Diese Politik hat der rumänischen Landwirtschaft letztlich den Todesstoß versetzt und auch die Lage der ungarischen Minderheit verschlechtert.

die Wiederaufnahme der „traditionellen" Jugenddemonstration am 15. März 1988,[10] es folgten die großen Demonstrationen gegen den Donau-Staudamm und die Massenkundgebung aus Anlass der feierlichen Umbettung und Wiederbestattung von Imre Nagy am 16. Juni 1989, die einen Höhepunkt der Protestmobilisierung bildete und die Isolation der politischen Opposition von der breiteren Bevölkerung endgültig durchbrach..[11] Zwar gab es in Ungarn auch in der unmittelbaren Regimewechselperiode keine oppositionelle Massenbewegung wie in Polen und auch keine so anhaltende Welle von Massenprotesten wie im Herbst 1989 in der DDR. Doch die fallweise Mobilisierung breiterer Bevölkerungsgruppen verlieh den Positionen der Opposition am Runden Tisch, an dem die neuen Parteien, die Regierung und Vertreter unabhängiger Interessengruppen (u.a. Gewerkschaften) vom 13. Juni bis zum 18. September 1989 über die Grundsätze einer neuen Verfassung verhandelten (Bozóki 1999-2000), erheblichen Rückhalt. Es waren die Opposition und die hinter ihr stehende Zivilgesellschaft, von der die Impulse für die Umgestaltung des politischen Systems ausgingen, nicht die Büros des ZK. In dem Maße, wie das Regime nachgab, bestimmte die Opposition die Themen des Wandels - Aufarbeitung der Vergangenheit, insbesondere der Ereignisse von 1956, Menschenrechte und demokratische Bürgerrechte, Minderheitenschutz für Ungarn im Ausland und für Minderheiten in Ungarn, Beendigung der Umweltzerstörung, Abschaffung des Ideologiezwanges in Schule und Gesellschaft, marktwirtschaftliche Reformen, nationale Souveränität, Austritt aus dem Ostblock und Orientierung auf Europa.

Zwar versuchten die Reformkommunisten, die meisten dieser Themen selbst zu besetzen und im Wahlkampf den Wandel für sich zu reklamieren. Doch sie verloren rapide an Glaubwürdigkeit. Die Ungarische Sozialistische Partei (USP), die Nachfolgepartei der im Oktober 1989 aufgelösten USAP, musste als Sündenbock für die kommunistische Vergangenheit herhalten und hatte von allen Parteien, die bei den Wahlen im Frühjahr 1990 in das neue Parlament gewählt wurden, das schlechteste Ergebnis zu verzeichnen. Es waren die aus der Opposition heraus entstandenen Parteien, die in dieser Gründungswahl das alte Regime ablösten.

Zusammenfassung

Die ungarische Systemkrise von 1956 hatte ähnliche Ursachen wie die polnische, aber die Art und Weise des Krisenmanagements war verschieden. Dies hat sich auf die Bedingungen

---

10   „Bis ins Jahr 1987 hat die Opposition in Ungarn (...) die öffentliche Demonstration nicht praktiziert. Auch unter diesem Gesichtspunkt hat das Jahr 1988 ein neues Kapitel aufgeschlagen. Das begann am 15. März 1988 mit improvisierten Versammlungen, die in Budapest an den symbolbeladenen Gedenkstätten (...) stattfanden und ganz besonders durch die Erinnerungen an die Revolution von 1956 beherrscht waren. Bei jeder dieser Versammlungen waren Vertreter der radikalen Opposition als Redner beteiligt. Sie sprachen (...) mit Bezug zur aktuellen politischen Situation und (...) konnten bei dieser Gelegenheit feststellen, das sie bei den Zuhörern in einem ganz neuen Maße Gehör fanden. Die Anzahl der Demonstranten an diesem Tag wurde auf mehr als Zehntausend geschätzt" (Kende 1989: 88).

11   Die Umbettung und vollständige Rehabilitierung von Nagy wurde maßgeblich von einem Koordinierungskomitee durchgesetzt und organisiert, das Verteter aller Strömungen der Opposition, darunter Opfer der 1956er Repressionen, im Frühjahr 1989 gegründet hatten. An der Veranstaltung am 16. Juni nahmen ca. 200.000 Menschen teil.

für die Mobilisierung von Protest gegen das kommunistische Regime nachhaltig ausgewirkt. Im Unterschied zur polnischen Strategie hat das Kádár-Regime jegliche Ansätze zu einer Arbeiterselbstverwaltung unterdrückt und statt dessen versucht, die Arbeiter über eine konsumorientierte Wirtschaftspolitik in das System zu integrieren. Diese Strategie erwies sich als effektiv: Je größer die privaten Freiräume und je glaubhafter die Aussichten auf lohnende wirtschaftliche Aktivitäten und erreichbaren Wohlstand, desto geringer wurden die Anreize für kollektives und solidarisches politisches Handeln. Das explosive Amalgam von antikommunistischen Attitüden und katholisch-nationaler und sozialer Solidarität, das die polnische Arbeiterschaft zusammenhielt, hat sich daher in Ungarn nie herausgebildet. Die soziale Mobilisierung von Arbeitern als Citoyens blieb aus. Das Potenzial zu politischer und sozialer Mobilisierung gegen das Kádár-Regime blieb daher bis in die finale Systemkrise nahezu ausschließlich auf die Intelligenz beschränkt. Die Entpolitisierung und die strukturelle Protestabstinenz der Arbeiterschaft haben im Gegenzug allerdings auch dazu beigetragen, dass die intellektuelle Opposition erst sehr spät den Versuch unternahm, die Interessen breiterer Bevölkerungsgruppen in ihre eigene Programmatik zu integrieren.

Die Geschichte von Dissidenz und Opposition wurde durch drei charakteristische Generationen geprägt, deren Wirkung sich letztlich auch in der politischen Konstellation und im Modus des Regimewechsels niederschlugen. Die erste war die Generation der „Revisionisten" und der Aktivisten von 1956. Sie hat maßgeblich dazu beigetragen, dass reformistische Ideen auch nach der Niederschlagung des Volksaufstands innerhalb der Parteielite immer wieder an Einfluss gewannen. Die Durchsetzung des reformkommunistischen Flügels, der „neuen Revisionisten", in den 1980er Jahren, die die „ausgehandelte Revolution" ermöglicht hat, wäre ohne die „alten Revisionisten" schwer denkbar. Die zweite Generation war die der Urbanisten und liberalen Ökonomen um die Lukács–Schüler sowie der Populisten um Antall, Csurka etc., deren anhaltende Rivalität letztlich die frühzeitige Formierung eines pluralistischen demokratischen Parteiensystems verursacht hat. Die dritte Generation bildeten die jungen Intellektuellen der 1980er Jahre. Die Ausbildung von Neuen Sozialen Bewegungsinitiativen und der alternativen Jugend- und Studentenbewegung haben die soziale Protestbasis erheblich verbreitert und dazu beigetragen, dass die politische Opposition in der Übergangsperiode sukzessive an politischem Einfluss gewann.

Obwohl die Auflösung des Kádár-Regimes in weit stärkerem Maße exogenen Faktoren zuzuschreiben ist als dem Druck einheimischer Protestbewegungen, sollte man die Bedeutung der Opposition und der zivilgesellschaftlichen Initiativen für den Verlauf des Regimewechsels nicht unterschätzen. In der entscheidenden Phase vermochten es die Repräsentanten der verschiedenen Gruppierungen, ihr politisches Vorgehen zu koordinieren und dem Regime als vereinte „revolutionäre Zivilgesellschaft" gegenüberzutreten. Auf diese Weise ist es ihnen gelungen, die Agenda des Runden Tisches maßgeblich mitzubestimmen und letztlich die Hegemonie gegenüber den Reformkommunisten zu gewinnen. Ohne eine politisch aktive Dissidenz und Opposition wären die Öffnung des Regimes und seine Demokratisierung weit schwieriger vonstatten gegangen.

Literatur

Arato, Andrew (1992): Civil Society in Emerging Democracies: Poland and Hungary. In: Nugent, M. L. (Hrsg.): From Leninism to Freedom. Boulder, Co.: Westview: 127-53.
Borbándi, Gyula (1976): Der ungarische Populismus. Mainz: Hase & Köhler.
Bozóki, András (1988): Critical Movements and Ideologies in Hungary. In: Südosteuropa (7-8): 377-88.
Bozóki, András (Hrsg.) (1992): Tiszta lappal. a FIDESZ a magyar politikában.1988-1991. Budapest: FIDESZ.
Bozóki, András (1999-2000): A rendszerváltás forgatókönyve. Bd. 1-7, Budapest: Magvető.
Csizmadia, Ervin (1995): A magyar demokratikus ellenzék. Bd. 1-3, Budapest: T-Twins.
Csizmadia, Ervin (2001): Diskurzus és diktatúra. Budapest: Századvég.
Dalos, György (1986): Archipel Gulasch. Bremen: Donat-Temmen.
Dalos, György (1986b): Die kurze Geschichte der ungarischen Friedensgruppe Dialog. In: Perspektiven des Demokratischen Sozialismus 3: 187-97.
Ehring, Klaus/Hücking, Hans (1983): Die neue Friedensbewegung in Ungarn. In: Steinweg, R. (Hrsg.): Faszination der Gewalt. Frankfurt (Main): Suhrkamp: 313-50.
Faragó, Béla (1986): Nyugati liberális szemmel. Paris : Magyar Füzetek.
Fischer, Holger (1999): Die Geschichte Ungarns. Frankfurt (Main): Suhrkamp.
Haraszti, Miklós (1990): The Beginning of Civil Society: The Independent Peace Movement and the Danube Movement in Hungary. In: Tismaneanu, Vladimir (Hrsg.): In Search of Civil Society. New York: Routledge: 71-88.
Heller, Ágnes (1999): Bicikliző majom. Budapest: Múlt és Jövő.
Huszár, Tibor (2001/2003): Kádár János politikai életrajza. Bd. 1-2. Budapest: Kossuth.
Huszár, Tibor/Szabó, János (Hrsg.) (1999): Restauráció vagy kiigazítás. A kádári represszió intézményesülése. Budapest: Zrínyi.
Kende, Pierre/Smolar, Aleksandr (1989): Die Rolle oppositioneller Gruppen am Vorabend der Demokratisierung in Polen und Ungarn (1987-1989). Köln: INDEX.
Kenedi, János (1996): Kis állambiztonsági olvasókönyv. Bd. 1-2. Budapest: Magvető.
Knabe, Hubertus (1988): Neue soziale Bewegungen im Sozialismus. In: Kölner Zeitschrift für Soziologie und Sozialpsychologie 40: 551-69.
Machos, Csilla (1993): FIDESZ - Der Bund Junger Demokraten. Zum Porträt einer Generationspartei. In: Südosteuropa (1): 1-26.
Miszlivetz, Ferenc (1989): Emerging Grassroots Movements in Eastern Europe: Toward a Civil Society? In: Gáthy, Vera (Hrsg.): State and Civil Society. Budapest: MTA: 99-113.
Paetzke, Hans Henning (1986): Andersdenkende in Ungarn. Frankfurt (Main): Suhrkamp.
Pollack, Detlef (2000): Politischer Protest. Politisch alternative Gruppen in der DDR. Opladen: Leske + Budrich.
Révész, Sándor (1997): Aczél és korunk. Budapest: Sík.
Rozgonyi, Tamás/Zsille, Zoltán (2001): Búcsú Hegedűs Andrástól. Budapest: Osiris.
Schöpflin, George (1979): Opposition and Para-Opposition. Critical Currents in Hungary, 1968-1978. In: Tökés, Rudolf (Hrsg.): Opposition in Eastern Europe. London: Mac Millan: 142-87.
Sólyom, László (1988): Hungary: Citizens Participation in the Environmental Movement. In: IFDA-Dossier 64: 23-35.
Szabó, Máté (1990): Neue soziale Bewegungen in Ungarn. In: Forschungsjournal Neue Soziale Bewegungen 3 (2): 33-40.
Szabó, Máté (1991a): Changing Patterns within the Mobilization of Alternative Movements in Hungary. In: Szoboszlai, G. (Hrsg.): Democracy and Political Transformation. Budapest: HPSA: 310-25.

Szabó, Máté (1991b): Die Rolle von sozialen Bewegungen im Systemwandel in Osteuropa: ein Vergleich zwischen Ungarn, Polen und der DDR. In: Österreichische Zeitschrift für Politikwissenschaft 20 (3): 275-89.

Szabó, Máté (2009): Urbanisten versus Populisten. Die Pluralität oppositioneller Diskurse als Ausgangspunkt für die Polarisierung des postsozialistischen Parteiensystems. In: Berliner Debatte Initial 20 (3): 74-87.

Szilágyi, Sándor (1999): A Hétfői Szabadegyetem és a III/III. Budapest: Új mandátum.

Tőkés, Rudolf (1996): Hungary's Negotiated Revolution. 1957-1990. Cambridge, Mass.: Cambridge UP.

Zsille, Zoltán (Hrsg) (1985): Független Fórum. Kéziratos magyar irodalom a Kárpát-medencében. München: Danubius.

Die Herausbildung oppositioneller Gruppen in der DDR

Marc-Dietrich Ohse

Forschungsstand

Schon vor 1989/90 erschienen einzelne Veröffentlichungen zur DDR-Opposition, unter denen die analytische Arbeit Knabes (1988) herausragt. Seit dem Zusammenbruch der DDR sind zahlreiche Einzelbeiträge und Monografien zum Thema erschienen. Die meisten Schriften konzentrieren sich auf den Umbruchsprozess in der DDR, teilweise haben sie einen dezidiert regionalen Bezug. Der größte Teil der Arbeiten ist deskriptiven Charakters, wobei die Darstellung der historischen Entwicklung der Opposition in der DDR zum Teil bis Mitte der 1980er Jahre ausgreift. Viele Beiträge widmen sich Einzelaspekten des Themas, so dem Samizdat (Knabe 1999; Kowalczuk 2002), den internationalen Beziehungen der Dissidenten (Poppe 1999), ihrer Vernetzung (Bickhardt 1999) oder ihrer Programmatik (Eckert 1998; Geisel 2005). Die Frage ihrer öffentlichen Wirkung haben zur Mühlen (2000) und Richter (2007) untersucht.

Historische Querschnitte sowie Zugang zu spezifischen Aspekten des Themas bieten vor allem Materialien der Enquete-Kommission „Aufarbeitung von Geschichte und Folgen der SED-Diktatur" (Bd. VII) sowie die Sammelbände von Poppe u.a. (1995), Pollack/Rink (1997), Henke u.a. (1999), Kuhrt (1999) und Roth/Rucht (2008), wobei letzterer sich sozialen Bewegungen in ganz Deutschland widmet. Die Materialien der Enquete-Kommission vereinen Außen- und Innenansichten der DDR-Opposition. Letztere dominieren ohnehin die Literatur zum Thema – Ausnahmen stellen hier die chronologisch und systematisch angelegten Monografien von Choi (1999) und Pollack (2000) sowie die Beiträge von Wielgohs, Ohse/Pollack und Rink (alle 2008) dar. Dies gilt streckenweise auch für die umfassendste Monografie aus der Feder Ehrhart Neuberts (1997), das Standardwerk zum Thema. Während Neubert zu einer Überbewertung von Opposition in der DDR tendiert, lassen andere Autoren (v.a. in Beiträgen für die Enquete-Kommission) die entgegen gesetzte Tendenz erkennen, am deutlichsten Jander/ Voß (1995) sowie Joppke (1995).

Umstritten ist unter den Soziologen, die sich dem Thema widmen, vor allem die Tragfähigkeit bewegungstheoretischer Ansätze, die Knabe bereits 1988 erstmals vorgestellt hatte (vgl. u.a. Wielgohs/Schulz 1995). Während Fehr (1995 u. 1996) in seinem Vergleich mit polnischen und tschechoslowakischen Oppositionellen nur einzelne Modelle der Bewegungssoziologie aufgreift, versuchen sowohl Timmer als auch Pollack (beide 2000) eine umfassende bewegungstheoretische Analyse des Gegenstandes. Beide greifen bei der Untersuchung des Umbruchsprozesses (vgl. dazu auch Kowalczuk 2009) auf das Modell multikausaler Ereigniszusammenhänge zurück und relativieren damit ebenso wie Jessen (2009) die Rolle der Oppositionsgruppen im Jahr 1989 (vgl. auch Meuschel 1992).

Eine umfassende Dokumentation zum Thema steht noch aus. Sowohl bei Neubert als auch in den Sammelbänden der Enquete-Kommission und Kuhrts finden sich vereinzelte Quellen. Aus der Zeit bis 1989 liegen zahlreiche Einzelveröffentlichungen sowie einige Sammelbände vor (Eisenfeld 1978; Büscher u.a. 1982; Ehring/Dallwitz 1982), die die Schwelle zwischen Dokumentation und Selbstzeugnis oft überschreiten. Unverzichtbar sind die Quellenbände von Rüddenklau (1992) und Meckel/Gutzeit (1994), für die Ereignisse von 1989 die zeitgenössischen Dokumentationen von Knabe (1989) und Schüddekopf (1990) sowie die DDR-Journale der „tageszeitung"(1989/90) und zahlreiche analoge Bände, insbesondere der von Müller-Enbergs (1992) und andere mit z.T. regionalem Zuschnitt (vgl. u.a. Dietrich/Schwabe 1994). Einen guten Einblick in das Selbstverständnis ostdeutscher Dissidenten geben die Interviews, die Findeis u.a. mit einigen Vertretern geführt, veröffentlicht und ausgewertet haben (Findeis u.a. 1994), wie auch die Sammlungen retrospektiver Selbstzeugnisse von Jesse (2000, 2004).

Überblicke über die Archivlage bieten Buchholz (2003) im Allgemeinen und zu Dissidenz und Opposition im Besonderen Florath (2007). Bibliografien zum Thema finden sich bei Eckert (2006) und im Sammelband von Eppelmann u.a. (2003).

Der Begriff der „Opposition" ist wegen seiner Ableitung aus dem System parlamentarischer Demokratien nur bedingt anwendbar für Diktaturen wie sie auch die staatssozialistischen Systeme darstellten. Gleichwohl gab es auch in parlamentarischen Systemen Gruppen, die sich ausdrücklich als „außerparlamentarische Opposition" verstanden, da sie sich von den Parteien in den Parlamenten nicht vertreten fühlten. Analog ließe sich der Begriff auch für die DDR anwenden, obwohl die meisten politisch alternativen Gruppen sich bis zum Frühjahr 1989 nicht als Opposition verstanden. Eher verstanden sie sich als „Dissidenten". Ihr Handeln stellte ein bewusstes Abweichen von den Normen der Staatspartei SED dar und enthielt „ein charakteristisches Element des demonstrativen moralischen Protests" (Kleßmann 1995: 1083). Dies pauschal als Widerstand zu bezeichnen, wird dem Umstand nicht gerecht, dass die Dissidenten der DDR lange Zeit eher reaktiv als aktiv wirkten.

Eine Gleichsetzung von Opposition und Widerstand, wie Kowalczuk (1995 u. 1999) es im Anschluss an Fricke (1984: 14ff.) tut, ignoriert dieses Faktum. Zudem verhindert sie die notwendige Differenzierung nonkonformen Denkens und Handelns, die nicht per se politisch intendiert sein mussten (vgl. u.a. Eckert 1996). Gleichwohl wurde Nonkonformismus von der SED prinzipiell als Gegnerschaft wahrgenommen und als „politisch-ideologische Diversion" verfolgt (Wörterbuch 1993: 297 passim).

Als „Widerstand" ist vielmehr die aktive Gegnerschaft zum SED-Staat zu bezeichnen, während nonkonformistische Demonstrationen oft als – zuweilen diffuser – Protest zu verstehen sind. Wenig hilfreich ist auch der Resistenz-Begriff, da er einer differenzierten Betrachtung der Motive der geistigen Auseinandersetzung mit dem SED-Staat im Wege steht.

Die späteren oppositionellen Gruppen werden hier entweder als politisch alternative Gruppen oder Dissidenten bezeichnet und erst ab dem Zeitpunkt, an dem sie den Staat offensiv mit einem alternativen politischen Konzept konfrontierten, als Oppositionelle betrachtet.

Historischer Überblick

Die Geschichte ostdeutscher Dissidenz und Opposition verlief in drei Phasen, wobei der Mauerbau von 1961 eine deutliche erste Zäsur darstellt, während die Herausbildung politisch alternativer Gruppen, die in der Endphase der DDR Bedeutung erlangten, nicht mit einem bestimmten Datum zu bezeichnen ist.

Bis 1961 existierte in der DDR eine Opposition, die bürgerlich dominiert war und deren Ziel die Etablierung eines parlamentarischen Rechtsstaates war. Nach ihrer Überzeugung wäre im Gefolge freier Wahlen die SED-Herrschaft und mit ihr die DDR als Staatswesen obsolet geworden. Die Einheit Deutschlands gehörte somit zur Perspektive der Opposition in den 1950er Jahren, die zunächst von den bürgerlichen Parteien und den Sozialdemokraten sowie von zahlreichen Schülern und Studierenden getragen wurde. Widerstand, der diese Ziele auch artikulierte, wurde zu großen Teilen vom Staat selbst provoziert – am deutlichsten im Vorfeld des Volksaufstands vom 17. Juni 1953 – durch Versorgungsmängel, Kollektivierung von Landwirtschaft, Handwerk und Gewerbe sowie durch die Maßnahmen gegen die Jungen Gemeinden und die Studentengemeinden.

Der Staat beantwortete den Widerstand durch massive Repressionen, die z.T. von der sowjetischen Besatzungsmacht getragen wurden. Davon betroffen waren auch verschiedene Fraktionen innerhalb der SED selbst, die die stalinistische Politik unter Walter Ulbricht ablehnten. Am deutlichsten artikulierte sich der Widerspruch zum SED-Regime jedoch in der Massenflucht in den Westen, durch welche die DDR 15 Prozent ihrer Bevölkerung einbüßte.

Nach dem Mauerbau stabilisierte sich die DDR weitgehend, wobei repressive Tendenzen und Liberalisierungsschübe einander abwechselten. Vor diesem Hintergrund sind die nonkonformistischen Demonstrationen zu verstehen, die sich im Umfeld des kulturpolitischen Kahlschlags 1965 (10. Plenum des SED-Zentralkomitees) und nach der Niederschlagung des Prager Frühlings 1968 entluden. Ein weiteres Beispiel für das repressive Klima sind die Maßnahmen gegen Robert Havemann. Dessen Systemkritik sowie linke Ideen aus dem Umfeld des Prager Frühlings, der westlichen Studentenbewegung sowie der afrikanischen und amerikanischen Befreiungsbewegungen beeinflussten die Zirkel von Intellektuellen und Künstlern, die sich Mitte der 1970er Jahre im Gefolge der kulturpolitischen Liberalisierung am Anfang der Ära Honecker im Kontext allgemeiner internationaler Entspannung (gipfelnd in der KSZE 1975) gegründet hatten.

Die älteste Wurzel der späteren Friedens- und Bürgerrechtsbewegung stellten jedoch Wehrdienstverweigerer- und Bausoldatengruppen dar, die seit 1962 unter dem Dach der evangelischen Kirchen zur Beratung und zum Erfahrungsaustausch entstanden. Nach der Gründung regionaler kirchlicher Facharbeitskreise fanden Ende der 1960er Jahre erste Friedensseminare statt, die bis in die 1980er Jahre zu den wichtigsten Veranstaltungen ostdeutscher Dissidenten gehörten. Auf eine ähnlich lange Tradition können auch die "Dritte Welt"-Gruppen der 1970er und 1980er Jahre zurückblicken. Ihre Wurzeln liegen in der Arbeit von Jungen Gemeinden und Studentengemeinden, die sich unter dem Einfluss lateinamerikanischer Befreiungstheologie und der Diskussion um das kirchliche Anti-Rassismus-Programm um 1970 diesem Themenkomplex zuwandten.

Aus der kirchlichen Arbeit mit gesellschaftlich marginalisierten Jugendlichen, der Offenen Arbeit, mit der Walter Schilling Ende der 1960er Jahre begann, entwickelte sich die Diskussion über eine Demokratisierung der Gesellschaft als Grundlage für eine solidarische Gesellschaft mit Freiräumen für ein selbstbestimmtes Leben. Mitte der 1970er Jahre hatten sich verschiedene Gruppen herausgebildet, die weitgehend unter dem Dach der evangelischen Kirchen agierten. Eine Ausnahme bildeten hierbei die Zirkel linker Intellektueller, doch mussten zahlreiche Künstler wegen ihrer Proteste gegen die Ausbürgerung Wolf Biermanns ebenfalls in den kirchlichen Raum oder in den Westen abwandern. Gemeinsam war all den genannten Gruppen das Ziel einer Zivilgesellschaft mit demokratischen, pluralistischen Grundsätzen und einer unmanipulierten Öffentlichkeit als Basis individueller Freiheit und Emanzipation (s.u. III.1). Solche Überlegungen wurden vorrangig im privaten

Kreis diskutiert, und selbst die kirchlich agierenden Gruppen deckten sich oft mit persönlichen Netzwerken, die nicht in die Öffentlichkeit hineinreichten.

Im Kontext des Rüstungswettlaufes und vor dem Hintergrund wachsender innergesellschaftlicher Spannungen, wie sie im Umfeld der Biermann-Ausbürgerung sichtbar wurden, bildete sich Ende der 1970er Jahre auch in der DDR eine unabhängige „Friedensbewegung". Sie war allerdings kaum vernetzt und wirkte selten über den kirchlichen Raum hinaus. Unter dem Eindruck der westdeutschen Friedensbewegung wandten sich die Friedensgruppen Fragen der internationalen Entspannung zu, spiegelten diese aber auf der Folie der politischen Entwicklung in der DDR. Die Einführung des Wehrkundeunterrichts an den Schulen 1980 und die Novellierung des Wehrgesetzes der DDR 1982, das im Notfall auch eine (zivile) Dienstpflicht für Frauen vorsah, forcierte den Zulauf zu den Friedensgruppen ebenso wie die seit 1980 stattfindenden Friedensdekaden der Kirchen. Deren Symbol „Schwerter zu Pflugscharen" unter Verwendung einer sowjetischen Skulptur eignete sich in besonderer Weise zur kalkulierten Provokation, welcher der SED-Staat außer Repression nichts entgegenzusetzen hatte.

Mit dem „Berliner Appell" von Havemann und Rainer Eppelmann erschien am 25. Januar 1982 erstmals eine dissidente Schrift in den Westmedien. Zugleich entstanden mit den Initiativen „Frauen für den Frieden" (Ulrike Poppe, Bärbel und Heidi Bohley) und für einen „Sozialen Friedensdienst" (SoFD, Christoph Wonneberger) erstmals Gruppen, die den regionalen Bezug sprengten, während in den Mobilen Friedensseminaren in Mecklenburg (Heiko Lietz, Markus Meckel) und den Friedenswerkstätten in Berlin erste Ansätze zu einer Vernetzung – zumindest aber das Bedürfnis nach überregionaler Kommunikation und Information – zu erkennen waren. Seit 1983 bemühte sich Hans-Jochen Tschiche, die Arbeit der Friedensgruppen stärker zu koordinieren und initiierte das Netzwerk „Konkret für den Frieden" (kurz „Frieden konkret"). Allerdings gelang es nicht, über die jährlichen Seminare hinaus die Arbeit zu institutionalisieren und eine Sammlungsbewegung zu formieren, wenngleich mit dem Fortsetzungsausschuss, der die Arbeit zwischen den Seminaren koordinierte, so etwas wie eine „milieuinterne Elite" entstand (Pollack 2000: 104).

Eine ähnliche Funktion wie die Friedensseminare erfüllten Umweltseminare und Baumpflanzaktionen, die seit 1979 in verschiedenen Städten stattfanden. Mit dem Kirchlichen Forschungsheim Wittenberg stand für diesen Problemkreis zudem eine Institution als Multiplikatorin und Koordinatorin zur Verfügung. Stärker als die Friedensgruppen befassten sich die Umweltarbeitskreise (ebenfalls weitgehend im kirchlichen Raum, z.T. aber auch im Rahmen der Naturschutzsektionen des Kulturbundes) mit Fragen der Zivilisationskritik, denen sich auch die "Dritte Welt"-Gruppen widmeten. Beide beobachteten in ihren Problemkreisen die Folgen eines ungebremsten Wachstums, dessen Konsequenzen der Meadows-Bericht an den Club of Rome 1983 eindringlich beschrieb.

Die Ratifizierung des NATO-Doppelbeschlusses 1983/84 führte unter den Friedensgruppen zu einer gewissen Resignation, forcierte aber zugleich die Radikalisierung und Entideologisierung der Gruppen, die sich ebenfalls auf der Basis der Zivilisationskritik zunehmend innergesellschaftlichen Fragen zuwandten. Ein wichtiger Impuls hierfür ging von der KSZE-Folgekonferenz 1983 in Madrid aus, die in der DDR zu einem massiven Anstieg der Übersiedlungsanträge (so genannter „Ausreiseanträge") in die BRD führte (vgl. Eisenfeld 1999). Die plötzliche Zunahme der Antragszahlen lenkte den Blick auf die gesellschaftlichen Probleme innerhalb der DDR und forcierte nach der Konstituierungsphase politisch alternativer Gruppen (1978–1983) seit 1985 deren Politisierung und Profilierung als Dissidenten. In den folgenden Jahren nahm die Zahl dieser Gruppen leicht zu, und sie erfreuten sich des Zustroms vor allem jüngerer Mitglieder. Mangels starker Traumata (wie der Niederschlagung des Prager Frühlings oder der Biermann-Ausbürgerung) trieben die Jüngeren die Entideologisierung der Gruppen wesentlich voran und zeigten sich zugleich deutlich konfliktfreudiger als ältere Gruppenmitglieder, aus denen sich allerdings wegen ihres Erfahrungshintergrundes ein Kreis von Eliten zu rekrutieren begann. Der teilweise aktionistische Impetus der Jüngeren korrelierte mit einer radikalisierten Themenwahl, die zu Fragen der Menschenrechte, der Demokratisierung und der Rechtsstaatlichkeit tendierte.

So wurden in verschiedenen Gruppen der Wille zu einer fundierten Auseinandersetzung mit politischen Themen erkennbar, formulierten einzelne Kreise wie in der Evangelischen Studentengemeinde Naumburg um Edelbert Richter sogar politische Strategiepapiere, in denen die internationale Entspannungspolitik und die Frage der Bürgerrechte in der DDR miteinander verknüpft wurden. Den Höhepunkt derartiger Überlegungen bildete die Initiative „Absage an Praxis und Prinzip der Abgrenzung" 1987, die von den evangelischen Kirchen ein aktives Engagement für die Menschenrechte einforderte. Diese trugen zwar das Anliegen an sich mit, doch wehrten sich Teile der Kirchenleitungen und Kirchgemeinden gegen die Radikalisierung des Handlungsspektrums. Vor dem Hintergrund zunehmender Konflikte zwischen Kirchen und Dissidenten gründeten sich seit Mitte der 1980er Jahre innerkirchliche Oppositionsgruppen, welche die Kirchen als (basis-)demokratischen Freiraum gestalten wollten (Arbeitskreis Solidarische Kirche/AKSK, 1986; Kirche von Unten/KvU, 1987).

Unabhängig davon bildete sich Ende 1985/Anfang 1986 mit der „Initiative Frieden und Menschenrechte" (IFM) die erste Gruppe, die sich dezidiert außerhalb der Kirchen verortete und damit zugleich erstmals den Anspruch der Dissidenten auf Öffentlichkeit artikulierte. Zugleich versuchte die Initiative, die Menschenrechtsfrage aus ideologischen Bindungen zu lösen – ein Unterfangen, das zwar bereits in der Gründungsphase erste Abspaltungen provozierte, das aber mit der Notwendigkeit einer neuen Offenheit als Basis gesellschaftlicher Umgestaltung korrelierte, wie sie seit 1986 der sowjetische Parteichef Michail Gorbatschow als „Glasnost" und „Perestrojka" proklamierte.

Trotz der angedeuteten Konflikte blieben die Kirchen der einzige Freiraum, wo sich die politisch alternativen Gruppen sammeln konnten und wo sie eine (begrenzte) Öffentlichkeit erreichten. Mit dem AKSK, der KvU sowie dem Grün-Alternativen Netzwerk Arche (Ende November 1987) entstanden erste Netzwerke, die über die sporadischen Seminare hinausreichten. Mit der Umweltbibliothek der Zionskirchgemeinde Berlin standen zudem seit Mitte der 1980er Jahre eine zentrale Anlaufstelle sowie die Infrastruktur für eine inoffizielle Publizistik (Samizdat) zur Verfügung („Umweltblätter", „Arche Nova"), derer sich auch die IFM bediente („Grenzfall"). Mit einer Razzia des MfS in der Umweltbibliothek im November 1987 wurde diese das erste Ziel massiver staatlicher Eingriffe in die Bürgerrechtsbewegung. Damit provozierte das MfS jedoch erstmals eine DDR-weite Solidarisierungswelle, die sich zwei Monate später nach der Verhaftung von Demonstranten am Rande der offiziellen Kundgebung für Rosa Luxemburg und Karl Liebknecht (17.1.1988) wiederholte. Mit Mahnwachen und Fürbittgebeten etablierte sich ein Aktionsschema, das für die Umbruchsphase anderthalb Jahre später typisch wurde. Zugleich markierte die Diskussion um die Ausreise einiger Dissidenten im Frühjahr 1988 einen ersten Höhepunkt der Auseinandersetzung mit der Ausreiseproblematik, die im Sommer des folgenden Jahres den entscheidenden Impuls für den Übergang von der Dissidenz zur Opposition gab. Bis dahin gelang es trotz dichterer informeller Zusammenhänge (voran „Frieden konkret") nicht, ein alternatives Netzwerk im Sinne einer oppositionellen Sammlungsbewegung zu schaffen. Zu groß waren die Konkurrenz zwischen den einzelnen Gruppen und die Differenzen hinsichtlich Aktions- und Konfliktbereitschaft gegenüber dem Staat. Teilweise korrelierten die Meinungsverschiedenheiten mit regional bedingten Auseinandersetzungen – vor allem zwischen den Berliner Gruppen und denen in der „Provinz".

In Leipzig (voran die Initiativgruppe Leben/IGL, Arbeitsgruppe Menschenrechte/AGM und der Arbeitskreis Gerechtigkeit/AKG) waren – wie auch in Dresden – die Aktionsbereitschaft und der Anspruch auf Öffentlichkeit relativ stark ausgeprägt. Mit den Friedensgebeten in der Nikolaikirche bestand hier zudem seit Anfang der 1980er Jahre eine Institution, in deren Kontext sich Antragsteller und Dissidenten gleichermaßen versammelten und z.T. den Schritt an die Öffentlichkeit wagten. Gleichwohl stießen auch hier Aktionen wie die Pleiße-Pilgerwege zu den Weltumwelttagen 1988 und 1989 ebenso wenig auf ein Echo in der Bevölkerung wie die Luxemburg-Liebknecht-Demonstration ein Jahr nach den Berliner Zwischenfällen. Erst im Kontext der massiven Wahlfälschung am 7. Mai 1989 etablierte sich im Anschluss an die Friedensgebete in St. Nikolai ein konfrontatives Ritual zwischen Antragstellern und Sicherheitskräften, von dem die Montagsdemonstrationen des Herbstes ihren Ausgang nehmen sollten.

Mit der relativ flächengreifenden Beobachtung der Stimmauszählungen zur Kommunalwahl im Mai 1989 hatten zahlreiche Dissidenten-Gruppen erstmals ihr Vorgehen koordinieren und in einer konzertierten Aktion dem SED-Staat widerrechtliches Handeln nachweisen können. Nachdem die IFM im „Grenzfall" desselben Monats erstmals von den politisch alternativen Gruppen gefordert hatte, sich angesichts der „Notwendigkeit einer Opposition […] zu diesem Begriff [zu] bekennen", versuchten verschiedene Dissidenten im Sommer die Bildung oppositioneller Gruppen und Sammlungsbewegungen zu initiieren (erstmals im Initiativaufruf zur Gründung einer sozialdemokratischen Partei, Juli 1989). Doch erst unter dem Eindruck der Massenflucht von DDR-Bürgern über Ungarn und die Botschaften der Bundesrepublik in Budapest, Prag und Warschau konstituierte sich am 9. September 1989 das Neue Forum – allerdings ausdrücklich nicht als oppositionelle Sammlungsbewegung, sondern als offene „Plattform" für den gesellschaftlichen Dialog. Ihm folgten wenige Tage später die Bürgerbewegung „Demokratie Jetzt" und am 2. Oktober der „Demokratische Aufbruch". Am 7. Oktober 1989 entstand mit der Sozialdemokratischen Partei (SDP) erstmals eine Gruppe, die sich als Partei verstand und damit das Machtmonopol der SED offensiv bestritt.

Zu dieser Zeit hatte sich aus einzelnen Protesten Ausreisewilliger, von denen sich einerseits die Dissidenten nach wie vor weitgehend abgrenzten, deren Anliegen andererseits von der Bevölkerung als ernstzunehmende Bedrohung der Stabilität der DDR-Wirtschaft registriert wurde, in Leipzig erste Demonstrationen entwickelt. Diese weiteten sich durch die Auseinandersetzungen in Dresden und anderen Städten, die die Züge mit den ausreisenden Prager Botschaftsflüchtlingen Anfang Oktober passierten, auf andere Regionen der DDR aus. In Dresden fand sich erstmals eine lokale SED-Führung bereit zum Gespräch mit den Demonstranten. In den folgenden Diskussionen fungierten die Dissidenten wie bereits bei den Demonstrationen oft als Schlichter und Vermittler wie auch als Anwalt der Bevölkerung. Diese griff nun die Zielvorstellungen der Oppositionellen auch deshalb auf, weil sie Mindestforderungen nach Demokratisierung der sozialistischen Gesellschaft, Pluralisierung und ungelenkter Informationspolitik enthielten. Das Fehlen eines gesamtgesellschaftlichen Entwurfs wurde bis zum Fall der Mauer am 9. November nicht als Mangel empfunden, danach allerdings wurden die angedachten Vorstellungen schnell obsolet.

Fortan suchten die oppositionellen Gruppen die Macht der SED zu beschränken, den Sicherheitsapparat aufzulösen (Besetzungen der MfS-Dienststellen in Erfurt, Rostock und Leipzig am 4./5. Dezember) und schließlich den Weg für freie Wahlen und damit den Übergang zu einer demokratischen Gesellschaft zu ebnen. Mit dem Zentralen Runden Tisch konstituierte sich am 7. Dezember 1989 das Gremium, das den geordneten Machtwechsel aus den Händen der SED vorbereiten sollte. Da etliche Oppositionsgruppen basisdemokratische gegenüber parlamentarischen Gesellschaftsstrukturen präferierten, bereiteten sie am Runden Tisch zugleich den eigenen Abgang von der politischen Bühne vor. Weil zudem die Debatte um die Gestaltung der deutschen Einheit zunehmend in den Mittelpunkt rückte, orientierte sich die Bevölkerung nun verstärkt an Parteien, die sich analog dem Spektrum in der Bundesrepublik positionierten. Neben der SDP, die sich im Januar 1990 zur SPD umbenannte, galt dies vor allem für den DA, der u.a. mit der früheren Blockpartei CDU eine „Allianz für Deutschland" einging. Diese ging aus der freien Volkskammerwahl am 18. März 1990 als Siegerin hervor und führte die DDR in einer Koalition mit SPD und Liberalen in die Vereinigung Deutschlands am 3. Oktober desselben Jahres. Die anderen Oppositionsgruppen, die sich erst im Februar zum Bündnis 90 formierten und wegen einer grünen Konkurrenzpartei kaum von den westdeutschen Grünen unterstützt wurden, sahen sich mit drei Prozent der Wählerstimmen als Verlierer des Demokratisierungsprozesses, den sie wesentlich angestoßen und forciert hatten.

Ziele und Visionen

Emotionale Betroffenheit gab in vielen Fällen den ersten Anstoß dazu, sich einer politisch alternativen Gruppe anzuschließen. Oft basierte dieser emotionale Impuls auf mittelbarer oder sogar unmittelbarer Repressionserfahrung, häufig wurde sie durch weltanschauliche oder religiöse Motive unterstützt – etwa durch das Bewusstsein, sich für „Gerechtigkeit, Frieden und Bewahrung der Schöpfung" (so der Titel des ökumenischen Konziliaren Prozesses, der 1987 begann) oder für soziale Minderheiten engagieren zu müssen. Verstärkt wurden diese Motivbündel zunehmend durch die mangelnde Wandlungsbereitschaft des SED-Staates, die in der ablehnenden Haltung gegenüber der sowjetischen *Perestrojka* – besonders im Verbot der sowjetischen Zeitschrift „Sputnik" im November 1988 – zum Ausdruck kam.

Neben privaten Kontakten begünstigten alternative Werte, die vorrangig über die Westmedien und die Kirchen vermittelt wurden, den Entschluss, in einer politisch alternativen Gruppe mitzuarbeiten. Insbesondere über diese Medien wuchs das Bewusstsein wachsender globaler Probleme: der Umweltzerstörung, des Nord-Süd-Konfliktes und des Wettrüstens, die vielfach miteinander verwoben waren. Die von den Gruppen allgemein diagnostizierte Zivilisationskrise widerspiegelte sich auch in der DDR-Gesellschaft. Umweltzerstörung, Konfliktunfähigkeit bei gesellschaftlichen Auseinandersetzungen, begleitet durch eine weitgehende Entsolidarisierung innerhalb der Bevölkerung, und Militarisierung wurden als unmittelbare Bedrohungen wahrgenommen. Diese DDR-Spezifika wurden vor allem von den Menschenrechtsgruppen zunehmend thematisiert und anhand wirtschaftlicher und politischer Krisen sowie einer verbreiteten kulturellen und gesellschaftlichen Lethargie als wachsendes Problem diagnostiziert, das auch in der wachsenden Ausreisewelle zu erkennen war.

Die Frustration über die Stagnation der gesellschaftlichen Entwicklung in der DDR konnte nur durch das eigene Engagement durchbrochen werden, da die globalen und gesellschaftlichen Probleme eben auch im persönlichen Bereich verortet wurden. Dennoch verstanden die Mitglieder der Gruppen selbst ihr Handeln erst seit Mitte der 1980 Jahre als bewusste kollektive Illoyalität, der die Kirchen in ihrer Mittelposition zwischen SED-Staat und Gesellschaft sowie der größte Teil der Bevölkerung als (möglicherweise oft widerwillig) loyales Kollektiv distanziert gegenüberstanden. Diese Loyalität galt es ebenso aufzubrechen wie den „vormundschaftlichen Staat" (Rolf Henrich) auf seine Schutz- und Garantiefunktionen zu beschränken, um autonome Räume zur individuellen Entfaltung und politischen Partizipation aller Bürgerinnen und Bürger innerhalb einer demokratischen, pluralistischen Gesellschaft zu schaffen und damit gewissermaßen „Praxis und Prinzip der Abgrenzung" im sozialen Umfeld zu durchbrechen. Das freie Individuum, das die meisten Dissidenten als gesellschaftliche Utopie verfolgten, stand im Mittelpunkt dieser Zivilgesellschaft und war die Basis einer solchen solidarischen Gesellschaft.

Dabei setzten die Gruppen je nach ihrer Orientierung durchaus unterschiedliche Akzente. Dominierte in den Umwelt- und in anderen eher sozialethisch orientierten Gruppen die Forderung nach Konsumverzicht und Friedfertigkeit – also nach individueller Veränderung als Basis globaler Wandlungsprozesse –, so konzentrierten sich die Menschenrechtsgruppen auf das Streben nach einem Rechtsstaat und einer Gewaltenteilung als Basis für den gesellschaftlichen Wandlungsprozess. Das Konzept einer Zivilgesellschaft korrelierte im Begriffskanon vielfach mit sozialistischen Reformvorstellungen, was den späteren Oppositionsgruppen den Vorwurf eintrug, sie hätten gar keine umfassende Reform des sozialistischen Gesellschaftssystems erstrebt und seien insofern keine „Opposition" gewesen. Trotz Konvergenzen der Gesellschaftskonzepte der Dissidenten mit denen marxistischer Theoretiker und trotz einer grundlegenden Skepsis gegenüber dem kapitalistischen System, das für die globale Zivilisationskrise in erheblichem Maße verantwortlich war, ist dieser Vorwurf absurd: Die SED hatte von Anfang (am deutlichsten im Umfeld des Prager Frühlings 1968) alle konvergenztheoretischen Überlegungen zurückgewiesen und sperrte sich anhaltend gegen eine Reform des Systems. Bereits die Forderung einer Zivilgesellschaft mit den Implikationen eines demokratischen Rechtsstaats widersprach der staatssozialistischen Herrschaftspraxis und stellte insofern eine Opposition gegenüber dem Sozialismus ostdeutscher Provenienz dar. Zugleich verlangte das Konzept eines zivilgesellschaftlichen Wandels dessen Gestaltung als evolutionären Prozess, als Aushandlung der verschiedenen individuellen und sozialen Interessen innerhalb der offenen Gesellschaft. Damit war ein umfassender Anspruch auf Öffentlichkeit intendiert, der seit der Mitte der 1980er Jahre von allen Gruppen zunehmend artikuliert wurde. Der Zugang zur Öffentlichkeit sollte wesentlich über Aufklärung bzw. Information im Kontext der allgemeinen politischen Diskussion hergestellt werden. Deswegen nutzten die Dissidenten oft politische Kampagnen der SED für die Artikulation eigener Vorstellungen, argumentierten sie mit Theorien und Verlautbarungen der Staats- und Parteiführung und klagten zugleich verfassungsrechtlich garantierte Grundsätze der Mitgestaltung ein. Gegen Ende der 1980 Jahre nutzten einzelne Gruppen auch den öffentlichen Raum für kalkulierte Provokationen der Staatsmacht durch alternative kulturelle Praktiken (wie z.B. Jochen Läßig mit dem Leipziger Straßenmusikfestival am 10. Juni 1989).

Das Konzept einer Zivilgesellschaft und die evolutionistische Strategie übernahmen die Gruppen vielfach aus den Schriften ostmitteleuropäischer Dissidenten (Václav Havel, Václav Benda, György Konrád, Jacek Kuron, Adam Michnik), deren Schriften in den Gruppen (oft als Typoskripte oder Hektografien) kursierten. Nur vereinzelt rezipierten sie Schriften des marxistischen Revisionismus (Ernst Bloch, Havemann). Das Konzept einer Zivilgesellschaft hat andere Einflüsse, die zuvor auf Umwelt-, Friedens- und Dritte Welt-Gruppen gewirkt hatten, weitgehend verdrängt, diese aber nicht obsolet gemacht. So blieben die Gruppen, die im kirchlichen Raum agierten, weiterhin vielfach beeinflusst von theologischen Entwürfen wie der weltlichen Ethik Dietrich Bonhoeffers und der Marxismus-Rezeption der lateinamerikanischen Befreiungstheologie, insbesondere der Ernesto Cardenals im Kontext der sandinistischen Revolution in Nicaragua. Auffällig ist insgesamt das Fehlen eigener umfassender gesellschaftlicher Entwürfe – sieht man von Bahros „Alternative" (1979) und Henrichs „Vormundschaftlichem Staat" (1989) ab, die keineswegs als repräsentativ gelten können.

Die deutsche Frage spielte in den Überlegungen der DDR-Dissidenten nur eine marginale Rolle. Schließlich verlangte die isolationistische Politik der SED von den Dissidenten eine Konzentration auf die innergesellschaftlichen Probleme der DDR, deren Lösung erst eine Möglichkeit eröffnet hätte, sich Fragen der internationalen Politik zu widmen. Die Friedensbewegung hatte gleichwohl immer ein internationales Kräftegleichgewicht vor Augen, das Verlangen nach einem Gewaltverzicht galt den Militärblöcken in Ost und West. Die internationale Entspannung bildete die unabdingbare Voraussetzung für eine (stufenweise) Überwindung der deutschen Teilung, die wiederum als Folge des von Deutschland verursachten Zweiten Weltkriegs betrachtet wurde, wie aus Papieren Edelbert Richters und Christian Dietrichs (ESG Naumburg) und der Initiative „Absage an Praxis und Prinzip der Abgrenzung" hervorgeht, die Stephan Bickhardt 1988 in der Bundesrepublik publizieren konnte.

War in Umweltfragen anfangs noch eine begrenzte Mitarbeit innerhalb offizieller gesellschaftlicher Strukturen möglich, so gab es mit dem Olof-Palme-Friedensmarsch durch die DDR im September 1987 für die Friedens- und Menschenrechtsgruppen nur eine einmalige Gelegenheit, ihre Anliegen in die offizielle Öffentlichkeit zu tragen. Bis dahin hatten die Umweltgruppen das aktionistische Potenzial der dissidenten Gruppen dargestellt, das über Baumpflanz- und anderen Aktionen wie „Mobil ohne Auto" auch eine begrenzte Öffentlichkeit erreichte. Im Kontext der Nachrüstungsdebatte und unter dem Eindruck der westdeutschen Friedensbewegung hatten zwar auch Friedens- und Menschenrechtsgruppen vereinzelt versucht, vor allem im Rahmen staatlicher Demonstrationen an die Öffentlichkeit zu treten, stießen damit aber – wie in den folgenden Jahren – auf die rigorose Verweigerungshaltung des Staates.

So konzentrierte sich das Engagement zahlreicher Gruppen im Raum der evangelischen Kirchen, mit deren Hilfe sie verschiedene Forderungen (Abschaffung des Wehrkundeunterrichts, Einführung eines sozialen Friedensdienstes) verhandeln zu können hofften. Das oft mit Rücksicht auf allgemeine kirchenpolitische Fragen beschränkte Engagement der Kirchen wie auch das ausbleibende Echo der Bevölkerung führte in der Mitte der 1980er Jahre zu einer Professionalisierung der Arbeit in den Gruppen, die sich einerseits stärker theoretischen Fragen zuwandten, andererseits Handlungsoptionen intensiv auszuloten begannen. Damit einher ging eine Rationalisierung der Gruppenarbeit, die sich in einer wachsenden Formalisierung und Institutionalisierung sowie in einer engagierten Publizistik niederschlug. In den 1980er Jahren entwickelten die Gruppen und Einzelpersonen aus politisch alternativen Zusammenhängen einen Samizdat, der sowohl relativ regelmäßig und in wachsender Auflage erscheinende Periodika wie „Grenzfall", „Umweltblätter", „Arche Nova", „Kontext" und „Friedrichsfelder Feuermelder" (alle Berlin) sowie „Streiflichter" und „Kontakte" (Leipzig) umfasste wie auch anspruchsvolle Reihen wie die „radix-Blätter" Stephan Bickhardts und Ludwig Mehlhorns und verschiedene alternative Kunstmagazine, außerhalb der Szene jedoch kaum wahrgenommen wurde.

Zugleich versuchten verschiedene Gruppen, ihre Fragen nun verstärkt (meist im Rahmen kirchlicher Veranstaltungen) an die Öffentlichkeit zu tragen. So wurden die „Kirchentage von unten" in Berlin 1987 und in Leipzig 1989 ebenso zu einem Forum innerkirchlicher und gesellschaftlicher Opposition, wie sich im Umfeld der Leipziger Friedensgebete Diskussionsgruppen in die Öffentlichkeit trauten und den Platz außerhalb der Kirche für ihre Anliegen beanspruchten.

Im Herbst 1989 brach sich unter dem Eindruck der Fluchtwelle der aufgestaute Handlungsdruck sowohl von Seiten der Dissidenten als auch von Seiten der Bevölkerung Bahn. Die Dissidenten sahen sich erstmals in der Rolle der Opposition – allerdings oft weniger offensiv, als dies die Demonstranten wünschten. Vor dem Hintergrund des evolutionären Gesellschaftskonzeptes, das die meisten Gruppen vertraten, traten sie nun als Vermittler zwischen SED-Staat und Bevölkerung auf und verhinderten damit vielfach eine massive Konfrontation zwischen Sicherheitskräften und Demonstranten. Zugleich kanalisierten sie deren Forderungen und konnten dabei vorübergehend den eigenen Vorrat an Deutungsmustern in den beginnenden politischen Wandlungsprozess einbringen.

Binnenstruktur

Die einzige offizielle Statistik zu den ostdeutschen Dissidenten stammte vom MfS und datiert auf den Juni 1989 (Mitter/Wolle 1990: 46ff.). Sowohl die Schätzungen Ulrike Poppes (325 Gruppen in der gesamten DDR) aus dem Vorjahr und Wieland Giebels (500) von Anfang 1989 als auch Detlef Pollacks Hochrechnungen am Beispiel Leipzigs lassen die Angaben des MfS (160 Gruppen) zu niedrig erscheinen (Pollack 2000: 137ff.; vgl. Choi 1999: 201ff.). Großgruppen (Arbeitsgruppe Umweltschutz Leipzig, 70, und AKSK, 400 Mitglieder) waren ebenso die Ausnahme wie Kleinkreise mit weniger als zehn Personen. Bei durchschnittlich 10–15 Mitgliedern summiert sich somit das Gesamtpotenzial der Dissidenten in der DDR auf ca. 4.000 – 6.000 Personen.

Den größten Anteil an Dissidenten stellten mit ca. 40 Prozent Intellektuelle, unter denen wiederum Theologen überwogen. Überhaupt war der Anteil kirchlicher Mitarbeiterinnen und Mitarbeiter in den Gruppen überproportional hoch (ca. 40 Prozent) – bei einigen Personen eine Folge versperrter Aufstiegschancen in anderen Berufen, was die Systemunzufriedenheit noch erhöhte. Auch Personen aus sozialen und karitativen Berufen waren überdurchschnittlich vertreten (12 Prozent). Ein reichliches Zehntel der Gruppenmitglieder arbeitete in naturwissenschaftlich-technischen Berufen, nur 7 Prozent stammten aus der Arbeiterschaft, und nur 5 Prozent waren im kulturellen Bereich tätig.

Nach der Erhebung des MfS von 1989 hatten mindestens ein Viertel der Gruppenmitglieder einen Hochschulabschluss und 35 Prozent ein Fachschulstudium oder einen Facharbeiterabschluss vorzuweisen, während 13 Prozent noch als Studierende immatrikuliert waren oder eine andere Ausbildung absolvierten. Allerdings konnte das MfS immerhin ein Fünftel der Gruppenmitglieder keinem genauen Ausbildungsabschluss zuordnen. Insgesamt ist aber eine starke wechselseitige Beeinflussung von beruflicher Biografie und politischem Engagement festzustellen, neigten doch gerade Personen mit Karrierebrüchen zu Dissidenz und waren unter den Gruppeneliten überproportional vertreten.

Die Angaben des MfS zur Sozialstruktur der Gruppen dürften ebenso ungefähr zutreffen wie die zu ihrer generationellen Schichtung. Danach war ein Fünftel der Gruppenmitglieder jünger als 25 Jahre, 40 Prozent waren 25 bis 34, 27 Prozent 35 bis 44 Jahre alt, 11 Prozent gehörten der Altersgruppe der 45- bis 54-Jährigen an, und nur 2,5 Prozent waren älter als 55 Jahre. Das Altersprofil der Gruppen bestimmte im Wesentlichen auch das Handlungsspektrum der Gruppen, was auf die Aktionsneigung jüngerer Gruppenmitglieder zurückzuführen ist.

Die Dissidenten fanden sich oft in Gruppen zusammen, die aus persönlichen Freundeskreisen oder kirchlichen Strukturen (Offene Arbeit, Junge Gemeinden, Studentengemeinden) entstanden. Kontakte zu anderen Gruppen verliefen ebenfalls meist über persönliche Bekanntschaften, kirchliche Infrastrukturen oder singuläre, teilweise auch periodische Veranstaltungen. Unter diesen ragten die Friedensseminare in Königswalde (Hans-Jörg Weigel) seit 1973 heraus, eine ähnliche Bedeutung errangen die Mobilen Friedensseminare in Mecklenburg seit Ende der 1970er Jahre und die Friedenswerkstätten seit 1982 in Berlin. Die Umweltgruppen fanden sich seit Mitte der 1970 Jahre zu Seminaren zusammen, unter denen in den 1980er Jahren das in Rötha bei Leipzig herausragte, sowie zu verschiedenen (vorrangig Baumpflanz-)Aktionen. Mit dem „Grün-Alternativen Netzwerk Arche", einer Gruppe aus dem Trägerkreis der Berliner Umweltbibliothek um Carlo Jordan, etablierte sich in diesem Themenbereich erstmals ein Koordinations- und Kommunikationszentrum, das allerdings nicht unumstritten war.

Sieht man von dem Netzwerk INKOTA der "Dritte Welt"-Gruppen ab, das seit 1971 bestand, gelang es der politisch alternativen Szene in der DDR bis zum Sommer 1989 nicht, ein funktionierendes Netzwerk oder gar eine oppositionelle Sammlungsbewegung zu etablieren. Dies gelang zwar mit der Gründung des Neuen Forums, doch selbst hier blieb der Hang zu Differenzierung und Profilierung auf Kosten eines Aktionsbündnisses sichtbar: Das Neue Forum kam über den Anspruch einer Sammlungsbewegung nicht hinaus und stand von Anfang an in Konkurrenz zu anderen Gruppen, die sich zudem offensiv als Opposition präsentierten. Dieses Konkurrenzdenken bzw. die Angst vor einer Dominanz einzelner Gruppen oder Führungspersönlichkeiten waren vor allem in Spannungen zwischen Gruppen aus der „Provinz" und denen aus Berlin, aber auch zwischen diesen selbst spürbar. Sie verhinderten bis in den Herbst 1989 hinein ein konzertiertes Auftreten gegenüber dem Staat wie auch gegenüber der Öffentlichkeit.

Unverzichtbar für die Kommunikation untereinander, die Koordination miteinander sowie die Information übereinander war der Raum der evangelischen Kirchen und deren Infrastruktur. Von Ausnahmen – vor allem in alternativen Künstlerkreisen – abgesehen wurde auch der größte Teil des Samizdat auf kirchlichen Geräten vervielfältigt und über kirchliche Strukturen vertrieben. Trotz verschiedener Behinderungen durch Kirchenleitungen und wiederholter Auseinandersetzungen mit diesen erreichten die Dissidenten zunächst und nahezu ausschließlich in den Kirchen eine Öffentlichkeit, deren Grenzen erst im Herbst 1989 gesprengt werden konnten.

Vielfach wurde die Gründung der Gruppen durch ein politisches Schlüsselereignis veranlasst (NATO-Doppelbeschluss, Razzia in der Umweltbibliothek), dessen Impulskraft jedoch schnell verpuffen konnte. Neben der thematischen Nähe hing die Stabilität der Gruppen deswegen aufgrund der starken persönlichen Bindungen, aus denen sie hervorgingen,
in hohem Maße von persönlichen Konditionierungen ab, die mit einer anhaltenden Skepsis
gegenüber formalisierten Strukturen korrelierte. Diese wiederum stimmte überein mit dem
informell-basisdemokratischen Selbstverständnis, das in vielen Gruppen dominierte, aber
mit der notwendigen Formalisierung der Gruppenarbeit und der damit verbundenen perso-
nalen Profilierung zur effektiven Kommunikation und Präsentation kontrastierte. Das begünstigte persönliche Rivalitäten, die den Gruppenzusammenhang oft erheblich strapazier-
ten.

In Arbeit und Bestand vieler Gruppen lässt sich ein zyklischer Verlauf feststellen, beginnend mit einer Idealisierung der Gruppe in der Phase ihrer Sammlung bzw. Gründung.
Ausbleibende Erfolge oder integrative Erlebnisse ließen die Gruppenarbeit retardieren,
verbunden mit einer oft tief greifenden Desillusionierung der Gruppenmitglieder. Die
Überwindung der daraus resultierenden und vielfach kumulierten Konflikte schweißte die
Gruppenmitglieder entweder endgültig zusammen oder trennte sie, wobei sachliche Meinungsverschiedenheiten und persönliche Auseinandersetzungen einander häufig potenzier-
ten.

Bedingungen und Möglichkeiten von Opposition und Protest

Die politisch alternativen Gruppen in der DDR beschränkten sich weitgehend auf Selbst-
rekrutierung, neue Mitglieder gewannen sie vorrangig aus dem persönlichen Umfeld oder
den kirchlichen Strukturen, in denen sie sich bewegten. In diesem Bereich befand sich auch
das größte Sympathisantenpotenzial, während weite Kreise der Bevölkerung über die
Existenz dissidenter Gruppen am ehesten über westliche Medien informiert wurden. Diese
gewannen für die Dissidenten desto mehr an Bedeutung, je mehr das MfS versuchte, die
Bürgerrechtsgruppen zu isolieren und zu infiltrieren. Da der Schritt der Dissidenten in die
Öffentlichkeit permanent verhindert wurde, stellten westliche Journalisten oft die einzige
Möglichkeit dar, politisch alternative Positionen zu artikulieren. Gerade im Herbst 1989
gewann die mediale Rückkopplung über das westdeutsche Fernsehen erhebliche Bedeutung
für die Mobilisierung der Massenproteste, gelang es doch nur auf diesem Wege, Deutungs-
und Handlungsmuster von Demonstranten und Oppositionellen sowie deren Perspektiven
zu vermitteln.

Unter den westdeutschen Politikern hingegen waren bis 1989 nahezu ausschließlich
Grüne an den Dissidenten in der DDR interessiert. Über die Friedensbewegung waren erste
Kontakte geknüpft worden, die allerdings gegen Ende der 1980er Jahre erheblichen Belas-
tungsproben unterzogen wurden. So kam es in der finalen Krise der DDR zwischen west-
deutschen Grünen und anderen Linken sowie ostdeutschen Oppositionellen wegen deren
Systemkritik zu schweren Konflikten. Zu Dissidenten in Ost- und Ostmitteleuropa bestan-
den zwar vereinzelte, z.T. recht intensive Kontakte, die vor allem über die IFM und die
Initiative „Absage an Praxis und Prinzip der Abgrenzung" zur Charta 77, zum polnischen
Komitee für die Verteidigung der Arbeiter (KOR) und zur *Solidarność* geknüpft worden
waren. Über eine punktuelle Zusammenarbeit kamen die Dissidenten aus der Tschechoslo-

wakei, aus Polen, Ungarn und der DDR aber kaum hinaus. Allerdings wandten sie sich zu verschiedenen Anlässen wie dem 30. Jahrestag der ungarischen Revolution 1986 oder dem 10. Gründungstag der Charta 77 im folgenden Jahr an die internationale Öffentlichkeit und demonstrierten sogar am 13. August 1989 in Budapest gemeinsam gegen die Selbstisolation der DDR; ansonsten aber ließen sich die ostdeutschen Dissidenten vor allem von den Ideen ihrer ost(mittel)europäischen Bündnispartner befruchten.

Sowohl in den Kirchen, die z.T. in ihrem Rollenkonflikt als intermediäre Organisation zwischen Staat und Gesellschaft befangen blieben, als auch in der Bevölkerung konnten die Bürgerrechtsgruppen erst seit dem Frühsommer 1989 auf zunehmende Sympathie bauen. Die Fluchtwelle wurde von den meisten Ostdeutschen als Ausdruck einer wachsenden Legitimationskrise der SED und als Indiz eines zugespitzten Loyalitätskonfliktes verstanden, der durch die zunächst abwartende, dann äußerst repressive Reaktion der Staatsmacht noch verschärft wurde.

Können die Friedensdekaden für die Gründungsphase der Friedensbewegung um 1980 als Schlüsselereignis gelten, so verpuffte dieser Impuls mit der Resignation über die beginnende Raketenstationierung 1983. Nur vorübergehende Solidarisierungseffekte provozierten die Ausweisungen Jenaer Bürgerrechtler um Roland Jahn 1983 sowie die Razzia in der Berliner Umweltbibliothek 1987 und die Verhaftungen von Dissidenten im Kontext der offiziellen Luxemburg-Liebknecht-Demonstration Anfang 1988.

Ein relativ großes Mobilisierungspotenzial entwickelte der Konziliare Prozess seit 1986, in dessen Verlauf unter erheblicher Beteiligung sowohl der kirchlichen Basis als auch der meisten politisch alternativen Gruppen über „Frieden, Gerechtigkeit und Bewahrung der Schöpfung" diskutiert wurde. Die Abschlussdokumente der Ökumenischen Versammlung im April 1989 in Dresden stellten eine umfassende, erstaunlich offene Bestandsaufnahme der gesellschaftlichen Probleme in der DDR dar. Für die interne Motivation bedeutsam waren die Auseinandersetzungen um die Kirchentage in Berlin 1987 und Leipzig 1989. Bei letzterem gelang den Bürgerrechtlern aber bereits außerhalb der kirchlichen Veranstaltungen der öffentliche Protest gegen die Niederschlagung der Demokratiebewegung in China. Die Demonstration gehört in eine Reihe von Auseinandersetzungen mit den Sicherheitskräften seit dem Frühjahr in Leipzig und somit zu den kritischen Ereignissen dieses Jahres. Unter diesen ragen die Konflikte um die Kommunalwahlen am 7. Mai und die fortan institutionalisierten Zusammenstöße nach den Friedensgebeten im Umfeld der Leipziger Nikolaikirche sowie der Pleiße-Pilgerweg und das Straßenmusikfestival Anfang Juni heraus. Allerdings reicherten erst die in der DDR selbst spürbaren Folgen der Fluchtwelle seit dem Sommer die Unzufriedenheit verschiedener Bevölkerungsgruppen mit dem SED-Regime zu einer kritischen Masse an, die schließlich im Wechselspiel mit anderen unabhängigen Faktoren zu der Kettenreaktion führte, durch welche die DDR implodierte. In ihrem Verlauf verschob sich die Gegenüberstellung „Wir–Sie" von den Polen „DDR-Gesellschaft" (SED und Bevölkerung) – „Oppositionelle" bald nach „SED" – „Demonstranten" (Teile der Bevölkerung und Oppositionelle).

Besondere Mobilisierungseffekte hatten nach der Schließung der DDR-Grenzen Anfang Oktober 1989 die brutalen Zusammenstöße um den Dresdener Hauptbahnhof, die die SED mit der Entscheidung provoziert hatte, die Prager Botschaftsflüchtlinge über das Territorium der DDR in die Bundesrepublik ausreisen zu lassen. Die Schärfe der Auseinandersetzungen führte hier zu einem ersten Verständigungsversuch zwischen Delegierten der Demonstranten, der „Gruppe der 20", und einem Repräsentanten der SED-Administration.

Nachdem die Konflikte am 7. Oktober, dem Staatsfeiertag, auch auf andere Städte der DDR übergegriffen hatten, kam der Leipziger Montagsdemonstration am 9. Oktober eine Schlüsselfunktion zu, da sie über die Konsistenz und Effizienz des Sicherheitsapparates des SED-Staates entschied. Der gewaltlose Verlauf dieser Demonstration bedeutete vor diesem Hintergrund die Kapitulation vor den Demonstranten – eine Annahme, die eine Woche später durch die Absetzung Honeckers unterstrichen wurde.

Die Demonstration verschiedener Künstlerverbände am 4. November 1989, an der sich mehrere Hunderttausend Menschen beteiligten, markierte in der Kette der Ereignisse jenen Punkt, an dem keine Rückkehr zum alten Herrschaftssystem der DDR mehr möglich schien. Die ungewollte Öffnung der Westgrenze eine halbe Woche später bestätigte nicht nur diesen Eindruck, sondern lenkte den Wandlungsprozess in eine neue Richtung. In den folgenden Wochen entfernten sich Bevölkerung und Oppositionsgruppen wieder voneinander – zunächst ohne Folgen, da einerseits mit der Besetzung der MfS-Bezirksverwaltungen Anfang Dezember ein zentraler und zudem extrem symbolträchtiger Bestandteil des ostdeutschen Sicherheitsapparates entmachtet wurde und andererseits mit dem Zentralen Runden Tisch am 7. Dezember der Umbruch institutionalisiert und formalisiert wurde.

Die Oppositionellen wurden fortan erneut marginalisiert, wenngleich nicht im gleichen Maße wie vor dem Sommer 1989. Damals hatten sie nicht nur weniger als ein Prozent der Bevölkerung gestellt, sondern waren von dieser kaum bis gar nicht wahrgenommen worden. Auch der Staatsapparat einschließlich des MfS hatte sie lange Zeit ignoriert. Nach einzelnen Repressalien, die zur Korrektur der Sicherheitslage in der DDR notwendig zu sein schienen, war erst Anfang/Mitte der 1980 Jahre der vergebliche Versuch unternommen worden, die Dissidenten zu observieren, zu infiltrieren und zu neutralisieren.

Wahrgenommen wurden die Dissidenten zunächst ausschließlich im kirchlichen Rahmen. Hier bestand die einzige Möglichkeit in der DDR, eine pluralistische Diskussions- und Konfliktkultur einzuüben und zu praktizieren. Da die Auseinandersetzungen zwischen Dissidenten und einzelnen Kirchenleitungen auch von verschiedenen Gemeinden oder Gemeindegliedern mitgetragen wurden, können die Kirchen der DDR und ihre Mitglieder jedoch nicht uneingeschränkt zum Sympathisantenpotenzial der Dissidenten gezählt werden.

Die extreme Marginalisierung der Bürgerrechtler führte zu einer zunehmenden Entfremdung zwischen Bevölkerung und politisch alternativen Gruppen sowie bei einigen Dissidenten zu einem gewissen Realitätsverlust. Insbesondere aufgrund von Milieudifferenzen wurden Probleme der Bevölkerung oft nur sehr abstrakt wahrgenommen und häufig als irrelevant eingestuft. Grundlage dafür war eine relativ ausgeprägte Ignoranz sowohl gegenüber materiellen Bedürfnissen der Bevölkerung als auch gegenüber deren sozialen Netzwerken, die ein Leben jenseits der umfassenden Gestaltungsansprüche des SED-Staates ermöglichten. Dieser Konflikt brach nach dem Fall der Mauer am 9. November 1989 unter den Eindrücken der westlichen Konsumgesellschaft erneut auf.

Seit dem Mauerbau 1961 hatte sich das politische System der DDR auch nach innen hin zunehmend verschlossen. Zwar hatte die SED unter Ulbrichts Nachfolger Erich Honecker zur Beseitigung von Legitimitätsdefiziten im Kontext internationaler Entspannungspolitik zunächst auf eine geringfügige Lockerung der Opportunitätsstrukturen gesetzt, diese aber seit der Ausweisung Biermanns 1976 erneut sukzessive verschlossen. Seit der Verhaftung Rudolf Bahros waren die letzten fundamentalen innerparteilichen Kritiker ausgeschaltet worden, eine Opposition innerhalb der SED gab es nicht und konstituierte sich auch unter dem Eindruck des Umbruchs im Herbst 1989 nicht.

Hatten Umweltgruppen noch Ende der 1970er und Anfang der 1980er Jahre verschiedene staatliche Institutionen für ihre Zwecke nutzen können, so hatte sich der Staat im Verlauf der Nachrüstungsdebatte gegen jeden möglichen Einfluss seitens der Dissidenten verschlossen. Unter diesen Bedingungen konnten auch intellektuelle Kreise wie die Gruppe „Dialog" um Jürgen Tallig im Leipziger Kulturbund keine Verständigungsbereitschaft seitens der Administration erwarten.

Vor diesem Hintergrund erschien die Übersiedlung in die Bundesrepublik vielen Ostdeutschen als einfachste Option, sich den Ansprüchen des SED-Staates zu entziehen. Seit der KSZE-Folgekonferenz in Madrid 1983 nutzte dieser selbst verstärkt diese Möglichkeit, um Loyalitätsdefizite innerhalb der DDR-Bevölkerung abzubauen. Allerdings provozierte erst der massenweise „exit" im Sommer 1989 massiven Widerspruch („voice") im Inneren der DDR (vgl. Hirschman 1992). Angesichts der staatlichen Lethargie schoben sich nun Problemwahrnehmungen breiter Bevölkerungskreise und der Dissidenten ineinander. Obwohl sich im Laufe des Umbruchprozesses keine Einheit der politischen Handlungsträger (Demonstranten und Opposition) konstituierte, deckten sich deren Deutungsrahmen sowohl hinsichtlich der Problemdiagnose als auch hinsichtlich der Lösungsansätze an vielen Punkten. Vielfach übernahmen die Demonstranten die Deutungsangebote der oppositionellen Gruppen, und einige Wochen lang verfolgten beide teilweise dieselbe – evolutionäre – Strategie, deren Ergebnis der friedliche Wandel in der DDR war. Seit der Öffnung der Westgrenze orientierten sich große Teile der Bevölkerung jedoch verstärkt an den Deutungsangeboten der westdeutschen Parteien, die durch ein funktionierendes wirtschaftliches und politisches System abgesichert zu sein schienen.

Das staatliche System der DDR fiel damit als Bezugsrahmen für politische Orientierungen für den größten Teil der Bevölkerung aus, während einige der oppositionellen Gruppen noch nach der Volkskammerwahl vom März 1990 daran festhielten. Der Umbruch, zu dem Demonstranten und Oppositionelle im Herbst 1989 aufgebrochen waren, mündete schließlich in den Zusammenbruch der DDR und beseitigte damit den engeren Gestaltungsrahmen der ostdeutschen Opposition. Im parlamentarischen System der Bundesrepublik spielten deswegen nur noch wenige ihrer Vertreter eine herausgehobene Rolle.

Literatur

Bahro, Rudolf (1979): Die Alternative: Zur Kritik des real existierenden Sozialismus. Köln.

Bickhardt, Stephan (1988): Recht ströme wie Wasser: Christen in der DDR für Absage an Praxis und Prinzip der Abgrenzung. Berlin.

Bickhardt, Stephan (1999): Vernetzungsversuche. In: Kuhrt: 331–348.

Buchholz, Matthias (2003): Anmerkungen zur Problematik der „DDR-Archive". In: Eppelmann, Rainer u.a.: 383–390.

Büscher, Wolfgang/ Wensierski, Pater/ Wolschner, Klaus (Hg.) (1982): Friedensbewegung in der DDR: Texte 1978–1982. Hattingen.

Choi, Sung-Wan (1999): Von der Dissidenz zur Opposition: Die politisch-alternativen Gruppen in der DDR von 1978 bis 1989. Köln.

Deutscher Bundestag (Hg.) (1995): Materialien der Enquete-Kommission „Aufarbeitung von Geschichte und Folgen der SED-Diktatur in Deutschland". Bd. VII: Widerstand, Opposition, Revolution. Baden-Baden/ Frankfurt (Main).

Dietrich, Christian/ Schwabe, Uwe (Hg.) (1994): Freunde und Feinde: Dokumente zu den Friedensgebeten in Leipzig zwischen 1981 und dem 9. Oktober 1989. Leipzig.

Eckert, Rainer (1996): Widerstand und Opposition in der DDR. Siebzehn Thesen. In: Zeitscrift für Geschichtswissenschaft 44: 49–67.

Eckert, Rainer (1998): Sozialismusvorstellungen im Herbst 1989: Opposition und SED-interne Kritiker. In: Horch und Guck 3 (24): 25–32.

Eckert, Rainer (2006): Antitotalitärer Widerstand und kommunistische Repression. Auswahlbibliographie mit CD. Leipzig.

Ehring, Klaus/ Dallwitz, Martin (1982): Schwerter zu Pflugscharen: Friedensbewegung in der DDR. Reinbek.

Eisenfeld, Bernd (1978): Kriegsdienstverweigerung in der DDR – ein Friedensdienst? Genesis, Befragung, Analyse, Dokumente. Frankfurt (Main).

Eisenfeld, Bernd (1999): Flucht und Ausreise – Macht und Ohnmacht. In: Kuhrt: 381–424.

Eppelmann, Rainer/ Faulenbach, Bernd/ Mählert, Ulrich (Hg.) (2003): Bilanz und Perspektiven der DDR-Forschung. Paderborn.

Fehr, Helmut (1995): Von der Dissidenz zur Gegen-Elite: Ein Vergleich der politischen Opposition in Polen, der Tschechoslowakei, Ungarn und der DDR. In: Poppe u.a.: 301–334.

Fehr, Helmut (1996): Unabhängige Öffentlichkeit und soziale Bewegungen: Fallstudien über Bewegungen in Polen und der DDR. Opladen.

Findeis, Hagen/ Pollack, Detlef/ Schilling, Manuel (Hg.) (1994): Die Entzauberung des Politischen: Was ist aus den politisch alternativen Gruppen in der DDR geworden? Interviews mit ehemals führenden Vertretern. Berlin.

Florath, Bernd (2007): Opposition und Widerstand in der DDR 1961–1990. Ein archivübergreifendes Bestandsverzeichnis. Berlin.

Fricke, Karl Wilhelm (1984): Opposition und Widerstand in der DDR: ein politischer Report. Köln.

Geisel, Christof (2005): Auf der Suche nach dem dritten Weg. Das politische Selbstverständnis der DDR-Opposition in den achtziger Jahren. Berlin.

Henke, Klaus-Dietmar/ Steinbach, Peter/ Tuchel, Johannes (Hg.) (1999): Widerstand und Opposition in der DDR. Köln u.a.

Henrich, Rolf (1989): Der vormundschaftliche Staat. Reinbek.

Hirschman, Albert O. (1992): Abwanderung und Widerspruch und das Schicksal der Deutschen Demokratischen Republik: Ein Essay zur konzeptuellen Geschichte. In: Leviathan 20: 330–358.

Jander, Martin/ Voß, Thomas (1995): Die besondere Rolle des politischen Selbstverständnisses bei der Herausbildung einer politischen Opposition in der DDR außerhalb der SED und ihrer Massenorganisationen seit den siebziger Jahren. In: Deutscher Bundestag: 896–986.

Jesse, Eckhard (Hg.) (2000): Eine Revolution und ihre Folgen. 14 Bürgerrechtler ziehen Bilanz. Berlin.

Jesse, Eckhard (Hg.) (2004): Friedliche Revolution und deutsche Einheit. Sächsische Bürgerrechtler ziehen Bilanz. Berlin.

Jessen, Ralph (2009): Massenprotest und zivilgesellschaftliche Selbstorganisation in der Bürgerbewegung 1989/90. In: Henke, Klaus-Dietmar (Hg.): Revolution und Vereinigung 1989/90. Als in Deutschland die Realität die Phantasie überholte. München: 163-177.

Joppke, Christian (1995): East German Dissidents and the Revolution of 1989: Social Movement in a Leninist Regime. Houndmills.

Kleßmann, Christoph (1995): Die Opposition in der DDR vom Beginn der Ära Honecker bis zur polnischen Revolution 1980/81. In: Deutscher Bundestag: 1080–1109.

Knabe, Hubertus (1988): Neue soziale Bewegungen im Sozialismus: Zur Genesis alternativer politischer Orientierungen in der DDR. In: Kölner Zeitschrift dür Soziologie und Sozialpsychologie 40: 551–569.

Knabe, Hubertus (1999): Samisdat – Gegenöffentlichkeit in den 80er Jahren. In: Kuhrt: 299–320.

Kowalczuk, Ilko-Sascha (1999): „Wer sich nicht in Gefahr begibt ...“: Protestaktionen gegen die Intervention in Prag und die Folgen von 1968 für die DDR-Opposition. In: Henke u.a.: 257–274.

Kowalczuk, Ilko-Sascha (2002): Freiheit und Öffentlichkeit. Politischer Samisdat in der DDR 1985–1989. Berlin.

Kowalczuk, Ilko-Sascha (2009): Endspiel. Die Revolution von 1989 in der DDR. München.

Kuhrt, Eberhard (Hg.) (1999): Am Ende des realen Sozialismus. Bd. 3: Opposition in der DDR von den 70er Jahren bis zum Zusammenbruch der SED-Herrschaft. Opladen.

Meckel, Markus/ Gutzeit, Martin (1994): Opposition in der DDR: Zehn Jahre kirchliche Friedensarbeit. Köln.

Meuschel, Sigrid (1992): Legitimation und Parteiherrschaft: Zum Paradox von Stabilität und Revolution in der DDR 1945–1989. Frankfurt (Main).

Müller-Enbergs, Helmut (Hg.) (1992): Was will die Bürgerbewegung? Augsburg.

Neubert, Ehrhart (1997): Geschichte der Opposition in der DDR 1949–1989. Berlin.

Ohse, Marc-Dietrich/ Pollack, Detlef (2008): Dissidente Gruppen in der DDR (1949–1989). In: Roth/ Rucht: 347–390.

Pollack, Detlef (2000): Politischer Protest: Politisch alternative Gruppen in der DDR. Opladen.

Pollack, Detlef/ Rink, Dieter (Hg.) (1997): Zwischen Verweigerung und Opposition. Politischer Protest in der DDR 1970–1989. Frankfurt (Main).

Poppe, Gerd (1999): Begründung und Entwicklung internationaler Verbindungen. In: Kuhrt: 349–377.

Poppe, Ulrike/ Eckert, Rainer/ Kowalczuk, Ilko-Sascha (Hg.) (1995): Zwischen Selbstbehauptung und Anpassung: Formen des Widerstands und der Opposition in der DDR. Berlin.

Richter, Sebastian (2007): Norm und Eigensinn. Die Selbstlegitimation politischen Protests in der DDR 1985–1989. Berlin.

Rink, Dieter (2008): Bürgerbewegungen in der DDR – Demokratische Sammlungsbewegungen an Ende des Sozialismus. In: Roth/ Rucht: 393–415.

Roth, Roland/ Rucht, Dieter (Hg.) (2008: Die sozialen Bewegungen in Deutschland seit 1945. Ein Handbuch. Frankfurt (Main)/ New York.

Rüddenklau, Wolfgang (1992): Störenfried: ddr-Opposition 1986–1989. Berlin.

Schüddekopf, Charles (Hg.) (1990): „Wir sind das Volk!“: Flugschriften, Aufrufe und Texte einer deutschen Revolution. Reinbek.

taz DDR-Journal: Zur Novemberrevolution. August bis Dezember 1989.

taz DDR-Journal Nr. 2: Die Wende der Wende. Januar bis März 1990.

Timmer, Karsten (2000): Vom Aufbruch zum Umbruch: Die Bürgerbewegung in der DDR 1989. Göttingen.

Wielgohs, Jan (2008): DDR - regimekritische und politisch-alternative Akteure (1949–1990). In: Roth/ Rucht: 109–131.

Wielgohs, Jan/ Schulz, Marianne (1995): Die revolutionäre Krise am Ende der achtziger Jahre und die Formierung der Opposition. In: Deutscher Bundestag: 1950–1995.

Wörterbuch der Staatssicherheit 1993: Definitionen des MfS zur „politisch-operativen Arbeit“. Berlin.

Zur Mühlen, Patrik von (2000): Aufbruch und Umbruch in der DDR: Bürgerbewegung, kritische Öffentlichkeit und Niedergang der SED-Herrschaft. Bonn.

Von Robin Hood zu Don Quixote: Regimekritik und Protest in Rumänien

Cristina Petrescu

Die Geschichte des rumänischen Staatssozialismus begann und endete mit zwei großen Wellen der Mobilisierung gegen das kommunistische Regime. Zwar haben diese Bewegungen nicht so große Bevölkerungsgruppen erfasst wie anderswo in Ostmitteleuropa. Doch sind sie gemessen an den regimekritischen Aktivitäten, die in den dazwischen liegenden Jahren in Rumänien zu beobachten waren, dennoch bedeutsam gewesen. Denn zwischen der Gründungs- und der Niedergangsphase des rumänischen Staatssozialismus traten oppositionelle Bestrebungen immer nur in Form von isolierten Einzelprotesten auf. Zweifellos gab es weitaus zahlreichere Protestereignisse, als außerhalb des Landes wahrzunehmen war. Aber anders als in anderen ostmitteleuropäischen Ländern gelang es dabei nur in seltenen Fällen, Bürger zu Protesten zu mobilisieren, die über die Grenzen lokaler oder eng definierter Gruppen-Interessen hinauswiesen.

Der folgende Aufsatz liefert einen Überblick über regimekritische Bestrebungen und Protestereignisse in den einzelnen Entwicklungsperioden des rumänischen Staatssozialismus und erläutert die Ziele und die soziale Basis der verschiednen Initiativen.

Widerstand gegen die kommunistische Machtübernahme

Die erste Protestwelle setzte bereits kurz nach dem 23. August 1944 ein, als die rumänische Armee im zweiten Weltkrieg die Seiten wechselte. Viele Rumänen befürchteten, dass die Allianz mit der Sowjetunion in die Etablierung eines kommunistischen Regimes münden würde (INST 1998; Deletant 1999). Einige Gruppen zogen sich darauf hin in die Wälder zurück, um sich dort auf einen bewaffneten Widerstand gegen das neue Regime vorzubereiten. Diese Bewegung, die als „Widerstand in den Bergen" bekannt wurde, erinnerte an traditionelle Verteidigungstaktiken, die die Rumänen in zahlreichen Kriegen entwickelt hatten, die im Mittelalter ihre Siedlungsgebiete verheerten. Das Kalkül hinter dieser Mobilisierung war die weit verbreitete Erwartung einer baldigen Konfrontation zwischen den USA und Großbritannien auf der einen Seite und der UdSSR auf der anderen. So organisierten sich Anhänger traditioneller Parteien, ehemalige Offiziere, Studenten, Lehrer, Priester und Bauern, die der Kollektivierung entkommen wollten, in Widerstandgruppen, versteckten sich in den Bergen und hofften auf anglo-amerikanische Unterstützung für die Restaurationen eines demokratischen Regimes (Gavrilă-Ogoranu 1993/95; Bellu 1993; Verca 1993). Auch wenn diese Bewegung nicht landesweit koordiniert war, stellte sie im Vergleich zu späteren Protesten eine Mobilisierung von großem Ausmaß dar. Sie bestand aus zahlreichen, von einander isolierten lokalen Gruppen von Bürgern eines breiten politischen Spektrums, die es vorzogen, lieber als Gesetzlose zu leben, als sich dem neuen kommunistischen Regime zu unterwerfen.[1] Viele dieser Gruppen waren spontan organisiert und abhängig von der Unterstützung durch die Bewohner der umliegenden Dörfer (Rizea 1993). Zwar nahm die Anzahl solcher Gruppen nach der kommunistischen Machtübernahme schnell zu, doch stellten sie für das Regime nie eine ernsthafte Bedrohung dar. Die Bewegung erlangte ihren Höhepunkt in den frühen 1950er Jahren. Anfang der 1960er Jahre war sie, von wenigen Ausnahmefällen abgesehen, zerschlagen.[2]

Während der 1950 Jahre kam es darüber hinaus zu zahlreichen lokalen Bauernunruhen und auch zu Arbeiterrevolten. Anhand der registrierten Bauernproteste ist gut zu erkennen, dass Bauern immer dann reagierten, wenn die kommunistische Führung versuchte, die Kollektivierung zu beschleunigen. Eine erste Kampagne wurde 1949 gestartet, aber 1951 wieder abgebrochen. Die zweite begann 1955 und wurde solange forciert, bis der Kollektivierungsprozess 1962 schließlich abgeschlossen war. Während der ersten Kollektivierungsphase sahen viele Bauern im "Widerstand in den Bergen" noch eine gangbare Option, um der Landnahme zu entgehen. Nach 1955 brach sich ihr Unmut dann in Form diverser Revolten Bahn, die zwischen 1957 und 1959 ihren Höhepunkt erreichten. Dabei handelte es sich um unorganisierte ad-hoc-Proteste, die ganz unterschiedliche Formen annahmen – von lokalen Demonstrationen, friedlichen Kundgebungen mit der Forderung nach Rückgabe des Grund und Bodens bis hin zu gewaltsamen Angriffen auf lokale Parteizentralen und Ausschreitungen gegen Parteifunktionäre. In der Regel haben sich diese Revolten kaum über die Grenzen einzelner Dörfer ausgebreitet und auch keine großen Teilnehmerzahlen erreicht. Dennoch wurden sie vom Regime zumeist brutal niedergeschlagen (Roske 1993).

Auch die Arbeiterproteste der 1950er Jahre waren ausnahmslos spontanen Charakters und zumeist durch lokale Konflikte veranlasst. Bis 1958 fanden 21 Streiks statt, 13 davon in Städten bzw. Regionen, in denen sich in der Zwischenkriegszeit vergleichsweise starke Arbeiterbewegungen herausgebildet hatten. Die meisten Streiks waren defensiven Charakters und entzündeten sich an Konflikten um Lohn- und Arbeitsbedingungen vor Ort Lohnkürzungen, unbezahlte Überstunden, hohe Strafen für Fehlzeiten oder die Nichterfüllung von Planvorgaben. Einige thematisierten generellere Probleme – den Rückgang des Lebensstandards in Folge von Preiserhöhungen oder Versorgungsmängeln (Petrescu 1999). Bemerkenswert an den Streiks der 1950er Jahre ist, dass sie noch nicht durch die Distinktion zwischen „uns" (dem Volk) und „denen" (der Obrigkeit) gekennzeichnet waren, sondern die Arbeiter angesichts der proletarischen Herkunft vieler Parteifunktionäre das Regime durchaus noch als legitimen Repräsentanten der Arbeiterklasse ansahen.[3]

---

1   Einem Geheimpolizeibericht von 1951 nach zu urteilen bildeten rechte Gruppen nur eine Minderheit in diesem Spektrum. Unter den 804 Personen aus 17 verschiedenen Gruppen, die der Bericht erfasst hat, waren nur 73 frühere Mitglieder der Eisernen Garde (SRI 1994: 82).

2   Nach 1989 finanzierte die wichtigste postkommunistische Nichtregierungsorganisation Rumäniens, die Bürgerallianz, ein umfangreiches *Oral History*-Programm, in dessen Rahmen die noch lebenden Mitglieder bewaffneter Gruppen aus dem „Widerstand in den bergen" interviewt wurden.

3   Ein bezeichnendes Beispiel dafür war der Streik in den Eisenbahnreparaturwerkstätten „Grivița" in Bukarest vom 1.-3. Februar 1952, der durch eine Währungsreform ausgelöst worden war, in deren Folge die Spareinlagen zahlreicher Bürger erheblich an Wert verloren hatten. In den 1930er Jahren hatte auch Gheorghiu-Dej, der spätere Generalsekretär der Rumänischen Kommunistischen Partei hier gearbeitet und den Streik vom Februar 1933, die wichtigste Arbeiterrevolte der Zwischenkriegszeit, mitorganisiert. 1952 nun forderten die protestierenden Arbeiter, darunter viele seiner früheren Kollegen, der „Obersten Führer" auf, mit ihnen zu verhandeln. Dej kam tatsächlich in den Betrieb – und verteilte Geld an die streikenden Arbeiter (Petrescu 1999).

Der Einfluss des ungarischen Aufstands

Die ungarische Revolution von 1956 war in mehrerer Hinsicht eine Wasserscheide in der Geschichte der rumänischen Protestgeschichte. Sie entfachte heftige Diskussionen in unterschiedlichen Schichten der Gesellschaft. Rumänien war neben Ungarn und Polen das dritte Land, in dem 1956 größere Bevölkerungsgruppen ihre Ablehnung des kommunistischen Regimes und der sowjetischen Besatzung artikulierten. Insbesondere Angehörige der ungarischen Minderheit bekundeten öffentlich ihre Solidarität mit der Revolution in ihrem „Mutterland" (Lungu/Retegan 1996). Am stärksten organisiert waren Studenten, insbesondere in den Universitätsstädten Timişoara und Cluj, wo große ungarischsprachige Bevölkerungsgruppen lebten und die Nachrichten über die Ereignisse in Ungarn direkt von Radio Budapest empfangen wurden. Die Studentengruppen überraschten die Behörden mit Petitionen, in denen sie u.a. den Abzug der sowjetischen Truppen aus Rumänien, eine Neuorientierung des Außenhandels auf den Westen, faire Bedingungen im Handel mit der UdSSR und die Streichung der russischen Sprache wie des Marxismus-Leninismus aus der Liste der Pflichtschulfächer forderten (Baghiu 1995). Der Staat reagierte umgehend, um die Unruhen gleich in ihrer Anfangsphase zu ersticken. Hunderte Studente wurden verhaftet, die Anführer der Protestaktionen in Scheinprozessen zu langjährigen Freiheitsstrafen verurteilt. So brachte die Partei die Situation mit der Zeit wieder unter Kontrolle. Im Unterschied zu Ungarn gab es in der Rumänischen Kommunistischen Partei (RKP) keinen Reformflügel, der ähnliche Ziele verfolgt hätte wie die Protestbewegung „von unten". Im Gegenteil, der Aufstand in Ungarn hat die rumänische Führung noch darin bestärkt, einmütig und geschlossen gegen jegliche Ansätze zu Revolten vorzugehen.[4] Abgesehen von den Unruhen, die durch die ungarische Revolution ausgelöst wurden, markierte das Jahr 1956 auch einen gewissen Wendepunkt in den Einstellungen der Bürger gegenüber den Westmächten. Denn die Ereignisse dieses Jahres erschütterten den bis dato nicht nur in Ungarn weit verbreiteten Glauben, dass die USA sie schon bald vom Kommunismus befreien würden. Auch in den anderen Ländern fingen die Menschen an, sich darauf einzustellen, dass sich das Regime auf Dauer etabliert hatte. Unter den jüngeren Jahrgängen, die schon unter kommunistischer Herrschaft sozialisiert worden waren, schwand der Geist des "Widerstands in den Bergen" (Stroescu-Stînişoară 1994) und es gewann die Haltung an Geltung, dass es aussichtsreicher wäre, sich mit dem Regime zu arrangieren und sich den neuen Regeln anzupassen, statt zu revoltieren.

Der „Neue Gesellschaftsvertrag" und die „Nationalistische Wende" des Regimes

Seit Anfang der 1960er Jahre lässt sich eine neue Phase in der Protestgeschichte gegen das kommunistische Regime in Rumänien ausmachen. Der Großteil der Bauernschaft war in ein „ländliches Proletariat" transformiert worden. Die privaten Höfe waren nahezu aus-

---

4 Im März/April 1956 schien sich eine gewisse Spaltung in der Führungselite anzudeuten. Unter dem Eindruck von Nikita Chruchtschows Geheimrede auf dem XX. KPdSU-Parteitag begannen zwei Politbüromitglieder, Miron Constantinescu und Iosif Chişinevschi, sich im Namen der Entstalinisierung kritisch zu Gheorghiu-Dej zu äußern. Nach Ausbruch der Revolution in Ungarn unterstützten sie jedoch wieder ein geschlossenes Auftreten der Führung, was sie allerdings nicht davor bewahrte, 1957 einer Säuberungsaktion zum Opfer zu fallen (Tismăneanu 1991).

nahmslos in Kollektivbetriebe eingegliedert worden. Nach 1961 wurden keine Bauernunruhen mehr registriert. Mit Ausnahme eines Streiks im September 1972 im Jiu-Tal[5] (Petrescu
1999) gab es zwischen 1958 und 1977 auch keine Arbeiterproteste.

Die „Ruhe", die über die 1960er bis in die zweite Hälfte der 1970er Jahre anhielt, lässt
sich als Resultat neuer Angebote des Regimes an verschiedene Bevölkerungsschichten,
eines neuen „Gesellschaftsvertrags" interpretieren. Der Staat, der nun der einzige Arbeitgeber war, garantierte Arbeitplätze für alle, Löhne, die einen anständigen, wenn auch bescheidenen Lebensstandard ermöglichten, kostenlose Gesundheitsversorgung und Bildung.
Im Gegenzug verzichteten die Beschäftigten auf ihre Rede- und Assoziationsfreiheit und
andere demokratische Rechte (Liehm 1983). Im Ergebnis des Industrialisierungs- und Ur-
banisierungsprogramms von 1958 setzte eine Massenmigration vom Land in die Städte ein
und es verbesserte sich der Lebensstandard für große Bevölkerungsgruppen. In den späten
1970er Jahren schwächte sich dieser Trend allerdings ab, und nach 1981 setzte in der Entwicklung des Lebensstandards wie auch der Arbeitsmigration eine brisante Kehrtwende
ein.[6]

Seitens der Intellektuellen gab es von Anfang der 1950er bis Mitte der 1970er Jahre,
abgesehen von den bereits erwähnten Protesten der ungarischsprachigen Intelligenz im Jahr
1956, praktisch keine offenen regimekritischen Aktivitäten. Ein Grund dafür ist, dass die
meisten prominenten Intellektuellen im Zuge der Verhaftungswellen nach der kommunistischen Machtübernahme bzw. dem ungarischen Aufstand entweder emigriert oder den Repressionen zum Opfer gefallen sind (Tănase 1997). 1964 wurden dann alle politischen Gefangenen aus der Haft entlassen. Gleichzeitig modifizierte das Regime seine Herrschafts-
strategie: Direkte Unterdrückungspraktiken wurden stark reduziert und präventive Maßnahmen gewannen an Bedeutung (Deletant 1995). Das bedeutet natürlich nicht, dass danach
kein Dissident mehr verhaftet wurde, aber im Vergleich zu den früheren Jahren ging das
Ausmaß der Repressionen deutlich zurück. Stattdessen griff der Staatssicherheitsdienst zu
neuen Methoden – Bestechung unzufriedener Bürger mit dem Angebot, sich um ihre persönlichen Beschwerden zu kümmern, Ausweisung aus dem Land, Einweisung in psychiat-
rische Kliniken etc.

Zudem gelang es der Partei, der Herausbildung oppositioneller Milieus durch eine cle-
vere Wendung in ihrer offiziellen Politik wirksam vorzubeugen. Beginnend in den späten
1950er Jahren verfolgte sie eine geschickt orchestrierte Neuorientierung auf die Emanzipation Rumäniens gegenüber dem sowjetischen Hegemonialanspruch. 1958, noch während
der Amtszeit von Gheorghiu-Dej, zog die UdSSR ihre Truppen aus Rumänien ab (Verona

---

5 Jui – deutsch: Schiel, Fluss im Süden Rumäniens.
6 In Zuge der Industrialisierung verloren selbst in Regionen mit traditionell starker Arbeiterschaft die Protest-
   traditionen an Kraft durch den Zustrom zahlreicher Arbeitskräfte ländlicher Herkunft, die nicht über den sinn
   für Zusammenhalt und Solidarität verfügten, den die zweite und dritte Generation des städtischen Proletari-
   ats erworben hatten (Shafir 1985). Da die Urbanisierung nicht Schritt hielt mit der Industrialisierung, bildete
   sich zudem eine neue Kategorie von Wanderarbeitern heraus. Die Pendler, die in den Dörfern der Umgebung
   der neuen Industriestandorte wohnten und damit ein sicheres Arbeitseinkommen aus dem Staatsbetrieb bezogen gleichzeitig über ein Stück Land verfügten, auf dem sie Lebensmittel anbauen konnten, waren von
   Versorgungsmängeln weniger betroffen. Allerdings hatte die Arbeitsmigration noch einen anderen Effekt:
   Sie führte zur Entstehung einer „genuinen" Klasse von Arbeitern, die aus Migranten bestand, welche aus
   fernab gelegenen armen Regionen des Landes stammten. Diese Arbeiter, die die Verbindung zur Landwirtschaft abgebrochen hatten und ausschließlich von ihrem Lohn lebten, waren dann in den 1980er Jahren von
   Preiserhöhungen und Lebensmittelmangel besonders hart getroffen (vgl. Petrescu 1999).

1992). Darüber hinaus lehnte die rumänische Führung die sowjetischen Vorstellungen von der künftigen Kooperation im Rahmen des Rats für wirtschaftliche Zusammenarbeit (RGW) ab, die für Rumänien ausschließlich die Rolle eines Exporteurs von Agrarprodukten vorsahen, und richtete ihre Außenhandelspolitik verstärkt auf den Westen aus (Betea 1998; Marin 2000). Diese Politik gegenüber der UdSSR, die von Gheorghiu-Dej initiiert und noch vor dessen Tod durch eine Deklaration im April 1964 bestätigt wurde, welche das Recht jeder Partei betonte, ihren eigenen Weg zum Kommunismus zu wählen und zu verfolgen, wurde dann später auch unter Nicolae Ceauşescu fortgesetzt (Betea 1995, 2001). Sie erfuhr ihren Höhepunkt im August 1968, als Ceauşescu, der unter Moskaus Verbündeten bereits als Außenseiter galt, die Invasion der Truppen des Warschauer Pakts in der Tschechoslowakei verurteilte. In dieser Situation erfuhr Ceauşescu seitens der Bevölkerung nahezu einmütige Zustimmung. Selbst ehemalige politische Häftlinge unterstützten ihn, obgleich seine Innenpolitik weit vom Kurs der Führer des Prager Frühlings entfernt war. Auf internationaler Ebene verwandelte diese Erklärung Ceauşescu in Rumänien „Dissidenten Nummer 1", was für die Entwicklung oppositioneller Aktivitäten bis in die Mitte der 1980er Jahre gravierende Konsequenzen hatte, da viele westliche Politiker eher darauf orientiert waren, das rumänische Regime aufgrund seiner Distanz gegenüber Moskau zu unterstützen als es wegen der Missachtung der Menschenrechte zu kritisieren.[7]

Das Schweigen, das die 1960er Jahre kennzeichnete, hielt bis Mitte der 1970er Jahre an. Gleichwohl war auch diese Periode keine Zeit der ausnahmslosen Folgsamkeit gegenüber dem Regime. Die relativ protestfreie Periode endete abrupt im Jahr 1977, als völlig überraschend eine Menschenrechtsinitiative von Intellektuellen an die Öffentlichkeit trat und im Jiu-Tal einer der bedeutendsten Arbeiterstreiks in der Geschichte des rumänischen Staatssozialismus ausbrach.

Paul Goma und die rumänische Menschenrechtsinitiative

Im Unterschied zur tschechoslowakischen Charter 77, die bis 1989 aktiv war, wurde die die rumänische Menschenrechtsinitiative, die maßgeblich durch die Gründung der Charter 77 inspiriert war, innerhalb weniger Wochen zerschlagen. Im Westen ist sie als „Goma-Bewegung" bekannt geworden – nach dem Namen ihres Initiators Paul Goma, eines in Bessarabien geborenen Schriftstellers. Goma hatte nach dem ungarischen Aufstand im Gefängnis gesessen, war aber nach Ceauşescus Distanzierung vom sowjetischen Einmarsch in die ČSSR 1968 in die RKP eingetreten. Allerdings wurde er nach einigen Jahren wieder aus der Partei ausgeschlossen, da er ohne offizielle Genehmigung Bücher im Ausland veröffentlicht hatte (Goma 1992). 1977 initiierte er einen kollektiven Protestbrief, der formell an die Belgrader Menschenrechtskonferenz adressiert war, in Wahrheit aber an Radio Freies Europa (RFE) geschickt wurde. Dieser Brief war die erste von Intellektuellen organisierte Protestinitiative seit 1956. Er machte darauf aufmerksam, dass die rumänischen Behörden Menschen- und Bürgerrechte missachteten, obwohl diese in der Verfassung garantiert waren (Goma 1993). Nachdem Radio Freies Europa den Brief im Februar 1977 bekannt

---

7   Komplimente für Ceauşescu gab es keineswegs nur von Seiten westlicher Politiker. Selbst Adam Michnik, der berühmte polnische Dissident, bekannte während eines Rumänienbesuchs im August 1968 in einer Fernseh-Talkshow, dass die Polen Ceauşescu bewunderten und die Rumänen um ihren heroischen Führer beneideten.

gemacht hatte, begannen Menschen aus dem ganzen Land, Goma aufzusuchen, um das Schreiben förmlich zu unterzeichnen. Die Partei reagierte umgehend: Zuerst verurteilte sie öffentlich diejenigen, die – wie Ceaușescu (1977) es formulierte – „ihr Heimatland verraten haben". Kurz darauf wurde Goma isoliert, eingeschüchtert und schließlich verhaftet. Bis zu seiner Festnahme hatten mehr als zweihundert Bürger den Brief unterschrieben.[8] Die Mehrzahl der Unterzeichner war allerdings primär an einer Ausreisegenehmigung interessiert.[9]

Erwähnenswert ist, dass die Behörden in dieser Situation die Bewegung nicht umgehend unterdrückten. Stattdessen versuchten sie zunächst, bei jedem einzelnen Unterzeichner den Grund der Unzufriedenheit herauszufinden, um ihn dann ggf. individuell zufriedenzustellen. Auch Goma selbst versprach man, seine bislang abgelehnten Bücher nun zur Veröffentlichung zuzulassen (Goma 1995). Erst wenn solche „sanften" Methoden erfolglos blieben, griff die *Securitate* zu härteren Maßnahmen, um die Betreffenden zu „überzeugen", ihren Protest aufzugeben. Viele von ihnen, auch Goma, wurden drangsaliert und geschlagen. Da Goma nicht gewillt war, den Brief zu widerrufen, wurde er schließlich inhaftiert, um den Zulauf von Bürgern, die sich an seiner Initiative beteiligen wollten, zu stoppen. Die *Securitate* streute verleumderische Gerüchte, die Gomas Talent als Schriftsteller in Frage stellten, oder ihm dubiose Andersartigkeit unterstellen. Die Wirkung blieb nicht aus. Seine Berufskollegen stimmten einstimmig dafür, Goma aus dem Schriftstellerverband auszuschließen (SRI 1996). Allerdings übten westliche Regierungen erheblichen Druck aus, zum großen Teil auch veranlasst durch das Engagement rumänischer Emigranten. Am 6. Mai 1977 wurde Goma aus der Haft entlassen (Lovinescu 1993). Er wurde unter strikte Aufsicht des Staatssicherheitsdienstes gestellt, bis seine gesamte Familie im November 1977 Ausreisevisa erhielt und nach Paris emigrierte. Das Regime zog es vor, die Unruhestifter abzuschieben, anstatt sich die Mühe zu machen, sie zum Schweigen zu bringen (SRI 1996).

So gelang es den rumänischen Behörden, den aufkommenden Protest zu ersticken, bevor er sich zu einer organisierten Bewegung formieren konnte, was ihnen durch den Charakter dieser Initiative allerdings auch erleichtert wurde. Denn den meisten Unterzeichnern ging es in der Tat eher um eine Möglichkeit zur Emigration als um den Schutz der Menschenrechte. Im Unterschied zur Charter 77, die in Form eines abgestimmten programmatischen Dokuments an die Öffentlichkeit trat, das mehr als 200 Intellektuelle unterzeichnet hatten, war die „Rumänische Charter" praktisch eine Ein-Mann-Initiative. Allerdings gab es zwei andere prominente Intellektuelle, die sich an Gomas Protestaktion beteiligt haben: Ion Negoițescu und Ion Vianu. Beide veröffentlichten Solidaritätserklärungen über Radio Frei-

---

8   Open Society Archives/ Radio Free Europe (OSA/ RFE), Romanian Fond, Item No. 300/60/5/6, file Dissidents: Goma, Paul.

9   „430 Individuen haben versucht, Paul Goma entweder telefonisch oder direkt zu kontaktieren, um ihn kennenzulernen oder den Brief an die Belgrader Konferenz zu unterschreiben. Gegen diese Personen - die meisten mit noch unentschiedenen Ausreiseanträgen, diversen Beschwerden, ohne Arbeit oder mit psychischen Krankheiten—wurden Maßnahmen zur Entmutigung eingeleitet wie Verwarnungen, öffentliche Debatten, Untersuchungen, Behinderung des Zugangs zu Paul Goma. Nur 240 kamen mit ihm in Kontakt. Von der o.g. Gesamtzahl wurde in 184 Fällen der Ausreiseantrag genehmigt, 170 haben ihren Antrag zurückgezogen, viele haben sich gegen die Aktivität von Goma ausgesprochen, und 76 haben noch immer offene Wünsche, hauptsächlich betreffs Ausreise" (SRI 1996: 130).

es Europa, wurden dann aber schnell vom Regime dazu veranlasst, auf Distanz zu Goma zu gehen (Călinescu/Vianu 1994; Negoițescu 1990; Vianu 1976).[10]
Die Initiative illustriert, dass den aufkeimenden Protestbestrebungen rumänischer Intellektueller ein kohärentes Handlungskonzept fehlte. Goma's Brief an die Belgrader Konferenz beschränkte sich darauf, die Menschenrechtsverletzungen in Rumänien zu kritisieren, versäumte es aber im Unterschied zur Charter 77, ein künftiges Monitoring der Menschenrechtslage anzukündigen oder zu fordern. Die „Goma-Bewegung" signalisierte, dass es Menschen gab, die über das Regime verzweifelt waren, aber sie formulierte keine auf die Erreichung bestimmter Ziele gerichtete Strategie. Ungeachtet ihrer Defizite bildete diese kurzlebige Menschenrechtsinitiative jedoch einen Referenzpunkt für spätere oppositionelle Bestrebungen, nicht zuletzt auch dank ihrer internationalen Resonanz.

Der Bergarbeiterstreik im Jiu-Tal

Wie bereits erwähnt, fand im selben Jahr – ganz unabhängig von der Goma-Initiative – im Jiu-Tal ein Bergarbeiterstreik statt. Der Streik, der das Ende der Periode des „Sozialvertrags" markiert, fand vom 1. bis 3. August 1997 in der Lupeni-Kohlengrube statt. Nach Augenzeugenberichten nahmen 30.000 bis 35.000 Arbeiter daran teil.[11] Wie bei den Streiks der 1950er Jahre handelte es sich um einen defensiven Streik, ausgelöst durch neue Gesetze, die eine Anhebung des Renteneintrittsalters und eine Verlängerung des Arbeitstags vorsahen.[12] Der Streik brachte aber auch die gewachsene Unzufriedenheit mit den allgemeinen Lebensbedingungen im Jiu-Tal zum Ausdruck – einer weitgehend abgeschnittenen Bergregion, die für Landwirtschaft ungeeignet war und in der es außer dem Bergbau auch keine anderen Industriezweige gab. Vor allem zeichnete er sich durch eine fortgeschrittene Arbeiterprotestkultur aus. Von Beginn an gab es eine Streikleitung. Die Arbeiter verbarrikadierten sich in der Mine und besetzten das Gelände rund um die Uhr. Sie formulierten einen Forderungskatalog und luden den KP-Generalsekretär zu Verhandlungen ein (Petrescu 1999). Sie forderten die Wiederherstellung bestimmter Bergarbeiterprivilegien, die durch die neuen Regelungen gestrichen worden waren, eine Ansiedlung von Leichtindustrie in der Region, die Beschäftigungsmöglichkeiten für die Frauen bieten sollte, sowie die Verbesserung der Lebensmittel- und Gesundheitsversorgung in der Region. Darüber hinaus schlugen sie die Bildung einer Belegschaftskommission zur Kontrolle von Leitungsentscheidungen vor und forderten einen schriftlich zugesicherten Verzicht der Regierung auf Repressionen gegen die Streikteilnehmer sowie eine akkurate Medienberichterstattung über den Streik. Zunächst schickte die Partei Ilie Verdeț, den Vorsitzenden des Zentralrats der Arbeiterkontrolle über Wirtschaftliche und Soziale Belange, einer offiziellen Institution, um die Bergleute zu besänftigen. Nachdem dieses Unterfangen gescheitert war, kam Ceaușescu

---

10 Negoițescu wurde mit seiner Homosexualität erpresst und gezwungen, seine Unterstützung für die Initiative zurückzuziehen (Negoițescu 1977: 5). Vianu wurde aus der Medizinischen Universität entlassen und erhielt letztlich die Genehmigung zur Ausreise (SRI 1996: 100).
11 Vgl. OSA/RFE, Romanian Fond, Unit 300/60/1/837, Item 1750/86.
12 Die neue Regelung sah für Bergarbeiter eine Anhebung des Rentenalters von 50 auf 55 Jahre und eine Verlängerung des Arbeitstages von sechs auf acht Stunden vor. Gleichzeitig wurden verschiedene Vergünstigungen für erwerbsunfähige Personen gekürzt bzw. gestrichen. Vgl.: OSA/RFE, Romanian Fond, Unit 300/60/1/837, Item 1750/86, S. 572.

persönlich. Er versprach, den Forderungen nachzukommen, woraufhin die Arbeiter den Streik beendeten. Viele der Forderungen wurden tatsächlich erfüllt, auch die nach dem Repressionsverzicht, insofern kein Bergmann umgebracht oder inhaftiert wurde. Einige wurden allerdings in andere Regionen zwangsversetzt und blieben dort unter der Aufsicht des Staatssicherheitsdienstes (Deletant 1995).

Zwei Punkte sind an diesem Ereignis hervorzuheben: Erstens, der Streik war in organisatorischer Hinsicht beispiellos, aber er repräsentierte keinerlei politische, sondern nur rein ökonomische Forderungen (Petrescu 1999). Er war nicht gegen das Regime oder die Parteiführung gerichtet. Im Gegenteil, die Bergleute glaubten fest an den guten Willen des Generalsekretärs. Zweitens begründete dieser Streik, der auch im Hinblick auf die Teilnehmerzahl ohne Vorbild war, die Taktik, mit der das Regime in den folgenden Jahren lokale Proteste unterdrückte – bis zum nächsten großen Streik im Jahr 1987: Die Behörden zeigten sich konziliant und versprachen, die Forderungen zu erfüllen. Dann folgten großzügige Lebensmittellieferungen, aber nur in die betreffende Region und über eine kurze Zeitspanne. Schließlich verzichtete man auf exemplarische Strafen, versetzte aber ausgesuchte Aktivisten stillschweigend in andere Regionen und stellte sie dort unter Aufsicht der *Securitate*.

Auch wenn die Protestereignisse von 1977 keine klassenübergreifende Allianz hervorbrachten – wie in Polen, und auch nicht zur Herausbildung einer langlebigen Untergrundbewegung bzw. „zweiten Öffentlichkeit" führten, leiteten sie eine neue Phase in der rumänischen Protestgeschichte ein. Zwar blieb die Protestintensität bei weitem geringer, als viele Analytiker angesichts des allgemeinen wirtschaftlichen Niedergangs erwarteten (Georgescu 1983; zur Diskussion vgl. Kennel 1998). Doch sind für die Zeit zwischen 1977 und 1989 immerhin 13 Streiks dokumentiert[13], von denen im Hinblick auf die Teilnehmerzahl, die internen Konsequenzen und die internationale Sichtbarkeit der von 1987 in Braşov herausragte.

Erwähnenswert ist des Weiteren vor allem folgende Initiative: Im Februar 1979 verfassten einige Intellektuelle auf Wunsch einer Gruppe von Arbeitern den Entwurf für das Gründungsdokument einer Freien Gewerkschaft der Rumänischen Arbeiter (SLOMR), das die Forderung nach Einhaltung der in den rumänischen Gesetzen verankerten Rechte sowie internationalen Garantien der von Rumänien offiziell anerkannten Menschenrechte enthielt (Freund 1983). Ca. 20 Personen unterzeichneten das Dokument. Wie in früheren Fällen konnte der Staatssicherheitsdienst die Initiative jedoch unterdrücken, bevor sie sich ausbreiten konnte, indem er die führenden Initiatoren verhaftete und die anderen Unterzeichner schikanierte

Proteste aus Kirchen und ethnischen Minderheiten

Aus der orthodoxen Kirche, der die Mehrheit der Rumänen angehörte, waren nur vereinzelte Stimmen zu vernehmen. Zu den Ausnahmen gehört Vater Gheorghe Calciu-Dumitreasa, der in seinen Predigten im Frühjahr 1978 zu einer Wiederbelebung der Religiosität unter den jungen Menschen aufrief und damit erhebliche Resonanz bei zahlreichen Gläubigen

---

13   Drei Streiks fanden im Bergbau statt, zwei in der Petrochemie und die übrigen in der verarbeitenden Industrie (Petrescu 1999: 165-68).

erzielte (Calciu-Dumitreasa 1996). Von seinen Vorgesetzten im Stich gelassen, wurde Dumitreasa daraufhin verhaftet und schließlich ausgewiesen. Die orthodoxe Kirche war nahezu gänzlich vom Staat abhängig. Ihre Priester waren Staatsangestellte und standen somit unter strikter Kontrolle der Behörden. Selbst nach 1977, als Ceauşescu begonnen hatte, bedeutende Kirchen und Klöster in Bukarest abreißen zu lassen, erhob kein Priester seine Stimme, um der desaströsen Kampagne Einhalt zu gebieten. Lediglich eine Gruppe von anerkannten Historikern wandte sich mit einer Petition an die Regierung, wenigstens diejenigen Kirchengebäude zu verschonen, die zum rumänischen Nationalerbe gehörten (Giurescu 1989).

Die andere Konfession mit relativ starker Tradition in Rumänien, die Griechisch-Katholische Kirche, war schon 1948 vom Regime unterdrückt worden. Ihre Repräsentanten, Priester und Gläubigen übten während der gesamten kommunistischen Ära eher passiven Widerstand im Untergrund. Andere Glaubensgemeinschaften, die vornehmlich durch ethnische Minderheiten vertreten waren, agierten offener, da sie zumeist internationalen Netzwerken angehörten (Shafir 1985). Namentlich in den 1980er Jahren versuchte der Staat in seinem Bestreben, die Gesellschaft zu homogenisieren, die Aktivitäten aller Glaubensgemeinschaften, die aus dem Ausland unterstützt wurden, so weit wie möglich einzuschränken. Das herausragende Beispiel ist das des ungarischen protestantischen Pfarrers László Tökes aus Timişoara, dessen Verfolgung 1989 faktisch die Revolution auslöste (Tokes 1991).

Bezeichnend für die kritischen Intellektuellen in Rumänien war, dass es nie zu Allianzen über ethnische Grenzen hinweg kam. Rumänen nahmen generell nicht an Protesten teil, die von Angehörigen ethnischer Minderheiten initiiert waren, unter denen die ungarische und die deutsche die bedeutendsten waren. Ein bekanntes Beispiel ist die *Aktionsgruppe Banat*, eine Gruppe deutschsprachiger Intellektueller aus Timişoara (SRI 1996: 95, 275). Deren Rhetorik war beeinflusst von deutschen marxistischen Reformdenkern und damit inkompatibel mit dem kulturellen Horizont rumänischer Intellektueller, die sich mit wenigen Ausnahmen nie ernsthaft für Marxismus interessiert haben. Und den ungarischen Protestinitiativen, die Ende der 1980er Jahre zunahmen, ging es fast ausschließlich um die Rechte der ungarischen Minderheit.[14] Die einzige Ausnahme war ein Ende der 1980er verfasster rumänisch-ungarischer Protestbrief, den von rumänischer Seite allerdings nur Emigranten unterzeichnet hatten.

Spontane Politisierung im Endstadium des Regimes

Das Ereignis, das Rumänien wirklich erschütterte und die Wende zur finalen Regimekrise einleitete, war der Streik in der Traktorenfabrik *Steagul Roşu* (Rote Fahne) in Braşov, der zweitgrößten Stadt des Landes, im November 1987 (Deletant 1995). Als die Revolte ausbrach, befand sich das Land schon seit Längerem in einer tiefen Wirtschaftskrise. Die Versorgung der Bevölkerung mit Nahrungsmitteln, Benzin, Heizöl, Strom und anderen Gütern des Grundbedarfs funktionierte nur noch sporadisch. Wieder war eine Lohnkürzung der

---

14 Zu Protesten von Vertretern nationaler Minderheiten und Minderheitenkirchen vgl.: U.S. Commission on Security and Cooperation in Europe: Revolt against Silence: The State of Human Rights in Romania. December 1989, CSCE 101-1-10.

Auslöser, die die Betriebsleitung verordnet hatte, um Rückstände in der Planerfüllung auszugleichen. Doch dieser Streik war bei weitem nicht so durchorganisiert wie der von 1977 im Jiu-Tal. An einem Sonntag morgen vereinten sich Arbeiter aus der Nachtschicht mit jenen, die zur Tagschicht kamen, besetzten aber nicht das Werksgelände, sondern marschierten in das Stadtzentrum. Da an diesen Tag Kommunalwahlen stattfanden, waren mehr Menschen als gewöhnlich auf der Straße. Viele schlossen sich den 300 bis 350 Arbeitern an, so dass die Zahl der Demonstranten schnell auf 3.000 bis 4.000 anstieg (Gogea 1996). Die Demonstranten marschierten zum Sitz der Stadtparteileitung und einige drangen in das Gebäude ein. Dort trafen sie zwar keine wichtigen Funktionäre an, entdeckten aber eine große Tafel, die gerade für ein üppiges Dinner vorbereitet wurde. Der Anblick versetzte die Eindringlinge in Wut, und sie begannen, Möbel und andere Ausrüstungsgegenstände zu zerstören und aus dem Fenster zu werfen. Schließlich lösten Spezialeinheiten die Menge mit Wasserwerfern auf und beendeten den Protest innerhalb einer Stunde. Einige der Demonstranten, die an dem Gewaltausbruch beteiligt waren, wurden verhaftet.

Im Unterschied zu dem Bergarbeiterstreik von 1977 hat sich dieser Streik, der zunächst auch durch Lohnkürzungen ausgelöst worden war, letztlich in einen politischen Protest gegen das Regime und den Generalsekretär verwandelt. Es war das erste mal, dass Demonstranten auf der Straße die Losung „Nieder mit Ceauşescu!" skandierten. Ein weiteres Novum bestand darin, dass sich einer Protestaktion, die von der Belegschaft eines bestimmten Betriebes ausging, auch Arbeiter eines anderen Großbetriebes – hier der Fabrik *Tractorul* („Der Traktor") – und weitere Bürger der Stadt anschlossen (Petrescu 1999). Obwohl die Unzufriedenheit mit dem Regime angesichts der wirtschaftlichen Misere schon die Mehrheit der Bevölkerung erfasst hatte, griff die Aktion jedoch nicht auf andere Großbetriebe über. Die mangelhafte Organisation des Streiks hatte es dem Regime leicht gemacht, den Protest schnell und effektiv zu ersticken, bevor er sich weiter ausbreiten konnte. Nichtsdestoweniger markierte dieses Ereignis den Beginn einer zweiten Mobilisierungswelle gegen das Regime, nicht nur, weil es erstmals zu Solidarisierungen zwischen verschiedenen Segmenten der Bevölkerung kam, sondern auch, weil in der Folge die Zahl von Intellektuellen, die mit kritischen Stellungnahmen an die Öffentlichkeit traten, deutlich zunahm.

Bis in die zweite Hälfte der 1980er Jahre beschränkte sich öffentliche intellektuelle Regimekritik weitgehend auf individuelle Protestbriefe, die an westliche Medien, zumeist an Radio Freies Europa geschickt wurden.[15] Im Wesentlichen gab es zwei Formen von Protestbriefen. In der einen Form wurden Probleme von allgemeinem Interesse thematisiert, wobei das System als solches in Frage gestellt wurde, die zweite beschränkte sich auf spezifische Themen des kulturellen Bereichs. Prominente Intellektuelle, die auch Sensibilität für die Probleme der Normalbevölkerung zeigten, waren der Universitätsprofessor Doina Cornea aus Cluj (Cornea 1991, 1992), der Mathematiker Mihai Botez,[16] der junge Ingenieur

---

15 Es gab zahlreiche Protestbriefe, die ausschließlich an rumänische Organisationen oder Behörden geschickt wurden, etwa den Schriftstellerverband oder das Nationalkomitee für Denkmalsschutz. Während die meisten Dissidenten in Radio Freies Europa eine Institution sahen, die ihnen gewissen Schutz bot, fürchteten andere, dass die Reaktionen der Behörden härter ausfallen könnten, wenn sie sich an westliche Adressaten wenden würden.

16 Vgl. Botez (1993) und seine Korrespondenz mit dem RFE-Direktor Vlad Georgescu in: OSA/ RFE, Romanian Fond, Unit No. 300/60/5/6, File Dissidents: Botez, Mihai (1979-86).

Radu Filipescu (Kennel 1998) und der Arzt Gabriel Andreescu[17] aus Bukarest sowie der Schriftsteller Dan Petrescu[18] aus Iaşi.

Erst 1989 fingen kritische Intellektuelle an, auch kollektive Protestbriefe zu veröffentlichen. Der bekannteste ist der „Brief der Sechs", den ehemalige KP-Funktionäre, die in der Ära Gheorghiu-Dej führende Positionen inne hatten, aber unter Ceauşescu marginalisiert worden waren, im März 1989 veröffentlichten.[19] Es war der erste kollektive Protestbrief nach vielen Jahren des Schweigens, und umso bemerkenswerter, als er aus der Partei selbst heraus kam. Die Kritik richtete sich gegen die „Systematisierungspolitik", in deren Zuge zahlreiche Dörfer zerstört worden sind, Menschenrechtsverletzungen und den Einsatz von Securitate-Truppen gegen Arbeiter. Allerdings war die einheimische Resonanz geringer als das Echo im Ausland, da viele Rumänen diese ehemaligen Führungsfunktionäre eher mit den Härten der Gheorghiu-Dej-Periode assoziierten, anstatt sie als Kritiker des Ceauşescu-Regimes zu akzeptieren (Deletant 1995).

Weitere Aufmerksamkeit erregten der „Brief der Sieben", der im März 1989 von einigen etablierten Literaten veröffentlicht wurde, und der „Brief der Achtzehn", eine Petition jüngerer Schriftsteller.[20] Beide Aktionen wurden als Signale aufgenommen, dass sich die Intellektuellen letztendlich vereint gegen das Regime gestellt hätten. In Wirklichkeit waren beide Briefe an den Präsidenten des Schriftstellerverbands adressiert und mit Kulturthemen befasst (Mungiu 1995). Ein viel radikaleres Schreiben, das sich gegen die „Wiederwahl" Ceauşescus als Staatspräsident richtete, fand dagegen weit weniger Beachtung, da unter den zwölf Unterzeichnern kaum allgemein bekannte Persönlichkeiten waren (Antonesei 1995; Deletant 1995). Gleichwohl war dieser Brief nicht nur wegen seines klaren politischen Charakters von Bedeutung, sondern auch insofern, als er erstmals Dissidenten aus verschiednen Landesteilen vereinte, hauptsächlich aus dem Umfeld von Doina Cornea in Cluj und Dan Petrescu in Iaşi.

Allerdings ist zu betonen, dass keiner der Intellektuellen, die in den 1980er Jahren mit öffentlichen Protestaktionen hervorgetreten sind, in der finalen Zusammenbruchsphase des Regimes eine wichtige Rolle gespielt hat. Die Revolution war das Resultat einer Kombina-

---

17 Vgl. Andreescu (1992) sowie seine offenen Briefe in: OSA/RFE, Romanian Fond, Unit No. 300/60/5/6, file Dissidents: Andreescu, Gabriel (1989-1991).
   Vgl. Antonesei (1995). Sein Hauptwerk, das 1988 zusammen mit L. Cangeopol verfasste „Dissidenten-Buch", wurde erst nach der Revolution von 1989 veröffentlicht (Petrescu/Cangeopol 2000).

18 Petrescu war der Initiator des offenen Briefs gegen die Wiederwahl Ceauşescus im November 1989. Obwohl er schon viele Jahre lang öffentlich engagiert war, hatte er, als er diesen Brief entwarf, zum ersten Mal den Eindruck, damit tatsächlich etwas bewirken zu können. Bis dahin verstand er Regimekritik als rein symbolisches Handeln, das vor allem seiner eigenen psychischen Befreiung diente. Dan Petrescu am 28. April 1998 im Interview mit der Autorin.

19 Die beteiligten Parteiveteranen waren: Silviu Brucan, der Initiator der Aktion; Constantin Pîrvulescu, 1944/45 Sekretär des ZK der RKP; Corneliu Mănescu, 1961-72 Außenminister und 1967/68 Präsident der UNO-Vollversammlung; Gheorghe Apostol, 1948-1969 Mitglied des Politbüros und 1954/55 Erster Sekretär des ZK der RKP; Alexandru Bîrlădeanu, 1055-66 Vertreter Rumäniens im RGW; Grigore Răceanu, ein 1958 aus der RKP ausgeschlossener Funktionär. Vgl. Betea (1998, 2001).

20 Die Unterzeichner des „Briefs der Sieben" waren: Geo Bogza, Ştefan Augustin Doinaş, Dan Hăulică, Octavian Paler, Andrei Pleşu, Alexandru Paleologu, Mihail Şora – alle prominente Intellektuelle aus Bukarest. Der Brief wurde am 20. März 1989 an Dumitru Radu Popescu, den Präsidenten des Schriftstellerverbandes geschickt. Die Unterzeichner erklärten darin ihre Solidarität mit Mircea Dinescu, einem kritischen Dichter, der wegen eines Interviews für eine westliche Zeitschrift aus dem Verband ausgeschlossen worden war und seitdem unter ständiger Aufsicht der Securitate stand. Alexandru Călinescu und Radu Enescu, zwei Autoren aus der Provinz, beteiligten sich nachträglich.

tion von einer spontanen Revolte verschiedener Bevölkerungsgruppen und eines fehlge-schlagenen Staatsstreichs. Gleichwohl waren die Protestaktionen insofern von Bedeutung, als sie die Meinungsbildung der breiten Bevölkerungsmehrheit beeinflusst haben. Die „schweigende Mehrheit" der Rumänen nahm die Sendungen des einheimischen Rundfunks, die in den letzten Jahren ohnehin auf täglich zwei Stunden Berichterstattung über das Prä-sidentenehepaar reduziert war, kaum zur Kenntnis, sondern bezog Informationen und Kommentare zu den Ereignissen im Inland fast ausschließlich von Radio Freies Europa und *Voice of America*. Obwohl also die Proteste nie auch nur annähernd in eine strukturierte Oppositionsbewegung mündeten, aus der eine handlungsfähige Gegenelite hätte erwachsen können, haben sie doch zumindest die rumänische Bevölkerung „psychologisch" für die Revolution von 1989 vorbereitet.

Die Frage, warum sich in Rumänien nie eine breitere Opposition formiert hat, hat nach 1989 zahlreiche Intellektuelle, Historiker und Sozialwissenschaftler beschäftigt. Viele Teil-nehmer der Debatte, insbesondere die rumänischen Intellektuellen selbst, führen als Haupt-grund dafür die Effizienz der allmächtigen *Securitate* an. Das kann aber nur eine Teilerklä-rung sein. Denn obwohl Ceauşescu bis zum Ende ein dogmatischer Stalinist war, war sein Regime keineswegs ein durchorganisiertes stalinistisches Regime auf der Basis willkürli-cher und allgegenwärtiger Terrorherrschaft. Wie bereits angesprochen und anhand der Streiks und der Goma-Affäre illustriert, hat das Regime Mitte der 1960er Jahre in seinen Unterdrückungspraktiken sukzessive Präventionsmaßnahmen Vorrang vor Repression ein-geräumt. Deletant (1995) verweist beispielsweise darauf, dass die *Securitate* mit 38.000 Mitarbeitern nicht einmal halb so viele Angestellte hatte wie das Staatssicherheitsministeri-um der DDR mit 95.000, obwohl Rumänien weit mehr Einwohner hatte. Auswertungen von *Securitate*-Archivunterlagen zeigen zudem, dass sich die Kooperation zischen verschiede-nen Regionalabteilungen eher dürftig gestaltete. Seit dem Strategiewechsel in den 1960er Jahren tendierten die Regionalverantwortlichen der *Securitate* eher dazu, Probleme auf lokaler Ebene zu vertuschen statt ihre Vorgesetzten darüber zu informieren. Die Methoden, mit denen die *Securitate* in den 1970er und 1980er Jahren arbeitete, waren wesentlich aus-gefeilter als die der 1950er Jahre. Auch wenn die Anwendung von Zwang und Gewalt nie gänzlich aus ihrem Repertoire verschwunden ist, so ist in der Ära Ceauşescu kein Dissident mehr gezielt umgebracht worden.

Was sonst hielt also die rumänischen Intellektuellen davon ab, couragierter gegen das Regime aufzutreten? Es spricht vieles dafür, dass es die Erinnerungen an die harten Repres-sionen waren, mit denen das Regime in den 1950er Jahren gegen breite Bevölkerungsgrup-pen vorgegangen war. Zusätzlich einschüchternde Wirkung hatte ein Todesfall jüngeren Datums. 1985 wurde der Ingenieur Gheorghe Ursu verhaftet, weil er in einem Tagebuch kritische Ansichten zum Ceauşescu-Regime niedergeschrieben hatte. Er starb an den Fol-gen brutaler Misshandlungen während des Verhörs (SRI 1996: 503). Obwohl dies ein Aus-nahmefall und Ursu auch kein international bekannter Dissident war, veranlasste die Nach-richt von seinem Tod viele Intellektuelle, sich mit kritischen Äußerungen zurückzuhalten. Bis zum Zusammenbruch des Regimes war die Furcht vor den unmenschlichen Zuständen in rumänischen Gefängnissen, die politische Gefangene bis 1964 kennengelernt und über die die Überlebenden in den folgenden Jahren berichteten, ein gewichtiger Hinderungsfak-tor für die Herausbildung einer breiteren und konsequenteren Opposition (SRI 1996; Anto-nesei 1995).

Zusammenfassung

Rumänien ist ein Sonderfall unter den Staaten des früheren sowjetischen Blocks. Opposition stellte nie eine ernsthafte Bedrohung für das Regime dar. Bis zum Ende der kommunistischen Herrschaft blieben regimekritische Aktivitäten auf eine auch im osteuropäischen Vergleich kleine Zahl von vereinzelten Individuen oder schwach strukturierte kleine Zirkel beschränkt.

Der „Widerstand in den Bergen" war von der Hoffnung auf die Entstehung einer Guerilla-Bewegung getragen, die zur Wiederherstellung einer demokratischen Ordnung beitragen sollte, entweder durch die Auslösung einer landesweiten antikommunistischen Revolution, oder die Teilnahme an der erwarteten gewaltsamen Auseinandersetzung zwischen der UdSSR und den westlichen Alliierten. Die Leute, die sich in den Bergen verbargen, waren die einzigen Rumänen, die sich dem totalitären Kontrollanspruch des kommunistischen Regimes hatten entziehen können. Solange, wie sie dort überlebten, so ein Beteiligter, gab es in Rumänien einen Raum, der frei war von kommunistischer Herrschaft (Gavrilă-Ogoranu 1993: 304). Diese Widerständler waren „Geächtete", mutige Robin Hoods, die auf die Rückkehr ihres legitimen Königs warteten.

Bauern- und Arbeiterrevolten waren in der Mehrheit spontanen Charakters und gegen ganz spezielle Missstände gerichtet. Mit Ausnahme des Streiks in Brașov 1987 richtete sich keine dieser Aktionen gegen das Regime als solches. Und es ging auch aus keinem dieser Streiks eine Initiative zur Gründung einer unabhängigen Gewerkschaft hervor. Abgesehen von den Arbeiter- und Bauernprotesten gab es nur wenige Individuen, die gegen bestimmte Politiken des Regimes aufbegehrten. In der Regel ging es dabei um Belange ethnischer oder religiöser Minderheiten, um den Versuch des Regimes, jeden zu unterdrücken, der vom Bild des Standardbürgers – des ethnischen Rumänen orthodoxen Glaubens – abwich. Auch hierbei handelte es sich fast ausschließlich um vereinzelte Initiativen.

Regimekritische Initiativen von Intellektuellen waren in hohem Maße durch Ereignisse in anderen Ländern des sowjetischen Blocks beeinflusst. Die ungarische Revolution 1956 löste einige Unruhen aus, insbesondere unter Studenten, die jedoch erfolgreich unterdrückt wurden, bevor sie sich hätten ausbreiten können. Die kurzlebige rumänische Menschenrechtsinitiative war maßgeblich von der Charter 77 inspiriert, erwies sich jedoch außer Stande, genügend prominente Intellektuelle zu mobilisieren, um ein längerfristig überlebensfähiges Netzwerk zu etablieren. Die polnische *Solidarność* und die schwächeren oppositionellen Bewegungen in Ungarn, der Tschechoslowakei und der DDR waren eine Quelle der Inspiration für die meisten Proteste diverser Gruppen in den späten 1980er Jahren, die aber auch nicht in eine breitere organisierte Oppositionsbewegung mündeten.

Wenn es Kritik am Regime gab, dann richtete sich diese immer gegen ganz bestimmte Missstände – kulturpolitische Maßnahmen, das „Systematisierungsprogramm", die Rationierung von Grundbedarfsgütern etc. – aber nur im Ausnahmefall gegen das Systems an sich. Die Diskurse unter kritischen der Intellektuellen, die sich seit den 1970er Jahren herausbildeten, waren weder von marxistischen bzw. reformsozialistischen Ideen noch von nationalistischem Gedankengut beeinflusst. Im Unterschied zu anderen Ländern des sowjetischen Blocks bildete sich in der RKP, deren Apparat von Kadern mit niedrigem Bildungsniveau dominiert wurde, nie ein reformorientierter Flügel heraus (Tismăneanu 1992). Und die rumänischen Intellektuellen haben bis auf wenige Ausnahmen marxistische Ideen von vornherein abgelehnt und sich nie ernsthaft damit befasst. Nationalismus wiederum konnte für Regimekritik keine solche Rolle spielen wir in anderen Ländern, da das Regime selbst den nationalistischen Diskurs seit Mitte der 1970er Jahre komplett monopolisiert hat. Daher waren die kritischen Diskurse der späten 1980er Jahre, obgleich in anderen Traditionen verwurzelt, vornehmlich von liberalen Ideen – politischem Pluralismus, Marktwirtschaft, Menschenrechten – inspiriert und in dieser Hinsicht denen der ostmitteleuropäischen Dissidenten vergleichbar.

Schließlich ist festzuhalten, dass die meisten kritischen Intellektuellen, zumindest bis in die letzten Tage des Regimes, nie daran glaubten, das System ändern zu können, sondern sich eher wie Don Quixote in einem beständigen Kampf gegen Windmühlen sahen.[24] Während sie die Untaten des Regimes oder „das Böse" im „Wesen" des kommunistischen Systems anprangerten, war die breite Bevölkerungsmehrheit bereit, sich mit diesen Bedingungen zu arrangieren, um zu überleben. Vor diesem Hintergrund betrachtet erscheinen die rumänischen Dissidenten, so vereinzelt und erfolglos ihre Aktionen auch waren, durchaus bedeutsam hinsichtlich der Artikulation eines kritischen Diskurses in einem Land, das in seiner Geschichte nie große Oppositionsbewegungen gekannt hat. Vermittelt über westliche Rundfunksender waren die Dissidenten in der Lage, die Frustrationen der Bevölkerung, die eher durch elementare Probleme wie Versorgungsmängel bedingt waren, zu kanalisieren und antikommunistische Einstellungen zu befördern.[21]

Die Rolle der Dissidenten in den osteuropäischen Revolutionen von 1989 verweist auf die Frage nach dem theoretischen Rahmen für die Analyse von Dissidenz und Protest gegen die kommunistischen Regime. Versucht durch den Vergleich mit den Revolutionen von 1848 wird die Rolle der früheren Dissidenten in den Regimewechselprozessen von 1989 oft überbewertet. Häufig gilt die Dichotomie „Staat vs. Zivilgesellschaft" geradezu als das Paradigma, in dem alle Entwicklungen in Osteuropa seit der kommunistischen Machtübernahme einschließlich der Revolutionen von 1989 und der „transitions to democracy" – zumindest in allgemeinen Zügen – erklärt werden können. Doch dieses Paradigma versagt bei den zentralen Fragen nach den genauen Bedingungen für die Herausbildung unabhängiger Zivilgesellschaften: Welche Ressourcen sind erforderlich, um diese Unabhängigkeit zu erlangen und zu erhalten? Über welche Kanäle und Netzwerke können diese Ressourcen bereitgestellt werden? Welche Gelegenheitsstrukturen ermöglichen es, solche Netzwerke zu entwickeln und zu reproduzieren? Eine teleologische Perspektive bei der Bewertung von Opposition und Dissidenz in Rumänien und anderswo in Osteuropa führt hier nicht weiter und sollte daher vermieden werden. Vielmehr kommt es darauf an, in jedem Einzelfall die besonderen politischen und sozialen Voraussetzungen, unter denen Opposition und Protest aufkamen, in Betracht zu ziehen. Das reicht von internen und externen Ressourcen (Finanzen, Kopier-, Druck- und Kommunikationstechnik, Zugang zu westlichen Medien, etc.) bis hin zu Allianzen und externen Unterstützern (undogmatischen Kräften in der Partei, Angehörige der humanistischen oder technischen Intelligenz in wichtigen Positionen innerhalb des Systems, breiteren Bevölkerungsgruppen, Emigranten, etc.).

Generell ist in dieser Hinsicht zu konstatieren, dass die rumänischen Regimekritiker weit weniger materielle Unterstützung aus dem Westen erfuhren als die Dissidenten in anderen osteuropäischen Ländern (Douglas-Home 2000). Das betrifft die Hilfe sowohl von

---

21   Als Ion Iliescu, der Anführer der Nationalen Rettungsfront, im Dezember 1989 auf einer Kundgebung im
      Zentrum von Bukarest über die Werte eines Sozialismus mit menschlichem Antlitz sprach, war die Reaktion
      der Demonstranten eindeutig: „Nie wieder Sozialismus! Nie wieder Kommunismus!".

rumänischen Emigranten als auch von westlichen Regierungen, Nichtregierungsorganisationen, Journalisten und Diplomaten. Die Fähigkeit des Regimes, Westkontakte einheimischer Kritiker weitgehend zu unterbinden und gleichzeitig die westliche Aufmerksamkeit auf seine eigene Rolle als „Dissident" innerhalb des sowjetischen Blocks zu fokussieren, hat die Sichtbarkeit der rumänischen Opposition außerhalb des Landes erheblich beeinträchtigt. Aus „westlicher" Perspektive waren die Kritiker des Regimes von geringerem Interesse als der Außenseiter unter Moskaus Verbündeten, der das Land regierte. Erst in den späten 1980er Jahren wurde Ceauşescus Größenwahn, wie er sich im Personenkult, seinem xenophobischen Nationalismus und den desaströsen Stadtumbau- und Restrukturierungsprogrammen für den ländlichen Raum manifestierte, zu augenfällig, um weiter übersehen zu werden.

Literatur

Andreescu, Gabriel (1992): Spre o filozofie a disidenţe. Bucharest: Litera.
Antonesei, Liviu (1995): Jurnal din anii ciumei, 1987-1989. Încercări de sociologie spontana. Iaşi: Polirom.
Baghiu, Aurel (1995) : Printre gratii. Cluj: Zamolxis.
Bellu, Ştefan (1993): Pădurea răzvrătită. Baia Mare: Editura Gutinul.
Betea, Lavinia (2001) : Convorbiri neterminate: Corneliu Mănescu în dialog cu Lavinia Betea. Iaşi: Polirom.
Betea, Lavinia (1995): Maurer şi lumea de ieri. Mărturii despre stalinizarea României. Arad: Editura Ioan Slavici.
Betea, Lavinia (1998): Alexandru Bîrlădeanu despre Dej, Ceauşescu şi Iliescu. Bucharest: Editura Evenimentul Românesc.
Botez, Mihai (1993): Intelectualii din Europa de Est. Bucharest: Editura Fundaţiei Culturale Române.
Brucan, Silviu (1992): Generaţia irosită. Bucharest: Universul/ Calistrat Hogaş.
Calciu-Dumitreasa, Gheorghe (1996): Şapte cuvinte către tineri. Bucharest: Editura Anastasia.
Călinescu, Matei/ Vianu, Ion (1994): Amintiri în dialog. Bucharest: Litera.
Ceauşescu, Nicolae (1977): Cuvîntare la Consfătuirea pe ţară a unităţilor de control ale oamenilor muncii - 17 februarie 1977. Bucharest: Editura Politică.
Cornea, Doina (1991): Scrisori deschise şi alte texte. Bucharest: Humanitas.
Cornea, Doina (1992): Libertate? Bucharest: Humanitas.
Deletant, Dennis (1995): Ceauşescu and the Securitate: Coercion and Dissent in Romania, 1965-1989. London: Hurst and Company.
Deletant, Dennis (1999): Communist Terror in Romania: Gheorghiu-Dej and the Police State, 1948-1965. New York: St. Martin's Press.
Douglas-Home, Jessica (2000): A fost odată, în alte vremuri. Bucharest: Humanitas.
Gavrilă-Ogoranu, Ion (1993/95): Brazii se frîng, dar nu se îndoiesc: Rezistenţa anticomunistă în.Munţii Făgăraşului. Bd. 1-2. Timişoara: Editura Marineasa.
Georgescu, Vlad (1983): Romanian Dissent. Its Ideas. In: J. L. Curry (Hrsg.): Dissent in Eastern Europe. New York: Praeger Publishers, 182-94.
Giurescu, Dinu C. (1989): The Razing of Romania's Past. Washington, DC: Preservation Press.
Gogea, Vasile (1996): Fragmente salvate, 1975-1989. Iaşi: Polirom.
Goma, Paul (1992): Amnezia la români. Bucharest: Litera.
Goma, Paul (1993): Culoarea curcubeului '77. Cutremurul oamenilor. Oradea: Multiprint.
Goma, Paul (1995): Scrisori întredeschise. Singur împotriva lor. Oradea: Multiprint.
Goma, Paul (1997): Jurnal. Bd. 1-3. Bucharest: Nemira.

INST (Institutul Național pentru Studiul Totalitarismului)(1998): Începuturile mişcării de rezistență în România. Bucharest: INST.

Kennel, Herma Kšpernik (1998): Jogging cu Securitatea. Rezistența tînărului Radu Filipescu. Bucharest: Universal Dalsi.

Liehm, Antonin J. (1983): The New Social Contract and the Parallel Polity. In: J. L. Curry (Hrsg.): Dissent in Eastern Europe. New York: Praeger Publishers: 173-81.

Lovinescu, Monica (1993): Unde scurte II: Seismograme. Bucharest: Humanitas.

Lungu, Corneliu Mihai/ Retegan, Mihai (Hrsg.) (1996): 1956 - Explozia. Percepții române.Iugoslave şi sovietice asupra evenimentelor din Polonia şi Ungaria. Bucharest: Univers Enciclopedic.

Marin, Gheorghe Gaston (2000): În serviciul României lui Gheorghiu Dej. Însemnări din viață. Bucharest: Evenimentul Românesc.

Mungiu, Alina (1995): Românii după '89. Istoria unei neînțelegeri. Bucharest: Humanitas.

Negoițescu, Ion (1977): Despre patriotism. In: România Literară 14 (April): 5.

Negoițescu, Ion (1990): In cunoştință de cauză. Texte politice. Cluj: Dacia.

Petrescu, Cristina (2000): There is Something More to Say. On Dissidence in Ceauşescu's Romania. Afterword to D. Petrescu/L. Cangeopol: Ce-ar mai fi de spus. Convorbiri libere într-o țară ocupată. Bucharest: Nemira: 311-339.

Petrescu, Dan/Cangeopol, Liviu (2000): Ce-ar mai fi de spus. Convorbiri libere într-o țară ocupată. Bucharest: Nemira.

Petrescu, Dragoş (1999): A Threat From Below? Some Reflections on Workers' Protest in Communist Romania. In: Xenopoliana 1-2: 142-168.

Roske, Octavian (1993): Colectivizarea agriculturii în România, 1949-1962. In: Arhivele Totalitarismului 1: 146-168.

Rizea, Elisabeta (1993): Povestea Elisabetei Rizea din Nucşoara. Bucharest: Humanitas.

SRI (Serviciul Român de Informații) (1994): Cartea Albâ a Securitâții. Bd. I-II. Bucharest: Presa Românească.

SRI (Serviciul Român de Informații) (1996): Cartea Albâ a Securitâții. Istorii literare si artistice. 1969-1989. Bucharest: Presa Românească.

Shafir, Michael (1985): Romania: Politics, Economics and Society. Political Stagnation and Simulated Change. London: Frances Pinter Publishers.

Stroescu-Stînişoară, Nicolae (1994): În zodia exilului. Bucharest: Editura Jurnalul Literar.

Tănase, Stelian (1997), Anatomia mistificării, 1944-1989. Bucharest: Humanitas.

Tismăneanu, Vladimir (1991): The Tragicomedy of Romanian Communism. In: F. Feher/A. Arato (Hrsg.): Crisis and Reform in Eastern Europe. New Brunswick: Transaction Publishers: 121-174.

Tismăneanu, Vladimir (1992): From Arrogance to Irrelevance: Avatars of Marxism in Romania. In: R. Taras (Hrsg.): The Road to Disillusion: From Critical Marxism to Postcommunism in Eastern Europe. Armonk, NY: M.E. Sharpe: 135-150.

Tokes, Laszlo (1991): The Fall of Tyrants. Wheaton, IL: Crossway Books.

Verca, Filon (1993): Paraşutați în România vîndută. Mişcarea de rezistență, 1944-1948. Timişoara: Editura Gordian.

Verona, Sergiu (1992): Military Occupation and Diplomacy. Soviet Troops in Romania, 1944-1958. Durham: Duke University Press.

Vianu, Ion (1976): Psihiatrie, antipsihiatrie, hiperpsihiatrie. In: Viața Românească 3: 34-47.

II. Intervenierende Akteure

Kirche und Opposition im ostmitteleuropäischen Vergleich: Ungarn und die Tschechoslowakei

Erich Bryner

Der Einfluss der Kirchen auf die Wende von 1989

> „Auch wir können nicht länger warten, wir müssen handeln. Wir brauchen eine demokratische Regierung, weil wir anders die drohende ökologische Katastrophe und weitere Übel nicht werden aufhalten können... Gerade jetzt sind wir aufgerufen zur Verantwortung für die Gegenwart und für unsere und unserer Kinder Zukunft" (Tomasek 1990: 22f.).[1]

Mit diesen ungewöhnlich klaren und mutigen Worten wandte sich das Oberhaupt der römisch-katholischen Kirche in der Tschechoslowakei, der 90jährige Kardinal František Tomášek, am 21. November 1989 an die demonstrierende Menge in Prag mitten im Geschehen der *Samtenen Revolution*, an entscheidender Stelle. Dieses Auftreten des Kardinals war umso wirkungsvoller, weil die Religionspolitik der kommunistischen Führung in der Tschechoslowakei hart, repressiv, intolerant war. Sie gehörte jahrzehntelang zu den repressivsten im ganzen Ostblock und war vergleichbar mit der der Sowjetunion. Erst im Laufe des Sommers 1989 – unter dem Eindruck der Ereignisse in der DDR und in Ungarn – geriet sie etwas in Bewegung. Der Kardinal griff im Herbst 1989 mehrere Male ein, indem er zu Demokratie und freien Wahlen aufrief. So wurde er zu einer der führenden Persönlichkeiten der Revolutionsbewegung. Viele Tschechen haben in diesen Aufrufen des Kardinals das Eingreifen einer charismatischen Persönlichkeit in die Revolutionsereignisse gesehen und den Bezug zur katholischen Kirche wenig beachtet. Doch der Kardinal wandte sich in erster Linie an die Katholiken:

> „Ich rede zu Euch, meine katholischen Brüder und Schwestern und ebenso zu Euren Priestern. In dieser schicksalhaften Stunde unserer Geschichte darf niemand von Euch abseits stehen. Erhebt von neuem Eure Stimme, diesmal zusammen mit den übrigen Bürgern, mit Tschechen, Slowaken und Angehörigen weiterer Völker, zusammen mit den Gläubigen und Nichtgläubigen" (Tomasek 1990: 23).

Den Einfluss der Kirchen auf die Ereignisse der *Samtenen Revolution* bezeugen auch die folgenden Ereignisse:

- Am 12. November 1989 wurde Agnes von Böhmen (gest. 1230) in Rom heiliggesprochen. Die Königstochter Agnes war bekannt durch hingebungsvolle Krankenpflege und soziale Tätigkeit. Eine alte Prophezeiung in Böhmen verhieß, wenn Agnes heiliggesprochen werde, kämen Friede und Gerechtigkeit ins Land. Die Heiligsprechung war ein vom Vatikan gezielt ausgesandtes Zeichen mit hoher

---

1 Zur Kirchengeschichte der Tschechoslowakei der neuesten Zeit vgl. Beeson (1974: 190ff.); Adrianyi (1992: 83ff.); Nielsen (1991: 85ff.); Bohren (1990); Lochman (1990).

Symbolbedeutung. Heiligsprechungen haben sehr oft eine konkrete politische oder kirchenpolitische Absicht.[2]

-    Kardinal Tomášek, Priester Václav Malý und andere Kirchenvertreter riefen bei den Demonstrationen in Prag in der zweiten Novemberhälfte und im Dezember 1989 zum Handeln auf. Der Kardinal reagierte rasch und wegweisend und stellte sich klar auf die Seite der Reformer. „Ich darf nicht schweigen zu dieser Stunde", erklärte er am 21. November. Václav Malý, geb. 1950, römisch-katholischer Priester, Charta 77-Unterzeichner, amtsenthoben und tätig als Heizer, Putzer, Hilfsarbeiter, war Moderator bei Protestversammlungen Mitte November auf dem Wenzelsplatz in Prag und organisierte die große Demonstration vom 29. November auf dem Sportplatz in Prag, die mit dem gemeinsamen „Unser Vater" der Teilnehmenden endete. Malý galt damals als „Liebling der Nation".

-    Die Synode der Evangelischen Kirche der Böhmischen Brüder (EKBB) verfasste an ihrer regulären Sitzung im November ein offizielles Protestschreiben gegen die Regierung. Synodalsenior Josef Hromádka (Namensvetter des bekannten, 1969 verstorbenen Theologen) wurde am 3. Dezember 1989 Minister für Kultur und Kirchen in der ersten nachkommunistischen Regierung und stellvertretender Ministerpräsident.[3]

-    Zahllose Gläubige (Katholiken wie Protestanten) nahmen an den Demonstrationen teil, unterstützten die Aufrufe zur Gewaltlosigkeit aus christlich-ethischen Motiven und traten für einen gewaltlosen Verlauf der Revolution ein. Das Wort und Leitmotiv „Die Wahrheit wird siegen" (Pravda vítězi), das damals oft gebraucht wurde, hat eine tiefe religiöse Wurzel in der tschechischen, hussitischen Kirchen- und Geistesgeschichte.[4]

Der Einfluss der Kirchen und der kirchengeschichtlichen Tradition auf die *Samtene Revolution* war also erheblich. Diese war eine Bewegung, die weitgehend von Intellektuellen (Philosophen, Schriftstellern, Künstlern, Wissenschaftlern), Menschenrechtsbewegungen (Charta 77) *und* von Theologen und Kirchenleuten geführt wurde und Hunderttausende von Menschen in Bewegung setzte.

Anders lagen die Verhältnisse 1989 in *Ungarn*. Auch hier vollzogen sich entscheidende Ereignisse im Prozess der Wende: Ungarn durchbrach den *Eisernen Vorhang* als erstes Land, am 23. Oktober erklärte sich Ungarn als Demokratie (Oplatka 1990: 99ff.).[5] Doch von Seiten der Kirchen und Kirchenleitungen fehlten wegweisende Stimmen für Umbruch, Demokratisierung und eine neue Zukunft weitgehend. Primas Kardinal László Paskai führte eine im Wesentlichen regierungstreue Kirchenpolitik und sprach sich nur sehr vorsichtig

---

2   Zu Agnes von Böhmen vgl. Manns (1970: 666-668).
3   Josef Hromádka übte diese Ämter bis zu den Wahlen vom Juni 1990 aus.
4   Der Wahlspruch „Pravda vítězi", die Jahreszahlen 1415 und 1918, ein auf der Bibel stehender Abendmahlskelch sind das Siegel der Evangelischen Kirche der Böhmischen Brüder, vgl. Otter (1991: 57).
5   Zur Geschichte der Kirchen in Ungarn in neuester Zeit vgl. Beeson (1974: 227ff.; Adrianyi (1992: 99ff.); Nielson (1991: 49ff.).

und zurückhaltend für Reformen innerhalb der Kirche aus, als dies 1988 möglich wurde. Die katholischen Hierarchen blieben – mit einigen Ausnahmen – eher in der Reserve und verhielten sich abwartend. Regierungstreu, zurückhaltend und abwartend verhielt sich auch die Leitung der reformierten Kirche. Etwas mehr Dynamik ging von der kleinen evangelisch-lutherischen Kirche aus, deren 1987 neu gewählten Führungskräfte sich klar für Erneuerung und Demokratisierung aussprachen. Demgegenüber traten Reformbewegungen an der Basis hervor. Unter den Gründungsmitgliedern neuer Parteien gab es auffallend viele reformierte Christen.

Der markante Unterschied zu den Verhältnissen in der Tschechoslowakei lässt sich damit erklären, dass in Ungarn, anders als dort, die Regierung von der Mitte der 1980er Jahre an die früher streng antikirchliche Religionspolitik lockerte. Dies war möglich geworden, weil die Ausprägung des Kommunismus im Laufe der Amtszeit von Kádár deutliche Tendenzen der Liberalisierung entfaltete. Sie betraf Politik, Wirtschaft und Ideologie. Die Konsumwünsche der breiten Bevölkerung konnten besser befriedigt werden als in anderen staatssozialistischen Ländern (Gulaschkommunismus). Es war mehr persönliche Freiheit einschließlich Auslandkontakten und Auslandreisen möglich als sonst im Ostblock. Die geistige Freiheit wuchs insbesondere im Laufe der 1980er Jahre. In Ungarn wurde Literatur zu vielen strittigen politischen, wirtschaftlichen, weltanschaulichen und religiösen Themen leicht zugänglich, welche die Staatsbehörden in der Tschechoslowakei interessierten Lesern vorenthielt.

Es zeichnete sich in jenen Jahren ein Übergang von der früheren restriktiven administrativen Kontrolle zur pluralistischen Toleranz ab.[6] Religion und Kirchen konnten von diesen Tendenzen profitieren. Sie erhielten größere Freiräume. Bereits 1986 wurden Richtlinien für ein neues, den neuen Gegebenheiten Rechnung tragendes liberaleres Religionsgesetz erlassen. Die Freiheit der Religionsausübung und des Gewissens sollten neu definiert werden. Der Staat sollte sich nicht mehr in die inneren Angelegenheiten der Kirchen einmischen können. Die Vorbereitungsarbeiten konnten nicht zu Ende geführt werden, doch sie erwiesen sich als wertvolle Studien für das Religionsgesetz, das nach der Wende, im Januar 1990, in Kraft gesetzt wurde.[7]

Etwa in der Mitte der 1980er Jahre ließen sich ideologische Liberalisierungen und Differenzierungen feststellen. Dazu gehörte eine gewisse Abkehr vom obligatorischen Atheismus; ein Bekenntnis zur atheistischen Weltanschauung war nicht mehr Bedingung für die Mitgliedschaft in der kommunistischen Partei. Es wurde ein Pluralismus verschiedener Weltanschauungen zugelassen. Der Kampf gegen Religion und Glauben wurde zurückgenommen und stattdessen Zusammenleben, Koexistenz, Gewissensfreiheit und Freiheit der Religionsausübung propagiert. Im April 1989 wurde der langjährige Leiter des Staatskirchenamtes, Imre Miklós, entlassen; er hatte über lange Jahre alle Fäden in der Kirchenpoli-

---

6   Vgl. den Beitrag von Máté Szabó in diesem Band sowie Oplatka (1990: 117ff.). Angehörige der ungarischen Minderheit in der Slowakei reisten in den Jahren vor der Wende nach Ungarn, um Bücher zu politischen Fragen zu lesen, die in der Tschechoslowakei verboten waren.

7   Vgl. Das Gesetz „Über die Gewissens- und Religionsfreiheit sowie über die Kirchen" in: Informationsdienst Osteuropäisches Christentum (herausgegeben von Ihor Zaverucha) vom 21.3.1990, München 1990; Glaube in der 2. Welt. Zeitschrift für Religionsfreiheit und Menschenrechte (im Weiteren: Glaube in der 2. Welt) (18 (3), 1990: 11f.; Schwarz (1990).

tik und kirchlichen Personalpolitik in den Händen und war in den Kirchen sehr gefürchtet.[8] Kurz darauf wurde das Staatskirchenamt aufgehoben. Ministerpräsident Miklós Németh räumte ein, dass Ungarn in seiner Religionspolitik der vergangenen Jahrzehnte „schwerwiegende Irrtümer" begangen habe (Glaube in der 2. Welt 17 (12), 1989: 10f.) Bedeutende Kirchenführer, die einst in Ungnade gefallen waren (Kardinal József Mindszenty, der lutherische Bischof Lajos Ordass) wurden rehabilitiert[9]. Der Staat begann, Interesse am sozialen Engagement der Kirchen zu zeigen.

Damit vollzog sich die Wende in den Kirchen Ungarns langsam und relativ unspektakulär. Es war ein allmählicher Prozess. Aufsehenerregende Massenkundgebungen zugunsten von Religionsfreiheit und Menschenrechten blieben aus und konnten auch ausbleiben. Dennoch gab es in der kirchlichen Basis viel Unzufriedenheit mit den angepassten und wenig Dynamik zeigenden Kirchenleitungen (Barczay 1990).

Die Gleichschaltung der Kirchen nach der kommunistischen Machtergreifung 1948

Die politischen und kirchenpolitischen Hintergründe in Ungarn und in der Tschechoslowakei lassen sich gut miteinander vergleichen. Beide Länder waren durch die Ereignisse des Zweiten Weltkrieges geschwächt. Sie hatten eine enorme Aufbauarbeit zu leisten. In beiden Ländern wirkten starke und einflussreiche kommunistische Parteien. In Ungarn übernahmen die Kommunisten 1947/48 schrittweise die Schlüsselstellen in der Staatsmacht; in der Tschechoslowakei geschah dies im Februar 1948. In beiden Ländern wurden Staat und Kirchen getrennt und die Kirchen in das neue System eingeordnet, gleichgeschaltet und als mögliche Oppositionen scharf bekämpft. Letzten Endes sollten die religiösen Organisationen vernichtet werden oder von selbst absterben. In beiden Ländern folgte auf die kommunistische Machtübernahme ein harter Kirchenkampf, in dem die Kirchen sehr harte Schläge erhielten. Kleriker und Laien mit kirchlicher Verantwortung wurden in ihrer Amtsausübung behindert und zielgerichtet gestört. Sie galten als gesellschaftliche Außenseiter und hatten zahlreiche Schikanen zu erleiden, auch wenn in den neuen Staatsverfassungen die Religionsfreiheit formell garantiert wurde (Revesz 1986: 152ff.).[10] Die Staatsbehörden begannen sehr bald, auf die Besetzung kirchenleitender Ämter Einfluss zu nehmen und mit allen Mitteln ihnen genehme Kandidaten durchzubringen. Die religiösen Orden wurden verboten, das kirchliche Schulwesen verstaatlicht, die kirchliche Karitas aufgelöst, der Religionsunterricht aus dem Schulwesen verdrängt und die kirchliche Katechese behindert. Führende Persönlichkeiten, die sich den Neuregelungen widersetzten, wie der ungarische Primas Kardinal Mindszenty, der Erzbischof von Prag, Kardinal Beran, der Bischof der Evange-

---

8   Imre Miklós (geb. 1927) war seit 1951 stellvertretender Leiter, seit 1971 Leiter des staatlichen Kirchenamtes in Budapest. Seine Amtsenthebung erfolgte am 30.4.1989. Das Staatskirchenamt wurde am 26. 6. 1989 aufgelöst, vgl. Adriany (1992: 109). Aufschlussreich ist sein Bericht über die Kirchenpolitik des Staates und die Arbeit des Amtes vom Dezember 1987, in: epd-Dokumentation. Ein Informationsdienst, Frankfurt am Main, Nr. 27/88: 21-29.
9   Vgl. Glaube in der 2. Welt, 17 (9), 1989: 14
10   Vgl. die Verfassung der Tschechoslowakei § 32, in: Voss (1984: 217f.), und die Verfassung Ungarns § 63, ebd.: 245.

lisch-Lutherischen Kirche in Ungarn Lajos Ordass und der Bischof der ungarischen reformierten Kirche László Ravasz wurden schwersten Repressalien ausgesetzt.[11]

Besonders energisch setzten sich die römisch-katholischen Kirchen unter der Führung
der Kardinäle Mindszenty und Beran zur Wehr. Zu ihren Stärken gehörte ihre Zugehörigkeit zu einer klar strukturierten Weltkirche, deren geistliches und politisches Zentrum außerhalb der beiden Länder liegt. Widerstand gegen die weltliche Macht hat eine lange Tradition, die bis in die mittelalterlichen Kämpfe zwischen Staat und Kirche, Kaiser und Papst,
Imperium und Sacerdotium zurückgeht, und die auch in der kommunistischen Zeit des
letzten Jahrhunderts lebendig geblieben ist. Der Vatikan hatte klar signalisiert, dass Kommunismus und Katholizismus in einem absoluten Gegensatz stehen und nicht miteinander
vereinbar sind. Das Dekret des Heiligen Offiziums vom 1. Juli 1949 „Gegen den Kommunismus" ließ denn auch nichts an Deutlichkeit zu wünschen übrig:

> „Der Kommunismus ist materialistisch und antichristlich. Die Führer der Kommunisten… zei-
> gen durch ihr Tun, sei es in der Lehre oder in der Praxis, dass sie Gott und der wahren Religion
> und der Kirche Christi gegenüber feindselig sind" (Denzinger/ Schönmetzler 1967: 769f.),

sie sollten exkommuniziert werden.

Dass die katholische Kirche eines einzelnen Landes über einen starken Rückhalt in der
Weltkirche verfügt, stärkte die Kirchen in Ungarn und in der Tschechoslowakei in jenen
Jahren in ihrer oppositionellen Haltung gegenüber den kommunistischen Regierungen in
einem erheblichen Maße. Der Vatikan leitete mit seiner neuen Ostpolitik 1958 allerdings
eine neue Phase ein, die nicht mehr auf Konfrontation setzte, sondern Dialog und Kooperation mit den Staatsregierungen der sozialistischen Länder suchte. Er rechnete zunehmend
mit einer langen Lebensdauer des sozialistischen Systems und war bestrebt, das Überleben
der Kirche langfristig zu sichern.

In den Kirchen der Reformation sind die Verhältnisse schwieriger und komplizierter.
Diese Kirchen sind landeskirchlich strukturiert, und die Kirchenleitungen sind in größerem
Maße vom Wohlwollen der jeweiligen Landesregierung abhängig. Die konfessionellen
Weltbünde wie der lutherische und der reformierte Weltbund sind lockere Zusammen-
schlüsse von Landeskirchen ohne große politische Einflussmöglichkeiten. Schon die Reformation im 16. Jahrhundert war auf die Unterstützung der Landesfürsten angewiesen, und
dies wirkte über Jahrhunderte nach und beeinflusste auch das Verhältnis der Kirchen zum
Staat in der kommunistischen Zeit: Die Bereitschaft zur Kooperation oder Kollaboration
war in der Regel größer als seitens der katholischen Kirche. Allerdings gibt es auch in den
Kirchen der Reformation eine Tradition des Widerstandsrechtes, im Calvinismus ausgeprägter als im Luthertum. Auch diese Traditionen wirkten in unserem Beobachtungsgebiet
nach. Häufig aber waren gerade die kleineren Kirchen und Glaubensgemeinschaften eher

---

11   Kardinal József Mindszenty (1892-1975) war die Symbolgestalt des kirchlichen Widerstandes gegen die
     kommunistische Staatsregierung Ungarns; 1948 war er verhaftet worden, nach der Niederschlagung der Re-
     volution von 1956 lebte er in der amerikanischen Botschaft in Budapest, 1971 musste er Ungarn verlassen,
     wurde 1974 vom Papst seines Amtes entbunden. Parallel zu ihm stand Kardinal Beran (1888-1969) an der
     Spitze der Kirche in der Tschechoslowakei, 1965 wurde er ins Exil geschickt. Bischof Lajos Ordass (gest.
     1978) war 1958 auf staatlichen Druck hin aus dem Bischofsamt entfernt worden, Bischof László Ravasz
     (1882-1975) zog sich 1948 unter großem politischem Druck aus der Leitung der Reformierten Kirche zu-
     rück.

geneigt, sich an die herrschenden politischen Verhältnisse anzupassen, nicht zuletzt, um besser überleben zu können.[12]

Bischöfe und Kirchenleitungen sind grundsätzlich sehr differenziert zu beurteilen.[13] Ein einfaches Schwarz-Weiß-Schema wäre hier untauglich; es gab nicht nur einfach „Gute" und „Böse", „Kollaboranten des Systems" und „Oppositionelle", sondern auch viele Zwischenstufen, also Amtsträger, die sich an die staatlichen Gesetze, einschließlich der kirchenfeindlichen hielten, sich der Staatsregierung gegenüber loyal gaben und dennoch gleichzeitig sehr viel für die Kirche leisteten. Diese Gruppe verstand es, ihr gutes Verhältnis zu den Staatsbehörden zugunsten der Kirche zu nutzen. Dies lässt sich an verschiedenen Beispielen zeigen, auch an der Hierarchie der römisch-katholischen Kirche Ungarns. So war Kardinal László Lékai (Primas der römisch-katholischen Kirche in Ungarn 1976-1986) auf der einen Seite staatstreu, loyal, kompromissbereit, doch auf der anderen Seite nützte er jede Gelegenheit, aus der Lage, die er nicht ändern konnte, jeweils das Beste für die Kirche herauszuholen. Er verfolgte eine Taktik der kleinen Schritte; sein Wahlspruch lautete: „Succissa virescit" (Zurückgeschnittenes blüht wieder auf, kommt wieder zum Leben) (Adrianyj 1992: 107), und es gelang ihm, die Kirche aus ihrer Isolation herauszuführen und bis zu einem gewissen Grad zu erneuern. Bischof Ferenc Cserháti von Pécs (1914-1994) ging jeweils, so verschiedene Beobachter, bis an die äußerste Grenze des gesetzlich Erlaubten, doch er überschritt diese Grenze nicht. Bischof Cserháti war ein angesehener und bei den Gläubigen beliebter Kirchenführer und Seelsorger.[14] Bischof József Szendi von Veszprém hielt bei der Begegnung von Partei und Kirche vom 14.3.1988, also bereits in der Reformzeit, ein atemberaubend kühnes Exposé mit klaren Forderungen zur Neuorientierung der Kirche in der Gesellschaft und zur Einstellung staatlicher Eingriffe in die Kirche. Diese Forderungen beinhalteten eine neue Vereinbarung über das Verhältnis von Kirche und Staat, die Wiederzulassung der 1950 verbotenen Mönchs- und Nonnenorden und Erleichterungen für Religionsunterricht, Pressearbeit und soziale Tätigkeit der Kirche. Bischof Szendi war kein Dissident, stand aber geistig den Forderungen der Dissidenten nahe. Unterstützt wurde er von Bischof Gyula Endre von Csanád und Szeged. Die Forderungen wurden zum kirchenpolitischen Programm der folgenden Jahre.[15] Demgegenüber war der 1987 gewählte Primas Erzbischof Paskai sehr vorsichtig und zurückhaltend; in den Jahren der Wende profilierte er sich nicht als Führergestalt.

---

12 Vgl. Luther (1938) [1523]. Das calvinistische Widerstandsrecht ist am ausgeprägtesten formuliert in der Confessio Scotica von 1560, Artikel 14 („to represse tyrannie"), vgl. Niesel (1985: 96f.).

13 Was im Furov-Bericht über die Bischöfe der Russischen Orthodoxen Kirche ausgeführt wurde, gilt auch von den Hierarchen anderer Kirchen und anderer Länder in der kommunistischen Zeit. Der sowjetische Funktionär Vasilij Furov, der für Religionsangelegenheiten zuständig war, unterschied in einem internen Bericht an seine vorgesetzten Dienststellen drei Kategorien von Bischöfen: solche, die „in Wort und Tat staatstreu sind", solche, die sich dem Staat gegenüber loyal verhalten, aber gleichwohl für die Kirche viel leisteten, und solche, die in erklärter Opposition zum Sowjetstaat standen. Vgl. Hauptmann/ Stricker (1988: 884).

14 Bischof Cserhati war Bischof von Pécs und von 1970-1989 Sekretär der ungarischen Bischofskonferenz. Er trat ein für einen Modus vivendi der Kirche mit dem Kadar-Regime, doch eine Zusammenarbeit mit dem sozialistischen Staat war seiner Meinung nach nur auf dem Boden christlicher Werte möglich. Vgl. Glaube in der 2. Welt 4 (2), 1977: 13-21; ebd., 22 (5), 1994: 13.

15 Vgl. den Artikel „Haben Sie keine Angst vor uns" in: Glaube in der 2. Welt 16 (5), 1988: 11f. und epd-Dokumentation Nr. 27/88, S. 32 f., der auf einer Dokumentation von Kathpress, Wien, beruht; in der ungarischen Presse erschien diese Ansprache nicht.

Die Theologie im Spannungsfeld von Anpassung und Widerstand

Sowohl in Ungarn als auch in der Tschechoslowakei entstanden theologische Entwürfe und kirchliche Bewegungen, die eine aktive Zusammenarbeit der Kirche mit dem kommunistischen Staat für den Aufbau des Sozialismus beinhalteten und theologische und sozialethische Gründe dafür geltend machten. Zu ihnen gehörten die Vereinigungen von sog. Friedenspriestern in der römisch-katholischen Kirche. Die Friedenspriesterbewegung *Pacem in terris* in der Tschechoslowakei war im Herbst 1949 ins Leben gerufen worden, als das staatliche Kirchenamt die vollständige Kontrolle über die Kirche übernahm. Das *Friedenskomitee der ungarischen katholischen Geistlichen* war am 1. August 1950 auf staatliches Geheiß gegründet worden und hatte sich die „aktive Mitarbeit der Kirche am Aufbau des ungarischen Sozialismus" zum Ziele gesetzt (Adrianyi 1984: 18). In Polen existierte ebenfalls eine solche Friedenspriesterbewegung. Auch wenn sich in den jeweiligen Ländern nur einige wenige Hunderte von Priestern dieser Vereinigung anschlossen, so hatte sie doch einen gewichtigen Einfluss in der Kirchenpolitik des Landes. Ihre Mitglieder besetzten die wichtigsten Stellen im Kirchendienst und insbesondere in der Kirchenverwaltung. Ein Teil der Bischöfe waren Mitglieder der Friedenspriesterbewegungen. Die 11 Diözesen der ungarischen Kirche wurden bis zu 80 Prozent von Friedenspriestern geleitet (Adrianyi 1992: 106). Der Vatikan stand diesen Vereinigungen ablehnend gegenüber. Für ihn fielen sie unter das Verbot für Geistliche, Vereinigungen mit politischen Zielsetzungen anzugehören. Als beispielsweise Kardinal Tomášek im Frühjahr 1985 in Rom weilte, brachte er die Botschaft nach Hause mit, eine Mitgliedschaft in *Pacem in terris* würde nach Ansicht von Staatsekretär Casaroli die priesterliche Identität beeinträchtigen[16]. Auf staatlichen Druck blieben die Friedenspriestervereinigungen bestehen und behielten ihren Einfluss. *Pacem in terris* wurde erst im Dezember 1989 aufgelöst, ihr ungarisches Gegenstück ebenfalls im Laufe des Jahres 1989.[17]

In der reformierten Kirche in Ungarn versuchte die „Theologie des Dienstes", die in der evangelisch-lutherischen Kirche Ungarns in der „Theologie der Diakonie" ihre Analogie fand, als eine Synthese zwischen der christlichen Botschaft und der marxistischen Ideologie herauszuarbeiten. Diese Theologien sahen in gewissen Ereignissen der Geschichte, vor allem im Aufbau des Sozialismus im eigenen Land, Gottes Handeln. Damit begründeten sie ein grundsätzlich positives Verhältnis zur staatssozialistischen Regierung. Im ungarischen Protestantismus jener Jahrzehnte waren die „Theologie des Dienstes" bzw. die „Theologie der Diakonie" die vorherrschenden, vom Staat auch geförderten theologischen Strömungen. Wie echt die theologische Überzeugung war, wie weit auch theologische Naivität oder Opportunismus eine Rolle spielte, wird sich wohl nie klar beurteilen lassen. Dem staatlichen Druck konnten viele Theologen und Pfarrer nicht widerstehen. Karrierewünsche und Rücksichtnahmen auf die Kirche und ihre Aufgaben, auf Bedürfnisse der Familien (Erleichterung von Studienmöglichkeiten begabter Kinder) haben manchen Kompromiss zustande gebracht oder zumindest beeinflusst. Feinfühlige und gewissenhafte Kirchenvertreter hatten oft lange und schwere innere Kämpfe durchzustehen, und manch einer ist daran zerbrochen. Doch es gibt weitere, in der Geschichte verankerte Gründe. Der Protestan-

---

16   Vgl. Glaube in der 2. Welt 13 (3), 1985: 16
17   Vgl. Katholische Nachrichtenagentur (kna) vom 12. Dez. 1984; Adrianyi (1992: 90).

tismus in Ungarn besitzt eine Tradition einer pietistischen Ausrichtung der Frömmigkeit, die individualistische und apolitische Züge in sich birgt und deswegen gegen totalitäre Ideologien auch weniger immun ist (Vajta 1987; Balog 1997).

Im tschechoslowakischen Protestantismus hatte die Theologie Hromádkas einen sehr großen Einfluss. Josef Hromádka (1889-1969) kam vom religiösen Sozialismus her und vertrat die Überzeugung, dass im kommunistischen System die Ideale von Wahrheit, Gerechtigkeit, Brüderlichkeit und Liebe besser verwirklicht werden könnten als im kapitalistischen. Deswegen bejahte er den Umschwung in der Tschechoslowakei im Februar 1948 und den real existierenden Sozialismus in seinem Land.[18] Der Einmarsch der Truppen des Warschauer Paktes in Prag 1968 erschütterte sein Vertrauen in die Sowjetunion aufs Tiefste. Der Atheismus der sozialistischen Ideologie wurde in diesen Theologien nicht als endgültig betrachtet; ihre Vertreter waren im christlich-marxistischen Dialog sehr engagiert. Hromádka übte als akademischer Lehrer und Theologe einen sehr großen Einfluss aus, sowohl in der Tschechoslowakei als auch in der Ökumenischen Bewegung.

Profilierte, selbständig denkende Theologen erhoben Einspruch. Dafür gibt es viele Beispiele. Der römisch-katholische Philosoph und Theologe Tamas Nyíri (1920-1994), der im kommunistischen Ungarn zu den bedeutendsten katholischen Denkern gehörte und ein vielerorts geachteter Gesprächspartner im Dialog zwischen Christen und Marxisten war, galt gleichzeitig als eine „äußerst integre und mutige Persönlichkeit" und war einer der wichtigsten katholischen Nicht-Kommunisten in jenen Jahren[19]. Der ungarische reformierte Theologe István Török (1904-1996) protestierte theologisch fundiert und öffentlich gegen jede sozialismusfreundliche Theologie und Ethik. Diese bezeichnete er als unbiblisch und als mit einer christlichen Dogmatik grundsätzlich nicht vereinbar (Balog 1997: 201ff.). Ervin Vályi-Nagy (1924-1993) wandte sich energisch gegen jeden Identifizierungsversuch der Theologie mit der Geschichte und erhob von daher schwere Bedenken gegen die Theologie des Dienstes seiner Kirche (Valyi-Nagy 2000). Barnabas Nagy (1909-1969) war einer der am selbständigsten denkenden reformierten Theologen dieser Zeit, kämpfte energisch für Glaubens-, Gedanken und Forschungsfreiheit und stand deswegen in einem steten Konflikt mit den marxistischen Behörden[20]. Analoge Beispiele gibt es in den anderen Kirchen Ungarns und in der Tschechoslowakei. In beiden Ländern setzten sich angesehene Priester, Pastoren und Theologieprofessoren für freie und unzensierte Predigt, freie Katechese, kirchliche Jugendarbeit ohne Bindung an den Staatssozialismus, freie Gestaltung des kirchlichen Lebens, innerkirchliche Erneuerung, freie Publizistik und Ökumene ein und gerieten damit in Opposition zu ihren Kirchenleitungen und zur Staatsregierung. Häufig führten die Forderung nach exakter Einhaltung der geltenden Rechtslage und der Protest gegen illegale Übergriffe der Behörden zu ungunsten der Kirchen in die Opposition. Viele oppositionelle Theologen wurden auf unbedeutende Stellen, z.B. auf Pfarrstellen in kleinen und entlegenen Landgemeinden, versetzt, von ihren Ämtern enthoben, zeitweise inhaftiert. Viele arbeiteten in Fabriken, als Arbeiter, Heizer, Straßenkehrer, usw.

---

18 In dieser Frage kam Hromádka auch zu einer tiefen Meinungsverschiedenheit mit Karl Barth, vgl. Rohrkrämer 1995. Heftigen Widerspruch gegen Hromádka äußerte der Prager Theologe Jan Dus (1993). Äußerungen Hromádkas zum Ende des Prager Frühlings in: Krumwiede et al. (1980: 208f.).
19 Vgl. Glaube in der 2. Welt 22 (9), 1994: 13
20 Vgl. Glaube in der 2. Welt 28 (6), 2000: 25

Oppositionelle und dissidente Bewegungen innerhalb der Kirchen

Zahlreiche Christen ließen sich in den Jahren des Kirchenkampfes nicht so leicht gleichschalten oder unterkriegen und stellten für die Staatssicherheit immer wieder Probleme dar. Christliche Traditionen des Widerstandes, wie sie im Laufe einer zweitausendjährigen Geschichte häufig auftauchten und ihre Wurzeln letzten Endes im biblischen Gebot, man müsse Gott mehr gehorchen als den Menschen, haben (vgl. Apg. 5,29), wirkten auch in den staatssozialistischen Ländern weiter, und zwar in allen drei großen Konfessionskirchen. Im Folgenden sollen einige charakteristische Beispiele aus verschiedenen Kirchen untersucht werden.

Ungarn

In der römisch-katholischen Kirche Ungarns haben Basisbewegungen, von denen einige schon vor 1948 entstanden waren, sich darum bemüht, in den kommunistischen Jahrzehnten eine intensive Frömmigkeit zu leben und zu praktizieren. Sie sind zuerst mit der Kirchenhierarchie, dann auch mit den Staatsbehörden in Konflikte geraten, haben oppositionelle und dissidente Kräfte entwickelt und konnten nur unter schwierigen Umständen, zum Teil nur im Untergrund überleben. Eine oppositionelle Bewegung, die sich explizit gegen die Kirchenleitungen wandte und deren Legitimität in Frage stellte, dann auch grundsätzlich zum Verhältnis der Kirche zur staatlichen Obrigkeit Stellung nahm, gab es in der Reformierten Kirche. Ein markantes Beispiel der Opposition eines einzelnen Pfarrers gegen seinen Bischof entnehme ich aus der Geschichte der evangelisch-lutherischen Kirche.

Römisch-katholische Basisbewegungen

Die bedeutendste römisch-katholische Oppositionsgruppe war die Basisbewegung des ungarischen Priesters György Bulányi, die unter dem Namen *Bokor-Bewegung* (Dornbuschbewegung, benannt nach der Geschichte von der Gottesbegegnung des Moses, Ex. 3) bekannt geworden ist (Mate-Toth 1996). György Bulányi (geb. 1919) war Mitglied des Piaristenordens. Seine spirituellen Grundideen hatten ihn schon 1945 dazu geführt, kirchliche Basisgemeinden mit einer besonders intensiven Pflege von Gebet, Meditation, Nachfolge Christi und Laienarbeit ins Leben zu rufen. Die kommunistische Regierung hatte diese Bewegung bald verboten, doch 1964, mit der Inkraftsetzung des Teilabkommens zwischen Budapest und dem Vatikan, in der sich die katholische Kirche von der Widerstandspolitik von Kardinal Mindszenty distanzierte und im Rahmen der neuen Ostpolitik den Dialog mit der kommunistischen Regierung suchte, entstand die Basisbewegung Priester Bulányis aufs Neue. In kurzer Zeit wurden viele kleine Gruppen von 12 bis 20 Gemeindegliedern aufgebaut, welche die *Praxis pietatis* im Sinne Bulányis pflegten. Bulányi trat für eine Kirche der Armen und Verfolgten, für eine Kirche „von unten" ein. Nachfolge Christi war der Zentralgedanke. Verkündigung, Gottesdienst, Sakramente mussten der Nachfolge Christi entstammen, sonst galten sie als Gotteslästerung. 1980 gab es 89 Basisgemeinden mit etwa 2.000 bis 5.000 Personen. Bedeutung und Einfluss dürften eher noch größer gewesen sein, als es die Zahl vermuten lässt. Die Grundgedanken von der Nachfolge Christi im praktischen Leben in Basisorganisationen wurden von der Hierarchie nicht gern gesehen, denn die Basisgemeinden erschienen ihr zu selbstständig und zu wenig kontrollierbar. Bulányi rief immer wieder zur Kritik an der staatstreuen Kirchenpolitik der Bischöfe auf. Konsequente Nachfolge Christi schloss für ihn Gehorsamsverweigerung dem staatssozialistischen Regierungssystem gegenüber und demzufolge auch Leidens- und Martyriumsbereitschaft ein. Das Gewissen des Einzelnen, die Ideen der Gewaltlosigkeit, der gewaltlose Widerstand waren wichtige Werte dieser Bewegung. In der Frage der Militärdienstverweigerung aus Gewissensgründen, für die sich die Bokor-Bewegung energisch einsetzte, kam es immer wieder zu Konflikten mit der Hierarchie und den staatlichen Behörden. Der Bokor-Bewegung gelang es, gegen die vielen Repressionen, die sie zu erdulden hatte, konsequent Widerstand zu leisten und durchzuhalten. Die Konflikte um Person, Theologie und Bewegung Bulányis „zählen zu den heftigsten innerhalb der ungarischen Kirche der vergangenen Jahrzehnte", stellt Andras Mate-Toth (1996: 7) fest. Die Kirchenhierarchie bezichtigte den Piaristenpater der Häresie, die Staatsregierung der Dissidenz.

Die *Regnumisten* (von „Regnum Marianum") waren eine katholische Pfadfinder-Bewegung, die bereits vor dem Zweiten Weltkrieg existiert hatte, sich nach dem Aufstand von 1956 neu formierte und vor allem in der Katechese tätig war. Religionsunterricht wurde im Verborgenen erteilt, meist in Privathäusern, in kleinen Gruppen und in einem konservativen, die neuen politischen Entwicklungen in Ungarn ablehnendem Geist. Treue zur Tradition, zum Papst und innige Marienverehrung waren kennzeichnend. Ihre Kompromisslosigkeit und Unnachgiebigkeit in politischen Fragen führten dazu, dass zahlreiche *Regnumisten* festgenommen und verurteilt wurden (Bango 1984: 40f.).

Eine weitere, etwas weniger bekannte katholische Oppositionsgruppe war die Jugendbewegung *Kalot*, die 1935 vom Jesuitenpater Jenö Kerkai (gest. 1970 nach jahrelanger psychischer Tortur durch staatliche Behörden) als „Katholischer Gesellenverein der Landjugend" gegründet und 1946 von der bereits von starken kommunistischen Kräften dominierten ungarischen Regierung verboten worden war. Die Angst vor der Effizienz von *Kalot* war so groß, dass die Regierung 1949 Kerkai wegen „volksfeindlicher Betätigung und Spionage" verhaftete und die Bewegung zerschlug, da die offiziellen Stellen sonst nicht imstande sein würden, eine eigene, nach ihren Wünschen arbeitende Jugendorganisation aufzubauen. Wer der *Kalot*-Bewegung treu blieb, tauchte in den Untergrund ab und leistete seine Arbeit im Verborgenen. Erst Ende der 1980er Jahre konnten die noch lebenden *Kalot*-Mitglieder unter der Obhut des Reformkommunisten Imre Poszgai sich als „Freunde der Volkshochschulbewegung" neu konstituieren, mussten aber den Schwerpunkt der Tätigkeit von der Jugendarbeit auf die Volkshochschulen verlagern [21].

Eine Erneuerungsbewegung in der Reformierten Kirche

Ein eindrucksvolles Dokument kirchlicher Opposition ist das „Bekenntnis glaubenstreuer Christen der reformierten Kirche in Ungarn" vom Winter 1955/56. In ihm werden die Motivation des Protestes und die Ausrichtung der Argumentation beispielhaft deutlich. In ers-

---

[21]   Vgl. Kathpress, Tagesdienst, Wien vom 28. Nov. 2001; Glaube in der 2. Welt 30 (1), 2002: 10.

ter Linie ist das Bekenntnis ein Ausdruck eines innerkirchlichen Kampfes. Es richtete sich gegen eine Kirchenleitung, die sich in einer evangeliumswidrigen Weise der marxistischen Staatsregierung anpasste und sich ihr andiente.

> „Bekenntnisse werden stets in der Glut innerkirchlicher Auseinandersetzungen geboren", heißt es gleich zu Beginn. „Die Stunden des Bekennens sind allemal entscheidende, geschichtsprägende Stunden. Der Reformierten Kirche in Ungarn sind heute von Gott solche Stunden gewährt worden. An diesem Kampf der bekennenden Kirche innerhalb der Reformierten Kirche in Ungarn beteiligen sich Pfarrer, Presbyter und Gemeindeglieder, die aufgrund des Evangeliums und der darauf basierenden reformatorischen Theologie und der Praxis der herrschenden Kirchenführung in Konflikt geraten sind. … Dass es diese bekennende Kirche gibt, dafür spricht vor allem die Tatsache, dass immer mehr Pfarrer und Gemeindeglieder, die diesen bekennenden Weg beschreiten, Rückversetzung, Stellenverlust, manche sogar Gefängnis und Internierungslager erleiden" (Glaube in der 2. Welt 1986, 14 (6): 17).

Im Folgenden wird die Geschichtstheologie der Kirchenleitung mit ihren Anleihen am historischen Materialismus kritisiert. Eine solche Theologie steht im Widerspruch zum Wort Gottes. Dann protestiert das Bekenntnis gegen das offizielle Missionsverbot, das der Kirche vom Staat auferlegt wurde. Eine christliche Kirche darf auf keinen Fall auf den Missionsdienst verzichten. In einem solchen Fall

> „kann die Kirche in Illegalität geraten, und wider Willen den Wege der Märtyrerkirche, der leidenden Kirche beschreiten. Die Heilige Schrift und die Geschichte lehren übereinstimmend, dass die Kirche stets dann, wenn sie ihren Missionsauftrag ernst genommen hat, Verfolgungen und Leiden zu ertragen hatte" (Glaube in der 2. Welt 1986, 14 (6): 17).

Die Kirchenleitung wird scharf angegriffen: Sie passe sich dem marxistischen und atheistischen Staat an. Sie sei eine „diktatorische Cliquenherrschaft innerhalb der Kirche", die einen falschen Weg geht, eine fragwürdige Theologie vertritt, Machtmissbrauch betreibt. Darum „müssen wir bekennen, dass wir die Beschlüsse unserer heutigen Kirchenleitung nicht in allen Fällen als Beschlüsse der Kirche akzeptieren können" (ebd.: 19).

Das war offener Widerstand einer Gruppe von Kirchengliedern gegen die Leitung ihrer Kirche. Rund 900 der insgesamt rund 1.200 reformierten Kirchgemeinden schlossen sich dieser Bewegung an. Nach der Niederschlagung der Revolution wurde sie mit administrativen Maßnahmen aufgelöst, die verantwortlichen Pfarrer und Kirchgemeindeleiter wurden zum Schweigen gebracht, ihrer Ämter enthoben, zwangspensioniert, verhaftet oder ermordet. Von diesen Schlägen hat sich die Reformierte Kirche in Ungarn lange nicht mehr erholen können. Dies erklärt auch, warum ihr in den folgenden Jahren bis in die Zeit der Wende hinein die Kräfte für eine namhafte Opposition fehlten. Doch das Bekenntnis von 1955/56 blieb nicht vergessen. 1986 wurde seiner im Rahmen einer Erinnerungsfeier zum 30. Jahrestag der Barmer Thesen gedacht, und es wurden nochmals die Parallelen zwischen der damaligen kirchlichen Lage in Ungarn zu den Vorgängen in Deutschland 1936 gezogen.[22]

---

22 Den Kirchenleitungen wurde immer wieder vorgeworfen, sie würden dem Regime Handlangerdienste leisten, vgl. z.B. auch die Ausführungen des Evangelisch-Lutherischen Bischofs Bela Harmati in: Glaube in der 2. Welt 21 (1), 1993: 14f.

Ein Angriff auf die lutherische Kirchenleitung

Als der Bischof der evangelisch-lutherischen Kirche Ungarns, Zoltán Káldy, an der VII. Vollversammlung des Lutherischen Weltbundes, die vom 22. Juli bis zum 5. August 1984 in Budapest stattfand, zu dessen neuem Präsidenten gewählt wurde, erhob sich unter Pfarrern dieser Kirche scharfer Protest, denn Káldy war wegen seines moskautreuen politischen Kurses und seiner prosozialistischen „Theologie der Diakonie" intern umstritten. Der Protest kumulierte im „Offenen Brief" des lutherischen Gemeindepfarrers Zoltán Doka. Doka (1929-2000) griff die Kirchenleitung der Evangelisch-Lutherischen Kirche Ungarns mit äußerster Schärfe an. Sie habe das Weltluthertum irregeführt mit der Behauptung, die Pfarrer und Gemeinden bekennten sich einheitlich zur „Diakonischen Theologie". Mit „Diakonie" meinten die Vertreter dieser theologischen Richtung die „positive Zusammenarbeit mit den Marxisten und die aktive Teilnahme am Aufbau der sozialistischen Gesellschaft" (Glaube in der 2. Welt 11(3), 1984: 16). Bischof Káldy gehörte zu den maßgebenden Vertretern dieser Theologie; die meisten Pfarrer, die diese ablehnten, wagten es allerdings nicht, sich entsprechend zu äußern. Doch Doka tat dies in beispielhafter und theologisch gut durchdachter Weise:

> „Dass Bischof Kaldy – eben als Bischof – uns Pfarrern seine Diakonische Theologie als obligatorische Theologie und den Sozialismus als obligatorische Ideologie vorschreibt, dagegen protestiere ich und bin nicht bereit, hinzunehmen, dass er ein Recht hat dazu" (Glaube in der 2. Welt 11 (9), 1984: 26).

Doka kritisierte weiter, dass Bischof Káldy immer das Vertrauen des Staates zu gewinnen versucht habe und dabei jeweils seine Konkurrenten und Gegner „überrundete". Die Entwicklung der Evangelisch-Lutherischen Kirche Ungarns bezeichnete Doka als katastrophal, weil in ihr theologischer Terror und Personenkult herrsche, das Niveau der theologischen Arbeit laufend sinke und die Theologie sich befleißige, die Diakonische Theologie zu paraphrasieren und zu bestätigen statt eigene theologische Forschung zu betreiben.[23] Die exegetische Arbeit Dokas erhielt in Fachkreisen übrigens eine sehr hohe Anerkennung. Die Vorfälle um die Veröffentlichung der Erstauflage seines Kommentars zum Markus-Evangelium 1977 sind eines von vielen Beispielen ideologischer Eingriffe in seriöse und ausgewiesene theologische Publikationsarbeit, die den Zorn hervorragender Autoren gegen das System hervorgerufen haben und manche von ihnen in die Opposition, andere in eine Art von innerer Emigration trieben. Theologie und Kirche erlitten schwerste Schäden, doch die Gedanken- und Forschungsfreiheit ließ sich letzten Endes nicht unterdrücken. Dass ein

---

23   Doka erlebte dies auch in seinen eigenen exegetischen Arbeiten zur Genüge. Als er 1977 seinen Kommentar zum Markus-Evangelium veröffentlichen wollte, nahm die Zensur über 300 schwerwiegende Eingriffe in das Manuskript vor, um das Werk an die marxistisch-leninistische Staatsideologie und die „Diakonische Theologie" anzupassen. Die Zensur strich sämtliche Ausführungen, die zeigen, dass die Sendung Jesu „weltumspannend" war und dass Jesus als Lehrer auftrat. Wundertäter durfte Jesus durchaus sein, jedoch nicht Lehrer, denn Lehrer war allein die Partei. Gestrichen wurden die Stellen, in denen von Christenverfolgungen kurz vor dem Ende der Welt (Markus 13) die Rede ist. Der von der Zensur verunstaltete Text wurde schließlich gegen den Willen des Autors gedruckt. Erst 1996 erschien in Budapest die ursprüngliche unzensierte Fassung des Buches (Doka 1996). Zu Doka vgl. auch Glaube in der 2. Welt 28 (12), 2000: 10, zu Káldy ebd. 28 (6), 2000: 18f.

Einzelner mit seinem mutigen und konsequenten Protest viel auszurichten vermag, wird am Beispiel Dokas deutlich, denn seine Stimme wurde trotz vieler Behinderungen gehört.

Tschechoslowakei

Vergleichbare Protest-, Oppositions- und Dissidenzbewegungen gab es auch in der Tschechoslowakei. Die Niederschlagung des Prager Frühlings im August 1968 hatte zunächst eine weitgehende Lähmung innerhalb der Kirchen zur Folge, war man doch kurz zuvor mit Wünschen und Forderungen an die Staatsregierung herangetreten, deren Erfüllung im Rahmen der Reformen und Liberalisierungen der vorangegangenen Monate durchaus realistisch schienen.[24] Doch in der Mitte der 1970er Jahre sammelten sich die Kräfte wieder und wagten es auch, mit Protestaktionen an die Öffentlichkeit zu treten. Die bedeutendste dissidente Bewegung jener Jahre war die Charta 77. Es handelte sich bei ihr um eine Bewegung, die im Anschluss an die Unterzeichnung der KSZE-Akte in Helsinki am 1. August 1975 für die Verwirklichung der Menschenrechte und der menschlichen und politischen Grundfreiheiten kämpfte, und an der Politiker, Philosophen, Künstler und auch Theologen und Kirchenleute teilnahmen. Bekanntlich hatte die Konferenz von Helsinki politische, wirschaftliche und menschenrechtliche Probleme behandelt und im Prinzip 7 der Schlusserklärung die Achtung der Menschenrechte und Grundfreiheiten einschließlich der Religionsfreiheit gefordert. Die Signatarstaaten waren verpflichtet worden, die unterzeichneten Dokumente in ihren Ländern vollständig und in den Landessprachen zu publizieren. Die Charta 77 hielt ausdrücklich fest, dass sie es begrüße, dass die Tschechoslowakische Sozialistische Republik die Helsinki-Schlussakte unterschrieben habe, stellte aber fest, dass viele bürgerliche Grundfreiheiten „in unserem Lande" nur auf dem Papier stünden. Die Religionsfreiheit, die ausdrücklich garantiert ist,

> „wird durch Machtwillkür eingeschränkt: Durch die Einschränkung der Aktivitäten der Geistlichen, die ständig Gefahr laufen, ihrer staatlichen Bewilligungen zur Ausübung ihrer Funktion verlustig zu gehen; durch den existentiellen oder andere Art von Rückgriff gegenüber Personen, die ihrem religiösen Bekenntnis durch Wort oder Tat Ausdruck verleihen; durch die Unterdrückung der religiösen Erziehung u.a.m."(Glaube in der 2. Welt 18 (2), 1990: 29) [25].

Unterschrieben wurde das Gründungsmanifest bekanntlich von rund 200 Intellektuellen.

Die ersten drei offiziellen Sprecher der Charta 77 waren Jiří Hajek, der tschechoslowakische Außenminister in der Zeit des Prager Frühlings, Václav Havel und der Philosoph Jan Patočka. Einzelne Theologen und Kirchenleute schlossen sich der Charta an, doch die Kirchen verhielten sich ablehnend. Am 14. Januar 1977 veröffentlichten die römisch-katholischen Bischöfe der Tschechoslowakei eine Erklärung, in der sie sich von der Charta 77 klar distanzierten:

---

24 Petition der römisch-katholischen Kirche an Alexander Dubček vom 17.3.1968, in: Beeson (1974: 199f.).
25 Der Text der Charta in: Glaube in der 2. Welt 18 (2), 1990: 28-30.

„Wir, die Ordinarii der Tschechoslowakei, zusammengetreten zur gemeinsamen Beratung in Prag am 14. Januar, erklären mit Nachdruck, dass wir in gar keiner Weise Unterzeichner dieser ‚Charta' sind" (Institut Glaube in der 2. Welt 1978: 21f.).

Kardinal Tomásek, der diese Erklärung unterzeichnet hatte, war der Charta gegenüber auch deswegen misstrauisch, weil maßgebende Unterzeichner wie der eben genannte Jiří Hájek aus kommunistischen Kreisen kamen[26]. Die Evangelische Kirche der Böhmischen Brüder bekämpfte die Petition der 31 (siehe unten), von denen mehrere die Charta 77 unterzeichnet hatten.

Die Charta 77 war anfänglich eine relativ kleine Bewegung, die Geheimpolizei reagierte sofort mit brutaler Gewalt und beobachtete die Bewegung andauernd. Die Chartisten wurden offiziell als Verräter bezeichnet, gesellschaftlich geächtet und in den Läden nicht mehr bedient (Karasek 2000: 144). Sie trugen aber wesentlich zur Überwindung der geistigen Lethargie unter den Intellektuellen in der Zeit nach dem August 1968 bei. Ihr Wirken war eine wichtige Voraussetzung für den demokratischen Durchbruch von 1989. Bis zur *Samtenen Revolution* wuchs die Bewegung auf 1.883 Mitglieder an. Im Mai 1992 löste sie sich auf.

Zu den Theologen der ersten Stunde, welche die Charta unterschrieben, gehörte der römisch-katholische Priester Václav Malý. Er wurde kurz nach seiner Unterschriftsleistung von seinem Amt suspendiert, musste fortan seinen Lebensunterhalt als Heizer und Hilfsarbeiter im Straßendienst verdienen; 1989 wurde er zu einer der führenden und populärsten Gestalten des Umbruchs. Der Prager Theologe Józef Zverzina (1913-1990), der seit 1974 seinen Beruf als Priester nicht mehr ausüben durfte, hatte die Charta 77 ebenfalls sehr früh unterzeichnet. In den 1970er und 1980er Jahren war er einer der führenden Exponenten der katholischen Erneuerungsbewegung in der Tschechoslowakei. Er gilt als einer der bedeutendsten tschechischen katholischen Theologen des 20. Jahrhunderts[27]. Der dissidente Pfarrer der Evangelischen Kirche der Böhmischen Brüder, Svatopluk Karásek, der im Herbst 1976 aus dem Gefängnis entlassen worden war und einer von mehreren Unterzeichnern dieser Kirche war, beschrieb die Stimmung wie folgt:

„Damals hatte die Regierung gerade die Helsinki-Schlussakte mit ihren eindrücklichen Formulierungen zu den Menschenrechten angenommen, und im Dezember lag bereits ein von Professor Patocka verfasster Text vor, der die hehren Menschenrechtsprinzipien mit unserer Praxis verglich. Jiri Nemec fragt mich, ob ich unterschreiben wolle, was ich gerne tat, hatte ich doch gerade selber diese herrliche Solidarität am eigenen Leibe erfahren" (Karasek 2000: 143f.).

Demgegenüber fällt auf, dass sich in der Slowakei nur wenige Anhänger der Charta 77 fanden. Doch gab es dort in der zweiten Hälfte der 1980er Jahre markante Protestkundgebungen von Gläubigen aller sozialen Schichten zugunsten der Religionsfreiheit und gegen die repressive Religionspolitik des Staates. Anlässlich der Feier zum 1100. Todestage des Slavenapostels Method am 7. Juli 1985 in Velehrad kam es zu einer Kundgebung von zahlreichen Gläubigen aus dem ganzen Land. Es war die größte religiöse Veranstaltung seit der kommunistischen Machtübernahme in der Tschechoslowakei. 150.000 bis 250.000 Men-

---

26   Vgl. Kathpress, Tagesdienst, Wien Nr.003 vom 5.1.2002: 6f.; Nr.004 vom 6.1.2002: 8f.
27   Vgl. Glaube in der 2. Welt 1990, 18(2), 1990: 23f.; 18(9), 1990: 12.

schen sollen daran teilgenommen haben[28]. 1986 nahmen zehntausende Gläubige an der Wallfahrt zum westslowakischen Marienheiligtum Šaštín und 230.000 Gläubige (unter ihnen zahlreiche Jugendliche) an der traditionellen Wallfahrt nach Levoča teil.[29] 1987 versammelten sich 50.000 Gläubige zu einer Massengebetsveranstaltung in Bratislava.

Eine *Petition mährischer Katholiken* im selben Jahr erzielte über 170.000 Unterschriften, darunter von Kardinal Tomášek und dem damaligen Geheimbischof Ján Korec. Auch Nicht-Katholiken unterschrieben. Die Petition enthielt klare Forderungen für die Freiheit des kirchlichen und religiösen Lebens in der ČSSR. Die Grundforderung war eine konsequente Trennung der Kirche vom Staat: Der Staat sollte sich nicht mehr in die Organisation und die Tätigkeit der Kirche einmischen. Staatsorgane sollten der Kirche bei der Ernennung von Bischöfen, Pfarrern, Seelsorgern und bei der Auswahl von Theologiestudierenden keine Hindernisse mehr in die Wege legen dürfen. Die theologische Fakultät Olomouc (Olmütz) sollte wieder eröffnet, die Ordensgemeinschaften wieder zugelassen, ein ständiger Diakonat im Sinne von Papst Paul VI. errichtet werden. Gefordert wurden ferner die Zulassung religiöser Laienbewegungen, des Religionsunterrichtes, der Seelsorge in Gefängnissen und Spitälern, ökumenischer Kontakte zwischen den Konfessionen, religiöser und theologischer Publikationsfreiheit, religiöser Sendungen in Radio und Fernsehen und vieles andere mehr. Die Sammlung von Unterschriften unter diese Petition wurde von Kardinal Tomášek nachdrücklich unterstützt.[30] Der Kardinal hielt in seinem Unterstützungsschreiben ausdrücklich fest:

> „Die Verbreitung und die Sammlung von Unterschriften unter dieser Petition stehen im Einklang mit unserer Verfassung und anderen geltenden Rechten".

Verwandte kleinere Aktionen gab es auch auf Diözesanebene, vgl. z.B. das Schreiben von 98 Priestern der Diözese Košice vom 16. Dezember 1987 an Präsident Gustáv Husák.[31] Diese Aktionen zeigen, dass in der vorwiegend traditionell strukturierten und katholischen Slowakei, aber auch in Mähren sich ein Protestpotential aufgestaut hatte, das nun zum Durchbruch kam. Eindrücklich ist die große Geschlossenheit dieser Bewegungen. Kirchliche Feiern und Gedächtnistage, kirchliche Wallfahrten wurden zu Anlässen umfassender Oppositionskundgebungen. Sie wurde von oberster hierarchischer Seite unterstützt. Kardinal Tomášek war 1978 von den Behörden für das höchste Amt in der Kirche der ČSSR zugelassen worden, weil diese offensichtlich der Ansicht waren, ein so alter Mann könne nicht mehr viel Schaden und Unruhe anrichten. Nun zeigte sich, dass der Kardinal die ganze Autorität seines Amtes einsetzte und zu einer zentralen Gestalt der kirchlichen Opposition und dann der *Samtenen Revolution* von 1989 wurde.

Die markanteste Oppositionsbewegung innerhalb der „Evangelischen Kirche der Böhmischen Brüder" mit ihren rund 230.000 Mitgliedern in jenen Jahren war die „Petition von 31 Angehörigen" dieser Kirche, die am 7. Mai 1977, also wenige Monate nach der Unter-

---

28   Vgl. Glaube in der 2. Welt 13(6), 1985: 12; 1985, 13(9), 1985: 13f.; Adrianyi (1992: 89).
29   Ein zeitgenössischer anonymer Bericht „Großwallfahrten in der Slowakei" in: Glaube in der 2. Welt 15 (9), 1987: 18f. Vgl. auch den Beitrag von Jolana Kuza im selben Band.
30   Diese „Petition von Gläubigen" ist abgedruckt in Kathpress, Tagesdienst, Wien vom 15.1.1988 und Glaube in der 2. Welt 16 (2), 1988: 10.
31   Vgl. Kathpress Tagesdienst, Wien vom 19.1.1988; Glaube in der 2. Welt 1988, 16 (2), 1988: 11.

zeichnung der Charta 77, an die oberste politische Instanz in Prag, die tschechoslowakische Bundesversammlung, gerichtet wurde und die Fragen des Verhältnisses von Staat und Kirche, Gesellschaft und Kirche grundsätzlich ansprach. Die 31 Pfarrer und Gemeindeglieder beklagten sich über die zahlreichen schikanösen Behinderungen von Gemeindeaktivitäten und ökumenischen Beziehungen. Das Staatskirchenamt schränke die Bekenntnisfreiheit ein, greife in die inneren Angelegenheiten der Kirchgemeinden ein, bewache und bespitzle die Pfarrer in ihrer pastoralen Tätigkeit, beaufsichtige und behindere den Religionsunterricht, die theologische Ausbildung und die publizistische Tätigkeit der Kirche. Die Unterzeichner belegten ihre Beschwerden mit zahlreichen Einzelfällen, forderten

> „echte Garantien für eine freie Entfaltung des kirchlichen Lebens im Rahmen der bestehenden Gesetze,... gerade im Hinblick auf die kürzlich bei uns ratifizierten Pakte über die bürgerlichen und kulturellen Rechte, bzw. über die sozialen, wirtschaftlichen und kulturellen Rechte"(Institut Glaube in der 2. Welt 1978: 7).

Die Petition schloss sich also an die KSZE und der Charta 77 an und zeigte mit konkreten Beispielen und grundsätzlichen Schlussfolgerungen auf, wie berechtigt diese Dokumente im Hinblick auf die Evangelische Kirche der Böhmischen Brüder waren.

Dies bestritt die Comenius-Fakultät in Prag mit den „Acht Thesen" ihrer Dozenten vom 24. Mai 1977. Die Verfasser verteidigten die Gesellschaftsordnung und die Religionspolitik in ihrem Land und verwarfen die Meinung, eine Kirche könne in einer sozialistischen Gesellschaft nicht existieren. Die Theologie Josef Hromádkas wirkte nach, wonach die sozialistische Gesellschaftsordnung der theologischen und sozialethischen Konzeptionen der Evangelischen Kirche der Böhmischen Brüder entspreche; auf die konkreten Fälle der Verletzung von Menschenrechten und Religionsfreiheit innerhalb dieser Kirche gingen die Dozenten nicht ein[32]. Ähnlich tönte es in einem Rundschreiben des Synodalrates an die Kirchgemeinden der Evangelischen Kirche der Böhmischen Brüder[33]. Dies veranlasste Miloš Rejchrt, Pfarrer der Evangelischen Kirche der Böhmischen Brüder und Unterzeichner der Charta 77, seit 1972 amtsenthoben und als Heizer tätig, zu einer deutlichen Replik. In seinem Brief an die Dozenten der Evangelischen Theologischen Comenius-Fakultät zu Prag vom 1. Juli 1977 hielt er daran fest, dass die Petition der 31 nichts anderes wolle als das Recht, und dass sie gegen die Praktizierung von Unrecht, Diskriminierung und Menschenrechtsverletzungen protestiere:

> „Wir bitten um Recht, dass alle ins Ausland fahren können, dass jeder, der etwas zu sagen hat, in der Presse schreiben und Erklärungen über die Situation der Evangelischen Kirche der Böhmischen Brüder abgeben kann, ... dass jeder wissenschaftlich arbeiten kann, der dazu die Fähigkeit besitzt, dass jeder predigen kann, der durch den Geist getrieben ist" (ebd.: 27).

---

32   Vgl. Glaube in der 2. Welt 1978: 19f.
33   Vgl. ebd.: 21f.

Verschiedene Ausprägungen

Opposition und Dissidenz in den Kirchen hatten in der Tschechoslowakei und in Ungarn – bei allen Gemeinsamkeiten – verschiedene Ausprägungen, die auf strukturelle Unterschiede in Politik, Gesellschaft und Religion dieser beiden Länder zurückzuführen sind. Schon die geschichtlichen Hintergründe weisen Verschiedenheiten auf. Beide Länder waren im Mittelalter katholisch geprägt und gehörten dem abendländischen Kulturkreis an. Doch Reformation und Gegenreformation wirkten sich unterschiedlich aus, und die Prozesse von Modernisierung und Säkularisierung verliefen verschieden. Die hussitische Bewegung hatte die tschechischen Länder im 15. und 16. Jahrhundert fast ganz durchdrungen. Die Rekatholisierung eines großen Teiles der Bevölkerung nach dem Sieg der katholischen Mächte in der Schlacht am Weißen Berg 1620 war gewaltsam, drang nicht in die Tiefe und vernichtete viel religiöse Substanz. „Katholisch" wurde mit „Habsburgisch" identifiziert und beides bekämpft. Die Säkularisierung wurde deshalb beschleunigt. Die Industrialisierung im 19. und 20. Jahrhundert verstärkte diese Prozesse noch weiter. Opposition und Dissidenz in den kommunistischen Jahrzehnten waren im säkularisierten Böhmen weniger von religiösen, mehr von säkularen und menschenrechtlichen Motiven bestimmt, und sie waren mehr eine Bewegung von Intellektuellen und Menschenrechtskämpfern; Theologen schlossen sich an. In der Slowakei waren die traditionellen römisch-katholischen Strukturen durch die Jahrhunderte hindurch weitgehend intakt geblieben. Opposition und Dissidenz manifestierten sich häufig an religiösen Veranstaltungen, z.B. Kirchenfesten und Wallfahrten. Ungarn war im 16. Jahrhundert weitgehend reformatorisch geworden, doch die Rekatholisierung drang nicht in die gesamte Gesellschaft ein; zahlreiche einflussreiche Familien konnten – oft gerade aus politischen Gründen – ihre Zugehörigkeit zu einer protestantischen Kirche aufrecht erhalten. Ungarn blieb multikonfessionell geprägt. 1988 waren rund 57 Prozent der Bevölkerung katholisch, rund 20 Prozent reformiert, und dazu gab es unter den 10-11 Millionen Einwohnern rund 400.000 Lutheraner und 80.000 Juden. Opposition und Dissidenz waren vielgestaltigere Bewegungen. Die staatliche Religionspolitik hatte es mit verschiedenen Kirchen zu tun, die sie verschieden behandeln musste, aber auch gegeneinander ausspielen konnte.

Die antireligiöse, antikirchliche Politik der sozialistischen Regierungen in der Tschechoslowakei und in Ungarn hatten verschiedene Ausprägungen. In der Tschechoslowakei war die Religionspolitik während der ganzen vier Jahrzehnte bis zur *Samtenen Revolution* von harten Repressionen geprägt. Starker Druck erzeugt starken Gegendruck. Insbesondere in den letzten Jahren vor der Wende wuchs die christliche Bekenntnisbewegung gegen alle Repression deutlich an. Der behördliche Druck wurde erst im Laufe der zweiten Hälfte des Jahres 1989 machtlos, und in der Wende ging von den Kirchen ein starker Einfluss aus. Nach der Wende bildete sich der Einfluss von Religion und Kirchen auf die Gesellschaft rasch zurück, und die Säkularisierung setzte sich wieder durch. Die Religionspolitik der ungarischen Regierung war in den ersten Jahren und dann nochmals nach der Niederschlagung des Aufstandes von 1956 ebenfalls durch harte Repressionen gekennzeichnet. Doch in den 1980er Jahren wurde die Religionspolitik im Rahmen einer allgemeinen Liberalisierung freiheitlicher gestaltet. Elemente der Toleranz, Gewissens- und Religionsfreiheit wurden allmählich zugelassen. Ein schwächerer Druck erzeugte auch einen schwächeren Gegendruck. Zahlreiche Forderungen oppositioneller und dissidenter Kirchenleute, z.B. die

Beendigung der Repressionen seitens des Staates und die Erarbeitung eines neuen Religionsgesetzes, wurden realisiert. Die Wende 1989 verlief, auch was die Stellung der Kirchen und Religionsgemeinschaften anging, ruhiger und organischer.

Unmittelbar nach der Wende wurde die Religionsfreiheit proklamiert. Die neue Regierung der Tschechoslowakei hob sämtliche Gesetze und Verordnungen auf, welche die Freiheit der Kirchen und Religionsgemeinschaften eingeschränkt hatten. Das tschechoslowakische Parlament erließ am 24. Januar 1990 ein Gesetz über die Religionsfreiheit. Am selben Tag verabschiedete das ungarische Parlament ein neues Religionsgesetz (Adrianyi 1992: 90, 116). Damit wurden die wichtigsten Forderungen der kirchlichen Opposition und Dissidenz erfüllt. Doch bald entstanden neue und wiederum schwierige Probleme. Dazu gehörte die Notwendigkeit des kirchlichen Aufbaus „vom Nullpunkt an". Die Kirchenleitungen mussten neu bestellt, die Vergangenheit aufgearbeitet werden, und es kam rasch zu Konflikten zwischen den Kräften der Erneuerung und den Kräften der „Kontinuität". Heftige Auseinandersetzungen standen bevor.

Literatur

Adrianyi, Gabriel (1984): Die Geschichte der Katholischen Kirche in Ungarn seit dem zweiten Weltkrieg. In: Glaube in der 2. Welt 12 (5): 14-28.

Adrianyi , Gabriel (1992): Geschichte der Kirche Osteuropas im 20. Jahrhundert. Paderborn: Schöningh.

Balog, Zoltan (1997): Mitarbeiter des Zeitgeistes? Die Auseinandersetzung über die Zeitgemäßheit als Kriterium kirchlichen Handelns und die Kriterien theologischer Entscheidungen in der Reformierten Kirche Ungarns 1967-1992. Beiträge zur Theologischen Urteilsbildung 3, Bern: Peter Lang.

Bango, Jenö (1984): Anzeichen des Nonkonformismus in Ungarn. In: Berichte des Bundesinstituts für ostwissenschaftliche und internationale Studien 1/1984.

Barczay, Gyula (1990): Neuer Wein in alten Schläuchen? Die Lage der Reformierten Kirche nach der Einführung der Demokratie in Ungarn. In: Glaube in der 2. Welt 18 (7/8): 26-29.

Beeson, Trevor (1974): Discretion and Valour. Religious Conditions In Russia and Eastern Europe. Glasgow: Collins.

Bohren, Rudolf (1990): Abriss der tschechischen Kirchengeschichte. In: Glaube in der 2. Welt 18 (2): 19-22.

Denzinger, H./ Schönmetzler A. (1967): Enchiridion symbolorum, definitionum et declarationum de rebus fidei et morum, Nr. 3865. 34. Aufl., Freiburg i.Br.: Herder.

Doka, Zoltan (1996): Mark evangeliuma. Budapest: Ordass Lajos Barati Kör.

Dus, Jan (1993): War J. L. Hromadka eine prophetische Persönlichkeit? In: Glaube in der 2. Welt 21 (6): 28-31.

Hauptmann, Peter/ Stricker, Gerd (Hrsg.) (1988): Die Orthodoxe Kirche in Russland. Dokumente ihrer Geschichte (860-1980). Göttingen: Vandenhoeck und Ruprecht.

Institut Glaube in der 2. Welt (Hrsg.) (1978): CSSR. Zur Lage der Evangelischen Kirche der Böhmischen Brüder. Eine Dokumentation. Küsnacht, 21f.

Karasek, Svatopluk (2000): Der durchnässte Pfarrer. Ein fröhlich-ernster Lebenslauf Prag-Zürich retour. Zollikon: Verlag Glaube in der 2. Welt.

Krumwiede H.-W/ Greschat, M./ Jacobs, M./ Lindt, A. (1980): Kirchen- und Theologiegeschichte in Quellen. IV/2, Neuzeit 2. Teil, Neukirchen-Vluyn: Neukirchener Verlag.

Lochman, Jan Milic (1990): Wie ein nie versiegender Bach. Der Aufbruch der Hoffnung in Mittel- und Osteuropa. In: Glaube in der 2. Welt 18 (2): 15-18.

Luther, Martin (1938) [1523]: Von der weltlichen Obrigkeit, wie weit man ihr Gehorsam schuldig sei. In: Ders.: Ausgewählte Werke, Bd. 5, hrsg. von H.H. Borcherdt und G. Merz, München: Chr. Kaiser: 1-44.

Manns, Peter (Hrsg.) (1970): Reformer der Kirche, Mainz: Matthias Grünewald.

Mate-Toth, Andras (1996): Bulanyi und die Bokor Bewegung. Eine pastoraltheologische Würdigung. Wien: Universität Wien.

Nielsen, Nils (1991): Revolutions in Eastern Europe. The Religious Roots. New York: Orbis Books.

Niesel, Wilhelm (Hrsg.) (1985): Bekenntnisschriften und Kirchenordnungen der nach Gottes Wort reformierten Kirche. Zürich: Theologische Buchhandlung.

Oplatka, Andreas (1990): Der Eiserne Vorhang reißt. Ungarn als Wegbereiter. Zürich: Neue Zürcher Zeitung.

Otter, Jiri (1991): Die Evangelische Kirche der Böhmischen Brüder. Die erste vereinigte Kirche im Herzen Europas. Prag: ENA.

Revesz, Laszlo (1986): Staat und Kirche im „realen" Sozialismus. Recht und Wirklichkeit. Bern: Verlag SOI.

Rohkrämer, Martin (Hrsg.) (1995): Freundschaft im Widerspruch. Der Briefwechsel zwischen Karl Barth, Josef L. Hromadka und Josef B. Soucek 1935-1938. Zürich: Theologischer Verlag.

Schwarz, Karl (1990): Thesen zum neuen Religionsgesetz. In: Glaube in der 2. Welt 18 (7/8), 34-37.

Tomasek, Frantisek Kardinal (1990): An das ganze Volk der Tschechoslowakei. In: Glaube in der 2. Welt 18 (2), 22f.

Vajta, Vilmos (1987): Die diakonische Theologie im Gesellschaftssystem Ungarns. Frankfurt (Main): Otto Lembeck.

Valyi-Nagy, Agnes (Hrsg.) (2000): Geschichtserfahrung und die Suche nach Gott. Die Geschichts-theologie Ervin Valyi Nagys. Stuttgart: Kohlhammer.

Voss, Eugen (Hrsg.) (1984): Die Religionsfreiheit in Osteuropa. Texte zum kirchlichen Verständnis der Religionsfreiheit und zum Religionsrecht. Zollikon: Verlag Glaube in der 2. Welt.

Die Kirchen als revolutionäre Akteure des revolutionären Umbruchs 1989/90 in der DDR

Ehrhart Neubert

Für die außerordentliche Bedeutung der Kirchen in der Friedlichen Revolution liegen die Gründe auf der Hand. Die Kirchen und ihr Personal bekamen plötzlich größte Aufmerksamkeit. Für die westliche Wahrnehmung war eine Schlagzeile der Westberliner Tageszeitung typisch: „Wird aus der DDR eine Pastorenrepublik?" In der medialen Vermittlung erschienen die Kirchen als Zentren des Aufstandes und Ausgangspunkt vieler Demonstrationen. Das passte nicht in das Bild von den im Zuge der Kirchen- und Religionspolitik des SED-Staates minimierten Kirchen. Tatsächlich war die Mitgliedschaft der Kirchen auf unter 30 Prozent der Bevölkerung geschrumpft. Vor allem aber hatten die Kirchen im Laufe der DDR-Geschichte weithin die gesellschaftlichen Multiplikatoren verloren, Lehrer, Hochschullehrer, Polizisten, Militärs, Verwaltungsangestellte oder Journalisten. In den Kirchen hielten sich die überalterten Restbestände bürgerlicher Milieus und soziale und kulturelle Randgruppen auf.

Dennoch konnten die Kirchen 1989 und 1990 über Monate wichtige gesellschaftliche Rollen als revolutionäre Akteure spielen. Darüber hinaus kam es zu einer eigentümlichen Verbindung des Religiösen mit dem Politischen. Zur Erklärung dieser überraschenden Kraftentfaltung sollen hier die verschiedenen Ebenen kirchlicher Präsenz in der Öffentlichkeit betrachtet und ihre jeweilige Relevanz für den machtpolitischen Prozess untersucht werden. Im Mittelpunkt der Betrachtung stehen dabei die evangelischen Kirchen, die zweifellos den Ereignissen und auch der politischen Kultur der Revolution ihre spezifische protestantische Note hinzufügen konnten. Der Anteil der katholischen Kirche an der Revolution, sowohl im Verbund mit den Protestanten als auch in ihrem eigenständigen Handeln, darf freilich nicht unterschätzt werden.[1]

Umschwung in der Kirchenpolitik

Über Jahrzehnte verfolgten die politischen Verhandlungen der evangelischen Kirchen das Ziel eines Ausgleichs oder auch nur einen Status quo zwischen Staat und Kirche. Das dip-

---

[1] Die katholische Kirche hat relativ spät, aber dann vehement, ihre Strategie der politischen Abstinenz aufgegeben. Aber schon am 23. September 1989 ließ der Magdeburger Bischof Johannes Braun in seinem Bistum einen Brief verlesen, in dem er zur Einmischung aufrief: „Wir müssen Missstände beseitigen, um eine demokratische Gesellschaft zu schaffen, in der sich möglichst alle Menschen wohlfühlen können" (Brief von Bischof Johannes Braun, 20.9.1989, Magdeburg, Sammlung Neubert). Im Oktober öffneten sich für die Friedensgebete auch katholische Kirchen und vielerorts fanden die neuen Oppositionsbewegungen Unterstützung in den Pfarreien. Die katholische Kirche rief bald ihre Gemeindemitglieder auf, sich an der politischen Neuordnung zu beteiligen. Am 2. Dezember 1989 wurde die „Katholische Soziale Aktion" gegründet, die Laien motivierte, sich in das politische Geschehen einzumischen und eigene Vertretungen in den Regionen zu installieren. In vielen Orten leiteten evangelische und katholische Geistliche gemeinsam die Runden Tische. In den kleinen volkskirchlich geprägten katholischen Gebieten, etwa im Eichsfeld, wurde ab November auch ohne Runde Tische die Macht von katholischen Gruppen oder der reformierten CDU übernommen.

lomatische Vorzeigesymbol war das Gespräch zwischen dem SED-Staat und der Evangelischen Kirche am 6. März 1978, das eine Anerkennung der Kirche als eigenständige gesellschaftliche Größe brachte und eine Art Burgfrieden herstellte, der in einigen Bereichen das kirchliche Leben erleichterte. Der Staat profitierte davon, weil die Kirchen scheinbar zu einer seiner innenpolitischen Legitimationsstützen wurden. Die in Gebrauch gekommene Formel „Kirche im Sozialismus" blieb aber ein Formelkompromiss, der die tiefer liegenden Konflikte nicht lösen konnte. Immer wieder flackerte trotz aller Loyalitätsversicherungen in den Kirchen Kritik und Widerspruch auf, die nur mühsam mit Absprachen überdeckt werden konnten. Bruchstellen ergaben sich aus der ideologischen und strukturellen Unangepasstheit ebenso wie aus dem Umstand, dass die Kirchen eine eigene Öffentlichkeit besaßen, die nicht hermetisch nach außen abgeschlossen werden konnte. So blieben die Kirchen ein Raum für unabhängige Sozialisationsprozesse, der auch für kritische Milieus attraktiv war.

Spätestens 1988 bemerkte die SED-Führung, dass die Kirchen nicht domestizierbar waren. Die Konflikte häuften sich. Selbst die Formel „Kirche im Sozialismus" wurde von Kirchenleuten in Frage gestellt. Neuerliche Verhandlungen brachten keine Ergebnisse. Am 19. Februar 1988 hatten der Beauftragte des Politbüros der SED Werner Jarowinsky und Bischof Werner Leich vertraulich und vergeblich über die durch oppositionelle Aktivitäten verschlechterten Staat-Kirche-Beziehungen verhandelt. Jarowinsky sprach vom Missbrauch „der Kirche als ‚trojanischem Pferd'" (Initiative Frieden Menschenrechte 1988:5). Die Krise spitzte sich noch zu, als Bischof Leich vor der Synode des Bundes der evangelischen Kirchen am 20. September 1988 forderte, dass die Gesellschaft „ein menschliches Angesicht" (Leich 1988:171) haben müsse. Jetzt drohte die SED unverhüllt. Kirchenzeitungen wurden mehrfach verboten. Ein Freidenkerverband wurde initiiert, um dem öffentlichen Einfluss der Kirchen entgegenzusteuern.

Noch immer aber gaben die Kirchenleitungen ihre ausgleichende Kirchenpolitik nicht auf. Als Oppositionsgruppen unter Beteiligung von kirchlichem Personal im Mai 1989 die Wahlfälschungen aufgedeckt hatten und Protestdemonstrationen planten, versuchte die Konferenz der Kirchenleitungen diese zu bremsen. Die Konferenz monierte in ihrer Tagung vom 2. bis 3. Juni 1989 „die beobachteten Unstimmigkeiten bei der Auswertung der Wahl" und appellierte an die SED für „eine Weiterentwicklung des Wahlverfahrens" Sorge zu tragen. Zugleich hieß es:

> „Wir bitten Gemeindeglieder und Mitarbeiter unserer Kirchen, ihre Anfragen sachlich vorzubringen, damit immer deutlich bleibt, dass wir aus der Verantwortung für das Ganze, in die uns der Glaube stellt, reden und handeln [...]. Übertriebene Aktionen oder Demonstrationen sind kein Mittel der Kirche. Auch der Einsatz für Wahrheit und Wahrhaftigkeit muss in der Liebe geschehen" (Konferenz der Kirchenleitungen 1989).

Diese Zurückhaltung und die offensichtliche Stabilisierungspolitik der Kirchenleitungen sind aber keineswegs als Phänomene einer Kollaboration zu verstehen. Diese gab es auch, selbst noch in den ersten Wochen der Revolution. Doch bei der offiziellen Linie der Kirche handelt es sich um ein „tief in protestantischer Mentalität verankertes Bewusstsein, dass nur eine intakte staatliche Ordnung protestantische Existenz garantiert." Eine „kirchliche Existenz im anarcho-revolutionären Raum" (Ueberschär 2003:127) wie sie sich im Sommer 1989 ankündigte, war schlechterdings für die kirchlich Verantwortlichen nicht vorstellbar.

Sie wollten in den instabilen Verhältnissen die Kirchen als stabile Institutionen erhalten und stärken (Goeckel 1995). Dies aber schloss revolutionäre Haltungen und Praktiken aus. Umso mehr stellt sich die Frage, warum die Kirchen dennoch revolutionäre Funktionen übernehmen konnten?

Die Schlüsselzeit des kirchenpolitischen Umschwungs war der September 1989. In diesem Monat kulminierten die Krisen des SED-Staates. Die Nachrichten aus Polen und Ungarn sowie die sowjetischen Reformbemühungen verunsicherten die SED-Führung. Die Massenflucht über Ungarn und die ČSSR wurde unbeherrschbar. Die aufwendige Inszenierung der Feierlichkeiten zum 40. Jahrestag der DDR-Gründung am 7. Oktober 1989 wurde durch die wachsende Unzufriedenheit der Bevölkerung überschattet. Neue oppositionelle Bewegungen formierten sich, die Künstler protestierten gegen den Reformunwillen der SED, und die Bereitschaft zu öffentlichen Protesten hatte in Leipzig und anderen Orten zugenommen. Immer mehr Kirchengemeinden gingen dazu über, ihre Logistik dem Protest zur Verfügung zu stellen. Was bisher unabhängig voneinander das SED-Regime belastete, ballte sich nun zusammen und erreichte eine kritische Phase. Die SED fand keine politischen Lösungen, sondern bereitete sich im Geheimen durch die alleinige Ausarbeitung von sicherheitspolitische Maßnahmen auf die Unterdrückung von Protesten vor.

Die Kirchen blieben in dieser Situation zwar ihrer Fixierung auf stabile Verhältnisse treu. Doch trauten sie angesichts der Krise dem SED-Staat nicht mehr zu, die anstehenden Probleme zu lösen. Der Staat war für viele Kirchenleute selbst zum Problem geworden. Das ist auch an den Argumentationsmustern zu erkennen, die kirchliche Vertreter gegenüber dem Staat zur Geltung brachten. Immer häufiger wandten sich die Staatsorgane an die Kirchenleitungen, auch an die örtlichen, um mit Bitten und Drohungen die Einstellung der Friedensgebete oder anderer kirchlicher Aktivitäten zu erreichen. Jetzt erklärten die Kirchenleute, dass nicht sie selbst oder die Friedensgebete für die Unruhe verantwortlich seien. Der Staat müsse Veränderungen einleiten, sonst würde die Lage noch komplizierter.

Wenn auch mit knapper Mehrheit leitete die Konferenz der Kirchenleitungen im September einen Kurswechsel ein. Sie richtete am 2. September einen Brief an Honecker und gab diesen am 9. September zusammen mit einem Appell zum Bleiben in der DDR an die Gemeinden. Honecker wurde gebeten, eine „offene und wirklichkeitsnahe Diskussion" zuzulassen, statt mit „Belehrungen oder sogar Drohungen" zu reagieren. Es sollten „eine realistische Berichterstattung" ermöglicht und jeder „Bürger als mitverantwortlicher Partner" respektiert werden (Leich 1989). Der Brief löste die Absage eines schon verabredeten Treffens zwischen Honecker und hochrangigen Kirchenvertretern aus.

Die Synode des Bundes der Evangelischen Kirchen vom 15. bis 19. September 1989 in Eisenach verschärfte die kirchenpolitische Situation trotz intensiver konspirativer Einflussnahme durch Agenten des MfS weiter. Die kritischen Theologen und Laiensynodale gewannen die Oberhand. Am Rande der Synode wurden Papiere der Oppositionsbewegungen und einiger Ost-CDU-Rebellen verteilt. Auch Leich sprach sich offen für die nun außerhalb der Kirchen agierenden Oppositionsgruppen aus. Einige Synodale verlangten den Boykott der Feierlichkeiten am 7. Oktober. Die Synode erklärte:

> „Wir brauchen: ein allgemeines Problembewusstsein dafür, dass Reformen in unserem Land dringend notwendig sind, [...] verantwortliche pluralistische Medienpolitik; demokratische Parteienvielfalt; Reisefreiheit für alle Bürger; wirtschaftliche Reformen; verantwortlichen Umgang mit gesellschaftlichem und persönlichem Eigentum; Möglichkeit friedlicher Demonstrationen;

ein Wahlverfahren, das die Auswahl zwischen Programmen und Personen ermöglicht" (Rein 1989: 216).

Dieser Erklärung, die über alle früheren politischen Stellungnahmen hinausging, folgten wütende Angriffe in der SED-Presse, die die Kirche auf die Seite der Konterrevolution übergelaufen sah. Das *Neue Deutschland* titelte am 21. September 1989 „Großdeutsche Ladenhüter auf der Kirchenversammlung". Trotz der Drohungen engagierten sich nun selbst kirchenleitende Geistliche für die Opposition. So richteten beispielsweise am 23. September zwölf sächsische Superintendenten und Kirchenjuristen eine scharfe Protester-klärung an den Ministerrat gegen die Nichtzulassung des *Neuen Forums* (Küttler 1993:31).

Maßgebliche Teile der Kirchen waren nun selbst zu politischen Akteuren geworden, die wirksam die Demokratisierungsanliegen der Opposition stützten. Dieses Zusammen-spiel der Kirchen mit den neuen oppositionellen Bewegungen war regional unterschiedlich ausgeprägt, jedoch überall zu spüren. Hinzu kam, dass die Kirchen nun selbst Forderungen anmeldeten. Sie verlangten eine Verbesserung der Bildungssituation für die christlichen Kinder an den Schulen. Außerdem setzten sie die Abschaffung des Amtes des Staatssekre-tärs für Kirchenfragen durch, das eines der wichtigsten Einfluss- und Kontrollorgane der SED gegenüber den Kirchen gewesen war.

Verknüpfung des Religiösen mit dem Politischen

Neben den Kirchen gehört die sich aus älteren kirchlichen Strukturen im Spätsommer 1989 neu formierte Opposition zu den wichtigsten Akteuren der Revolution. Ihre politischen Leistungen und ihre demokratische Gesinnung sollen hier nicht erörtert oder gar in Frage gestellt werden. Wohl aber verdient deren Beziehungsgeschichte zu den Kirchen Aufmerk-samkeit. Zu den Eigenarten dieser Opposition gehörten in der Regel deren enge kirchliche Bindungen. Ein Großteil der Gründer der revolutionären Bewegungen (des *Neuen Forums*, der Bürgerbewegung *Demokratie Jetzt*, des *Demokratischen Aufbruchs* und der *Sozialde-mokratischen Partei* (SDP)) kamen aus der kirchlichen Arbeit. Sie hatten nicht nur den geistigen und rechtlichen Freiraum der Kirche nutzen können, sondern waren auch durch theologische und spirituelle Erfahrungen geprägt. Diese nahmen sie als Orientierung mit.

Die Querverbindung zu den Kirchen war 1988 und im Frühjahr 1989 in den ökumeni-schen Versammlungen im so genannten „Konziliaren Prozess für Frieden, Gerechtigkeit und die Bewahrung der Schöpfung" deutlich geworden. Die von dieser Versammlung ver-abschiedeten Texte verlangten unter anderem die Ermöglichung eines „freimütigen und ehrlichen Meinungsaustausches", mehr „Rechtssicherheit", eine „klare Trennung der Kom-petenzen von Staats- und Parteifunktionen", eine Wahlrechtsreform sowie „gleiche Chan-cen für alle unabhängig von ideologischen Überzeugungen". Weiterhin forderten sie für „mündige Bürger […] ungehinderte Möglichkeit sich zu versammeln und in selbständigen Vereinigungen" (Aktion Sühnezeichen/Friedensdienste 1990:72f.) handeln zu können. Viele dieser Anregungen fanden sich auch in den ersten Positionspapieren der Opposition vom Herbst 1989.

Für Oppositionelle spielte das Leben bzw. die Lebensgestaltung in den Kirchen, ihren Gemeinden und Gruppen eine große Rolle. Hier wollten sie in Übereinstimmung von Wort und Tat ihre Wahrheit praktizieren. Immer wieder neu flammten in diesen Gruppen Lebensweisedebatten auf. Gewiss bewegten sich die Akteure damit in einem vorpolitischen Bereich, der zunächst nur geeignet war, die Voraussetzungen für das Politische zu schaffen. Dies entsprach den zivilgesellschaftlichen Konzepten, wie sie ostmitteleuropäische Autoren wie Václav Havel oder György Konrád vertraten, die die Entwicklung einer von der kommunistischen Partei und des von ihr okkupierten Staates unabhängigen Gesellschaft als Faktor der Machtbegrenzung der Kommunisten betrachteten (vgl.: Timmer 2000).

Folgerichtig lag daher der Schwerpunkt oppositioneller Betätigung im deutschen Fall weniger in der Ausarbeitung politischer Programme als vielmehr in der Abarbeitung politischer Themen. Und diese waren aus den offensichtlichen Mängeln des Herrschaftssystems abgeleitet. Auf die äußere und innere Militarisierung reagierte die oppositionelle Friedensbewegung, auf die extensive Wirtschaftsweise die Umweltbewegung und auf die Rechtlosigkeit die Menschenrechtsbewegung. Orientierung bot dabei eine protestantische Sozialethik, deren politisch motivierende Kraft aus der ihr innewohnenden Universalität rührte. Es ging den Oppositionellen nicht nur um die DDR, sondern um die Rettung der Menschheit. Diese konnte für Oppositionelle nicht von einer Kommandostelle zur Zwangsbeglückung ausgehen, sondern war an den Raum verwiesen, in dem Menschen Beziehungen durch die gegenseitige Anerkennung ihrer Rechte und ihrer Schuld unterhielten. Die Formel „*Gerechtigkeit, Frieden* und *Bewahrung der Schöpfung*" drückte den universellen Anspruch Gottes aus, dem der politische Akteur in einer dramatischen Herausforderung gerecht werden wollte.

1988 stellte beispielsweise Friedrich Schorlemmer auf dem Kirchentag in Halle ein Thesenpapier vor, in dem Reformstau und Krise der DDR in Verbindung zur „Lebensbedrohung globalen Ausmaßes" gebracht wurden:

> „Es geht uns Christen zuerst um unser Umdenken und um eine Umkehr, die jeden Einzelnen in der Tiefe betrifft und eine Umgestaltung gesellschaftlicher Strukturen braucht. Wir betrachten unsere gesellschaftliche Apathie als eine zeitgenössische Gestalt der Sünde" (Vorbereitungsgruppe Arbeitskreis Frieden Wittenberg 1988: 32).

Der sich anschließende politische Forderungskatalog enthielt auch Forderungen nach politischer Partizipation, freien Wahlen, Rechtsstaatlichkeit, Aufhebung des kommunistischen Wahrheitsmonopols und nach Reformen des Wirtschaftssystems. Indem also das politische Handeln als göttlicher Auftrag verstanden wurde und die menschlichen Fehlleistungen Einzelner bzw. der Gesellschaft gegenüber der aus den Fugen geratenden Schöpfung zu korrigieren waren, wurde Politisches dem Drama der Gott-Mensch-Beziehung zugeordnet. Die Missstände waren durch Buße abzustellen – eben eine protestantische Lösung.

Dass dabei pragmatisches politisches Handeln zu kurz kommen konnte, lag auf der Hand. So viel Energie diese Motivation auch freisetzte, so sehr sollte sich in Teilen der Opposition im Herbst der Mangel an Programmatik zeigen. Dieser utopische Überschuss, war selbst noch am *Zentralen Runden Tisch* bei nicht wenigen zu verspüren. Die Unsicherheiten in der Bearbeitung der deutschen Frage nach dem 9. November 1989 rührten zum Teil ebenfalls von ihrer Ethisierung durch Kirchenleute und Oppositionelle her. Viele von ihnen wollten erst alle Probleme der Welt lösen, bevor sie die Einheit Deutschlands befürworten wollten. Die Opposition hat also sehr wohl ihre politische Energie, ihre Geisteshaltung und ihre Zivilcourage ihren kirchlichen Wurzeln zu verdanken. Doch Programme und pragmatisches

Handeln konnten die Kirchen nicht zur Verfügung stellen. Politische Gehalte mussten sich Oppositionelle erst im Zuge der Revolution erarbeiten.

Die Verknüpfung des Politischen mit dem Religiösen in der Opposition scheint ein geistesgeschichtliches Paradox zu sein. Waren in der Opposition die demokratischen Ideen, die mit der modernen Säkularisierung aufs Engste verbunden sind, ausgerechnet aus dem Schoß der traditionellen Religion neu geboren? War die Besinnung auf demokratische Werte die nachholende oder gar nachahmende Übernahme westlichen Gedankengutes oder wurden sie aus religiösen Ursprüngen jeweils neu entwickelt?

In den verschieden Ländern gab es dazu unterschiedliche Ansätze. Dazu zwei ausgewählte Beispiele. Der Pole Adam Michnik hat 1977 in seinem Buch „Die Kirche und die polnische Linke. Von der Konfrontation zum Dialog" die Koalition von Kirche und Dissidenz mit den gemeinsamen Interessen an den Menschenrechten begründet. Die Brücke zur Kirche für die Intellektuellen baute in Polen Dietrich Bonhoeffer. Michnik greift auf ihn zurück, da dieser unter dem Eindruck der unmenschlichen Diktatur die Begriffe „Vernunft, Bildung, Humanität, Toleranz" nicht mehr gegen die christliche Kirche gerichtet sah, sondern deren „Rückkehr zum Ursprung" (Michnik 1980:103), zur christlichen Tradition feststellte.

Etwas weiter dagegen holte in der DDR Heino Falcke aus, der das Recht von Christen und der Kirche begründen wollte, sich gesellschaftlich und politisch einzumischen. Dazu entwarf Falcke 1984 ein vertragsrechtliches Konzept. Er wählte einen bundestheologischen Ansatz und hoffte zu einer erneuten „Einweltlichung des Bundesgedankens" beizutragen. Danach begründe der „Bund Gottes mit dem Volk [...] zugleich mitmenschliche Gemeinschaft" und sei „Beziehungswirklichkeit". Dieser Bund sei nicht wie in Thomas Hobbes Leviathan ein Verzicht auf Freiheit zugunsten eines Staates, der den Menschen zu bändigen habe. Dies sei die „Logik aller totalitären Staaten". Der Bund würde dagegen Beziehungen stiften, die „die ontologische Bestimmung des Menschen zur Gemeinschaft zur Erfüllung bringen" und die „Vision eines assoziativen Friedens" enthielte. Die politischen Gruppen, von ihm „Bundesschlussgruppen" genannt, seien Subjekte des Bundesschlusses und könnten angesichts der Unfähigkeit der Institutionen, politische Konflikte durch die Partizipation des Einzelnen zu bearbeiten, und angesichts des „Konformitätsdrucks der Gesellschaft" das Individuum zu verbindlichem und „verantwortlichem Handeln freisetzen". Dieses ermögliche letztlich „gesellschaftliche Veränderungsprozesse" (Falcke 1986:353ff).

Falcke argumentiert im Vergleich zu Michnik deutlich theologischer und durch den ethischen Bezug auch protestantischer. Aber beiden ist gemeinsam, dass sie die demokratischen Ideen aus christlichen Ursprüngen ableiten. Insofern liegt es nahe, den geistigen und geistlichen Widerstand und die aus den kirchlichen Strukturen herausgewachsene Opposition mit ihren rechtlichen und ethischen Dimensionen nach Claude Lefort als Ausdruck einer Verbindung „der demokratischen und der religiösen Opposition" im totalitären Staat zu sehen und darin etwas „vom demokratischen Wesen des Christentums oder vom christlichen Wesen der Demokratie"(Lefort 1999:64) zu erkennen. Eine solche Betrachtungsweise wird von einem der besten Kenner der ostmitteleuropäischen dissidentischen Milieus bestätigt, dem englischen Publizisten Timothy Garton Ash: „Ich wurde Zeuge des christlichen Geistes in seiner ursprünglichsten und reinsten Form" (Garton Ash 1990:474).

Es bleibt darauf hinzuweisen, dass gerade im Falle der DDR-Opposition die Differenz zur „normalen" und säkularisierten Bevölkerung in kultureller und letztlich auch in politischer Hinsicht sehr groß war. Die Aufladung des Politischen in Teilen der DDR-Opposition mit religiösen Ansprüchen und sozialethischen Utopien sollte sich im Fortgang der Friedlichen Revolution als politische Schwäche erweisen. So sehr der religiöse Hintergrund die Motive oppositionellen Handelns gestützt hatte, so sehr produzierte er angesichts der notwendigen schnöden pragmatischen Entscheidungen lähmende Skrupel.

Kirchen und Zivilgesellschaft

Erst als das SED-Regime in der Krise geschwächt war, weil das Gegenüber von Gesellschaft und Herrschaftskaste offensichtlich geworden war, versuchte es den Riss zu kitten, um selbst wieder handlungs- und machtfähig zu werden. Notgedrungen suchten die Kommunisten 1989 im Zerfall dadurch eine gewisse Stabilisierung zu erreichen, indem sie eine Annäherung an die zuvor bekämpften Oppositionellen anstrebten. So kam es zu den Verhandlungen am *Runden Tisch*, die der SED – trotz vieler politischer Manöver – zunehmend entglitten. Mit jedem Recht, das die Machthaber sich abhandeln ließen, verloren sie an Macht und stärkten sie die Gegenkräfte.

Die Kontaktgruppe der Opposition, in der alle wesentlichen oppositionellen Bewegungen vertreten waren, hatte im November 1989 den Runden Tisch vorbereitet. In der Sitzung der Kontaktgruppe am 24. November 1989 wurden die Kirchen offiziell gebeten, die Einladung zum *Runden Tisch* auszusprechen[2]. D*er Runde Tisch* verfügte von sich aus über keine Legitimation, etwa durch freie Wahlen. So musste der *Runde Tisch* seine Legitimität aus der Bewegung schöpfen, die zu ihm geführt hatte. Vor allem aber musste eine Gesprächsebene zwischen den alten und den neuen Kräften gefunden werden. Für diese vermittelnde Aufgabe schienen nur die Kirchen geeignet zu sein, weil sie mehr oder weniger Erfahrungen mit politischer Konfliktminimierung hatten und ein Mindestmaß an Vertrauen auf beiden Seiten genossen. Das war eine späte und ungewollte Frucht jahrzehntelanger Verhandlungsstrategien. Am *Zentralen Runden Tisch* in Berlin haben diese Aufgabe die kirchlichen Moderatoren, Oberkirchenrat Martin Ziegler, Monsignore Karl-Heinz Ducke und Pfarrer Martin Lange hervorragend gelöst. Mit einem Gottesdienst in der Gethsemanekirche verabschiedete sich der *Runde Tisch* vor den ersten freien Wahlen. Es war der erste Gottesdienst anlässlich eines staatsrechtlich bedeutsamen Aktes in der DDR.

Schon seit Oktober 1989 hatte der revolutionäre Prozess die Regionen und Kommunen erfasst. In wenigen Wochen beteiligten sich tausende Menschen an der Kontrolle der von der SED beherrschten Apparate. Dazu wurden neben den staatlichen Institutionen seit dem 20. November 1989 neue Strukturen geschaffen, für die sich schnell die Bezeichnung „Runder Tisch" durchsetzte. Seit der ersten Dezemberwoche luden auch die Räte der Bezirke, der Kreise und vieler Kommunen zu Runden Tischen ein, die bis Januar installiert wurden. Sie wollten damit ihrem Autoritätsverlust entgegenwirken. Die kirchlichen Vertreter verschiedener Konfessionen nahmen vielfach eine hervorragende Stellung ein und beanspruchten bisweilen ein eigenes Stimmrecht. Vor allem konnten sie im ganzen Land agieren, weil nur die Kirchen über eine unabhängige flächendeckende Struktur verfügten. Sie

---

2   Schreiben der Kontaktgruppe der Opposition an das Sekretariat der Berliner Bischofkonferenz und das Sekretariat des Bundes der Evangelischen Kirchen. Berlin 24. 11.1989, in: Kuhrt/Buck/Holzweißig (1999), S. 463.

verfügten darüber hinaus über Sprachfertigkeiten und nahezu allein über Erfahrungen mit demokratischen Verfahren.

Durch die regionalen Runden Tische bildete sich eine machtpolitische Doppelstruktur auf allen Ebenen, in der schließlich die Runden Tische seit Januar 1990 trotz anfänglicher Obstruktion vieler SED-Kader ein Übergewicht bekamen. Neben den politischen Aufgaben zur Durchsetzung der Revolution mussten die Runden Tische Geburtshelfer für die zivilgesellschaftliche Rekonstruktion werden.

Sie haben die Arbeitsfähigkeit der kommunalen Verwaltungen gesichert, den Auflösungsprozess des MfS/AfNS begleitet, wurden Beschwerdestelle für das tausendfach erlebte SED-Unrecht, kümmerten sich um die Zulassung von neuen Gewerben und um die Regelung von westdeutschen Wirtschaftsaktivitäten, waren mit dem allgemeinen Verfall der Bausubstanz und den Mängel des Gesundheitswesens befasst, lösten die Parteistrukturen der SED aus der Schule und anderen Institutionen und förderten die Selbstorganisation der Bürger in Vereinen und Initiativen.

Die Erfahrung der Arbeit an den Runden Tischen war für viele Beteiligte beglückend. Bis heute gibt es euphorische Erzählungen. Die Runden Tische sind damals und später immer wieder als Alternative zur parlamentarischen Demokratie idealisiert worden. Stichworte waren Bürgernähe, Sachpolitik, Beteiligungsdemokratie. Das grundsätzliche Problem der Runden Tische aber war deren fehlende Legitimation. So hatten sie nur eine Übergangsfunktion. Als nach den ersten Kommunalwahlen am 6. Mai 1990 die Runden Tische überflüssig wurden, haben einige versucht, die Tische weiterzuführen, darunter auch wieder protestantische Theologen. So sind die Runden Tische bis heute utopisch verklärt. Um sie spinnen sich Mythen, die sich hartnäckig bis in die Wissenschaft hinein halten. Dazu gehört etwa der angebliche Verfassungsentwurf des Zentralen Runden Tisches. Den hat es aber nicht gegeben. So mancher konstruiert eine Analogie zur christlichen Tischgemeinschaft der Zwölf. Daran ist nur eines richtig: Es gab eben dort auch den Judas, oft sogar gleich mehrere.

Politische Spiritualität

Ein genuiner Beitrag der Kirchen zur Revolution waren die Friedensgebete.[3] Sie waren Orte des Synergismus von Kirche, Opposition und Gesellschaft. Die Kirchengebäude stellten einen geschützten Raum dar. Die Friedensgebete standen monatelang im engsten Zusammenhang mit den Demonstrationen. Die Gebete boten eine verlässliche „Wiederholungsstruktur"[4], die Kirchenbesuch und Demonstrationsteilnahme nahezu ritualisierten. Dort wo sich spontan Demonstrationen ereigneten, wurden bald auch Friedensgebete angeboten. In kleinen Orten waren die Friedensgebete oft das einzige Forum der Bürgerproteste. Selbst als der öffentliche Raum ab Ende November frei gekämpft worden war und Veranstaltungen auch außerhalb der Kirchen stattfinden konnten, verloren die Friedensgebete nicht ihre Funktion. Die Kirchen wurden weiterhin als neutrale Orte genutzt, wo sich Bewegungen und Parteien vorstellen und strittige Fragen debattiert werden konnten.

---

3   Die bislang fundierteste Analyse der Friedensgebete: Geyer (2007).
4   Dazu: Wagner-Kyora (1999), S. 361/362.

Die Friedensgebete waren ein Ort der Kooperation zwischen allen relevanten politisch agierenden Gruppen: den Ausreiseantragstellern, den kirchlichen Vermittlern, der Opposition, den Demonstranten, den Künstlern und bisweilen auch Vertretern der SED. Sie waren Nachrichtenbörse und Kommunikationsraum, Orte für Mahnwachen und Anlaufstellen für Verfolgte, auch Verteilstellen für Material. Sie waren Ruhepunkt und gaben der Hoffnung auf Veränderung eine Heimat. Die Besucher fanden im anomischen Zustand von Staat und Gesellschaft ein Zentrum, wo die Sprache und die verwendeten Symbole mehr Zukunft für eine Neuordnung des Gemeinwesens versprachen, als die der kommunistischen Propaganda, die die gesellschaftliche Realität verfehlte. Möglicherweise leistete der Rückgriff auf die Verbindung des Religiösen mit dem Politischen in den Friedensgebeten einen Beitrag zur Säkularisierung der „politischen Religion" der Kommunisten. Das Schicksal, das die Kommunisten den Kirchen zugedacht hatten, das Verschwinden von der geistigen Bühne der Gesellschaft, wurde ihnen nun selbst zuteil. In den Kirchen standen die Rituale der Befreiung den kommunistischen Ritualen der Unterwerfung, des Schweigens und des ohnmächtigen Mitmachens gegenüber. Die politische Vernunft, die Rationalität der Motive und Erwartungen, waren in den kirchlichen Friedensgebeten angesiedelt. So wurden die Friedensgebete ein wichtiges Medium im Ringen um die Macht.

Die machtpolitische Relevanz der Friedensgebete zeigt sich auch am Kontrast zwischen der Erfahrung Friedensgebet und der mitgebrachten Erfahrung aus der Lebenswelt der DDR. Mitgebracht wurde die Erfahrung der abgegrenzten und stagnierenden DDR. In den Friedensgebeten stellten sich die Menschen in einen völlig anderen Kontext. Die Kirchen symbolisierten als Gebäude und als Institution einen langen Zeitraum, ja eine Ewigkeit. Sie waren unbegrenzt in den transzendenten Raum geöffnet. Die geistlichen Formen, Fasten-Aktionen, religiöse Texte, religiöses Liedgut, Fürbitten antizipierten und transzendierten die politischen Hoffnungen. Mit den Texten des Widerstandskämpfers Dietrich Bonhoeffer, des amerikanischen Bürgerrechtlers Martin-Luther King oder Texten aus befreiungstheologischen Traditionen wurden die Besucher der Friedensgebete in weite Horizonte von Freiheitserwartungen gestellt. Die aktuellen, politischen Erfahrungen erfuhren darin eine religiöse Dramatisierung, die über sie hinauswies.

Was war dagegen die kleine, graue, beengte und kurzlebige DDR? Sie schrumpfte zusammen, sie ging ihrer Ansprüche verlustig.

So ausgestattet konnten die Besucher auf die Straße gehen. Vielfach nahmen sie noch mit, was sie gerade erlebt hatten. Das waren häufig Kerzen und noch deutlicher die Entschlossenheit zum gewaltfreien Handeln. Gewaltlosigkeit war für die Kirchenleute eine ethisch und theologisch motivierte Hilfe zur Kompensation des politischen Konfliktpotentials. Für die Oppositionellen war sie darüber hinaus ein strategisches Instrument zur Überwindung der Kommunikationsblockaden der SED. Und für den Staat garantierte sie die Wahrung des Gesichtes sowie einen Zeitgewinn in einer verfahrenen Lage. Dass die Gewaltlosigkeit zum Herrschaftsverlust beitrug, lag schließlich auch daran, dass sie das kommunistische Prinzip „Wer wen?" als Gestaltungselement von Politik ad absurdum führte. Unerwartet für viele Veranstalter nahmen auch die atheisierten Menschen die für sie ungewohnte politische Spiritualität an. Sie waren in einen Raum gekommen, wo frei gesprochen wurde. Sie hatten Jahrzehnte geschwiegen. Allenfalls hatten sie sich eine kryptische und verschlüsselte Sprechweise angewöhnt oder sich politisch nur im Privaten geäußert. Jetzt machten sie die Erfahrung des Glücks des freien Redens. Zeitzeugen beschreiben immer wieder und aus allen Orten der DDR, wie die Menschen in den Friedensgebeten zu ihrer eigenen Sprache, zu ihrem eigenen Denken und Wollen zurück fanden. Einer der theologischen Akteure berichtet über die Wortmeldungen der Besucher: „Dann setzte eine Aussprache ein, in der hier und in den folgenden Abenden alles hoch kam, was das Volk 40 Jahre runtergeschluckt hatte: es war eine Flut von Klagen und Anklagen, Verzweiflungen und Hoffnungen, Weinen und Schreien und persönlichen Schicksalen, die erzählt wurden" (Winkelmann 2003).

Das war ein Anfang. Auf der Straße setzte sich das fort. Plötzlich sprachen sie. Im September riefen sie noch defensive Losungen. Im Oktober waren es freche und witzige Sprüche und Sprachspiele, die die Sprache der SED aufnahmen und verhöhnten. Im November war es schon eine totale Abrechnung mit dem System. Einer der Leipziger Zeitzeugen am 6. November hielt fest:

> „Die Zurückweisung der SED-Parteispitze durch die... Versammelten hatte etwas Endgültiges. Die Demontage der Partei- und Staatsmacht im Kopf war vollzogen oder geschah in diesem Augenblick, ohne dass die Beteiligten Tempo und Dynamik künftiger Ereignisströme auch nur annähernd vorauszusehen vermochten. Die Sprechchöre ‚Zu spät!' hörten sich... wie der Kommentar eines antiken Chores zu einem Geschehen, das unaufhaltsam, unumkehrbar, endgültig seinen Lauf genommen hatte..." (Zwahr 2000: 154).

Sind also die wirklichen Helden im Machtkampf die demonstrierenden DDR-Bürger? Sören Kierkegaard schrieb über Helden:

> „Wenn auch der Erfolg die ganze Welt erfreuen kann, dem Helden kann er nicht helfen; denn den Erfolg bekam er erst zu wissen, als alles vorbei war; und nicht dadurch wurde er ein Held, sondern dadurch, dass er anfing" (Kierkegaard 1911: 200).

Doch wieso und warum fingen sie an, obwohl sie bisher über Jahrzehnte ängstlich geschwiegen, sich gebeugt hatten?

Auch hier kann Kierkegaard etwas erklären. Für ihn ist die Angst des Menschen konstitutiv. Angst wurzelt in der Ahnung dessen, was geschehen kann. Der Mensch kann versuchen der Angst zu entkommen, indem er sich in Unauffälligkeit und Konformität ins Allgemeine flüchtet. Aber er kann seine Angst annehmen, ins eigene Sein integrieren, mit ihr leben. Das entsprach 1989 der Situation vieler Menschen. Angst hatte es in der DDR immer gegeben, das Regime lebte davon. Die im Menschen angelegte Angst wurde vom Regime genutzt. Im Herbst 1989 aber gingen die Menschen auf die Straße, am 9. Oktober in Leipzig, Dresden, Berlin und anderswo. Auch auf der Straße hatten sie Angst, sie konnten ahnen, was alles möglich war. Aber sie gingen nun trotzdem mit der Angst vor dem Zukünftigen und zugleich mit der Hoffnung auf Zukünftiges. Dass die Hoffnung nicht erlosch, lag eben auch an den Friedensgebeten. Vielleicht waren sie nur eine Gelegenheit. Aber es gab keine andere.

Eric Voegelin hatte schon 1938 unter dem Eindruck des Nationalsozialismus darauf verwiesen, dass der Weltanschauungsdiktatur nicht allein mit ethischen Urteilen und intellektueller Redlichkeit gewehrt werden könne. Er erkannte die Grenzen der Aufklärung und der vernünftigen Einsicht, ja selbst Grenzen der moralischen Vorhalte. Wie war es möglich, dass die Gebildeten in Deutschland, erzogen mit der Ethik Immanuel Kants, geschult im Umgang mit der kritischen Vernunft, mit der menschenverachtenden mörderischen Diktatur der Nazis kollaborierten oder schweigend wegsahen? Wie konnte es geschehen, dass in der

DDR selbst die hoch qualifizierten Geistesschaffenden alles sichtbare Unrecht als notwendig oder als Übergangserscheinung zum Glück akzeptierten oder auch ängstlich hinnahmen. Voegelin schrieb damals: Es bedürfe in der Auseinandersetzung mit der „politischen Religion" einer religiösen Gegenposition.

„Einer nicht nur sittlich schlechten, sondern religiös bösen, satanischen Substanz kann nur aus einer gleich starken religiösen guten Kraft der Widerstand geleistet werden" (Voegelin 1993: 6).

Vielleicht ist das eine Antwort auf die Frage, warum die Kirche 1989 in eine revolutionäre Rolle geriet.

Literatur

Aktion Sühnezeichen/Friedensdienste (1990)(Hrsg.): Ökumenische Versammlung für Gerechtigkeit, Frieden und Bewahrung der Schöpfung, Berlin.

Beschluss der Synode des BEK vom 15. – 19. September. Abgedruckt in: Rein, Gerhard (1989): Die Opposition in der DDR. Entwürfe für einen anderen Sozialismus. Wichern-Verlag, Berlin (West).

Falcke, Heino (1986): Mit Gott Schritt halten: Reden und Aufsätze eines Theologen in der DDR aus 20 Jahren. Berlin-West.

Garton Ash, Timothy (1990): Ein Jahrhundert wird abgewählt. Aus den Zentren Mitteleuropas 1980–1990. Hanser, München.

Geyer, Herrmann (2007): Nikolaikirche, montags um fünf: die politischen Gottesdienste der Wendezeit in Leipzig. Wissenschaftliche Buchgesellschaft, Darmstadt.

Goeckel, Robert F. (1995): Die evangelische Kirche und die DDR. Konflikte, Gespräche, Vereinbarungen unter Ulbricht und Honecker. Evangelische Verlagsanstalt, Leipzig.

Initiative Frieden Menschenrechte (Hrsg.) (1988): Die Kirche, August 1988, Samisdat.

Kierkegaard, Sören (1911): Religion der Tat. Leipzig.

Konferenz der Kirchenleitungen, 124. Tagung, Vorlage Nr. 3/2, 2./3.6.1989. Meinungsbildung zu Anfragen im Zusammenhang mit der Kommunalwahl, Sammlung Neubert.

Kuhrt, Eberhard/Buck, Hannsjörg F./Holzweißig, Gunter (1999)(Hrsg.): Opposition in der DDR von den 70er Jahren bis zum Zusammenbruch der SED-Herrschaft. Leske und Budrich, Opladen.

Küttler, Thomas/ Röder, Jean Curt (1993): Die Wende in Plauen. Neupert, Plauen, S. 31.

Lefort, Claude (1999): Fortdauer des Theologisch-Politischen? Passagen Verlag, Wien.

Leich, Werner (1988): Gesellschaft mit menschlichem Angesicht, in: Kirche im Sozialismus 1988/5, S.171.

Leich, Werner (1989): Vorsitzender der Konferenz der Kirchenleitung, Schreiben vom 4.9.1989 mit Sperrfrist 9.9.1989 an die Gemeinden des BEK. Sammlung Neubert.

Michnik, Adam (1980): Die Kirche und die polnische Linke. Von der Konfrontation zum Dialog. München.

Timmer, Karsten (2000): Vom Aufbruch zum Umbruch. Die Bürgerbewegung in der DDR 1989, Vandenhoeck und Ruprecht Verlag, Göttingen.

Ueberschär, Ellen (2003): Ein neuer Kirchenkampf? Kirchliche Deutungen im Vorfeld des 17. Juni, in: Greschat, Martin/ Kaiser, Jochen-Christoph (Hrsg.): Die Kirchen im Umfeld des 17. Juni 1953, Kohlhammer Verlag, Stuttgart.

Vorbereitungsgruppe Arbeitskreis Frieden Wittenberg (1988): Umkehr führt weiter. Wo gesellschaftliche Erneuerung nötig wird. Thesen zum Kirchentag in Halle 1988, in: Über das Nein hinaus. Aufrisse II, Samisdat.

Voegelin, Eric (1993): Die Politischen Religionen. Wilhelm Fink Verlag, München (Nachdruck der Erstveröffentlichung. Wien 1938).

Wagner-Kyora, Georg (1999): Eine protestantische Revolution in Halle, in: Heydemann, Günther/Mai, Gunter/Müller, Werner (Hrsg.): Revolution und Transformation in der DDR 1989/90, Duncker und Humblot, Berlin.

Winkelmann, Bernd (2003): Es geschieht an uns. Die tragende Kraft politischer Spiritualität. Erfahrungen aus den Kirchen und Gruppen in der DDR und in der Wendezeit, Vortrag am 28.10.2003 in Adelsborn, Privatarchiv Winkelmann.

Zwahr, Hartmut (2000): Zeitzeugenschaft. Wiederbegegnung mit einem Text vom 6., 7. und 8. November 1989. In: Burz, Ulfried/Derndarsky, Michael/Droebesch, Werner (Hrsg.): Mitteleuropa.Wien.

Die internationalen Medien und der Zusammenbruch des Kommunismus in Ungarn und Rumänien: Eine vergleichende Analyse

Dragoş Petrescu

In diesem Essay wird der Einfluss der internationalen Medien auf den Zusammenbruch der kommunistischen Regime in Ungarn und Rumänien erörtert. Dazu wird im Folgenden eine Analyse auf drei Ebenen angestrebt, die Kurz- und Langzeitprozesse berücksichtigt und auf dem Konzept der *Kommunikation* und dem der *Propaganda* basiert. *Kommunikation* wird hier verstanden als eine Übermittlung sachlicher, direkter Informationen, die gewisse ethische Prinzipien berücksichtigt. *Propaganda* bezieht sich auf die Massenüberzeugung, d.h. auf die Rolle der Kommunikation während des Kalten Krieges, auf psychologische Kriegsführung und auf den starken Gegensatz zwischen pro-demokratischer und „roter" Propaganda. In Anbetracht der Beschränkung der Analyse auf zwei Ländern wird sich die hier angestrebte Untersuchung auf den internationalen Rundfunk in den Sprachen Mittelosteuropas konzentrieren.

Die *erste Ebene* bezieht sich auf westliche, vornehmlich amerikanische Bemühungen um internationale Überzeugungsarbeit und antikommunistische Propaganda während der Periode 1949 bis1956.[1] Diese Periode antikommunistischer Bemühungen kam im sowjetisierten Europa nach der Revolution in Ungarn 1956 zu einem Ende. Die *zweite Ebene* behandelt die Rolle der internationalen Medien bei der Vermittlung eines idealisierten Bildes vom kapitalistischen Westen und dem „American Way of Life". Das hier auszuarbeitende Argument lautet, dass diese Form der Propaganda, die hauptsächlich auf die große Vielfalt der im Kapitalismus produzierten Konsumgüter fokussierte, jeden Gegenversuch der kommunistischen Propaganda permanent untergrub. Auf der *dritten Ebene* steht die Rolle, welche die internationalen Medien während des Umbruchsjahres 1989 wahrnahmen, im Mittelpunkt der Analyse. Hier wird diskutiert, in welcher Weise Kommunikation und Propaganda ein integraler Bestandteil der internationalen Medien waren, vor allem aber wie die Übermittlung direkter Informationen durch die strategische Nutzung ausgeklügelter Methoden die öffentliche Meinung beeinflusste. Dieser Typ Information, meistens von *Radio Freies Europa* übertragen, hatte einen substantiellen Effekt auf die Menschen, die in kommunistischen Regimen lebten, und trug zu dem Schneeball-Effekt bei, der schließlich zum Zusammenbruch des Kommunismus in Mittelosteuropa führte.

Die internationalen Medien spielten insofern eine wichtige Rolle, als sie mithilfe ihrer raffinierten Methoden die strukturellen Mängel des kommunistischen Systems aufdeckten, zuweilen vielleicht sogar übertrieben. Dies trug entscheidend zum Aufkommen einer politischen Kultur des Widerstands in den kommunistischen Ländern bei, wodurch sich die Prozesse beschleunigten, die schließlich im Untergang des kommunistischen Regimes kulminierten. Die folgende Analyse will zeigen, dass die internationalen Medien aufgrund der Besonderheit des rumänischen Kommunismus, d.h. des Regimes und der geteilten politi-

---

1   Für eine umfassende Analyse über die Art und Weise, wie die Vereinigten Staaten ihre psychologische Kriegsführung im Kalten Krieg betrieben, siehe Sproule (1997).

schen Kultur, einen starken Effekt auf den Zusammenbruch des Kommunismus in diesem Land ausübten. In Ungarn hatten die internationalen Medien dagegen aufgrund des Erbes der Revolution von 1956, die das Regime und die politische Kultur nachhaltig beeinflusste, eher einen begrenzten Einfluss auf den endgültigen Sturz des Kommunismus. Allerdings spielten die internationalen Medien, wie weiter unten gezeigt werden soll, eine Hauptrolle in der Revolution von 1956. Zugleich trugen sie sowohl in Ungarn als auch nach 1968 in der Tschechoslowakei und nach 1981 in Polen dazu bei, den Mythos von den „für die Freiheit kämpfenden" Nationen (Ungarn, Tschechoslowakei, Polen) im Gegensatz zu den „unterwürfigen" Nationen (Bulgarien und Rumänien) zu kreieren. So bemerkte beispielsweise Dennis Deletant treffend im Hinblick auf die vermeintliche Hörigkeit der Rumänen unter der kommunistischen Führung, dass „virtually nothing was known in the West of the courageous struggle in the Carpathian mountains of small bands of partisans [in the early 1950]" (Deletant 1999: 225).[2] Dennoch trug dieser Mythos dazu bei, dass die erstgenannten Nationen nach den Revolutionen von 1989 vergleichsweise schnell in die Familie der „zivilisierten" europäischen Nationen und aufgenommen wurden, während sich die Inklusion der letztgenannten länger hinzog.

Die Kriegspropaganda des Kalten Krieges: Ausdrücke, Vorstellungen und Wahrnehmungen

Bevor die Beispiele Ungarn und Rumänien angesprochen werden, soll zunächst die Struktur der westlichen Rundfunksendungen in fremden Sprachen während des Kalten Krieges kurz erläutert werden. Laut George R. Urban, dem Leiter des Senders *Radio Freies Europa* zwischen 1983 und 1986, lassen sich zwei Hauptströmungen bei der Ausstrahlung in den nationalen Sprachen der sowjetisierten europäischen Länder ausmachen (Urban 1997: ix-x). Die erste Sparte wurde durch die Programme von Radiosendern wie beispielsweise *British Broadcasting Corporation* (BBC), *Voice of America* (VOA), *Deutsche Welle* (DW), *Radio Vatican*, etc. repräsentiert. Die obersten Ziele dieser Radiosender waren es, die politischen, wirtschaftlichen und kulturellen Interessen ihrer Regierungen zu fördern. Mit anderen Worten, sie hatten nur ein begrenztes Interesse am Schicksal der Menschen, die unter Regimen sowjetischen Typs lebten. Vielmehr lag ihr Hauptziel in der Verfolgung ihrer eigenen nationalen Interessen. Zur zweiten Art von Rundfunkübertragung zählten *Radio Freies Europa* (RFE) und *Radio Liberty* (RL), die von der Regierung der Vereinigten Staaten gesponsert wurden. Beide Radiosender gingen zwischen 1951 und 1952 in München zum ersten Mal auf Sendung. *Radio Freies Europa* sendete in den Sprachen des „anderen Europas" und setzte es sich zum Ziel, sich mit den Hoffnungen, nationalen Stimmungen und kulturellen Traditionen der Menschen zu identifizieren, die in der Zeit nach dem Zweiten Weltkrieg unter die sowjetische Hegemonie gefallen waren, und die Hoffnung auf Befreiung und Selbstbestimmung in diesen Ländern am Leben zu halten. Wie Urban treffend formuliert, war es die Aufgabe von RFE, zu „den Polen *als* Polen und den Tschechen *als* Tschechen"

---

2   Zum bewaffneten Widerstand in den Bergen der Karpaten vgl. den Beitrag von Cristina Petrescu in diesem Band. Dieses Kapitel der neueren Geschichte Rumäniens scheint von denjenigen völlig vernachlässigt worden zu sein, die für eine Unterscheidung zwischen den „rebellischen" Mitteleuropäern (Ungarn, Tschechen, Polen) und den „nicht-rebellischen" Südosteuropäern (Bulgaren und Rumänen) plädieren.

(Urban 1997: 2) zu sprechen. *Radio Liberty* hatte eine etwas komplexere Aufgabe zu erfüllen, da der Sender dazu bestimmt war, die Bevölkerung der Sowjetunion insgesamt anzusprechen. Es sollte hierbei berücksichtigt werden, dass die Sowjetunion eigentlich eine Kolonialmacht war. Das Radio musste also nicht nur Russen, sondern auch Ukrainer und andere nicht-russische Menschen erreichen, die unterschiedliche Ansichten bezüglich der Selbstbestimmung und der Befriedigung nationaler Interessen innerhalb der Sowjetunion hatten. Dadurch wurde der Wirkungsgrad von *Radio Liberty* stark reduziert. Da sich diese Untersuchung hier allerdings auf Ungarn und Rumänien konzentriert, werden die Aktivitäten von *Radio Freies Europa* stärker berücksichtigt und die Rolle, die *Radio Liberty* spielte, etwas vernachlässigt.

Besonders kontrovers wird vor allem die Mitwirkung des Senders RFE an der ungarischen Revolution 1956 diskutiert. Einige Autoren behaupten, dass der Sender die Aufständischen verantwortungslos irregeführt und dazu verleitet habe, zu glauben, die westliche Intervention auf der Seite der Revolution stünde kurz bevor. Neuere Untersuchungen decken allerdings auf, dass dieses Missverständnis auf ein unglückliches Zusammenspiel von Irreführung, Aufhetzung und leidenschaftlichen Kommentaren und Analysen der ungarischen Abteilung von RFE auf der einen Seite und einem starken Wunschdenken bei den Revolutionären auf der anderen Seite zurückzuführen ist. Die Aufständischen wollten einfach daran glauben, dass die amerikanische Regierung zu ihrer Unterstützung militärisch intervenieren würde.

Die ungarische Revolution von 1956 brach am 23. Oktober aus, ausgelöst durch eine Demonstration von Studenten verschiedener Universitäten in Budapest. Es muss erwähnt werden, dass die Ereignisse in Ungarn teilweise durch die spektakulären Veränderungen während des Sommers in Polen inspiriert worden waren. RFE hatte diese Ereignisse flächendeckend thematisiert, wie Urban schreibt:

„Radio management would have done well to recognize without delay the implications of Gomulka's rehabilitation and popular acceptance in Poland, and the enthusiasm with which Hungary's mushrooming student circles, schoolchildren's parliaments, dissident intellectual associations, and other 'assemblies' were adopting and then beginning to apply the Polish example to Hungarian conditions, the culmination of the trend being the demand for Imre Nagy's return to power" (Urban 1997: 229).

Darüber hinaus muss man die immense Bedeutung der „geheimen Rede" von Nikita Chruschtschow anlässlich des 20. Parteitag der Kommunistischen Partei der Sowjetunion (KPdSU), die er in der Nacht vom 24. auf den 25. Februar 1956 hielt, in Betracht ziehen, um den Verlauf der ungarischen Revolution von 1956 nachvollziehen zu können. Mit dieser Rede wurde ein völlig neues Kapitel in der Geschichte der kommunistischen Regime aufgeschlagen (Wolfe 1957). Letztendlich gipfelte Chruschtschows Kampagne der Entstalinisierung darin, dass er den „moralischen Verfall des Kommunismus" eingestand. Wie Leszek Kolakowski treffend formulierte: „Die Entstalinisierung erwies sich als ein Virus, von dem sich der Kommunismus nie mehr erholte" (Kolakowski 1978: 453). Allerdings können wir dieses spezielle Kapitel in der Geschichte der kommunistischen Regime an dieser Stelle nicht näher erläutern. Was unseren Fall betrifft, so wurde die „geheime Rede" Chruschtschows, in der das neue sowjetische Oberhaupt Stalins Personenkult angriff, am ehesten in Polen und Ungarn konstruktiv aufgenommen. Sie hat zum „polnischen Oktober" von 1956 bzw. zur ungarischen Revolution von 1956 entscheidend beigetragen. Ungarn war auch das erste Land, in dem die Stalinisten nach dem Tod des Diktators im März 1953 ihren Einfluss verloren. Im Juli 1953 wurde die stalinistische Führung Ungarns zum Rücktritt gezwungen, und Imre Nagy, der zur Hauptfigur der ungarischen Revolution von 1956 werden sollte, wurde zum Ministerpräsidenten ernannt.

Ein kurzer Exkurs zu den Ereignissen, die in Polen im Jahr 1956, also kurz vor der ungarischen Revolution, stattgefunden haben, könnte hilfreich sein, um den Einfluss dieses Landes auf den ungarischen Fall zu verstehen. Am 28. Juni 1956 fand als Reaktion auf starke wirtschaftliche Einschnitte ein Streik der Arbeiter der Josef-Stalin-Metallwerke (ehemals H. Cegielski) in der Stadt Posen statt, die sich durch eine starke, auf den Zeitraum zwischen den Kriegen zurückgehende Arbeitertradition auszeichnete. Dieses Ereignis rief den ersten sozialen Aufstand im Nachkriegs-Polen hervor (Kennedy 1991:26). Die Streikenden marschierten durch die Stadt und forderten Lohnerhöhungen, bessere Wohnungen für die Arbeiter und eine Änderung der strengen Arbeitsvorschriften und der hohen Besteuerung. Die Berichte sprechen von zwischen 20.000 und 100.000 Menschen, die auf die Straße gingen. Der Fußmarsch begann friedlich, nahm aber eine gewalttätige Wendung, als die Innenstadt Posens erreicht wurde. Einige Autoren behaupten, dass die Gewalt aufgrund von Gerüchten begonnen habe, denen zufolge die Arbeiterdelegation, die mit den Staatsvertretern verhandeln sollte, verhaftet worden sei. Die rigorose Zerschlagung der Revolte durch die Armee führte nach offiziellen Schätzungen zu 53 Toten und 300 Verletzten unter den Arbeitern. Unabhängige polnische Quellen allerdings setzen die Zahlen höher an und berichten von 74 Toten und 400 Verletzten (Kennedy 1991: 26). Die Spannungen, die schon vorher innerhalb der machthabenden Elite existiert hatten, verschärften sich durch die blutige Unterdrückung des Arbeiteraufstands in Posen weiter und führten schließlich zu einem Machtwechsel auf der höchsten Ebene der Polnischen Vereinigten Arbeiterpartei (PVAP). Am 21. Oktober 1956 wurde Władysław Gomułka zum Parteichef (wieder-)gewählt (er war 1949 seines Amtes in der Parteiführung enthoben worden und hatte drei Jahre im Gefängnis verbracht.). Die Position Gomulkas als einer nationalen Führungsperson schaffte zusammen mit seinem offensichtlichen Widerstand gegen die Sowjetunion die Voraussetzungen für die Legitimierung des polnischen Kommunismus. Wie Andrzej Korbonski darlegt: „In October 1956, Gomulka, perceived as a victim of Stalinism and as a standard bearer of Polish independence as well as enjoying the support of the [Catholic] Church, was in an excellent position to make communism legitimate" (Korbonski 1983: 39). In dieser Zeit wollten Arbeiter, Bauern, Intellektuelle und Parteimitglieder gleichermaßen „Sicherheit und Stabilität" erreichen, und es hatte den Anschein, als ob Gomulka genau die Führungsperson sein würde, mit der diese Ziele erreicht werden könnten (Kennedy 1991: 27).

Wie bereits erwähnt, wurde die Revolution in Ungarn durch die Studentendemonstration am 23. Oktober 1956 in Gang gesetzt. Die Demonstranten versammelten sich an dem Denkmal von General Bem, einem polnischen General, der die ungarischen revolutionären Kräfte in den Kämpfen gegen die Habsburger im Jahre 1849 angeführt hatte. Es beteiligten sich aber auch viele Einwohner Budapests an der Demonstration, so dass die Menge, die sich an dem Denkmal versammelte, bald Zehntausende zählte. Nach dem polnischen Modell – der Wiedereinsetzung von Gomulka – riefen viele Slogans wie „Imre Nagy in die Regierung!". Nagy, der sich zu diesem Zeitpunkt außerhalb Budapests befand, kehrte am Morgen des 23. Oktobers zurück in die Stadt und wurde gebeten, zu einer Menschenmenge von ungefähr 200.000 Personen, die am Abend vor dem Parlamentsgebäude auf ihn wartete, zu sprechen. Nagy sprach tatsächlich zu den Demonstranten, versuchte aber in seiner Rede die Menge zu besänftigen, was viele dazu veranlasste, die Demonstration frustriert zu verlassen. In derselben Nacht entfernte die Menge eine Statue Stalins und ließ nur ein paar Stiefel auf dem Sockel. Nahezu zeitgleich stürmten Demonstranten das Gebäude des staatlichen Radiosenders, wobei sowohl von den Sicherheitskräften, die das Gebäude bewachten, als auch von den Aufständischen Schüsse abgefeuert wurden. Einige Autoren sehen in der Stürmung des Gebäudes des staatlichen Radiosenders den Anfang der bewaffneten Revolte (Litván 1996: 58). Von diesem Moment an überstürzten sich die Ereignisse. Imre Nagy, zum Ministerpräsidenten ernannt, bemühte sich darum, eine politische Lösung für die Krise zu finden, während sich die Revolution über das ganze Land ausbreitete. Am 27. Oktober wurde eine neue Regierung proklamiert, die aus weniger kompromittierten Politikern bestand. Am 1. November informierte Nagy den damaligen Botschafter der Sowjetunion in Budapest, Yuri Andropov, über die Entscheidung Ungarns, vom Vertrag des Warschauer Paktes zurückzutreten, und verkündete die Neutralität Ungarns im Radio. Zwischen dem 1. und 4. November schienen die rasanten Veränderungen auf die Etablierung einer demokratischen politischen Ordnung hinauszulaufen. Aber am 4. November 1956 marschierten bekanntlich sowjetische Truppen in Budapest ein und beendeten so gewaltsam die Regierungsreformen von Nagy. Mit der Unterstützung der Sowjetunion kam János Kádár an die Macht, und am 7. November war das Kádár-Regime offiziell eingesetzt.

Während der Tage der Revolution glaubten viele Aufständische daran, der Westen würde sie aktiv unterstützen. Viele nahmen die amerikanische Propaganda allzu wörtlich. Wie ein junger Revolutionär bekannte, beeinflusste die westliche Propaganda seine politische Überzeugung stark: „Worte wie 'Freiheit', 'Kampf für die nationale Ehre', 'zurückdrängen', und 'Befreiung' haben Bedeutungen…. Wenn Amerika Ost- und Mitteleuropa mit solchen Wörtern überflutet, muss es auch die letztendliche Verantwortung dafür übernehmen. Ansonsten stiftet man Völker dazu an, Selbstmord zu begehen" (Urban 1997: 220). In der Tat haben, wie Urbans sorgfältige Analyse zeigt, die ungarisch-sprachigen RFE-Programme gravierende Fehlinterpretationen während der Ereignisse zwischen dem 23. Oktober und dem 4. November ausgelöst (Urban 1997: 239-242). Einige vertraten die Auffassung, die Mitarbeiter der ungarischen Abteilung von RFE seien politisch zu weit rechts orientiert gewesen oder es sei irgendetwas in der Geschäftsleitung des Radiosenders schief gelaufen. Angesichts dieser Beobachtungen erscheint es plausibel, den Glauben der ungarischen Bevölkerung, ihr Opfer würde nicht vergeblich sein, auf unverantwortliche Äußerungen und Aufrufe von RFE zurückzuführen. Dies stellt sicherlich einen Einflussfaktor dar, der zu kritisieren ist. Aber RFE hat die Revolution von 1956 nicht verursacht. Des Weiteren änderte sich von 1956 an die Politik des Radiosenders, und bei späteren Krisen des internationalen Kommunismus (Prag 1968, Gdansk 1980) gab es nie mehr solche Aufrufe zu frontalen Veränderungen wie im Jahr 1956.

In Rumänien gab es in den 1950er Jahren keine Ereignisse, die mit denen in Ungarn vergleichbar gewesen wären. Wie weiter unten erläutert wird, traten Schlüsselereignisse, auf die RFE einen signifikanten Einfluss hatte, erst wesentlich später auf, nämlich erst im Dezember 1989. Gleichwohl scheinen hier einige Ausführungen zur rumänischen Reaktion auf die Revolution in Ungarn 1956 angebracht. Die kommunistische Elite Rumäniens verurteilte die ungarische Revolution und zeigte absolute Loyalität gegenüber der Sowjetunion. Im Grunde erwiesen sich die Ereignisse in Polen und Ungarn im Jahr 1956 für Gheorghe Gheorghiu-Dej, das stalinistische Oberhaupt in Rumänien, als ziemlich günstig in seinen Bemühungen, seine eigene Macht zu sichern und die Entstalinisierung zu verhindern. Ungeachtet dessen sympathisierte die Bevölkerung stark mit den Aufständischen. So drückte in jenen Tagen eine Vielzahl von Einzelpersonen ihre Solidarität mit der ungarischen Revolution aus (vgl. Lungu/Retegan 1996). In der Stadt Timişoara waren die Sympathie-Bekundungen gegenüber der ungarischen Revolution besonders stark. Wie einer der Teilnehmer bekannte, war die Hauptinformationsquelle der Sender *Radio Budapest*, der von den Sympathisanten in der Hoffnung auf neue Informationen über die Geschehnisse in Ungarn eifrig gehört wurde. Vom 23. bis zum 30. Oktober, als zu einer Massenzusammenkunft aufgerufen wurde, kam es in der Stadt nach und nach zu Studentenunruhen. Das Regime reagierte jedoch schnell und schonungslos, um die Ausbreitung des Protestes zu verhindern. Zwischen dem 30. und 31. Oktober 1956 besetzten die Armee und die Staatssicherheit den Campus, und es wurden etwa 3.000 Studenten verhaftet. Von diesen Inhaftierten kamen 31 vor Gericht und wurden zu Gefängnisstrafen zwischen 2 und 8 Jahren verurteilt (Baghiu 1995: 7-24). Obwohl der Protest gewaltsam unterdrückt wurde, hielt die Bevölkerung von Timişoara den Geist des antikommunistischen Widerstands aufrecht – es war Timişoara, wo 1989 die rumänische Revolution ihren Anfang nahm.

Das idealisierte Bild vom Westen

Das oft idealisierte, nahezu mystifizierte Bild des wohlhabenden Westens, das unter den Menschen im „real existierenden Sozialismus" weit verbreitet war, stellte ein Element dar, das zum Zusammenbruch des Kommunismus erheblich beigetragen hat. Der Film *Megáll az idő* (Die Zeit steht still) des ungarischen Filmproduzenten Péter Gothár versinnbildlicht diesen Aspekt auf wunderbare Art und Weise. In diesem Film, der das kommunistische Ungarn nach 1956 darstellt, ist die berühmte Szene zu sehen, in der jemand eine Flasche Coca-Cola zu einer Party mitbringt. Dies war natürlich eines der begehrtesten Getränke der jungen Generation und eines der mächtigsten Symbole des Westens und des „American Way of Life". Nachdem er ein Glas Cola getrunken hat, wird einer der Partygäste betrunken und muss von seinen Freunden nach Hause gebracht werden (vgl. Gothár 1981). Diese Szene ist vermutlich eine der besten Veranschaulichungen des mächtigen Mythos des kapitalistischen Westens in den jungen Generationen in Mittelosteuropa. Nichtsdestotrotz sollte man berücksichtigen, dass Ungarn in den späten 1980er Jahren wirtschaftlich besser gestellt war als viele andere kommunistische Länder. Gewiss existierte auch in Ungarn in den späten 1980er Jahren ein idealisiertes Bild vom Westen, aber Kádárs „sanfte Diktatur" und sein „Gulasch-Kommunismus" führten zur Erhöhung des Lebensstandards, und infolgedessen reduzierte sich der Grad der Frustration in der Mehrheit der Bevölkerung. Ein Album von András Gerő und Iván Pető, das die Atmosphäre in Ungarn während der Kádár-Ära anhand einer Zusammenstellung von Fotografien und Presseberichten rekonstruiert, vermittelt ein überzeugendes Gesamtbild dieses Zeitraums (vgl. Gerő/Pető 1999).

Im Rumänien der 1980er Jahre stehen wir einem grundlegend anderen Gesamtbild gegenüber. Die Wirtschaftspolitik des Ceauşescu-Regimes stürzte das Land in eine tiefe Krise, die sich in Lebensmittelrationierungen für Brot, Zucker, Speiseöl und andere Grundnahrungsmittel äußerte. Um die Auslandsverschuldung zu reduzieren, verringerte die Regierung gleichzeitig drastisch die Importe, womit sich die Lebensmittelkrise weiter zuspitzte (vgl. Petrescu/Cangeopol 2000; Antonesei 1995; Gogea 1996; Tănase 1995). Angesichts des wirtschaftlichen Niedergangs wurde der Westen mit seinem Überfluss und seiner Freiheit in den Vorstellungen der einfachen rumänischen Bevölkerung zu einer Art Paradies auf Erden. Auf der einen Seite untergruben solche Vorstellungen langfristig die Bemühungen des Regimes, die Gesellschaft als Ganzes zu kontrollieren, andererseits aber führte dieses verzerrte Bild des kapitalistischen Westens letztendlich zu vermehrten Schwierigkeiten bei der Adaption an eine funktionale Marktwirtschaft im postkommunistischen Rumänien. Wie viele Menschen in Interviews berichteten, waren westliche Konsumgüter eine Art Kultobjekt. Menschen, die Pakete aus dem Westen erhielten, luden Verwandte und Freunde zur „Zeremonie" des Paketöffnens ein, um die farbenfrohen Produkte und die schönen Verpackungen zu bewundern und eine Kostprobe des guten Lebens zu erleben. Markennamen wie Fa, Lux oder Amo (für Seife), Kent (für Zigaretten) oder Rifles (für italienische Jeans) waren Synonyme für den wohlhabenden Westen. Viele erinnerten sich daran, dass sie, wenn sie auf dem Schwarzmarkt ein Stück Seife der Marke Fa (die deutsche Marke war im kommunistischen Rumänien besonders begehrt) hätten auftreiben können, sie diese nicht wirklich benutzt hätten; sie hätten sie in den Schrank gelegt, um damit Kleidung und Unterwäsche zu parfümieren. Der chronische Mangel an Konsumgütern führte zu einer Politisierung des Konsums und einer gesteigerten Anziehungskraft von westlichen Gütern. Katherine Verdery drückt dies treffend aus: „You could spend an entire month's salary on a pair of blue jeans, for instance, but it was worth it: wearing them signified that you could get something the system said you didn't need and shouldn't have" (Verdery 1996: 29).[3]

Das idealisierte Bild vom Westen und des "American Way of Life" verbreitete sich auch über informelle Netzwerke mithilfe von westlichen Videokassetten. Ironischerweise importierten oftmals kommunistische Funktionäre oder Mitglieder der Staatssicherheit diese Kassetten aus dem Westen.[4] Wie Bogdan Vasi, ein rumänischer Soziologe, erklärte, konstituierten sich aus dem Videokassetten-Netzwerk kleine Dissidenten-Netzwerke. Sie trugen entscheidend dazu bei, dass sich das mythische Bild des wohlhabenden Westens weiter verbreitete. Diese Videobänder sprachen – wie die Aussage einer Werbung für Zigaretten der Marke Kent – von einem „magischen Moment" und implizierten damit die Vorstellung, dass dieser „magische Moment" nur im kapitalistischen Westen, aber gewiss nicht im „real existierenden Sozialismus" erlebt werden könne.

Für diejenigen, die sich keinen Videorekorder leisten konnten und keine Bekannten oder Angehörigen hatten, die einen solchen besaßen, war das Radio ein günstiges und bequemes Instrument, um dem Elend des späten Ceaușescu-Regimes zu entkommen. Das offizielle Radio und Fernsehen sendete langweilige und völlig trostlose Programme, die hauptsächlich dem „meistgeliebten Menschen des Vaterlandes", dem „Genie der Karpaten" – dem Genossen Nicolae Ceaușescu gewidmet waren. Rumänien war sogar unter den sozia-

---

3   In den 1980er Jahren wurde eine Blue Jeans auf dem Schwarzmarkt für ungefähr 1.400-1.500 Lei gehandelt. Ein junger Ingenieur im ersten Berufsjahr verdiente 1987 ein Monatsgehalt von 2.160 Lei.

4   Man sagt, dass es in Rumänien in den späten 1980er Jahren die größte Anzahl an Videorekordern pro Kopf unter allen kommunistischen Ländern in Mittelosteuropa gab. Wenn man sich die Werbeseiten der Tageszeitung România liber der späten 1980er Jahre ansieht, kann man dort eine große Anzahl an Verkaufsangeboten für Videorekorder finden. Gleichzeitig konnte sich die überwiegende Mehrheit der Bevölkerung aber keinen Videorekorder leisten. Zu dieser Zeit wurde der günstigste Videorekorder zu einem durchschnittlichen Preis von 45.000 Lei auf dem Schwarzmarkt angeboten, was 20 durchschnittlichen Monatsgehältern entsprach. Aufgrund dieser unerschwinglichen Preise wurde vorwiegend gemeinschaftlich geschaut.

listischen Ländern ein Sonderfall, denn während der 1980er Jahre sendete das nationale Fernsehen nur für zwei Stunden und widmete nahezu das gesamte Programm dem Ceauşescu-Paar. Zum Beispiel wurde am 27. Januar, einen Tag nach Nicolae Ceauşescus Geburtstag, der am 26. Januar gefeiert worden war, von 20.00 bis 22.00 Uhr folgendes Programm gesendet: Um 20:00 – Nachrichten; 20:20 –„Wir verehren den Führer des Landes" (Dichtung); 20:40 – „Brillanter Theoretiker und Begründer des Kommunismus" (Dokumentation, die den theoretischen Arbeiten des Genossen Nicolae Ceauşescu gewidmet war); 21:00 – „Wir salutieren dem obersten Befehlshaber (Aufführung der militärischen Artistenbrigade); 21:50 – Nachrichten; 22:00 – Sendeschluss (Mitu et al. 1999: 131). Es ist also verständlich, warum die meisten Rumänen dieses reizvolle Programm ablehnten und versuchten, die Nöte des Alltagslebens zu vergessen, indem sie sich ausländischen Radiosendern zuwandten. Vor allem die jüngere Generation hörte eifrig die Rockmusik-Sendungen, die spät abends auf RFE und anderen Radiosendern wie *Voice of America* liefen.

Wissenschaftler haben verschiedene Begriffe geprägt, um das alltägliche Elend und die völlige Entbehrung zu erklären, denen die Rumänen in den späten 1980er Jahren ausgesetzt waren, wie z.B.: „Schlange stehen für Lebensmittel" (Câmpeanu 1994) oder „etatization of time" (Verdery 1996: 56). Unabhängig davon, welche Begriffe man für die Analyse des Alltagslebens in Ceauşescus Rumänien auch benutzt, letztendlich kommt man immer wieder zu der Schlussfolgerung, dass der weit verbreitete Unmut zu einer tiefen Abneigung gegenüber den Worten Marxismus, Sozialismus und Kommunismus und zu einem Kult um dem materiellen Wohlstand der westlichen Gesellschaft geführt hat. Sicherlich waren viele, die unter dem Kommunismus gelebt haben, nicht darauf vorbereitet, sich dem Wettbewerb zu stellen, Risiken einzugehen, hart zu arbeiten und andere grundlegende Fähigkeiten zu entwickeln, um in einer Marktwirtschaft zu überleben. Nichtsdestotrotz interpretierten viele Leute auf der Straße den Zusammenbruch des kommunistischen Regimes als einen Sieg des Kapitalismus über den Kommunismus und nicht als den Sieg einer offenen über eine geschlossene Gesellschaft, wie Ralf Dahrendorf darlegt (Dahrendorf 1990: 36-37). Ferenc Feher, Agnes Heller und Gyorgy Markus meinten: „In countries where the population hates even the word socialism, there is no substantial social will to restore capitalism either (...) dictatorship over needs versus liberal capitalism is not a real alternative. (...) Therefore, all those whose real aim is democracy have to aspire to a genuine socialism as well" (Feher et al. 1983: 298-299). In Rumänien, so kann man einwenden, war es genau umgekehrt, vor allem in der ersten Phase der Revolution. Die Menschen hatten ein völlig verzerrtes Bild vom Kapitalismus, aber in jenen Tagen strebte die Mehrheit der Bevölkerung nicht nach einem „echten Sozialismus". Auch hier gilt, was Robert Darnton mit Bezug auf die DDR schreibt: „Über fast ein halbes Jahrhundert lang lagen zwei Systeme miteinander im Wettstreit", und es war der „American Way of Life", der gewonnen hat (Darnton 1991: 192).

Die internationalen Medien und die Ereignisse von 1989

Man könnte annehmen, dass der entscheidende Moment in der ausgehandelten Revolution Ungarns die trilateralen Gespräche am Nationalen Runden Tisch waren, die zwischen dem 13. Juni und dem 18. September 1989 stattfanden (zum Runden Tisch vgl. Bozóki 2002). Tatsächlich war es die Auflösung der Ungarischen Sozialistischen Arbeiterpartei am 7.

Oktober 1989, die den schlussendlichen Untergang des ungarischen Kommunismus besiegelte. Verglichen mit Rumänien war der Regimewechsel in Ungarn in geringerem Ausmaß von den internationalen Medien beeinflusst. Natürlich hörten auch die Ungarn ausländische Radiosendungen und waren darüber informiert, was in dieser Zeit etwa in Polen geschah. András Bozóki erklärte, das polnische Modell sei „zu dieser Zeit das einzige Modell eines friedlichen Übergangs" (Bozóki 1995: 65) gewesen, und die demokratische Opposition Ungarns dachte, dass es auch auf Ungarn angewendet werden könne. In der Tat gelang den Ungarn, indem sie dem polnischen Modell folgten und Rundtischgespräche zwischen Regime und Opposition veranstalteten, die Durchführung einer friedlichen Revolution. Auch war, wie Rudolf L. Tökés beobachtete, eine solche Strategie im Falle Ungarns unerwartet erfolgreich:

> „It seems that the National Roundtable's elite negotiators were either extremely prescient or just plain lucky in finding the right formulae for political stability and socioeconomic progress" (Tökés 2000: 71).

In Rumänien allerdings konnte, wie zu zeigen ist, ein solcher Mechanismus einfach nicht in Gang gesetzt werden.

Das kommunistische Regime Rumäniens brach am 2. Dezember 1989 zusammen. Eine verzwickte Kombination struktureller und spezifisch nationaler Faktoren machte den gewaltsamen Zusammenbruch des kommunistischen Regimes – im Unterschied zu den friedlichen Systemwechseln in anderen Ländern Osteuropas – unabwendbar. Natürlich wurde die „Bewegung der Wut", die das Ceaușescu-Regime im Dezember 1989 stürzte, auch von den Nachrichten über die Entwicklung der Ereignisse in anderen kommunistischen Ländern angeheizt. Die internationalen Medien hatten einen enormen Einfluss auf den Lauf der Dinge während der entscheidenden Phase vom 16. bis zum 22. Dezember 1989, d.h. in der Zeit zwischen dem Aufstand in Timișoara und der aufkommenden Revolte in Bukarest. Während dieser Zeit, als die Stadt Timișoara durch das Militär und die Kräfte der Staatssicherheit vom Rest des Landes abgeschnitten war, verbreiteten die internationalen Medien die Nachricht über den Aufstand in Timișoara sowohl außerhalb Rumäniens als auch im Inneren des ganzen Landes. Diesbezüglich liegen viele Augenzeugenberichte vor. Daniel Vighi erinnert sich: Als die Revolte in Timișoara ausbrach, waren viele Intellektuelle, die an den Ereignissen beteiligt waren, damit beschäftig, die Nachrichten in der Außenwelt zu verbreiten, und ihr erster Gedanke war es, eine Durchsage auf RFE zu machen (Milin 1997: 29). Ein anderer Beteiligter an dem Aufstand, Dan Ştefan Opriş, erklärt, dass der Sender RFE während dieser entscheidenden Tage vom 16. bis zum 22. Dezember 1989 die einzige Verbindung zwischen den Demonstranten in Timișoara und der restlichen Bevölkerung im Lande war (Milin 1997: 105). Die überwiegende Mehrheit der Rumänen erfuhr von der Revolte in Timișoara durch die Sendungen von RFE. Dies berichtet auch Liviu Antonesei, ein Intellektueller aus der Stadt Iași im Nordosten Rumäniens: „I shall never forget the almost non-stop programs of *Radio Free Europe*" (Antonesei 1995: 122).

Der Fall Rumänien ist insofern ziemlich einzigartig, als die internationalen Medien, vor allem die rumänische Abteilung von RFE, eine entscheidende Rolle beim Zusammenbruch des kommunistischen Regimes spielten. Die Gründe, die dahinter standen, sind alles andere als simpel und würden eine detailliertere Analyse des Krisenzeitraumes von 1981 bis 1989 erfordern, in dem kulturelle Unabhängigkeit, ethno-nationale Propaganda und ein starker

Unmut in der Bevölkerung vorherrschten. Wie bereits oben ausgeführt, kam während dieses Zeitraumes ein idealisiertes Bild vom Westen auf. Abgesehen davon war das öffentliche Leben in der späten Phase des Ceauşescu-Regimes durch ein tiefes Misstrauen der Mehrheit der Bevölkerung gegenüber staatlicher Presse und staatlichem Radio und Fernsehen gekennzeichnet. Im Unterschied zur DDR, zur Tschechoslowakei und Ungarn grenzte Rumänien nicht an westliche Länder. Das ist ein Grund, warum ausländischen Radiosender wie RFE, *Voice of America*, BBC, *Deutsche Welle* etc. so eifrig gehört wurden. Viele Rumänen bauten sich sogar besondere Fernsehantennen, um die Programme der Nachbarländer (Bulgariens, Ungarns, Jugoslawiens und sogar der Sowjetunion)[5] zu empfangen.

Gleichzeitig war RFE die Hauptinformationsquelle zu Themen der internationalen Beziehungen und Politik, der Ost-West Beziehungen und des Kalten Krieges. Noch wichtiger war, dass RFE auf der Grundlage von Informationen sowohl ausländischer als auch inländischer Quellen scharfe Kritik am Ceauşescu-Regime übte und deshalb in den 1980er Jahren der populärste ausländische Radiosender in Rumänien war. Die Stimmen von Monica Lovinescu, Virgil Ierunca, Noel Bernard, Emil Georgescu, Vlad Georgescu, Emil Hurezeanu, Şerban Orescu, Neculai Constantin Munteanu, Mircea Carp, Gelu Ionescu, Raluca Petrulian, Ion Ioanid, Vasile Mănuceanu, um nur einige zu nennen, waren ein wesentlicher Bestandteil des abendlichen Lebens in den Häusern vieler Rumänen. Nach 1989 veröffentlichten viele der ehemaligen Sprecher, Organisatoren und Mitarbeiter von RFE Tagebücher, Memoiren oder Berichte, die sie in dieser Zeit geschrieben hatten. Derartige Arbeiten sind einmalig und bedeutend, da sie übereinstimmend deutlich machen, dass die überwiegende Mehrheit derjenigen, die für die rumänische Abteilung des RFE arbeiteten oder mit ihr kollaborierten, sich dem Kommunismus im Namen der Demokratie und nicht aus politisch rechtsstehenden Gesinnungen heraus widersetzte (vgl. Lovinescu 2001; Bernard 1991; Stroescu-Stînişoară 1994; Carp 1997; Gabanyi 2000).

Die scharfen Kommentare und Darstellungen, die von RFE gesendet wurden, trugen entscheidend zu einer Änderung der Denkweise der Menschen in Rumänien bei. Sie fingen an, Widerstandsgeist und ernsthafte Skepsis gegenüber der sozialen, wirtschaftlichen und kulturellen Politik des Regimes zu entwickeln. *Actualitatea românească* (Rumänische Neuigkeiten), eine Sendung, die mit einer unvergesslichen Melodie des rumänischen Komponisten George Enescu untermalt wurde, war vielleicht aufgrund ihrer scharfen Satire und offenen Kritik am Ceauşescu –Regime am populärsten. Die Übertragung dieser Sendung war allerdings mit großen Risiken für die rumänischen RFE-Mitarbeiter verbunden. Zwischen 1981 und 1989 verlor die rumänische Abteilung drei ihrer Direktoren in Folge – Noel Bernard, Mihai Cismărescu und Vlad Georgescu. Den Recherchen Urbans zufolge erlitt RFE „keine nennenswerten Verluste in irgendeiner seiner anderen nationalen Abteilungen" (Urban 1997: 127-128). Diese vorzeitigen Todesfälle waren äußerst verdächtig, und viele Beobachter vermuteten die aktive Beteiligung von Ceauşescus Staatssicherheitsdienst, der *Securitate*, an den Todesfällen, obschon bislang nichts Beweiskräftiges vorgelegt werden konnte. Allerdings war Ceauşescus Entschlossenheit, seine vehementesten Kritiker in der rumänischen Abteilung von RFE zum Schweigen zu bringen, kein Geheimnis. Sie lässt sich bis zum Jahr 1977 zurückverfolgen. Im Namen Ceauşescus beauftragte die *Securitate* zwei

---

5   Auch wenn sie nie bestätigt wurden, hielten sich in den späten 1980er Jahren Gerüchte um eine angebliche Anfrage Ceauşescus bei den Geschäftsführern der rumänischen Radio- und Fernsehfabriken, ob sie nicht Geräte herstellen könnten, die nur Programme des staatlichen Radios und Fernsehens empfangen können.

Söldner, die am 18. November 1977 Monica Lovinescu, eine namhafte Literaturkritikerin und RFE-Redakteurin, in Paris brutal überfielen.[6] Lovinescu hatte seit 1967 für RFE an der Sendung „Thesen und Antithesen in Paris" gearbeitet, die in Rumänien eine große Zuhörerschaft besaß. Ein ähnlicher Angriff fand im Juli 1981 in München auf Emil Georgescu, einen der schärfsten Kommentatoren der rumänischen Abteilung von RFE, statt (Urban 1997: 128). Beide Journalisten wurden schwer verletzt, überlebten aber die Attacken.

Wie oben bereits angedeutet, entwickelte sich in Rumänien keine regimekritische Bewegung wie beispielsweise die *Solidarność* in Polen oder andere vergleichbare Bewegungen in Osteuropa. Allerdings fanden vereinzelte Proteste statt, und couragierte Einzelpersonen sprachen sich offen gegen das Regime aus. Damit ein derartiger einzelner Protest ausreichend Resonanz hervorrufen und das Regime bedrängen konnte, waren zwei Faktoren erforderlich. Erstens musste der Protestierende es vermeiden, inhaftiert zu werden. Zweitens musste seine Botschaft unter den Bürgern verbreitet werden. Die einzige Möglichkeit, dies zu erreichen war, die rumänische Abteilung von RFE zu informieren. So konnten internationale Menschenrechtsorganisationen rechtzeitig informiert werden und durch internationale Medienkampagnen für Unterstützung und einen gewissen Schutz des Dissidenten sorgen. Gleichzeitig konnten durch die RFE-Sendungen die Vorstellungen der Regimekritiker unter ihren Landsleuten verbreitet werden. In der Folge entwickelte sich etwas, das ich als „Dreieck der rumänischen Dissidenz" bezeichnen würde, eine relationale Verknüpfung, die aus Dissidenten, der rumänischen Abteilung von RFE und der schweigenden Masse Rumäniens, die nicht dazu in der Lage war, einen gemeinsamen Protest zu zum Ausdruck zu bringen, bestand. Über RFE beeinflussten die Vorstellungen der Dissidenten die Mehrheit der Rumänen, wodurch sich die Unzufriedenheit der Bevölkerung gegenüber dem Regime verstärkte.

Die Wirkungsweise der dreiseitigen relationalen Verflechtung der rumänischen Dissidenten soll an einigen Beispielen veranschaulicht werden. Der Schriftsteller Paul Goma, Leiter der ersten rumänischen Menschenrechtsbewegung, wurde am 1. April 1977 inhaftiert, nachdem er ein Solidaritätsschreiben an Pavel Kohout gesandt hatte, einen der Gründer der tschechoslowakischen Charta 77. Goma schrieb auch einen Appell an die Belgrader Konferenz, in welchem er die Einhaltung Vereinbarungen der Helsinki-Konferenz von 1975 bezüglich der Menschenrechte durch das Ceaușescu-Regime forderte. Die Nachricht von der Inhaftierung Gomas erreichte die rumänische Abteilung von RFE, die wiederum eine internationale Kampagne zu seiner Befreiung in Gang setzte. (Der Angriff auf Monica Lovinescu stand auch in Verbindung mit ihrer Beteiligung an der internationalen Kampagne, die zur Befreiung Gomas führte.) Goma wurde am 6. Mai 1977 aus dem Gefängnis entlassen, verließ im November 1977 das Land und emigrierte nach Paris (vgl. Goma 1993). Auf ähnliche Weise nutzte auch ein anderer berühmter Dissident, Dan Petrescu, die internationalen Medien, um seine Ideen bekannt zu machen. Zunächst äußerte er seine Ansichten in einem Interview, das von der französischen links-gerichteten Zeitung *Libération* am 27. Januar 1988 unter dem Titel "Ceaușescu nu e singurul vinovat" (Ceaușescu ist nicht der Einzige, der Schuld trägt) veröffentlicht wurde. Ein zweiter Artikel, "Mic studiu de anatomia răului" (Eine kurze Studie zur Anatomie des Bösen), wurde am 15. Februar 1988 in der *Libération* veröffentlicht und anschließend von RFE gesendet. Die offene Regimekritik Dan Petrescus – er machte klar, dass das kommunistische System für die derzei-

---

[6] Zu einer persönlichen Darstellung des Angriffs vgl. Lovinescu (2001: 247ff.)

tige Situation verantwortlich sei, nicht alleine Nicolae Ceauşescu – wurde unter der rumäni-schen Bevölkerung vor allem durch RFE verbreitet (Petrescu/Cangeopol 2000: 231-243).

Manchmal kam es auch vor, dass die Informationen über Regimegegner ungenau wa-ren. Nach Rumänien kamen nur wenige ausländische Pressekorrespondenten, und deren Reisen durch das Land wurden von ihrer Ankunft an eng überwacht. Sie erhielten gewiss keinen ungehinderten Zugang zu den Ansichten der Regimegegner. Eine detaillierte Analy-se der verschlungenen Wege, auf denen Berichte über Proteste zu RFE in München gelang-ten, würde den Rahmen dieses Artikels sprengen, obwohl sie wahrscheinlich faszinierend wäre. In den meisten Fällen erreichten solche Informationen den Westen über ausländische Diplomaten, Beschäftigte internationaler Betriebe, Emigranten oder ausländische Dozenten, die Beziehungen zu rumänischen Universitäten hatten. In einigen Fällen trafen ausländische Reporter unter großen Risiken Regimegegner. Beispielsweise interviewten zwei Reporter der *Gamma Nachrichten Agentur* Dan Petrescu im April 1988. Kurze Zeit später wurden sie verhaftet, ihre Ausrüstung wurde konfisziert, und sie wurden aus Rumänien ausgewie-sen. Glücklicherweise befand sich eine Kopie des auf Videoband aufgezeichneten Inter-views in sicheren Händen in der Stadt Iaşi, wo das Interview stattgefunden hatte, und konn-te ein Jahr später in den Westen geschmuggelt werden. Schließlich wurde das Interview auf dem französischen Kanal *France 3* am 26. Januar 1989 ausgestrahlt und am 8. Februar 1989 von RFE erneut übertragen (zum vollständigen Text vgl. Petrescu/Cangeopol 2000: 268ff.).

Ihren stärksten Einfluss auf den Zusammenbruch des rumänischen Kommunismus er-reichten die internationalen Medien jedoch bei den Ereignissen im Dezember 1989. Bis zum 17. Dezember schien das Regime das Jahr 1989 unbeschadet überstanden zu haben. Trotz des wachsenden Unmutes der Bevölkerung wurde Nicolae Ceauşescu auf dem 14. Parteitag (November 1989) als Generalsekretär der Rumänischen Kommunistischen Partei (RKP) wiedergewählt. Plötzlich jedoch entwickelte sich ein kleiner Vorfall, der am 15. Dezember von einer kleinen Gruppe, die sich um das Haus des Geistlichen László Tökés versammelt hatte, ausgelöst wurde, zu einer antikommunistischen Revolution. Tökés, ein Pfarrer der evangelisch-reformierten Kirche, sollte wegen seines Einsatzes für religiöse Rechte verhaftet werden. Anfangs bestand die Gruppe, die sich versammelt hatte, lediglich aus Mitgliedern der ungarischen Minderheit, die ihrem geistlichen Oberhaupt ihre Unter-stützung zeigen wollte. Anschließend nahmen an der Solidaritätsbekundung gegenüber Tökés jedoch viele aus der rumänischen Bevölkerung teil, und schließlich wurde daraus eine Demonstration gegen das Regime, an der sich die Mehrheit der Bevölkerung Timişoaras beteiligte. Trotz der blutigen Repression am 17. Dezember dauerte der Protest in Timişoara an. Am 20. Dezember fiel die Stadt gewissermaßen in die Hände der De-monstranten. Gleichzeitig erreichte ab der Nacht vom 17. auf den 18. Dezember die Nach-richt über den Aufstand in Timişoara die Hauptstädte des Westens. Sofort wurde die Nach-richt von den internationalen Medien aufgegriffen und verbreitet. Besonders die rumänische Abteilung von RFE übertrug wiederholt die Informationen und übertrug im ganzen Land die Nachricht, dass in Timişoara die Bevölkerung einen Massenprotest gegen das Regime ins Leben gerufen hatte. Das Regime seinerseits war dabei, einen detaillierten Plan zur Niederschlagung der Revolte zu erarbeiten. Der Plan bestand darin, die Stadt Timişoara vom Rest des Landes abzuschneiden und danach mit dem Militär und der Staatssicherheit in die Stadt einzudringen und den Aufstand niederzuschlagen.

Inmitten dieser akuten Krise stattete Ceauşescu vom 18. bis zum 20. Dezember dem Iran einen lange vorher geplanten offiziellen Besuch ab. Nach seiner Rückkehr berief er etwas unerwartet für den 21. Dezember eine Massenversammlung in Bukarest ein. Während der Versammlung begann die Menge aus irgendeinem Grund zu schreien, geriet einige Minuten später in Panik und versuchte zu fliehen. Obwohl die Kundgebung mit der Absicht einberufen worden war, die Herrschaft Ceauşescus zu stützen, wurde sie zu einer Demonstration gegen den Condukator. Die Bevölkerung Bukarests war sehr gut darüber unterrichtet, was zu der Zeit in Timişoara passierte. Einige Demonstranten, die sich auf dem Universitätsplatz in Bukarest versammelt hatten, errichteten eine Barrikade und führten ihren Protest in der Nacht auf den 22. Dezember fort. Ungeachtet der blutigen Unterdrückung blockierten große Menschenmengen am 22. Dezember die Straßen von Bukarest und griffen das Gebäude des Zentralkomitees der Partei an. Am gleichen Tag wurden die Ceauşescus festgenommen und am 25. Dezember hingerichtet (Călinescu/ Tismăneanu 1991: 279-297; Stokes 1993: 158-167).

Während dieser entscheidenden Tage war es ganz wesentlich der kontinuierliche Informationsfluss von RFE, der die Bevölkerung mobilisierte und die Hoffnung auf den letztendlichen Niedergang des rumänischen Kommunismus bestärkte.[7] Schließlich muss erwähnt werden, dass, im Gegensatz zu den Ereignissen in Ungarn im Jahr 1956, als der Sender bezichtigt wurde, irreführende Versprechungen über eine vermeintliche Unterstützung der Aufständischen durch die Westmächte übermittelt zu haben, 1989 keine direkten Aufrufe zum Aufstand in Rumänien gesendet wurden.

Schlussfolgerungen

Im Hinblick auf den Zusammenbruch der kommunistischen Regime in Mittelosteuropa spielten die internationalen Medien eine unterschiedlich bedeutsame Rolle. Rumänien ist sicherlich ein Beispiel für den Fall, in dem die Wirkung der Medien außergewöhnlich hoch war. Die internationalen Medien, vor allem das Radio, trugen dazu bei, strukturelle Mängel des kommunistischen Systems aufzudecken. Noch wichtiger ist jedoch, dass sie die Entwicklung einer politischen Kultur des Widerstands beförderten und den Geist des Widerstandes in kommunistischen Ländern stärkten. Der Einfluss der Medien auf den finalen Untergang des Kommunismus in Mittelosteuropa sollte daher nicht vernachlässigt werden. Die Wirkung der internationalen Medien, so kontrovers sie auch diskutiert wurde, war auch während der ungarischen Revolution 1956 bedeutsam. Für einen großen Teil der Bevölkerung rief die Erinnerung an die Beteiligung von RFE an den Ereignissen von 1956 traumatische Vorstellungen wach. In Ungarn lautete die aus dieser Erinnerung gezogene Schlussfolgerung, die den Weg für die ausgehandelte Revolution von 1989 ebnete, dass eine gewaltsame Konfrontation wie im Jahr 1956 unter allen Umständen verhindert werden müsse. Daraus lässt sich erklären, warum die internationalen Medien in Ungarn im Unterschied zu Rumänien lediglich eine unterstützende Rolle beim endgültigen Untergang des Kommunismus spielten.

---

[7]   Eine Sammlung von Telegrammen, Artikeln und Nachrichten der internationalen Nachrichtenagenturen, Zeitungen und Radiosender aus dem Zeitraum vom 17.-20. Dezember 1989 ist bei Milin 1999 zu finden.

Literatur

Antonesei, Liviu (1995): Jurnal din anii ciumei 1987-1989. Încercări de sociologie spontană (Diary from the plague years, 1987-1989. Attempts at a spontaneous sociology). Iaşi: Editura Polirom.

Baghiu, Aurel (1995): Printre gratii (Through the bars). Cluj: Editura Zamolxis.

Bernard, Noel (1991): Aici e Europa Liber‹ (This is *Radio Free Europe*). Bucharest: Tinerama.

Bozóki, András (ed.)(2002): The Roundtable Talks of 1989. The Genesis of Hungarian Democracy - Analysis and Documents. Budapest: Central European University Press.

Bozóki, András (1995): Hungary's Road to Systemic Change. The Opposition Roundtable. In: Béla K. Király (ed.): Lawful Revolution in Hungary, 1989-94. Boulder: Social Science Monographs, 61-92.

Carp, Mircea (1997): "Vocea Americii" în România, 1969-1978 ("*Voice of America*" in Romania, 1969-1978). Iaşi: Polirom.

Călinescu, Matei/Tismăneanu, Vladimir (1991): The 1989 Revolution and the Collapse of Communism in Romania. In: Vlad Georgescu: The Romanians. A History. Columbus: Ohio State University Press, 279-297.

Câmpeanu, Pavel (1994): România. Coada pentru hrană—Un mod de viaţă (Romania. Queuing for food—A lifestyle). Bucharest: Editura Litera.

Dahrendorf, Ralf (1990): Reflections on the Revolution in Europe. London: Chatto & Windus.

Darnton, Robert (1991): Berlin Journal, 1989-1990. New York: W. W. Norton & Company.

Deletant, Dennis (1999): Communist Terror in Romania. Gheorghiu-Dej and the Police State, 1948-1965. New York: St. Martin's Press.

Feher, Ferenc et al. (1983): Dictatorship over Needs. Oxford: Basil Blackwell.

Gabanyi, Anneli Ute (2000): The Ceauşescu Cult. Bucharest. The Romanian Cultural Foundation Publishing House.

Gerő, András/ Pető, Iván (1999): Unfinished Socialism. Pictures from the Kádár Era. Budapest: Central European University Press.

Gogea, Vasile (1996): Fragmente salvate, 1975-1989 (Saved fragments, 1975-1989). Ia¼i: Editura Polirom.

Goma, Paul (1993): Culoarea curcubeului '77. Cutremurul oamenilor (The colour of the rainbow '77. The earthquake of the people). Oradea: Editura Multiprint.

Gothár, Péter (1981): *Megáll az idő* (Time stands still), 105 min.

Kennedy, Michael D. (1991): Professionals, Power and Solidarity in Poland. A Critical Sociology of Soviet-Type Society. Cambridge: Cambridge University Press.

Kolakowski, Lezsek (1978): Main Currents of Marxism, vol. 3, The Breakdown. Oxford: Oxford University Press.

Korbonski, Andrzej (1983): Dissent in Poland, 1956-76. In: Jane Leftwich Curry (ed.): Dissent in Eastern Europe. New York: Praeger Publishers, 25-47.

Litván, György, (ed.)(1996): The Hungarian Revolution of 1956. Reform, Revolt and Repression 1953-1963. London: Longman, 1996.

Lovinescu, Monica (2001): La apa Vavilonului/ 2, 1960-1980 (To Vavilon's water/2, 1960-1980). Bucharest: Humanitas.

Lungu, Corneliu Mihai/Retegan, Mihai (eds.)(1996): 1956—Explozia. Percepþii rom‰ne, iugoslave ¼i sovietice asupra evenimentelor din Polonia ¼i Ungaria (1956—The explosion. Romanian, Yugoslav and Soviet perceptions of the events of Poland and Hungary). Bucharest: Univers Enciclopedic.

Milin, Miodrag, (ed.)(1999): Timişoara în arhivele "Europei Libere"'—17-20 Decembrie 1989 (Timişoara in the archives of *Radio Free Europe*—17-20 December 1989). Bucharest: Fundaţia Academia Civică.

Milin, Miodrag (1997): Timișoara în revoluție și după (Timișoara in revolution and after). Timișoara: Editura Marineasa.

Mitu, Sorin et al.(1999): Istorie (History). Bucharest: Editura SIGMA.

Pelin, Mihai (ed.)(1999): Operațiunile "Melița" și "Eterul." Istoria Europei Libere prin documente de Securitate (The "Melița" and "Eterul" operations. *Radio Free Europe*'s history through documents of the Securitate). Bucharest: Editura Albatros.

Petrescu, Dan/Cangeopol, Liviu (2000): Ce-ar mai fi de spus. Convorbiri libere într-o țară ocupată (What remains to be said. Free conversations in an occupied country). Bucharest: Editura Nemira.

Sproule, Michael J. (1997): Propaganda and Democracy. The American Experience of Media and Mass Persuasion. Cambridge: Cambridge University Press.

Stokes, Gale (1993): The Walls Came Tumbling Down. The Collapse of Communism in Eastern Europe. New York: Oxford University Press.

Stroescu-Stînișoară, Nicolae (1994): În zodia exilului. Fragmente de jurnal (Under the sign of exile. Pieces of a diary). Bucharest: Editura "Jurnalul Literar."

Tănase, Stelian (1995): Ora oficială de iarnă. Jurnal (The official wintertime. A Diary). Iași: Institutul European.

Tőkés, Rudolf L. (2000): Elites and the Use and Abuse of Democratic Institutions. In: John Highley and György Lengyel (eds.): Elites after State Socialism. Theories and Analysis. Lanham: Rowman & Littlefield, 71-85.

Urban, George R. (1997): *Radio Free Europe* and the Pursuit of Democracy. My War Within the Cold War. New Haven: Yale University Press.

Verdery, Katherine (1996): What Was Socialism, and What Comes Next? Princeton: Princeton University Press.

Wolfe, Bertram D. (1957): Khrushchev and Stalin's Ghost. Text, Background and Meaning of Khrushchev's Secret Report to the Twentieth Congress on the Night of February 24-25, 1956. New York: Frederick A. Praeger.

Von den *tagesthemen* zum Thema des Tages: das Westfernsehen und die oppositionellen Gruppen der DDR im September 1989

Karsten Timmer

Dass die Berichterstattung von Medien einen kaum zu überschätzenden Einfluss auf die Entstehung und den Verlauf von sozialen Bewegungen hat, ist ein Gemeinplatz, der kaum weiterer Erklärungen bedarf (vgl. Schmitt-Beck 1990; Raschke 1988: 343ff). Die Frage, ob und wie über eine Bewegung berichtet wird, kann entscheidend zu ihrem Erfolg oder Misserfolg beitragen, ihr neue Anhänger verschaffen, ihre Anliegen bekannt machen und Druck auf die Regierenden erzeugen oder aber die Forderungen der Bewegung diskreditieren und eine Mobilisierung verhindern.

Im Falle der Demokratiebewegungen, die 1989 in den verschiedenen osteuropäischen Ländern einen demokratischen Umbruch erzwangen, sind die Medienlandschaften, in denen die Bewegungen agierten, mit einem Wort zu charakterisieren: Presse, Rundfunk und Fernsehen gehörten klar zu den „Gegnern" der Bewegungen; zumindest so lange, wie die Reformen in den politischen Systemen die Medien noch nicht erreicht hatten. Das Medienmonopol der staatssozialistischen Systeme war ein entscheidendes Instrument der Herrschaftssicherung, das 1989 massiv gegen die entstehenden Bewegungen in Stellung gebracht wurde, indem die Proteste zunächst verschwiegen, später dann als staatsfeindlich verunglimpft wurden. Diejenigen, die für eine Demokratisierung der Regime eintraten, sahen sich daher einer geballten Medienmacht gegenüber.

Die DDR allerdings befand sich in einer Ausnahmesituation: Zwar taten die staats- und parteieigenen Zeitungen und Sender alles, um die Bevölkerung durch die Berichterstattung über „sozialismusfeindliche Krawalle" von Protesten abzuhalten, man konnte jedoch nicht verhindern, dass die bundesdeutschen Medien über die Ereignisse in Ost-Berlin, Leipzig und anderswo berichteten. Im Unterschied zur Bevölkerung in der ČSSR und anderen osteuropäischen Staaten stand den DDR-Bürgern damit eine Informationsquelle zur Verfügung, die landesweit zu empfangen war und in der Landessprache über die Proteste berichtete. Von dieser Ausnahmestellung sollte die Bürgerbewegung in der DDR nachhaltig profitieren. Sie genoss von Beginn an die Unterstützung einer überaus bewegungsfreundlichen Berichterstattung, die ihr Mobilisierungschancen eröffnete, welche sich grundlegend von den Ausgangsbedingungen der Demokratiebewegungen in den anderen osteuropäischen Staaten unterschieden.

Die westlichen Medien, so die grundlegende These dieses Beitrags, waren absolut unverzichtbar für die Massenmobilisierung in der DDR des Herbstes 1989 (Ludes 1991; Timmer 2000: 144ff.). Die Berichte prägten nicht nur die Dynamik der Entwicklung, sondern auch die Formen, in denen die Mobilisierung verlief. Das verbreitete Schlagwort einer „Medienrevolution" trifft den Charakter der Mobilisierung durchaus, allerdings mit einer Einschränkung: Man wird der Bedeutung der Medien nicht gerecht, wenn man sie auf eine reine Vermittlerrolle reduziert, also auf ein „Medium" im engeren Sinne des Wortes. Denn die Dynamik und Faszination des Verhältnisses zwischen den bundesrepublikanischen

Sendern und der Bürgerbewegung wird erst deutlich, wenn man die Westmedien als eigenständigen Akteur begreift, der bei weitem nicht nur die „Wirklichkeit" darstellte.

Die Nachrichten über die Ereignisse in der DDR folgten vielmehr einer bestimmten Logik, die sich aus den Eigengesetzlichkeiten des Mediums Fernsehen ergab: Die Nachrichtenbeiträge waren, erstens, geprägt von der Tendenz, komplexe Sachverhalte zu personalisieren, zu dramatisieren und zu vereinfachen. Zweitens konzentrierten sich die Berichte auf diejenigen Nachrichten, die aus Sicht der bundesdeutschen Redakteure und Redaktionen „berichtenswert" waren. Darüber hinaus waren die Beiträge geprägt durch die politischen und weltanschaulichen Wahrnehmungsmuster der Korrespondenten und Redakteure, und sie waren nicht zuletzt nachhaltig beeinflusst durch die schwierige Arbeitssituation der Journalisten vor Ort. Alles zusammen führte Mitte September 1989 zu Schlagzeilen und Kommentaren, in denen die oppositionellen Gruppen als Hoffungsträger der demokratischen Erneuerung in der DDR präsentiert wurden, als „organisierte Opposition",[1] die eine tatkräftige Alternative zur Flucht über Ungarn schuf.

Es ist offensichtlich, dass diese Charakterisierungen aus dem September 1989 bestenfalls dem Wunschdenken der Beteiligten entsprachen. Angesichts der prekären Verfassung der Gruppen, die zum Zeitpunkt ihrer Gründung weder über klare Programme, noch über Ressourcen oder Organisationsstrukturen, geschweige denn über einen nennenswerten Rückhalt in der Bevölkerung verfügten, ist die Darstellung als schlagkräftige und legitime Opposition daher durchaus bemerkenswert.

Erst recht bemerkenswert ist diese Art der Darstellung, wenn man sich bewusst macht, auf welche Art und Weise die Bevölkerung in der DDR von den neugegründeten Gruppen wie dem Neuen Forum erfuhr. Denn die hektographierten Gründungsaufrufe, die innerhalb der oppositionellen und kirchlichen Netzwerke zirkulierten oder in den Kirchen auslagen, dürften kaum einen nennenswerten Teil der Bevölkerung erreicht haben. Und vor allem: Diejenigen, die bereits Friedensgebete besuchten und dort von den Gründungsinitiativen erfuhren, mussten nicht mehr für den Protest gewonnen werden. Die eigentliche Herausforderung waren diejenigen 99 Prozent der DDR-Bevölkerung, die bis in den Sommer 1989 keinen Kontakt zu den oppositionellen Zusammenhängen gehabt hatten. Hier lag das Potential der Massenmobilisierung, die ab Oktober 1989 ihren Lauf nehmen sollte.

Die einzig denkbare Möglichkeit, durch die diese Bevölkerungsteile von den oppositionellen Gruppen erfahren konnten, waren die westlichen Medien. Sie waren – abgesehen von den staatlich kontrollierten Sendern der DDR – die einzige Instanz mit einer DDR-weiten Reichweite, die die Informationen über die Gruppen verbreiten konnte. Was bedeutet diese Tatsache für die Mobilisierung? Genauer gefragt: Welches Bild der Gruppen hatten eigentlich diejenigen vor Augen, die im September/ Oktober 1989 den Kontakt zum Neuen Forum oder zum Demokratischen Aufbruch suchten? Sicherlich nicht ein Bild, das sich auf die unmittelbare Selbstdarstellung der Gruppen stützen konnte. Die Art und Weise, in der die neugegründeten Vereinigungen von der Bevölkerung wahrgenommen wurden, beruhte statt dessen maßgeblich auf der westlichen Berichterstattung, die - wie erwähnt - mitunter nachhaltig von der tatsächlichen Verfassung der Gruppen differieren konnte.

---

1   Hajo Friedrichs, *tagesthemen* vom 18.9.1989.

Den Mechanismen und den Folgen dieser Diskrepanzen widmen sich die folgenden Ausführungen, die maßgeblich auf der Auswertung von Sendeplänen und Sendungen der *tagesschau* und der *tagesthemen* der Monate September/ Oktober 1989 beruhen. Stellvertretend für die gesamte Entwicklung der DDR-Bürgerbewegung illustriert dieser Zeitraum die prägnante Feststellung Joachim Raschkes: „Eine Bewegung, über die nicht berichtet wird, findet nicht statt" (Raschke 1988: 343). Zugleich lässt sich anhand der Bürgerbewegung aber auch der Umkehrschluss illustrieren: Eine Bewegung, über *die* berichtet wird, muss sich damit abfinden, dass die Berichterstattung mitunter Gesetzen folgt, die nicht unbedingt die der Bewegung sind. Das zeigte sich besonders deutlich im September 1989, also in der Zeit, in der die Initialzündung der Massenmobilisierung erfolgte.

Um den Beitrag der Medien zu dieser Initialzündung systematisch untersuchen zu können, soll zunächst noch einmal die Ausgangssituation im September in Erinnerung gerufen werden, um darauf aufbauend die Wirkung der Medien in die Entwicklung einordnen zu können.

Die Situation in der DDR im September 1989

Führt man sich die Situation im September 1989 vor Augen, war die Ausreisewelle über Ungarn und über die westdeutschen Botschaften in Budapest, Prag und Warschau das dominierende Ereignis, das die ganze DDR in Atem hielt. Die Tatsache, dass man jeden Abend in der *tagesschau* zusehen konnte, wie ehemalige Mitbürger mit Freudentränen in den Augen der DDR den Rücken kehrten, war schon schlimm genug. Ganz und gar unerträglich wurde das Wissen um die Fluchtwelle jedoch erst angesichts einer SED, deren Dementis und Gegendarstellungen immer grotesker wurden. Zwischen Skylla und Charibdis, zwischen einem drohenden Aderlass nach Westen und einer Fortsetzung der ruinösen Beharrungspolitik Honeckers entstand in der Bevölkerung ein Krisenbewusstsein, das sich mit jeder neuen Nachricht aus Ungarn und mit jeder neuen Erklärung des Politbüros weiter zuspitzte. Das Bewusstsein, dass sich etwas ändern musste, war mit Händen zu greifen: Die DDR – das wurde im Laufe des Septembers allen außer der engsten SED-Führung klar – brauchte dringend Reformen, um die katastrophale Ausreisewelle stoppen zu können.

Das Problem war allerdings, dass es niemanden gab, der die notwendigen Reformen hätte einleiten oder gar durchsetzen können. Die SED-Führung selbst diskreditierte sich jeden Tag von Neuem, einflussreiche Reformer innerhalb der SED waren nicht zu vernehmen, und außerhalb der SED gab es keine gesellschaftliche Gruppe, die fähig oder willens gewesen wäre, als Träger der Veränderung zu fungieren. Der Handlungsdruck wuchs daher bis an die Grenzen des Erträglichen; ein Ventil – außer der Flucht in den Westen – gab es zunächst nicht.

Zur gleichen Zeit kam es in Berlin und Leipzig zu Entwicklungen, die nur ein halbes Jahr vorher wahrscheinlich folgenlos geblieben wären. In Berlin gründeten Mitglieder der oppositionellen Szene der DDR neue oppositionelle Vereinigungen, zunächst das Neue Forum, wenige Tage später die Bürgerbewegung Demokratie Jetzt, wiederum zwei Wochen später den Demokratischen Aufbruch und schließlich am 7. Oktober die Sozialdemokratische Partei der DDR (SDP) (vgl. die Beiträge in Müller-Enbergs et al. 1992). Gleichzeitig eskalierte in Leipzig eine Entwicklung, die zunächst keinen Zusammenhang mit den Gruppengründungen in Berlin hatte. Die traditionellen montäglichen Friedensgebete in der Leipziger Nikolaikirche wurden zusehends aus der Kirche hinaus getragen und entwickelten sich zu öffentlichen Aktionsformen (vgl. Dietrich/ Schwabe 1994). Beide Entwicklungen, die Gründungen der Gruppen in Berlin und die Friedensgebete in Leipzig, erfolgten nicht nur relativ unabhängig voneinander, sondern vor allem zunächst weitgehend unbeachtet von der Bevölkerung der DDR. Denn außerhalb der oppositionellen Netzwerke war kaum jemand über die Gründungsinitiativen informiert, und die Institution Friedensgebet war der Bevölkerung, vor allem außerhalb Leipzigs, unbekannt.

Und dennoch schossen ab Ende September Friedensgebete und lokale Basisgruppen der neuen oppositionellen Vereinigungen überall in der DDR wie Pilze aus dem Boden. In großen Städten wie Rostock, Karl-Marx-Stadt oder Magdeburg, aber auch in Kleinstädten und Dörfern wurden Friedensgebete initiiert und Ortsgruppen des Neuen Forums gegründet; überall stiegen die Teilnehmerzahlen an den verschiedenen Veranstaltungen von Woche zu Woche nachgerade explosionsartig an (vgl. Timmer 2000: 189ff.).

Diese Initialzündung der Mobilisierung ist zweifellos die erklärungsbedürftigste Phase des Umbruches: Trotz vielfältigster Mobilisierungsbarrieren, trotz der Angst vor den Sicherheitskräften, trotz der Marginalisierung der Opposition innerhalb des autoritären Regimes, trotz der verschwindenden Erfolgsaussichten, die ein Engagement zu versprechen schien, und trotz der Tatsache, dass Medien, Telephone und Kopierer unter staatlicher Kontrolle standen, kam es zu einer historisch einmaligen Mobilisierungswelle: Eine Mobilisierungswelle, die immens schnell und dynamisch war, die binnen weniger Wochen über 2 Millionen Menschen jeden Alters und Berufes erfasste und die keinerlei regionale Einschränkungen kannte, sondern tatsächlich die gesamte DDR „in Bewegung" brachte.

Erklärungsbedürftig ist darüber hinaus, dass sich die Mobilisierungsdynamik im Zusammenspiel zwischen Partnern entfaltete, die alles andere als prädestiniert für eine Zusammenarbeit waren: Dass sich eine in weiten Teilen durchaus kirchenferne Bevölkerung in Friedensgebeten und Gottesdiensten zusammenfand, ist ebenso erstaunlich wie die Tatsache, dass plötzlich Menschen aus der oppositionellen Szene Gehör fanden, die lange Jahre von der Bevölkerung mit Missachtung, wenn nicht mit Ablehnung betrachtet worden waren. Aber nicht nur auf Seiten der Bevölkerung gab es Berührungsängste. Auch in weiten Teilen der Opposition herrschte eine gewisse Zurückhaltung gegen die „Masse", so dass der plötzliche Zustrom von Sympathisanten durchaus nicht einhellig begrüßt wurde. So gab es verschiedene Appelle namhafter Oppositioneller, die wie etwa Rainer Eppelmann die Bevölkerung Anfang Oktober dazu aufriefen, zunächst auf die Teilnahme an öffentlichen Protestaktionen zu verzichten (vgl. Frankfurter Allgemeine Zeitung, 11.10.1989: 2). Gerade diese Appelle verdeutlichen, dass die Mobilisierung nicht nur eine ungeahnte, sondern zum Teil sogar auch eine ungewollte Dynamik entfaltete.

Wie wird diese außergewöhnliche Mobilisierungsdynamik in der historischen und soziologischen Forschung über die „Wende" erklärt? Stark verkürzt stehen sich zwei Interpretationsansätze gegenüber (vgl. Timmer 2000a). Zahlreiche Untersuchungen haben in den letzten Jahren dafür plädiert, in den Aktionen der Opposition denjenigen Funken zu sehen, der die Massenmobilisierung auslöste (vgl. Fehr 1996; Neubert 1997). Diesem Erklärungsansatz widerspricht eine zweite Forschungsrichtung, die den organisatorischen und programmatischen Angeboten der Opposition bestenfalls die Funktion eines Kristallisationspunktes für den Protest zuerkennt und in der Bevölkerung den maßgeblichen Akteur einer „volkseigenen Revolution" (Opp/Voß 1993) sieht.

Außer Frage steht bei beiden Erklärungsansätzen die Tatsache, dass die Mobilisierungsdynamik letztendlich nur aus einem Zusammenspiel von Opposition und Bevölkerung zu erklären ist, auch wenn die Schwerpunktsetzungen mitunter sehr verschieden sind. Wenn man sich aber fragt, wie der erste Kontakt zwischen den beiden zentralen Akteuren der Mobilisierung zustande kam, so gibt es noch einen dritten Faktor, der in die Rechnung aufgenommen werden muss. Denn wenn man davon ausgeht, dass es sich bei der Mobilisierung um eine wie auch immer geartete Kooperation zwischen Opposition und Bevölkerung handelte, gilt es, sich bewusst zu machen, dass der erste Kontakt zwischen den beiden Akteuren in den meisten Fällen nicht unmittelbar erfolgte, sondern durch die Medien vermittelt wurde. Wie anders hätte die Bevölkerung in Rostock, Königswusterhausen, auf Rügen oder im Erzgebirge von den Berliner Gründungsinitiativen oder den Leipziger Friedensgebeten erfahren können? Zudem ergibt sich angesichts der oben bereits erwähnten Wirklichkeitsverzerrungen in der Medienberichterstattung über die oppositionellen Gruppen ein weiterer Faktor, der in die Analyse der Massenmobilisierung einbezogen werden muss.

Um die Wirkung, aber vor allem die eigenständige Rolle der Medien im September 1989 aufzuzeigen, sind die folgenden Ausführungen in drei systematische Abschnitte geteilt. In einem ersten Schritt steht die Rolle der Medien in Prozess der „internen Mobilisierung" im Mittelpunkt, also die Frage, wie und warum binnen weniger Wochen nach Gründung der Berliner Initiativgruppen ein fast flächendeckendes Netz von Basisgruppen der oppositionellen Vereinigungen in den Städten und Dörfern der DDR entstehen konnte. Der zweite Abschnitt fragt nach den Bedingungen der Massenmobilisierung, also des Zulaufes zu den Friedensgebeten und Gruppen. Abschließend soll in einem dritten Schritt am Beispiel des Neuen Forums gezeigt werden, dass und wie die Medien den Prozess des Protestes prägten.

Die Berichterstattung der Westmedien

Die Rolle der Medien für die „interne Mobilisierung"

Für die bundesrepublikanischen Sender war das Auftreten einer Opposition in der DDR eine Sensation. Bereits die ersten Gründungsinitiativen gerieten zu Medienereignissen, denen die Sender größte Aufmerksamkeit widmeten. Der Bedarf der Nachrichtenredaktionen an Informationen und Bildern wurde von Seiten der Opposition überaus gezielt und intensiv genutzt. Allen Beteiligten war bewusst, dass ein großer Teil der DDR-Bevölkerung jeden Abend die westlichen Programme verfolgte. Dies war daher aus Sicht der Gruppen der einzig gangbare Weg, um sich schnell, flächendeckend und DDR-weit bekannt zu machen.

> „Wie sollte das sonst bei uns gehen? Sollten tausend Leute per Fahrrad ausschwärmen, um anderen schnell Bescheid zu sagen, was wir gerade überlegt hatten? [...] Für uns damals in der DDR war es eine glückliche Situation, dass es das westliche Fernsehen und die anderen

westlichen Medien gab" (Eppelmann in: Materialen 1995: 303).

Neben der Chance, Erklärungen und Stellungnahmen verbreiten zu können, versprach die westdeutsche Öffentlichkeit zudem noch einen gewissen Schutz vor Übergriffen der Staatssicherheit, die vor dem zu erwartenden Medienecho zurückschreckte. Die oppositionellen Gruppen konnten daher mittels der West-Medien mit minimalem Aufwand erhebliche Wirkung erzielen.

Dementsprechend bestand im Spätsommer 1989 der erste Akt nach der Gründung ausnahmslos aller Oppositionsgruppen darin, die Gründungsdokumente und Aufrufe so schnell wie möglich westlichen Korrespondenten zukommen zu lassen. Steffen Reiche, der diese Aufgabe bei der SDP übernommen hatte, verpasste sogar seine Wahl in den Vorstand der Partei, weil er sich unverzüglich auf den Weg zur Süddeutschen Zeitung in der Ostberliner Ho-Chi-Minh-Straße gemacht hatte (Steffen Reiche in Herzberg/ von zur Mühlen 1993: 193f.). Um den Medien Material zu liefern und gleichzeitig das offizielle Interviewverbot zu unterlaufen, machte Bärbel Bohley für das Neue Forum sogar eigene Videoaufzeichnungen von führenden Vertretern der Gruppe (vgl. MfS/ BVfS Berlin). Die Bänder wurden durch Ralf Hirsch den westlichen Sendern zugespielt und ergänzten die Berichte, Telefoninterviews und Kommentare, in denen *tagesschau* und *tagesthemen* ab Mitte September beinahe täglich über die DDR-Opposition berichteten (vgl. die Sendepläne von *tagesschau* und *tagesthemen*, Bestand des Autors).

Es lag dabei in der Logik der Medien, dass sie das ambivalente Verhältnis der Gruppen zur Staatspartei SED genauso wenig thematisierten wie die Tatsache, dass alle Gruppen organisatorisch wie programmatisch bestenfalls über rudimentäre Strukturen verfügten. Auch die Hintergründe der oppositionellen Aktivitäten oder die Unterschiede zwischen den einzelnen Vereinigungen fanden nicht ihren Weg in die Berichte. Denn diese Informationen kamen weder dem vermuteten Interesse der – westdeutschen – Zuschauer entgegen, noch der politischen Grundaussage der Berichte, die nie in Frage stellten, dass das undemokratische DDR-Regime überwunden werden müsse. Die „sensationslüsterne Solidarität der Medien" (Klaus-Dieter Feige in Lindgens/Mahle 1992: 98) mit der Opposition schlug sich unmittelbar auf die Darstellung der Gruppen nieder, die von Beginn an als eine einheitliche, gegen die SED gerichtete Bewegung präsentiert wurden. Die oft wenig präzisen Aussagen der Gründungsaufrufe wurden von den Sendern aufgenommen und auf die eingängigen Schlagworte „Demokratie", „freie Wahlen", „Dialog", „Bürgerrechte" und „Öffentlichkeit" reduziert.

Ungeachtet dessen, dass es sich bei den Gruppierungen zunächst um programmatisch ungefestigte Kreise von wenigen Dutzend Personen handelte, wurden sie daher in den Medien unter dem Schlagwort „die Opposition in der DDR" als Herausforderer der SED dargestellt und mit einem festen Bild, mit Gesichtern und klaren Anliegen verbunden. Die Opposition, so die Botschaft der Berichte, kämpfte „mit bewundernswertem Mut"[2] für demokratische Reformen in der DDR. Allen DDR-Bürgern, die ihre Unzufriedenheit mit der Ausreisewelle und der SED artikulieren wollten, aber nicht wussten, wie und wo, wurden die oppositionellen Gruppen damit als die geeigneten Ansprechpartner und als „Volks-Vertreter" präsentiert.

---

2   Henning Röhl, *tagesthemen* von 19.9.1989.

Die unmittelbare Wirkung dieser Art der Berichterstattung lässt sich an verschiedenen Beispielen aufzeigen.

> „Ich hatte", so berichtet etwa Karin Barthold aus Karl-Marx-Stadt, „im September von der Bildung des Neuen Forum über westliche Medien gehört, und es war mir gleich klar, dass dies auch für mich die Chance war" (Karin Barthold, in Reum 1991: 28).

Dem durch die Medien vermittelten Impuls folgend, wurde Barthold wenige Tage später zur Mitbegründerin des Neuen Forums in Karl-Marx-Stadt. Auch anderswo, wo direkte Kontakte zum Gründerkreis in Berlin zunächst fehlten, lässt sich feststellen, dass die Berichterstattung den Anstoß zur Gründung einer Ortsgruppe gab. Die spätere Mitinitiatorin des Neuen Forums Rostock, Dietlind Glüer, beschreibt ihren ersten Kontakt mit dem Neuen Forum folgendermaßen: Sie habe, so Glüer,

> „diese Massenflucht am Bildschirm miterlebt. Das war sehr beängstigend. [...] Zu diesem Zeitpunkt hörte ich vom Gründungsaufruf des Neuen Forums in Berlin über das Fernsehen. Da war ich elektrisiert. Es war wirklich eine Signalwirkung" (Dietlind Glüer, in Probst 1993: 128);

eine Signalwirkung, auf die hin wenige Tage später das Neue Forum in Rostock gegründet wurde.

Die über die West-Medien vermittelte Nachricht von der Konstituierung der Berliner Initiativkreise führte so in vielen Städten dazu, dass lokale Basisgruppen gegründet wurden, ohne dass zuvor Kontakte zum Gründerkreis in Berlin bestanden hätten. Die Medien entbanden die neugegründeten Vereinigungen daher von der Aufgabe, in jeder Stadt gezielt Ortsgruppen ins Leben zu rufen, was angesichts der organisatorischen und technischen Möglichkeiten der Opposition unmöglich gewesen wäre. Die westlichen Medien erfüllten damit die unverzichtbare Funktion, die oppositionellen Gruppen und allen voran das Neue Forum landesweit bekannt zu machen, zu legitimieren und die Forderungen zu umreißen.

Die landesweite Wirkung bezog dabei auch das sogenannte „Tal der Ahnungslosen" im Südosten der DDR mit ein. Denn dort, wo kein Westfernsehempfang möglich war, übernahm das Radio, namentlich der RIAS und der Deutschlandfunk die Funktion, die Informationen über die Gruppen zu verbreiten. Dementsprechend berichtet etwa Stefan Waldau aus Görlitz über sein persönliches Schlüsselerlebnis im September 1989:

> „In Scharen gingen die Menschen nach Ungarn. In dieser desolaten Situation kam dann dieses Interview mit Jens Reich im Deutschlandfunk, und das baute mich wieder auf, da habe ich das erste mal wieder Luft geholt" (Stefan Waldau, in: Schneider 1991: 37) –

und, so lässt sich ergänzen, in der folgenden Woche das Neue Forum in Görlitz gegründet.

Die Medien und die Massenmobilisierung

Mit der Gründung einer lokalen Basisgruppe war – systematisch gesehen – ein erster und wesentlicher Schritt der Mobilisierung getan: Die Gründung einer Initiativgruppe vor Ort war die Voraussetzung und – neben den Friedensgebeten – das organisatorische Rückgrat der späteren Massenmobilisierung. Das für alle Beteiligten Überraschende vollzog sich jedoch erst, *nachdem* dieser erste Schritt getan war. Denn in den darauffolgenden Tagen sahen sich die Ortsgruppen der neuen Vereinigungen überall in der DDR mit einem Zulauf konfrontiert, der die Erwartungen und auch die organisatorischen Möglichkeiten der gerade erst gegründeten Gruppierungen bei weitem überstieg. Überraschend war diese Entwicklung vor allem deshalb, weil die lokalen Kontaktpersonen weder die Mittel noch die Möglichkeit hatten, in ihren jeweiligen Städten öffentlich für ihre Anliegen zu werben. Ohne die westliche Medienberichterstattung ist der unerwartete Zulauf nicht plausibel zu erklären.

Damit ist natürlich nicht gesagt, dass allein die Medien für die Massenmobilisierung verantwortlich waren. Im Gegenteil: Sie konnten ihre Wirkung erst im Zusammenspiel mit anderen Faktoren entfalten. Dazu zählt etwa die Tatsache, dass die oppositionellen Gruppen mit ihrer Forderung nach Öffentlichkeit in der DDR das Gebot der Stunde formulierten. Auch der Umstand, dass das Krisenbewusstsein in der Bevölkerung angesichts der Ausreisewelle zu einem ohnmächtigen Handlungsdruck geführt hatte, stellt einen entscheidenden Faktor dar, der in der DDR überhaupt erst die Voraussetzungen der Mobilisierung schuf (vgl. Pollack 2000: 209ff.). Bezüglich der Mechanismen der Mobilisierung darf man darüber hinaus weder die Berichterstattung der DDR-Medien vernachlässigen, die wider Willen zur Bekanntheit der Gruppen beitrug, noch die außerordentlich effektive Mund-zu-Mund-Propaganda, die sogenannte „Buschtrommel", die Nachrichten über örtliche Friedensgebete und oppositionelle Gruppen mit großer Geschwindigkeit in den Städten verbreitete.

Allerdings reicht keiner dieser Erklärungsansätze aus, um die Sogwirkung der Gruppen zu erklären. Die landesweite Massenmobilisierung wäre ohne die Informationen über die Existenz und die Anliegen der Opposition ebenso wenig möglich gewesen, wie ohne die Legitimation und Aufwertung der Gruppen durch die Medien, die die Opposition als Ansprechpartner für all diejenigen darstellten, die sich Veränderungen in der DDR wünschten.

Die Vermittlungsleistung der Medien vollzog sich allerdings weder automatisch noch zwangsläufig. Eine genauere Betrachtung der Berichterstattung macht deutlich, dass der Kontakt zwischen Opposition und Bevölkerung von den Medien nicht nur hergestellt, sondern in verschiedener Hinsicht auch vereinfacht bzw. vorbereitet wurde. Denn die westlichen Medien taten wesentlich mehr, als „nur" zu berichten. Sie trugen durch eine bestimmte Art und Weise der Berichterstattung maßgeblich dazu bei, die Mobilisierungsbarrieren zu überwinden, an denen die Opposition mit ihren bisherigen Mobilisierungsversuchen gescheitert war. Die Medien bauten, wie erwähnt, erstens die oppositionellen Gruppen zu einer schlagkräftigen Opposition auf. Das war eine kaum zu überschätzende Hilfestellung angesichts der Lebenserfahrung vieler DDR-Bürger, denen der gesunde Menschenverstand sagte, dass Protest nicht nur gefährlich, sondern auch völlig sinnlos war. Nicht zuletzt ist die Wahrnehmung der Erfolgschancen innerhalb der Bewegungsforschung übereinstimmend als einer der wesentlichen Faktoren einer erfolgreichen Mobilisierung identifiziert worden (vgl. Tarrow 1991). Diesen Teil der Überzeugungsarbeit, den die oppositionellen

Gruppen selbst nicht hätten leisten können, leisteten die westdeutschen Medien, die die kleinen und ressourcenschwachen Vereinigungen als Träger eines erfolgversprechenden Protestes präsentierten, in dem es sich zu engagieren lohnte.

Mobilisierungsbarrieren eher sozialer Art wurden, zweitens, auch durch Berichte abgebaut, die halfen, das Image der angeblichen „Träumer und Chaoten" (Pollack 1990: 18) zu relativieren. Wiederum kam den oppositionellen Gruppen hier das Interesse der Medien zugute, komplexe Sachverhalte an Personen festzumachen und zu illustrieren. Von dieser Tendenz des Fernsehens profitierte neben Eppelmann und Schorlemmer vor allem Bärbel Bohley, auf die sich das Medieninteresse von Beginn an konzentrierte.

Seit der Gründung des Neuen Forums am 10. September 1989 verging kein Tag, an dem Bohley nicht mindestens einen Korrespondenten empfing, an einigen Tagen gaben sich die Journalisten buchstäblich die Klinke in die Hand. So etwa am 19. September, als nacheinander Redakteure von RIAS II, Radio 107 aus Hamburg, dem RIAS I, dem Bayrischen Rundfunk, dem Holländischen Rundfunk, dem SWF, von *Profil* aus Österreich und der *Financial Times* in ihre Wohnung kamen (vgl. MfS/ ZAIG a). Zusätzlich zu diesen Besuchen gab Bohley, laut den minutiösen Aufzeichnungen des MfS, pro Tag bis zu einem halben Dutzend Interviews am Telefon. (vgl. MfS/ ZAIG b).

Bohleys Position in den Medien lässt sich etwa anhand der Berichte anlässlich der bevorstehenden Anmeldung des Neuen Forums am 19. September illustrieren. So hieß es in der entsprechenden Anmoderation der *tagesthemen* durch Hajo Friedrichs:

> „Morgen wird sich zum ersten Mal in der Geschichte der DDR eine organisierte Opposition an den Staat wenden und um Zulassung nachsuchen. Wer sind diese Menschen und welche DDR wollen sie?" (Hajo Friedrichs, *tagesthemen*, 18.9.1989).

Die Antwort gab ein Bericht über Bärbel Bohley, die von dem Korrespondenten Klaus Richter ausführlich interviewt wurde. Nachdem Richter einleitend nochmals verdeutlicht hatte, das Neue Forum werde „ein Diskussionsforum für die ganze DDR [...] bilden, um Missstände öffentlich zu machen", erhielt Bohley die Gelegenheit, eingehend die Anliegen des Neuen Forums zu erklären. Für weite Bevölkerungskreise ansprechend waren dabei nicht zuletzt Bohleys Antworten wie die auf die Frage nach dem unerwarteten öffentlichen Interesse am Neuen Forum:

> „Wenn ich hier bleibe, dann will ich auch etwas tun, also das war eigentlich das häufigste Argument, wenn sich jemand für das Neue Forum interessiert hat". (Bärbel Bohley, *tagesthemen*, 18.9.1989).

Fast ebenso wichtig wie solch überaus anschlussfähige Aussagen war die Art und Weise, wie Bohley als ganz normale DDR-Bürgerin präsentiert wurde, die so gar nicht den verbreiteten Vorurteilen über die Oppositionellen entsprach: Der Bericht wird eingeleitet mit den Worten: „In einem heruntergekommenen Altbauhaus wohnt die Malerin Bärbel Bohley", und gesendet wurde aus der Wohnung selbst, die nichts mit einem „Träumer und Chaoten"-Haushalt gemein hatte. Über den reinen „Werbe-Effekt" für das Neue Forum hinaus wurden in Berichten wie diesem konkrete Identifikationsangebote gemacht, die sehr dazu angetan waren, die existierende Distanz zwischen Opposition und Bevölkerung zu überbrücken.

Weitere Schwellen- und Berührungsängste mit der Opposition wurden schließlich auch durch die wiederholte und ausdrückliche Betonung der Tatsache abgebaut, dass Menschen aller Bevölkerungsgruppen – Arbeiter, SED-Mitglieder, NVA-Offiziere – den Aufruf des Neuen Forums bereits unterschrieben hätten. Das nahm der Gruppe den Charakter einer exklusiven, intellektuellen und staatsfeindlichen Veranstaltung. Das Neue Forum war, so die *tagesschau* vom 22. September nachdrücklich, eine „breite Volksbewegung",[3] die allen Interessierten offen stand.

Besonders nachhaltig war schließlich die Wirkung von suggestiven Einzelschicksalen. „Gestern", so kommentierte beispielsweise Franz Alt Mitte September in den *tagesthemen*, „sagte mir jemand in Ost-Berlin: 'Eigentlich wollte ich auch über Ungarn fliehen, aber jetzt, wo es das Neue Forum gibt, bleibe ich hier'". Für die Medien bot es sich an, ihren westlichen Zuschauern die Stimmung in der DDR durch solche und ähnliche Aussagen einzelner Menschen zu illustrieren. In der DDR erzeugte diese Art der Berichterstattung jedoch einen Effekt, der den Gruppen in der verfahrenen Situation des Septembers den Status von Hoffnungsträgern verlieh, in denen die ohnmächtige Wut über die SED einen konstruktiven Ausweg finden konnte.

Vor diesem Hintergrund wird die Vermittlungsleistung der Medien greifbar. Wenn man die Massenmobilisierung in der DDR im September 1989 als ein Aufeinanderzugehen von Opposition und Bevölkerung versteht und sich bewusst macht, dass es sich bei den beiden Akteuren um kulturell und sozial überaus unterschiedliche Partner handelte, so hatten die Medien einen unverzichtbaren Anteil daran, dass diese Interaktion zustande kam.

Die Medien als eigenständiger Einflussfaktor

Betrachtet man die Entwicklungen der folgenden Monate allerdings genauer, so muss man diese Feststellung korrigieren bzw. präzisieren. Die Medien wiesen der Bevölkerung nicht den Weg zu *den* oppositionellen Gruppen, sondern genau genommen zu einer ganz bestimmten, nämlich dem Neuen Forum. Denn ein wesentlicher Ansatz zur Lösung des oft diskutierten Problems, warum es gerade das Neuen Forum war, das im Herbst eine Vorreiterrolle in der öffentlichen Wahrnehmung hatte, liegt ebenfalls in der Art und Weise der Medienberichterstattung begründet. Gerade im Fall des Neuen Forums lässt sich zeigen, wie die Berichte eine Eigendynamik gewannen, die die weitere Entwicklung nachhaltig beeinflussen sollte. Die Tatsache, dass das Neue Forum die erste Gruppe war, die sich im September 1989 zu Wort gemeldet hatte und die darüber hinaus auch über exzellente Kontakte zu westlichen Korrespondenten verfügte, führte schnell dazu, dass sich die Berichterstattung bald fast ausschließlich auf diese Gruppe konzentrierte. Die Medien brauchten Namen, Ansprechpartner und eingängige Labels und sie fanden sie beim Neuen Forum, dessen Gründungsaufruf schon bald als *der* Aufruf *der* Opposition firmierte.[4] Die Tendenz, das Neue Forum aus der Reihe der oppositionellen Gruppen besonders herauszuheben, wurde durch einen weiteren Faktor noch zusätzlich verstärkt, und zwar durch die erschwerten Arbeitsbedingungen der westlichen Journalisten in der DDR. Deren Arbeitsradius be-

---

3   Wortbeitrag in den *tagesthemen* vom 22.9.1989.
4   „4000 Bürger haben den Aufruf für mehr Demokratie [gemeint ist der Gründungsaufruf des Neuen Forums, K.T.] bereits namentlich unterschrieben", Wortbeitrag in der 20.00 Uhr *tagesschau* vom 24.9.1989.

schränkte sich mehr oder weniger auf Berlin; von „oppositionellen Ereignissen", die außerhalb Berlins stattfanden, wussten sie nur aus zweiter Hand. In dieser Situation lag es nahe, das Gehörte in bekannte Zusammenhänge einzuordnen, was nicht zuletzt auch den Zuschauern im Westen das Verständnis erleichterte.

In dem Moment, in dem das Neue Forum auf Seiten der Sender daher als Inbegriff von Opposition etabliert war, wurde der Gruppe daher fast jedwede oppositionelle Aktivität in der DDR zugerechnet. Die Leipziger Montagsdemonstrationen etwa, zu denen abgesehen vom 4. September zunächst kein Bildmaterial vorlag, wurden in den Wortbeiträgen immer so unmittelbar auf das Neue Forum bezogen, dass nachhaltig der Eindruck erweckt wurde, dass es sich bei ihnen um reine Akklamationen zugunsten einer Legalisierung des Neuen Forums handelte.[5]

Noch deutlicher wird die sich selbst verstärkende Wirkung der Berichte über das Neue Forum angesichts der Meldungen über das Treffen am 24. September 1989 in Leipzig. An diesem Tag waren Vertreter aller neugegründeten Gruppen zusammengetroffen, um ihre weiteren Aktivitäten zu koordinieren und über die Möglichkeit einer gemeinsamen Sammlungsbewegung zu beraten. Die Gründung einer gemeinsamen Plattform wurde von den Anwesenden allerdings zurückgewiesen, und vor allem der Vorstoß, die verschiedenen Gruppen im Neuen Forum aufgehen zu lassen, stieß auf eine kategorische Ablehnung.

Umso größer war dann das Erstaunen der Veranstaltungsteilnehmer, als Werner Veigel am selben Abend in der *tagesschau* bekannt gab:

> „Etwa 80 Mitglieder von Reformgruppen beschlossen heute auf einem vorgezogenen Treffen in Leipzig, die Demokratiebewegung Neues Forum zur Dachorganisation zu machen" (Werner Veigel, *tagesschau* vom 24.9.1989, 20:00 Uhr Ausgabe).

Alle Dementis waren umsonst - die Korrespondenten hatten eine „Ente" produziert, die am nächsten Morgen auch von den Tageszeitungen aufgegriffen wurde. So titelte etwa die ansonsten sehr gut informierte Berliner *tageszeitung*: „Stasi geleimt – Gruppen vereint". Wie die IM-Berichte über die kurzfristige und geheime Vorverlegung des Treffens zeigen, stimmte weder das eine noch das andere. Der öffentliche Eindruck aber blieb bestehen: Das Neue Forum war in der Lage, die Staatssicherheit zu überlisten und schickte sich an, den Widerstand zu organisieren, um SED und MfS herauszufordern. Die „Sogwirkung der Medienberichterstattung" (Blattert et al. 1995: 417) kam so fast allein dem Neuen Forum zugute, dem es innerhalb weniger Wochen gelang, sich DDR-weit als Träger des Protestes zu etablieren.

Fazit

Weder für das Neue Forum noch für die anderen oppositionellen Gruppen war die Dynamik, die die Medienberichterstattung erzeugte, in irgendeiner Weise abzusehen. Sie alle gingen zum Zeitpunkt ihrer Gründung noch durchaus begründet davon aus, dass sich ihre

---

5   „Gestern Abend hatten in Leipzig mehrere Tausend Menschen für die Legalisierung des Neuen Forums demonstriert", (Anmoderation für den Bericht über die Leipziger Montagsdemonstration in der 20.00 Uhr-*tagesschau* vom 26.9 1989)

konspirative Tätigkeit noch über Monate, wenn nicht über Jahre hinziehen würde. Die Dynamik der Mobilisierung traf die Gruppen daher völlig unvorbereitet und führte in vielen Fällen zu einer Entwicklung, die sich drastisch aber zutreffend als „Mobilisierungs-Overkill" beschreiben lässt. Insofern erwies sich die wohlwollende Medienberichterstattung auf der einen Seite zwar als höchst vorteilhaft, auf der anderen Seite aber auch als durchaus problematisch. Denn die Medienberichterstattung löste einen Massenzulauf aus, dem die rudimentären organisatorischen Strukturen der Opposition in keiner Weise gewachsen waren. Noch dazu sahen sich die Gruppen vielerorts mit immens hohen Erwartungen an eine angeblich doch so „schlagkräftige" Opposition konfrontiert. Diese Erwartungshaltungen führten von Beginn an zu Spannungen, da die basisdemokratischen Gruppen weder willens noch fähig waren, den Hoffnungen auf Führerschaft, fertige Programme oder „schlagkräftige" Organisationsstrukturen nachzukommen.

Die ambivalente Rolle der Medien, das wird an diesen Beispielen deutlich, lässt sich daher nicht auf eine reine Vermittlungsfunktion reduzieren. Sie waren ein eigenständiger Faktor, der nicht nur die Wirkung von Ereignissen in der DDR verstärkte, sondern oft auch selbst die Bahnen der Entwicklung beeinflusste. Diese Feststellung bedeutet keinesfalls, dass man die Ereignisse in der DDR zugunsten der medial konstruierten – westlichen – Wahrnehmung vernachlässigen kann. Sie bedeutet vor allem auch nicht, dass die Mobilisierung quasi losgelöst von den Verhältnissen in der DDR oder den Aktionen der oppositionellen Gruppen erfolgte. Sie impliziert aber sehr wohl, dass man den Entwicklungen in der DDR nicht gerecht wird, wenn man die westlichen Medien nicht als eigenständigen Faktor der Entwicklung in die Untersuchung einbezieht.

Literatur

Blattert, Barbara/Rink, Dieter/Rucht, Dieter (1995): Von den Oppositionsgruppen der DDR zu den neuen sozialen Bewegungen in Ostdeutschland. Politische Vierteljahresschrift 36: 397- 442.

Dietrich, Christian/Schwabe, Uwe (Hrsg.) (1994): Freunde und Feinde. Zur Geschichte der Leipziger Friedensgebete 1981 bis 1989. Berlin: Evangelische Verlagsanstalt.

Fehr, Helmut (1996): Unabhängige Öffentlichkeit und soziale Bewegungen. Fallstudien über Bürgerbewegungen in Polen und Ungarn. Opladen: Leske& Budrich.

Herzberg, Wolfgang/ von zur Mühlen, Patrik (Hrsg.) (1993): Auf den Anfang kommt es an. Sozialdemokratischer Neubeginn in der DDR 1989. Interviews und Analysen. Bonn: Dietz Nachfolger.

Lindgens, Monika/Mahle, Susanne (1992): Vom Medienboom zur Medienbarriere. Massenmedien und Bürgerbewegungen im gesellschaftlichen Umbruch der DDR und im vereinten Deutschland. In: Bohn, Rainer (Hrsg.): Mauer-Show. Das Ende der DDR, die deutsche Einheit und die Medien. Berlin: Edition Sigma: 95- 112.

Ludes, Peter (1991): Die Rolle des Fernsehens bei der revolutionären Wende in der DDR. In: Publizistik 36: 201- 216.

Materialien 1995: Deutscher Bundestag (Hrsg.): Materialien der Enquete-Kommission „Aufarbeitung von Geschichte und Folgen der SED-Diktatur in Deutschland", Bd. VII/1. Baden-Baden/ Frankfurt (Main): Nomos/ Suhrkamp.

MFS/ ZAIG a: Ministerium für Staatssicherheit/ Zentrale Auswertungs- und Informationsgruppe: „Übersicht über operativ festgestellte Besuche westlicher Korrespondenten in der Wohnung der Bohley, Bärbel". Robert-Havemann-Archiv 3.1.2.1.07, OV, OPK/I: OV Bohle, ohne Pag.

MfS/ ZAIG b: Ministerium für Staatssicherheit/ Zentrale Auswertungs- und Informationsgruppe: „Übersicht über Telephoninterviews und telephonische Auskünfte, die die Bohley, Bärbel westlichen Korrespondenten gab". Robert-Havemann-Archiv 3.1.2.1.07, OV, OPK/I: OV Bohle, ohne Pag.

MfS/ BVfS Berlin: Ministerium für Staatssicherheit/ Bezirksverwaltung Berlin: „Information über Aktivitäten von Untergrundkräften zur Popularisierung der feindlichen Vereinigung 'Neues Forum' durch westliche Medien", 19.9.1989. (Robert-Havemann-Archiv, Ordner 'Neues Forum Λ', ohne Pag.).

Müller-Enbergs, Helmut/Schulz, Marianne/ Wielgohs, Jan (Hrsg.) (1992): Von der Illegalität ins Parlament. Werdegang und Konzepte der neuen Bürgerbewegungen, 2. erw. Auflage. Berlin: Ch. Links.

Neubert, Ehrhart (1997): Geschichte der Opposition in der DDR 1949- 1989. Bonn: Bundeszentrale für politische Bildung.

Opp, Karl-Dieter/Voß, Peter (1993): Die volkseigene Revolution. Stuttgart: Klett-Cotta.

Pollack, Detlef (1990): Ursachen des gesellschaftlichen Umbruches in der DDR aus systemtheoretischer Perspektive. In: Graber, Wolf-Jürgen/ Heinze, Christiane/ Pollack, Detlef (Hrsg.): Leipzig im Oktober: Kirchen und alternative Gruppen im Umbruch der DDR. Analysen zur Wende. Berlin: Wichern: 12- 23.

Pollack, Detlef (2000): Politischer Protest. Politisch alternative Gruppen in der DDR. Opladen: Leske& Budrich.

Probst, Lothar (1993): „Der Norden wacht auf". Zur Geschichte des politischen Umbruches in Rostock 1989- 91. Bremen: Edition Temmen.

Raschke, Joachim (1988): Soziale Bewegungen. Ein historisch-systematischer Grundriß. Frankfurt (Main)/ New York: Campus.

Reum, Monika (1991): Auferstanden aus Ruinen ... und wie weiter? Chronik der Wende in Karl-Marx-Stadt/ Chemnitz 1989/90. Chemnitz: Heimatland Sachsen.

Schneider, Matthias (1991): „Und plötzlich ging alles so schnell". Wende und Wandel in Görlitz. Wiesbaden: Breuer.

Schmitt-Beck, Rüdiger (1990): Über die Bedeutung der Massenmedien für soziale Bewegungen. In: Kölner Zeitschrift für Soziologie und Sozialpsychologie 42: 642- 661.

Tarrow, Sidney (1991): Kollektives Handeln und politische Gelegenheitsstrukturen in Mobilisierungswellen: Theoretische Perspektiven. In: Kölner Zeitschrift für Soziologie und Sozialpsychologie 43: 647- 670.

Timmer, Karsten (2000): Vom Aufbruch zum Umbruch. Die DDR-Bürgerbewegung 1989. Göttingen: Vandenhoeck& Ruprecht.

Timmer, Karsten (2000a): 1989 - vom Ereignis zum Gegenstand der Geschichtswissenschaft. Ein Literaturbericht. In: Zivilcourage gestern und heute - Der Nationalpreis 2000. Eine Dokumentation, hrsg. von der Deutschen Nationalstiftung. Hamburg: Verlag der Deutschen Nationalstiftung: 94- 109.

III. Demokratische Opposition im Regimewechselprozess

Samt und sanft – wohin man auch schaut: Die so genannte „samtene" Revolution in der Tschechoslowakei

Stanislav Balík, Jan Holzer und Jakub Šedo

Einleitung

Mit der Debatte uber den Aufstieg und Fall demokratischer und nichtdemokratischer Regime überschreitet die Politikwissenschaft den gewöhnlichen Rahmen, der ihr gesetzt ist, und wendet sich einem Thema zu, das Gegenstand des Interesses aller Sozialwissenschaften ist. Aus der Perspektive der tschechischen bzw. tschechoslowakischen Politik und ihrer Entwicklung im 20. Jahrhundert wird dieses Thema weitgehend durch den Komplex „Kommunismus" und die These abgedeckt, dieser habe hierzulande einen überraschenden, gleichsam vom Himmel gefallenen Triumph gefeiert und dann ein ebenso überraschendes Ende gefunden. Tatsächlich war das erste totalitäre Modell in der Tschechoslowakei das Resultat einer äußeren, der nationalsozialistischen Aggression (März 1939).[1] Bei der kommunistischen Machtübernahme im Februar 1948 handelte es sich jedoch im Kern um die Durchsetzung totalitärer Verhältnisse als systemische Folgen der soziopolitischen Entwicklungen im Lande selbst.[2] Der erste erfolgreiche Träger eines totalitären Modells, der deutsche Nationalsozialismus, wurde in den „prätotalitären" Jahren 1945-1948 zunächst durch den tschechischen „nationalen Sozialismus" ersetzt, dann durch den tschechischen Kommunismus. Anders ausgedrückt: Zunächst wurde sich die tschechische Gesellschaft der Fähigkeit bewusst, ihre Rechnung mit einer konkreten sozialen Gruppe (den Deutschen) zu begleichen (Holzer 2001: 95f) , und in einem zweiten Schritt stellte der antidemokratische Akteur – wiederum mit Unterstützung eines beträchtlichen Teils der Gesellschaft – eine Situation her, die es ihm ermöglichte, seine vom Klassenstandpunkt aus definierte gesellschaftliche Vision in die Tat umzusetzen.

Legt man diese realen Vorgänge zugrunde, gelangte die tschechische Politik in eine widersprüchliche Lage im Vergleich zu anderen mitteleuropäischen Ländern. Warum? Aus politologischer Sicht sei hier vor allem an die bemerkenswerte These über die Rolle bzw. den Einfluss der autoritären Regime der Zwischenkriegszeit erinnert. Diese These versucht nachzuweisen, dass gerade die Ablehnung von Liberalismus und Demokratie in der Zeit zwischen den Weltkriegen (vgl. dazu das klassische polnische Beispiel des Sanacja-Regimes Marschall Piłsudskis) paradoxerweise in einigen mitteleuropäischen Ländern zur Konsolidierung derjenigen Kräfte beitrug, die nach dem Zweiten Weltkrieg bereit waren, sich dem Kommunismus in den Weg zu stellen. Demgegenüber war die Tschechoslowakei, wie bekannt, jene berühmte Insel der Demokratie in einem Meer autoritärer oder faschistischer Staaten. Diese Insel besaß bzw. entwickelte jedoch nicht die Fähigkeit (oder die Bereitschaft?) zum Widerstand gegen den kommunistischen Angriff.[3] Auch weitere

---

1   Zur Etablierung dieses von außen herangetragenen totalitären Modells leistete allerdings ein innerer Akteur, die deutsche nationale Minderheit, einen erheblichen Beitrag.
2   Wobei anzumerken ist, dass diesmal der äußere Rahmen außerordentlich günstig war, bedingt durch die expansive sowjetische Doktrin jener Zeit.
3   Diese These kann natürlich als vereinfachende bzw. rein normative Spekulation zurückgewiesen werden.

Interpretationen können das oben angeführte politologische Argument nicht völlig entkräften; man denke an soziologische Analysen der Ursachen der unterschiedlichen Entwicklung der mitteleuropäischen Länder unter Berücksichtigung der variierenden Dynamik der Modernisierungsprozesse in dieser Region, die unterschiedliche Stratifikationen der mitteleuropäischen Gesellschaften und eine breite Skala der Beziehungsmuster zwischen Eliten und Massen hervorgebracht hat, man denke ferner an psychosoziale Erkenntnisse über die verschiedenartigen Mentalitäten der mitteleuropäischen Gesellschaften.

Jedenfalls kommt man schwerlich um das Eingeständnis herum, dass das tschechische/tschechoslowakische totalitäre kommunistische Regime im Augenblick seiner Etablierung den Erwartungen des überwiegenden Teils der tschechischen Gesellschaft entsprach: sowohl im Blick auf die Frage des Systems als auch in mentaler Hinsicht und unter dem Gesichtspunkt von Wertorientierungen einschließlich der Interpretationen von Vergangenheit und Zukunft dieser Gesellschaft. Mit der Erfahrung des Jahres 1918 und der erfolgreichen Zurückweisung des angeblich illegitimen österreichischen politischen Modells[4] akzeptierte die tschechische Gesellschaft auch im Jahr 1948 eine fundamentale politische Wende, und zwar ohne grundsätzliche Zusammenstöße und Konflikte.[5] Es bietet sich somit an, schon den Verlauf des Februarumsturzes 1948 als „samten" zu charakterisieren, auch wenn die tschechische politische Terminologie dieses Attribut vor 1989 nicht kannte.

Für die tschechische/tschechoslowakische kommunistische totalitäre Ära selbst gelten die meisten der klassischen Bestimmungsmerkmale, die Brzezinski und Friedrich in ihrem Katalog der Grundzüge eines totalitären Regimes zusammengestellt haben (vgl. Friedrich/ Brzezinski 1962). Dieser inzwischen oft überarbeitete Katalog wurde zwar in einer Reihe von Punkten kritisiert, ist jedoch weiterhin ein zuverlässiger Wegweiser, wenn man danach fragt, worum es den totalitären Eliten ging und welche systemischen Instrumente sie zur Verwirklichung ihrer Ziele nutzten.

Auf der vergleichenden Ebene der Betrachtung ist auch für diesen Zeitraum die unterschiedliche Entwicklung der Tschechoslowakei gegenüber Polen und Ungarn zu berücksichtigen. Ein Indiz hierfür ist das Jahr 1956 mit seiner – im Grunde genommen – distanzierten Einstellung der tschechoslowakischen Öffentlichkeit zu den Ereignissen in den Nachbarländern, die sich u.a. an den Reaktionen ablesen lässt, die die Berichte über die Grausamkeiten vor allem im Zusammenhang mit der ungarischen Revolte auslösten (vgl. Pernes 2000: 615; Blaive 2001: 294-299). Den vielleicht sichtbarsten Unterschied bezeichnete Jahre später die tschechoslowakische Vorstellung über die Möglichkeit der Erneuerung des kommunistischen Modells, verkörpert im Phänomen des Prager Frühlings, des „Sozialismus mit menschlichem Antlitz" und des Reformprozesses in der zweiten Hälfte der 1960er Jahre.[6] Eine gewaltlose Haltung ist – von individuellen Ausnahmen

---

4   Dabei denken wir nicht an die technische Seite der damaligen Veränderungen, sondern an die äußere Wahrnehmung dieses Prozesses.

5   Das Maximum des Konfliktverhaltens in den Tagen der kommunistischen Machtübernahme im Februar 1948 war eine Studentendemonstration. Die folgenden Manifestationen von Widerstand hatten nur symbolischen Charakter (so etwa der Kongress des Turnverbandes Sokol im Sommer 1948). Die nicht sehr zahlreichen Gewaltakte des späteren antikommunistischen Widerstandes (am bekanntesten sind die Taten der Gruppe der Brüder Mašín) werden bis heute in den öffentlichen Debatten nicht als legitim betrachtet.

6   Auch das ausdruckstärkste Symbol jener Jahre, die Selbstverbrennung von Jan Palach und Jan Zajíc, zweier junger Männer, die im Widerstand gegen das kommunistische Regime nicht anderen das Leben nahmen,

abgesehen – offenkundig eine Eigenart tschechischer politischer Umstürze in der gesamten modernen Ära.

Im Sinne dieser einleitenden und allgemeinen, für das Verständnis des Kontextes unseres Themas jedoch notwendigen Überlegungen zu einigen Eigenarten der tschechischen/tschechoslowakischen Politik im Verhältnis zum kommunistischen Regime und seinem Zusammenbruch will dieser Text zum einen das Funktionsmodell des tschechoslowakischen nichtdemokratischen Regimes der 70er und 80er Jahre des 20. Jahrhunderts beschreiben und kategorisieren, zum anderen die Umstände seines Zusammenbruchs und den Beginn des Demokratisierungsprozesses an der Wende von den 1980er zu den 1990er Jahren analysieren und kommentieren. Die den Text verklammernden Interpretationsfiguren, deren typischer Charakter für die beschriebenen Ereignisse verfolgt und überprüft werden soll, sind Gewaltlosigkeit und konfliktfreier Verlauf der gesellschaftlichen Umbrüche. Sie sind in den folgenden Ausführungen symbolisch vertreten durch die Worte „samt" bzw. „sanft".

Die Anfänge des Normalisierungsregimes

Die so genannte Normalisierung, d.h. die Phase der tschechoslowakischen Politik, die mit der Konsolidierung der politischen Verhältnisse nach dem krisenhaften Zeitabschnitt des Jahres 1968 einsetzte, verweist in wesentlichen Systemaspekten auf Strukturen, für die Linz und Stepan den Begriff des Posttotalitarismus benutzen (Linz/Stepan 1996: 42-51). Die Entwicklung der Jahre 1969-1989 hatte dabei keineswegs monolithischen Charakter; es ist angebracht, sie in drei Phasen zu unterteilen:

1. 1969-1972: die Phase der „Säuberungen" und der Konsolidierung des Regimes, die „Normalisierung" im eigentlichen Sinne des Wortes;

2. 1972 bis zur zweiten Hälfte der 80er Jahre: das „Einfrieren" des Normalisierungsregimes, das sich mit Hilfe derjenigen Mechanismen an der Macht hielt, die in der vorhergehenden Phase etabliert worden waren;

3. Zweite Hälfte der 80er Jahre bis 1989: Dynamisierung der gesellschaftlichen Entwicklung, auf die das Regime nicht angemessen zu reagieren vermochte.

Die grundlegenden strukturellen Merkmale, die das Überleben des Regimes bis zum Jahr 1989 möglich machten, wurden bereits in den Jahren 1969-1972 geschaffen bzw. durch die Restaurierung der vor 1968 etablierten Machtstrukturen wiederhergestellt. Der Beginn der 1970er Jahre stand im Zeichen einer kritischen Reflexion des Jahres 1968 und der Festigung der Herrschaft der neuen Parteiführung. Dieser erschien eine umfangreiche Säuberung notwendig; sie sollte die definitive alt-neue Regelung der Verhältnisse und die

---

sondern ihr eigenes in die Schanze schlugen, bleibt neben den eher zufälligen Opfern der Okkupation im August 1968 Gegenstand großer Debatten über den Sinn solcher Handlungen. Vgl. dazu beispielsweise Pernes, J.:Čas obětí. Odpor československé veřejnosti proti sovětské okupaci od srpna 1968 do srpna 1969. In: Fajmon (2005: 11-28).

Dominanz derjenigen Kräfte demonstrieren, die nicht mit den Reformbestrebungen der 1960er Jahre verknüpft waren. Die Säuberungen begünstigten die Herausbildung einer Allianz der Spitzengruppen der Kommunistischen Partei der Tschechoslowakei (KSČ), die sich in den ersten Monaten nach dem August 1968 formiert hatten. In dieser Allianz trafen sich: (1.) der konservative Flügel um Vasil Biľak, (2.) die Pragmatiker um Lubomír Štrougal, die das Ziel verfolgten, die Vorherrschaft der KSČ und die Stabilität des Systems aufrechtzuerhalten (der Erneuerungsprozess der späten 60er Jahre war nach ihrer Auffassung in seinen Reformbestrebungen zu weit gegangen) und (3.) die Gruppe der slowakischen Föderalisten um Gustáv Husák, die begrenzte Reformen nur bis zur Verabschiedung des Gesetzes über die Föderation der Tschechoslowakei tolerierten. Dieser dritten Gruppe gelang es durch geschicktes Taktieren (so wurde die Wahl G. Husáks zum Ersten Sekretär des ZK der KSČ als „kleineres Übel" auch von einem Teil der Reformanhänger unterstützt), die Schlüsselpositionen an sich zu reißen.

Die Säuberungen[7] betrafen alle Bereiche des politischen, kulturellen und wirtschaftlichen Lebens. Die erste Welle der Abrechnung mit potentiellen oppositionellen Gruppierungen zielte auf die Partei selbst. Auf der Grundlage des Diktums der Partei, der außerordentliche XIV. Parteitag der KSČ in Prag-Vysočany am 22. August 1968 sei illegal gewesen,[8] wurden die Mandate der Delegierten dieses Parteikongresses kassiert und anschließend die Wortführer der so genannten rechten und opportunistischen Tendenzen aus der KSČ ausgeschlossen. Die Mehrheit der Vertreter des Reformflügels der Partei wurde aus ihren leitenden Positionen herausgedrängt, wobei die Reformisten diesem Druck nicht standzuhalten vermochten. Viele von ihnen unterstützten sogar die ersten Schritte der Normalisatoren, sei es in dem Bemühen, wenigstens Teile der Reform zu bewahren, oder in der Absicht, die eigene Position zu retten.

In einer zweiten Phase wurde die Säuberung in den gesetzgebenden Organen durchgeführt,[9] in der Staatsverwaltung, in der Armee, im Sicherheits- und Justizapparat, den Gewerkschaften, den Interessen- und Massenorganisationen sowie in den Medien. In der dritten und letzten Phase richteten sich die Säuberungen wieder auf die Partei selbst. Auf der Grundlage einer Entscheidung der so genannten Überprüfungskommissionen, die sich weniger von dem Kriterium leiten ließen, wie sich das einzelne Parteimitglied im Jahr 1968 verhalten hatte, als von der Einschätzung, wie bußfertig und bereit es sich zeigte, das neue System zu unterstützen, wurden rund eine halbe Million Personen aus der KSČ ausgeschlossen oder aus den Mitgliedskarteien gestrichen.[10] Auf der anderen Seite wurden 1 100 000 Mitgliedern neue Parteiausweise ausgestellt.[11] Auf diese Weise konsolidierte

---

7   Vgl. beispielsweise Maňák (1997).
8   Dies erklärte die Parteiführung noch im August 1968, unmittelbar nach der Invasion der Armeen des Warschauer Paktes.
9   Zur Illustration des Ausmaßes der Säuberung: Im tschechoslowakischen Parlament (der so genannten Föderalversammlung) legten zwischen April 1969 und Juli 1971 insgesamt 122 Abgeordnete ihr Mandat nieder. In dem Parlament, das aus den Wahlen im November 1971 hervorging, waren nur 60 Abgeordnete vertreten, die auch in der vorangegangenen Legislaturperiode im Parlament gesessen hatten. Die neue Parteiführung lenkte dieses Parlament in den folgenden 15 Jahren. Vgl. Cigánek, F.: Předlistopadový parlament ve světle archivní dokumentace. In: Mandler (1993: 58-89).
10   Bereits vor dem Umtausch der Parteiausweise hatten rund 150 000 Personen die KSČ auf verschiedene Weise verlassen.
11   Die Zahl der Parteimitglieder begann in den folgenden Jahren nichtsdestoweniger wieder zu steigen, zu Beginn der 80er Jahre überschritt sie 1 500 000. Von der Mitgliedschaft in der KSČ hing nämlich in bedeutendem Maße die Karriere bzw. der soziale Aufstieg ab, vor allem in den Berufen, die in die Kategorie

sich ein Personenkreis, der in der Folgezeit über die Entwicklung der Gesellschaft und über individuelle Schicksale entschied. Zehntausende wurden auf der anderen Seite von der Mitwirkung am öffentlichen Geschehen ausgeschlossen. Zum Mittel der politischen Auseinandersetzung mit potentiell oppositionellen oder eher revoltierenden Gruppen griff das Regime in den Jahren 1970-1972 nur ausnahmsweise.[12]

Schlüsselfigur dieses Regimes war G. Husák, zunächst Erster Sekretär, dann Generalsekretär des ZK der KSČ (bis Dezember 1987), später auch Präsident der ČSSR.[13] Husák inaugurierte einen zentristischen Kurs, der totale Repression und Aufsehen erregende politische Prozesse vermied, da sie die Gesellschaft in Bewegung bringen konnten. Diese Taktik ermöglichte einen glatten Verlauf der Normalisierung, kodifizierte die Passivität eines beträchtlichen Teils der Gesellschaft und den Beginn einer 20 Jahre dauernden bürokratischen Diktatur, als deren Signatur die Unbeweglichkeit, ja geradezu leichenhafte Starre des sozialen Geschehens betrachtet werden muss. Dass der Kurs der Partei aus ihrer Sicht erfolgreich war, bestätigten sowohl der XIV. Parteikongress (25.-29.5. 1971)[14] als auch die Wahlen zur Föderalversammlung (26.-27.11. 1971), an denen sich 99,41 Prozent der eingeschriebenen Wähler beteiligten, von denen 99,78 Prozent für die Einheitsliste der Nationalen Front stimmten.

Die Konsolidierung des Regimes wurde 1972 beendet – sämtliche Massenorganisationen hatten bis dahin ihre Unterordnung unter die KSČ wiederhergestellt, die Säuberungen waren größtenteils abgeschlossen, die Bürger – sieht man von wenigen oppositionellen Gruppierungen ab – hatten die neuen Spielregeln akzeptiert. Die Komplexität der Kontrolle der KSČ über die Gesellschaft nahm erkennbare Gestalt an. Jede Art gesellschaftlicher Entwicklung erstarrte, die Parlamente entfalteten keine berichtenswerte gesetzgeberische Tätigkeit, Modifizierungen der Verfassung erschienen nicht notwendig,[15] und auch die Tätigkeit der Regierungen[16] sowie der Gerichte[17] wurde strikt dem Apparat der KSČ unterworfen.

---

der „arbeitenden Intelligenz" fielen. Der Anteil der Arbeiter in der KSČ lag nach den Säuberungen (die in stärkerem Maße die Intelligenz betrafen) bei lediglich 26,4 Prozent, weitere 17,2 Prozent stellten Arbeiter, die als Rentner weiterbeschäftigt wurden. Von allen erwerbstätigen Arbeitern waren nur 7,6 Prozent in der KSČ vertreten, während 11,6 Prozent aller erwachsenen Personen der ČSSR Parteimitglieder waren. Zur Kaderpolitik der KSČ in diesem Zeitraum s. Hradecká/Koudelka (1998).

12 Eingehend dazu Otáhal, M.: První fáze opozice proti takzvané normalizaci (1969-72). In: Mandler (1993: 11-33); Cuhra (1997).

13 In dieser Funktion löste Husák 1975 Ludvík Svoboda ab. Auch Svoboda, eines der Symbole des Jahres 1968, behinderte die Normalisierung nicht; an seinem Verhalten ließen sich Resignation und das Bemühen ablesen, die Situation zu beruhigen. Seine Passivität wird auch seinem hohen Alter und schlechten Gesundheitszustand zugeschrieben werden müssen.

14 Die Parteitage der KSČ fanden alle fünf Jahre statt.

15 Diskussionen über die Veränderung der Verfassung bzw. über die Ausarbeitung eines neuen Verfassungstextes setzten erst in der zweiten Hälfte der 80er Jahre ein, doch blieb es auch dann bei bloßen Erwägungen. In der Phase des Zusammenbruchs des kommunistischen Systems galt daher in der ČSSR – von marginalen Änderungen abgesehen – der gleiche Verfassungstext wie zu Beginn der Normalisierung.

16 Das Kadersystem legte genau fest, wer mit welcher Art von Aufgaben beauftragt werden konnte, welche Position der Betreffende erreichen konnte usw. Die Regierungsmitglieder stellten die höchsten Beamten dar, übten jedoch ihre Funktionen wie jeder beliebige untere Beamte nach dem Willen der KSČ auf der Grundlage fester Regeln aus.

17 Im Hinblick auf die Organisation gerichtlicher Macht und Praxis kam es in den Jahren 1969-1989 zu keinen grundsätzlichen Veränderungen. Das Gerichtssystem existierte in seiner tradierten Gestalt weiter. So gab es weiterhin kein Verfassungsgericht, obwohl das Verfassungsgesetz über die Föderalisierung die Errichtung eines Verfassungsgerichts vorsah. Die Gerichte beteiligten sich an der Verfolgung von Personen, die

Legt man die Theorie und Typologie nichtdemokratischer Regime zugrunde, entsprach das tschechoslowakische kommunistische System der Jahre 1969- 1972 offenbar nicht der klassischen Definition totalitärer Regime, wie sie Friedrich und Brzezinski vorgelegt haben, obwohl die tschechoslowakischen Verhältnisse im gesamten Zeitraum 1969-1989 gerade zwischen 1969 und 1972 dieser Definition am nächsten kamen. Mit gewissen Einschränkungen lässt sich auf die Anfangsperiode der Normalisierung applizieren: (1.) das schon erwähnte Konzept des frühen Posttotalitarismus von Linz und Stepan (das sich der klassischen Totalitarismustheorie annähert, sich aber von dieser durch die Annahme einer schwächeren Ausprägung der Rolle des Führers unterscheidet; eine Reihe von Bedingungen, die Linz und Stepan für die Zuordnung zu einem posttotalitären Regime aufstellen, erfüllt der tschechoslowakische Fall jedoch nicht) oder (2.) ein Modell, das sich mit dem Konzept des quasitotalitären Posttotalitarismus von Skilling berührt (dieser geht davon aus, dass die in den in Frage kommenden Regimen zugelassenen Organisationen allen Einflusses beraubt sind und Gruppierungen jeglicher Art, die sich der Staats- und Parteiführung zu entziehen versuchen, zerschlagen werden) und Elemente eines konsultativen Posttotalitarismus (vorherrschender Einfluss des Parteiapparats, der jedoch die Meinungen der Fachleute berücksichtigt) enthält (vgl. dazu Skilling 1966).

Die Periode der Stabilität

Während der zweiten Phase, von 1972 bis in die zweite Hälfte der 1980er Jahre, wurde das Beziehungsmuster zwischen den kommunistischen Eliten und der tschechoslowakischen Öffentlichkeit vor allem durch den so genannten Sozialvertrag geprägt. Dieser informeller Pakt beruhte auf der Bereitschaft der Parteiführung, im Austausch gegen die wiederholte Zustimmung der Öffentlichkeit zu den gegebenen Verhältnissen, gegen den Verzicht auf politisches Engagement und den damit verknüpften Rückzug ins Privatleben zum einen nicht zum Mittel der Gewalt zu greifen, politische Prozesse zu vermeiden und Disziplinierung auf exemplarische Gerichtsurteile zu beschränken, zum anderen der Bevölkerung die Sicherheit solider sozialer und materieller Verhältnisse (die im sowjetischen Block ihresgleichen suchten) zu bieten. Nicht zuletzt ging der Sozialvertrag einher mit der Akzentuierung von Durchschnittlichkeit, Loyalität und Lethargie als den entscheidenden Tugenden des sozialistischen Bürgers. Um Zustimmung zu diesem Pakt herzustellen, wurde eine breite Palette der verschiedensten Mittel eingesetzt: Diese reichten von Maßnahmen zur Anhebung des Lebensstandards über die Eintrocknung unabhängiger Informationsquellen bis zu Einschüchterungsstrategien.

Die überwiegende Mehrheit der Bürger zog sich in der Tat ins Privatleben zurück und zeigte sich insgesamt zufrieden mit der Anhebung des materiellen Lebensniveaus. Daher wurde die hegemoniale Position der KSČ selbst im Januar 1977 nicht angetastet, als der Text der Charta 77 veröffentlicht wurde. Dieser stellte vor allem einen moralischen Appell und eine Proklamation ideeller Werte dar, entzog sich zwar der Kontrolle des Staats- und

---

oppositionelle Einstellungen zum Ausdruck brachten. Im Unterschied zu den 1950er Jahren bestand die Aufgabe von Prozessen nicht in der (politischen) Mobilisierung, sondern in der Abschreckung. Die Bedeutung anderer Formen des Kampfes gegen die Opposition stieg: wiederholte Festnahmen und Verhöre, Aktivitäten der Staatssicherheit mit dem Ziel, die Opposition zu spalten und den konkreten Menschen in den Augen der Öffentlichkeit in schlechtem Licht erscheinen zu lassen, u.a.m.

Parteiapparats, zielte aber nicht auf die formale Gründung einer oppositionellen Plattform. Die Folgewirkungen der Existenz der Charta-Bewegung lassen sich erst mehre Jahre später beobachten.

Den Kern des kommunistischen Regimes an der Wende von den 1970er zu den 1980er Jahren bildeten nicht mehr wie noch in den 1950er Jahren die ideelle Reinheit und die charismatischen Verheißungen des revolutionären Sozialismus, sondern die Anziehungskraft des erwähnten Sozialvertrags. Für diesen Pakt musste allerdings auch die KSČ in den folgenden Jahren den Preis zunehmender Isolierung zahlen. Die Propaganda orientierte sich in dieser Situation nicht mehr an den Bildern des fernen kommunistischen Ideals, sondern bevorzugte die Hervorhebung der Schrecken des Kapitalismus, um andererseits die Sicherheiten und Annehmlichkeiten des „realen Sozialismus" zu betonen, wobei sie die politische Sphäre mit Schweigen überging und sich auf Freizeit, Unterhaltung und die Organisation der regelmäßigen rituellen Feierlichkeiten (Umzüge zum Ersten Mai, Spartakiaden) konzentrierte. Symptome versagender Kontrolle über die Entwicklung und beginnender Funktionsschwäche der bislang existierenden Informations- und Machtkanäle zeigten sich erst, als die Reaktion auf die Katastrophe von Černobyl nicht in Grenzen gehalten werden konnte (April 1986), dann in der Verringerung des Drucks auf dissidentische Kreise und in zunehmend häufigeren oppositionellen Äußerungen auf kulturellem Gebiet.

Beschreibt man die zweite Phase der tschechoslowakischen Normalisierung in dieser Weise, so entspricht sie der Charakteristik des „eingefrorenen" Posttotalitarismus, der sich vom frühen Posttotalitarismus durch die langfristige Konservierung der Kontrollmechanismen und durch eine gewisse Toleranz gegenüber Kritikern unterscheidet. Dies gilt sowohl für die Dimension der Ideologie als auch für die Dimension der politischen Führung, für die eine Beschränkung der Macht des Führers und die Vorhersehbarkeit der Schritte der Staatsmacht typisch sind, wie schließlich zum Teil für die Dimension der Mobilisierung, denn enthusiastische Beteiligung an massenhaften Aktivitäten wurde nicht verlangt. Dabei lag die Häufigkeit der Forderungen nach öffentlich deklarierter Unterstützung des Regimes, vor allem bei bestimmten Bevölkerungsgruppen, höher, als dies das Konzept des Posttotalitarismus vorsieht.[18]

Die Krise des Normalisierungsmodells

Seit der Mitte der 1980er Jahre ging es freilich mit der Funktionsfähigkeit des bisher beschriebenen Modells bergab. Der wachsende Informationszufluss aus dem Ausland vermittelte die Einsicht, dass die materiellen Bedürfnisse der Bürger im Westen besser befriedigt wurden. Die Möglichkeiten des extensiven wirtschaftlichen Wachstums hatten sich erschöpft, ganz zu schweigen vom Ausmaß der Verwüstung der Umwelt, der immer mehr Menschen kritisch gegenüberstanden. Die Repräsentanten des Regimes gerieten in

---

18   Nur in der Dimension des Pluralismus näherte sich das Normalisierungsregime dem Totalitarismus an. Die tolerierte begrenzte Pluralität dieses Regimes hat sich nämlich im sozialen, ökonomischen und institutionellen Bereich nicht breiter entwickelt, obwohl die Anstrengungen zur Unterdrückung pluralistischer Tendenzen nicht den Grad der Brutalität erreichten, den das klassische Totalitarismus-Modell voraussetzt.

eine ausweglose Situation, denn die Verweigerung von Reformen konnte das Regime nicht stabilisieren, und durchgreifendere Reformen hätten zugleich seine Existenz bedroht. Überdies (vielleicht: vor allem) verlor die Parteiführung die bisherige Sicherheit internationaler Unterstützung. Das Ende des Kommunismus in der ČSSR ist integraler Bestandteil der Veränderung des gesamten Sowjetblocks, mit dem die KSČ durch eine Nabelschnur verbunden war, die es ihr unmöglich machte, einen eigenen Kurs zu verfolgen. Im Sinne des Marxismus-Leninismus stand die Partei auf orthodoxen Positionen – im Unterschied zur Politik im Rahmen von „Perestrojka" und „Glasnost" des neuen Generalsekretärs des ZK der KPdSU Michail Gorbačov. Um die Mitte der 1980er Jahre sah sich die KSČ einer immer schwieriger werdenden Situation gegenüber: Das traditionelle Argument einer konsequenten Partnerschaft mit der KPdSU war hinfällig geworden, damit entfiel gleichsam die Ursubstanz der Praxis der kommunistischen Bewegung, und die KSČ musste ihre Politik neuen Bedingungen anpassen und andere Lösungen für die aktuellen Probleme suchen.

Trotz dieser Situation versuchte der XVII. Parteitag der KSČ (24.-28.3. 1986), die gegebenen Verhältnisse zu konservieren und nicht auf die „Perestrojka" zu reagieren. Innerhalb der Partei vertiefte dies den Gegensatz zwischen der Führung, die sich im Kern seit 1970 nicht verändert hatte, und einer jungen, technokratisch eingestellten Generation. Während sich die Führungseliten der Partei durch die Möglichkeit eines Wandels direkt bedroht fühlten, da sie sich keine Illusionen über die eigene Fähigkeit machen konnten, sich einer neuen Lage anpassen zu können, bestand das Interesse derjenigen Kader, die erst in den 1970er Jahren in der Partei auftauchten und von vorwiegend pragmatischen Erwägungen geleitet wurden, im Wesentlichen darin, eine Variante der gesellschaftlich-politischen Entwicklung zu finden, die ihnen – auch bei Verlust des Machtmonopols der Partei – die Möglichkeit verschaffte, ihre individuellen Positionen und Privilegien aufrechtzuerhalten.

Der Konflikt zwischen diesem pragmatischen Flügel, der insbesondere in ökonomischen Fragen zu Zugeständnissen bereit war,[19] und der ideologisch orthodoxen Strömung, die eben diese Zugeständnisse als den Beginn einer Entwicklung ansah, die bereits in den Nachbarländern zur allmählichen Demontage des kommunistischen Machtmonopols geführt hatte, blieb freilich eher latent und führte nicht zu offenen Zusammenstößen. Die KSČ verlor so die Möglichkeit, aktiv in die gesellschaftlichen Prozesse einzugreifen, deren Dynamik auf den Übergang in eine andere gesellschaftliche Ordnung zielte und sich aus Quellen speiste, die außerhalb der Partei lagen.[20] Ein profilierter Reformflügel der herrschenden Machteliten, der klassische Akteur im Übergang zu einem anderen gesellschaftlichen System, dessen Potential und Bereitschaft, eine Kompromissformel für die Übergabe der Macht zu finden, eine der entscheidenden Bedingungen für Form und Inhalt eines neu entstehenden Regimes darstellt, war in der ČSSR nicht vorhanden. Auch personelle Veränderungen, die übrigens sowohl den

---

19   Die Repräsentanten dieses Flügels muss man in der Regierung und in der staatlichen Verwaltung suchen; dort wurde man am stärksten mit den Problemen in der Gesellschaft konfrontiert und stand den sich verschlechternden realen Verhältnisse näher als der Parteiapparat.

20   Ein soziologischer Blick auf diese Prozesse findet sich in dem Essay von Možný (1991).

orthodoxen als auch den pragmatisch orientierten Flügel betrafen,[21] änderten am offiziellen Parteikurs nichts.

Bei alledem lässt sich in der zweiten Hälfte der 1980er Jahre auch in der inoffiziellen oppositionellen Szene keine größere Bewegung beobachten, zumindest nicht im Vergleich mit den Vorgängen in den Nachbarländern. Erst seit dem Jahr 1988 sah sich die KSČ mit einer dynamischeren Entwicklung konfrontiert, zum einen in dissidentischen Kreisen, zum anderen in breiteren Schichten der Gesellschaft. Einige Maßnahmen der Parteiführung, etwa der Rücktritt Biľaks aus dem ZK der KSČ oder die Aufstellung mehrerer Bewerber um ein Mandat bei den Wahlen zur Föderalversammlung,[22] lassen sich daher nicht als einen durchdachten Versuch, adäquat auf die sich überstürzenden Ereignisse zu reagieren, verstehen, sondern eher als Symptom eines allgemeinen Hinterherhinkens des größeren Teils der Parteielite hinter der Entwicklung und als krampfhaftes Bemühen, wenigstens ein Minimum an Macht zu retten.

Zusammenfassend ist festzustellen, dass sich in der KSČ in der zweiten Hälfte der 1980er Jahre Anzeichen für einen tief greifenden Auflösungsprozess und den Zerfall der Informations- und Kontrollmechanismen mehrten. Die Partei sah sich nicht in der Lage, sinnvoll und angemessen auf die nun beginnenden politischen Entwicklungen zu reagieren. Der Verlust des Patronats der UdSSR und der Möglichkeit, sich auf das militärische, ökonomische, ideologische und Rohstoffpotential des Sowjetblocks zu stützen, setzten die Parteiführung einer neuen Situation aus, die die Thesen der marxistisch-leninistischen Doktrin nicht vorgesehen hatten. Das Ende der 1980er Jahre stand für die KSČ im Zeichen der Desillusionierung und des unbarmherzigen Kontakts mit der Realität.

In komparativer Sicht entsprach das Endstadium der kommunistischen Diktaturen in der Mehrzahl der Länder des sowjetischen Blocks dem Modell des „reifen" Posttotalitarismus. Diesem zufolge beginnt sich in der Phase des Zusammenbruchs der kommunistischen Systeme auf allen Gebieten Pluralität durchzusetzen, abgesehen vom politischen Bereich. In der ČSSR stellte sich die Situation jedoch etwas anders dar. Das kommunistische Regime unterschied sich nämlich von der vorhergehenden Periode lediglich dadurch, dass die Instrumente zur Unterdrückung pluralistischer Tendenzen stumpf geworden waren und der Druck der Gesellschaft sich auf die Beendigung kommunistischer Herrschaft zu richten begann. Deshalb kann man im Fall der ČSSR nicht vom Modell des „reifen" Posttotalitarismus sprechen. Diese Nichtübereinstimmung der tschechoslowakischen Verhältnisse mit den Prozessen in anderen Ländern ist grundlegend: Die Abkehr der Parteielite von der permanenten Regulierung aller relevanten sozialen

---

21 Im Dezember 1987 wurde G. Husák in der Funktion des Generalsekretärs des ZK der KSČ von Miloš Jakeš abgelöst, im Oktober 1988 L. Štrougal, ein Anhänger begrenzter Reformen, als Ministerpräsident der ČSSR durch Ladislav Adamec ersetzt, dessen Regierung mit einigen personellen Veränderungen bis zum November 1989 im Amt blieb. Ihr Hauptziel, die Stabilisierung der wirtschaftlichen und gesellschaftlichen Situation, erreichte sie nicht.

22 Im November 1988 empfahl das Politbüro des ZK der KSČ denjenigen Abgeordneten, die ihre Funktion nicht ordnungsgemäß ausüben konnten, ihr Mandat niederzulegen. Damit wurden in der Föderalversammlung neun Sitze frei, der Termin für die Nachwahlen wurde auf April 1989 festgelegt. Bevor diese stattfanden, wurde das Wahlgesetz novelliert. Erstmals seit dem Februar 1948 konnten die Wähler nun zwischen 2-3 vorgeschlagenen Kandidaten wählen. Diese Maßnahme rief keine „Wahlkampfatmosphäre" hervor; die Kandidaten wurden, bevor die Partei sie vorschlug, überprüft, und auch das Wählerverhalten änderte sich nicht wesentlich. In allen Wahlbezirken siegten – mit einer Ausnahme – mit großem Vorsprung die zuerst vorgeschlagenen Kandidaten.

Strukturen und der Übergang zur Förderung von Gleichgültigkeit und Passivität der Bürger riefen in der ČSSR weder gewichtigen gesamtgesellschaftlichen Widerstand hervor (wie in Polen) noch setzten sie eine bewusste Rückzugsstrategie der Machthaber in Gang (wie in Ungarn). Die KSČ stellte im Jahr 1989 neben der Sozialistischen Einheitspartei Deutschlands die rigideste Repräsentanz der kommunistischen Doktrin in Mitteleuropa dar.

Die nichtkommunistischen Parteien und die Opposition

Die Typologie Sartoris bezeichnet das System der politischen Parteien in der ČSSR in den Jahren 1969-1989 als System mit einer hegemonialen Partei. Neben der KSČ agierten also noch andere Parteien auf der politischen Szene, gleichwohl war das Parteiensystem nicht kompetitiv, und die anderen Parteien (in den böhmischen Ländern handelte es sich um die Tschechoslowakische Volkspartei und die Tschechoslowakische Sozialistische Partei) verfügten nur über sehr begrenzte Autonomie. Ihre Vertreter saßen zwar im Parlament, doch wurde die Zahl dieser Sitze von der für die Nominierung der Kandidaten zuständigen Nationalen Front[23] festgelegt. Die Aktivitäten der Nationalen Front einschließlich der Nominierung der Kandidaten für die verschiedenen Wahlen unterlagen gänzlich der Kontrolle durch die KSČ. Der Sinn der Existenz der Tschechoslowakischen Volkspartei und der Tschechoslowakischen Sozialistischen Partei bestand also nicht darin, in Konkurrenz zur KSČ zu treten, sondern die Fassade eines Regimes aufrechtzuerhalten, das nicht den Eindruck einer Einparteiendiktatur erwecken wollte.

Die Tschechoslowakische Volkspartei unterstützte zwar 1968 den Reformkurs, was zu einem steilen Anstieg ihrer Mitgliederzahl führte (im April 1969 zählte die Partei über 85 000 Mitglieder, mehr als das Vierfache des Standes vom Januar 1968), akzeptierte jedoch im Übergang zur Normalisierung wiederum die Führungsrolle der KSČ. Obwohl die Volkspartei weitere Zugeständnisse machte, wurde auch sie von den Säuberungen betroffen; ihre Mitgliederbasis schrumpfte erneut (im Laufe des Jahres 1971 sank die Zahl ihrer Mitglieder unter 75 000, und der Mitgliederschwund setzte sich auch danach fort), und die Partei kehrte in die Position einer gefügigen Satellitenorganisation zurück.

Auch die Tschechoslowakische Sozialistische Partei stand 1968 auf der Seite der Reformer. Ihre Mitgliederbasis (im April 1969 besaß die Partei rund 27 500 Mitglieder) verbreiterte sich während des Prager Frühlings gegenüber 1967 um mehr als das Zweieinhalbfache. Im Juni 1969 bekannte sich allerdings die Parteiführung um Bohuslav Kučera zum orthodoxen Modell der Nationalen Front, und in den folgenden Monaten unternahm sie weitere Schritte, um die KSČ von ihrer ideologischen Zuverlässigkeit zu überzeugen. Schwieriger gestaltete sich allerdings die Normalisierung der unteren Parteiorganisationen. Den Sieg der antireformistischen Gruppierungen innerhalb der Partei bestätigte die 6. Parteikonferenz im Januar 1972. Die normalisierte Tschechoslowakische Sozialistische Partei wurde vollständig unter die Kuratel der KSČ gestellt und bewahrte sich nur ein eingeschränktes Maß an Autonomie hinsichtlich ihrer Organisationsstrukturen und der Parteipresse.

---

23   Die Nationale Front war eine Dachorganisation, in der alle zugelassenen politischen Parteien und Massenorganisationen vertreten waren; ihre Organe schlugen die Kandidaten im jeweiligen Wahlbezirk vor.

Erst gegen Ende der 1980er Jahre leiteten beide Parteien einen Kurswechsel ein, nachdem unter ihren Mitgliedern Stimmen für konsequentere Reformen lauter geworden waren. In der Volkspartei spielten Bindungen an den katholischen Klerus und die katholisch orientierte Dissidenz eine wichtige Rolle. Auch Mitglieder der Sozialistischen Partei knüpften Kontakte zur Opposition, beispielsweise durch Vermittlung der zugelassenen Interessenorganisationen. Von Bedeutung war die Parteipresse, die konkrete Entscheidungen des Regimes zunehmend offener kritisierte. Vor allem *Svobodné slovo* [Das freie Wort], das Blatt der Sozialistischen Partei, spielte im November 1989 eine wichtige Rolle. Im Herbst 1989 hatte sich in beiden Parteien bereits eine reformorientierte Strömung herauskristallisiert, die in der Volkspartei deutlicher hervortrat als in der Sozialistischen Partei, deren Führung Reformtendenzen auf dem Boden der Partei nicht begrüßte, diesen aber auch nicht offen entgegentrat.

Die eigentliche Opposition gegen das kommunistische Regime – wenn wir die politischen Parteien im Exil außer Betracht lassen – war allerdings weder in einer Partei noch in anderer Weise formal organisiert. Dafür war eine Reihe von Faktoren verantwortlich – in erster Linie das offizielle Verbot, Organisationen (welcher Art auch immer) außerhalb der Nationalen Front zu gründen,[24] ferner der informelle Charakter der Bindungen zwischen den Oppositionellen und das Fehlen ausgearbeiteter Programme, das sich u.a. auch aus dem Bemühen erklären lässt, in den zwar nicht zahlreichen, aber ideell hoch differenzierten Kreisen der aktiven Dissidenten und ihrer Sympathisanten größeren Konflikten vorzubeugen.

Zu einer ersten Welle oppositioneller Aktivitäten kam es schon im ersten Halbjahr 1969. Ihre Signatur waren Massenkundgebungen einer breiten Öffentlichkeit (Petitionen, Demonstrationen), die von aufgerüttelten Bürgern bei verschiedenen Gelegenheiten initiiert wurden, um gegen die Okkupation der ČSSR und die politische Entwicklung zu protestieren (in diesen Zusammenhang gehören die Protestwellen nach den Selbstverbrennungen von Jan Palach und Jan Zajíc sowie die Demonstrationen am ersten Jahrestag der Okkupation), oder aus Situationen hervorgingen, in denen Akte symbolischer Rache an den Okkupanten allgemeine Euphorie auslösten (erinnert sei an die legendäre „Hockeywoche" im März 1969, als die Eishockey-Nationalmannschaften der UdSSR und der Tschechoslowakei bei der Weltmeisterschaft zweimal aufeinandertrafen).

Nach der Niederschlagung der Demonstrationen im August 1969 war es allerdings mit oppositionellen Massenkundgebungen für 19 Jahre lang vorbei. Oppositionelle Aktivitäten beschränkten sich zu Beginn der 1970er Jahre auf wenige Gruppen, die illegale Zusammenkünfte organisierten oder verbotene Druckschriften und Tonaufnahmen verbreiteten. Diese Phase, die mit den Anfängen des Samisdat verbunden ist, endete mit der Zerschlagung der gerade entstehenden oppositionellen Strukturen. Bereits 1969 wurde die linksradikale „Bewegung der revolutionären Jugend" liquidiert; der Prozess gegen 16 ihrer Mitglieder fand im März 1971 statt. Eine Serie von neun Prozessen im Sommer 1972 (mit 47 Verurteilten, davon 33 ohne Bewährung) richtete sich dann gegen Personen, die nicht bereit waren, sich mit der Normalisierung abzufinden; dazu gehörten ehemalige Mitglieder der Tschechoslowakischen Sozialistischen Partei, Exkommunisten, Studentenführer des Jahres 1968, Aktivisten von Organisationen, die im Zusammenhang mit dem Umbruch des

---

24   Aus diesem Grund wehrte sich beispielsweise die Charta 77 konsequent gegen die Behauptung, sie sei eine „Organisation".

Jahres 1968 entstanden waren, und Persönlichkeiten, die in Verbindung zur evangelischen Kirche standen. Die Prozesse des Jahres 1972 erstickten bis 1977 oppositionelle Regungen vollständig. Die häufigste Form, in der sich oppositionelle Haltungen in diesem Zeitraum artikulierten, waren Briefe und Petitionen an Staats- und Parteifunktionäre, in denen die Freilassung politischer Häftlinge gefordert wurde.

Impulse zu einem energischeren Vorgehen der Opposition, die den Weg zur Erklärung der Charta 77 eröffneten, gingen zum einen von der massiven Unterdrückung des so genannten *Underground* der Musikszene aus (der *Underground* hatte keinen politischen Charakter, sondern lehnte es lediglich ab, sich den Regeln des Regimes im kulturellen Bereich zu unterwerfen), zum anderen von der in Helsinki unterzeichneten Schlussakte der Konferenz für Sicherheit und Zusammenarbeit in Europa. Die Erklärung der Charta 77 wurde am 1. Januar 1977 veröffentlicht (zu diesem Zeitpunkt hatten die Charta 242 Bürger unterschrieben, bis zum November 1989 stieg die Zahl der Signatare auf knapp 2000). Den Text der Charta unterzeichneten Persönlichkeiten aus allen Gruppierungen der damaligen Dissidenz: (1.) Exkommunisten, (2.) Vertreter der inhaltlich differenzierten demokratischen Strömung (einige Protagonisten dieser Strömung lehnten die Unterzeichnung der Charta ab, weil sie ihnen entweder programmatisch nicht zusagte oder weil sie mit der Einbeziehung von Exkommunisten nicht einverstanden waren) und (3.) Angehörige des *Underground*. Diese heterogene Zusammensetzung erschwerte eine klare Einschätzung der Situation; verantwortlich dafür war auch die kaum zu durchschauende Gemengelage von Tätern und Opfern, die dadurch entstand, dass einige Reformkommunisten des Jahres 1968 (die häufig zugleich eifrig an der Machtübernahme der Kommunisten im Jahr 1948 mitgewirkt und danach die totalitäre Politik mitgetragen hatten) zur Opposition gegen die Normalisierung übergegangen waren.

Der Text der Charta stellte keine radikale Ablehnung des Regimes dar, sondern wies lediglich auf den Widerspruch zwischen Propaganda und Realität hin und bot einen Dialog derjenigen Bürger mit der Staatsmacht an, die bereit waren, sich für den Schutz der Menschenrechte zu engagieren. Dennoch löste die Erklärung der Charta heftige Reaktionen des kommunistischen Regimes aus. Von den ersten drei Sprechern der Charta 77 wurden zwei (Václav Havel und Jan Patočka) verhaftet,[25] der dritte, Jiří Hájek, wurde verfolgt und schikaniert. Die Medien starteten eine breit angelegte Kampagne gegen die Charta; sie wurde mit dem Artikel „Schiffbrüchige und Usurpatoren" in der Tageszeitung der KSČ *Rudé právo* [Rotes Recht] eingeleitet: es folgten am Arbeitsplatz unterschriebene Protestresolutionen; schließlich setzten Künstler öffentlich ihren Namen unter den Text der so genannten Anticharta (einer Erklärung mit dem Titel „Für neue schöpferische Taten im Namen des Sozialismus und des Friedens"). Auf diese Weise konnte die Tätigkeit der Charta eingeschränkt werden, dennoch setzte sie diese in den folgenden Jahren fort und wurde zum Kern und zur Quelle der Inspiration für weitere oppositionelle Aktivitäten. Die Bedeutung der Charta lag weniger in der Erklärung als solcher als darin, dass die Charta zur gegenseitigen Annäherung der oppositionellen Initiativen beitrug, sowie in der Resonanz, die sie im In- und Ausland fand (gerade die Interventionen aus dem Ausland schwächten das Vorgehen des Regimes gegen die Dissidenz).

In der folgenden Phase konzentrierte sich die Tätigkeit der Opposition auf den Ausbau des Samizdat bzw. auf die Gründung weiterer Initiativen, die sich gegen die Verletzung der

---

25   Patočka starb am 13.3. 1977 nach einem Verhör.

Menschenrechte wandten, wie etwa des „Komitees zum Schutz ungerecht Verfolgter", dessen Gründungserklärung im April 1978 veröffentlicht wurde. Obwohl sich die Aktivitäten der Opposition gegen Ende der 1970er und zu Beginn der 1980er Jahre erweiterten, blieb der Kreis aktiver Dissidenten insgesamt klein, und dem Regime gelang es, die Opposition zu schwächen: Eine Reihe von Dissidenten musste die ČSSR verlassen, einige Oppositionelle wurden inhaftiert, andere durch verschiedene Maßnahmen schikaniert.

Erst gegen Ende der 1980er Jahre begann sich der Charakter der Opposition zu ändern: Sie weitete ihr Aktionsfeld aus, der Kreis der Sympathisanten wurde bedeutend umfangreicher, Zahl und Auflage der Druckerzeugnisse des Samizdat stiegen (ein Beispiel sind die *Lidové noviny* [Volkszeitung]) und regimekritische Ansichten tauchten auch in einigen legal tätigen Organisationen auf und begannen sich dort durchzusetzen. Die bisherigen Dissidentengruppen riefen weitere Initiativen ins Leben, die nun bereits politischen Charakter annahmen und sich auf politische Programme verständigten. Im Rahmen dieser Bewegungen zeichneten sich verschiedene Strömungen mit einem breit gefächerten Meinungsspektrum ab. Deutlich war diese Entwicklung vor allem in der „Bewegung für staatsbürgerliche Freiheit" (organisiert von Rudolf Battěk), einer breiten Vereinigung, die grundsätzliche Veränderungen in der Gesellschaft herbeiführen wollte. Ein konkretes Programm demokratischer Reformen erarbeitete die „Demokratische Initiative", die aus der „Realistischen Gruppe" um Emanuel Mandler hervorgegangen war. Diese agierte bereits seit den 1970er Jahren in der Dissidenz und stand in gewissem Sinne in Opposition zur Charta. Um die Anknüpfung eines Dialogs mit der Staatsmacht und die Reform des orthodoxen Sozialismus bemühte sich der „Klub für sozialistischen Umbau – Obroda", zu dem sich Reformkommunisten zusammengeschlossen hatten. Auch eine Reihe neuer Initiativen nahm ihre Tätigkeit in der Dissidenz auf (etwa die „Unabhängige Friedensbewegung", der „Friedensklub John Lennons", die monarchistische Gruppierung „Tschechische Kinder" u.a.m.).

Einen rasanten Anstieg verzeichnete die Zahl der Petitionen, die die Freilassung politischer Häftlinge, den Dialog mit dem Staat und Reformen verlangten. Die Petition *Několik vět* (Einige Sätze) unterschrieben zwischen Juni und November 1989 rund 80 000 Bürger, und die kaum glaubliche Zahl von 600 000 Unterschriften sammelte seit Beginn des Jahres 1988 der mährische Katholik Augustín Navrátil für eine Petition, die sich für die Trennung von Staat und Kirche und die Wiederherstellung der religiösen Freiheiten einsetzte.[26] Seit 1988 fanden aus Anlass verschiedener Jahrestage (zu denken ist an die so genannte Palach-Woche, an den 21. August und den 28. Oktober) wieder Demonstrationen statt, deren Teilnehmerzahlen nun größere Dimensionen erreichten; die meisten dieser Demonstrationen waren nicht genehmigt. Und gerade das Eingreifen der Staatsmacht in die Demonstration am 17. November 1989 löste schließlich den Sturz der kommunistischen Diktatur aus.

---

26 Es muss betont werden, dass neben der „offiziellen" Opposition in weiten Teilen der tschechischen und der slowakischen Gesellschaft eine latente „Kühle" gegenüber dem Kurs des Regimes herrschte; hier ist etwa an die katholisch orientierten Bevölkerungsschichten Mährens und der Slowakei zu denken. Dieser Hinweis ist wichtig für das Verständnis der Dynamik der Übergangsprozesse im Verlaufe des Jahres 1989.

Der Übergang

Den eigentlichen Sturz des kommunistischen Regimes in der ČSSR[27] umgibt – nicht zum ersten Mal in der modernen tschechoslowakischen/tschechischen Geschichte – der Nimbus eines plötzlichen Umsturzes, dem nach außen hin Systemlogik und innere Verständlichkeit fehlen. Die Novemberereignisse des Jahres 1989 wurden rasch Bestandteil der nationalen Mythologie, die die Gewaltlosigkeit und den seit jeher demokratischen Charakter der tschechischen Nation hervorhebt. Der „Katzenjammer" der Gesellschaft, der auf die Erkenntnis der Fiktionalität dieser Mythologie folgte, war dann umso größer, ähnlich wie im Jahre 1938 oder 1968.

Unbestritten drückt der eher mediale als sozialwissenschaftliche Begriff der „samtenen Revolution" die spezifisch tschechische/slowakische Sicht der idealtypischen Beendigung eines undemokratischen Regimes aus.[28] Obwohl der Begriff sowohl Elemente eines Paktes als auch einer Reform einschließt, zielt er mit seiner Hervorhebung der moralischen Dimension (deutlich z.B. in der Parole der Demonstranten „Wir sind nicht wie sie", die sie von den Machthabern unterscheiden sollte) über die politische Sphäre hinaus. Von einer Revolution, wie sie im Verständnis der politischen Wissenschaft etwa die französische oder russische Revolution darstellt, kann für die tschechische bzw. tschechoslowakische Geschichte seit dem 19. Jahrhundert nicht die Rede sein,[29] und umso strittiger ist dieser Begriff bei der Anwendung auf den tschechoslowakischen Herbst 1989. Um eine Revolution handelte es sich im Herbst 1989 allenfalls dann, wenn man die Sichtweise der Antike zugrunde legt, wie wir sie etwa bei Polybios finden, der mit dem Revolutionsbegriff einen Vorgang ansprach, bei dem die Dinge wieder in Ordnung gebracht werden, ihnen wieder der ihnen angemessene Platz zugewiesen wird. In der Tschechoslowakei kam es 1989 in Wirklichkeit zunächst zum Zusammenbruch des alten Regimes, und zwar infolge seiner Erschöpfung (man könnte von einer Implosion, einem inneren Zusammenbruch ohne gewichtigere äußere Einwirkungen sprechen) und infolge des Verlustes seines internationalen Schutzschildes. Der Übergang selbst war dann nichts anderes als eine im Großen und Ganzen geordnete schrittweise Übergabe der Macht,[30] die grundsätzlich in Übereinstimmung mit den Prinzipien eines Paktes durchgeführt wurde.

Außerordentlich bedeutsam für den Sturz des kommunistischen Regimes in der Tschechoslowakei war, wie erwähnt, der Verlust ihres internationalen Schutzes durch die Sowjetunion. Im November 1989 stellte die Tschechoslowakei nach fünfzig Jahren wiederum eine isolierte Insel in Mitteleuropa dar – diesmal jedoch nicht demokratischer, sondern nichtdemokratischer Verhältnisse. Die polnischen und ungarischen Ereignisse im Frühjahr und Sommer 1989 hatten Tschechen und Slowaken eher vermittelt wahrgenommen, dagegen erlebten sie den Zusammenbruch des SED-Regimes in

---

27   Eine grundlegende politologische Analyse der Ursachen des Zusammenbruchs des kommunistischen Regimes findet sich bei Dvořáková/Kunc (1994: 127-143).

28   Der vorliegende Text konzentriert sich auf eben diese tschechische/slowakische Betrachtungsweise. Natürlich war die Rede vom „samtenen" Charakter des tschechoslowakischen Übergangs zur Demokratie auch im Ausland populär.

29   Dies gilt einschließlich der Wahrnehmung der kommunistischen Machtübernahme im Februar 1948. Vgl. dazu Balík, S.: Únor 1948 – zlom, nebo kontinuum? In: Dejmek/Loužek (2008: 97-107).

30   Auf lokaler Ebene blieb die Exekutivgewalt an vielen Orten noch ein ganzes Jahr in den Händen der Repräsentanten des alten Regimes. Vgl. dazu Balík (2008: 22-40).

Ostdeutschland mit eigenen Augen, denn ein Teil der DDR-Bürger nutzte zur Ausreise in die Bundesrepublik deren Prager Botschaft.

Eine Schlüsselrolle spielte unter tschechoslowakischen Bedingungen das Fehlen einer bedeutenderen Reformgruppierung in der KSČ. An der Spitze der Partei stand bis zu den Novemberereignissen eine Generation, deren politisches Schicksal sich unmittelbar mit der Wende nach dem August 1968 verband und für die Reformen, welcher Art auch immer, eine Bedrohung ihrer Legitimität darstellten. Die Partei besaß nicht die Fähigkeit, eine glaubwürdige Alternative anzubieten (einschließlich neuer Varianten zum Thema Sozialismus mit menschlichem Antlitz), daher besetzten nichtkommunistische Protagonisten den öffentlichen Raum. Aus dem gleichen Grund war die KSČ in der Folgezeit, nach dem November 1989, nicht in der Lage, wie ihre Schwesterparteien in Polen oder Ungarn den Weg der Sozialdemokratisierung einzuschlagen.

Die gesamte Übergangsphase hatte in der Tat „samtenen" Charakter. Nur in einem einzigen Moment wurde Gewalt ausgeübt, nämlich gleich zu Beginn, und dieser Moment fungierte als Auslösemechanismus für die folgenden Ereignisse.[31] Die Rede ist von der brutalen Niederschlagung der Prager Studentendemonstration am Freitag, dem 17. November 1989, die zum 50. Jahrestag der Ermordung des Studenten Jan Opletal durch die Nationalsozialisten stattfand. Nachdem die Demonstration den offiziell genehmigten Weg zurückgelegt hatte, brach sie ins Stadtzentrum auf, wobei sie auf 50 000 Personen anwuchs. In der Národní třída [Nationalstraße] wurde die Demonstration von der Polizei gestoppt, ein Teil der Demonstranten zerstreute sich, ein Teil wurde jedoch daran gehindert und verprügelt. Bis heute ist umstritten, wie weit der Aufbruch ins Stadtzentrum spontan zustande kam und wie weit Manipulationen der Geheimdienste im Spiel waren. Unklar ist auch, wer den Befehl zum gewaltsamen Vorgehen gegen die Demonstranten gab; in diesem Zusammenhang wird über Fraktionskämpfe innerhalb der KSČ, über nachrichtendienstliche Intrigen unter Einbeziehung des KGB usw. spekuliert (Bartuška 1990: 241-248).

Offenbar ausschlaggebend dafür, dass die Unterstützung der Massen gewonnen wurde, war das Gerücht, die Polizei habe in der Národní třída den Studenten Martin Šmíd erschlagen. Obwohl das Regime dieses Gerücht zwei Tage später widerlegte, war seine psychologische Auswirkung in der frühen Phase des Umsturzes enorm – die Nachricht „Sie erschlagen unsere Kinder" führte zur entscheidenden Ausweitung der antikommunistischen Proteste auf die mittlere und ältere Generation.[32] Ein derartiger Gewaltakt entsprach nicht der Vorstellung der Öffentlichkeit, wie die Gesellschaft geleitet und wie Machtfragen geregelt werden sollten. Auf diese Weise ermöglichten die Herrschenden zugleich ihren Gegnern, sich moralisch von ihnen abzugrenzen. Allerdings bezog sich die Parole „Wir sind nicht wie sie" in der Folgezeit auch auf andere Haltungen als die Ablehnung physischer Gewalt, ohne dass die Gesellschaft dabei tatsächlich eine Katharsis durchlief,[33] und nicht zuletzt dies führte zu späteren Desillusionierungen und dem

---

31   Zum Ablauf der Ereignisse s. Suk/Cuhra /Koudelka (1999).

32   Bis heute ist nicht eindeutig geklärt, wie weit es sich auch hier um eine Provokation handelte, die denjenigen, die sie inszeniert hatten, aus dem Ruder lief. Gesichert ist, dass die Rolle des angeblich toten Studenten auf der Národní třída der Staatssicherheitsoffizier Ludvík Zičák spielte, gegenwärtig der Generalsekretär eines außerparlamentarischen Ablegers der KSČ, der marginalen und orthodoxen Tschechoslowakischen Partei der Arbeit.

33   Eine treffende Analyse der Folgen dieser Situation bei Čermák (1998: 10-12).

Seufzen darüber, es habe sich eigentlich nichts geändert, überall würden die gleichen Leute sitzen u.a.m.

Jedenfalls brachte die Empörung über das Vorgehen der Polizei gegen die Demonstration die Studenten dazu, einen Proteststreik auszurufen, dem sich am nächsten Tag die Schauspieler der Prager Theater anschlossen. Einen weiteren Tag später wurde das Bürgerforum (OF) gegründet, anfangs eine informelle Vereinigung, unter deren Dach alle Protestaktivitäten zusammengefasst wurden. Zur herausragenden Persönlichkeit des Bürgerforums wurde Václav Havel. Dem Bürgerforum schlossen sich rasch sowohl die bisherigen oppositionellen Gruppierungen als auch eine Reihe von Personen an, die außerhalb der Dissidenz gestanden hatten.[34] Am 20. November 1989 demonstrierten auf dem Wenzelsplatz bereits mehr als 100 000 Menschen. Die Welle der Mobilisierung schwappte dann von Prag auf andere große Städte über. Ihren Höhepunkt bildete der erfolgreich durchgeführte zweistündige Generalstreik am 27. November 1989, der bestätigte, dass das Bürgerforum die Unterstützung der Öffentlichkeit besaß (Untersuchungen zeigen, dass sich an dem Generalstreik fast 75 Prozent der Bürger beteiligten).

In seinem Gründungsaufruf vom 19. November 1989 forderte das Bürgerforum u.a.: Rücktritt der besonders kompromittierten kommunistischen Funktionäre, Einsetzung einer Kommission zur Untersuchung der polizeilichen Übergriffe, Entlassung der politischen Häftlinge und Ausrufung eines Generalstreiks. Als den Kern seiner künftigen Strategie betrachtete das Bürgerforum den Dialog mit den Repräsentanten von Staat und Partei, worin sich das traditionelle Vorgehen der Charta niederschlug, die Zusammenstöße zu vermeiden suchte und auf die Anwendung tradierter politischer Mittel setzte (Suk 1997: 1).

Diesem Dialog fehlte freilich der Partner. Die Führung des ZK der KSČ besaß weder den Willen noch wahrscheinlich die Fähigkeit zum Dialog. Auf der anderen Seite entschloss sie sich allerdings auch nicht dazu, die „Parteiarmee" einzusetzen, d.h. die Volksmilizen, wozu einige einflussreiche Mitglieder der Parteiführung aufriefen. Die KSČ reagierte faktisch während des gesamten Novembers und Dezembers 1989 nicht auf die Ereignisse und sah mehr oder weniger regungslos zu, wie ihr die Medien und die einzelnen Organisationen der Nationalen Front den Gehorsam aufkündigten. Eine glaubwürdige Alternative brachte – nach dem Rücktritt des diskreditierten Politbüros unter Jakeš (24.11. 1989) – auch die neue Führung mit Generalsekretär Karel Urbánek nicht hervor.

Deshalb nahm Ministerpräsident Ladislav Adamec Verhandlungen mit dem Bürgerforum auf. Doch auch Adamec erwies sich – trotz seines verhältnismäßig hohen Kredits in der Öffentlichkeit –, als unfähig, aus dem Schatten der Politik der Normalisierungsära herauszutreten (Otáhal 1994: 113; Suk 2003: 49). Dennoch wurde ihm ermöglicht, eine Regierung zu bilden, die der veränderten Situation Rechnung tragen sollte. Dies und die Zusammensetzung seiner Regierung zeigen allerdings, dass das Bürgerforum nicht darauf vorbereitet war, die Regierung zu übernehmen, und die Opposition nicht über einen ausreichenden Willen zur Macht verfügte. Die Opposition sperrte sich gleichsam gegen die Einsicht, dass sie sich an nichts anderem beteiligte als an der Reparatur eines nicht mehr funktionsfähigen Regierungsmodells und dass es stattdessen darauf ankäme, einen grundlegenden Systemwechsel zu unterstützen. Dieses Bewusstsein machte sich in

---

34   Eine Beschreibung des personellen Einzugsgebiets des Bürgerforums bei Suk (2003: 91-92).

der Opposition erst im Dezember 1989 breit, bei vielen ihrer Mitglieder sogar erst einige Monate später.

So erhielt die von Adamec umgebildete Regierung, die als „15 + 5" (d.h. 15 Kommunisten und 5 Nichtkommunisten) bekannt geworden ist und am 3. Dezember 1989 der Öffentlichkeit vorgestellt wurde, zunächst die Zustimmung des Bürgerforums, das jedoch nach einer unerwarteten Welle spontaner Demonstrationen seine Zustimmung wieder zurückziehen musste (Suk 2003: 58). Nachdem Adamec von der politischen Szene abgetreten war, stellte Marián Čalfa, Mitglied der KSČ und bis zum November 1989 Minister für die Legislative, am 10. Dezember 1989 eine neue Regierung zusammen. Die Politik dieser Regierung der „nationalen Verständigung" wurde bereits von den Ökonomen aus dem Prognostischen Institut der Tschechoslowakischen Akademie der Wissenschaften beeinflusst, unter denen Finanzminister Václav Klaus eine herausragende Rolle spielte. Die Hauptaufgabe dieser Regierung bestand darin, das Land zu freien Wahlen zu führen. Es war die erste Regierung seit 1948, in der die Kommunisten nicht mehr die Mehrheit besaßen: neben 10 Kommunisten gehörten ihr je zwei Mitglieder der Tschechoslowakischen Sozialistischen Partei und der Tschechoslowakischen Volkspartei sowie sieben Parteilose an, die vom Bürgerforum und seinem slowakischen Pendant „Öffentlichkeit gegen Gewalt" nominiert worden waren. Bei einigen kommunistischen Regierungsmitgliedern (dazu gehörte auch der Ministerpräsident) hatte die Parteizugehörigkeit nur noch residualen Charakter und wurde nicht mehr in die politische Waagschale geworfen.

Die Person Marián Čalfas ist für das Verständnis des Modells und des Inhalts der Übergangsprozesse in der Tschechoslowakei wichtig. Ministerpräsident Adamec nahm an, dass er sich durch Čalfas Vermittlung (den er für das Amt des Ministerpräsidenten besonders empfohlen hatte) Einfluss auf die Exekutive bewahren könnte. Das Bürgerforum verband mit Čalfa nur die Vorstellung einer kurzfristigen Regelung. Čalfa erwies sich jedoch als beweglicher und fähiger Staatsbeamter, der sich in den legislativen und informellen Aspekten des damaligen politischen Systems auskannte. Er streifte umgehend die Bindungen an Adamec ab und orientierte sich in erster Linie daran, der Führung des Bürgerforums zu „dienen". Čalfa blieb noch weitere zwei Jahre nach den freien Wahlen von 1990 im Amt und symbolisiert so die individuelle Methode des „samtenen" Übergangs eines hohen Parteifunktionärs in demokratische Verhältnisse.

Als Abschluss der ersten Phase des Übergangs wird zumeist die Wahl des neuen Präsidenten betrachtet.[35] Obwohl V. Havel von Anfang an nicht als alleiniger Kandidat für dieses Amt auftrat, das im tschechoslowakischen politischen System seit jeher eine besondere symbolische Rolle spielt[36] (zur Debatte standen auch einige ehemalige kommunistische, mit dem Prager Frühling verbundene Politiker, beispielsweise Čestmír Císař und insbesondere Alexander Dubček), einigte sich das Bürgerforum schließlich auf ihn als den einzigen Kandidaten. Für die Unterstützung der Wahl Havels durch die kommunistischen Abgeordneten sorgte Čalfa (Suk 2003: 224). Havels einstimmige und per Akklamation vollzogene Wahl am 29. Dezember 1989 besetzte sofort einen zentralen Platz

---

35 Die zweite und zugleich den Übergang beschließende Phase endete mit den freien Parlamentswahlen im Juni 1990.

36 Diese Rolle ist unauflöslich mit dem Präsidentensitz auf der Prager Burg verbunden, die seit dem 9. Jahrhundert das Zentrum des Landes darstellt. Mit einer gewissen Vereinfachung kann man denjenigen, der das Amt des Präsidenten innehat, mit demjenigen vergleichen, der auf dem sagenhaften steinernen Fürstenthron Platz nahm – wer auf diesem saß, war symbolisch und faktisch der Herrscher des Landes.

in der nationalen Mythologie (oder in der Idylle des nationalen Kitsches?) – ein kommunistisches Parlament, zusammengesetzt aus loyalen Repräsentanten des bisherigen Regimes, wählte einstimmig einen Menschen zum Staatspräsidenten, der noch vor wenigen Monaten von eben diesem Regime wegen seiner politischen Auffassungen ins Gefängnis geworfen worden war.

Fazit

Die Erfahrung des Totalitarismus gehört offenkundig zu den prägenden Traditionen der modernen tschechischen Politik. Im tschechischen politischen Diskurs ist es nicht selbstverständlich, den Totalitarismus und insbesondere den Kommunismus als relevantes und historisch autochthones Phänomen mit seinen spezifischen Ursachen, Voraussetzungen und Folgewirkungen wahrzunehmen; oft begegnet man vielmehr der beruhigenden These, totalitäre Verhältnisse seien vor allem auf fremde Einflüsse zurückzuführen oder unmittelbar auf eine Intervention. Die Annahme, es sei unmöglich gewesen, dass die tschechische Politik die eigenen Angelegenheiten in die eigenen Hände nehmen konnte, und die Hervorhebung der unaufhörlichen Eingriffe in die tschechische bzw. tschechoslowakische Entwicklung von außen (Eingriffe des österreichischen, des deutschen, nationalsozialistischen, russischen und bolschewistischen Elements) erscheinen dann als die logische Quelle des Zweifels am Sinn von Opfern und als Ausgangspunkt der Vorstellung von der völligen Sinnlosigkeit eines wirklich persönlichen Einsatzes in den Momenten politischer Umstürze.

Für eben diese Tradition steht der „samtene" Charakter der Umbrüche in der tschechischen bzw. tschechoslowakischen Geschichte. Der hier vorgelegte Beitrag versucht, die Präferenz für Gewaltlosigkeit und die Bereitschaft zum Kompromiss sowohl an diesen Umbrüchen in der Entwicklung der tschechischen/tschechoslowakischen Politik in der zweiten Hälfte des 20. Jahrhunderts herauszuarbeiten als auch an den Strategien der einzelnen Akteure im Verlauf dieser Umwälzungen. Führt man politisches Handeln auf solche Intentionen zurück, erscheint die konsensuale Methode des Übergangs von (post)totalitären zu demokratischen politischen Verhältnissen am Ende der 80er Jahre des 20. Jahrhunderts plausibel. Die Beschreibung und Analyse der Folgewirkungen dieses Handelns für die Konsolidierungsphase der tschechoslowakischen bzw. der tschechischen und der slowakischen Politik nach 1990 liegen bereits außerhalb der Aufgabe, die sich die Autoren gestellt haben.

Literatur

Balík, S.(2008): Okresy na severu. Komunální politika v okresech Šumperk a Jeseník v letech 1989-2006 [Die Bezirke im Norden. Kommunalpolitik in den Bezirken Šumperk und Jeseník in den Jahren 1989-2006]. Brno: CDK.
Bartuška, V. (1990): Polojasno. Pátrání po vinících 17. listopadu [Halbdunkel. Auf den Spuren der Schuldigen vom 17. November]. Praha: Exlibris.
Blaive, M. (2001): Promarněná příležitost. Československo a rok 1956 [Eine versäumte Gelegenheit. Die Tschechoslowakei und das Jahr 1956]. Praha: Prostor.

Cuhra, J. (1997): Trestní represe odpůrců režimu ve letech 1969-1972 [Die Strafverfolgung der Gegner des Regimes in den Jahren 1969-1972]. Praha: Ústav pro soudobé dějiny AV ČR.

Čermák, V. (1998): O listopadové revoluci trochu jinak [Über die Novemberrevolution etwas anders]. In: Proglas. Nr. 7. 10-12.

Dejmek, J./ Loužek, M. (eds.) (2008) : Únor 1948. Šedesát let poté [Der Februar 1948. Sechzig Jahre danach]. Praha: CEP.

Dvořáková, V. / Kunc, J.(1994): O přechodech k demokracii [Über die Übergänge zur Demokratie]. Praha: SLON.

Fajmon, H. (ed.) (2005): Sovětská okupace a její oběti [Die sowjetische Okkupation und ihre Opfer]. Brno: CDK.

Fiala, P. / Holzer, J. / Mareš, M. / Pšeja, P.(1999): Komunismus v České republice. Vývojové, systémové a ideové aspekty působení KSČM a dalších komunistických organizací v české politice [Der Kommunismus in der Tschechischen Republik. Entwicklungs-, System- und ideelle Aspekte des Wirkens der Kommunistischen Partei Böhmens und Mährens und anderer kommunistischer Organisationen in der tschechischen Politik]. Brno: MPÚ MU.

Friedrich, C.J. / Brzezinski, Z.K.(1962): Totalitarian Dictatorship and Autocracy. New York: Frederick A. Praeger.

Holzer, J. (1997): Česká metoda reflexe totalitarismu [Die tschechische Methode der Reflexion über den Totalitarismus]. In: Rybář, R. / Valach, M. (eds.) (2001): Totalitarismus ve 20. století. Československé zkušenosti [Totalitarismus im 20. Jahrhundert. Tschechoslowakische Erfahrungen]. Brno: PdF MU, 93-103.

Hradecká, V./ Koudelka, F.(1998): Kádrová politika a nomenklatura KSČ 1969-1974 [Kaderpolitik und Nomenklatur der KSČ 1969-1974]. Praha: Ústav pro soudobé dějiny AV ČR.

Linz, J.J. / Stepan, A.(1996): Problems of Democratic Transition and Consolidation. Southern Europe, South America, and Post-Communist Europe. Baltimore and London: The John Hopkins UP.

Maňák, J.(1997): Čistky v Komunistické straně Československa 1969-1970 [Säuberungen in der Kommunistischen Partei der Tschechoslowakei 1969-1970]. Praha: Ústav pro soudobé dějiny AV ČR.

Mandler, E. (ed.)(1993): Dvě desetiletí před listopadem 89 [Die zwei Jahrzehnte vor dem November 1989]. Praha: Maxdorf.

Možný, I. (1991): Proč tak snadno… [Warum so leicht…]. Praha: SLON.

Otáhal, M.(1994): Opozice, moc, společnost [Opposition, Macht, Gesellschaft]. Praha: Ústav pro soudobé dějiny AV ČR.

Pernes, J.(2000): Československý rok 1956 [Das tschechoslowakische Jahr 1956]. In: Soudobé dějiny VII., Nr. 4. 594-618.

Skilling, G.H.(1966): The Governments of Communist East Europe. New York: Thomas Y. Cromwell Comp.

Suk, J.(1997): Občanské forum. 2. díl, Dokumenty [Das Bürgerforum. 2. Teil, Dokumente]. Praha-Brno: Ústav pro soudobé dějiny AV ČR.

Suk, J. (2003): Labyrintem revoluce [Durch das Labyrinth der Revolution]. Praha: Prostor.

Suk, J. /Cuhra, J. /Koudelka, F. (1999): Chronologie zániku komunistického režimu v Československu 1985-1990 [Chronologie des Untergangs des kommunistischen Regimes in der Tschechoslowakei 1985-1990]. Praha: Ústav pro soudobé dějiny AV ČR.

Die polnische Opposition 1986-1989 und der Sturz des kommunistischen Systems

Andrzej Paczkowski
Aus dem Polnischen von Stefani Sonntag

Der Zusammenbruch des kommunistischen Systems war die Krönung einer langen Folge von Ereignissen, die zusammen einen äußerst komplexen Wirkungszusammenhang bildeten. Ich gehe davon aus, dass die Gründung der *Solidarność*, der sozialen Massenbewegung mit oppositionellen Charakter in der Gestalt einer Gewerkschaft, das institutionelle Schlüsselereignis in diesem Zusammenhang bildete, die grundlegende Bedingung für den späteren Systemwandel, dessen letzte Phase im Zentrum dieses Aufsatzes steht. Der Verlauf, den die Wandlungsprozesse nahmen, war keineswegs zwangsläufig; die Ereignisse hätten sich auch anders entwickeln können. Aber dies wäre ein Thema für eine Analyse im Sinne der virtuellen Geschichtsschreibung, die hier nicht hingehört.[1]

Der Systemwandel in Polen, dessen Bedeutung noch dadurch gesteigert wird, dass er gleichsam einen Dominoeffekt in allen anderen kommunistischen Staaten Ostmitteleuropas zeitigte, war und ist Gegenstand zahlreicher Forschungsarbeiten. Anfangs beschäftigten sich vor allem Politologen und Soziologen mit diesem Thema. In dem Maße, wie sich der Zugang zu den Quellen erweiterte, begannen sich auch Historiker damit zu beschäftigen. Es ist hier natürlich nicht möglich, die gesamte Forschungsliteratur zum Thema vorzustellen. Es lohnt sich jedoch, die Aufmerksamkeit auf zwei wesentliche Forschungslinien zu richten: Bei den Arbeiten zum Zeitraum 1986-89, die außerhalb Polens erschienen, steht, anders als bei den Studien zu den Jahren 1980-82, das imperiale Zentrum, also die Sowjetunion, im Mittelpunkt des Interesses. Die sogenannte „polnische Krise" wurde hier nur „unter ferner liefen" behandelt, weil sie sowohl vom Auseinanderbrechen des „Vaterlandes des Weltproletariats" als auch von der Vereinigung Deutschlands, die eine Folge der Geschehnisse jenes *annus mirabilis* 1989 waren, überschattet wurde. Der Großteil der englischsprachigen, insbesondere amerikanischen Publikationen beschäftigt sich hauptsächlich mit makroökonomischen und strategischen Problemen sowie mit „hoher Politik". In Bezug auf Themen, die kollektives Handeln einschließen, ist diese Literatur jedoch sowohl in methodologischer Hinsicht als auch im Hinblick auf eine Rekonstruktion der Ereignisse wenig nützlich, wenn auch nicht uninteressant.

Im Zentrum der polnischen Literatur hingegen stehen verständlicherweise die Veränderungen, die sich in Polen ereigneten. Die soziologischen Forschungen der 1980er Jahre haben wertvolle Erkenntnisse über die Haltungen, Ansichten und das soziale Handeln der verschiedenen Akteure erbracht, also die politischen Mechanismen des Wandels im engeren Sinne. Ohne Anspruch auf Vollständigkeit sind hier insbesondere die Arbeiten zu nennen, die unter der Redaktion von Nowak (1984), Adamski (1989; 1993) und Marody (1991) entstanden, ebenso die Monografie von Rychard (1995), Studien zu Einstellungen von Jugendlichen (Błaszak/Rowicki 1991) sowie die vom Soziologischen Institut der Universität Warschau in den Jahren 1987-1990 in fünf Bänden herausgegebenen Studien zu sozialen Bewegungen (*Studia nad ruchami społecznymi*). Die m.E. wertvollste Arbeit zur Oppositi-

---

1   Zu entsprechenden Versuchen vgl. Almond (1999).

on[2] ist die Monographie von Łabędź (1997). Sie umfasst zwar nur einen bestimmten Aus-
schnitt oppositioneller Aktivitäten, bietet aber einen nahezu vollständigen Überblick über
oppositionelle Organisationen und ist wesentlich umfangreicher als die Arbeiten von Hol-
zer/Leski (1990), Mink (1992) oder Janowski (1996; 1998). Hinsichtlich der Schlussphase
des Prozesses, der in die Systemtransformation und die Etablierung eines neuen Systems
mündete, ist vor allem der von Borkowski/Bukowski (1993) herausgegebene Band über die
Bürgerkomitees hervorzuheben.

Die Quellenbasis ist umfangreich und die Jahre 1986-1989 gehören zu den am besten
dokumentierten Zeiträumen in der Geschichte Polens. Eine zwar selten genutzte, aber überaus wichtige Quelle ist die Untergrundpresse. Sie enthält detaillierte Informationen über die
unterschiedlichsten – organisierten und spontanen – Aktionen sowie zahlreiche zeitgenössische Analysen und Prognosen. In den staatlichen Archiven sind die Materialien aller Instanzen der kommunistischen Partei vollständig und ohne Spreefrist zugänglich. Von Bedeutung sind hier nicht nur Quellen, welche die Entscheidungsprozesse dokumentieren,
sondern auch die zahlreichen Analysen zur sozialen Situation sowie die soziologischen
Studien zur Situation in der Partei.

Die Forschung kann davon profitieren, dass inzwischen relativ viele Dokumente publiziert sind. In der Regel handelt es sich dabei um Dokumente aus dem politischen Bereich
im engen Sinne. So ist bereits die Mehrheit der erhaltenen Dokumente der kommunistischen Partei veröffentlicht (Smolar/Paczkowski 1994; Dubiński 1990, 1999; Machcewicz et
al. 2002). Außerdem liegt eine umfangreiche Sammlung kirchlicher Dokumente vor, die
Gespräche mit der Regierung dokumentieren (Raina 1995, 1996, 1999). Dokumente aus
dem Umfeld von Lech Wałęsa hat Tabako (1992) veröffentlicht. Die Stimmen der Gegner
von Wałęsa im Lager der *Solidarność* sind bei Zagajewski (1991) berücksichtigt. Ergebnisse von Meinungsumfragen aus den 1980er Jahren finden sich bei Kolarska-Bobińska et. al.
(1994). Massenereignisse sind dagegen in den bisherigen Quelleneditionen kaum dokumentiert.

Zudem kann sich die Forschung auf eine umfangreiche Erinnerungsliteratur stützen, in
der interessanterweise Angehörige des Regierungslagers stärker vertreten sind als oppositionelle Akteure. Zu den wichtigsten Memoiren, die sich mit der zweiten Hälfte der 1980er
Jahre beschäftigen, zählen Rakowski (1991), Barcikowski (1998), Messner (1993), Miodowicza (1993) und Malinowski (1992) (alle dem Regierungslager) sowie Wałęsa (1991) und
Geremek (1990) (für die Opposition). Neben Erinnerungen, die sich auf die politische Ebene beziehen, gibt es – z.B. in den Sammlungen der Stiftung Karta – viele Texte, die das
Alltagsleben und spontane Aktionen betreffen. Erwähnenswert als eine Art gemeinsamer
Erinnerung ist die Dokumentation einer Debatte, an der Akteure sowohl der Partei als auch
der Opposition beteiligt waren (vollständige Aufzeichnung in Machcewicz et al. 2002, Bd.
II). Wichtige Quellen über die Zeit des Kriegsrechtes, die aus Gesprächen und Interviews
mit Aktivisten des Untergrundes hervorgegangen sind, findet man bei Łopiński et al. (1984)
und Nawrocki (1988).

---

2   Ich lasse hier die relativ umfangreiche „Ressort-Literatur" unberücksichtigt, die in den 1980er Jahren haupt-
     sächlich auf der Basis von Materialien des Innenministeriums entstanden ist, obgleich der Informationsge-
     halt dieser Literatur nicht zu unterschätzen ist.

Paradigmen der polnischen Systemwechselforschung

In der polnischen Forschungsliteratur zum Beginn des Systemwechsels lassen sich im Großen und Ganzen folgende Paradigmen ausmachen:

Das Paradigma der *Revolution von oben* lautet: Die herrschende Elite hat den Systemwandel vorbereitet, um sich selbst den Einfluss auf die grundlegenden Machtressourcen zu sichern. Ihr Verhältnis zu den politischen und gesellschaftlichen Partnern war rein instrumentellen Charakters, die Partner blieben nur eine Staffage im Spiel der Machthaber. Zwar hat nicht die politische Elite selbst den meisten Nutzen aus dem Systemwechsel gezogen, aber die ihr unterstehende Nomenklatura der Manager hat ganz erheblich davon profitiert.

Am radikalsten wird diese These von Jadwiga Staniszkis (1992; 2001) vertreten, die diese „Revolution von oben" auch nicht als einen autonomen Akt, sondern als Teil eines größeren Ereigniszusammenhangs ansieht, der von sowjetischen Geheimdienstkreisen initiiert worden war. Auch westliche Forscher (z.B. Alain Besançon) und frühere Dissidenten (z.B. Wladimir Bukowski) vertreten diese These. In der polnischen Forschungsliteratur zu den Anfängen des Systemwechsels ist sie dagegen eher selten anzutreffen (u.a. bei Zybertowicz 1993). Meiner Ansicht nach lassen sich in diesem Paradigma eher solche Prozesse beschreiben, die auf den *Take-Off* der Transformation folgten (der sog. Kapitalismus der Nomenklatura[3]). Zur Erklärung der Logik der Prozesse, die der postsozialistischen Transformation vorausgingen, taugt es dagegen kaum.

Nach dem *Verhandlungsparadigma* erkannte die herrschende Elite, dass sie nicht länger in der Lage war, die Gesellschaft zu kontrollieren und die Durchführung der notwendigen Systemreformen zu sichern. Daher verständigte sie sich mit der Oppositionselite auf einen Vertrag, der die Möglichkeit eines evolutionären Systemwandels eröffnete, welcher angesichts der Unwägbarkeiten (Demokratiebestrebungen) im nationalen Interesse lag (Vermeidung des Ausbruchs von Anarchie und Chaos).

Diese These, die der Opposition eine aktive Rolle zuschreibt, wird unter Wissenschaftlern, insbesondere Historikern, die sich mit diesem Zeitraum beschäftigen, am häufigsten vertreten. Die umfangreichste Monographie in diesem Sinne stammt von Jan Skórzyński (1995), von den entsprechenden ausländischen Arbeiten ist insbesondere Tokes (1996) zu nennen. Im politischen Diskurs ist dieser Elitenvertrag dagegen zumeist negativ konnotiert („Geheimabsprache", „Pakt").

Das *Paradigma des gesellschaftlichen Drucks* unterstellt, dass die wachsende Unzufriedenheit in einen Aufstand und einen Systemumsturz umzuschlagen drohte und die Regierung wie die Oppositionseliten dazu zwang, einen Kompromiss zu suchen, um einem Ausbruch gewaltsamer Proteste vorzubeugen.

In der Forschungsliteratur wird dieses Paradigma nur gelegentlich und dann auch nur in einer gemäßigten Variante vertreten, u.a. von Piotr Marciniak (2002). In gewissem Sinne

---

3   Das Problem „Was tun mit der Nomenklatura", die seit 1987/88 begann, die von ihr verwalteten Firmen zu „privatisieren", wurde in der Opposition diskutiert. Z.B. hat der Ökonom Jan Winiecki (1988) vorgeschlagen, Mitgliedern der Nomenklatura die von ihnen beanspruchten Eigentumsrechte „abzukaufen", indem man ihnen eine hohe Rente auszahlte. Nach 1989 gab es gegenteilige Vorschläge. So vertrat ein Politiker des antikommunistischen Lagers die Ansicht, dass alle ehemaligen Mitglieder der kommunistischen Partei eine spezielle Abgabe zahlen sollten, um auf diese Weise den Gewinn zurückzuzahlen, den sie vor 1989 aus ihrer privilegierten Position gezogen hatten.

handelt es sich um eine Verlängerung der Perspektive auf die die *Solidarność* als einer spontanen Arbeiterbewegung, wie sie Lawrence Goodwyn (1991) vertritt. Eine radikale Ableitung, die in politischen Diskursen anzutreffen ist, ist die Überzeugung, dass die *Solidarność*-Elite die Bewegung verraten hat, weil sie es vorzog, sich mit den Kommunisten zu einigen, anstatt sich an die Spitze der Protestbewegung zu stellen.

Das *Paradigma des siegreichen Reformismus* versteht den Einstieg in die Systemtransformation als die Krönung der seit 1956 wiederholten Versuche der Reformkommunisten, den realen Sozialismus in ein demokratisches System umzugestalten, das sich auf eine marktwirtschaftliche Wirtschaftsordnung mit unterschiedlichen Eigentumsformen und die Befreiung Polens aus der sowjetischen Abhängigkeit stützten würde.

Dieses Paradigma, das zuerst von Jerzy J. Wiatr (1991) formuliert wurde, ist die dominante Position unter den Postkommunisten, wird aber in seiner radikalsten Version von Lech Mażewski, einem Aktivisten der antikommunistischen Opposition, vertreten. Mażewski schreibt, dass „das Schicksal Polens, ganz zu schweigen von dem Europas, sich genauso entwickelt hätte, wenn es die *Solidarność* überhaupt nicht gegeben hätte". Er fügt hinzu, dass dank der Reformkommunisten „Polen zur Jahrtausendwende ebenso ein unabhängiger Staat geworden wäre, in dem der Prozess der De-komunisierung längst abgeschlossen gewesen wäre" (Mażewski 2001: 323, 325).

Die hier beschriebenen Paradigmen konkurrieren in hohem Maße miteinander,[4] was aber nicht ausschließt, dass mitunter mehrere gleichzeitig von ein und denselben Autoren vertreten werden. So wird z.B. des Öfteren die These der „Revolution von oben" mit der des „Verrats der Eliten" und der des „gesellschaftlichen Drucks" kombiniert. Die wissenschaftliche Analyse wird freilich dadurch erschwert, dass der Beginn der Transformation Gegenstand heftiger politischer Kontroversen ist, in die auch akademische Autoren – öfter gewollt als ungewollt – hineingezogen werden. Im Zentrum der fachlichen wie politischen Kontroverse steht dabei nicht so sehr die Frage nach den Mechanismen und Strukturen, die zum Beginn des Systemwandels führten, sondern vielmehr die Frage, „wer", welcher soziale Akteur, der Motor dieser Entwicklung war. Arbeiten, die alle Elemente einschließlich der Massenproteste berücksichtigen, sind nach wie vor rar.[5]

Die Pluralisierung der Opposition unter den Bedingungen des politischen Patts (1982-1986)

Vergleichende Forschungen zur Opposition in den kommunistischen Staaten der 1980er Jahre sind mit dem Problem des quantitativen Missverhältnisses zwischen der polnischen Opposition und der in allen anderen Staaten konfrontiert. Die Entstehung der *Solidarność*, welche die unterschiedlichsten Strömungen von Widerstand, Opposition oder Widerspruch in sich aufnahm und bis Dezember 1981 so etwas wie einen Schutzschirm über ihnen aufspannte, schuf eine – mit Marx gesprochen – „neue Qualität", die alle Vergleiche und Ana-

---

4   Die Präferenzen für einzelne Paradigmen hängen zum Teil von der Disziplin ab. So neigen beispielsweise dem Paradigma des „sozialen Drucks" Soziologen eher zu als Politologen.

5   Es gibt hingegen einige Arbeiten zur sog. Neuen Opposition – den pazifistischen, ökologischen oder anarchistischen Bewegungen (z.B. Fydrych 2001). Der Versuch einer Synthese dieser Bewegungen in ganz Ostmitteleuropa findet sich bei Kenney (2002).

logien zu Bemühungen von zweifelhaftem Wert macht. Selbst die am weitesten entwickelten Oppositionsbewegungen des Ostens – die Bewegungen in der ČSSR, Ungarn, der Ukraine, in Litauen oder in den großstädtischen Zentren Russlands – kamen bis 1989 nicht über die Phase der „Dissidenz" oder der intellektuellen Opposition hinaus. Die Einführung des Kriegsrechts veränderte selbstverständlich die über 16 Monate bestehende Sachlage, nicht so sehr durch die (zeitweise) Internierung vieler Tausend Aktivisten und die Zerschlagung einiger politischer Initiativen, sondern vielmehr aufgrund des massenhaften Mitgliederschwunds der *Solidarność*. Trotzdem blieb die polnische Opposition eine Massenbewegung. Zbigniew Bujak, einer der führenden Aktivisten des Untergrunds, schätzte im Oktober 1985 die Anzahl der Bürger, die sich regelmäßig an Untergrundaktivitäten beteiligten, auf 50.000 bis 70.000. Zusätzlich arbeiteten etwa 200.000 gelegentlich mit dem Untergrund zusammen (Bujak 1987: 227). Diese Zahlen sind möglicherweise überhöht, aber sie vermitteln einen ungefähren Eindruck von der verbliebenen Stärke der *Solidarność*. Aus Umfragen des Meinungsforschungszentrums CBOS vom Dezember 1985 geht hervor, dass annähernd 20 Prozent der Befragten der Opposition mit „uneingeschränkter Zustimmung" gegenüberstanden, etwa 31 Prozent mit „potenzieller Zustimmung".[6] Die Opposition in Polen war also ganz anderer Art als die in den anderen kommunistischen Staaten.

Bereits die demokratische Opposition der Jahre 1976-1980 war sehr heterogen. Daher existierte in der *Solidarność* der Jahre 1980/81 von Anfang an ein ausgeprägter Pluralismus, der sich nicht selten in scharfen Kontroversen artikulierte. Die Verdrängung der *Solidarność* in den Untergrund begünstigte weitere Spaltungen, da konspirative Bewegungen allgemein zu Dezentralisierungen neigen und ständig neue Gruppierungen und Führungspersonen auftauchen, die nach Unabhängigkeit vom Zentrum streben. Die politischen, intellektuellen und emotionalen Herausforderungen, die sich aus den präzedenzlosen polizeilich-militärischen Operationen während des Kriegsrechts ergaben, trieben die Spaltungsprozesse zusätzlich voran.

Zugleich wurde die Pluralisierung und Politisierung nach 1981 von verschiedenen Akteuren auch aktiv befördert. So erschienen regelrechte Aufforderungen zu mehr Pluralismus: „Mögen die bedeutenden gesellschaftlichen Gruppen", so eine der konspirativen Zeitschriften Mitte 1982, „im Untergrund agierende Parteien ins Leben rufen. Mögen es auch nur Rumpfkader sein (...) Mögen sie sich gegenseitig in die Augen springen und die Methoden des politischen Kampfes lernen" (zit. nach K. Łabędź (1997: 111).

Vertreter der Position, dass oppositionelle Parteien erst in der letzten Phase des Kampfes gegen das Regime gegründet werden sollten, konnten diesen Prozess nicht aufhalten. Schon 1982 entstanden neben den „alten" oppositionellen Formationen[7] u.a. die „Kämpfende Solidarność" (*Solidarność Walcząca*), die Bewegung „Freiheit – Gerechtigkeit – Unabhängigkeit" (*Wolność-Sprawiedliwość-Niepodległość*, WSN) und die Politische Gruppe *Wola*. Zwischen 1983 und 1985 wurden zahlreiche weitere Protoparteien gegründet.[8]

---

6   CBOS (1985): Społeczeństwo i władza: 176.
7   Z.B. der bereits seit 1979 existierenden Konföderation Unabhängiges Polen (Konfederacja Polski Niepodległej, KPN).
8   U.a. die Politische Bewegung „Befreiung" (Wyzwolenie), die Politische Gruppe „Arbeiter" (Robotnik), der Kongress Solidarität der Nation (Kongres Solidarności Narodu), die Liberal-Demokratische Partei „Unabhängigkeit" (Liberalno-Demokratyczna Partia „Niepodległość"), die Gruppe Politischer Publizisten, die Föderation der Kämpfenden Jugend (Federacja Młodzieży Walczącej), die Polnische Unabhängigkeitspartei

Die anarchistische „Bewegung Alternative Gesellschaft" (*Ruch Społeczeństwa Alternatyw-nego*, RSA) organisierte erste Kundgebungen am 1. Mai; es entstanden die Klubs des Ar-beitergedankens (*Kluby Myśli Robotniczej*), die Demokratische Union „Basis" (*Unia De-mokratyczna „Baza"*), die „Gruppe der Polnischen Syndikalisten" (*Grupa Syndykalistów Polskich*). 1982/83 differenzierten sich auch die Gruppierungen aus dem Umfeld der Zeit-schriften, die sich auf die Tradition der Nationaldemokratie beriefen, weiter aus.[9] Zwar bildeten diese Gruppen keine eigenständigen Parteien, aber einige agierten *de facto* so. Die Gründung der neuen Parteien und Gruppen war begleitet von programmatisch breit gefä-cherten Debatten, wobei allerdings konkrete Entwürfe eines neuen Systems selten ausfor-muliert wurden.

Das Verhältnis dieser Parteien und Gruppen zur Untergrund-*Solidarność*, ihren regio-nalen und zentralen Strukturen (TKK)[10] sowie vor allem zu Lech Wałęsa und seinem nächsten Umfeld war unterschiedlich. Einige Gruppen, wie z.B. die „Kämpfende Solidarność", hatten sich gegründet, nachdem ihre Initiatoren aufgrund strategischer Dis-krepanzen mit Wałęsa gebrochen hatten. Andere standen als eher komplementäre Organisa-tionen neben der *Solidarność* (z.B. die Komitees des Gesellschaftlichen Widerstands (*Ko-mitety Oporu Społecznego*, KOS). In der Gewerkschaft selbst entstanden ebenfalls ver-schiedene „Basisstrukturen", wie z.B. das „Überbetriebliche Arbeitskomitee *Solidarność*" (*Międzyzakładowy Robotniczy Komitet „Solidarności"*) in Warschau, das die konspirativen Regionalleitungen ergänzte.

All diese Gruppen zusammen ergaben ein kompliziert strukturiertes Kommunikations-und Kooperationsnetzwerk ohne klare Grenzen; die Teilnahme an Aktionen irgendeiner Partei oder an der Herausgabe einer Zeitschrift ging oft mit der Beteiligung an den Struktu-ren der *Solidarność* einher. Die Mehrheit dieser kleinen Parteien und Gruppen war wesent-lich radikaler als die *Solidarność*, deren Repräsentanten immer wieder für einen Kompro-miss mit der Regierung plädierten, zugleich allerdings die Freilassung der politischen Ge-fangenen und die Legalisierung der Gewerkschaft zur grundlegenden Bedingung für die Aufnahme von Gesprächen erklärten. Vom „nationalen Standpunkt aus gesehen", so Lech Wałęsa im Jahr 1985, „gibt es keinen anderen Ausweg als die Verständigung [mit der Re-gierung]" (NSZZ Solidarność 1986: 5).

Die Radikalität der Parteien und Gruppen, die außerhalb der *Solidarność* standen, be-traf jedoch eher ihre Ziele (Unabhängigkeit, Liquidierung des herrschenden Systems) als die Mittel: Nur wenige glaubten, man könne die Kommunisten mit Gewalt besiegen. Zu diesen Wenigen gehörten u.a. die „Kämpfende Solidarność", die für Streiks und Demonst-rationen plädierte, und die kleine Polnische Unabhängigkeitspartei, die ihr Programm mit den Worten aus dem bekannten Lied „Polen, erhebe dich!" übertitelte.[11] Der wohl wichtigs-te Faktor, der die Radikalität bremste, war die Überzeugung, dass die polnischen Kommu-

---

(Polska Partia Niepodległościowa, PPN), die pazifistische Bewegung Freiheit und Frieden (Wolność i Pokój, WiP).

9   „Polnische Politik" (Polityka Polska), die liberale „Politische Rundschau" (Przegląd Polityczny), die liberal-konservative „13" oder die seit 1977 existierende „Stimme" (Głos), die von einer der Fraktionen des frühe-ren KOR herausgegeben wurde.

10   Anmerkung der Übersetzerin: Die TKK (Tymczasowa Komisja Koordynacyna/ Provisorische Koordinie-rungskommission) war von April 1982 – Oktober 1987 die Untergrundleitung der Solidarność.

11   Der Text des Liedes lautet u.a.: „Polen, erhebe dich/ Zerreiße deine Ketten/ Heut ist der Tag deines Trium-phes oder deines Untergangs", und: „He, zu den Bajonetten, wer ein Pole ist!".

nisten die Unterstützung der benachbarten Großmacht hatten, die keine Veränderungen zulassen würde, nicht einmal Reformen geringer Reichweite.

In diesem Spektrum oppositioneller Gruppierungen und Ideen war die *Solidarność* mit Abstand die stärkste Kraft – und in der Wahrnehmung der Machthaber, der Öffentlichkeit wie auch der westlichen Regierungen im Grunde genommen die einzige. Auch wenn ihr Aktionsradius unter den Bedingungen der Illegalität und angesichts ihrer zentralistischen Ausrichtung begrenzt war, blieb die *Solidarność* die einzige landesweite oppositionelle Organisation. Sie hatte Zellen in allen größeren Betrieben, in den Hochschulen und einem bedeutenden Teil der Verwaltung. Sie erfuhr eine starke Unterstützung in den sich neu konstituierenden Arbeiterselbstverwaltungen. Sie verfügte mit „Tygodnik Mazowsze" über die größte Untergrundzeitung, besaß eine ständige Auslandsvertretung und wurde von den westlichen Gewerkschaften, auch den eurokommunistischen, anerkannt. Sie hatte als einzige allgemein bekannte Führungspersönlichkeiten, Gewerkschaftsaktivisten wie Intellektuelle, und – was weiterhin von wesentlicher Bedeutung war – einen unumstrittenen Anführer, der 1983 mit dem Friedensnobelpreis gekrönt worden war. Kurz: Die *Solidarność* wurde identifiziert mit der Opposition schlechthin, mit allen Formen des Widerspruchs und gesellschaftlicher Unzufriedenheit.

Trotz ihrer bedeutenden Unterstützungsbasis und bemerkenswerten Aktionen wäre weder die *Solidarność* noch die Opposition insgesamt in der Lage gewesen, die Regierung ernsthaft zu gefährden. Ab Herbst 1982 gab es keine Massenaktionen mehr, was die *Solidarność* dazu veranlasste, von sich aus auch nicht mehr zu solchen Aktionen zu mobilisieren. Besonders vorsichtig war sie in Bezug auf Streiks, deren Organisation nahezu unmöglich erschien. Zwar gelang es, anlässlich von Feier- und Jahrestagen – zum 1. und 3. Mai, 31. August, 11. November oder 13. und 17. Dezember – größere Zahlen von Menschen zu öffentlichen Kundgebungen zu mobilisieren, in größeren Städten bis zu 20.000.[12] An der Beerdigung des Priesters Jerzy Popiełuszko, der im Oktober 1984 von Offizieren des Staatssicherheitsdienstes ermordet worden war, nahmen einige Hunderttausend Personen teil, wobei in diesem Fall von vornherein klar war, dass die Sicherheitskräfte nicht intervenieren würden. Doch der Streik, das wichtigste und seit dem Posener Aufstand von 1956 schon traditionelle Kampfinstrument, war vorerst keine Option mehr. Insofern konnten sich die führenden Akteure der *Solidarność* auch nicht gewiss sein, wie groß ihre Unterstützung in der Bevölkerung tatsächlich noch war. Darüber hinaus hatten sie ein weiteres Problem: Da sie eine „Verständigung" anstrebten, benötigten sie auch einen Verhandlungspartner. Die staatliche Führung um General Jaruzelski behandelte die *Solidarność* jedoch als Phänomen der Vergangenheit und betrachtete Wałęsa als einen einfachen Bürger, bestenfalls als „ehemaligen Vorsitzenden" einer „früheren Gewerkschaft".

Die *Solidarność* betonte wiederholt, dass sie die „ganze Gesellschaft" repräsentiere. Die Regierung erklärte demgegenüber, sie hätte nur unbedeutende Grüppchen von „Aufrührern" zum Gegner, die überdies auf der Linie des „weltweiten Imperialismus" lägen. Beides war von der Wahrheit weit entfernt. Tatsächlich existierte eine Pattsituation: Die radikale Opposition konnte die Kommunisten nicht besiegen, die *Solidarność* konnte die Regierung

---

12 Ein Teil dieser Demonstrationen wurde nicht von der *Solidarność* organisiert, sondern von radikalen Gruppen. In vielen Fällen beschränkten sich die Kundgebungen auf die massenhafte Teilnahme an Heiligen Messen oder kirchlichen Feierlichkeiten. An Straßenumzügen nach den Messen beteiligte sich nur ein Teil der Kirchenbesucher.

nicht zu Gesprächen zwingen, und den Kommunisten gelang es nicht, die Gesellschaft zu kontrollieren und ihre Gegner zu liquidieren.

„Tauwetter" und die Restrukturierung der Opposition (1986-1987)

Es gab nur zwei Möglichkeiten, aus dieser Sackgasse herauszukommen: entweder durch ein Ereignis, das zu einer Destabilisierung des Systems führen würde, oder durch Zugeständnisse der Regierung. Es ist hier nicht möglich, die vielschichtigen Motive Jaruzelskis und seines Umfeldes darzustellen, die sie schließlich dazu veranlasst haben, eine Liberalisierung in Aussicht zu stellen. Dabei spielten zum einen regierungs- und parteiinterne Aspekte eine Rolle: Neben dem Gefühl der Selbstsicherheit – wie sie Ende Juni/ Anfang Juli 1986 auf dem X. PVAP-Parteikongress demonstriert wurde – festigte sich in der Parteiführung die Überzeugung, dass die Krise nicht ohne grundlegende Wirtschaftsreformen zu überwinden war. Reformen erforderten jedoch breite Unterstützung seitens der Bevölkerung, die die Regierung nur durch eine Neutralisierung der Kirche oder eine Schwächung ihrer politischen Gegner erlangen konnte, z.B., indem sie Teilen der Opposition die Einbindung in offizielle Institutionen anbot. Zum anderen spielten außenpolitische Aspekte eine Rolle. Die Durchführung von Wirtschaftsreformen bedurfte finanzieller Unterstützung, die von der UdSSR, die schon mit ihren eigenen Problemen zu kämpfen hatte, nicht mehr zu erwarten war. Zudem hatte mit dem Amtsantritt von Michail Gorbačev ein Wandel in den äußeren Rahmenbedingungen eingesetzt. Moskaus neue außenpolitische Strategie, die unter dem Stichwort „Neues Denken" auf eine Verminderung der internationalen Spannungen zielte, und die ersten einheimischen Reformversuche unter dem Titel von „Perestrojka" und „Glasnost'", eröffneten den Satellitenstaaten größere Freiheiten als je zuvor, ihre eigene Strategien zur „Verbesserung des Sozialismus" zu entwickeln und wirtschaftliche Unterstützung auch außerhalb des RGW zu suchen. Die polnische Regierung sah sich jedoch mit dem Problem konfrontiert, dass sie sich seit der Verhängung des Kriegsrechts in außenpolitischer Isolation befand. Westliche Staaten – insbesondere die USA, aber auch die Bundesrepublik und Frankreich – knüpften eine Verbesserung der bilateralen Beziehungen an innenpolitische Konzessionen: die Freilassung der politischen Gefangenen, Legalisierung und Aufnahme von Verhandlungen mit der *Solidarność* sowie Verbesserungen der Beziehungen zur Kirche. Ohne die Erfüllung dieser Bedingungen blieben die Aufhebung der Wirtschaftssanktionen, die Stundung der Auslandsschulden, eine Beteiligung an internationalen Finanzinstitutionen und die Ausreichung neuer Kredite außer Sichtweite.

Archivunterlagen des Politbüros und des Sekretariats des ZK der PVAP deuten darauf hin, dass das Bedürfnis, die Isolation Polens zu durchbrechen, die Parteiführung 1986 dazu bewog, die bereits geplante nächste Amnestie[13] auszuweiten und nur noch Personen in der Haft zu belassen, die wegen Spionage, Sabotage oder Verrat von Staatsgeheimnissen verur-

---

13 Teilamnestien für politische Häftlinge, die zum Ziel hatten, den sozialen Druck zu vermindern und das Image Polens im Westen zu verbessern, wurden jährlich ausgerufen (im Dezember 1982, im Juli 1983 und 1984 sowie im November 1985). Doch selbst nach der weitestgehenden Amnestie vom Juli 1984 blieben noch Hunderte Untergrundaktivisten inhaftiert. Die repressive Gesetzgebung – und mehr noch die repressive Praxis – führten dazu, dass nach jeder Amnestie wieder neue Häftlinge dazukamen, nicht selten diejenigen, die zuvor freigelassen worden waren.

teilt worden waren. In Warschau residierende amerikanische Diplomaten hatten klargestellt, dass Washington im Gegenzug für eine wirklich weitreichende Amnestie „das Kreditembargo für Polen fallen lassen" würde.[14] So bestätigte das Politbüro auf seiner Sitzung am 9. September 1986 die Ausweitung der Amnestie. Zwei Tage später verkündete Innenminister Czesław Kiszczak in einer Sondersendung des Fernsehens die Entscheidung, 225 Personen freizusprechen, die wegen Verbrechen „gegen den Staat und die öffentliche Ordnung" inhaftiert bzw. verurteilt worden waren, darunter führende Aktivisten der *Solidarność* und anderer oppositioneller Gruppierungen.

Im Westen wurde diese Entscheidung erwartungsgemäß positiv aufgenommen. Von Moskau wurde sie toleriert, zumindest gab es keine öffentlich erklärten Vorbehalte. Auch die Führung der *Solidarność* äußerte sich wohlwollend, auch wenn sie sich nicht sicher war, ob es sich um ein taktisches Manöver oder um den Beginn einer neuen Strategie handelte (Skórzyński 1995: 20ff.). Wie dem auch sei, dies war lediglich der Beginn einer Öffnungspolitik, die sich anfangs äußerst zäh gestaltete. Zunächst wurde beim Vorsitzenden des Staatsrates, General Jaruzelski[15], ein Konsultativrat ins Leben gerufen, in den katholische Aktivisten eingeladen wurden, die mehr oder weniger mit der Opposition verbunden waren. Die Mehrheit derjenigen, die gefragt wurden, lehnte eine Beteiligung ab, nachdem sie erfahren hatten, dass sich die Kompetenzen dieses Rats faktisch auf Konsultationen und die Bekanntgabe von Diskussionsverläufen beschränken würden.[16] Die *Solidarność*-Führung wertete das als Beleg dafür, dass die Amnestie doch eher als eine taktische Aktion denn als Anzeichen einer grundlegenden Neuorientierung der Parteiführung zu deuten sei.[17] Nichtsdestoweniger zeigten die Amnestieentscheidung wie auch die deutliche Abschwächung der Repressionen in den folgenden Monaten,[18] dass in der engeren Parteiführung pragmatische und flexible Orientierungen an Geltung gewannen und, wie Jacek Kuroń es ausdrückte, „die Machthaber sensibel für den friedlichen Druck der Gesellschaft wurden" (Skórzyński 1995: 23).

Zu dieser Zeit begannen sich dann auch die personellen Konturen eines Reformzirkels in der PVAP-Führung abzuzeichnen. Im unmittelbaren Umfeld des Ersten Sekretärs bildete sich eine Gruppe von Politikern, die überzeugt waren, dass grundlegende Veränderungen unumgänglich waren. Ein Teil der *hardliner* wurde aus der Führungsspitze verdrängt. Die Autorität Jaruzelskis wurde von niemandem grundsätzlich in Frage gestellt. Damit hatten

---

14 Notiz für General Jaruzelski über das Gespräch mit dem Berater David Schwartz. In: Archiwum Akt Nowych (im Folgenden: AAN), ZK PZPR, Bd. XIA/1422.

15 Jaruzelski war im November 1985 vom Amt des Premierministers zurückgetreten, hatte aber die Schlüsselfunktion des Ersten Sekretärs des ZK der PVAP behalten und mit dem Vorsitz des Staatsrats zugleich das Oberkommando über die Streitkräfte erlangt.

16 Die *Solidarność* forderte, dem Staatsrat das Recht zuzuerkennen, Gesetzesanträge einzubringen, vor das Verfassungsgericht und das Höchste Verwaltungsgericht zu ziehen, sowie das Recht auf vollständigen Zugang zu Informationen über die wirtschaftliche Lage (Tygodnik Mazowsze, Nr. 187, 1986).

17 Vertrauliche Aussagen von Personen aus der Leitungsebene der PVAP aus der ersten Hälfte des Jahres 1987 schienen darauf hinzudeuten, dass die Regierung durchaus weitergehende Absichten hegte. Da diese Erklärungen in Gesprächen mit Vertretern der Kirche abgegeben wurden, drängt sich jedoch der Verdacht auf, dass sie eher Beschwichtigungscharakter hatten statt tatsächliche Intentionen zu signalisieren (siehe Paczkowski 1997: 10).

18 Ein beredter Beleg dafür war die Genehmigung einer mehrmonatigen Auslandsreise für den gerade amnestierten KPN-Vorsitzenden, Leszek Moczulski, Ende Dezember 1986, der während der Reise u. a. (am 27. April 1987) vom US-Vizepräsidenten George Bush empfangen wurde.

sich auch die internen Rahmenbedingungen für die Einleitung von Reformen zu verändern begonnen, auch wenn Skeptiker weiterhin auf die vielen früheren gescheiterten Reformversuche verwiesen.

Auch auf Seiten der Opposition löste die Amnestie neue Entwicklungen aus. Zum einen intensivierten sich die Konflikte zwischen den radikalen Gruppierungen und dem gemäßigten Zentrum der *Solidarność* und es zeigten sich Risse innerhalb der *Solidarność* selbst, was der Parteiführung, wenn nicht gar von ihr beabsichtigt, zumindest entgegen kam. Zum anderen nahm aber auch die Angst vor Repressionen deutlich ab, wodurch eine Intensivierung oppositioneller Aktivitäten begünstigt wurde. Zudem deuteten oppositionelle Kreise die Amnestie als Schwäche der Regierung, als Zeugnis ihrer Anfälligkeit gegenüber dem Druck aus der Gesellschaft, und als partielle Kapitulation vor der harten Haltung der Vereinigten Staaten. Immer mehr Menschen fingen an zu glauben, dass das „Reich des Bösen" zu bröckeln begann und sich dem Untergang zuneigte.

Wiederbelebung der Organisationsstrukturen

Ungeachtet der Unsicherheiten hinsichtlich der Intentionen der Machthaber entschloss sich die Führung der *Solidarność*, die Situation zu nutzen, um den Wiederaufbau der Organisationsstrukturen zu forcieren und der Angst entgegenzuwirken, sich gewerkschaftlich oder oppositionell zu engagieren. Am 29. September 1986 berief Wałęsa einen Provisorischen Rat der *Solidarność* [19] ein, in den sieben bekannte Aktivisten eintraten, darunter Zbigniew Bujak, Władysław Frasyniuk und Janusz Pałubicki. Vom nächsten Tag an gründeten sich ähnliche Räte in verschiedenen Regionen.[20] In der zweiten Oktoberhälfte beantragten Aktivisten aus verschiedenen Fabriken die gerichtliche Registrierung von *Solidarność*-Gewerkschaftszellen. Zwar wurden all diese Anträge abgelehnt, aber die Antragsteller wurden nicht mehr belangt. Auch wer sich in den Regionen offen gewerkschaftlich engagierte und damit gegen das kürzlich novellierte Gesetzes über Ordnungswidrigkeiten verstieß, wurde nicht weiter verfolgt.[21] Mit der Gründung der Provisorischen Beratungskommission der „Bauern-Solidarność"[22] am 23. November 1986 wurden schließlich erste Strukturen einer oppositionellen Bauernbewegung geschaffen.

Schwieriger war die Situation für die Verlage des sog. Zweiten Umlaufs, die illegal publizierten und ein wesentliches Element der „Gegengesellschaft" bildeten. Hier war nach wie vor strenge Konspiration gefordert, denn der Sicherheitsapparat verfolgte die Druckereien und die Kolporteure weiterhin mit Nachdruck – mit Geldstrafen, kurzzeitigen Inhaftierungen und vor allem der Konfiszierung von Autos und illegal aus dem Ausland beschafften Geräten. In gewisser Weise ähnelte die Situation in diesem Bereich den Verhältnissen der Jahre 1976-1980. Auch damals gab es illegale, aber offen agierende Organisatio-

---

19   Tymczasowa Rade „Solidarności" (TRS).
20   Angesichts des Misstrauens gegenüber der Regierung blieb jedoch parallel dazu die 1982 gebildete geheime Provisorische Koordinierungskommission (TKK) in ihrer bisherigen Zusammensetzung bestehen.
21   Die Novelle sah Geld- oder Haftstrafen für Personen vor, die sich an Organisationen beteiligten, „die aufgelöst worden sind oder denen eine Legalisierung abgesprochen worden ist" (zit. nach Pernal/ Skórzyński 1990:101).
22   Tymczasowej Komisji Konsultacyjnej Rolników „Solidarność".

nen, die nur einen Teil ihrer Aktivitäten konspirativ organisierten (Finanzen, Verlage, Druckereien). Das Ausmaß war jetzt allerdings unvergleichlich größer.

Am 26. Januar 1987 informierten Wałęsa, der TKK und der TRS in einer gemeinsamen Erklärung die Öffentlichkeit über ein Treffen von Vertretern aller Aktivistengruppen, sowohl derjenigen, die inzwischen wieder offen agierten, als auch jener, die weiterhin im Untergrund tätig waren. Sie demonstrierten auf diese Weise die Geschlossenheit des Führungszentrums der *Solidarność*.[23] In Folge der Amnestie und im Zuge der Liberalisierung gelang es der *Solidarność*, ihre Position allmählich wieder zu stärken. So wurde es gleichsam zur Routine, dass sich westliche Politiker und andere Prominente, die Polen nach dem Ende der durch das Kriegsrecht ausgelösten Isolation wieder offiziell besuchten, immer häufiger auch mit *Solidarność*-Aktivisten der trafen. Den Auftakt dazu gab ein Treffen zwischen Wałęsa und dem stellvertretenden US-amerikanischen Außenminister John Whitehead am 30. Januar 1987,[24] es folgten u.a. offizielle Treffen mit dem Generaldirektor der Internationalen Arbeitsorganisation, Francis Blanchard, US-Senator Edward Kennedy und der Schauspielerin Jane Fonda. Nicht zuletzt profitierte die *Solidarność* davon, dass offizielle westliche Gäste regelmäßig Blumen am Grab von Jerzy Popiełuszko, des „Heiligen der *Solidarność*", niederlegten. Jaruzelski kam nicht umhin, solche demonstrativen Akte zu akzeptieren, obwohl er sich darüber im Klaren war, dass die internationale Aufwertung der *Solidarność* zwangsläufig auch ihr Ansehen im Inland stärken und ihre Handlungsmöglichkeiten verbessern würde.

Interne Konflikte

Nach der Amnestie und der Aufnahme offener Aktivitäten durch Teile der *Solidarność* verschärften sich die Konflikte innerhalb der Gewerkschaft, und sie blieben in den folgenden Jahren bis über den Regimewechsel hinaus immer virulent. Die Auseinandersetzungen drehten sich zunächst um die Besetzung der Führungsgremien, offenbarten dann aber vor allem unterschiedliche strategische Vorstellungen und tiefer liegende ideologische Differenzen. Auf der einen Seite standen Vertreter der offen agierenden Regionalorganisationen mit zumeist christlich-nationalen bzw. rechten Orientierungen. Sie plädierten dafür, angesichts der neuen Situation die Landesführung und das Präsidium der *Solidarność*, die im Oktober 1981 gewählt worden waren, personell zu erneuern und das Gewerkschaftsstatut zu revidieren. Darunter waren beispielsweise Andrzej Gwiazda, Marian Jurczyk und Jan Rulewski, die damals gegen Wałęsa kandidiert hatten.

Die Gegenseite bestand hingegen darauf, dass die Ergebnisse der Wahlen von 1981 ebenso wie das Gewerkschaftsstatut weiterhin bindend seien. Allerdings ging Wałęsa zu dieser Zeit dazu über, den TRS immer persönlich einzuberufen, was seine Konkurrenten als Anzeichen dafür interpretierten, dass sich um ihn herum eine neue, informelle Führung gruppierte, in der liberale und linke Intellektuelle wie Jacek Kuroń, Bronisław Geremek oder Adam Michnik zunehmend an Einfluss gewannen. Wałęsas Opponenten, die wegen

---

23   Das Beispiel war ansteckend und manche, selbst radikale Gruppierungen begannen, offene Veranstaltungen zu organisieren, wie z.B. das internationale [sic!] Symposium „Der internationale Frieden und die Vereinbarungen von Helsinki", das von der Bewegung „Freiheit und Frieden" im Mai 1987 veranstaltet wurde.

24   Polen war keine Ausnahme – Whitehead traf sich in Prag auch mit Vertretern der Charta 77.

ihrer Forderung nach Neuwahlen auch als „Erneuerer" und „Legalisten" bezeichnet wurden, verwarfen zwar nicht grundsätzlich die Möglichkeit, sich mit der Regierung zu „verständigen", waren aber radikaler als er und die ihn unterstützenden Intellektuellen.

Nach einem misslungenen Verständigungsversuch gründeten die „Erneuerer" im Februar 1987 die „Arbeitsgruppe der Landeskommission der *Solidarność*" (*Grupa Robocza Komisji Krajowej*, GRKK), die Wałęsa zwar formal als Vorsitzenden der Gewerkschaft anerkannte, ihm gegenüber jedoch *de facto* in Opposition stand. In der GRKK waren viele *Solidarność*-Aktivisten der Jahre 1980/81.[25] Unterstützt wurde sie u.a. von der Zeitschrift „Głos", deren Redakteur Antoni Macierewicz seit langem gegen den Einfluss der „KOR-Linken" kämpfte.

In Reaktion darauf gründeten der TRS und Wałęsa Parallelstrukturen in denjenigen Regionen, in denen Mitglieder oder Sympathisanten der GRKK an der Spitze der offen agierenden *Solidarność*-Gruppen standen. Die neuen Gruppen wurden zumeist von Aktivisten geführt, die vor der Einführung des Kriegsrechtes weniger bekannt waren, sich aber nach dem 13. Dezember 1981, als die Mehrheit der Führungspersonen inhaftiert worden war, aktiv im Untergrund engagierten. Am 25. Oktober 1987 wurden dann die TRS und TKK zu einem einheitlichen Führungsgremium, der Landesexekutivkommission (*Krajowa Komisja Wykonawcza*, KKW), zusammengelegt, das aus acht Personen bestand, welche die größten Regionen repräsentierten. Reell wurde damit die Stellung Wałęsas, der weiterhin *Solidarność*-Vorsitzender blieb, innerhalb der Gewerkschaft gestärkt. Während die GRKK und die internen Spaltungsprozesse von außen kaum wahrgenommen wurden, gewann der Wałęsia-Flügel zunehmend an öffentlicher Präsenz. Die Mehrheit der Polen wie auch der Ausländer identifizierte die *Solidarność* mit Wałęsa. Dessen großer Vorzug bestand darin, dass er und seine engsten Mitarbeiter in der Lage waren, prominente Intellektuelle in ihre politische Tätigkeit einzubinden. So veröffentlichten beispielsweise am 31. Mai 1987 Intellektuelle, Künstler und Funktionäre der *Solidarność* auf Initiative Wałęsas eine gemeinsame Erklärung anlässlich des bevorstehenden Papstbesuches. Wenige Zeit später formierte sich aus diesem Kreis Wałęsas politischer Stab, aus dessen Mitte sich später, im Februar 1989, die Vertreter der Opposition am Runden Tisch rekrutierten.

Ausdifferenzierung der Protest- und Oppositionsszene außerhalb der Solidarność

Obwohl nach der Amnestie die Angst vor Repressionen zurückging, blieben die Teilnehmerzahlen bei Demonstrationen, die von der *Solidarność* oder oppositionellen Gruppen organisiert wurden, zunächst gering. Allerdings stieg 1987 die Anzahl von Kundgebungen unterschiedlichster Art deutlich an. Zwar agierten die Ordnungskräfte bei der Auflösung illegaler Kundgebungen entschieden und mitunter brutal. Den „Rädelsführern" drohten hohe Geldstrafen oder Arrest, aber keine Freiheitsstrafen mehr.

Charakteristisch für die öffentlichen Protestkundgebungen ab 1987 war eine auffallend starke Präsenz Jugendlicher und junger Erwachsener. Besonders spektakulär waren Aktionen der anarchistischen „Bewegung Alternative Gesellschaft". Deren Anhänger mischten

---

25   Neben den bereits erwähnten u.a. Andrzej Słowik, Jerzy Kropiwnicki, Antoni Tokarczuk und Zbigniew Romaszewski.

sich bei staatsoffiziellen Aufmärschen unter die Teilnehmer, um sich dann in gewaltsame Auseinandersetzungen mit der Miliz zu begaben. Im Sprachgebrauch der Behörden fungierten sie seitdem nur als „zadymiarze" (Krawallmacher). Im Juni 1987 veranstaltete die „Orangene Alternative" (*Pomarańczowa Alternatywa*) ihr erstes politisches *Happening*. Ihre Aktionen bestanden darin, den realsozialistischen Kanon, z.B. die Kundgebungen zum Jahrestag der bolschewistischen Revolution, öffentlich der Lächerlichkeit preiszugeben oder auf humorvolle Weise die Unzulänglichkeiten des Alltags, etwa den Mangel an Toilettenpapier oder Binden, zu karikieren. Eine wichtige Gruppierung hieß „Freiheit und Unabhängigkeit" (*Wolność i Niepodległość*, WiN). Sie organisierte Solidaritätsaktionen für Wehrdienstverweigerer und – motiviert durch die Katastrophe von Tschernobyl – auch umweltpolitische Kundgebungen.

Die meisten Teilnehmer dieser Protestaktionen waren keine Angehörigen der *Solidarność*, unterstützten aber die Gewerkschaft mehr oder weniger. Sie gehörten zu einer neuen Generation Oppositioneller, deren politischer Bezugspunkt nicht mehr das paternalistische Polen der Gierek-Ära war, sondern der Alltag unter dem Kriegsrechts – mit den tausenden Gefangenen, der Präsenz des Militärs im Straßenbild, den brutalen Aktionen der Sondereinheiten und den zynischen Verlautbarungen des Pressesprechers der Regierung, Jerzy Urban.

Seit Herbst 1986 entstanden auch neue Initiativen in der politischen Oppositionsszene, die zwar in den damaligen Prozessen allenfalls eine geringe Rolle spielten, aber für das sich später herausbildende Parteiensystem Bedeutung erlangten. Einige knüpften gezielt an historische Parteien der vorkommunistischen Zeit an: Im November 1986 gründete sich der Seniorenkonvent der Volksbewegung (*Konwent Seniorów Ruchu Ludowego*), der sich auf die Polnische Volkspartei (*Polskie Stronnictwo Ludowe*) der Jahre 1945-1947 berief, die damals die mächtigste Oppositionspartei war und dann von der Regierung zerschlagen wurde. Ein Jahr später wurde die Polnische Sozialistische Partei (*Polska Partia Socjalistyczna*, PPS) wieder gegründet, deren Initiatoren (u.a. Jan Józef Lipski) sich auf die Tradition der sozialistischen Demokratie- und Unabhängigkeitsbewegung beriefen. Eine Gruppe aus diesem Kreis hatte bereits seit 1983 die illegale Zeitschrift „Arbeiter" („Robotnik") herausgegeben, deren Titel auf die gleichnamige Zeitung der PPS Bezug nimmt, deren erster Redakteur (ab 1894) Józef Piłsudski war.

Gleichzeitig wurden auch Anstrengungen unternommen, die Gruppen, die sich außerhalb der *Solidarność* gebildet hatten, teils schon vor oder während des Kriegsrechts, stärker zu vernetzen, wobei die KPN die Rolle eines Zentrums anstrebte.[26] Zwar handelte es sich in der Regel um kleine Gruppen mit kaum mehr als einer Handvoll Mitglieder. Doch in der Summe trugen sie nicht unerheblich zur Stärkung des Oppositionspotenzials bei.

Vor diesem Hintergrund war die *Solidarność* die einzige landesweite politische Kraft, die sich auf große gesellschaftliche Unterstützung berufen konnte. Überdies erschien sie als

---

26   Erwähnenswert ist in diesem Zusammenhang die „Erklärung der Verständigung Unabhängiger Parteien und Organisationen" (Porozumienie Partii i Organizacji Niepodległościowych) vom 3. Mai 1987, unterzeichnet von Vertretern der Organisation Liberaler Demokraten „Unabhängigkeit", der Polnischen Partei für Unabhängigkeit, der Bewegung „Freiheit – Gerechtigkeit – Unabhängigkeit" und der Politischen Gruppe „Wola". Weitere Parteien in dieser bunten Szene waren die liberal-konservative Bewegung der Realpolitik (Ruch Polityki Realnej), die Politische Gruppe „Selbstbestimmung" (Samostanowienie) und der Erzieherisch-Monarchistische Klub (Klub Zachowawczo-Monarchistyczny).

Garant der Mäßigung und des Realismus, was zu ihrem positiven Image in der Welt und bis zu einem gewissen Grad auch in Teilen der polnischen Herrschaftselite beitrug. Dies gewann in dem Maße an Bedeutung, wie die Kompromissbereitschaft der Regierung, die Verschärfung der inneren Probleme der Sowjetunion sowie der Wunsch Gorbatschows, den Kalten Krieg zu beenden, als Anzeichen dafür gewertet wurden, dass sich das Imperium seinem Ende zuneigte. Die Überzeugung, dass das kommunistische System in Polen ohne Unterstützung aus Moskau keine Überlebenschance hatte, war so alt wie die Herrschaft der Kommunisten an der Weichsel, denen das auch selbst mehr oder weniger bewusst war. In *Solidarność*-Kreisen rechnete man damit, dass die Gorbatschowschen Reformen das System weiter zerrütten würden: Unsere „größten Hoffnungen", so Janusz Onyszkiewicz im Frühling 1987, „sind nicht mit den Absichten Gorbatschows verbunden, sondern mit dem Prozess, den sein Handeln auslösen kann".[27]

Vor diesem Hintergrund gewannen 1987/88 innerhalb der Opposition radikale Forderungen – von der Wiedergewinnung der vollständigen Unabhängigkeit bis zur Einführung einer auf Privateigentum gestützten Marktwirtschaft – deutlich an Einfluss. Wie weit Radikale und Gemäßigte auseinander lagen, illustriert die Debatte zwischen Leszek Moczulski und Jacek Kuroń Ende 1987: Kuroń hatte in einem programmatischen Artikel unter dem Titel „Das Land nach der Schlacht" suggeriert, dass nun, nach der Schlacht der Jahre 1981-1986, die Zeit für friedliche Verhandlungen gekommen sei. Hierauf reagierte Moczulski mit einem Aufsatz unter dem Titel „Das Land vor der Schlacht" und kündigte damit an, dass die letzte Entscheidung erst mit der Kapitulation der Kommunisten fallen werde. Dennoch erkannte auch Moczulski an, dass die *Solidarność* die Hauptkraft des Wandels war, und betrachtete deren Reaktivierung und erneute Legalisierung als ein Schlüsselelement in der Demontage des Systems. Währenddessen sprach sich die *Solidarność*-Elite beharrlich für Verhandlungen mit der Regierung aus und schlug u. a. einen Anti-Krisenpakt vor.

Die Führungsriege um Jaruzelski nahm diesen Vorschlag nicht auf. Zwar konnte die *Solidarność* auf Landes- wie auch regionaler Ebene relativ frei agieren, aber offene Aktionen in den Betrieben wurden weiterhin unterbunden. Inzwischen hatten Vertreter der Regierung und der *Solidarność* geheime Kontakte hergestellt. Die Regierung beschränkte sich allerdings vorerst darauf – ähnlich wie in ihren Gespräche mit Vertretern der Kirche –, die Positionen innerhalb der *Solidarność* auszuloten und zu versuchen, einzelne Gruppen oder Personen aus der Opposition herauszulösen.[28] Sie tolerierte die Existenz der Gewerkschaft, beabsichtigte aber nicht, sie als offiziellen Partner anzuerkennen. So dauerte die Pattsituation, wenn auch unter anderen Kontextbedingungen als vor der Amnestie, weiter an. Noch fehlte der entscheidende Impuls, der die Regierung veranlasst hätte, über die Strategie der Kooptation und bedingten Toleranz hinauszugehen und sich auf Verhandlungen mit der *Solidarność* und der Opposition einzulassen. Dabei konnte sie kaum noch auf die „geopolitische Lage" verweisen, denn eine Intervention aus Moskau schien damals schon unwahrscheinlich. Die Atmosphäre war gespannt, die Erwartungen der Opposition stiegen, insbesondere nach dem erneuten Besuch von Johannes Paul II (8. – 14. Juni 1987). Dieser setzte zwar keine direkten politischen Akzente, aber Hunderte von Transparenten und Flaggen der

---

27   Janusz Białołęcki (Pseud. f. Onyszkiewicz): „Żadnych mrzonek, panowie?" [„Keine Hirngespinste, meine Herren?"], in: Tygodnik Mazowsze (1987), Nr. 201. Der Diskussion über eine mögliche Umkehrung der Ereignisse in der Sowjetunion war eine Sondersitzung des TRS im Juli 1987 gewidmet.
28   Diesem Zweck diente z. B. im Sommer 1987 die Legalisierung der Zeitschrift „Res Publica".

Solidarność während der Massenveranstaltungen zeugten von der brisanten Stimmung in breiten Teilen der Bevölkerung.

„Keine Freiheit ohne *Solidarność!* ": Streiks und Verhandlungen (1988-1989)

Der entscheidende Anstoß für den Wandel ging von zwei Streikwellen aus, die im April/Mai sowie im August 1988 eine Reihe großer Betriebe erfassten. Die Streiks waren nicht nur Ausdruck lokaler Unzufriedenheit. Die Analysten des ZK der PVAP hatten schon zuvor auf eine Verschlechterung der Stimmung im ganzen Land hingewiesen, wobei die Bevölkerung die wirtschaftliche Situation schlechter beurteilte als die politische.[29] Obwohl der Sicherheitsdienst ein Netz von Informanten aufgebaut hatte, kamen die Streiks für die Regierung völlig unerwartet. Ähnlich überrascht war aber auch die *Solidarność*, denn die ersten Streiks waren spontan ausgebrochen. Die Gewerkschaftsführung sprang dann auf den Zug auf und rief am 2. Mai zu einem Streik auf der Danziger Lenin-Werft auf, dem Geburtsort der *Solidarność*, an dem sich dann auch Wałęsa und seine Berater beteiligten.

Die Regierung entschied sich, konsequent gegen die Streikenden vorzugehen. In der Lenin-Hütte bei Krakau wurde der Protest von Sicherheitskräften niedergeschlagen. Die Danziger Werftarbeiter dagegen wichen zurück; am 10. Mai verließen sie das Werftgelände, begaben sich in eine nahe gelegene Kirche und verkündeten dort die Aussetzung des Streiks.

Obwohl es der Regierung noch einmal gelungen war, die Situation unter Kontrolle zu bringen, zeugten die Streiks doch von erheblicher Unzufriedenheit und hoher Protestbereitschaft in der Bevölkerung. Insbesondere die Tatsache, dass sie spontan ausgebrochen waren und viele junge Menschen daran teilgenommen hatten, die nicht der *Solidarność* angehörten, beunruhigte die Führung um Jaruzelski und nährte ihre Angst vor einem Ausbruch unkontrollierbarer Proteste.

Als am 15. August 1988 unter den Bergarbeitern eine zweite Streikwelle ausbrach und unter der Losung „Keine Freiheit ohne *Solidarność!*" die Wiederzulassung der *Solidarność* zur zentralen Forderung der Protestaktionen erhoben, setzten sich innerhalb der Parteiführung die Befürworter von Verhandlungen durch.[30] Obwohl die Proteste bei weitem nicht die Ausmaße der großen Streikwelle vom Sommer 1980 erreichten, akzeptierte das ZK der PVAP auf seiner Plenarsitzung am 27. und 28. August 1988 den Vorschlag der Führungsspitze, entsprechende Gespräche aufzunehmen. Der Entscheidung waren mehrtägige interne Debatten und vertrauliche Kontakte mit der *Solidarność* vorausgegangen. Ohne die Legitimation durch einen formalen ZK-Beschluss hätte die Parteiführung mit ihrer Entscheidung in erhebliche Schwierigkeiten geraten können, denn der Apparat war mehrheitlich gegen die Legalisierung der *Solidarność*.

---

29   Nach einer Umfrage von Ende 1987 beurteilten 69% der Befragten die wirtschaftliche Situation als schlecht, und nur 6 % als „gut", während nur 18 % die politische Situation für schlecht hielten, doppelt so viel jedoch als „gut". Die vollständige Analyse ist veröffentlicht bei Machcewicz et al. (2002: 65ff.).

30   Das bedeutet nicht, dass eine gewaltsame Niederschlagung der Streiks überhaupt nicht erwogen worden wäre. Das Landesverteidigungskomitee, die höchste militärpolitische Instanz, hatte am 20. August bereits entsprechende Vorbereitungen angeordnet.

Das erste offizielle Gespräch fand am 31. August 1988 statt, am Jahrestag der Unterzeichnung des Danziger Abkommens von 1980. Die *Solidarność* wurde durch ihren Vorsitzenden Wałęsa repräsentiert, der von einem Kirchenvertreter begleitet wurde, der Staat jedoch nur durch Innenminister Kiszczak. Kiszczak gehörte zwar zum engsten Kreis um Jaruzelski und war seit 1982 Mitglied des Politbüros, hatte aber zuvor noch nie an politischen Verhandlungen teilgenommen, von Gesprächen mit der Kirche abgesehen. Seine Entsendung wurde daher als Signal für eine zurückhaltende Einstellung Jaruzelskis gegenüber einem schnellen Kompromiss gedeutet. Obwohl die tatsächlichen Intentionen des Ersten Sekretärs der Partei bis heute nicht vollständig geklärt sind, spricht vieles dafür, dass er mit den Gesprächen im August und September 1988 vor allem versuchte, Zeit zu gewinnen. Mit Mieczysław F. Rakowski hatte gerade ein Politiker das Amt des Premierministers übernommen, der für weitgehende Wirtschaftsreformen eintrat, gleichzeitig aber gegenüber einer Anerkennung der *Solidarność* sehr skeptisch eingestellt war. Zwar hatte sich Rakowski 1987 in einem an die Parteiführung gerichteten Memorandum für die Legalisierung der Opposition ausgesprochen, aber er hatte dabei vor allem Parteien im Sinn, nicht die *Solidarność*. Auch Jaruzelskis Auslassungen über akzeptablen „politischen Pluralismus" im Unterschied zu inakzeptablem „gewerkschaftlichen Pluralismus" sowie der Schließungsplan der Regierung für die Danziger Werft sorgten für erhebliche Irritation: Auf der einen Seite führte die Staatsmacht vertrauliche und offizielle Gespräche mit Wałęsa und anderen Personen aus dessen Umgebung, gleichzeitig schienen sich ihre beiden wichtigsten Repräsentanten – der Erste Sekretär der Partei und der Regierungschef – von dieser Verständigung zu distanzieren. Dieses ambivalente Verhalten der Führungsspitze deutet darauf hin, dass sie es zu dieser Zeit noch für erforderlich hielt, auf die Mehrheit im Parteiapparat, im Sicherheitsdienst, unter den Offizieren und Funktionären des offiziellen Gewerkschaftsverbandes[31] sowie große Teile der Parteibasis Rücksicht zu nehmen, die alle entschieden gegen eine Legalisierung der *Solidarność* waren.

Erst nach radikalen Personaländerungen im Politbüro und im Sekretariat des ZK der PVAP in der zweiten Dezemberhälfte 1988, in Folge derer die Gegner von Verhandlungen mit der *Solidarność* an Gewicht verloren, sowie Rücktrittsdrohungen von Jaruzelski und Rakowski, setzten sich die Befürworter einer Kompromisslösung im ZK endgültig durch. Mitte Januar 1989 akzeptierte das ZK – bei 25 Prozent Gegenstimmen – die Möglichkeit, „eine konstruktive Opposition in das politische System einzubinden", und die Restriktionen für die Gründung von Gewerkschaften aufzuheben. Dies war faktisch die Zustimmung zur Wiederzulassung der *Solidarność*.

Hier interessieren jedoch weniger die Gründe für die Konzessionsbereitschaft der kommunistischen Partei, im Zentrum steht vielmehr die Frage, wie die *Solidarność* und die Opposition insgesamt auf die neue Situation reagierten.

Unabhängig von den Streiks hatten im Laufe des Jahres 1988 die Aktivitäten der oppositionellen Gruppen und Parteien deutlich an Dynamik gewonnen. Protestaktionen am 20. Jahrestag der Studentenstreiks vom März 1968 (vgl. Sonntag in diesem Band) brachten ein erhebliches Mobilisierungspotenzial oppositioneller Jugendgruppen, insbesondere des Unabhängigen Studentenverbandes[32] zum Vorschein. Zahlreiche, teils gewalttätige Kundge-

---

31   Der Gesamtpolnische Verband der Gewerkschaften (Ogólnopolskie Porozumienie Związków Zawodowych, OPZZ) war 1984 als Gegengewicht zur verbotenen Solidarność gegründet worden.
32   Niezależne Zrzeszenie Studentów, NZS.

bungen fanden aus Anlass der nationalen Feiertage am 1. und 3. Mai statt. Weitere Kundgebungen und Zusammenstöße mit Sicherheitskräften ereigneten sich am 11. November,
dem 60. Jahrestag der Wiedergewinnung der polnischen Unabhängigkeit. Keine dieser
Aktionen waren von der *Solidarność* organisiert – weder vom „Wałęsa-Flügel" noch von
den „Erneuerern". Es waren radikale Gruppen außerhalb der *Solidarność*, von denen die
Mobilisierung ausging.

Der Beginn der Gespräche zwischen der *Solidarność* und der Regierung löste innerhalb
der Opposition eine breite Debatte aus und bekräftigte die Radikalen in ihrer Ansicht, dass
sich die Gelegenheit zur Zerschlagung des Systems mit schnellen Schritten nähere. Vertreter des radikalen Milieus positionierten sich nun gegenüber Wałęsa und der *Solidarność*
wesentlich kritischer als früher und warfen ihnen Kapitulantentum vor. Sie glaubten, in der
gegebenen Situation würden Verhandlungen die Existenz des Realsozialismus nur verlän-
gern und dem Regime im In- und Ausland zu unnötiger Legitimation verhelfen. Am 11.
Oktober 1988 gründeten sieben radikale Gruppen und Parteien ein „Vorbereitungskomitee"
für einen „Kongress der Antisystemopposition",[33] darunter die KPN und die „Kämpfende
Solidarność", die „auf der Straße" besonders aktiven WiP, NZS und das „Anarchistische
Interstädtische Bündnis"[34]. Zwar spielte der „Kongress" als Koordinator von Aktionen
keine größere Rolle, aber seine Entstehung zeugte von dem Bedürfnis, sich von der
Solidarność zu distanzieren, die aus der Sicht der Radikalen mit der Aufnahme der Verhandlungen *nolens volens* zu einem „Teil des Systems" geworden war. Mitte Februar 1989,
unmittelbar nach Beginn der Gespräche am Runden Tisches, kam es in einigen Städten –
mit dem Epizentrum in Krakau – zu Demonstrationen und Kundgebungen, die sich in der
Regel in Straßenkämpfe verwandelten. Eine zweite Demonstrationswelle begann gleich
nach dem Ende des Runden Tisches und dauerte fast bis zum Tag der Wahlen, auf die sich
die Verhandlungspartner am Runden Tisch verständigt hatten und die am 4. Juni 1989 stattfanden.

Obschon all diese zumeist von radikalen Jugendgruppen organisierten Aktionen – Straßendemonstrationen und Wahlboykotte – wie eine Art „politischer Folklore" anmuteten,
waren sie als Ausdruck allgemeiner Unzufriedenheit und weitreichender Destabilisierung
ernst zu nehmen. Die *Solidarność*, die selbst keine Demonstrationen organisierte und sich
von den Straßenunruhen distanzierte, profitierte gleichwohl davon: Sie konnte in den Verhandlungen darauf verweisen, wie explosiv die Situation war und wie groß die Gefahr einer
unkontrollierbaren Eskalation, wenn schnelle politische Veränderungen ausblieben.

Allerdings war auch der radikale Flügel der Opposition innerlich gespalten: Einige Parteien, darunter die KPN, entschieden sich, sich an der Wahl zu beteiligen, obgleich sie diese
als undemokratisch brandmarkten; andere, darunter die „Kämpfende Solidarność", riefen
zum Wahlboykott auf.

Die *Solidarność*-Führung um Wałęsa nahm den Vorschlag zu Verhandlungen ernst,
auch wenn die Verzögerung des Beginns der Gespräche durch die Regierung verunsichernd
wirkte. Erneut mobilisierte sie die Intellektuellen aus ihrem Umfeld und kooptierte fünf
Vertreter der größten Streikkomitees vom August in die Landesexekutivkommission, zumeist neue Aktivisten, die erst nach dem 13. Dezember 1981 in Erscheinung getreten wa-

---

33   Kongres Opozycji Antyustrojowej, KOA. Die offizielle Gründungserklärung wurde allerdings erst vier
      Monate später unterzeichnet, am 25. Februar 1989, als die Verhandlungen am Runden Tisch schon liefen.
34   Międzymiastówka Anarchistyczna.

ren. Damit stärkte sie ihre Legitimationsbasis innerhalb der Gewerkschaft und insbesondere gegenüber der „Arbeitsgruppe", die wiederholt die Einberufung der Landeskommission in ihrer statutengemäßen Zusammensetzung gefordert hatte.

Am 30. November 1988 sendete das Fernsehen eine Live-Debatte zwischen Lech Wałęsą und Alfred Miodowicz, dem Vorsitzenden des offiziellen Gewerkschaftsbundes OPZZ, die erheblich zur Aufwertung der *Solidarność* in der öffentlichen Meinung beitrug. Am nächsten Tag sprachen sich in einer Umfrage 62 Prozent der Befragten für eine Legalisierung der *Solidarność* aus – im Vergleich zu 42 Prozent in einer Umfrage vom August desselben Jahres.[35] Auch Jaruzelski musste Wałęsas Überlegenheit in der Debatte anerkennen: Während einer Sitzung der Parteispitze äußerte er, dass das Gespräch „großen Schaden angerichtet" und sich das Bild Wałęsas zu dessen Gunsten verändert habe (vgl. Perzkowski 1994: 196). Von diesem Moment an wuchs Jaruzelskis Entschlossenheit, Gespräche zu führen und einen Kompromiss zu erzielen.

Die *Solidarność* bereitete sich wesentlich sorgfältiger auf die Verhandlungen vor als die Regierung. Dies war nicht zuletzt darauf zurückzuführen, dass Wałęsa und die ihn unterstützenden Gewerkschaftsfunktionäre, Intellektuellen und Kirchenvertreter im Grunde keine Alternative zu einer Kompromisslösung sahen, wenn sie eine unkontrollierbare Konflikteskalation vermeiden wollten. Die Gruppe um Jaruzelski hatte dagegen mehr Optionen, bis hin zur Drohung mit der Einführung des Ausnahmezustandes, die von einem bedeutenden Teil der Parteimitglieder, vom Sicherheitsdienst und dem Militär unterstützt worden wäre. Zudem verfügte sie über erheblich mehr Ressourcen – eine ausgereifte Organisationsstruktur, die staatliche Verwaltung auf allen Ebenen, vollständige Kontrolle über die Medien und die Sicherheitskräfte. Die *Solidarność* hatte dem, von der Unterstützung durch die westlichen Staaten abgesehen, im Grunde nur passiven gesellschaftlichen Druck, ihr eigenes Verhandlungsgeschick und ihre psychologische Überlegenheit entgegenzusetzen.

Am 18. Dezember 1988 wurde das Bürgerkomitee (KO) beim Vorsitzenden der NSZZ „Solidarność" gebildet, das eigentliche Vorbereitungsgremium für die Gespräche. Am Runden Tisch war die *Solidarność* dann direkt durch ihre gesamte politische Führung einschließlich Wałęsą repräsentiert, allerdings ohne Vertreter der GRKK. So konnte sie sorgfältig vorbereitet, geschlossen und effektiv auftreten, was sich letztlich als ein wichtiger Verhandlungsvorteil erwies. Die Partei konnte sich auf keine intellektuell ähnlich starke Beratergruppe stützen. Zudem hatten sich Jaruzelski und Rakowski, die den Rang der Verhandlungen bewusst niedrig hängen wollten, entschieden, selbst nicht unmittelbar am Runden Tisch teilzunehmen, was dazu führte, dass sich die Verhandlungsführer der Partei bei vielen Entscheidungen immer erst beraten und auf höchster Ebene rückversichern mussten.

Die Verhandlungen am Runden Tisch (6. Februar – 5. April 1989) endeten mit der Unterzeichnung mehrerer Vereinbarungen, darunter des sog. politischen Vertrags. Dieser Vertrag sah eine Novellierung der Verfassung durch die Einführung neuer Institutionen – des Amtes des Staatspräsidenten und einer zweiten Parlamentskammer, des Senats – sowie neue Regeln für die nächsten Parlamentswahlen vor. Er legte fest, dass 35 Prozent der Sitze im *Sejm* und alle Sitze im Senat in freier Wahl zu besetzen waren, und räumte sowohl den Parteien als auch Bürgerbündnissen das Recht ein, jeweils eigene Kandidaten zu nominie-

---

35   CBOS 1988: Społeczeństwo i władza: 386.

ren. Er markierte damit den Bruch mit einer der zentralen kanonischen Regeln des Realsozialismus – der Einheitsliste als Ausdruck der „Zusammenarbeit" aller politischen Kräfte.[36]

Man kann diese Vereinbarungen als Erfolg der *Solidarność* werten, auch wenn im Umfeld von Jaruzelski schon seit Mitte 1988 die Einführung des Präsidentenamtes und der zweiten Kammer erwogen worden waren. Allerdings sprach sich die KP-Führung in der ersten Phase des Runden Tisches noch für eine gemeinsame Wahlliste aus, auf der die *Solidarność* und von der Kirche nominierte parteiunabhängige Kandidaten 35 Prozent der Plätze erhalten sollten. Die Durchsetzung getrennter, konkurrierender Listen, die es nicht zuletzt ermöglichten, unter dem eigenen Namen zur Wahl anzutreten, war daher ein Erfolg der *Solidarność*-Verhandlungsführer. Wałęsa entkräftete damit auch die Argumente der Verhandlungsgegner auf Seiten der Opposition, die die Verständigung als „faulen Kompromiss" denunzierten, der die Unterschiede zwischen Opposition und Regierung verwische.

Die mediale Begleitung des Runden Tisches war außerordentlich. Und obwohl weit weniger routiniert als die Regierungspolitiker, erwiesen sich die Vertreter der *Solidarność* im Umgang mit den Medien als durchaus geschickt. So zogen sie die Aufmerksamkeit der Kameras u.a. dadurch auf sich, dass sie ihre Aktentaschen mit einer großen „Solidarność"-Aufschrift versahen und sich demonstrativ „Solidarność"-Anstecker ans Revers hefteten. Gleichwohl war die öffentliche Resonanz auf den Runden Tisch keineswegs euphorisch. Zwar versammelten sich während der Sitzungstage Menschen vor dem Verhandlungsgebäude, aber es kam nie zu größeren Kundgebungen oder Demonstrationen. Auch die Gegner des Runden Tisches im Lager der Opposition waren nicht sehr aktiv. Ihre größte Demonstration fand, wie oben erwähnt, erst nach dem Ende der Gespräche statt. Schließlich war auch das Echo in der Bevölkerung eher zurückhaltend und abwägend, wie eine Meinungsumfrage kurz nach Verhandlungsabschluss ergab. Zwar werten 80 Prozent der Befragten die Rund-Tisch- Gespräche als einen bedeutenden Wendepunkt und Auftakt zu weiteren Reformen, nach Meinung von 71 Prozent auch zu Reformen, die zu Freiheit und Demokratie führen würden. Zugleich aber zweifelten 64 Prozent daran, dass damit „Polens wichtigste Probleme" tatsächlich gelöst würden. 65 Prozent glaubten, dass die normalen Bürger auch weiterhin keinen Einfluss auf die Geschicke des Landes haben würden. Anteile von einem Fünftel bis zu einem Drittel der Befragten (je nach der konkreten Fragestellung), die antworteten, „keine Meinung zu haben",[37] zeugen von einem beträchtlichen Maß an Gleichgültigkeit. Lokale Streiks, ausgerufen von der OPZZ, zeigten die gespannte Stimmung ebenso an wie die Äußerungen des Leiters der „Arbeitsgruppe", Andrzej Słowik, dass die mangelnde Repräsentativität der Verhandlungsführer dazu geführt habe,

> „dass einige Vereinbarungen so weit weg von den gesellschaftlichen Erwartungen lägen, dass sie zwar verbal akzeptiert, *de facto* aber abgelehnt würden" (Machcewicz et al. 2002: 192).

Das Problem für die *Solidarność* lag allerdings weniger in der „Ablehnung" der Vereinbarungen, sondern vielmehr in dem Ausmaß der Gleichgültigkeit und dem fehlenden Glauben in die positiven Folgen der Veränderungen.

---

36   In Polen war dies seit 1983 die Liste der Kandidaten der Patriotischen Bewegung zur Nationalen Wiedergeburt (Patriotyczny Ruch Odrodzenia Narodowego, PRON).

37   CBOS 1989: Społeczeństwo i władza, 407f. (repräsentative Umfrage vom 6.-10. April 1989).

Mit Beginn des Wahlkampfes änderte sich die Situation jedoch rapide, wobei das Klima insbesondere durch die schon erwähnten Kundgebungen radikaler Jugendgruppen angeheizt wurde. Für Überraschung sorgte jedoch vor allem die blitzartige Mobilisierung der *Solidarność*-Anhänger. Am 8. April, drei Tage nach dem Ende des Runden Tisches, betraute die Landesleitung der Gewerkschaft das Bürgerkomitee mit der Wahlkampfleitung. Schon kurz darauf wurden zahlreiche lokale Komitees nicht nur in den großen, sondern vor allem auch in vielen Kleinstädten gegründet, in denen neben Funktionären und Intellektuellen aus dem *Solidarność*- Umfeld, u. a. den Klubs der Katholischen Intelligenz, auch Oppositionelle aus anderen Gruppierungen sowie Leute aus der Jugend- und Arbeiterseelsorge mitarbeiteten. In einigen Regionen wurden Bündnisse der lokalen Bürgerkomitees gebildet, in Katowice z. B. die Union der Bürgerkomitees, zu der 68 lokale Komitees gehörten. In der Łódźer Bürgerverständigung sammelten sich ca. 30 Organisationen, darunter solche wie die Regionalorganisation des Weltbündnisses der Soldaten der Heimatarmee, die Vereinigung der Ingenieure und Mechaniker oder die Gesellschaft für Polnisch-Israelische Freundschaft. Selbst einige radikale Jugendorganisationen (u. a. „Freiheit und Frieden", WiP und die NZS) unterstützen den Wahlkampf der *Solidarność*, insbesondere in organisatorischer und technischer Hinsicht. Bekannte in- und ausländische Künstler und Sportler beteiligten sich an der Kampagne, darunter Joan Baez, Stevie Wonder und Yves Montand.

Entsprechend den Vereinbarungen des Runden Tisches erschien am 8. Mai die erste offizielle Ausgabe der Tageszeitung *Gazeta Wyborcza* (Wahlzeitung), deren Chefredakteur Adam Michnik wurde. Die Redaktion der Wochenzeitschrift *Tygodnik Mazowsze*, die aus diesem Anlass aufgelöst wurde, wechselte geschlossen in die Redaktion der *Gazeta Wyborcza*.[38] In Krakau erschien die Zeitschrift *Głos Wyborczy Soliodarności* (Wahlstimme der *Solidarność*), und zwei Tage vor der Wahl erschien erneut die Wochenzeitschrift *Tygodnik Solidarność*. Zwar lag die Auflage all dieser Zeitschriften zusammengenommen nicht höher als bei 700.000, doch wurden – wie in Samizdat-Zeiten – die einzelnen Exemplare immer weitergereicht und erreichten so eine weit größere Leserschaft. Ab dem 28. April strahlte der Rundfunk, ab dem 9. Mai auch das Fernsehen regelmäßige Sendungen des Wahlstudios der *Solidarność* aus, die zwar der Zensur unterlagen, aber unabhängig von der staatlichen Programmleitung produziert wurden.

Bei der Nominierung der Kandidaten für den *Sejm* und den Senat kam es allerdings zu erneuten Konflikten innerhalb der Opposition. Der Führungszirkel der *Solidarność* setzte durch, dass die Auswahl der Kandidaten für die Liste des Bürgerkomitees aus allen Bewerbungen durch einen zentralen Stab erfolgte, was, – wie Wałęsa selbst zugab – nicht „gänzlich demokratisch" war (Małkiewicz 1994: 49) und beträchtlichen Widerspruch hervorrief. So trat, neben einer Reihe anderer Aktivisten, Tadeusz Mazowiecki, der spätere Premierminister, unter Protest von seiner Kandidatur zurück. In mehreren Wahlkreisen traten *Solidarność*-Aktivisten, die vom Führungszirkel nicht berücksichtigt worden waren, in Konkurrenz zu dem Kandidaten des Bürgerkomitees zur Wahl an, so z. B. Władysław Siła-

---

38 Bemerkenswerterweise hat die Zeitung den Äußerungen der Gegner Wałęsas in der *Solidarność* eine eigene Kolumne gewidmet, was ohne Zustimmung des Chefredakteurs Michnik, der damals zum engsten Kreis um Wałęsa gehörte, kaum möglich gewesen wäre.

Nowicki, ein bekannter Anwalt in vielen politischen Prozessen, gegen Jacek Kuroń, und Kazimierz Świtoń, der seit 1978 in der Opposition aktiv war, gegen Adam Michnik.[39]

Am 23. April wurde die Kandidatenliste des Bürgerkomitees bekannt gegeben. Jeder der Kandidaten erhielt einige Dutzend Plakate, auf denen er neben Wałęsa zu sehen war, der selbst nicht kandidierte. Es folgte eine massive Mobilisierungswelle: Zehntausende Sympathisanten der *Solidarność* versammelten sich zu Hunderten von Kundgebungen; am 1. Mai nahmen ca. 100.000 Menschen an einer Demonstration in Warschau teil, die mit einer Kundgebung und einer Unterschriftensammlung für die Registrierung der Kandidaten endete. Die größte Kundgebung fand während einer Pilgerfahrt in Piekary Śląskie statt, wo Wałęsa vor über einer halben Million Menschen auftrat. Die Kirche unterstützte die Wahlkampagne der *Solidarność* aktiv, nicht nur durch die Bereitstellung von kirchlichen Räumen und Versammlungsplätzen, sondern vor allem auch durch Wahlempfehlungen, die Priester und Bischöfe während zahlreicher Messen und anderer religiöser Veranstaltungen „von der Kanzel" aus erteilten.[40] Obwohl die Atmosphäre äußerst gespannt war, kam es – außer bei den erwähnten Jugenddemonstrationen – nie zu ernsthaften Zwischenfällen. Das „Team" von Wałęsa „erschien wie ein Monolith" (Małkiewicz 1994: 50); die Kandidaten anderer Oppositionsgruppen blieben während des gesamten Wahlkampfes weitgehend unbeachtet.

Die Wahlen: Ergebnisse und Folgen

Die Wahlen, die am 4. und 18. Juni nach dem absoluten Mehrheitswahlsystem durchgeführt wurden, erwiesen sich als ein Plebiszit gegen das System. Bei den Wahlen zum Senat erhielten die Kandidaten des Bürgerkomitees im Durchschnitt der Wahlkreise 64 Prozent der gültigen Stimmen, bei den Wahlen zum *Sejm* etwa 70 Prozent. Die Kandidaten der PVAP für den Senat erhielten im Durchschnitt etwa 25 Prozent, die für den *Sejm* etwa 20 Prozent (Raciborski 1997: 33f.). Im ersten Wahlgang erhielten nur drei Kandidaten der PVAP bzw. ihrer Satelliten mehr als 50 Prozent, die anderen mussten mit ihrer Kandidatur in den zweiten Wahlgang, in dem eine absolute Mehrheit nicht mehr erforderlich war. Etwa 40 Prozent der Wähler strichen alle Kandidaten der PVAP und der Satellitenparteien. Spektakulär war die Niederlage der sog. Landesliste, auf der die führenden Funktionäre der PVAP (ohne Jaruzelski, der ebenfalls nicht angetreten war) und ihrer Satellitenparteien kandidierten: Durchschnittlich stimmten zwar ca. 45 Prozent für einen dieser Kandidaten, aber nur zwei Personen kamen über die erforderliche Schwelle von 50 Prozent der abgegebenen Stimmen.[41]

---

39 Währenddessen kandidierten für die Abgeordnetenmandate der PVAP etwa 150 Personen, die keine Zustimmung der Parteiinstanzen hatten. In einem Wahlkreis bewarben sich 16 Kandidaten um einen Platz. Die kommunistische Partei (oder eher ihre regionalen Instanzen) meldeten auch etwa 320 „parteilose" Kandidaten. Viele davon handelten auf eigene Faust.

40 Die Führung der PVAP warf der Kirche wiederholt den Bruch des „Gentlemen's Agreement" über die Wahrung der Neutralität vor; allerdings unternahm sie nie effektive Gegenmaßnahmen und war dazu auch nicht in der Lage.

41 Dies gab Anlass zu einiger Verwirrung, weil die Wahlordnung keinen zweiten Wahlgang für diese Liste vorsah, was bedeutete, dass im *Sejm* 33 Abgeordnete weniger sein würden als die Verfassung vorsah. Man erzielte jedoch schnell einen Kompromiss darüber, diese 33 Mandate dem Pool der PVAP und ihrer Satelli-

Im Gesamtergebnis gewannen die Kandidaten des Bürgerkomitees alle 161 *Sejm*-Mandate, die für den freien Teil der Wahlen zur Verfügung standen, sowie 99 der 100 Sitze im Senat. Jacek Raciborski vertritt daher zu Recht die Auffassung, dass man „die Wahlen 1989 als *critical elections* bezeichnen kann, zu denen es in besonderen historischen Momenten kommt. (...) In diesen Situationen sind Wahlen nicht Teil der demokratischen Routine. In ihnen wird ein herrschendes Klima, eine politische Stimmung manifest, die nicht das Ergebnis vorstrukturierter Interessen sind und sich nicht aus expliziten programmatischen Optionen ergeben" (Raciborski 1997: 36).

Unter den emotionalen Reaktionen, die auf die Bekanntgabe der Ergebnisse folgten, war allerdings kaum ein Politiker oder Wahlbeobachter auszumachen, der auf die überraschend niedrige Wahlbeteiligung aufmerksam gemacht hätte: Am ersten Wahlgang nahmen nicht ganz 63 Prozent der Wahlberechtigten teil, am zweiten Wahlgang nur 25 Prozent. Dies bedeutete, dass die *Solidarność* von weniger als der Hälfte der Wahlberechtigten unterstützt wurde,[42] die PVAP lediglich von ca. 10 Prozent. Inwieweit sich hier die Wahlboykottaufrufe aus dem radikalen Lager der Opposition ausgewirkt haben, ist schwer auszumachen. Wichtiger waren vermutlich die allgemein verbreitete Unlust gegenüber jeglicher Art von Teilnahme am politischen Leben, das Misstrauen gegenüber den Eliten und die Konzentration auf existenzielle Fragen.

Beide Lager, Wałęsas *Solidarność* und die Reformkommunisten um Jaruzelski, fürchteten gleichermaßen das mögliche politische Echo: triumphalistische Unruhen der Opposition, die ihrerseits harte Reaktionen des Parteiapparates, des Offizierskorps oder des Sicherheitsdienstes hätten provozieren können.[43] Und es gibt zumindest Indizien dafür, dass unter den Gegnern der Verständigung erwogen wurde, den Gang der Ereignisse zurückzudrehen. Konkrete Aktionen blieben jedoch aus. Die Gesellschaft nahm die Wahlergebnisse unerwartet gelassen auf. Jedenfalls verwandelten sich die Menschen, die sich am Montag nach den Wahlen (am 5. Juni) vor den Lokalen der *Solidarność* und der Bürgerkomitees versammelten, nicht in einen aggressiven *Mob*. Erst einige Zeit später riefen radikale Oppositionsgruppen wieder zu Straßendemonstrationen auf, konnten jedoch keine Massen mehr mobilisieren.[44] Es herrschte keine revolutionäre Atmosphäre, es gab keine allgemeinen Bestrebungen nach Vergeltung, keine Forderungen, Köpfe rollen zu lassen.

Gleichwohl blieb die Situation brisant. So beschloss die Landesexekutivkommission der *Solidarność* einen Tag vor dem zweiten Wahlgang, die regionalen Bürgerkomitees aufzulösen und nur das „zentrale" Bürgerkomitee, in dem die *Solidarność*-Elite versammelt war, bestehen zu lassen. Wenige Zeit später wurde diese Entscheidung durch Druck „von

---

tenparteien zu geben, allerdings mit der Einschränkung, dass diejenigen, die am 4. Juni durchgefallen waren, sich um diese Mandate nicht bewerben konnten. Auf diese Weise wurde ein bedeutender Teil der PVAP-Elite aus dem Parlament „herausgeschnitten", darunter auch Politiker, die während der vorbereitenden Verhandlungen und am Runden Tisch sehr aktiv gewesen waren.

42   Das ergibt sich aus der Rechnung 70 % von 60 % der Wahlbeteiligten.

43   Allerdings ist zu erwähnen, dass auch Offiziere und andere Militärangehörige in den Kasernen, in sog. geschlossenen Wahlkreisen, für Kandidaten des Bürgerkomitees stimmten.

44   Meistens richteten sich die Proteste gegen die Kandidatur von Jaruzelski für das Amt des Präsidenten; in einigen Fällen, so etwa bei einer Demonstration am 22. Juni 1989 in Danzig, auf der Andrzej Gwiazda sprach, gegen Wałęsa und das Bürgerkomitee. Die größten Demonstrationen fanden am 30. Juni sowie am 2. und 13. Juli 1989 in Warschau statt. Letztere wurde brutal niedergeschlagen.

unten" wieder aufgehoben.[45] Der Vorgang zeigt, wie spannungsreich die Verhältnisse innerhalb der Opposition waren. Die Bürgerkomitees, die im Wahlkampf eine wesentliche Rolle gespielt hatten, waren eine Bewegung mit Massencharakter, in der, ebenso wie in der *Solidarność*-Gewerkschaft selbst, auch Aktivisten mit radikal antikommunistischen Positionen vertreten waren, die für einen kompromisslosen Umbruch eintraten. Dass es nicht zu revolutionären Initiativen kam, war letztlich der Tatsache zu verdanken, dass es der moderaten Führung gelang, die radikalen Tendenzen innerhalb der Komitees und der Gewerkschaft einzudämmen und die Anti-Wałęsa-Fraktion schließlich aufs Abstellgleis zu schieben. Wałęsa selbst, der zwar ein apodiktischer Politiker mit autoritären Neigungen, aber eben auch ein Pragmatiker war, spielte dabei eine wichtige Rolle, wobei er sich in der Auffassung, dass angesichts der tiefen ökonomischen Krise und der Tatsache, dass Militär, Miliz und Sicherheitsdienst weiterhin in kommunistischer Hand waren, evolutionäre Veränderungen aussichtsreicher schienen als eine Konfrontation, auch auf die Meinung der Mehrheit der Polen[46] stützen konnte.

Auch der nächste Schritt von der Reform zur Überwindung des staatssozialistischen Systems wurde über Verhandlungen herbeigeführt. Zur Überraschung der Öffentlichkeit, der Parlamentarier des Bürgerkomitees sowie der Leitung der *Solidarność* selbst erklärte Lech Wałęsa am 7. August 1989, die einzige Möglichkeit, die von Jaruzelski zunächst angestrebte Regierungsbildung unter der Leitung von Kiszczak zu verhindern,[47] liege darin, eine Koalition zwischen der *Solidarność* und den früheren Blockparteien der PVAP, der Bauernpartei (ZSL) und der Demokratischen Partei (DS), zu bilden, die sich um ihres politischen Überlebens willen von den Kommunisten emanzipieren wollten. Schließlich verständigte man sich nach Konsultationen mit Jaruzelski auf die Bildung einer „großen Koalition" unter Einschluss der PVAP, wobei die *Solidarność* den Ministerpräsidenten stellen und die meisten Ministerien erhalten sollte. Von den drei von Wałęsa vorgeschlagenen Kandidaten designierte der Präsident Tadeusz Mazowiecki, der am 24. August offiziell vom *Sejm* zum Premier gewählt wurde (378 Abgeordnete stimmten für Mazowiecki, 4 gegen ihn und 41 enthielten sich der Stimme).

Auch wenn diese Entscheidung hinter den Kulissen ausgehandelt worden war, ist nicht zu übersehen, dass sie vom Druck der Basis beeinflusst war. Anfang August war es zu Streiks und Streikandrohungen gegen Jaruzelskis Konzeption einer „Experten-Regierung" gekommen, die die *Solidarność*-Führung zwar begrüßte, aber nicht selbst initiiert hatte (Janowski 1998: 162ff.). Die Streiks wurden in der Regel von lokalen oder Branchenorganisationen der *Solidarność* unterstützt und drohten, sich landesweit auszudehnen; zum ers-

---

45   Die Komitees, aus denen in der zweiten Jahreshälfte 1990 die liberal oder links orientierten Aktivisten austraten, beendeten ihre Tätigkeit nach der Parlamentswahl vom 27. Oktober 1991.

46   Nach Untersuchungen, die nach dem ersten Wahlgang durchgeführt wurden, fürchteten etwa 6 % der Befragten eine fremde (also sowjetische) Intervention; ca. 14 % die Einführung des Kriegszustandes und immerhin 39 % den Ausbruch sozialer Unruhen „mit schwer vorhersehbaren Folgen" (CBOS 1989: Społeczeństwo i władza, 434).

47   Jaruzelskis Wahl zum Präsidenten (am 19.7.1989) war mit mehreren personellen „Rochaden" in der PVAP-Führung verbunden: Jaruzelski trat von der Funktion des Ersten Sekretärs des ZK der PVAP zurück, auf die der bisherige Ministerpräsident Rakowski berufen wurde. An diese Position wiederum nominierte Präsident Jaruzelski zunächst seinen engsten Mitarbeiter, General Kiszczak. Eine Situation, in der die höchsten Ämter im Staat von Generälen und „Autoren" des Kriegsrechts besetzt waren, war für die *Solidarność* jedoch nicht akzeptabel. Schließlich verwarf Jaruzelski seine bisherige Konzeption einer „Regierung der Fachleute" und fügte sich einem Arrangement der Machtteilung mit der *Solidarność*.

ten Mal seit Juli 1980 streikten auch die Bahnarbeiter. Und am Tag nach der ersten Erklärung Wałęsas zur neuen Koalition diskutierte die Landesexekutivkommission darüber, die
Streiks in politische Streiks umzuwandeln,[48] entschied sich aber letztlich dagegen.

Die Spannung in der Gesellschaft hatte also nach den Wahlen schnell wieder zugenommen und es ist schwer zu sagen, ob die *Solidarność*, wenn es tatsächlich zu einer landesweiten Streikwelle gekommen wäre, noch die Kontrolle darüber erlangt hätte. Denn
brisanten Konfliktstoff gab es zur Genüge: Die letzte wirtschaftspolitische Entscheidung
der Regierung Rakowski hatte eine galoppierende Inflation zur Folge; auf dem Markt für
Waren des täglichen Bedarfs herrschte Chaos; die radikale Opposition und die „Arbeitsgruppe" konnten in jedem Moment in die Offensive gehen, und die Parlamentarier des
Bürgerkomitees hatten sich in den Augen eines beträchtlichen Teils der Polen durch ihre
Beteiligung an der Abstimmung zur Wahl Jaruzelskis zum Präsidenten kompromittiert.[49]
Von welchen Kalkülen im Einzelnen sich der Präsident und sein Umfeld auch immer leiten
ließen, schließlich blockierten weder Jaruzelski (noch Gorbatschow) den Marsch der
Solidarność an die Macht.[50] Die Ernennung Mazowieckis bewirkte eine Entschleunigung,
die Streiks ließen nach, die Gesellschaft begann, den angekündigten Veränderungen und
Verbesserungen der Lebenssituation mit Hoffnung entgegenzusehen. Die Bestätigung der
Regierung Mazowiecki durch den *Sejm* am 13. September 1989 markiert den Beginn der
tatsächlichen und der rechtlichen Demontage des alten Systems.

Schlussbemerkungen

Die Frage, welche Rolle die polnische Opposition und Gesellschaft für die Ablösung des
staatssozialistischen Systems in Polen und in der Folge in den anderen Ländern des kommunistischen Lagers gespielt haben, ist kaum eindeutig zu beantworten. Die Interpretation
hängt nicht unmaßgeblich von den Wertorientierungen des jeweiligen Forschers, seiner
wissenschaftlichen Herangehensweise und fachlichen Spezialisierung ab.

Aus meiner Sicht besteht jedoch kein Zweifel daran, dass die Entstehung der
Solidarność als einer Bewegung massenhaften gesellschaftlichen Widerspruchs die *conditio
sine qua non* für den Beginn dieses langjährigen, nicht determinierten, nicht-linearen Umbruchprozesses war. Vermutlich wäre diese Bewegung nicht in der Lage gewesen, längerfristig handlungsfähige Organisationsstrukturen zu entwickeln und politische Ziele weit
über rein ökonomische und soziale Forderungen hinaus effektiv zu vertreten, hätte sie nicht

---

48   Gazeta Wyborcza, 9. 8. 1989.
49   Der Präsident wurde von der Nationalversammlung (*Sejm* und Senat vereint) gewählt, in der die *Solidarność*
      260 von 544 Sitzen hatte, was im Fall einer „Desertion" eines Teils der Abgeordneten von ZSL und SD die
      Opposition in die Position des „Züngleins an der der Waage" versetzte. Schließlich nahmen einige Abgeord-
      nete der *Solidarność* nicht an der Abstimmung teil oder enthielten sich der Stimme, weil sie überzeugt wa-
      ren, dass Jaruzelski, der der einzige Kandidat war, gewählt würde. Er erhielt schließlich eine Stimme mehr
      als die erforderliche Mehrheit.
50   Einen solchen Blockadeversuch unternahm Rakowski, als er an das Parteiaktiv appellierte, sich „um die
      Parteiführung zu versammeln und einen selbständigen massenhaften Kampf gegen einen drohenden plötzli-
      chen Umschwung zu unternehmen, der die Souveränität und Integrität Polens gefährden würde" (Perzkowski
      1994: 43). Er suggerierte dabei die Gefahr einer Intervention und einer neuen Teilung Polens mittels sowjeti-
      scher und (DDR-) deutscher Panzer.

die Unterstützung durch die früher entstandenen oppositionellen Milieus erfahren. Gerade weil die *Solidarność* eine Bewegung war, die allgemein-gesellschaftlichen Widerspruch artikulierte, die eine „Gesellschaft in Opposition" war, konnte sie die das Kriegsrecht überdauern. Auch wenn sie nach dem 13. Dezember 1981 an Kraft und Autorität verlor, blieb sie doch eine Bewegung von großer sozialer Reichweite und Entschlossenheit. Nicht zuletzt dank ihrer intellektuellen (programmatischen) und organisatorischen Anstrengungen wurde die *Solidarność* in den Jahren 1982-1988 zu einer potenziellen Alternative, auch wenn sie in dieser Zeit noch keine reale machtpolitische Alternative darstellte. Sie eignete sich niemals zu einem Objekt von Kooptationsspielen, das man sich „zu eigen machen" oder „zähmen" konnte. Sie war vielmehr ein Partner einer authentischen Verständigung. Als die PVAP mit ihren eigenen Reformversuchen erfolglos blieb, wurde *Solidarność* angesichts der wachsenden Spannungen und der Gefahr einer Eskalation der gesellschaftlichen Konflikte zum *einzigen* Partner bei der Suche nach einer friedlichen Lösung.

Angesichts der Tatsache, dass die *Solidarność* auch nach der Einführung des Kriegsrechts eine Massenbewegung blieb, wäre es unzutreffend, sie als eine elitäre Vereinigung zu verstehen, auch wenn die Bedingungen des Regimewechsels schließlich durch die führenden Eliten ausgehandelt wurden. Aber ohne den gesellschaftlichen Druck wäre diese Verständigung kaum zustande gekommen. Vielmehr ist Piotr Marciniak (2002: 31) zuzustimmen, dass „der Vertrag zwischen den Eliten lediglich die Krönung eines gesellschaftlichen Prozesses war, der den Veränderungsdruck erzeugt hatte", und insofern gleichsam der Ersatz für die Revolution war. Allerdings ist auch in Rechnung zustellen, dass dieser mehrjährige Prozess, der letztlich in den Eliten-Pakt mündete, ohne das pragmatische und reformorientierte Handeln maßgeblicher Gruppen unter den zentralen Machteliten nicht denkbar gewesen wäre, deren parteiinterne Durchsetzung letztlich durch Veränderungen in den internationalen Rahmenbedingungen, vor allem die reformerische Wende im imperialen Zentrum, begünstigt wurde.

Unentscheidbar, weil empirisch nicht nachprüfbar, bleibt letztlich die Frage, ob die Entwicklung, die 1989/90 in ganz Mitteleuropa in den Zusammenbruch der kommunistischen Regime mündete, auch ohne die polnischen Ereignisse von 1980/81 und ohne die Wendung, die die Entwicklung zwischen Juli und August 1989 in Polen nahm, in ähnlicher Weise verlaufen wäre. Es ist jedoch zu vermuten, dass sich ohne die *Solidarność*, die Opposition, den Runden Tisch und das zeitweise Machtteilungsarrangement in Polen die Ablösung des kommunistischen System in diesem Teil Europas und sicher auch in der Sowjetunion nach einem ganz anderen Muster vollzogen hätte – vielleicht nach dem chinesischen Modell.

Literatur

Adamski, Władysław (Hrsg.) (1989): Polacy '88. Dynamika konfliktu a szanse reform. Warschau: IfiS.

Adamski, Władysław (Hrsg.) (1993): Societal Conflict and Systemic Change. The Case of Poland 1980-1990. Warschau: IfiS.

Almond, Mark (1999): 1989 without Gorbachev. What if Communism had not collapsed?"In: Ferguson, Niall (Hrsg.): Virtual History: Alternatives and Counterfactuals. New York: Basic Books, 392-415.

Barcikowski, Kazimierz (1998): U szczytów władzy. Warschau: Projekt.

Błaszak, Henryk/Rowicki, Leszek (Hrsg.) (1991): W przededniu wielkiej zmiany. Młodzież Warszawy 1987-1988. Warschau.

Borkowski, Tadeusz/Bukowski, Andrzej (Hrsg.) (1993): Komitety Obywatelskie. Powstanie-rozwój-upadek. Krakau: Universitas.

Bujak, Zbigniew (1987): Prawda raz powiedziana. Warschau: Nowa.

Dubiński, Krzysztof (Hrsg.) (1990): Magdalenkaa. Transakje epoki. Warschau: Sylwa.

Dubiński, Krzysztof (Hrsg.) (1999): Okrągły Stół. Warschau: KAP.

Fydrych, Waldemar „Major" (2001): Żywoty Mężów Pomarańczowych. Wrocław: Pomarańczowa Alternatywa.

Geremek, Bronisław (1990): Rok 1989. Geremek opowiada, Jacek Żakowski pyta. Warschau: Plejada.

Goodwyn, Lawrence (1991): Breaking the Barrier: The Rise of Solidarity in Poland. New York: Oxford University Press.

Holzer, Jerzy/Leski, Krzysztof (1990): „Solidarność" w podziemiu. Łódź: Wydawnictwo Łódzkie.

Janowski, Karol B. (1996): Polska 1981-1989. Między konfrontacją a porozumieniem. Warschau: Scholar.

Janowski, Karol B. (1998): Polska rok 1989. W kręgu refleksji nad zmianą polityczną. Kielce: WSP.

Kenney, Padraic (2002): A Carnival of Revolution: Central Europe. Princeton: Princeton UP.

Kolarska-Bobińska, Lena et. al. (Hrsg.) (1994): Społeczeństwo i władza lat osiemdziesiątych w badaniach CBOS. Warschau: CBOS.

Łabędź, Krzysztof (1997): Spory wokół zagadnień programowych w publikacjach opozycji politycznej w Polsce w latach 1981-1989. Kraków: Księgarnia Akademicka.

Łopiński, Maciej/Moskit, Marcin/ Wilk, Mariusz (1984): Konspira. Rzecz o podziemnej Solidarności. Warschau: Przedświt 1984.

Machcewicz, Paweł/Paczkowski, Andrzej/Dudek, Antoni/ Friszke, Andrzej (Hrsg.) (2002): Polska 1986-1989: koniec systemu. Band I - III. Warschau: Trio und ISP PAN.

Malinowski, Marian (1992): Wielka koalicja. Kulisy. Warschau: BGW.

Małkicwicz, Andrzej (1994): Wybory czerwcowe 1989. Warschau: ISP PAN.

Marciniak, Piotr (2002): Spiralny ruch ku domokracji. Presja społeczna a upadek systmu komunistycznego w Polsce. In: Machcewicz et al. (Hrsg.) Polska 1986-1989: koniec systemu. Band I, Referaty. Warschau: Wydawnictwo Trio und ISP PAN, 29-45.

Marody, Mirosław (Hrsg.) (1991): Co nam zostało z tych lat. Społeczeństwo polskie u progu zmiany systemowej. London: Aneks.

Mażewski, Lech (2001): W objęciach utopii. Polityczno-ideowa analiza dziejów Solidarności 1980-2000.Toruń: Adam Marszałek.

Messner, Zbigniew (1993): Kuglarze i księgowi. Warschau: BGW.

Mink, George (1992): Siła czy rozsądek. Historia społeczna i polityczna Polski (1980-1989). Warschau: Spacja.

Miodowicza, Alfred (1993): Zadymiarz. Warschau: BGW.

Nawrocki, Grzegorz (1988): Struktury nadziei. Warschau: Pokolenie.

Nowak, Stefan (Hrsg.) (1984): Społeczeństwo polskie czasu kryzysu. Warschau: Instytut Socjologii.

NSZZ Solidarność (1986): Polska 5 lat po Sierpniu. London: Aneks.

Paczkowski, Andrzej (1997): Polska 1986-1989: od kooptacji do negocjacji. Warschau: ISP PAN.

Pernal, Marek/Skórzyński, Jan (1990): Kalendarium Solidarności 1980-1989. Warschau: Omnipress.

Perzkowski, Stanisław (Hrsg.) (1994): Tajne dokumenty Biura Politycznego i sekratriatu KC: Ostatni rok władzy 1988-1989. London: Aneks.

Raciborski, Jacek (1997): Polskie wybory. Zachowania wyborcze społeczeństwa polskiego 1989-1995. Warschau: Scholar.

Raina, Peter (Hrsg.) (1995): Rozmowy z władzami PRL. Arcybiskup Dąbrowski w służbie Kościoła i Narodu, t.II: 1982-1989. Warschau: Książka Polska.

Raina, Peter (Hrsg.) (1996): Kościół w PRL. Dokumente 1975-1989. Poznań: W drodze.

Raina, Peter (Hrsg.) (1999): Droga do „Okrągłego Stołu". Zakulisowe rozmowy przygotowawcze. Warschau: von borowiecky.

Rakowski, Mieczysław F. (1991): Jak to się stało. Warschau: BGW.

Rychard, Andrzej (1995): Władza i interesy w gospodarce polskiej u progu lat osiemdziesiątych. Warschau: Oficyna Wydawnicza.

Skórzyński, Jan (1995): Ugoda i rewolucja. Władza i opozycja 1985-1989. Warschau: Presspublica.

Smolar, N./Paczkowski, Andrzej (Hrsg.) (1994): Ostatni rok władzy 1988-1989. London: Aneks.

Staniszkis, Jadwiga (1992): The Dynamics of Breaktrough in Eastern Europe. Berkeley: University of California Press.

Staniszkis, Jadwiga (2001): Postkomunizm. Próba opisu. Gdańsk: Słowo/Obraz/Terytoria.

Tabako, Tomasz (1992): Strajk '88. Warschau: Nowa.

Tokes, Rudolf L. (1996): Hungary`s Negotiated Revolution: Economic reform, social change, and political succession, 1957-1990. Cambridge: Cambridge University Press.

Wałęsa, Lech (1991): Droga do wolności: decydujące lata 1985-1990 [Weg zur Freiheit: Die entscheidenden Jahre 1985-1990. Warschau: Spotkania.

Wiatr, Jerzy J. (1991): Zmierzch systemu. Historia a perspektywy demokratycznego socjalizmu w Europie Środkowej. Warschau: KKF.

Winiecki, Jan (1988): Koncepcja uwłaszczenia społeczeństwa: cwykupienie praw własności od warstwy rządzącej. In: Krytyka, Nr. 28/29.

Zagajewski, Marek (Hrsg.) (1991): Pęknięty dzban. Wybór dokumentów Związku „Solidarność"1988-1990. Szczecin: Uniwersytet Szczeciński.

Zybertowicz, Andrzej (1993): W uścisku tajnych służb. Upadek komunizmu i układ postnomenklaturowy. Komorów: Antyk.

Der politische Transformationsprozess in Ungarn und die sozialistischen Machthaber: ein Systemwechsel „von innen"

Andreas Schmidt-Schweizer

Will man die politischen Entwicklungen und Geschehnisse in Ungarn in den Jahren 1988/1989 charakterisieren und dabei die spezifische Rolle der damaligen sozialistischen Machthaber herausarbeiten,[1] dann ist es unerlässlich, sich eingehender mit der Vorgeschichte der Wendejahre zu befassen. Die beiden Jahrzehnte vor 1988/1989 schufen in Ungarn ganz spezifische Rahmen- bzw. Ausgangsbedingungen für die späteren politischen (und auch ökonomischen) Transformationsprozesse.

Der Reformsozialismus, der sich seit Mitte der 1960er Jahre zwei Jahrzehnte lang unter János Kádár in Ungarn entfaltete, war einerseits durch die prinzipielle Beibehaltung der „tragenden Säulen" der kommunistischen Herrschaftsordnung gekennzeichnet.[2] Hervorzuheben sind hier insbesondere die absolute Führungsrolle der nach dem Prinzip des „demokratischen Zentralismus" hierarchisch geführten kommunistischen Partei, die Verschmelzung von Staat und Partei („Parteistaat" bzw. „Staatspartei"), die Existenz eines Repressionsapparates („Staatssicherheit") sowie die Planwirtschaft auf der Grundlage des sogenannten gesellschaftlichen Eigentums. Andererseits wurde der Kádárismus aber auch durch eine schrittweise, natürlich jederzeit wieder zurücknehmbare (!) Entschärfung der Machtausübung sowie durch die Gewährung eines – für sozialistische Verhältnisse – relativ hohen Lebensstandards für die Bevölkerung („Gulaschkommunismus") geprägt. Mit dieser Politik strebte das Regime vor dem Hintergrund der Erfahrungen vom Herbst 1956[3] – keineswegs erfolglos – an, die Ungarn zur Akzeptanz oder zumindest zur Tolerierung der Parteiherrschaft zu bewegen und eine „emotionale Konsolidierung" (Szabo 2001: 79) herbeizuführen.

Die von der Moskauer Führung misstrauisch beobachteten, letztlich aber zumeist geduldeten Kádár'schen Reformen führten zum einen zur Entstehung einer liberalisierten Variante der Zentralverwaltungswirtschaft, in deren Rahmen versucht wurde, auch den Gesetzen des Marktes Rechnung zu tragen.[4] Die Staatsunternehmen und LPGn verfügten darin über eine beträchtliche Selbständigkeit, und neben dem sozialistischen Sektor konnte sich eine sogenannte zweite Wirtschaft mit kleinen privaten oder halbprivaten Unternehmensformen entwickeln. Zum anderen ließ der Kádárismus eine relativ entspannte innenpolitische Atmosphäre entstehen. Denn Kádár gewährte, nachdem er anfänglich einen gnadenlosen Repressionskurs gegenüber den Aufständischen („Konterrevolutionären") vom Herbst 1956 verfolgt hatte, der Masse der Bürger seit Mitte der 1960er Jahre eine weitgehend unbehelligte und politikfreie Privatsphäre, er verzichtete auf eine permanente Politisierung aller Lebensbereiche und eröffnete den Ungarn „kleine Freiheiten" wie z.B. die – selbstverständlich kontrollierte – Möglichkeit zu Westreisen. Gleichzeitig wurde auch das

---

1 Die folgenden Ausführungen stützen sich auf die Ergebnisse meiner beiden 2000 bzw. 2007 publizierten wissenschaftlichen Buchpublikationen: Schmidt-Schweizer (2000; 2007).

2 Zur Ära Kádár bzw. zum sogenannten Kádárismus existiert bislang noch keine umfassende wissenschaftliche Monographie. Einen Überblick bieten Romsics (2000); Grothusen (1987); Schmidt-Schweizer (2006); Huszár (2006).

3 Einen kompakten Überblick über Ungarn im Herbst 1956 liefern: Kipke (2006); Litván/Bak (1994).

4 Näheres zu den ungarischen Wirtschaftsreformen siehe Berend (1988), Swain (1992)

Ausmaß der Überwachung und Repression durch die Staatssicherheitsorgane deutlich verringert. Ohne einen Überwachungsapparat konnte aber natürlich auch der ungarische Reformsozialismus Kádár'scher Prägung nicht auskommen.[5] Darüber hinaus band Kádár das parteistaatliche Handeln in einem erstaunlichen Maße an Rechtsnormen. Es entstand eine Art „sozialistische Gesetzlichkeit" (Brunner 1987: 217f.), die freilich – unter den Bedingungen der Einparteienherrschaft bzw. der Gewaltenkonzentration war dies ausgeschlossen – keinen Rechtsstaat in westlichem Sinne begründete.

Welche Elemente des Kádár'schen Reformkurses, der in den anderen Ländern des „Ostblocks" – vielleicht mit Ausnahme Polens – kaum vorstellbar gewesen wäre, wirkten sich nun besonders auf die spätere Wende in Ungarn aus? Fünf Punkte sind hier besonders erwähnenswert:

1) Aufgrund der Existenz einer „Quasi-Marktwirtschaft" mit einer ziemlich breiten Schicht von Privatunternehmern und einer relativ entwickelten Wirtschaftsgesetzgebung[6] hatte der Übergang zur Marktwirtschaft, ohne die es selbstverständlich keine bürgerliche Demokratie geben kann, unvergleichlich bessere Voraussetzungen als in den anderen Transformationsstaaten. (Die Tatsache, dass dieser Vorsprung nach dem Systemwechsel im neuen Jahrtausend verspielt wurde, ist mittlerweile leider zu einer unbestreitbaren Tatsache geworden.)

2) Die innenpolitische Liberalisierung ermöglichte die Entstehung eines „latenten Pluralismus" (Bayer 1991: 151-166) bzw. kleiner Gruppen von „Andersdenkenden" (Paetzke 1986). Diese Oppositionszirkel wurden verhältnismäßig wenig drangsaliert, manchmal sogar mit gewissen Privilegien (Möglichkeit zu Westreisen, Stipendien usw.) „bestochen". Aus ihren Reihen gingen 1988/1989 wichtige Oppositionsorganisationen hervor, darunter der liberale Bund Freier Demokraten (SZDSZ).[7]

3) Das relativ entspannte politische Klima in Ungarn führte außerdem dazu, dass sich innerhalb der Staatspartei, der Ungarischen Sozialistischen Arbeiterpartei (MSZMP), ein sogenannter „Reformflügel" herausbilden konnte und auch ein gewisses intellektuelles Protestpotential[8] von der Partei lange Zeit „aufgesaugt" werden konnte. Aus dieser parteiinternen Strömung sollten später wichtige Protagonisten des Demokratisierungsprozesses kommen, nämlich die sogenannten Reformpolitiker, die Reformintellektuellen und die Reformzirkel an der KP-Basis.[9]

4) Die für eine Einparteienherrschaft relativ gut entwickelte ungarische Rechtsordnung sollte es ab 1988/1989 möglich machen, an bereits vorhandene Rechtsnormen anzuknüpfen und den Systemwechsel im Rahmen eines geregelten Prozesses von Gesetzgebung und Gesetzesänderung evolutionär zu vollziehen. Zu denken ist

---

5   Zum ungarischen Staatssicherheitsdienst siehe Tabajdi/Ungváry (2008), Kiszely (2001).
6   Näheres hierzu siehe Sárközy (in Vorbereitung).
7   Zur Geschichte dieser oppositionellen Strömung siehe Czizmadia (1995).
8   Gemeint sind hier unter anderen Gruppen die sogenannten Volkstümlichen Schriftsteller, die lange Zeit mit dem Kádár-Regime kooperierten (siehe hierzu Kende/Bango 1984).
9   Näheres zur Reformzirkelbewegung siehe Ágh/Géczi/Sipos (1999).

hier insbesondere an die Verfassungsreform vom Oktober 1989 (vgl. dazu Majoros 1990: 161-174), aber beispielsweise auch an die Modifizierung des Straf-, des Zivil- und des Handelsgesetzbuches.

5) Die Politik der Nicht-Politisierung der Bevölkerungsmasse, die Möglichkeit zum Rückzug ins Private sowie die Gewährleistung eines für sozialistische Verhältnisse vergleichsweise hohen Lebensstandards führten zu einer erfolgreichen „Ruhigstellung" der Massen und damit zu einer äußerst geringen Protestbereitschaft in der Bevölkerung, so dass man von der Entwicklung einer „politischen Biedermeiermentalität"[10] unter Kádár sprechen kann. Dies wiederum bedeutete, dass die Opposition lange Zeit von der Gesellschaft isoliert blieb und – ganz im Gegensatz zur Situation in Polen, wo sich die Gewerkschaft „Solidarität" seit Anfang der 1980er Jahre einen breiten Rückhalt in der Bevölkerung verschaffen und außerdem auch die katholische Kirche Protestpotentiale „bündeln" konnte[11] – bis ins Jahr 1989 hinein über keinen Massenrückhalt verfügte.

Mitte der 1980er Jahre geriet bekanntlich auch der Kádár'sche Reformsozialismus – wie die übrigen kommunistischen Systeme – in eine offene, tiefe und umfassende Krise, die insbesondere im Bereich der Wirtschaft dramatische Ausmaße annahm. Die ökonomischen Schwierigkeiten wurden in Ungarn noch dadurch verschärft, dass Kádár seit Ende der 1970er Jahre in zunehmendem Maße Westkredite zur Finanzierung seiner Politik des wachsenden Lebensstandards hatte aufnehmen lassen und Ungarn damit in die sogenannte Schuldenfalle[12] geriet.

Dieser Krise standen Kádár und seine „alte Garde" seit Herbst 1986 völlig ratlos gegenüber, und sie waren deshalb auch bereit, neue Kräfte in politische Führungspositionen aufsteigen zu lassen. Mitte 1987 wurde so Károly Grósz zum Regierungschef ernannt, und der junge und marktwirtschaftlich versierte Ökonomen Miklós Németh übernahm die Leitung der Wirtschaftspolitik. Beide Politiker hatten bereits zuvor – natürlich vor dem Hintergrund der Veränderungen in der UdSSR (Stichwort: „Faktor Gorbatschow"[13]) – einen Kurs verfolgt, der nicht nur eine radikale Krisenbekämpfung vorsah, sondern auch den Übergang zu einer „geregelten Marktwirtschaft".[14] In dieser sollten zwar die gesellschaftlichen Eigentumsformen weiterhin die herausragende Rolle spielen, die Wirtschaft selbst sollte aber weitgehend über den Markt koordiniert werden. Dieser neue wirtschaftspolitische Kurs sollte – und dies war für die weiteren Entwicklungen von besonderer Bedeutung – durch politische Liberalisierungsschritte, also durch Reformen im Rahmen des Einparteiensystems, flankiert werden, unter anderem durch die Verabschiedung eines Vereinigungs-, eines Versammlungs- und eines Streikgesetzes sowie durch die Gewährung eines weltweit gültigen Reisepasses. Dahinter verbarg sich zum einen die Auffassung, dass die Bekämpfung der Wirtschaftskrise und die Etablierung des Marktmechanismus nur unter aktiver

---

10   Der Begriff stammt, angewendet auf die Verhältnisse in der ČSSR, von meinem slowakischen Kollegen Tibor Pichler.

11   Zur Situation in Polen und zu den dortigen politischen Ereignissen siehe Ziemer (1989a; 1989b).

12   Näheres siehe Földes (1995).

13   Eine ausgezeichnete Arbeit zum Wandel in der Sowjetunion bietet Brown (1996).

14   Dieser Begriff wurde Mitte 1987 vom damaligen ZK-Sekretär für Wirtschaftsfragen und späteren Ministerpräsidenten Miklós Németh geprägt (siehe hierzu Némethnak 1987).

Mitwirkung der mit politisch-ökonomischen Rechten ausgestatteten Bevölkerung und unter offener Artikulierung der gesellschaftlichen Interessen erfolgreich sein könnten. Zum anderen beabsichtigte man aber auch, die Bevölkerung für die unvermeidbaren Einschränkungen des Lebensstandards mit weiteren politischen Freiräumen zu „entschädigen". Der politische Veränderungs- bzw. Liberalisierungsprozess wurde in Ungarn somit nicht aufgrund von Druck aus der Bevölkerung bzw. der Opposition in Gang gesetzt,[15] sondern im Zuge des Übergangs zu einer grundlegend neuen Wirtschaftspolitik – und zwar durch die Machthaber selbst.

Nach der Ablösung des Kádár-Zirkels im Mai 1988 gingen die Kräfte um den neuen KP-Chef Grósz, insbesondere Miklós Németh, Imre Pozsgay und Rezső Nyers daran – und zwar sozusagen im „Gleichschritt" mit der Politik von Gorbatschow in der Sowjetunion –, das Konzept der „geregelten Marktwirtschaft" und des „sozialistischen Pluralismus" in die Praxis umzusetzen. Diese Politik löste allerdings bereits im Vorfeld ihrer offiziellen Implementierung innerhalb der ungarischen Gesellschaft unerwartet dynamische Pluralisierungsprozesse aus, d.h. sie führte seit Frühjahr 1988 zur Gründung einer Vielzahl von unabhängigen Verlagen, alternativen Gewerkschaften, gesellschaftlichen Vereinigungen sowie zur Aktivierung der bestehenden Oppositionsbewegungen und zur Neugründung oder Reaktivierung politischer Organisationen mit „bürgerlichen" Zielsetzungen. Diese spontanen und sehr diffusen innenpolitischen Entwicklungen stellten die Machthaber spätestens im Herbst 1988 vor die Alternative, die Pluralisierungsprozesse, wie dies im Herbst 1956 in Ungarn oder im Sommer 1968 in der ČSSR[16] geschehen war, gewaltsam zu unterdrücken oder die Entwicklungen zu akzeptieren und eine Politik der Demokratisierung bzw. den Übergang zu einer demokratisch-pluralistischen Ordnung ohne „sozialistische Vorzeichen" einzuleiten.

Die eigentliche politische Wende, genauer gesagt, der Übergang von der Politik der Liberalisierung zur Demokratisierung, erfolgte in Ungarn schließlich Ende 1988/Anfang 1989. Damals sprachen sich führende Vertreter aus Partei und Staat, darunter vor allem Imre Pozsgay und – der mittlerweile zum Regierungschef aufgestiegene – Miklós Németh erstmals offen im Sinne der Transformation der politischen Ordnung aus.[17] De facto kam es nun zu einer Spaltung der Machthaber in die „Transformer" um Németh und Pozsgay und die „Reformkommunisten" um KP-Generalsekretär Grósz. Letztere waren im Grunde nicht bereit, die Vorherrschaft der Partei aufzugeben, und hielten am widersprüchlichen Konzept eines „sozialistischen Pluralismus" fest. Eine Feststellung von Zoltán Bíró, damals Vorsitzender der stärksten Oppositionskraft, des Ungarischen Demokratischen Forums (MDF), von Ende Januar 1989 bringt diese Situation besonders treffend zum Ausdruck:

---

15   Wie sehr sich die Opposition damals ihrer eigenen Schwäche bewusst war, geht besonders deutlich aus einigen Feststellungen im sogenannten Gesellschaftsvertrag der Demokratischen Opposition hervor (vgl. Társadalmi szerződés. A politikai kibontakozás feltételei [Gesellschaftsvertrag. Die Voraussetzungen der politischen Entfaltung]. In: Beszélő 7 (1987), Sondernummer, Juni 1987: 749-791).
16   Zusammenfassend hierzu siehe Veser (2008).
17   In einem am 18. November 1988 veröffentlichten Interview äußerte sich Pozsgay – meines Erachtens erstmals öffentlich – eindeutig zugunsten eines kompetitiven Mehrparteiensystems: „Ich glaube, dass die Einführung des Mehrparteiensystems unumgänglich ist […]. Ich denke dabei nicht an ein Mehrparteiensystem, wie es in Polen existiert, sondern an ein solches wie in Österreich" (Christian Science Monitor, Boston, 18. November 1988).

„Das eine Gesicht der Partei [...] zeigt in diesem Augenblick, dass sie die Demokratisierung ernst nimmt, was natürlich die Fähigkeit bedeutet, auf das Machtmonopol zu verzichten. Das andere Gesicht offenbart demgegenüber, dass sie einerseits die Demokratie verbal befürwortet, andererseits aber die demokratischen Veränderungen nicht, [oder] nicht wirklich ernsthaft erwägen kann, weil es so scheint, dass sie nicht auf das Machtmonopol verzichten will [...]."[18]

Für die weiteren Entwicklungen waren nun zwei Faktoren von entscheidender Bedeutung: Zum einen die Aktivitäten der Oppositionsbewegungen, zum anderen die Entwicklung der Kräfteverhältnisse innerhalb der KP. Während es der Opposition bis Mitte März 1989 nicht gelang, ihre innere Zerrissenheit und programmatische Schwäche zu überwinden, sich einen nennenswerten Rückhalt in der Bevölkerung zu verschaffen und mit vereinten Kräften gegen die Machthaber aufzutreten, drängten die Transformer um Németh und Pozsgay, unterstützt vom Großteil der parteiinternen bzw. parteinahen Intellektuellen und der Parteibasis, die Kräfte um Grósz zurück und unternahmen bis Mitte März 1989 mehrerer grundlegende Schritte zur Demokratisierung der politischen Ordnung: Unter anderem setzten sie ein westlichen Maßstäben entsprechendes Vereinigungs- und Versammlungsgesetz durch (Brunner 1989: 176); sie betrieben die prinzipielle Akzeptanz eines kompetitiven Mehrparteiensystems, forcierten die offizielle Neuinterpretation der Ereignisse von 1956 als „Volksaufstand" (anstelle von „Konterrevolution")[19] und ließen eine Verfassungskonzeption im Parlament verabschieden, die radikal mit den kommunistischen Verfassungsprinzipien brach und im Grunde die Etablierung eines Rechtsstaates und einer parlamentarischen Demokratie vorsah (siehe dazu Sitzler 1989a: 29ff.; 1989b: 449 ff.). Parallel hierzu sicherte Ministerpräsident Németh die Demokratisierungspolitik gegenüber der am Ziel einer bloßen Liberalisierung festhaltenden Moskauer Führung ab. Die grundlegenden Schritte zur Transformation der politischen Ordnung waren damit bis Mitte März 1989 erfolgt, und zwar – ganz im Gegensatz zu den Entwicklungen in Polen – ohne unmittelbaren und entscheidenden Druck aus der Gesellschaft bzw. aus der Opposition heraus. Der ungarische Systemwechsel lässt sich daher im Wesentlichen als eine „Transformation von innen", als ein „Systemwechsel der Einsichtigen" in Staat und Partei und keineswegs – wie allgemein üblich – als eine „ausgehandelte" bzw. „verhandelte Revolution" (so beispielsweise Bruszt 1990: 160 ff.; Bozóki 1992: 59ff.; Tőkés 1996) charakterisieren. (Nebenbei bemerkt scheint auch die Charakterisierung des ungarischen Systemwechsels als „Revolution" nicht ganz zutreffend zu sein: Hinsichtlich der Ergebnisse der Wende kann wohl von „Revolution" gesprochen werden, der „Weg" dorthin war hingegen ein evolutionärer.)

---

18   Bíró zitiert in A demokrácia alternatívái hazánkban. Az MSZMP és a Magyar Demokrata Fórum képviselőinek vitafóruma a Politikai Főiskolán 1989. január 26-án [Die Alternativen der Demokratie in unserem Lande. Diskussionsforum der Vertreter der MSZMP und des Ungarischen Demokratischen Forums in der Politischen Hochschule am 26. Januar 1989]. Budapest 1989, S. 13f.

19   Zu den parteiinternen Diskussionen bezüglich des Übergangs zum Mehrparteiensystem und der Neubewertung der Ereignisse von 1956 siehe Jegyzőkönyv a Központi Bizottság 1989. február 10-11-én megtartott üléséről [Protokoll über die Sitzung des Zentralkomitees vom 10./11. Februar 1989]. In: A Magyar Szocialista Munkáspárt Központi Bizottságának 1989. évi jegyzőkönyvei [Die Protokolle des Zentralkomitees der Ungarischen Sozialistischen Arbeiterpartei aus dem Jahre 1989], Bd. 1. Budapest 1993, 1-206. Sowohl die Transformer als auch die „Konservativen" um Grósz wollten zu diesem Zeitpunkt noch keinen sofortigen, sondern nur einen schrittweisen Übergang zum Mehrparteiensystem. Während die Transformer letztlich ein „unbeschränktes" Mehrparteiensystem anstrebten, wollten die Kräfte um Grósz dem Pluralismus aber auch zukünftig „sozialistische" Schranken setzen. Zur – letztlich gescheiterten – Konzeption der „Konservativen" siehe Schmidt-Schweizer (2009).

Die zahlreichen kleinen ungarischen Oppositionsbewegungen konnten sich erst Mitte März 1989 zu einer nach außen einheitlich auftretenden Kraft, zum „Oppositionellen Runden Tisch", zusammenschließen, sich Rückhalt in der Bevölkerung verschaffen und damit beginnen, Druck auf die Herrschenden auszuüben. Besonders bezeichnend für diese gewandelte Situation war der Nationalfeiertag am 15. März 1989 (Jahrestag der Revolution von 1848), als an den erstmals legalen Feiern der nunmehr vereinten Opposition wesentlich mehr Bürger teilnahmen als an den offiziellen Parteiveranstaltungen. Damals traten die beiden lange zerstrittenen oppositionellen Hauptströmungen, das national-volkstümliche Ungarische Demokratische Forum und der urban-liberale Bund Freier Demokraten, sowie eine Vielzahl von kleinen Gruppen von „Andersdenkenden" erstmals gemeinsam vor die Öffentlichkeit und machten den Machthabern den „öffentlichen Raum" strittig.

Erst ab Mitte Juni 1989 konnte die Opposition dann am „Nationalen Runden Tisch" tatsächlichen Einfluss auf die politischen Veränderungen nehmen und so bis September 1989 an der konkreten Ausgestaltung der demokratischen Verfassungs- und Wahlrechtsordnung als gleichberechtigter Verhandlungspartner (neben der herrschenden Partei und den sogenannten Massenorganisationen) teilnehmen.[20] In diesem Sinne können wir von einer „verhandelten Verfassungsgebung" sprechen. Der spektakuläre Trauerakt für den am 16. Juni 1958 von den damaligen Machthabern um Kádár hingerichteten ehemaligen Ministerpräsident Imre Nagy am 16. Juni 1989 signalisierte besonders symbolträchtig die neue Rolle und Bedeutung der Opposition.

Bei den Ausgleichsgesprächen wurden allerdings ökonomische, soziale und außenpolitische Fragen (Übergang zur Marktwirtschaft, Neugestaltung der Sozialpolitik, außenpolitischer Orientierungswechsel), die für den Demokratisierungsprozess ja von entscheidender Bedeutung waren, überhaupt nicht behandelt. In diesen Bereichen sowie in der Kultur- und Bildungspolitik blieb die Initiative bei den Machthabern, d.h. die Németh-Regierung konnte hier den Transformationsprozess, wie von ihr geplant, aus ihrer Machtposition heraus in Eigenregie weiterführen. In diesem Zusammenhang sei auch bemerkt, dass der Abbau des „Eisernen Vorhangs" im Frühjahr 1989 sowie die Öffnung der Grenze für die DDR-Bürger im September 1989 allein durch die Machthaber initiiert bzw. durchgeführt wurden und die Opposition hierbei bestenfalls eine, wenn auch spektakuläre Nebenrolle spielen konnte (siehe das „Paneuropa-Picknick" im August 1989).[21]

Die Totalrevision der ungarischen Verfassungsordnung bzw. der Systemwechsel in staatsrechtlichem Sinne wurde schließlich, wenn natürlich auch nur formal, vom im Jahre 1985 gewählten Parlament vollzogen, d.h. das alte „kommunistische" Parlament nahm die sogenannten Eckgesetze der Rechts- und Verfassungsreform an. Den Machthabern gelang es gleichzeitig auch, die Proklamation der „Republik Ungarn" (anstelle von „Volksrepublik Ungarn") symbolisch zu besetzen: Die „Republik Ungarn" wurde vom ehemaligen ZK-Sekretär Mátyás Szűrös, damals provisorischer Staatspräsident, am 23. Oktober 1989, dem Jahrestag des Volksaufstandes von 1956, verkündet. Die oppositionelle Kooperation hatte währenddessen bereits in der Endphase der Rundtischgespräche ihr Ende gefunden, insbesondere wegen der Differenzen in der Präsidentenfrage.

Abschließend stellt sich nun die Frage, warum es in Ungarn zu einer „Transformation von innen" kommen konnte bzw. welche Motive ihre Protagonisten hatten. Ich sehe hier

---

20   Zu den Rundtischverhandlungen siehe Bozóki (2002).
21   Siehe hierzu Oplatka (2009); Schmidt-Schweizer (1997).

zwei entscheidende Gesichtspunkte: Erstens stellte die Anwendung von Gewalt zur Unterbindung des Wandels im Jahre 1989 keine reale Alternative mehr dar, da die Machthaber im Gegensatz zum Jahre 1956 über keine garantierte „Rückendeckung" aus Moskau mehr verfügten und so völlig unkalkulierbare Entwicklungen fürchten mussten. Dabei ist in diesem Zusammenhang an die Möglichkeit von massiver Gegengewalt aus der Bevölkerung oder sogar eines Bürgerkriegs zu denken, in jedem Fall aber an die Wahrscheinlichkeit eines westlichen Finanz- und Wirtschaftsboykotts, der zum Zusammenbruch der ungarischen Ökonomie geführt hätte. Und zweitens erkannten die Transformer die „Zeichen der Zeit" und sahen in ihrer Politik eine Möglichkeit, sich in die neue Ordnung „hinüberzuretten". Der ungarische Soziologe Elemér Hankiss gibt dabei zu bedenken:

> „Ist es überhaupt möglich und wahrscheinlich, dass die [herrschende] ungarische Elite das Risiko trägt, das der Übergang zu einer neuen wirtschaftlichen und gesellschaftlichen Ordnung für sie bedeutet? Dies ist nur in einem einzigen Fall vorstellbar. Sie könnte und kann sich nur dann auf das Experiment einlassen, wenn [...] sie verhältnismäßig gute Chancen hat, ihre [...] bestehenden Privilegien und ihre Autorität in Macht und Vorrechte innerhalb des neuen Systems umzuwandeln" (Hankiss 1989: 15)

Einem Teil der damals Mächtigen gelang dies in politischer oder ökonomischer Hinsicht schließlich auch – und zwar mit sehr unterschiedlichen Folgen für Ungarn bis in die Gegenwart hinein.

Literaturverzeichnis:

Ágh, Attila/Géczi, József/Sipos, József (Hrsg.) (1999): Rendszerváltók a baloldalon. Reformerek és reformkörök 1988-1989. Válogatott dokumentumok [Systemtransformer auf der Linken. Reformer und Reformzirkel 1988-1989. Ausgewählte Dokumente]. Budapest.

Bayer, József (1991): Vom latenten Pluralismus zur Demokratie. In: Deppe, Rainer/Dubiel, Helmut/Rödel, Ulrich (Hrsg.): Demokratischer Umbruch in Europa. Frankfurt a.M., 151-166.

Berend, Iván T.(1988): A magyar gazdasági reform útja [Der Weg der ungarischen Wirtschaftsreform]. Budapest.

Bozóki, András (1992): Democracy Across the Negotiating Table. In: The New Hungarian Quarterly 33, H. 2, 59-70.

Bozóki, András (Hrsg.) (2002): The Roundtable Talks of 1989. The Genesis of Hungarian Democracy. Budapest.

Brown, Archie (1996): The Gorbachev Factor. Oxford/New York.

Brunner, Georg (1989): Verfassungsreform und politische Entwicklung in Ungarn. In: Südosteuropa-Mitteilungen 29, H. 3, 175-185.

Brunner, Georg (1987): Das Regierungssystem. Verfassung und Verwaltung. In: Klaus-Detlev Grothusen (Hrsg.), Ungarn (= Südosteuropa-Handbuch, 5). Göttingen, 213-249.

Bruszt, László (1990): 1989: Magyarország tárgyalásos forradalma [1989: Ungarns ausgehandelte Revolution]. In: Magyarország Politikai Évkönyve [Politisches Jahrbuch Ungarns] [1989]. Budapest, 160-166.

Czizmadia, Ervin (Hrsg.) (1995): A Magyar Demokratikus Ellenzék (1968-1988) [Die ungarische Demokratische Opposition (1968-1988)]. 3 Bde. Budapest.

Földes, György (1995): Az eladósodás politikatörténete 1957-1986 [Politische Geschichte der Verschuldung 1957-1986]. Budapest.

Grothusen, Klaus-Detlev (Hrsg.) (1987): Ungarn (= Südosteuropa-Handbuch, 5). Göttingen.

Hankiss, Elemér (1989): A „Nagy Koalíció „ avagy a hatalom konvertálása [Die „Große Koalition" oder die Konvertierung der Macht]. In: Valóság 32, H. 2, 15-31.

Huszár, Tibor (2006): Kádár. A hatalom évei 1956-1989 [Kádár. Jahre der Macht 1956-1989]. Budapest.

Kende, Pierre/Bango, Jenő (1984): Anzeichen des Nonkonformismus in Ungarn (= Berichte des Bundesinstituts für ostwissenschaftliche und internationale Studien 1/1984). Köln.

Kipke, Rüdiger (Hrsg.) (2006): Ungarn 1956. Zur Geschichte einer gescheiterten Volkserhebung. Wiesbaden.

Kiszely, Gábor (2001): Állambiztonság (1956-1990) [Staatssicherheit (1956-1990)]. Budapest.

Litván, György/Bak, János M. (Hrsg.) (1994): Die Ungarische Revolution 1956. Reform – Aufstand – Vergeltung. Wien.

Majoros, Ferenc (1990): Ungarns neue Verfassungsordnung: Die Genese einer neuen demokratischen Republik nach westlichen Maßstäben, II. In: Osteuropa-Recht 36, H. 3, 161-174.

Némethnak, Miklós (1987): A Központi Bizottság Titkárának előadói beszéde [Das Referat des Sekretärs des Zentralkomitees, Miklós Németh]. In: A gazdasági-társadalmi kibontakozás programjáról [Über das Programm der wirtschaftlich-gesellschaftlichen Entfaltung]. Budapest, 19-36.

Oplatka, Andreas (2009): Der erste Riss in der Mauer. September 1989 – Ungarn öffnet die Grenze. Wien.

Paetzke, Hans-Henning (1986): Andersdenkende in Ungarn. Frankfurt a.M..

Romsics, Ignác (2000): Magyarország története a XX. században [Geschichte Ungarns im XX. Jahrhundert]. Budapest, 399-534.

Sárközy, Tamás (in Vorbereitung): Das Privatisierungsrecht in den ehemals sozialistischen Staaten Europas (= Begegnungen. Schriftenreihe des Europa Institutes Budapest, 28).

Schmidt-Schweizer, Andreas (2006): Der Kádárismus – das „lange Nachspiel" des ungarischen Volksaufstandes. In: Kipke, Rüdiger (Hrsg.): Ungarn 1956. Zur Geschichte einer gescheiterten Volkserhebung. Wiesbaden, 161-187.

Schmidt-Schweizer, Andreas (1997): Die Öffnung der ungarischen Westgrenze für die DDR-Bürger im Sommer 1989. Vorgeschichte, Hintergründe und Schlussfolgerungen. In: Südosteuropa Mitteilungen 37, II. 1, 33-53.

Schmidt-Schweizer, Andreas (2000): Politische Geschichte Ungarns 1985-2002. Von der liberalisierten Einparteienherrschaft zur Demokratie in der Konsolidierungsphase (= Südosteuropäische Arbeiten, 132). München 2007.

Schmidt-Schweizer, Andreas (2000): Vom Reformsozialismus zur Systemtransformation. Politische Veränderungsbestrebungen innerhalb der Ungarischen Sozialistischen Arbeiterpartei (MSZMP) von 1986 bis 1989. Frankfurt a.M./Berlin/Bern (Diss.).

Schmidt-Schweizer, Andreas (2007): Politische Geschichte Ungarns 1985-2002. Von der liberalisierten Einparteienherrschaft zur Demokratie in der Konsolidierungsphase (= Südosteuropäische Arbeiten, 132). München.

Schmidt-Schweizer, Andreas (2009): „Bár a többpártrendszerű politikai berendezkedés nyilvánvalóan egy sor hátránnyal jár..." A rendszerváltás első „forgatókönyve" [„Obwohl das Mehrparteiensystem offensichtlich mit einer Reihe von Nachteilen einhergeht...". Das erste „Drehbuch" des Systemwechsels] [Dokumentation]. In: Történelmi Szemle 51 (2009), H. 1, 145-153.

Sitzler, Kathrin (1989 a): Ungarns politische Reformen im Spiegel der neuen Verfassungskonzeption. In: Aus Politik und Zeitgeschichte, 2. Juni 1989, 29-38.

Sitzler, Kathrin (1989 b): Die Konzeption einer neuen ungarischen Verfassung (Dokumentation). In: Südosteuropa 38, H. 7/8, 449-489.

Swain, Nigel (1992): The Rise and Fall of Feasible Socialism. London/New York.

Szabó, Miklós (2001): A klasszikus kádárizmus 1960-1968. A puha diktatúra is rendőrállam [Der klassische Kádárismus 1960-1968. Auch die weiche Diktatur ist ein Polizeistaat]. In: Rácz, Árpád (Hrsg.): Ki volt Kádár? Harag és részrehajlás nélkül a Kádár-életútról [Wer war Kádár? Ohne Zorn und Voreingenommenheit über den Lebensweg Kádárs]. Budapest, 78-84.

Tabajdi, Gábor/Ungváry (2008): Krisztián: Elhallgatott múlt. A pártállam és a belügy. A politikai rendőrség működése Magyarországon 1956-1990 [Zum Schweigen gebrachte Vergangenheit. Der Parteistaat und die inneren Angelegenheiten. Die Tätigkeit der politischen Polizei in Ungarn 1956-1990]. Budapest.

Tőkés, Rudolf (1996): Hungary's negotiated revolution. Economic reform, social change and political succession, 1957-1990. Cambridge.

Veser, Richard (2008): Der Prager Frühling 1968. Erfurt.

Ziemer, Wolfgang (1989a): Auf dem Weg zum Systemwandel in Polen. I. Politische Reformen und Reformversuche 1980 bis 1988. In: Osteuropa 39, H. 9, 791-805.

Ziemer, Wolfgang (1989b): Auf dem Weg zum Systemwandel in Polen, II. Vom „Runden Tisch" zur „IV. Republik"? In: Osteuropa 39, H. 11/12, 957-980.

Der Zusammenbruch des Kommunismus in Ungarn und Rumänien im Vergleich

Dragoş Petrescu

Der Zusammenbruch des Kommunismus in Ost- und Mitteleuropa wirft noch immer schwierige Interpretationsprobleme auf. Was ist in dieser Region wirklich passiert im *annus mirabilis* 1989? Wie lassen sich die Prozesse am besten charakterisieren – als Revolution, Reform, Restauration, „refolution" oder Wiedergeburt? Ist Gewalt ein essenzielles Element einer Revolution? Wenn ja, kann man dann – von der bemerkenswerten Ausnahme Rumäniens abgesehen – die Ereignisse in Ost- und Mitteleuropa als "Revolutionen" charakterisieren? Sind die blutigen Ereignisse in Rumänien dann als „wahre" Revolution, oder nur als *coup d'état* zu definieren?

Die überwiegende Mehrheit der Autoren, die sich mit der Thematik befassen, behandelt die 1989er Ereignisse als „Revolutionen" – so Ralf Dahrendorf, J. F. Brown, Gale Stokes, Charles Tilly, Vladimir Tismăneanu, Samuel N. Eisenstadt, Rudolf L. Tökes, Jack A. Goldstone, Ivo Banac, Leslie Holmes und Ivan T. Berend, um nur einige zu nennen. Holmes (1997: 14) beispielsweise hat den Begriff der „double rejective revolutions" geprägt: Die erste Ablehnung bezieht sich auf die Hegemonie der UdSSR, die zweite auf den Kommunismus als Machtsystem. Nichtsdestoweniger werden unterschiedliche Termini bemüht, um die Revolutionen in Polen, Ungarn, der Tschechoslowakei, der DDR, in Bulgarien oder Rumänien zu beschreiben. Einige Autoren charakterisieren die polnische und die ungarische Revolution als „negotiated revolutions" (Tökés 1996: 439)[1], Ash (1993: 14) nennt sie „refolutions".[2] Für den ungarischen Fall ist des Weiteren von „lawful revolution" (Király 1995: 5)[3] die Rede, andere Autoren sprechen einfach von „regime change" (Kis 1995: 35). Im tschechoslowakischen Fall bevorzugen viele Autoren die „samtene Revolution" (Bradley 1992: 105). Und einige halten den Fall der DDR für besondern interessant, weil dort die Revolution spontan ausgebrochen und gewaltfrei verlaufen ist (Opp 1995: 225).

Von Interesse in diesem Zusammenhang sind aber auch die Ähnlichkeiten und Unterschiede zwischen den Revolutionen von 1989 und den „großen" bzw. „klassischen" modernen Revolutionen wie der Französischen und der Russischen. Nach Arendt war für die „großen" Revolutionen die Idee charakteristisch, dass

> „the course of history suddenly begins anew, that an entirely new story, a story never known or told before is about to unfold" (Arendt 1990: 28).

---

1 Tökés verwendet den Begriff „negotiated revolution" „both a descriptive label and a metaphor to call attention to the political ambiguity of the outcome" (Tökés 1996: 439).

2 „It was in fact, a mixture of reform and revolution.... There was a strong and essential element of change 'from above,' led by an enlightened minority in the still ruling communist parties. But there was also a vital element of popular pressure 'from below.' In Hungary, there was rather more of the former, in Poland of the latter, yet in both countries the story was that of an interaction between the two. The interaction was, however, largely mediated by negotiations between ruling and opposition elites" (Ash 1993: 14).

3 In Anlehnung an István Deáks Begriff „lawful revolution", mit der dieser die Ungarische Revolution von 1848/49 charakterisiert, argumentiert Király, dass die Revolution von 1989 ebenso als eine „legale Revolution" beschrieben werden kann, weil sie friedlich verlief und"within the constitutional framework of the state" (Király 1995: 5).

Aus dieser Perspektive waren die Revolutionen von 1989 eher restaurativ, da es den Revolutionären hier nicht um neue utopische Experimente ging. Die Mehrheit der Teilnehmer der 1989er Ereignisse wollte schlicht und einfach zur Normalität zurückkehren, einer „Normalität", die sie in den wohlhabenden „kapitalistischen" Gesellschaften gegeben sah. Wie Stokes feststellt, war das, was 1989 geschah,

> „not a revolution of total innovation, like the great classic revolutions, but rather the shucking off of a failed experiment in favor of an already existing model, pluralist democracy" (Stokes 1993: 260).

Diese Ablehnung utopischer Ideen hat den prominenten Theoretiker der Französischen Revolution, François Furet, zu der Feststellung veranlasst, dass „not a single new idea has come out of Eastern Europe in 1989" (zit. nach Joppke 1995: 133). Und doch gab es etwas Neues, das die 1989er Revolutionen nicht einfach nur von den „klassischen" Revolutionen unterschied, sondern ihnen einen unikalen Charakter verlieh. In dieser Hinsicht erscheint Eisenstadts Begriff der „postmodernen" Revolution vielleicht am ehesten geeignet, um die Ereignisse von 1989 zu charakterisieren. Demnach waren die 1989er Revolutionen einfach deswegen „postmodern", weil sie nicht-ideologisch, nicht-utopisch, gewaltfrei (mit Ausnahme Rumäniens) verliefen und nicht im Namen einer bestimmten Klasse durchgeführt wurden (Eisenstadt 1993: 34).

Der rumänische Fall ist besonders umstritten, weil er in einem scharfen Kontrast zu dem gewaltfreien, friedlichen, „postmodernen" Charakter der anderen 1989er Revolutionen steht. Wie Brown (1991: 1) so prosaisch bemerkt, hat die rumänische Revolution die ostmitteleuropäischen Revolutionen um die fehlenden Elemente einer „klassischen" Revolution ergänzt – Gewalt, Blutvergießen, Tyrannenmord. Angesichts des schleppenden Übergangs zur Demokratie nach 1989 stellen einige Autoren jedoch den revolutionären Charakter der rumänischen Ereignisse von 1989 in Frage und verwenden den Terminus „Revolution" in diesem Fall nur in Anführungszeichen (vgl. z.B. Marino 1996: 312; Gillet 1997: 132). Andere gehen noch weiter und erklären offen, dass im Dezember 1989 ein Staatsstreich den Volksaufstand daran gehindert hat, sich zu einer Revolution zu entfalten (Tudoran 1998: 519). Entsprechend wird die rumänische Revolution als „zweifelhaft", „verheddert", „unvollendet", „niedergeschossen", „gestohlen" oder „umgelenkt" beschrieben.

In dem folgenden Text werden die 1989er Ereignisse, die den Zusammenbruch des Kommunismus in Ost- und Mitteleuropa auslösten, als Revolutionen definiert, wobei die rumänische Revolution in Anlehnung an Kecskemetis Charakterisierung der ungarischen Revolution von 1956 als eine „unerwartete Revolution" (Kecskemeti 1961) verstanden wird. Der Aufsatz vergleicht den Zusammenbruch des Kommunismus in Ungarn, einem mittelosteuropäischen Land, mit dem in Rumänien, einem südosteuropäischen Land, die hinsichtlich ihrer kulturhistorischen und sozioökonomischen Voraussetzungen wie auch ihrer politischen Kulturen markante Unterschiede aufweisen. Damit wird zugleich ein Erklärungsansatz für den Zusammenbruch des Kommunismus in Osteuropa vorgeschlagen und auf die beiden Länder angewandt.

Dem liegt die Annahme zu Grunde, dass die Revolutionen von 1989 zum einen durch ein komplexes Zusammenwirken unterschiedlicher Faktoren bedingt waren, die man auf der Makroebene analysieren kann, es sich zugleich aber um soziale Prozesse handelte in dem Sinne, dass die Akteure ihr Verhalten über die Zeit veränderten. Ein umfassender Erklärungsansatz, der sowohl nach kausaler Erklärung als auch nach interpretativem Verstehen strebt, müsste daher auch die Rolle der individuellen Akteure, ihre Befürchtungen, Frustrationen und Interaktionen berücksichtigen. Eine solche Mikroanalyse würde den Rahmen dieses Aufsatzes sprengen. Die folgende Untersuchung beschränkt sich daher darauf, die makrosozialen Faktoren herauszuarbeiten, die für die Erklärung der Unterschiede zwischen dem ungarischen und dem rumänischen Fall von besonderer Bedeutung sind.

Prominente Theoretiker der „Transitologie" haben herausgearbeitet, dass für die Analyse von „transitions from authoritarian rule" der Begriff „Pakt" von zentraler Bedeutung ist. O'Donnell/Schmitter definieren einen „Pakt" als

> „an explicit, but not always publicly explicated or justified, agreement among a select set of actors which seeks to define (or better, to redefine) rules governing the exercise of power on the basis of mutual guarantees for the 'vital interests' of those entering into it" (O'Donnell/Schmitter 1986: 37).

Der Begriff der „transition from authoritarian rule" erfasst jedoch den fundamentalen Charakter gesellschaftlichen Wandlungsprozesse nicht adäquat, die sich 1989 in Ost- und Mitteleuropa vollzogen haben. Denn diese beinhalteten nicht nur einen Übergang von kommunistischer autoritärer Herrschaft zu politischer Demokratie, sondern auch einen strukturellen Wandel von zentraler Planwirtschaft zu einer funktionalen Marktwirtschaft, der mit hohen sozialen Kosten verbunden war. Selbst die „friedlichen", „verhandelten" und „samtenen" Revolutionen in Polen, Ungarn und der Tschechoslowakei waren in ihrer Substanz mehr als ein bloßer „Pakt". Bekanntlich hatten die kommunistischen Eliten nach ihrer Machtübernahme in der zweiten Hälfte der 1940er Jahre danach getrachtet, alle Werte, Strukturen und Verhaltensweisen zu überwinden, die dem von ihnen angestrebten Gesellschaftswandel im Wege standen (Jowitt 1971: 7f.). Die Revolutionen von 1989 standen vor der monumentalen Aufgabe, eben diese Werte, Strukturen und Verhaltensweisen, welche die kommunistischen Regime über 40 Jahre lang zu eliminieren suchten, wiederherzustellen.

Wenn man die Veränderungsprozesse in Ost- und Mitteleuropa als „Revolutionen" begreift, dann ist damit impliziert, dass der Revolutionsbegriff nicht an Gewalt als notwendigem Kriterium gebunden, aber Massenprotest als eine wichtige Voraussetzung einer Revolution verstanden wird. Für die weiteren Darlegungen wird dementsprechend folgende Arbeitsdefinition unterstellt: Eine Revolution ist ein rapider und fundamentaler endogener Wandel in den dominanten Werten und Mythen einer Gesellschaft, in ihren politischen Institutionen, sozialen Strukturen, in den Prinzipien und Aktivitäten ihrer Führung bzw. Regierung, der auf gewaltsame oder gewaltfreie Massenproteste folgt.[4] Ein makroanalytischer Erklärungsansatz der Revolutionen von 1989 muss drei Arten von Faktoren in Betracht ziehen: (1) strukturelle Faktoren, (2) national-spezifische Faktoren, und (3) „conjunc-

---

4   In dieser Begriffsbestimmung wurden folgenden Definitionen „verarbeitet": (1) „A revolution is a rapid, fundamental, and violent domestic change in the dominant values and myths of a society, in its political institutions, social structure, leadership, and government activity and policies" (Huntington 1968: 264); (2) Eine Revolution ist „a rapid and fundamental change of system" (Holmes 1997: 131); (3) Eine Revolution ist „replacement of the elite and the introduction of a new political and economic order after (violent or nonviolent) protests by the population" (Opp 1995: 225).

tural factors", d.h., Faktoren, die das zufällige Zusammentreffen verschiedener Wirkungsketten markieren (im Weiteren: Zufallsfaktoren).[5]

„Strukturelle" Faktoren charakterisieren den sowjetischen Gesellschaftstyp und haben in unterschiedlichem Ausmaß zum Niedergang des Kommunismus beigetragen. In der hier verfolgten Perspektive sind zwei strukturelle Faktoren von maßgeblicher Bedeutung: das ökonomische Scheitern und der ideologische Verfall.

Hinsichtlich der national-spezifischen Faktoren werden hier zwei Dimensionen von politischer Kultur berücksichtigt: die politische Regimekultur (bzw. die politische Kultur des ungarischen bzw. des rumänischen Kommunismus) und die politische Gemeinschaftskultur (die politischen Kulturen des Widerstands). Schließlich werden externe und interne Zufallsfaktoren berücksichtigt.

Strukturelle Faktoren

Ökonomisches Scheitern

Ungarn genoss in den 1980er Jahren den Ruf, die "fröhlichste Baracke im kommunistischen Lager" zu sein. In der Tat reagierte die ungarische Führung auf die strukturelle Krise der Kommandowirtschaft anders als die rumänische. Kornai (2000: 16f.) hat die ökonomischen Mechanismen der Kommandowirtschaft gründlich beschrieben und als ihr zentrales Manko ihre Rigidität herausgestellt: Zentrale Planung reagiert nur langsam auf schnelle Veränderungen in Angebot und Nachfrage. In den 1950er und 1960er Jahren folgte die ungarische Ökonomie weitgehend dem Modell einer genuinen Kommandowirtschaft; in den späten 1960er Jahren entschieden sich die ungarischen Kommunisten jedoch für eine Systemänderung.

Am 1. Januar 1968 führte die Führung unter János Kádár unter dem Namen „Neuer ökonomischer Mechanismus" (NÖM) eine Reihe radikaler Reformmaßnahmen ein. Wie Kornai argumentiert, erwies sich die Reform, die in einer „radical abolition of short-term mandatory planning" (Kornai 2000: 19) bestand, als effektiv, weil sie zur partiellen Entwicklung eines Marktmechanismus führte (Kornai 2000: 19). In ähnlicher Weise äußert sich auch Tőkés :

> „The inauguration of the NEM was by far the most important policy decision made by the Kádár regime during its thirty-three-year reign in Hungary. The NEM unleashed a wide array of thitherto latent political and social forces and also set in motion a process of complex systemic change that the regime could neither foresee or control" (Tőkés 1996: 82).

Mit dem NÖM wurde ein Dezentralisierungsprozess eingeleitet und die staatseigenen Unternehmen wurden flexibler und anpassungsfähiger. 1972 wurden die Reformpolitik jedoch auf Druck von konservativen Funktionären im Parteiapparat sowie auch einiger „Bruderländer" (UdSSR, DDR, ČSSR, Bulgarien) ausgesetzt (Tőkés 1996: 102f.). In der Folge sah

---

5   Die Klassifikation ist inspiriert von Ole Norgaard und Steven L. Sampson, die die Entstehung der Solidarność als Ergebnis von sozialen und kulturellen Faktoren erklären. Zur Kritik an diesem Ansatz vgl. Kennedy (1991: 60ff.).

sich die Parteiführung mit wachsenden ökonomischen Schwierigkeiten konfrontiert, was sie dazu veranlasste, den NÖM wiederzubeleben. 1978 beschloss sie schließlich, den privaten Dienstleistungssektor auszudehnen. Auch wenn jüngere Untersuchungen zeigen, dass der NÖM in makroökonomischer Hinsicht versagt hat, erwies er sich insofern als erfolgreich, als er eine partielle Dezentralisierung einleitete und die Herausbildung einer Unternehmenskultur auslöste. Zahlreiche Bürger betätigten sich neben ihrem Hauptberuf in der „zweiten Wirtschaft", um ihr Einkommen und zu verbessern, und steigerten so den Konsum (Kornai 2000: 41f.).

Nichtsdestoweniger begann sich die Wirtschaftsleistung in den späten 1980er Jahren abzuschwächen, wenngleich die Lage immer noch günstiger war als in den meisten „Bruderländern". Im Resultat der Politik des Kádár-Regimes, die Konsumtion kurzfristig zu maximieren, um den sozialen Frieden zu erhalten und eine Krise wie die von 1956 zu vermeiden, erlebte Ungarn zwischen 1966 und 1975 ein „goldenes Zeitalter" des ökonomischen Aufschwungs. Diese Periode, in der, so Kornai, viele ungarische Familien ihren ersten Kühlschrank und ihr erstes Auto kauften und dann ihre erste Reise in den Westen unternahmen, steigerte auch die Erwartungen der Bevölkerung (Kornai 2000: 133). Langfristig führte diese konsumorientierte Wirtschaftspolitik jedoch zu ökonomischer Stagnation und Schuldenakkumulation. So lässt sich die Situation zu Ende der 1980er Jahre wie folgt erklären: Auf die „goldene Ära" hoher Konsumtion und steigender Erwartungen folgte eine Periode relativer ökonomischer Stagnation, die schließlich in zunehmende gesellschaftliche Unzufriedenheit mit dem Regime mündete. Relative Deprivation trug ebenfalls zu wachsendem Unmut bei. Die graduelle Öffnung zum Westen und die relative Unzufriedenheit sowohl der „soft-liner" innerhalb der Partei als auch der allgemeinen Öffentlichkeit, die sich am Wohlstand und der Effizienz des westlichen Systems orientierte, waren die Faktoren, die die „ausgehandelte Revolution" in Ungarn ermöglichten.

Im Unterschied zum ungarischen Fall wurde die rumänische Volkswirtschaft bis zur Revolution von 1989 nach den rigiden Vorstellungen des ökonomischen Stalinismus[6] gesteuert. Zwar unternahm in der zweiten Hälfte der 1960er Jahre Alexandru Bîrlădeanu, ein hoher Wirtschaftsfunktionär und moderater Reformökonom, den Versuch, gewisse Reformen einzuleiten. Doch 1968 verlor er die Auseinandersetzung mit den von Nicolae Ceaușescu selbst angeführten Anhängern der zentralen Planwirtschaft und wurde anschließend marginalisiert.[7]

Die ersten Anzeichen einer tiefen Wirtschaftskrise zeigten sich in den späten 1970er Jahren. 1979 wurden die Preise für Treibstoffe, Strom, Erdgas und Heizöl erhöht. Es folg-

---

6   Der Begriff „ökonomischer Stalinismus" ist an Moshe Lewins Definition von „Kommandowirtschaft" angelehnt, die sich durch folgende Elemente auszeichnet: „(1) a high degree of centralization of economic decision making and planning; (2) comprehensive character of planning; (3) preference for physical units as instruments in accounting; (4) the use of 'material balances' for obtaining internal consistency of the plans; (5) a centralized administration for material supplies, which operated as a rationing system; (6) the imperative and detailed character of plans; (7) a hierarchically organized administration within factories; (8) the relegation of market categories and mechanisms to a secondary role, mainly to the sphere, albeit important, of personal consumption and to labor; and (9) coercion by the state, as direct organizer of the economy with its ubiquitous controls and etatization not only of the economy but of the other spheres of life as well" (Lewin 1975: 113f.).

7   Bîrlădeanu war 1948-1953 Minister für Außenhandel, 1953-55 Vizepräsident der Staatlichen Plankommission und Vizepräsident des Ministerrats und 1955-66 Rumäniens Vertreter im RGW. Zu seinen Ansichten zur Wirtschaftspolitik unter Dej und Ceaușescu vgl. Betea (1998: 109ff., 152, 196f.).

ten verschieden Maßnahmen zur Rationierung von Lebensmitteln: Um den Verbrauch zu begrenzen, wurde 1981 Brot rationiert; außer in Bukarest wurde die Rationierung bis 1989 beibehalten. Bald darauf wurden ähnliche Beschränkungen für andere Grundnahrungsmittel wie Speiseöl und Zucker eingeführt. 1982 wurde der Strompreis um 30 Prozent angehoben, und der Heizölpreis stieg um fast 300 Prozent. Um Rumäniens Abhängigkeit vom Westen zu reduzieren, ordnete Ceauşescu genau in diesem Zeitraum den Abbau der Auslandsschulden an, die Ende 1981 10,2 Mrd. US$ betrugen. In der Folge setzte 1981/82 ein drastischer Rückgang der Importe ein, der sich, da Rumänien ein Nettoimporteur von Lebensmitteln aus dem Westen war, in lang anhaltender chronischer Unterversorgung niederschlug. Wie Tagebücher und Schriften von Dissidenten aus dieser Zeit bezeugen, wurden drastischer Mangel an Lebensmitteln und anderen Grundbedarfsgütern wie Seife, Zahnpaste und Waschmitteln zur Normalität und Schlangestehen nach Lebensmitteln zur Alltagsroutine. Katherine Verdery hat die Erniedrigung, welche die Mehrheit der Rumänen damals empfand, eindrucksvoll beschrieben:

> „The experience of humiliation, of a destruction of dignity, was common to those who had waited for hours to accomplish (or fail to accomplish) some basic task. Being immobilized for some meager return, during which time one could not do anything else one might find rewarding, was the ultimate experience of impotence" (Verdery 1996: 56).

Obwohl der private Stromverbrauch nur 7 Prozent am Gesamtverbrauch ausmachte, wurden die Lasten der Energiekrise der 1980er Jahre der Bevölkerung auferlegt. Heizungsausfälle im Winter hatten gravierende langfristige gesundheitliche Folgen. Abgesehen von Albanien, waren in den späten 1980er Jahren die Lebensbedingungen für die große Mehrheit der Bevölkerung in Rumänien schlechter als in jedem anderen ost- oder mitteleuropäischen Land. Zusammengefasst: Das hohe Protestpotenzial in der Bevölkerung, das sich im Dezember 1989 Bahn brach, steht in direktem Zusammenhang mit den Miseren des Alltagslebens.

Ideologieverfall

Die Erosion der Ideologie war ein Phänomen, mit dem alle kommunistischen Regime in Ost- und Mitteleuropa nach Nikita Chrustschows „Geheimrede" auf dem 20. KPdSU-Parteitag 1956 zu tun hatten. In Ungarn erfuhr das utopische Ziel des Aufbaus einer grundlegend neuen Gesellschaft im Oktober 1956 eine definitive Abfuhr. Die Revolution von 1956 demonstrierte, dass die totalitäre Ideologie ihre Kraft unbestreitbar verloren hatte und der Kommunismus, wie Walicki schreibt, aufgehört hatte, ein „vereinigendes Endziel" zu repräsentieren (Walicki 1995: 517). Nach der Niederschlagung der 1956er Revolution wurde der traditionelle Symbolismus der „historischen Mission" der Kommunistischen Partei daher zu Gunsten eines ungeschriebenen Sozialvertrags fallengelassen. Ideologie hörte auf, eine treibende Kraft in der Beziehung des Regimes zur Gesellschaft zu sein; Stabilität und wirtschaftliche Leistung wurden zu den maßgeblichen Orientierungspunkten, die das Regime in den folgenden Jahren gekonnt nutzte, um ein neues Trauma der Art von 1956 zu vermeiden und sozialen Konsens zu gewährleisten. Die Konsequenz dieser Entscheidung waren der oben beschriebene Bruch mit dem ökonomischen Stalinismus und der Übergang zu einer betont konsumorientierten Politik, die dann bis zu ihrem Niedergang 1989 weitgehend konstant verfolgt wurde. Kornai beschreibt diese Veränderung wie folgt:

> "In Hungary, 20-25 years after a defeated revolution, the attention of the leading stratum and the millions of ordinary people turned not towards strikes and political struggles, but calmly towards economy. Ordinary people chased around after extra earnings, built houses and grew vegetables" (Kormai 2000:131).

Mit anderen Worten: Für den Kommunismus oder andere utopische Bestrebungen zu „kämpfen", war in den 1980er Jahren für die Mehrheit der Bevölkerung und auch für einen Teil der Parteiführung keine Option mehr.

Nach dem Machtantritt von Nikita Chruschtschow und dem Beginn seiner Entstalinisierungspolitik fürchtete auch Gheorghe Gheorghiu-Dej, der stalinistische Führer der rumänischen Kommunisten, zunehmend um seine Position. Es gelang ihm jedoch, eine klug angelegte Anti-Entstalinisierungsstrategie durchzusetzen und seine unangefochtene persönliche Machtposition bis zu seinem Tod im März 1965 zu erhalten. Dabei kamen ihm die Ereignisse in Polen und Ungarn 1956 geradezu entgegen. Da die rumänischen Kommunisten die Niederschlagung der ungarischen Revolution durch die sowjetischen Truppen unterstützten und scheinbar absolute Loyalität gegenüber der UdSSR zeigten, revanchierte sich Chruschtschow 1958 mit dem Abzug der sowjetischen Truppen aus Rumänien.[8] Ein zentrales Element, auf das Dej' seine „Anti-Entstalinisierungsplattform" gründete, war der nationale, „unabhängige Weg" des rumänischen Kommunismus. Unter Ceauşescu, Gheorghiu-Dejs Nachfolger, wurde „Unabhängigkeit" neben der Industrialisierung und der Steigerung des allgemeinen Lebensstandards in den 1960er und 1970er Jahren zur wichtigsten Legitimationsquelle des Regimes, und von der überwiegenden Mehrheit der Bevölkerung auch als solche anerkannt.[9] „Unabhängigkeit", so ein hoher Parteifunktionär in einer Diskussion mit einem ausländischen Diplomaten, "ist unsere Legitimation!" (zit. nach Botez 1992: 33).

Der „Ceauşescuismus", eine Deformation des Nationalkommunismus, die am besten als eine Mischung von ökonomischem und kulturellem Stalinismus sowie rechtsnationalistischer Zwischenkriegszeitrhetorik zu beschreiben ist, entstand aus dieser Kombination von Unabhängigkeitskurs und Industrialisierung und diente dem Regime von 1968 bis in die frühen 1980er Jahre als effektive Legitimationsgrundlage. Nach dem Amtsantritt von Michail Gorbatschow und dem Beginn der *Perestrojka*, veränderte sich das Ansehen der UdSSR und ihrer Führung in der rumänischen Bevölkerung jedoch grundlegend. Die „Gorbimanie" erfasste breite Bevölkerungsgruppen, die von der Wirtschaftskrise und Ceauşescus orthodoxer Sozialismusvision genug hatten. Als Gorbatschow Rumänien im Mai 1987 einen offiziellen Besuch abstattete, hofften viele Rumänen, dass er Ceauşescu zur Einführung von Reformen überreden würde.

---

8   Ausführlich dazu: Verona (1992). Eine Dokumentensammlung hat Scurtu (1996) zusammengestellt.
9   Ich beziehe mich hier auf Colemans Definition von Legitimität: „Legitimacy is simply the right to carry out certain authoritative actions and have them obeyed. It rests on a consensus of those actors in a society relevant to the continued exercise of authority—which may be the population as a whole or only certain parts of it" (Coleman 1990: 470). Bis zum Abzug der sowjetischen Truppen ging es der rumänischen Führung vor allem darum, sich in den Augen Moskaus zu legitimieren. Danach musste sie sich stärker darum bemühen, sich gegenüber der Bevölkerung zu legitimieren.

In den späten 1980er Jahren wurde der Verfall des „Ceauşescuismus" offenkundig. Der Personenkult nahm absurde Formen an und führte zu weit verbreiterter Regimeverdrossenheit. Und die nationalistische, mit historischen Referenzen durchsetzte Rhetorik, die gebetsmühlenartig auf die vier „Säulen" der Geschichte der rumänischen „sozialistischen Nation" abstellte – die antiken Wurzeln der Rumänen, Kontinuität, Einheit und permanenten Unabhängigkeitskampf – konnte die Bevölkerung nicht mehr beeindrucken.[10]

National spezifische Faktoren

Politische Kulturen

Für die Diskussion über die Spezifik der ungarischen bzw. der rumänischen Revolution von 1989 ist der Begriff der politischen Kultur von zentraler Bedeutung. Politische Kultur

> "is a particular distribution of political attitudes, values, feelings, information and skills. As people's attitudes affect what they will do, a nation's political culture affects the conduct of its citizens and leaders throughout the political system" (Almond/Powell 1992: 39).

Politische Kultur erklärt, wie „people respond to what they perceive of politics and how they interpret what they see" (Verba 1974: 227). Ausgehend von dieser klassischen Definition stütze ich mich im Folgenden auf Jowitt's Unterscheidung zwischen politischer Regimekultur und politischer Gemeinschaftskultur (bzw. den politischen Kulturen des Widerstands).[11]

---

10   Die Bedeutung von Nationenbildung unter kommunistischen Regimes sollte nicht unterschätzt werden. Eine ausführliche Analyse der rumänischen Debatte dazu kann hier nicht erfolgen. Gleichwohl ist darauf anzumerken, dass die postsozialistische Entwicklung Rumäniens an einem kulturellen Syndrom leidet, das am besten als "späte Nationenbildung" zu definieren ist. Diese Definition nimmt Bezug auf einen entscheidenden Schub in der Integration der großen Masse der ethnischen Rumänen in die „organisierte Solidarität" und die "imaginierte Gemeinschaft" der rumänischen Nation, und nicht auf die ultimative Verwirklichung von Nationalstaatlichkeit. In Rumänien wurde die Nationenbildung nicht 1918 abgeschlossen, wie die Mehrheit der einheimischen Autoren behauptet. Vielmehr setzte sich der Prozess unter dem kommunistischen Regime fort und erreichte seine entscheidende Phase etwa 1981. Symbolisch stellt 1981 einen Wendepunkt dar, weil in diesem Jahr die städtische Bevölkerung einen Anteil von 50.1% an der Gesamtbevölkerung erreichte. In der Realität war es eine Kombination von politischen, ökonomischen und kulturellen Faktoren (Elitenmanipulation, Modernisierung „von oben", kulturelle Reproduktion, etc.), die das Erreichen dieses Stadiums der Nationenbildung bedingte. Nach 1981 unterminierten die Wirtschaftskrise und der ideologische Verfall die Bemühungen des Regimes um eine weitere Homogenisierung der rumänischen „sozialistischen" Nation in gewissem Maße. Allerdings wird die These, dass die regionalen Identitäten der Rumänen aus Transylvanien und dem Moldaugebiet zumindest weitgehend zu einer rumänischen Identität verschmolzen sind, durch die Tatsache gestützt, dass die rumänische Nation nach 1989 nicht das Schicksal der „unvollendeten" jugoslawischen oder tschechoslowakischen Nation teilte. Diese Interpretation basiert auf den Begriffen der „organisierten Solidarität" Duţu (1999: 9ff.) und der "imaginierten Gemeinschaft" (Anderson 1991: 6). Ausführlicher zum Syndrom der „späten Nationenbildung" siehe Petrescu (2001: 279ff.).

11   Jowitt definiert drei Typen von politischer Kultur, die sich auf verschiedene gesellschaftliche Ebenen beziehen - die Eliten-, Regime- und Gemeinschaftskultur. Politische Elitenkultur ist ein „set of informal adaptative (behavioral and attitudinal) postures that emerge as response to and consequence of a given elite's identity-forming experiences", Regimekultur als ein „set of informal adaptative (behavioral and attitudinal) postures that emerge in response to the institutional definition of social, economic, and political life", und Gemeinschaftskultur als ein „set of informal adaptative (behavioral and attitudinal) postures that emerge in res-

In Ungarn waren sowohl die Regimekultur als auch die Gemeinschaftskultur maßgeblich durch die Revolution von 1956 geprägt. Der Niedergang des kommunistischen Regimes stand in einer unübersehbaren Beziehung zu diesem Ereignis. Verschiedene Autoren sind der Auffassung, dass die „ausgehandelte Revolution" durch die feierliche Umbettung der fünf Protagonisten des sog. Nagy-Prozesses[12] am 16. Juni 1989 ausgelöst wurde. Die erste frei gewählte Regierung betonte die überragende Bedeutung der Revolution von 1956 für den Freiheitskampf des Landes und am 2. Mai 1990 verabschiedete das neue Parlament eine Deklaration, in der es hieß:

> „This illustrious chapter of modern Hungarian history can only be compared to the 1848-49 Revolution and war for independence. The Revolution of 1956 lay foundation for the hope that it is possible to achieve a democratic social order, and that no sacrifice for our country's independence is made in vain" (zit. nach Litván 1996: X).

Eine zentrale Komponente, die sowohl die politische Kultur des Regimes als auch die des Widerstands prägte, war der ungeschriebne Sozialvertrag, der nach der Revolution von 1956 entstanden war, und den Kis definiert als einen „deal of leaving politics and social control to the nomenklatura in exchange for receiving a tolerable margin experiment in the private sphere"(Kis 1995: 44). Die Regimekultur war seitdem gekennzeichnet durch das Bemühen, die Ereignisse von 1956[13] zu tabuisieren – die blutige Niederschlagung und die sowjetische Besatzung, die Welle von Vergeltungsmaßnahmen und insbesondere die Hinrichtung von Nagy.[14] Im Gegenzug offerierte die Führung der Gesellschaft das „Experiment eines begrenzten Pluralismus". Dieser basierte auf einer Politik der kleinen Schritte und dem Prinzip der permanenten Aushandlung dessen, was für das Regime tolerabel war und was nicht. Die politische Kultur des Widerstands war entsprechend geprägt von der Idee des Verhandelns und des graduellen Wandels: Die wichtigste Lektion, welche die antikommunistische Opposition von 1956 gelernt hatte, war, dass Blutvergießen und sowjetische Intervention allein durch Selbstbeschränkung zu vermeiden waren.

In der Konsequenz konnte das kommunistische Regime in Ungarn auf friedlichem Wege überwunden werden, im Ergebnis von Verhandlungen zwischen dem „aufgeklärten" Flügel innerhalb der kommunistischen Partei und der demokratischen Opposition. Die Schlüsselperiode in diesem Prozess lag in den Jahren 1987-1989, sie startete mit einem Reformprogramm und endete in einer gewaltfreien Revolution. Der Prozess vollzog sich nach dem Muster eines „Regimewandels": Er wurde eingeleitet mit der Ablösung der „alten Garde" um János Kádár durch eine reformistische Fraktion und die Ernennung von Károly Grósz zum Premierminister im Juli 1987. Obwohl Grósz Programm der „Stabilisierung und Erneuerung" heftige Opposition seitens der Kádáristen hervorrief, konnte der Premierminister lang erwartete Wirtschaftsreformen durchsetzen. Im Mai 1988 gelang es Grósz Verbündeten, ihre Position im Parteiapparat zu konsolidieren. Auf einem außerordentlichen

---

ponse to the historical relationships between regime and community" (Jowitt 1992: 51ff.). Zur Kritik vgl. Chilcote (1994: 197).

12   Imre Nagy (1896-1958), Miklós Gimes (1917-1958), Géza Losonczy (1917-1957), Pál Maléter (1917-1958), and József Szilágyi (1917-1958). Mit Ausnahme von Losonczy, der 1957 bei einem Hungerstreik im Gefängnis starb, wurde alle 1958 hingerichtet.
13   Zum Verlauf der Revolution von 1956 vgl. Kontler (1999: 422ff.).
14   Vgl. Rainer (1999: 282ff.); Ein interessantes Porträt von Imre Nagy bietet Tigrid (1977: 83ff.).

Parteitag der USAP am 23./24. Mai übernahm seine Fraktion die Parteiführung. Der Prozess fand seine Fortsetzung in der Aufnahme von Verhandlungen zwischen Vertretern der Parteiführung und Repräsentanten der demokratischen Opposition, die sich in der zweiten Hälfte der 1980er Jahre politisiert und ausdifferenziert hatte.[15] Er erreichte sein entscheidendes Stadium nach den Demonstrationen vom 15. und 16. März 1989 (anlässlich des Jahrestages der Revolution von 1848 sowie der Umbettung von Nagy). Der trilaterale Nationale Runde Tisch (13. Juni – 18. September 1989), an dem die USAP, die vereinte Opposition sowie gesellschaftliche Organisationen und soziale Bewegungen vertreten waren, beendete schließlich die Alleinherrschaft der Partei. Die Vereinbahrungen des Runden Tisches definierten die Bedingungen für eine „lawful revolution".[16] In der Folge löste sich am 7. Oktober 1989 die USAP (formell) auf, im selben Monat trat eine revidierte Verfassung in Kraft, und am 23. Oktober wurde die Ungarische Republik ausgerufen.

Die politische Kultur des rumänischen Kommunismus war hauptsächlich von zwei Komponenten geprägt: dem monolithischen Charakter der Partei und dem Verzicht auf Entstalinisierung. Die erste Komponente, die auf der Angst vor Fraktionsbildung (Shafir 1985: 67) beruhte, war entscheidend. Fraktionsbildung innerhalb der Partei war um jeden Preis zu verhindern. Unter der Führung von Gheorghiu-Dej kam es zu mehreren Säuberungsaktionen gegen hohe Funktionäre (Ana Pauker, Vasile Luca, Teohari Georgescu) sowie Parteiveteranen und ehemalige Kollegen von Dej aus seiner Zeit in den Eisenbahnreparaturwerkstätten (Dumitru Petrescu, Constantin Doncea und Ovidiu Şandru) sowie Attentaten (Ştefan Foriş und Lucreţiu Pătrăşcanu). Wie Deletant zutreffend feststellt, hat Gheorghiu-Dej sowohl den Parteiapparat als auch die rumänische Gesellschaft insgesamt gebändigt (Deletant 1999: 295f.). Sein Nachfolger, Nicolae Ceauşescu, musste daher gar nicht mehr zu massiven Terrormaßnahmen greifen. Ihm genügte es, regelmäßige „Kaderrotationen" zu veranstalten. Am Ende seiner Herrschaft, als er keinen Parteifunktionären mehr vertraute, stützte er sich zunehmend auf Verwandte. Genau dieses Herrschaftsmuster machte eine Verhandlungslösung unmöglich, weil es die Formierung sowohl eines aufgeklärten Parteiflügels als auch einer Oppositionselite verhinderte, und konditionierte damit den plötzlichen Zusammenbruch des Regimes im Dezember 1989.

Wie Tismăneanu überzeugend demonstriert, hat in Rumänien die schwache Tradition des Marxismus in Kombination mit dem schwachen intellektuellen Profil und den schlichten Denkmustern der überwiegenden Mehrheit der kommunistischen Elite eine wirkliche Entstalinisierung und die Entwicklung einer marxistischen revisionistischen Strömung verhindert (Tismăneanu 1992: 135ff.). Der rumänische Nationalkommunismus entstand als Reaktion auf die Entstalinisierung und war im Kern eine Strategie zur Vermeidung einer Entstalinisierung, die ihre Legitimationsquelle in der Unabhängigkeit und der Industrialisierung hatte. Der „eigenständige Weg" des rumänischen Kommunismus wurde durch den Abzug der sowjetischen Truppen im Juli 1958 begünstigt, durch die Erklärung vom April 1964 institutionalisiert und erfuhr durch Ceauşescus Verurteilung des sowjetischen Einmarsches in die ČSSR breite Unterstützung in der Bevölkerung.

Bis 1987 konnten ernsthafte Konflikte innerhalb der Führungselite vermieden werden. Erst nach der Arbeiterrevolte in Braşov am 15. November 1987 protestierten ehemalige

---

15   Vgl. Szabó in diesem Band.
16   Der vollständige Text der Rund-Tisch-Vereinbarung vom 18. September 1989 ist abgedruckt bei Tökés (1996: 357ff.). Vgl. auch Bozóki (2002).

Parteifunktionäre, darunter Silviu Brucan, gegen die personalisierte Herrschaft von Ceauşescu.[17] Zu einem wirklich nennenswerten Protest kam es aber erst am 14. März 1989, als sechs ehemalige Führungsfunktionäre – Gheorghe Apostol, Alexandru Bîrlădeanu, Silviu Brucan, Corneliu Mănescu, Constantin Pîrvulescu, and Grigore Răceanu – einen offenen Brief über Radio Freies Europa veröffentlichten.[18] Ihr Protest hatte allerdings keine direkten Auswirkungen auf Ceauşescus Politik, da alle Unterzeichner bereits im Ruhestand waren und sich mit der aktuellen Parteiführung überworfen hatten.

Die politische Kultur des Widerstands ist auf zwei Ebenen zu untersuchen, als Protest „von oben" (intellektueller Dissent) und Protest „von unten" (Arbeiterproteste). Hinsichtlich der intellektuellen Dissidenten der 1970er Jahre schrieb ein westlicher Beobachter: „Romanian dissent lives in Paris and his name is Paul Goma" (Shafir 1985: 168). In der Tat hat sich in Rumänien intellektueller Dissent erst in den 1970er Jahren und sehr langsam entwickelt. Die sogenannte Goma-Bewegung für Menschenrechte, die wichtigste Aktion von regimekritischen Intellektuellen in den 1970er Jahren, blieb eine kurzlebige Episode, die das Regime – nicht zuletzt auch aufgrund mangelnder Solidarität unter den Intellektuellen selbst – relativ mühelos unter Kontrolle bringen und beenden konnte.[19] Bis in die späten 1980er Jahre blieb intellektuelle Regimekritik beschränkt auf wenige Dissidenten und weitgehend isolierte Einzelaktionen.[20] Nach den Arbeiterunruhen in Braşov 1987 haben öffentliche Protestaktionen von Intellektuellen gegen das Regime und Ceauşescus persönliche Herrschaft dann deutlich zugenommen.

1977 und 1979 kam es zu zwei wichtigen Protestereignissen „von unten", die sich leider nicht zu einer der polnischen *Solidarność* ähnlichen Bewegung entfalteten. Das erste war der Bergarbeiterstreik im Jiu-Tal vom 1. bis 3. August 1977, der die Periode des „stillen" Pakts zwischen dem Regime und der Arbeiterklasse beendete. Auslöser des Streiks waren neue Renten- und Arbeitszeitregelungen, die für die Bergleute erhebliche soziale Nachteile bedeuteten (C. Petrescu in diesem Band).[21] Der Streik, an dem sich 30.000 bis 35.000 Arbeiter beteiligten, brach am Morgen des 1. August 1977 in der Lupeni-Mine aus, einem Betrieb mit starker proletarischer Tradition aus der Zwischenkriegszeit. Wie Hosszu berichtet, skandierten die Arbeiter „Lupeni 1929!", womit sie an den großen Streik im Lupeni-Schacht von 1929 erinnerten.[22] Die Aktion zeichnete sich von Beginn an durch eine hohe Streikkultur aus: Die Arbeiter bildeten eine Streikleitung mit drei Personen, stellten Streikposten auf, und bereiteten eine Liste mit Forderungen vor, die direkt mit Ceauşescu verhandelt werden sollte.[23] Der Streik verlief gewaltlos und das Betriebsgelände wurde

---

17 Brucan, 1944-56 stellvertretender Chefredaktuer der zentralen KP-Zeitung Scînteia, Rumäniens Botschafter in den USA (1956-1959) und bei der UNO (1959-1962), erklärte am 29. November 1987 öffentlich, "a period of crisis has opened up in relations between the Romanian Communist Party and the workers" (zit. bei Deletant 1995: 253).

18 Vgl. C. Petrescu in diesem Band. Der vollständige Text des Briefes ist nachzulesen bei Câmpeanu (2002: 287ff.).

19 Ausführlicher zur Goma-Affäre: Cristina Petrescu in diesem Band.

20 Ausführlicher zu intellektuellem Dissent: Cristina Petrescu (2000: 311ff.) und in diesem Band.

21 Istvan Hosszu, ein am Streik beteiligter Bergmann, beschrieb den Streik nach seiner Ausreise 1986 in einem sechsstündigen Interview. Vgl. OSA/RFE Archives, Romanian Fond, Unit 300/60/1/837, Item 1750/86.

22 Ausführlich zum Streik von 1977: Barbu/Chirvasă (1997).

23 Zu den Forderungen gehörten: (1) die Wiederherstellung des Sechs-Stunden-Tags; (2) das Recht auf Altersrente mit 50 Jahren nach zwanzig Jahren Arbeit im Schacht; (3) die Rückkehr zu den alten Regelungen hinsichtlich Krankengeld und Erwerbslosenrente; (4) Verbesserung der Arbeitsbedingungen sowie der Lebens-

rund um die Uhr besetzt. Am 2. August reiste eine Delegation hoher Parteifunktionäre unter der Leitung des Vizepremierministers Ilie Verdeţ und in Begleitung hoher Offiziere des Innenministeriums und der *Securitate* an. Nachdem sich die Arbeiter geweigert hatten, mit dieser Delegation zu verhandeln, kam am 3. August Ceauşescu persönlich in die Mine und willigte im Angesicht der entschlossenen Menge in die Forderungen ein, womit er die Beendigung des Streiks erwirkte. Ceauşescu verzichtete auf eine gewaltsame Unterdrückung des Streiks, später aber setzten graduelle Repressionen ein: So wurden im Winter 1977/78 etwa 4.000 Bergleute zwangsweise in andere Bergbauregionen versetzt (Deletant 1995: 245), darunter auch die Streikführer, die an ihren neuen Arbeitsorten unter Aufsicht der Staatssicherheit gestellt wurden. Die meisten Forderungen wurden zumindest kurzzeitig erfüllt, einschließlich der Verbesserung der Lebensmittel- und Gesundheitsversorgung. Hervorzuheben ist jedoch, dass sich der Streik nie in einen politischen Protest gegen das Regime oder Ceauşescu verwandelt hat. Im Gegenteil: die Bergleute glaubten, dass Ceauşescu durch die Funktionäre des Apparats über die Arbeits- und Lebensbedingungen im Jiu-Tal schlecht informiert worden war, aber eigentlich auf ihrer Seite stand.

Das zweite Ereignis war die versuchte Gründung der Freien Gewerkschaft der Rumänischen Arbeiter (SLOMR) im Jahr 1979. Ein Jahr vor der Gründung der *Solidarność* in der Danziger Lenin-Werft unternahmen 15 Arbeiter in der rumänischen Stadt Turnu Severin eine ähnliche Initiative, die jedoch umgehend vom Regime unterdrückt wurde. SLOMR existierte praktisch nur sechs Monate, von Januar bis Juni 1979. Die drei Anführer, Ionel Canǎ, Gheorghe Braşoveanu und Nicolae Dascǎlu wurden unmittelbar nach der Veröffentlichung der Gründungserklärung durch Radio Freies Europa am 4. März 1979 verhaftet. Die Gründe, warum die Bildung einer effektiven Allianz zwischen Arbeitern und Intellektuellen scheiterte, sind vielfältig. Der allgemeine Mangel an einer starken Arbeitertradition der Zwischenkriegszeit (Lupeni war in dieser Hinsicht eine der wenigen Ausnahmen), das Nichtvorhandensein von Beziehungen zwischen Arbeitermilieus und kultureller Intelligenz sowie latente Konflikte zwischen der Arbeiterschaft und der technischen Intelligenz sind wichtige Aspekte, die den „spezifischen" Charakter der rumänischen Verhältnisse im Vergleich zum erfolgreichen polnischen Fall kennzeichnen.

In den späten 1980er Jahren änderte sich sie Situation jedoch dramatisch. Der Streik in Braşov am 15. November 1987 war die erste Protestaktion „von unten", die in eine gewaltsame Revolte gegen das Ceauşescu-Regime mündete. Angesichts der tiefen Wirtschaftskrise avancierten die ökonomischen Forderungen der Arbeiter schnell zu politischen Forderungen. Und die Tatsache, dass sich der Protestdemonstration der Arbeiter und den Ausschreitungen gegen Gebäude lokaler Partei- und Verwaltungsbehörden auch andere Bürger der Stadt anschlossen, verdeutlichte die breite Unzufriedenheit der Bevölkerung mit dem Ceauşescu-Regime.[24] Allerdings sprangen die Proteste nicht auf andere Großbetriebe der Stadt über. Vielmehr behinderte der unorganisierte und gewaltsame Charakter der Revolte, die im Übrigen deutliche Parallelen zu dem Aktionsmuster der 1956er Proteste im polni-

---

mittel- und Gesundheitsversorgung im Jiu-Tal; (5) Aufbau von Leichtindustrie im Jiu-Tal zur Beschäftigung der Ehefrauen und Töchter der Bergleute; (6) die Einrichtung von Belegschaftsvertretungen und deren Ermächtigung zur Kontrolle der Betriebsleitung; (7) eine schriftliche Zusicherung, dass nach dem Streik keiner der Bergleute belangt wird; (8) akkurate Medienberichterstattung über den Streik. Vgl. OSA/RFE Archives, Romanian Fond, Unit 300/60/1/837, Item 1750/86.

24   Zum Ereignisverlauf vgl. Gogea (1996: 168ff.) sowie den Beitrag von Cristina Petrescu in diesem Band.

schen Posen aufwies,[25] das Zustandekommen einer umfassenderen Protestbewegung, obwohl sich vermutlich breite Kreise der Bevölkerung daran beteiligt hätten. Zudem hat sich die Tatsache, dass die streikenden Arbeiter das Betriebsgelände verließen, um vor dem Gebäude der lokalen Parteileitung zu protestieren, nachteilig auf ihre Verteidigungsfähigkeit gegenüber den Sicherheitskräften ausgewirkt. Im Vergleich dazu hatte sich die gut organisierte und gewaltfreie Betriebsbesetzung im Jiu-Tal 1977 als effektiver erwiesen. In Braşov dagegen konnten die Behörden angesichts der Zerstörungsaktionen gegen öffentliche Gebäude die Streikenden leicht als „rowdyhafte Elemente" brandmarken, die die friedliche Atmosphäre der Kommunalwahlen störten, was ihnen die schnelle und harte Niederschlagung der Aktion erleichterte.

Zusammenfassend ist festzuhalten, dass die rumänische Arbeiterklasse bis zur Revolte in Braşov 1987 eher dazu tendierte, sich „durchzuwurschteln" anstatt gegen das Regime zu protestieren.[26] Bis zum Volksaufruhr in Timişoara im Dezember 1989 kam diese „Strategie" dem Regime sehr entgegen; mit Ausnahme von Braşov konnte es fast alle Proteste „von unten" effektiv eindämmen. Die Ereignisse von Braşov machten aber auch deutlich, dass die ökonomische Krise den Sinn für Zusammenhalt und Solidarität und das Protestpotenzial nicht nur der Arbeiter der Großbetriebe, sondern auch der allgemeinen Bevölkerung, insbesondere der Großstädte, befördert hat. Als am 15. Dezember 1989 in der Industriestadt Timişoara die öffentliche Aktion einer kleinen Grippe von Gläubigen zur Unterstützung ihres Pfarrers László Tökés eine große Protestwelle auslöste, war in vieler Hinsicht das Muster von Braşov 1987 wiederzuerkennen. In Timişoara schloss sich allerdings innerhalb kurzer Zeit die Mehrheit der Stadtbevölkerung (von der etwa 60 Prozent Arbeiter waren) dem Protest an, der dann in wenigen Tagen in die erfolgreiche antikommunistische Revolution mündete.

Zufallsfaktoren

Externe Faktoren

Obwohl viele Autoren die Bedeutung externer Faktoren für den Zusammenbruch der kommunistischen Regime betonen, gibt es keine Übereinstimmung darüber, welche davon die stärkste Wirkung hatten. Internationale Medien wie Radio Freies Europa haben erheblich

---

25 Zu den Ereignissen in Posen 1956 vgl. Kennedy (1991: 26) und Crampton (1994: 285).

26 Das traf auch für die Bevölkerung insgesamt zu. Man kann sagen, dass die kommunistischen Regime in beiden Ländern ihrer Bevölkerungsmehrheit etwas zu bieten hatten im Rahmen eines ungeschrieben "neuen Sozialvertrags" bzw. „stillen Handels". „The notion of a new social contract in East and East Central Europe suggests that the population of those areas had ceded to the authorities its rights to free speech and assembly, its right to organize, and various other basic democratic rights in exchange for certain implicit guarantees. These include assured employment that, even if providing only mediocre wages permits a standard of living above the poverty level. Little real effort, personal involvement, or individual initiative is required. The contract also implies the state's provision of important social services and a degree of social security. As long as the contract is honoured by both parties, it provides both with a set of real or perceived advantages. Social and political calm prevail, and there is no need for labor camps, revolts, terrorism, or more than a minimal number of political prisoners" Liehm (1983: 174). Nach Schöpflin (1993: 150) bezieht sich der „tacit social contract" auf „the right 'not to work hard,' together with near absolute job security" against granting to the party die „sole right to involve itself into politics".

zum Zusammenbruch der Regime in Ost- und Mitteleuropa beigetragen (vgl. die Beiträge von Timmer und D. Petrescu in diesem Band). Aber es gab auch eine Reihe von Zufällen, die die Entwicklung stark begünstig haben. So verweisen einige Autoren auf die Wahl des polnischen Kardinals Wojtyła zum Papst im Jahr 1978. Andere betonen die Rolle des US-Präsidenten Ronald Reagan und seine Strategie, die UdSSR mit einem hochtechnologischen Weltraumrüstungsprogramm ökonomisch und militärisch unter Druck zu setzen. All diese Argumente sind zutreffend und zu berücksichtigen. Gleichwohl wird hier die Ansicht vertreten, dass für den Regimezusammenbruch in Ungarn und Rumänien zwei andere externe Faktoren von herausragender Bedeutung waren - der Gorbatschow-Faktor und der „Schneeballeffekt".

Der Amtsantritt von Michail Gorbatschow als KPdSU-Generalsekretär im März 1985 und die Einleitung der *Perestrojka* in der UdSSR hatten immense Auswirkungen auf die kommunistischen Regime in Osteuropa. Denn die Reformen im Innern erforderten letztlich auch eine Neugestaltung der Beziehungen zu den Satellitenstaaten. Seit der Niederschlagung des Prager Frühlings 1968 standen diese unter dem Zeichen der Breshnew-Doktrin, mit der die UdSSR einen Anspruch auf Intervention in jedem Satellitenstaat erhoben hatte, in dem die kommunistische Ordnung in Gefahr geraten würde. Unter Gorbatschow wurde diese Doktrin durch die sogenannte Sinatra-Doktrin ersetzt, die der Sprecher des sowjetischen Außenministeriums, Gennadij Gerassimow, am 25. Oktober 1989 offiziell verkündete. Bezug nehmend auf Frank Sinatras Song „I did it my way" erklärte Gerassimow, dass künftig jedes Land selbst über seine gesellschaftliche Ordnung entscheiden solle. In Ungarn, wo die friedliche Revolution schon im Gange war, war damit die letzte Barriere für die Vollendung des Systemwechsels gefallen.

Gleichwohl lässt sich der Regimewechsel in Ungarn und Rumänien nicht ohne Bezugnahme auf die Ereignisse in den Nachbarländern erklären. Der „Schneeballeffekt", d.h. die Abfolge der Ereignisse im Jahr 1989 spielte eine maßgebliche Rolle für die Veränderungen der Wahrnehmungsmuster und Situationsdeutungen auf Seiten sowohl der Regimeeliten als auch der Bevölkerung. Im ungarischen Fall war das Muster des Regimewechsels beeinflusst von den polnischen Rund-Tisch-Verhandlungen, die bereits im April 1989 abgeschlossen waren. Zu dieser Zeit bot, so András Bozóki, das polnische Beispiel „the only pattern of peaceful transition", und die ungarische demokratische Opposition applizierte dieses Vorbild erfolgreich auf ihr eigenes Land. Die Tatsache, dass das Ceauşescu-Regime in Rumänien erst nach dem Zusammenbruch aller anderen kommunistischen Regime in Ost- und Mitteleuropa kollabierte (abgesehen von Albanien und Jugoslawien), war keinem Zufall geschuldet. Anfang Dezember 1989 stand die Führung um Ceauşescu fernab jeder Realität und „reagierte" auf die rasanten Veränderungen in ihrer Umwelt allein mit Immobilität. Gleichwohl zeigen Untersuchungen aus dieser Periode, dass die Regimezusammenbrüche in den Nachbarländern den Bewusstseinszustand der rumänischen Bevölkerung erheblich beeinflussten und der „Schneeballeffekt" letztlich auch die Funktionseliten erfasste. So entschied sich eine große Zahl von *Securitate*-Offizieren und Parteifunktionären, sich in der entscheidenden Umbruchphase am 21./22. Dezember 1989 passiv zu verhalten und darauf zu verzichten, sich für die Rettung des Regime zu engagieren.

Interne Zufallsfaktoren

Im Hinblick auf interne Faktoren schien das rumänische Regime verletzlicher als das ungarische. Gleichwohl lassen sich auch für Ungarn solche Faktoren ausmachen, die langfristig zum Regimezusammenbruch beigetragen haben. So hat beispielsweise der Bau des Gabčikovo-Nagymaros-Staudamms an der Donau, der 1977 als tschechoslowakisch-ungarisches Gemeinschaftsprojekt geplant wurde, in den 1980er Jahren offenen Protest auf Seiten ungarischer Umweltschützer hervorgerufen. Obwohl die Anti-Staudamm-Bewegung keine expliziten politischen Ziele verfolgte, erfuhr sie breite Unterstützung aus verschiedenen Bevölkerungsgruppen und signalisierte damit, dass die Bevölkerung unter Umständen zu massiven Protest bereit war (Stokes 1993: 94f.). Des Weiteren begünstige die ethno-nationale Mobilisierung, die in den frühen 1980er Jahren anlässlich der angeblichen Diskriminierung der ungarischen Minderheiten im Ausland, insbesondere in der ČSSR und Rumänien, eingesetzt hatte, eine Kooperation zwischen den liberalen und den populistischen Strömungen[27] unter den Dissidenten, die Ende der 1980er Jahre dann ein vergleichsweise koordiniertes Vorgehen der pluralistischen Opposition erleichterte.

Ein umbruchsrelevanter Faktor im rumänischen Fall war die Tatsache, dass Ende der 1980er Jahre die Generation des Babybooms von 1967-1969 ins Erwachsenenalter trat. Nach seinem Amtsantritt 1965 hatte Ceauşescu eine Kampagne zur forcierten Steigerung der Geburtenrate gestartet. 1966 beschloss der Staatsrat ein Abtreibungsverbot, das in den folgenden Jahren zu einem abrupten Anstieg der Geburtenzahl führte. 1967 war die Zahl der Geburten fast doppelt so hoch wie im Vorjahr (Kligman 1998: 52ff.). Vor dem Abtreibungsverbot wurden in Rumänien im Durchschnitt 250.000 Kinder pro Jahr geboren, 1967 stieg die Zahl auf 500.000 (Câmpeanu 2002: 275ff.). Die 1967 bis 1969 geborene Generation war mehrheitlich urban (auch die „erste Plattenbaugeneration" genannt) und in einem Klima relativer Stabilität und moderater wirtschaftlicher Verbesserungen aufgewachsen. Mit anderen Worten: Diese Generation hatte einen ganz anderen politischen Sozialisationsprozess erfahren und ganz andere Erwartungen entwickelt als die Generation ihrer Eltern. Sie war daher von der Krise der 1980er Jahre besonders frustriert und in höherem Maße mobilisierbar. Wie sich aus den Zahlen der Opfer der Revolution vom Dezember 1989 schließen lässt, hat sich diese junge Generation frühzeitig und in überdurchschnittlichem Maße an den Massenprotesten beteiligt.

Zusammenfassung

Der Unterschied zwischen den Mustern, nach denen sich der Regimewechsel in beiden Ländern vollzog – als „verhandelte" Revolution in Ungarn und als gewaltsame Revolution in Rumänien – lässt sich am stärksten durch die Differenz in den national-spezifischen Faktoren, d.h., der politischen Regimekultur und der Gemeinschaftskultur erklären. In Ungarn war sowohl die Regime- als auch die Gemeinschaftskultur maßgeblich durch den ungeschrieben Sozialpakt geprägt, der sich nach 1956 herausgebildet hatte. Die Regimekul-

---

27   Zum Verhältnis von Liberalismus und Populismus in der ungarischen Opposition vgl. Szabó (2009) und seinen Beitrag zu diesem Band.

tur war in der Folge durch das Bemühen charakterisiert, die Ereignisse von 1956 zu tabuisieren, und die Bereitschaft des Regimes, der Bevölkerung im Gegenzug durch das „Experiment eines begrenzten Pluralismus" entgegenzukommen. Kennzeichnend für die politische Kultur des Widerstands war entsprechend eine starke Präferenz für das Verhandlungsprinzip und graduellen Wandel. Beide Kulturen zusammen beförderten langfristig die Herausbildung von Bedingungen, die eine Verhandlungslösung ermöglichten.

Die politische Kultur des rumänischen Regimes war dagegen geprägt durch den monolithischen Charakter der Staatspartei und das Ausbleiben der Entstalinisierung. Unter Gheorghiu-Dej wurden die Geschlossenheit der Partei und die persönliche Macht des Parteiführers mittels Säuberungskampagnen und Attentaten gesichert, Ceauşescu stützte sich auf häufige Kaderrotationen und zum Ende seiner Herrschaft auf Verwandschaftsnetzwerke. Auf diese Weise wurden (potenziell) reformorientierte Funktionäre permanent aus der Partei gedrängt. Daher stand 1989 auf Seiten der Partei kein Ansprechpartner für einen Elitenpakt bzw. Verhandlungen über den Regimeübergang zur Verfügung.

Aus der politischen Kultur des Widerstands erklärt sich, warum Dissidenten für den Regimezusammenbruch in Rumänien faktisch keine Rolle spielten, der maßgebliche Druck vielmehr von Protesten „von unten" ausging. Wie die Analyse der Arbeiterrevolte von 1987 in Braşov ergab, hatte die ökonomische Krise tiefe Unzufriedenheit mit dem Regime nicht nur unter den Arbeitern in den Großbetrieben, sondern auch in der breiteren städtischen Bevölkerung hervorgerufen. Das Protestpotenzial war besonders hoch in Großstädten mit einem starken Arbeiteranteil, in denen spontane Revolten auch von anderen Bevölkerungsgruppen Unterstützung erfahren konnten. Die Industriestadt Timişoara, in der 1989 die Revolution ausbrach, war genau solch eine Stadt.

Nicht zu letzt spielten externe Rahmenbedingungen eine entscheidende Rolle für den Regimezusammenbruch. Mit der Aufkündigung der Breshnew-Doktrin durch Gorbatschow blieben die Regime in den Satellitenstaaten auf sich allein gestellt und scheiterten in dem Versuch, ihre Bevölkerungen noch einmal von der Zukunftsträchtigkeit des sozialistischen Projekts zu überzeugen. Der Regimezusammenbruch in den einzelnen osteuropäischen Staaten verlief schließlich nach dem Prinzip des "Schneeballeffekts". Polen und Ungarn lösten die Kettenreaktion aus und es war, wie oben gezeigt, kein Zufall, dass das rumänische Regime als letztes in dieser Kette zusammenbrach.

Literatur

Almond, Gabriel A./Powell Jr., G. Bingham (1992): Comparative Politics Today: A World View. New York: Harper Collins.

Anderson, Benedict (1991): Imagined Communities: Reflections on the Origin and Spread of Nationalism. London: Verso.

Arendt, Hannah (1990 [1963]): On Revolutions. London: Penguin Books.

Ash, Timothy Garton (1993): The Magic Lantern: The Revolutions of '89 Witnessed in Warsaw, Budapest, Berlin and Prague. New York: Vintage Books.

Barbu, Mihai/Chirvasă, Gheorghe (1997): După 20 de ani: Lupeni '77–Lupeni '97. Petroşani: Cotidianul „Matinal" & Editura Cameleonul.

Betea, Lavinia (1998): Alexandru Bîrlădeanu despre Dej, Ceauşescu şi Iliescu. Bucharest: Editura Evenimentul Românesc.

Bozóki, András (Hrsg.) (2002): The Roundtable Talks of 1989: The Genesis of Hungarian Democracy. Budapest: Central European University Press.

Botez, Mihai (1992): Românii despre ei înşişi. Bucharest: Editura Litera.

Bradley, John F. N. (1992): Czechoslovakia's Velvet Revolution: A Political Analysis. Boulder, Colorado: East European Monographs.

Brown, J. F. (1991): Surge to Freedom: The End of Communist Rule in Eastern Europe. Durham: Duke University Press.

Câmpeanu, Pavel (2002): Ceauşescu, anii numărătorii inverse. Iaşi: Editura Polirom.

Chilcote, Ronald H. (1994): Theories of Comparative politics: The Search for a Paradigm Reconsidered. Boulder, Colorado: Westview Press.

Coleman, James S. (1990): Foundations of Social Theory. Cambridge, Mass.: The Belknap Press of Harvard University Press.

Crampton, R. J. (1994): Eastern Europe in the Twentieth Century. London: Routledge.

Deletant, Dennis (1995): Ceauşescu and the Securitate: Coercion and Dissent in Romania, 1965-1989. London: Hurst & Company.

Deletant, Dennis (1999): Communist Terror in Romania: Gheorghiu-Dej and the Police State, 1948-1965. New York: St. Martin's Press.

Duţu, Alexandru (1999): Europa noastră' gîndită şi trăită. In: Ders.: Ideea de Europa şi evoluţia conştiinţei europene. Bucharest, Editura All.

Eisenstadt, S. N. (1993): The Breakdown of Communist Regimes and the Vicissitudes of Modernity. In: Stephen R. Graubard (Hrsg.): Exit from Communism. New Brunswick: Transaction Publishers.

Gillet, Olivier (1997): Religion et nationalisme: L'Ideologie de l'Eglise othodoxe roumaine sous le regime communiste. Bruxelles : Editions de l'Universite de Bruxelles.

Gogea, Vasile (1996): Fragmente salvate, 1975-1989. Iaşi: Editura Polirom.

Holmes, Leslie (1997): Post-Communism: An Introduction. Cambridge: Polity Press.

Huntington, Samuel P. (1968): Political Order in Changing Societies. New Haven: Yale University Press.

Joppke, Christian (1995): East German Dissidents and the Revolution of 1989: Social Movement in a Leninist Regime. Houndmills, UK: Macmillan.

Jowitt, Kenneth (1971): Revolutionary Breakthroughs and National Development: The Case of Romania, 1944-1965. Berkeley: University of California Press.

Jowitt, Kenneth (1992): New World Disorder: The Leninist Extinction. Berkeley: University of California Press.

Kecskemeti, Paul (1961): The Unexpected Revolution: Social Forces in the Hungarian Uprising. Stanford: Stanford University Press.

Kennedy, Michael D. (1991): Professionals, Power and Solidarity in Poland: A Critical Sociology of Soviet-Type Society. Cambridge: Cambridge University Press.

Király, Béla K. (1995): Soft Dictatorship, Lawful Revolution, and the Socialists' Return to Power. In: Béla K. Király (Hrsg.): Lawful Revolution in Hungary, 1989-94. Boulder, Colorado: Social Science Monographs.

Kis, János (1995): Between Reform and Revolution: Three Hypotheses About the Nature of the Regime Change. In: Béla K. Király (Hrsg.): Lawful Revolution in Hungary.

Kligman, Gail (1998): The Politics of Duplicity: Controlling Reproduction in Ceauşescu's Romania., Berkeley: University of California Press.

Kontler, László (1999): Millennium in Central Europe: A History of Hungary. Budapest: Atlantisz.

Kornai, Janos (2000): Evolution of the Hungarian Economy, 1848-1998; Volume II: Paying the Bill for Goulash-Communism. Boulder, Colorado: East European Monographs.

Lewin, Moshe (1975): Political Undercurrents in Soviet Economic Debates: From Bukharin to the Modern Reformers. London: Pluto Press.

Liehm, Antonin J. (1983): The New Social Contract and the Parallel Polity. In: Jane Leftwich Curry (Hrsg.): Dissent in Eastern Europe. New York: Praeger Publishers.

Litván, György (Hrsg.) (1996): The Hungarian Revolution of 1956: Reform, Revolt and Repression, 1953-1963. London: Longman.

Marino, Adrian (1996): Triptic. In: Iordan Chimet (Hrsg.): Momentul adevărului. Cluj: Editura Dacia.

O'Donnell, Guillermo/Schmitter, Philippe C. (1986): Transitions from Authoritarian Rule: Tentative Conclusions about Uncertain Democracies. Baltimore: The Johns Hopkins University Press.

Opp, Karl-Dieter (1995): Some Conditions for the Emergence of Spontaneous, Nonviolent Revolutions. In: Karl-Dieter Opp/ Peter Voss/ Christiane Gern: Origins of a Spontaneous Revolution: East Germany, 1989. Ann Arbor: The University of Michigan Press.

Petrescu, Cristina (2000): There is Something More to Say: On Dissidence in Ceauşescu's Romania. In: Dan Petrescu/ Liviu Cangeopol (Hrsg.): Ce-ar mai fi de spus: Convorbiri libere într-o ţară ocupată. Bucharest: Editura Nemira.

Petrescu, Dragoş (2001): Can Democracy Work in Southeastern Europe? Ethnic Homogeneity vs. Democratic Consolidation in Post-Communist Romania. In Balázs Trencsényi et al. (Hrsg.): Nation-Building and Contested Identities: Romanian & Hungarian Case Studies. Budapest/ Iaşi: Regio Books & Editura Polirom.

Rainer, János M. (1999): National Independence, Neutrality, and Cooperation in the Danube Region: Imre Nagy's Foreign Policy Ideas. In: Ignác Romsics/Béla K. Király (Hrsg.): Geopolitics in the Danube Region: Hungarian Reconciliation Efforts, 1848-1998. Budapest: Central European University Press.

Schöpflin, George (1993): Politics in Eastern Europe. Oxford: Blackwell.

Scurtu, Ioan (Hrsg.) (1996): România: Retragerea trupelor sovietice – 1958. Bucharest: Editura Didactică °i Pedagogică.

Shafir, Michael (1985): Romania – Politics, Economics and Society: Political Stagnation and Simulated Change. London: Frances Pinter Publishers.

Stokes, Gale (1993): The Walls Came Tumbling Down: The Collapse of Communism in Eastern Europe. New York: Oxford University Press.

Szabó, Máté (2009): Urbanisten versus Populisten: Die Pluralität oppositioneller Diskurse in Ungarn als Ausgangspunkt für die Polarisierung des postsozialistischen Parteiensystems. In: Berliner Debatte Initial 20 (3), 74-87.

Tigrid, Pavel (1977): Imre Nagy, le déviationniste malgré lui. In: Amère Révolution. Paris: Albin Michel.

Tismăneanu, Vladimir (1992): From Arrogance to Irrelevance: Avatars of Marxism in Romania. In: Raymond Taras (Hrsg.): The Road to Disillusion: From Critical Marxism to Postcommunism in Eastern Europe. Armonk: M. E. Sharpe.

Tökés, Rudolf L. (1996): Hungary's Negotiated Revolution: Economic Reform, Social Change, and Political Succession, 1957-1990. Cambridge: Cambridge University Press.

Tudoran, Dorin (1998): Kakistocraţia. Chişinău: Editura Arc.

Verba, Sidney (1974): Comparative Political Culture. In: Louis J. Cantori (Hrsg.): Comparative Political Systems. Boston: Holbrook Press.

Verdery, Katherine (1996): What Was Socialism, and What Comes Next? Princeton: Princeton University Press.

Verona, Sergiu (1992): Military Occupation and Diplomacy: Soviet Troops in Romania, 1944-1958. Durham: Duke University Press.

Walicki, Andrzej (1995): Marxism and the Leap to the Kingdom of Freedom: The Rise and Fall of the Communist Utopia. Stanford: Stanford University Press.

The Civil Rights Movement of the GDR in 1989

Karsten Timmer

The civil rights movement of the GDR was the most powerful social movement in German history. Its extraordinary power resulted from the unique fact the civil rights movement was supported by literally every group of society: Workers, intellectuals, and students joined the coalition fighting for a democratic society, among them old people as well as the country's youth, men and women. Moreover, the demonstrations were not limited to big university cities or industrialized regions but spread over the entire country from the very South to the islands of the Baltic Sea. The mass demonstrations of 500.000 people in Berlin or 300.000 in Leipzig certainly were the most visible actions, but demonstrations also occurred in small rural towns where manifestations of maybe 50 of a village's 100 inhabitants constituted a mass mobilization of its own right.

The impact of the protest was most substantial although unintended by many who joined the movement in the very beginning. Only three months of mass demonstrations from mid-September to early December 1989 swept away the communist regime which had been considered invulnerable for 40 years. However, the fall of the old regime did not result in the creation of a new democratic GDR. In fact, it gave leeway for a subsequent movement which opted against a future in a reformed GDR. The country saw new mass demonstrations, this time pressing for German unification which was finally achieved in October 1990.

The aim of this chapter is to present and analyze the complex evolution of the civil rights movement and to discuss the impact of this movement on the fall of the GDR. It will, first, briefly outline the state of the art of the scientific research and give an account of the sources available. Second, it seeks to provide an overview of the development which led from the first dissident actions in early September to the integration of the opposition in the national decision-making body, the Eastern German Round Table on December 7th. The third section of the paper will concentrate on a set of characteristics of the movement.

The State of the Art

Right from the beginning, many of those who participated in the protest at the national or local level were aware of the fact that they had to document their actions if they wanted to share their experiences later on. In the subsequent years, this led to a broad variety of publications which minutely document the developments in a range of towns such as Leipzig, Magdeburg or Schwerin to name only a few. These publications from a participant's point of view feature internal position papers, leaflets, petitions, interviews, state security documents, photos, sermons, etc and present a vivid picture of the actions and demonstrations at the local level (for Leipzig see Dietrich/Schwabe 1993). In addition to these studies with a local focus, other documentations concentrate on the activities of the dissident groups at the national level, on the demonstrations, the church, on public opinion polls, the strategies and actions of the security forces and the secret services or the counter-measures taken at the government level (see the bibliography in Timmer 2000). In addition to the publicized sources, a broad range of material can be found in private and public archives, among them archives of the oppositional groups and the archives of the former State Security which have been made accessible to the public.[1] Taken together, the sources available allow for a comprehensive and detailed analysis of the events in fall 1989.

The abundant supply of sources has been met by great scientific, although not always academic research. Again, the first studies were made by those who were first hand witnesses of the fact. Only later, the movement attracted academic research which focused on a variety of issues ranging from studies on individual cities (see e.g. Schnitzler 1996), the dynamics of the mass demonstrations (see Opp/Voß 1993), the dissident groups (see Kuhrt 1999), the Round Table (see Thaysen 1990), or the fall of the Wall (see Hertle 1996). Moreover, there are several studies which provide a comprehensive analysis of the movement (see Neubert 1997; Timmer 2000).

Although academic interest is flagging, the Eastern German civil rights movement is thoroughly researched, especially when compared to its Eastern European counterparts. Having said this, one has to point out some blind spots which still remain unclear. The *Dialogveranstaltungen* (public hearings) for example, where the population put their local functionaries on the spot and held them publicly accountable for their activities, were a major force of de-legitimization of the old regime. Nevertheless, they are still awaiting their scientific discovery.

The academic controversies about the movement clearly reflect the very political nature of a subject which fundamentally changed German history. A Babel of different denominations is still heard today, each one giving credit for the movement's 'success' to a specific group: The terms 'revolution' or 'people's movement' highlight the role of the masses, especially when juxtaposed to the 'civil rights movement' which many use to underline the importance of the dissident groups. The term 'protestant revolution' (Neubert 1997) on the other hand points out the influence attributed to the Eastern German Protestant Church whereas the concept of a 'national-democratic movement' (see Zwahr 1993) discards the civil rights component and implies a quasi-teleological process which inevitably led to German unification.

In terms of scientific debates, the controversial use of terms comes down to two points: First, the role of the dissident groups, second, the nature of the movement. As to the first point, interpretations range from considering the dissidents the 'democratic heroes of fall 89' to blaming them for having been anti-democrats who missed the chance to lead the masses to a democratic society.

Karl-Dieter Opp coined the term the 'publicly-owned revolution' (*volkseigene Revolution*) (Opp/Voß 1993) to present his sociological research of the mass mobilization. Building on a number of interviews with participants of the Leipzig demonstrations, he shows that the individual decisions to join the demonstrations were in no way affected by the presence of the dissident groups. The people on the streets coordinated their actions in a self-organized, spontaneous way so that the mass upheaval constituted, in the words of Hartmut Zwahr (1993: 19), an act of 'auto-liberation' (*Selbstbefreiung*) of the people who had no need for intellectuals or leaders. In view of the spontaneous nature of mobilization,

---

1   The most comprehensive collections of dissident material can be found at the Robert Havemann Archiv (Berlin), the Archiv Bürgerbewegung Leipzig (Leipzig), the Archiv der Sozialen Demokratie (Bonn). The former State Security archives are now open to the public at the federal agency called Die Bundesbeauftragte für die Unterlagen des Staatssicherheitdienstes in der ehemaligen DDR (BStU) in Berlin.

this line of argument makes the case for a marginal role of the groups who were not interested in mass mobilization anyway.

On the other hand, many researchers see the dissident groups as 'midwifes' (*Geburtshelfer*) (Knabe 1989: 10) of the mass movement. From their point of view, the civil society discourse of the dissidents provided the ideological framework for the mass protest and contributed to the non-violent ways of action. More over, the decentralized network of oppositional circles which had spread over the entire country during the eighties is seen as the organizational backbone necessary for a nation-wide mass mobilization (see Fehr 1996).

These two interpretations of the dissidents' role seem to be irreconcilable, not the least because the underlying juxtaposition of a 'people's movement' as opposed to a movement led by an avant-garde is more of political than academic nature.

A second subject of debate which is closely related to the first one and not less political is the ideological mindset of the dissident groups: Have they been democrats inspired by civil society ideals put forward by Vaclav Havel or Adam Michnik or are they to be considered socialists who did only want to improve the communist regime without ever contesting its totalitarian nature? This question has stirred fierce scientific debates but unlike the first issue outlined above, this discussion has by and large come to an end. The interpretation of the dissidents as socialists has been the predominant view in the first half of the nineties and was not only supported by German research but also by two English language publications (see Joppke 1995; Torpey 1995). In the meantime, however, most fellows underline the democratic nature of the dissident's actions and objectives which were based on a specific Eastern European notion of civil society (see Maier 1997; Timmer 2000).

The Civil Rights Movement in the GDR – an Overview

The following synopsis is based on the assumption that the mass mobilization in the GDR can only be understood if the oppositional groups and the protesters in the streets are considered part of one common phenomenon. This phenomenon can best be characterized as a 'social movement' (see Raschke 1988: 77). It constituted a loosely organized but still structured framework for collective action in which both the dissident groups and the protesters had distinct roles but common goals, norms and symbols.

On the basis of this analytical premise the process of mass mobilization can be subdivided into four phases:

i) The formation of the Movement in September/ October 1989
ii) Mass Mobilization – October/ November 1989
iii) From Mass Action to Representation at the Round Table
iv) From the Dissolution of the Movement to the Dissolution of the GDR

The Formation of the Movement in September/ October 1989

The key to mass mobilization in the GDR was the mass exodus which preceded it. When Hungarian soldiers tore down the barbed wire at the border to Austria in early May 1989, they sent a signal to all those in the GDR who hoped for a better life in the Western part of their nation: There was a first hole in the Iron Curtain. In the following weeks more and more Eastern German citizens pretended to leave for vacations and drove down to Hungary to cross the border. However, the border was not open at all. Hungarian border police stopped the refugees and marked their passport with an incriminating stamp that made a return home extremely unattractive since it promised prosecution.

As a consequence, the want-to-be refugees turned to the Western German embassy in Budapest which was soon crowded by several thousand people with several more thousands housed in Red Cross camps. On September 11th, the Hungarian government gave way to the pressure and opened the border to let over 11.000 people leave for Western Germany. Just like a déjà-vu experience, the same development took place again over the course of September, this time at the Western German embassy in Prague. On October 1th and again on October 3th, 3.500 and 7.500 Eastern German citizens forced their way to Western Germany.

Back in the GDR, the exodus created an overwhelming sense of crisis. Seeing friends, family members and colleagues leave their home and country forced literally everybody to think about his or her personal future as well as about the country's future perspectives in general. The exodus made it impossible to carry on with the established *modus vivendi* of most GDR citizens who paid lip-service to the political rituals and tried to find their personal niche in the system without bothering too much about politics which they could not influence anyway. In view of the crisis this attitude changed fundamentally. People expected the government to realize the sheer scale of the country's problems and to introduce reforms that would stop the exodus and give the GDR a perspective for a better future.

The government as well as party functionaries were, however, paralyzed. They found no way to cope with the fact that thousands of their citizens left the country. Due to the fact that the Secretary General Honecker was ill and in hospital all summer, party leaders were unable to make the decisions the population was waiting for. The party officials refused to acknowledge the sheer existence of any problem in the GDR and made it utterly clear that they did not have any reason nor inclination to think about reforming the GDR. This very situation was the background and the prerequisite for the mass mobilization - a population in despair with nobody to turn to and nowhere to go after the GDR closed all its borders.

In this situation, two unconnected events which took place in early September sparked the conflict. In Berlin, 30 dissidents founded the group *Neues Forum* (New Forum) and in Leipzig the Nikolai Church reopened its doors to the traditional 'Peace Prayers' after the summer holiday break. Both events might have otherwise gone unnoticed, but in the historic setting of September 1989 they became the starting points for a mass movement which nobody foresaw.

Over the 1980s, the Protestant Church of the GDR had provided a safe harbor for dissident activities. A small, marginalized group of maybe 2.500 people formed an oppositional milieu that consisted of approximately 250 groups which were loosely connected in a highly decentralized network (see Von zur Mühlen 2000 and Ohse in this volume). Over the course of 1988/89, a number of dissidents got increasingly dissatisfied with their existence within the realm of the Church. They realized that the safe harbor prevented state security from prosecuting oppositional activities but at the same time, it prevented oppositional activities from having an impact outside the church walls. The dissatisfaction led to the establishment of a number of new groups in September and October 1989, namely the

New Forum which was set up on September 10, 1989. As the other groups, the New Forum did not call for revolution, it claimed the right for independent voices to be heard in the public area which was denied to all non-party members by the communist party SED (*Sozialistische Einheitspartei Deutschlands*/United Socialist Party of Germany). The founders of the New Forum considered the group an independent sphere of public dialogue, a civil society association of its own right.

This very defensive approach proved to be highly attractive to a population which was in helpless despair in September 1989. Since the party refused to even acknowledge the existence of the exodus and suppressed any public debates, the New Forum presented a very attractive chance: It articulated the need for an independent public opinion and it provided a forum for everybody to speak up without being instructed or prosecuted.

The very first actions of the New Forum's steering committee attracted exhaustive coverage by Western German television which people in most parts of Eastern Germany were able to see. Within a few days the New Forum was known in the whole country and small local groups mushroomed all over the country. By the end of September, there was a local New Forum branch in every major city and many more were established in small towns. By mid-October, more than 200.000 people had put their signature under the founding charter of the New Forum.

While the New Forum was focused on discussion and dialogue, the Peace Prayers in Leipzig prompted action. Established in the early eighties, the Peace Prayers were a joint venture of the local priests and the dissident groups of Leipzig who used the services as a means of communications both among the groups and between the groups and the public. Over the course of the eighties, attendance varied from 10 to 200 people. This only changed in May 1989 when the police tried to stop the activities. Since the police were not able to interfere with the religious service itself, they surrounded the church in order to force the participants to leave the place after the service was over. In fact, this strategy only raised public awareness – what has been an almost private action within the church was now turned into a public manifestation by the massive presence of police forces in the very middle of the town. Although the prayers still did not attract many people before the summer break, the citizens of Leipzig became aware of the fact that the Nikolai Church was a forum of dissident action which took place on a regular basis; every Monday evening at 5 p.m.

The first Peace Prayer after the summer break of 1989 took place in a different setting: Being increasingly frustrated with the government who did not react to the exodus crisis, people were looking for a place to articulate their dissatisfaction and turned to the Peace Prayers. 1.200 people gathered in the Church on September 4th. This day saw the first demonstration of fall 1989 as the participants gathered in the streets after the service. Although the police successfully prevented the demonstration from marching through the city center, this first public action set the tone for the following weeks. From Monday to Monday, the Peace Prayers attracted more people.

On Monday, September 25th, there were not only 2.500 people attending the service but another 4.000 milling around in the adjacent streets. When the Peace Prayer in the Nikolai Church was over, more than 5.000 people formed a demonstration in a spontaneous and non-violent way which made it impossible for the security forces to stop the development. On October 9th, the formation of a demonstration followed the same self-organized scheme, but this time there were over 70.000 people whose battle cry '*We* are the people' contested the legitimacy of the „People's Republic" and reclaimed public opinion. The dramatic setting of 8.000 police forces with machine-guns and tanks which withdrew in view of the demonstration only added to the extraordinary fact that for the first time since 1953 'the people' had publicly manifested its will.

Mass Mobilization – October/ November 1989

The Leipzig demonstration of October 9th was the turning point of the process. Not only did it trigger literally hundreds of Peace Prayers in cities and villages all over the GDR, but it merged the two lines of mass mobilization: The Peace Prayers on the one hand side and the oppositional groups like the New Forum on the other joined forces and became so closely interrelated that from October 9th on, the sporadic protests developed into a social movement with a collective identity, with a common vision – democracy –, with common symbols, namely the candles which were carried by the protesters, and with a set of shared principles among them the norm of non-violent action.

However, public demonstrations had so far not occurred outside Leipzig. With the old government still in charge people were afraid of counter-measures and stayed inside the churches. This did not change until October 18th when a group of inner-party dissidents under the leadership of Egon Krenz decided to depose the then Secretary General Erich Honecker who had led the party and the country since 1971. The so-called reformers had realized that the only way to preserve the party's power was to replace the hard-liner Honecker and to prudently introduce reforms. The public image of Krenz, however, was far from being one of a straight-forward reformer and his seizure of power did not play out the way it was intended to. Instead of re-establishing the leadership of the party, it was the starting point for a wave of mass-demonstrations. The fact that the party leadership had been forced to react clearly demonstrated that it was not as invulnerable to public protest as it had been perceived to be in the forty years of GDR history. Moreover, Krenz' announcement that he would no longer tolerate violent counter-measures by the police changed the conditions for the protest fundamentally. People no longer had to fear being beaten up and arrested and this new freedom gave way to a wave of demonstrations on the following days. Every town and city of the GDR saw its demonstrations and not only did the overall number of manifestations skyrocket after October 18th but also the turn out. The wave of demonstrations reached its climax on November 4th in Berlin where more than 500.000 people took a stand against the old elites and for a reformed and democratic GDR. Simultaneously, the above mentioned *Dialogveranstaltungen* subjected the party and state officials on the local level to extremely emotional and fierce public hearings. After forty years of autocratic party leadership the people held the functionaries accountable for their activities and re-claimed the public sphere.

In many places, these three types of action were soon merged into a scheme that regularly took place once a week: In the course of action, the ongoing Peace Prayers which were increasingly transformed into a secular type of political gathering were the prelude. People gathered in the church to hear the announcements and speeches of representatives of the dissident groups and the local priests. After the Peace Prayer ensued a mass demonstration which was joined by those who did not had the chance to attend the service. The demonstrations normally ended at the town square where a podium was set up. On this podium sat the representatives of the dissident groups together with local party and state representatives who had to answer the questions of the crowd.

Until early November, an estimated 2 million people had participated in the movement's action in one or another way, i.e. joining Peace Prayers, demonstrations, public hearings, or the dissident groups. The prerequisite for this extraordinary success was the extremely open nature of the movement. It stood for demands that almost everybody could subscribe to: Civil rights, among them the freedom to vote, to associate and to travel, the legalization of the dissident groups like the New Forum, the dismissal of the old elites and the dissolution of the secret security police, the *Staatssicherheitsdienst*. The anti-SED focus allowed for a broad consensus which was turned into mass action in October and November 1989.

From Mass Action to Representation at the Round Table

The point of no return in the regime's decline was reached on November 9th with the fall of the Wall. Again, it was a government effort to control the situation that resulted in unintended consequences and introduced a new quality to the process. On November 9th, the meeting of the Central Committee of the SED decided to give way to the pressure building up inside the GDR by opening the border to Western Germany. This measure was designed to be implemented in a highly formalized and controlled way but the Committee's speaker, Günter Schabowski, misunderstood the timing and released the news to the international press one day early. The very same evening thousands of Berliners gathered at the border posts and declared the border open. They forced their way to the West and left behind puzzled border guards who waited in vain for new orders of their superiors.

From one day to the other, the political landscape of the GDR had changed fundamentally. While millions of people traveled to the West – within two weeks after November 9 more than 11 million GDR citizens visited Western Germany – new questions were set on the political agenda: Had the movement so far been focused on anti-SED actions, it was now time to positively define the future shape of the country.

This proved to be to big a challenge for the dissident groups which were not prepared at all to design a new political system from the scratch. Having been preoccupied with criticizing the old regime, none of the different groups had a feasible concept for a new political order that would replace the SED regime. More over, all of the groups were struggling to get their organizational structures up and running. There were no established decision-making procedures which would have been indispensable to develop and present such a far-reaching proposal. In addition, the political ideas of the groups were deeply rooted in basis democratic concepts of a self-organized society. Hence, they did not want to preempt the will of the people but hoped for the citizens to join them in an ongoing public debate about the future of the country. Therefore, the groups deliberately refused to assume a leadership role not to mention to seize power.

However, the groups realized that they needed to find a way to control the transition of power from the old elites to a new democratic society. It was clear that there was an urgent need for a new institution which would have the legitimacy to develop a new constitution and to set a date and the rules for free elections. In this situation, the opposition turned to an idea which had proved successful in Poland half a year earlier: the Round Table where representatives of the old and the new elites together would trace ways into a democratic future. In view of the dramatic decline of the established power structures, the date for the first meeting was set for December 7th.

From the Dissolution of the Movement to the Dissolution of the GDR

When the participants of the Round Table convened their first meeting, it became clear that the opposition had dramatically misjudged the dynamic of the development. In the weeks between November 9th and December 7th public opinion had changed fundamentally. Over the course of November, the government had been forced to disclose a broad range of information concerning the economic situation of the GDR to the public. In the light of the new information available people began to realize how disastrous the economic situation of the GDR really was. Simultaneously, millions of GDR citizens had witnessed the high standard of living enjoyed by their relatives in Western Germany. This contrast led many to an obvious conclusion: Why should we make the long-term and arduous effort to build a new Eastern Germany when unification with the Western counterpart would bring democracy and prosperity in a much quicker and easier way?

Beginning in late November there was a new battle cry to be heard during the demonstrations: The traditional anti-SED slogan 'We are the people' was increasingly replaced by 'We are *one* people' which alluded to the concept of a united German nation. Had the demonstrations so far been unanimously targeted against the SED regime, the new line of conflict ran right though the manifestations themselves and divided them into those who still believed in a reformed GDR and feared a nationalistic 'Forth Reich' on the one hand and those who saw a better future in a unified Germany. This new line of conflict reflected the fact that the movement had achieved its original goal: It had successfully overthrown the communist regime of the SED. Having accomplished its mission, the movement split over the conflict about the steps to be taken after this success.

When the Central Round Table meeting on December 7th set a date for the first free elections in the GDR, this was still considered the beginning of a new era of GDR history. In fact, the Round Table's decisions were a crucial contribution to the transition of power and to the credit of the dissident groups this transition was made in a non-violent way. Nevertheless, the dissident groups did no longer play a proactive role in the political arena. Over the course of December 1989, the demonstrations turned into pro-unification events. In late December, it was no longer the question whether or not to unite Germany but only when and how. Consequently, the vacuum of power which opened up after the decline of the old regime was soon filled by Western German politicians who took over the role of the new elites and dominated the political debates in and about the future of the GDR.

The first free elections which took place March 18th, 1990, formally marked the end of the democratic upheaval. The New Forum who had played a decisive role in initiating the process only seven months earlier did not get but 2.9 percent of the votes. Strangely enough, the winner of the elections, the Christian Democratic Party (CDU), had been one of the former allied parties of the SED. It successfully ran for elections as the ally of the Western CDU under the leadership of Helmut Kohl. The key responsibility of the first freely elected Prime Minister Lothar de Maiziére was to lead the GDR into self-dissolution which was finally achieved with the German unification on October 3th.

Systematic Perspectives

The Formation of the Movement

Causes and key factors of the protest

Although the exodus in summer 1989 was the driving force that let discontent materialize, the level of dissatisfaction with the GDR was high, if latent already before 1989. When Honeckcr came into power in 1971, he tried to establish a new social contract: The government promised to raise the overall standard of living and to supply consumer goods in sufficient quantity and quality at reasonable prices while it expected the population to accept the political status quo and the leadership of the party. This deal worked out fine as long as the party was able to meet the promise. This, however, was no longer the case from the beginning of the eighties. There were not enough resources available to provide the consumer goods but producing or importing them was an expensive political necessity. This necessity ate up the resources which were desperately needed to modernize public infrastructure (buildings, railroads, streets) or to invest in the economic infrastructure. The results of this vicious circle became obvious in the early eighties: The cities literally fell into ruins, factories were rotting away, most goods were of poor quality if available at all, environmental conditions grew worse and worse and there was one common denominator to all these problems: The party which had promised to take care of it (see Meuschel 1992: 22ff). The discontent got even more severe when the people in Eastern Germany compared their way of life to the one enjoyed by their fellow-Germans on the Western side of the border. A feeling of deprivation was tangible.

But a latent dissatisfaction alone would not have been enough to trigger mass mobilization. There were two key factors which helped transform discontent into action. The first one was the exodus of GDR citizens in summer 1989. From a sociological point of view, the protest was not triggered by favorable political opportunity structures but by a catalytic event which might best be characterized as a 'critical event' (see Bourdieu 1988). This concept which has been developed by Pierre Bourdieu to explain the mass mobilization in May 1968 in France is particularly helpful to understand the events in September 1989. Due to Bourdieu, an event that may in itself be contingent is able to change the way in which a political system in perceived by the citizens. Under normal circumstances, every group of a given population has its specific problems and chances which shape the attitudes toward the political regime and differentiate the respective groups. However, these differences might be transcended by an extraordinary event that synchronizes the perceptions of the different groups and thus creates the basis for mass mobilization. This is exactly what happened in September 1989: The exodus confronted every single citizen of the GDR with the same problem and brought everybody to realize that the regime was to be reformed to stop the exodus (see Pollack 2000: 209ff, Timmer 2000: 103ff). This common mindset was the prerequisite for the unique mass mobilization of fall 1989 that was supported by every group of the Eastern German population. The second factor mentioned above is the existence of the dissident groups.

The role of the dissident groups

The notion of unintended consequences is the key to the understanding of the role of the dissident groups. When the dissidents formed new oppositional groups in mid-September 1989 none of them would have ever dared to dream of a mass movement as the one that came into existence only weeks later. Without planning for it, sometimes even without wanting it, the oppositional groups became the organizational backbone which is indispensable for mass action. The same can be said of the Peace Prayers which were led by dissidents and became a place of political debate in September and later, in mid-October, the starting point for the demonstrations. Without these points of crystallization the people on the streets would have had no place to meet, to articulate their dissatisfaction and thus to take collective action.

Having said this, it is important to underline that the groups had neither the intention nor the resources to become leaders of a social movement. As in other Eastern European countries, resource mobilization theories do not apply in the GDR (see Tarrow 1991). The social movement organizations provided the places for the people to go to, but they did not mobilize the protest nor did they control or organize it. However, their contribution was indispensable not only in purely organizational terms but also with regard to the movement's 'ideology'.

From a social movement theory point of view, the dissident groups performed a highly successful framing (see Snow at al. 1986). The framing concept is based on the assumption that dissatisfaction alone is not enough to trigger a social movement. In order to turn dissatisfaction into collective action, there must be a common set of norms and values shared by a movement's participants that defines the reasons, the goals and the means of action. In the case of the GDR, the dissident groups articulated alternative interpretations of the situation, the exodus-crisis prepared the ground for new ideas to catch on and Western media provided the means to spread them among the population. The more the exodus-crisis escalated, the more people were prepared to listen to the new agenda put forward by the dissident groups.

In countless interviews and reports in the Western media, they had the chance to reach out to the population and to interpret the situation of the GDR in their own terms: grassroots democracy instead of authoritarian party leadership, creativity instead of conformity, participation instead of submission, and last but not least, collective action instead of passive, private suffering. The framing of the groups was grounded on the concept of civil society which called for societal self-organization and non-violent action aimed at replacing the autocratic state by means of a civil society and its citizens. These ideas became an integral part of the movement's collective identity and shaped the non-violent ways of action as well as the overall objectives of the movement which was focused on civil rights and democratic reforms (see Fehr 1996).

The role of the old elites

The old elites played a decisive role, primarily by not acting. Had they reacted to the exodus, things would have developed differently. Only the ignorance of the party leadership who refused to talk to the dissidents and violently suppressed every kind of public demonstration helped build up the pressure which led to mass mobilization. The jubilee of the GDR celebrated on October 7th, 1989, in the middle of the crisis, was an almost cynic symbol of the ignorance and incompetence of the party leaders who worshipped Potemkian villages. Moreover, the violent counter-measures which were taken even against the smallest outburst of discontent build bridges between the dissidents and the population. The sense of solidarity with those who were beaten up for nothing was a major force of mobilization when by-standers in Leipzig joined the demonstrations to express their solidarity.

When the 'soft-liner' Krenz came into power in mid-October 1989 and promised reforms, there was no longer a way to politically control the development. Instead of re-establishing the party's power, the dismissal of Honecker and Krenz' seizure of power clearly demonstrated the regime's vulnerability and gave rise to even more substantial protests. Hence, the change of strategy from repression to tolerance came too late and constituted the Eastern German 'element of surprise' (Kuran 1991: 7) which finally undermined party leadership.

However, the new party leadership was open to negotiations and highly instrumental in the establishment of the Round Table. Unlike Honecker, Krenz saw negotiations as the only way to prevent violent actions. For this reason, he encouraged party and state officials at the local level to cooperate with the movement. As a consequence, the police in many towns formed so-called 'security partnerships' with local representatives of the movement. Together they planned the route the local demonstration was to take and guided the procession through the town.

At the national level, the new 'cooperative' attitude of Krenz gave leeway to the establishment of the Round Table in December 1989. Although Krenz himself was no longer in his position as Secretary General when the Round Table was finally convened, he supported the idea and even presented the Round Table as a party initiative. Facilitated by church officials, who played a decisive role as a neutral third party, it only took several days in late November to reach the consensus that the old elites and the opposition should have a seat at the table, each group with the same number of votes. In view of the party's willingness to establish the Round Table, it is fair to say that the soft-liners who succeeded Honecker did contribute to the non-violent way in which the GDR made its transition to a democratic future.

The role of allies

If social movement theories stress the importance of allies, this is especially true for a movement with no resources to speak of. There were two important allies to the protest in the GDR each one substituting resources which are indispensable for the formation of a movement but not available in an autocratic regime like the GDR.

The single most important ally was the Protestant Church. Many priests were protagonists of the movement on the local and national level and many more were extremely supportive by opening up their churches for public gatherings in a time when oppositional activities were severely prosecuted. In the situation of September 1989, the town churches provided an ideal meeting point. In the first place, they were easy to find which was of paramount importance in a society where oppositional activities had to be clandestine. Because of the special status of the Protestant Church in the GDR, the priests were able to provide protection from prosecution and the service-type Peace Prayers presented a low threshold for those who wanted to express their dissatisfaction with the regime. More over, the involvement of the church in the protest added to the movement's credibility and legitimacy which was of high importance in view of the government's efforts to discriminate and criminalize the dissidents. Taken together, the church supplied a set of tangible and intangible resources which were decisive factors for mass mobilization (see Alsmeier 1994).

Although the second ally of the movement was not located inside the GDR, it played a crucial role, too. Western television took great interest in the formation of the oppositional movement in the GDR which enjoyed extensive and very positive media coverage. Without Western media there would have been no way to spread the word about the formation of the dissident groups. Only the coverage made their existence known in the whole country and raised public attention to their goals and demands. More over, Western journalists stressed the legitimacy of the protest and added to the public standing of the groups. In the same way, the development in Leipzig was covered and provided everybody in the GDR with the information necessary to set up a Peace Prayer in his or her own town. The mushrooming of oppositional groups and Peace Prayers in September and early October 1989 would not have been possible without Western media (see Timmer in this volume).

The Process of Protest

The relation between the dissident groups and the 'masses'

The cooperation between the dissident groups and the 'masses' was a fragile and temporary one. However, for a limited time span they formed an extremely powerful coalition which was based on an anti-SED consensus. None of the partners of this coalition could have achieved the respective goals without the other. The dissident groups needed the public pressure executed by the mass demonstrations to make their demands heard while the people on the streets needed the support of the social movement organizations to transform their discontent into collective action.

The groups were indispensable in the early stages of mass mobilization and became even more so when the 'masses' needed representatives to go to scale and articulate their demands vis-à-vis the party and state officials. Unlike social movements in Western countries which have to reach or bypass a pluralistic system of intermediaries, the civil rights movement in the GDR had no established intermediaries to turn to because the abolition of independent organizations had been a prime concern of the communist regime. When the state and party leadership signaled their willingness to negotiate in late October, both sides, party officials and the people on the streets needed organizations which would mediate between the two. The only organizations which could play this role were the oppositional groups. They became the spokesmen and women of the movement and articulated the 'will of the people' at the manifestations, the public hearings or later at the Round Table.

Thus, the collaboration between the dissidents and those who participated in the mass actions was a win-win situation for both. For a certain time, the two partners formed a coalition which was based on a set of shared principles, goals and norms. It is this unorganized and at the same time structured form of social cohesion, that qualifies this temporary form of joint action as a social movement.

Only when the movement had achieved its goals in early December, the consensus lost its cohesive force. It then became obvious that the two partners were fundamentally different and had different agendas. While the dissidents adhered to the vision of an ideal, self-organized society, the greater part of the population claimed the right to better living conditions. They were not interested at all in a self-organized society which for them seemed to be a social experiment with unknown outcomes which was far less attractive than a future in a united Germany. Thus, the basis for future joint action became obsolete with the collapse of the common enemy SED and consequently the coalition split after having fulfilled its 'historic mission' of overthrowing the SED regime.

Goals and objectives

Between early September and early December, the goals and objectives of the movement underwent radical changes reflecting the rapidly changing political landscape. However, the demands never left the frame of the overall objective, that is, reforming the GDR into a democratic society. Within this frame, the goals evolved from the demands for civil liberties within the given system to the goal of not only reforming the regime but revolutionizing it by establishing a completely new, democratic system.

The first outbreaks of civil action were aimed at re-establishing classical civil rights: freedom of speech, freedom of association, and freedom of travel were the prime demands put forward both by the oppositional groups and the protesters in the streets of Leipzig. In retrospect, it seems naïve that nobody realized at the time that these demands were of a truly revolutionary nature. It is obvious today that the regime would not have been able to grant civil rights to its citizens without putting the cornerstone of the system, the leadership of the party, into question. However, both the groups and the protesters saw their demands as a means to reform and liberalize the GDR without ever thinking of overthrowing the system. By and large, this political naïveté was a prerequisite to mass mobilization – participation in a movement explicitly aiming at revolution would have been considered too dangerous by many.

Only later, in early November, people began to realize that it was not feasible to introduce democratic reforms to a system which was undemocratic by nature. In view of a regime which was collapsing like a house of cards the goals of the movement changed from reform to revolution. This change was reflected by the two main demands of early November: free elections and abolition of the first paragraph of the constitution which stipulated the leading role of the party. Again one month later, in early December, the movement had achieved its goals: civil rights were granted, people enjoyed the right to travel, the first paragraph of the constitution had been abolished by the parliament, and a date for free election had been set.

The success of the movement, however, made it dispensable. The basic consensus of the movement, the GDR as the geopolitical frame of a democratic future to be built, was increasingly abandoned when public opinion shifted towards German unification. This shift which materialized in the course of December 1989 marked the end of the civil rights movement.

The End of Mass Mobilization

The end of mass mobilization and the transition to a democratic society

From a comparative point of view, the end of mass mobilization in the GDR was typical for the Eastern European movements. After having been successful in forcing the powers to be to tolerate the protest and to offer negotiations, the anti-regime movement was institutionalized and actions on the streets were abandoned in favor of negotiations at a Round Table. As in Poland or Czechoslovakia, representatives of the old regime and members of the new oppositional groups worked together to find a non-violent way of transition to a democratic system. Similar to the other Eastern European countries, the Round Table of the GDR executed the indispensable function to set a date for free elections and to shape the democratic future of the country by drafting a new constitution (see Thaysen 1990).

From this point on, however, the GDR took a very unique path which was due to the unique German situation. The very presence of a Western part of the country which was extremely powerful both in economic and political terms opened a path into the future which only the GDR was able to follow. The chance to merge the country with another one set the GDR on a fast-track way to prosperity and freedom. The roadmap of this way was not shaped in East-Berlin but in Bonn. The more people in Eastern Germany turned to the idea of unification, the more decision-making power shifted from the Eastern German Round Table to the Western German government under the leadership of Helmut Kohl who soon became the driving force behind the unification (see Jarausch 1995).

As a consequence of the specific German situation, the Eastern German Round Table did not become the starting point for an indigenous way to democracy. Very much unlike their Eastern European counterparts, the Eastern German dissidents were not in a position to shape the country's future, not to mention to establish themselves as the new elite of a new democratic society. Together with the political structures and institutions of the Federal Republic, Western German functionaries, judges, politicians, professors and community leaders moved over to the Eastern part of the country.

By way of conclusion, one might say that the window of opportunity for German unification was opened by a movement that envisioned a democratic but still independent Eastern Germany. Unification was an unintended and – in the opinion of many dissidents: unwanted - consequence of the mass mobilization. Having said this, it is also fair to say that the civil rights movement was the most powerful and most successful movement in German history because it succeeded to achieve its single most important goal: democracy for the Eastern German citizens.

Bibliography

Alsmeier, Bernd (1994): Wegbereiter der Wende. Die Rolle der evangelischen Kirche in der Aus-
  gangsphase der DDR. Pfaffenweiler: Centaurus.
Bourdieu, Pierre (1988): Der kritische Moment. In: Bourdieu, Pierre (ed.): Homo academicus. Frank-
  furt (Main): Suhrkamp: 254- 292.
Dietrich, Christian/Schwabe, Uwe (eds.) (1993): Freunde und Feinde. Zur Geschichte der Leipziger
  Friedensgebete 1981 bis 1989. Berlin: Evangelische Verlagsanstalt.
Fehr, Helmut (1996): Unabhängige Öffentlichkeit und soziale Bewegungen. Fallstudien über Bürger-
  bewegungen in Polen und Ungarn. Opladen: Leske& Budrich.
Hertle, Hans-Hermann (1996): Der Fall der Mauer. Die unbeabsichtigte Selbstauslösung des SED-
  Staates. Opladen: Westdeutscher Verlag.
Jarausch, Konrad (1995): Die unverhoffte Einheit. Frankfurt (Main): Suhrkamp.
Joppke, Christian (1995): East German Dissidents and the Revolution of 1989. Social Movements in a
  Leninist Regime. Basingstoke: Macmillan.
Knabe, Hubertus (1989): Die deutsche Oktoberrevolution. In: Knabe, Hubertus (ed.): Aufbruch in
  eine andere DDR. Reformer und Oppositionelle zur Zukunft ihres Landes. Reinbek: Rowohlt: 9-
  20.
Kuhrt, Eberhard (ed.) (1999): Opposition in der DDR von den 70er Jahren bis zum Zusammenbruch
  der SED-Herrschaft. Opladen: Leske+Budrich.
Kuran, Timor (1991): Now out of Never: The Elements of Surprise in the East-European Revolution
  of 1989. In: World Politics 44: 7- 48.
Maier, Charles (1997): Dissolution: the crisis of communism and the end of East Germany. Princeton,
  NJ: Princeton UP.
Meuschel, Sigrid (1992): Legitimation und Parteienherrschaft. Zum Paradox von Stabilität und Revo-
  lution in der DDR 1945- 1989. Frankfurt (Main): Suhrkamp.
Neubert, Ehrhart (1997): Geschichte der Opposition in der DDR 1949- 1989. Bonn: Bundeszentrale
  für politische Bildung.
Opp, Karl-Dieter/Voß, Peter (1993): Die volkseigene Revolution. Stuttgart: Klett-Cotta.
Pollack, Detlef (2000): Politischer Protest. Politisch alternative Gruppen in der DDR. Opladen:
  Leske+Budrich.
Raschke, Joachim (1988): Soziale Bewegungen. Ein historisch-systematischer Grundriß. Frankfurt
  (Main)/ New York: Campus.
Schnitzler, Stephan (1996): Der Umbruch in der DDR auf kommunalpolitischer Ebene. Eine empiri-
  sche Studie zum Demokratisierungsprozeß von 1989/90 in der Stadt Erfurt. Göttingen: Cuvil-
  lier.
Schulz, Marianne (1992): Neues Forum - Von der Illegalität in die legale Marginalität. In: Müller-
  Enbergs, Helmut/Schulz, Marianne/Wielgohs, Jan (eds.): Von der Illegalität ins Parlament.
  Werdegang und Konzepte der neuen Bürgerbewegungen. 2. revised edition. Berlin: Ch. Links:
  11- 104.
Snow, David et al. (1986): Frame Alignement Processes, Micromobilization, and Movement Partizi-
  pation. In: American Sociological Review 51: 464- 481.
Tarrow, Sidney (1991): 'Aiming at a moving Target': Social Science and the Recent Rebellions in
  Eastern Europe. In: Political Science and Politics 24: 12- 30.
Thaysen, Uwe (1990): Der Runde Tisch. Oder: Wo blieb das Volk? Der Weg der DDR in die Demo-
  kratie. Opladen: Westdeutscher Verlag.
Timmer, Karsten (2000): Vom Aufbruch zum Umbruch. Die DDR-Bürgerbewegung 1989. Göttingen:
  Vandenhoeck& Ruprecht.
Torpey, John (1995): Intellectuals, Socialism, and Dissent: The East-German Opposition and its
  Legacy. Minneapolis: University of Minnesota Press.

Von zur Mühlen, Patrik (2000): Aufbruch und Umbruch in der DDR. Bürgerbewegungen, kritische Öffentlichkeit und Niedergang der SED-Herrschaft. Bonn: Dietz Nachfolger.

Zwahr, Hartmut (1993): Ende der Selbstzerstörung. Leipzig und die Revolution in der DDR. Göttingen: Vandenhoeck& Ruprecht.

Das Ende des Staatssozialismus: Die Prozessdynamiken der ostmitteleuropäischen Regimeumbrüche im Ländervergleich

Detlef Pollack und Jan Wielgohs

Für viele Menschen in den Ländern Ostmitteleuropas bedeutete der Zusammenbruch des Staatssozialismus die Befreiung von einem menschenverachtenden System. Nach Jahrzehnten der Unterdrückung und Entmündigung entdeckten die Menschen ihren Stolz und ihre Würde wieder, die sie jahrzehntelang hatten verleugnen müssen. Die ihrer Autonomie beraubten Länder nahmen nach der Ära der sowjetischen Hegemonie ihr Schicksal wieder selber in die Hand und wandten sich dem Westen zu. So bewegend die Befreiung von der Herrschaft der autoritären kommunistischen Regime war und so grundlegend die Veränderung der alltäglichen Lebensverhältnisse, der wirtschaftlichen und rechtlichen Strukturen sowie der Formen der politischen Machtausübung auch ausfiel, so nüchtern müssen Historiker und Sozialwissenschaftler danach fragen, was diese Veränderung möglich gemacht hat. Sowohl innerhalb als auch außerhalb des kommunistischen Systems hatte in den Jahren zuvor kaum jemand mit einem solch radikalen Wandel gerechnet. Worin bestanden die Ursachen für den rasanten Zusammenbruch der staatssozialistischen Herrschaftssysteme? Welche Rolle spielten die unterschiedlichen sozialen bzw. politischen Akteure für den Ausbruch der finalen Krise und die Öffnung der staatssozialistischen Regime?

Die folgenden Überlegungen versuchen, die sozialen und politischen Bedingungen für den Übergang vom Staatssozialismus zur liberalen Demokratie in den Ländern Ostmitteleuropas ausfindig zu machen. Bevor dies getan werden kann, soll jedoch in einigen methodologischen Vorüberlegungen dargelegt werden, welchen Anforderungen eine solche Analyse zu genügen und welche Beschränkungen sie zu vermeiden hat. Dabei wird sich zeigen, dass der Aufweis struktureller Rahmenbedingungen für die Erklärung der Umbruchsprozesse nicht ausreicht, sondern verlaufs- und ereignisgeschichtliche Beobachtungen strukturgeschichtlichen Argumenten an die Seite zu stellen sind.

Methodologische Vorbemerkungen

Keine sozialwissenschaftliche Analyse gesellschaftlicher Wandlungsprozesse kann sich mit bloßer Deskription begnügen, will sie sich nicht im zwangsläufig selektiven Nacherzählen von Ereignissen erschöpfen. Was sie anstrebt und anstreben muss, ist eine Erklärung der Veränderungsprozesse. Dabei bedient sie sich in bevorzugter Weise der Methoden des Vergleichs, denn diese erlauben es, ausschlaggebende Faktoren des Wandels von weniger wichtigen zu unterscheiden und die Dynamik der Veränderungen verständlich zu machen. Ein solcher Vergleich soll hier anhand der Analyse der Umbruchsdynamiken einiger ausgewählter staatssozialistischer Länder Ostmitteleuropas vorgenommen werden.

Wie nicht zuletzt die Beiträge zu diesem Band nahelegen, sollten Sozialwissenschaftler in ihrem Versuch, die wesentlichen Bedingungen und Umstände der Umbruchsprozesse in Ostmitteleuropa herauszuarbeiten, darauf achten, einige typische reduktionistische Betrachtungsweisen zu vermeiden. Insbesondere sollten sie nicht

-   monofaktoriell argumentieren und zum Beispiel allein auf den Verfall der Staats-
    ökonomien Ostmitteleuropas oder allein auf das Auftreten Gorbatschows oder al-
    lein auf die Spaltung der kommunistischen Eliten abheben, so erklärungsrelevant
    für den Umbruch diese Faktoren im Einzelnen auch sind;

-   die Ergebnisse des Umbruchs auf die Intentionen der beteiligten Akteure zurück-
    führen, etwa auf die Absichten der oppositionellen Gruppierungen oder die strate-
    gischen Ziele der kommunistischen Reformeliten. Denn sehr häufig liegt die zent-
    rale Erklärung für das Ergebnis ihres Handelns gerade nicht in den Intentionen der
    Akteure. Vielmehr scheint es für die schnell und unübersichtlich ablaufenden Um-
    bruchsgeschehnisse charakteristisch zu sein, dass oft niemand gewollt hat, was
    schließlich herausgekommen ist. Die Oppositionellen in der DDR wollten die
    DDR nicht abschaffen, und doch ist sie im Zuge der demokratischen Revolution
    untergegangen; die Reformeliten in der ungarischen Regierung wollten den Sozia-
    lismus nicht preisgeben, aber am Ende des Transformationsprozesses stand eine
    bürgerliche Demokratie; das Bürgerforum um Václav Havel in der Tschechoslo-
    wakei strebte die Machtübernahme nicht an, dennoch wurde Havel nach wenigen
    Wochen des Massenprotestes von einem kommunistisch dominierten Parlament
    zum Staatspräsidenten gewählt;

-   auf eine einzige Akteursgruppe abstellen – auf das Volk oder die Reformkommu-
    nisten oder die Opposition. Weder die demonstrierenden Massen, noch die Re-
    gimegegner oder die Reformer haben autonom gehandelt. Zum einen waren sie in
    ihren Aktionen von günstigen Rahmenbedingungen abhängig, die nicht von vorn
    herein gegeben waren und die, als sie sich einstellten, ihre Aktionen oft überhaupt
    erst ermöglichten. Zum anderen waren ihre Aktionen immer zugleich Reaktionen
    auf die beobachteten bzw. antizipierten Handlungen anderer Akteure. Die Um-
    bruchsprozesse sind daher nur als komplexe und dynamische Interaktionszusam-
    menhänge zu begreifen, in denen jede einzelne Akteursgruppe ihre Entscheidun-
    gen unter einem hohen Maß an Ungewissheit über die Folgen ihrer Handlungen
    treffen musste;

-   ein Notwendigkeitsszenario entwerfen, nach welchem es früher oder später auf-
    grund des Demokratiedefizits oder der Innovationsbarrieren im Wirtschaftssystem
    zwangsläufig zum Zusammenbruch des Staatssozialismus hätte kommen müssen.
    Der Fehlschluss des retrospektiven Determinismus lag nach der Unfähigkeit der
    Sozialwissenschaften, den Zusammenbruch des Kommunismus vorauszusagen, für
    einige ihrer Vertreter besonders nahe. So unangemessen es angesichts der unüber-
    sehbaren Kontingenz der Ereignisse ist, den Sozialwissenschaften aus ihrer prog-
    nostischen Inkompetenz einen Vorwurf zu machen,[1] so unangebracht ist es aller-
    dings auch, im Nachhinein umfassende Erklärungskompetenz zu beanspruchen.

---

1   Die Erwartung, dass die Sozialwissenschaften den Zusammenbruch des Staatssozialismus hätten voraussa-
    gen müssen, ist „selber verfehlt [...], weil wir als Sozialwissenschaftler Makrophänomene wie gesellschaftli-
    che Umbrüche grundsätzlich nicht aufgrund theoretischer Ableitungen vorhersagen können.“... „Die Sozial-

Um derart reduktionistische Betrachtungsweisen zu vermeiden, gilt es, ein multiperspektivisches Bild von den Ereignissen von 1989/90 zu zeichnen. Dabei sind:

-   sowohl strukturelle Gründe als auch kontingente ereignisgeschichtliche Faktoren zu berücksichtigen;
-   externe wie interne Ursachen einzubeziehen;
-   nicht nur die Bedingungen des Zusammenbruchs, sondern auch die der jahrzehntelangen Stabilität des staatssozialistischen Systems anzugeben, da diese, wie wir im Folgenden zeigen werden, großen Teils in einem systematischen Zusammenhang zueinander standen.

Worin lagen die strukturellen Bedingungen des Umbruchs?

Um die dramatischen Umbrüche von 1989 in den osteuropäischen Staaten zu erklären, ist der Bezug auf die äußeren Rahmenbedingungen unausweichlich. Gleichzeitig lässt sich das Ende des sozialistischen Regimes jedoch nicht aus diesen Rahmenbedingungen einfach ableiten, denn diese existierten zuweilen über mehrere Jahrzehnte. Die Analyse der strukturellen Umbruchsbedingungen kann daher nicht so vorgenommen werden, dass sich aus ihnen der Zusammenbruch des staatssozialistischen Systems geradezu zwangsläufig ergibt. Vielmehr muss sie so angelegt werden, dass aus ihr sowohl die Erosion des Systems als auch seine jahrzehntelange Stabilität verständlich werden.

Paradoxerweise waren viele strukturelle Umbruchsbedingungen zunächst Faktoren der Stabilität und wandelten sich erst im Laufe der Zeit zu Destabilisierungsparametern. Dabei gab es in der Bedeutung, die diesen Stabilitätsfaktoren zukam, starke Länderdifferenzen.

Bevor wir uns im Weiteren den umbruchsrelevanten ereignisgeschichtlichen Zusammenhängen in den hier zu vergleichenden Ländern zuwenden, werden wir in einem ersten Schritt allerdings zunächst die wichtigsten Funktionsprinzipien des Staatssozialismus in gleichsam idealtypischer Weise, also in Absehung von national unterschiedlichen Ausprägungen, beschreiben.

Die Grundlagen des Machterhalts, die in der Spätphase des Staatssozialismus zu Niedergangsfaktoren werden sollten, bestanden:

-   in einer starken Ressourcenzentralisierung,
-   in der Etablierung einer von der Bevölkerung abgehobenen und privilegierten sozialistischen Dienstklasse, die auf die Systemziele verpflichtet werden konnte,
-   in der Ausbildung einer diktaturstaatlichen Doppelkultur,
-   in der politischen, kulturellen, ökonomischen und sozialen Abschottung des Systems von Einflüssen Westeuropas und der USA.

---

wissenschaften sind vor allem dort prognosefähig, wo das Handeln der Akteure institutionell bestimmt ist – und genau diese Voraussetzung entfällt (fast definitionsgemäß) in Umbruchzeiten" (Mayntz 1996: 142f.).

Selbstverständlich gab es weitere Bestandsvoraussetzungen der staatssozialistischen Diktatur. Mit den hier aufgeführten vier Faktoren sind aber zentrale Prinzipien der staatssozialistischen Herrschaftssicherung benannt.

1. Zur Ressourcenzentralisierung: Im Grunde waren in den staatssozialistischen Systemen alle ökonomischen, politischen, polizeilichen, militärischen, juristischen und kulturellen Entscheidungskompetenzen in einer Hand vereinigt. Sämtliche Machtressourcen waren in der Herrschaftselite, d.h., der Spitze der kommunistischen Partei, konzentriert, die die alleinige Zuständigkeit für die strategische Steuerung aller gesellschaftlichen Teilbereiche beanspruchte und sich vor keiner kontrollierenden Instanz legitimieren musste. Einerseits erwies sich diese Zentralisierung der Machtressourcen durchaus als tauglich, erhebliche Modernisierungsfortschritte zu organisieren, die den Regimes trotz diverser Krisen bis in die 1970er Jahre Stabilität verliehen. Andererseits war die Parteispitze aufgrund eben dieser Überzen-tralisierung aber auch besonders verletzbar. Sie wollte alle Entscheidungen allein treffen, grenzte die professionellen bzw. Funktioneliten weitgehend und die Bevölkerungsmehrheit vollständig aus dem politischen Prozess aus und wachte eifersüchtig über ihre Führungsrolle in allen gesellschaftlichen Bereichen. Kam es irgendwo zu Abweichungen vom vorgegebenen Kurs, musste sie diese daher konsequent unterdrücken, denn jeder Partialkonflikt barg aufgrund des Allzuständigkeitsanspruchs der Parteiführung die Gefahr in sich, sich zu einem Systemkonflikt, zur prinzipiellen Infragestellung der Machtverhältnisse auszuweiten (Welzel 1995). Gerade weil sie alles in der Hand haben wollte, musste die Parteispitze letztendlich alles allein bewerkstelligen, so dass ihr auch alle Fehlentwicklungen zugerechnet werden konnten. Die nicht beabsichtigten Folgen der monopolistischen und zentralistischen Machtstruktur und der prinzipiellen Unterdrückung von Kritik und Dissenz als ihrer Kehrseite bestanden zum einen in Informationsblockaden, die mit steigender Komplexität der technologischen und ökonomischen Entwicklungszusammenhänge sowie soziokultureller Differenzierung (Thaa et al. 1992) in zunehmender Überforderung der Parteispitze als Steuerungszentrum resultierte. Zum anderen sah sich die Bevölkerung zunehmend ausgegrenzt und übte sich gleichsam zwangsläufig in Aktivitätszurückhaltung, womit wertvolles Entwicklungspotential verloren ging, das die Parteielite zur Stärkung und Legitimation ihrer Herrschaft gut hätte gebrauchen können, weshalb sich Modernisierungsverzüge einstellten, die letztlich nicht mehr aufholbar waren. In Reaktion auf die Funktionsdefizite der formellen Herrschaftsstrukturen bildeten sich informelle Netzwerke heraus, die sich an das System anlagerten, seine Defizite partiell kompensierten, es aber zugleich auch unterminierten. Man denke etwa an Formen der Schattenwirtschaft oder auch an Phänomene einer Zweiten Kultur. Was das System stabilisierte – die Bündelung der Machtressourcen in einer Hand –, das blockierte zugleich seine Entwicklung und trug damit wesentlich zu seiner Destabilisierung bei. Gerade aufgrund der Zentralisierung aller ökonomischen, politischen und polizeistaatlichen Ressourcen, richtete sich der Unmut zuletzt fast nur noch gegen die Spitze, die man für alle Missstände im Lande verantwortlich machen konnte.

2. Zur Etablierung einer sozialistischen Dienstklasse: Eine zweite Form der Herrschaftssicherung bestand in der Schaffung einer obrigkeitshörigen Dienstklasse. Indem ausgewählten sozialen Gruppen der Gesellschaft – Funktionären, Verwaltungsangestellten, Lehrern, Juristen, Polizisten, Militärs – Privilegien, Positionen, begrenzte Zuständigkeiten und Aufstiegsmöglichkeiten eingeräumt wurden, verpflichtete man sie zur unbedingten

Treue gegenüber der Staatspartei. Im Unterschied zur breiten Masse der Bevölkerung, von der die Parteispitze in der poststalinistischen Phase nur noch passive Loyalität, also den Verzicht auf politisch abweichendes Verhalten, erwartete, verlangte sie von der Dienstklasse aktive Gefolgschaft. Wenngleich namentlich in der Aufbauphase des Staatssozialismus zahlreiche Angehörige der Dienstklasse auch durch die Erfahrungen der vorangegangen Weltkriege und sozialen Krisen zum Glauben an die Verheißungen der kommunistischen Utopie motiviert waren, so handelte es sich im Kern doch um ein Austauschverhältnis zwischen Versorgung und Wohlverhalten, das die passive Hinnahme bzw. aktive Unterstützung des Herrschaftssystems bei Androhung negativer Sanktionen sicherstellen sollte. Die Installation dieses Austauschverhältnisses konnte die Aufrechterhaltung der bestehenden Machtverhältnisse über Jahrzehnte hinweg garantieren. Allerdings mussten der Legitimitätsglaube der Dienstklasse und die Loyalitätsbereitschaft der breiten Bevölkerung in dem Maße erodieren, wie die Fähigkeit des Herrschaftssystems zurückging, die Untergebenen mit systemverwalteten Leistungen zu versorgen (Meuschel 1992). Genau dieser Prozess setzte in den 1980er Jahre massiv ein und trug maßgeblich zur Destabilisierung des Systems bei. Insbesondere in Ungarn, der ČSSR und der DDR basierte die kommunistische Herrschaft in nicht unerheblichem Maße auf der Gewährleistung eines bescheidenen Wohlstands. In anderen staatssozialistischen Ländern nahm die Einrichtung des beschriebenen Austauschverhältnisses zwischen Versorgung und Anpassung hingegen vor allem den Charakter von Privilegierungs- und Klientelbeziehungen an.

3. Zur diktaturstaatlichen Doppelkultur: Paradoxe Folgen hatte auch die Entstehung einer Doppelkultur in den staatssozialistischen Gesellschaften, in denen eine in der Öffentlichkeit zelebrierte offizielle Staatskultur einer dominanten Kultur des Schweigens und der Verweigerung gegenüberstand. Über Jahrzehnte hinweg erweckte die Doppelkultur von inszenierter Sozialismusbegeisterung und stummer Verweigerung den Eindruck gesellschaftlicher Stabilität. Zugleich lagen in dieser Doppelkultur aber auch unsichtbare Resistenzpotentiale verborgen, die bei inkonsequenter Machtausübung und Schwächen im Herrschaftsapparat in Erscheinung treten konnten, so etwa 1953 beim Volksaufstand in der DDR, 1956 beim Volksaufstand in Ungarn, 1968 beim Prager Frühling in der ČSSR oder auch in den vielen Streiks in Polen und in Rumänien. Zudem begünstigte die hermetische Abschließung der offiziellen Öffentlichkeit gegenüber autonomen Einflüssen aus der Gesellschaft nach dem Ende des Stalinismus die Herausbildung eines privat-öffentlichen Kommunikationsraums (Oswald/ Voronkov 2004), der sich staatlicher Kontrolle weitgehend entzog und zur Grundlage für die Entstehung einer „zweiten Öffentlichkeit" bzw. „Parallelgesellschaft" wurde, die dann in den 1980er Jahren, als sich die Zugriffsmöglichkeiten des Herrschaftsapparates auf die Gesellschaft abschwächten, wachsenden Raum für die Vernetzung regimekritischer Aktivitäten bot. Die Spaltung der Kultur in einen offiziellen und inoffiziellen Teil trug so nicht nur zur Festigung der politischen Herrschaft der Kommunistischen Partei bei, sondern auch zu ihrer Infragestellung und überraschenden Überwindung (Lemke 1991).

4. Zur Westabschottung der Ostblockstaaten: Eine vierte Strategie zur Herrschaftssicherung bestand schließlich in der Abschottung vom Westen, durch die der direkte Vergleich mit einem wirtschaftlich und politisch überlegenen System vermieden und das Maß systemischer Autarkie erhöht werden sollte. Zugleich hatte die Abschließung vom Westen die Funktion, der Bevölkerung die Exit-Option zu verbauen und sie auf die politischen

Prinzipien des staatsozialistischen Systems zu verpflichten. Weil niemand weggehen konnte, auch nicht im Fall von Benachteiligungen und Repressionen, musste jeder das Arrangement mit den Prinzipien der Machtausübung suchen (Pollack 1990). Die nicht intendierten
Folgen dieser ökonomischen, politischen und sozialen Abgrenzung bestanden allerdings
darin, dass Anregungs- und Innovationspotentiale ausgegrenzt wurden und dass sich die
Unzufriedenheit in der Bevölkerung erhöhte (Hirschman 1993). Die Ostblockstaaten versuchten, diese negativen Auswirkungen durch eine kontrollierte Öffnung aufzufangen. Die
Dialektik von Öffnung und Schließung trug jedoch nochmals zur Erhöhung der Unzufriedenheit bei, da die Öffnung vor allem finanziell und verwandtschaftlich privilegierten Bevölkerungsgruppen zugute kam und die mit der Öffnung entstandenen Vergleichsmöglich-
keiten die Unzufriedenheit verstärkten.

Die hier nur knapp skizzierten Funktionsprinzipien der staatssozialistischen Herrschaft
wurden in den verschiedenen osteuropäischen Ländern in unterschiedlicher Weise und mit
unterschiedlicher Konsequenz verwirklicht, wobei die nationalen Unterschiede großenteils
durch das in der vorsozialistischen Ära erreichte Modernisierungsniveau bedingt waren
(vgl. Kitschelt et al. 1999: 21ff.).[2]

In der Sowjetunion verfolgte die Kommunistische Partei eine *etatistische Strategie*. Ein
Staat mit hoher Befehlsgewalt und parteistaatlich organisierten obrigkeitlichen Strukturen,
aber ohne rationale Bürokratie ordnete sich die Gesellschaft unter. Nicht eine professionelle
Fachbeamtenschaft stand der Parteiführung zur Verfügung, sondern eine patrimonial ge-
prägte Staatsdienerschaft, die einerseits die von oben kommenden Befehle scheinbar ergeben ausführte, andererseits den Mangel an rechtsstaatlichen Kontrollinstanzen weidlich für
willkürliche, an eigennützigen Interessen orientierte Entscheidungen nutzte und damit die
Ineffizienz des Systems zusätzlich verstärkte. Möglich war die Einführung einer solchen
Form der Herrschaftssicherung nur in einem durch vormoderne gesellschaftliche Verhältnisse geprägten Land, in dem es weder eine hoch entwickelte Industrie noch ein ausdiffe-
renziertes Rechtssystem noch ein autonomes Parteiensystem gab. Der intendierte Wandel in
den 1980er Jahren ging daher nicht zufällig vom Zentrum selbst aus, nicht von politischen
Gruppen unterhalb oder neben dem Zentrum. Die durch Gorbatschow eingeleitete Reformpolitik war vor allem der Versuch, durch eine staatlich kontrollierte und begrenzte Pluralli-
sierung und Dezentralisierung die bislang blockierten Innovationspotentiale der Gesellschaft freizusetzen, gleichzeitig aber ihre Unterordnung unter staatssozialistische Werte und
Ziele aufrechtzuerhalten, also mittels einer modifizierten zentralistischen Strategie die Gesellschaft den etatistischen Zielen erneut unterzuordnen und den Staatssozialismus als System zu retten. Die Gesellschaft war bis in die Mitte der 1980er Jahre zu entmündigt, als
dass der Wandel durch Impulse „von unten" hätte ausgelöst werden können. Nachdem die
politische Liberalisierung „von oben" eingeleitet worden war, entfalteten die bis dato ver-
deckten, aber seit langem vorhandenen Interessendivergenzen innerhalb der Gesellschaft
wie der Dienstklasse allerdings eine nicht mehr kontrollierbare Eigendynamik, an der die
neoetatistische Strategie der *Perestrojka* letztlich scheiterte.

Eine *klientelistische Strategie* war charakteristisch für die Form der Herrschaftssicherung in Rumänien und Bulgarien. In diesen Ländern wurde der Staat durch private Interessen kolonisiert und die Staatsmacht durch einige wenige Cliquen gekapert. Nicht rationale

---

2   Im Folgenden lehnen wir uns an die Argumentation von Brie (1996) an.

Apparate entschieden über die Allokation von Ressourcen, sondern Patron-Klientel-Beziehungen. In Rumänien verwandelte sich die gesamte Gesellschaft in die Pfründe einer Familie und ihrer Klientel. Deswegen richtete sich der Protest der Bevölkerung 1989 vor allem gegen Ceauşescu; der Regimewechsel vollzog sich in Form einer Palastrevolte durch Gruppen innerhalb der Staatspartei, welche sich entweder schon längere Zeit vom Ceauşescu-Clan ausgegrenzt fühlten (vgl. D. Petrescu in diesem Band) oder rechtzeitig begriffen, dass sie bei weiterer Gefolgschaft ihre privilegierten Positionen aufs Spiel gesetzt hätten.

Die *Strategie eines begrenzten Pluralismus* schlugen die Regime in Ungarn und Polen ein. Da sich die Gesellschaft in diesen Ländern in wirtschaftlicher, politischer und kultureller Hinsicht äußerst heterogen gestaltete, verfolgte die kommunistische Partei eine Strategie der Kooptation und des Ausgleichs, mit der sie den gegensätzlichen Interessen in der Gesellschaft partiell Rechnung zu tragen versuchte. In Polen ließen sich große Teile der privatwirtschaftlich geführten Landwirtschaft, der Arbeiterschaft, der Intellektuellen und der Katholischen Kirche nicht unterordnen. In Ungarn gab es einen privatwirtschaftlichen Sektor neben der Planwirtschaft und eine lebendige kleine Opposition. Auch wenn die Liberalisierung der Verhältnisse bis in die zweite Hälfte der 1980er Jahre hinein am Führungsanspruch der kommunistischen Partei stets ihre Grenze fand, ließen sich die kommunistischen Machthaber in ihrer Herrschaftsausübung doch immer wieder auf nichtkommunistische Interessengruppen ein und suchten das Arrangement mit ihnen. Genau diese Öffnung erlaubte es den nichtkommunistischen Gruppen Ende der 1980er Jahre, den einsetzenden Transformationsprozess politisch zu beeinflussen.

In der DDR und der ČSSR schließlich wurde die *Strategie der bürokratischen Herrschaftssicherung* gewählt. Um die Unterordnung einer voll entwickelten Industriegesellschaft unter die Prinzipien der zentralistischen Planung und Kontrolle zu gewährleisten, musste die gesamte Gesellschaft verstaatlicht und durchorganisiert werden. Jeder Bürger war in mehreren politischen und gewerkschaftlichen Vereinigungen erfasst. Informelle Freiräume waren äußerst begrenzt. Die kleine politisch alternative Szene stand unter strenger Kontrolle. Die Kirchen wurden weitgehend unterdrückt. Aufgrund der Durchrationalisierung der Herrschaftsausübung konnte sich innerhalb des Partei- und Staatsapparats kein Reformflügel entwickeln, der die Initiative zum Wandel des Systems hätte übernehmen können. Vielmehr wurde die Umbruchsdynamik durch massenhafte Auflehnung der Bevölkerung ausgelöst, die erst zustande kam, als das System der flächendeckenden Überwachung Risse aufwies; dann aber erfasste sie schnell die gesamte Gesellschaft.

Die systemstrukturelle Dialektik von Stabilisierung und Destabilisierung (vgl. Pollack 1998) trug nicht unwesentlich zum politischen, ökonomischen und sozialen Umbruch in den ost- und ostmitteleuropäischen Staaten des Staatssozialismus bei. Auch die länderspezifischen Bedingungen der Herrschaftssicherung und ihrer Unterminierung gaben den Verläufen des Systemübergangs ihren jeweils eigenen Charakter. Verstehen lässt sich die Umbruchsdynamik aber nur, wenn neben ihren strukturellen Voraussetzungen auch die konkreten historischen Ereignisse in Betracht gezogen werden. Sie hatten auf den Prozess des Umbruchs einen nachhaltigen Einfluss und schufen Fakten, die die sozialen, politischen und ökonomischen Strukturen selbst veränderten.

Im Folgenden werden die ereignisgeschichtlichen Verläufe in den einzelnen ostmitteleuropäischen Ländern getrennt von einander nachgezeichnet. Im Zentrum stehen dabei die Interaktionen zwischen den großen relevanten Akteurgruppen – der Bevölkerung, den Regimeeliten und der Opposition -, anhand derer dann wesentliche Ähnlichkeiten und Unterschiede in den Umbruchzusammenhängen herausgearbeitet werden sollen.

Ereignisgeschichtliche Faktoren

Polen

In den Darstellungen der Umbruchsereignisse in Polen wird nicht selten der Eindruck erweckt, als ob die Gewerkschaftsbewegung *Solidarność* das Ende des Sozialismus herbeigeführt habe und in der Lage gewesen sei, unter Aufnahme aller von den Kommunisten nicht repräsentierten gesellschaftlichen Gruppen die gesamte Gesellschaft gegen die Herrschaft der Staatspartei zu mobilisieren. Tatsächlich war die *Solidarność* in den Jahren des so genannten polnischen Karnevals 1980/81 eine Volksbewegung, der sich 9,5 Millionen Menschen zugehörig fühlten und deren Mitgliederbestand damit fünfmal so groß war wie jener der Partei. Mit der Verhängung des Kriegsrechts und dem damit verbundenen Verbot der *Solidarność* im Dezember 1981 änderten sich jedoch die Arbeitsbedingungen der oppositionellen Gewerkschaft grundlegend. Sie musste im Untergrund agieren, hatte keinen Zugang zu den offiziellen Medien und verlor in starkem Maße an Unterstützung durch die Bevölkerung (Ost 1990: 169). In der zweiten Hälfte der 1980er Jahre hatte sie nur noch etwa zwei Millionen Anhänger, von denen viele keine großen Hoffnungen auf eine Veränderung der Lage mehr hegten. Die *Solidarność* war – und darin bestand die Kehrseite ihres Mobilisierungserfolgs in der Gründungsphase – von Anfang an sehr heterogen. Nach der Aufhebung des Kriegsrechts verschärften sich interne Macht- und Richtungskämpfe, insbesondere um die Frage, ob sie im Untergrund weiterwirken oder ihre Legalisierung in der bestehenden Ordnung anstreben sollte. Die Führung befürwortete Verhandlungen mit der Regierung, die antikommunistischen Strömungen der Mitgliederbasis lehnten das Gespräch mit der Machtelite ab. Abspaltungen wie die *Kämpfende Solidarność* oder die *Arbeitsgruppe* bezweifelten teilweise sogar die Rechtmäßigkeit des 1986 in Danzig ins Leben gerufenen *Provisorischen Rates* und stießen sich am autoritären Führungsstil Lech Wałęsas (vgl. Paczkowski in diesem Band). Zugleich zeigte sich die Gewerkschaftsführung auf ernsthafte Verhandlungen wenig vorbereitet. Weder besaß sie eine hinreichende organisatorische Infrastruktur, um die politische Verantwortung im Land zu übernehmen, noch gab es ausgereifte Pläne und Ideen, wie es weitergehen sollte (Kenney 2002). Insbesondere in wirtschaftspolitischer Hinsicht war die konzeptionelle Arbeit innerhalb der *Solidarność* nach 1981 kaum vorangekommen.[3] Gewerkschaftsführer wie Lech Wałęsa oder Jarosław Kaczyński oder der Mitbegründer des *Komitees zum Schutz der Arbeiter* (KOR) Henryk Vujec wussten, dass die Opposition schwach war und nicht mehr eine so tiefe Verankerung in der

---

3   1980/81 dominierten in der *Solidarność* marktsozialistische Vorstellungen, die auf eine Kombination von marktwirtschaftlichen Reformen mit industrieller Demokratie bzw. Selbstverwaltung zielten, durch die Einführung des Kriegsrechts dann aber obsolet wurden. In den 1980er Jahren entstanden dann außerhalb der Gewerkschaft separate oppositionelle Zirkel von Ökonomen, die marktliberalen Ideen verpflichtet waren, die Auseinandersetzung mit dem Regime vom politischen auf den ökonomischen Bereich zu verlagern suchten und in den späten 1980er Jahren radikale marktliberale Reformkonzepte erarbeiteten. Die ersten postsozialistischen Regierungen wurden wirtschaftspolitisch von Vertretern dieses Milieus dominiert (vgl. Bohle/Neunhöffer 2009: 74ff.)

Bevölkerung besaß wie früher.[4] Der englische Politikwissenschaftler William Wallace (1989: 142) beschrieb Lech Wałęsa in dieser Zeit sogar als „a rather sad and ageing symbol of a once glorious past".

Dennoch besaß die *Solidarność* auch in der zweiten Hälfte der 1980er Jahre noch nennenswerten Einfluss auf die Bevölkerung. In einem diffusen Sinne galt sie nach wie vor als der Anwalt der Wünsche und Interessen der Bevölkerung, auch wenn sich nicht mehr so viel zu ihr bekannten wie früher. Als die *Solidarność* 1985 dazu aufrief, die Parlamentswahlen zu boykottieren, waren es nicht wie noch in den 1970er Jahren die üblichen 98 Prozent, die sich an den Wahlen beteiligten, sondern offiziell nur noch 79 Prozent. Nach der Hochrechnung der *Solidarność*, die ihre Vertreter vor die Wahllokale geschickt und eine eigenständige Auszählung vorgenommen hatte, lag die Wahlbeteiligung sogar nur bei 62 Prozent.[5] Das war ein beachtlicher Erfolg.

Dennoch hat sich die *Solidarność* von den Auswirkungen ihres Verbots im Grunde nie wieder richtig erholt. Die Begeisterung, die während des polnischen Karnevals geherrscht hatte, konnte nicht wieder entfacht werden. An den Streiks beteiligten sich nur wenige. Die Bevölkerung war mehrheitlich an politischen Fragen nicht interessiert. Resignation beherrschte die Gemüter. Am 6. Februar 1989 aber begannen die Gespräche am Runden Tisch, die das Ende des staatssozialistischen Systems einläuten sollten. Wie ist das zu erklären? Warum fand sich die PVAP zu Gesprächen mit einer geschwächten Opposition bereit?

Der Grund für die Bereitschaft der PVAP zu diesen Gesprächen lag im Scheitern der von ihr angestrebten wirtschaftlichen Reformen. Nach dem Verbot der *Solidarność* von 1981 hatte sich die Parteiführung vorgenommen, eine entpolitisierte Konsumgesellschaft nach dem Vorbild des Kádár-Regimes in Ungarn zu schaffen. Der Aufbau eines prosperierenden Wohlfahrtsstaats nach ungarischem Muster aber misslang. 1986 waren die Schulden an harter Währung gegenüber dem Westen fünfmal so hoch wie die durch Export erzielten jährlichen Einnahmen. Sie hatten sich seit 1982 nicht verringert, sondern um 35 Prozent erhöht (Swain 2006: 140). Die Geschäfte waren noch immer leer, und es zeichnete sich kein Ausweg aus der Krise ab. Der katastrophale Zustand der Wirtschaft, die ökonomische Unzufriedenheit der Bevölkerung sowie die finanzielle Abhängigkeit vom Westen veranlassten die Kommunistische Partei, nach neuen Bündnispartnern Ausschau zu halten, die sich bereit zeigten, die erforderlichen Maßnahmen mitzutragen. Zunächst erleichterte die PVAP die Arbeitsbedingungen der Katholischen Kirche, um mit ihr in Dialog zu treten. Der Mord an Pater Popiełuszko im Oktober 1984 sowie die entschiedene Haltung des polnischen Papstes verstellten jedoch diesen Weg. Da beschloss die Kommunistische Partei, am 27. November 1987 ein Referendum durchzuführen, um Unterstützung für radikale Wirtschaftsreformen und Einschnitte in der Konsumgüterversorgung zu erlangen. Bei der Vorbereitung dieses Referendums unterlief ihr allerdings der Fehler, den Volksentscheid nur dann als positiv beschieden zu deklarieren, wenn 50 Prozent der Wahlberechtigten anstatt 50 Prozent derjenigen, die an der Abstimmung teilnahmen, mit Ja votierten. Das Regime verfehlte das selbstgesteckte Ziel knapp. Womöglich hat mit diesem Flop der Prozess, der schließlich zur Herstellung der Demokratie führen sollte, seinen ungewollten An-

---

4   Henryk Vujek, zitiert nach Dalos 2009: 47.
5   Vgl. Dudek (2004), Roszkowski (2007). Wir danken Ewa Bojenko-Izbedska, Jagiellonen-Universität Krakau, für diesen Hinweis.

fang genommen. Nach der partiell selbst verschuldeten Niederlage der Kommunistischen Partei ging die Suche nach einem sozialen Partner für die von ihr ins Auge gefassten Reformen weiter.

Im Februar 1988 entschloss sich die PVAP zur höchsten Preisanhebung seit Einführung des Kriegsrechts. Die Preise für Grundnahrungsmittel wurden um 40 bis 50 Prozent erhöht, woraufhin im April 1988 Streiks ausbrachen. Diese Streiks waren nicht von der *Solidarność* organisiert, sondern entstanden unabhängig von ihr. Trotz aller Beziehungen zwischen Opposition und Arbeiterschaft muss stets zwischen beiden unterschieden werden. Allerdings war der Einfluss der *Solidarność* noch immer groß genug, um den Streik auf ein Wort von Wałęsa zu beenden. Die Gewerkschaftsspitze setzte in dieser Zeit eher auf politische Reformen als auf Massenproteste und stand den Forderungen der Arbeiter kritisch gegenüber.[6] Sie erwartete die erforderlichen Veränderungen von den Kommunisten, nicht von den Massen. Die schwer beherrschbaren Zustände in den Jahren 1980/81, in denen die Volksbewegung aus den Fugen zu geraten drohte, standen den Beteiligten noch plastisch vor Augen. Im Grunde hatten auch die Führer der *Solidarność* Angst vor einem unkontrollierbaren Massenprotest und vermieden es sorgfältig, die Bevölkerung aufzuwiegeln, zumal die Gegenreaktion der nach wie vor starken konservativen Kräfte in Militär, Parteiapparat und Staatsverwaltung ebenfalls schwer kalkulierbar war. Hinter dem elitenorientierten Handeln der *Solidarność* stand also der Druck der Massen, vor dem sich die Gewerkschaft ebenso zu fürchten hatte wie die Spitze der Partei. Auch wenn sich das Volk passiv und politisch desinteressiert zeigte, so war doch nie klar, wann dieser ruhende Vulkan ausbrechen würde.

Die Parteispitze um Jaruzelski aber war noch immer auf der Suche nach sozialer Unterstützung für ihr Reformprogramm. Nachdem die Katholische Kirche und die Mehrheit der Bevölkerung als Partner ausgefallen waren, blieb nur noch die Opposition – und damit die *Solidarność*, die trotz aller Spaltungsprozesse nach wie vor die einzige landesweit organisierte oppositionelle Kraft war. Als im August 1988 wiederum Streiks ausbrachen und die Wiederzulassung der *Solidarność* zu einer zentralen Forderung der Proteste erhoben wurde, willigte die PVAP-Führung schließlich in die von Wałęsa seit 1988 geforderte Aufnahme offizieller Gespräche mit der Opposition ein, sofern diese sich bereit erklärte, für die Beendigung der Streiks zu sorgen. Beide Seiten sahen es als erforderlich an, zu Kompromissen zu gelangen, die aus der Krise herausführten. Ihr Verantwortungsgefühl für die Zukunft Polens brachte die beiden Kontrahenten fast zwangsläufig, wenn auch eigentlich ungewollt zusammen. Die Parteispitze versuchte, die als harte Antikommunisten geltenden *Solidarność*-Vertreter Michnik und Kuroń aus den Verhandlungen herauszuhalten. Wałęsa forderte zuerst die Legalisierung der *Solidarność*, bevor er sich zu Gesprächen bereit finden wollte. Schließlich aber lenkten beide Seiten ein, wobei die Katholische Kirche wichtige Vermittlungsdienste leistete. Wałęsa musste sich harter Angriffe der antikommunistischen Gewerkschaftsbasis erwehren, da er angeblich geholfen habe, die Verlängerung der Streiks zu unterbinden. Aber auch die dialogbereiten Kräfte in der Kommunistischen Partei hatten innerhalb ihrer eigenen Reihen einen schweren Stand. Kiszczak, Rakowski, Jaruzelski mussten mehrfach mit Rücktritt drohen, ehe das ZK der PVAP zum Jahreswechsel von 1988 zu

---

6   Bronislaw Geremek, einer der führenden Aktivisten der *Solidarność,* hatte bereits im Februar 1988 einen Antikrisenpakt mit den Kommunisten vorgeschlagen.

1989 schließlich einlenkte und – bei 25 Prozent Gegenstimmen – den Runden Tisch billigte. Die *Solidarność* war bereit, die vom reformkommunistischen Flügel um Jaruzelski angestrebten ökonomischen und politischen Reformen mitzutragen. Sie ließ sich in Verantwortungsgemeinschaft nehmen, um mit der PVAP-Führung einen gemeinsamen Weg aus der sozialen und ökonomischen Krise zu finden. Damit war die Bevölkerung formal gesehen aus dem Spiel. Auch wenn von ihr der entscheidende Druck für das Zustandekommen des Runden Tisches ausgegangen war, hatte sie auf die Verhandlungen selbst keinen direkten Einfluss.

Der Runde Tisch, der vom 6.2. bis 5.4.1989 tagte, war für die Beteiligten zweifellos ein großes, mit hohen politischen Erwartungen aufgeladenes und emotional bewegendes Ereignis. Zwei verfeindete Eliten näherten sich einander an und entdeckten, dass man sich verständigen konnte, von Mensch zu Mensch, von Pole zu Pole. Teilweise entstanden sogar Freundschaften über den Graben der beiden Lager hinweg. Die Bevölkerung hingegen nahm an dem Geschehen keinen starken Anteil. Einer repräsentativen Bevölkerungsumfrage zufolge interessierten sich gerade einmal 30 Prozent der Polen dafür, warum der Runde Tisch tagte.[7] Größeres Interesse bekundete die Bevölkerung an regelmäßigen Lebensmittellieferungen. Zwar gab es in Warschau und anderen Städten Informationsveranstaltungen zum Verhandlungsverlauf.[8] Auch waren die Rundtischverhandlungen von Streiks und Demonstrationen begleitet. Doch war der Politisierungsgrad der Bevölkerung – auch aufgrund der Dominanz der alltäglichen wirtschaftlichen Probleme – gering. Schließlich einigten sich die Verhandlungspartner darauf, dass bei den anstehenden Wahlen 65 Prozent der Mandate für die PVAP und die Blockparteien reserviert und 35 Prozent für freie Wahlen geöffnet werden sollten. Das war mehr, als die Opposition jemals zu träumen gewagt hatte (Dalos 2009: 49). Nun erfasste weite Teile der Bevölkerung ein drängendes Interesse. Als sich die Chance ergab, dem Regime einen Teil seiner Macht abzutrotzen, ging ein Mobilisierungsruck durch die Bevölkerung. Viele beteiligten sich an der Vorbereitung der Wahlen und unterstützten die Kandidaten der Opposition, während die Kommunistische Partei wenig Aktivität zeigte. Es war die Ausweitung der politischen Gelegenheitsstrukturen, die die Bevölkerung motivierte und politisierte.

Als dann bei der Wahl am 4. Juni 1989, an der allerdings nicht mehr als 62 Prozent der Bevölkerung teilnahmen,[9] das Bürgerkomitee der *Solidarność* einen überwältigenden Sieg einfuhr (99 der 100 Sitze im Senat gingen an die Opposition, außerdem gewann sie die ausgemachten 35 Prozent der Sitze im *Sejm*), änderte sich der Interpretationsrahmen noch einmal. Nun war klar, wie stark die Opposition war. Die Partei hatte ihre Machtbasis in der Bevölkerung (wieder einmal) überschätzt. Die Opposition aber sah sich – zur eigenen Über-

---

7   Tytus Jaskulowski, Erfolge und Misserfolge der polnischen Transformation 1989, Vortrag auf der Internationalen Tagung „Die friedliche Revolution in der DDR 1989/90: Transition im ostmitteleuropäischen Vergleich" vom 7.-9.Mai 2009 am Hannah-Arendt-Institut Dresden.

8   Dieter Bingen, Polens Weg zum Wechsel 1980-1989: Von einer egalitären Massenbewegung zu einer elitären Bewegung ohne Massen, Vortrag auf der Internationalen Tagung „Die friedliche Revolution in der DDR 1989/90: Transition im ostmitteleuropäischen Vergleich" vom 7.-9.Mai 2009 am Hannah-Arendt-Institut Dresden.

9   An diesem überraschend geringen Prozentsatz wird deutlich, wie wenig die Bevölkerung von der „großen Politik" erwartete und wie tief die Resignation inzwischen gedrungen war. Immerhin handelte es sich um die ersten halbfreien Wahlen nach 40 Jahren Diktatur. Auch bei den Wahlen danach lag die Wahlbeteiligung in Polen selten über 50 %.

raschung – von der Bevölkerung in die Verantwortung gedrängt. Gleichwohl verzichtete sie im Interesse der innenpolitischen und außenpolitischen Stabilität des Landes darauf, die Schwäche der Kommunistischen Partei auszunutzen und den Versuch eines radikalen Machtwechsels zu riskieren. Denn innenpolitisch war nach wie vor mit gesellschaftlichen Unruhen, Ausschreitungen und gewaltsamem Widerstand aus Militär und Apparat zu rechnen. Außenpolitisch blieb unklar, wie sich die Sowjetunion verhalten würde, wenn die Kommunistische Partei mit einem Schlag alle ihre politische Macht verlieren würde. In der *Gazeta Wyborza* sprach sich Adam Michnik am 3. Juli 1989 in seinem Leitartikel unter dem berühmt geworden Titel „Euer Präsident – unser Premier" dafür aus, die Macht zu teilen. So wurde tatsächlich Jaruzelski zum Präsidenten gewählt und Mazowiecki zum Premier. Nachdem allerdings mit der Zeit immer deutlicher wurde, dass Moskau nicht intervenieren würde, und auch der sowjetische Botschafter zu verstehen gab, dass er keine Einwände hatte, war der Weg frei für die Neuwahl des Staatsoberhaupts. Im Dezember 1990 erhielt Lech Wałęsa die erforderliche Mehrheit, um das Amt des Präsidenten anzutreten.

Von der ursprünglichen Kooptationsstrategie der PVAP war am Ende nichts mehr übrig geblieben. Die Ereignisse hatten eine Eigendynamik entwickelt, die der Kommunistischen Partei das Heft des Handelns entwand. Die *Solidarność* übernahm die Führung des Landes. Letztendlich aber hatte die PVAP sie überhaupt erst wieder ins Spiel kommen lassen. Der Grund dafür lag in der nicht bewältigten Wirtschaftsmisere des Landes, die die Kommunisten dazu zwang, nach Bündnispartnern zu suchen. Im Hintergrund der Verhandlungsbereitschaft der Parteiführung wirkte stets die Unzufriedenheit der Massen, ihre latente, zuweilen auch manifeste Streikbereitschaft sowie die Unsicherheit der Kommunisten, ob sich die Unzufriedenheit der Bevölkerung nicht zu Massendemonstrationen und Unruhen ausweiten würde. Die Proteste wurden in den späten 1980er Jahren nicht durch die *Solidarność* organisiert, so dass die teils latente, teils sich manifestierende, teils ausbrechende Protestbereitschaft der Massen als ein eigenständiger Handlungsfaktor angesprochen werden muss. Zwar hat die *Solidarność* in den Augen der Bevölkerung, des Auslands und letztlich auch der Reformkommunisten das regimekritische Potenzial der Gesellschaft wie kein anderer Akteur repräsentiert und den sich situativ verändernden Handlungsspielraum jeweils weitgehend ausgereizt. Dennoch wäre es falsch, die umbruchpolitische Relevanz der Bevölkerung als gering zu bewerten. Auch wenn die Massen kaum direkt auf das politische Geschehen Einfluss nahmen, stand ihr Handlungspotenzial als Drohung doch stets im Hintergrund. Ihre Unzufriedenheit, die ökonomisch bedingt war, aber sich in politischen Forderungen ausdrücken konnte, zwang die Parteispitze zu Konzessionen und die Opposition zum Handeln. Und zuweilen griff die Bevölkerung in die laufenden Prozesse auch direkt ein, so wenn sie sich der Teilnahme an verordneten Wahlen verweigerte oder zuungunsten der Kommunistischen Partei abstimmte oder – begrenzt und sporadisch – öffentlich protestierte.

Ungarn

Der Umbruch von 1989 in Ungarn lässt sich nicht verstehen, wenn nicht die Besonderheiten des ungarischen „Gulaschkommunismus" bedacht werden. Anders als in Polen war es den ungarischen Kommunisten gelungen, der Bevölkerung in den 1970er und frühen 1980er Jahren ein im osteuropäischen Vergleich hohes Wohlstandsniveau zu garantieren. Die Läden waren mit Waren, teilweise sogar westlicher Provenienz, gefüllt. Die Unterdrückung abweichender Bestrebungen in der Bevölkerung hielt sich in Grenzen. Das politische System ließ der Wirtschaft Raum für marktwirtschaftliche Beziehungen und private unternehmerische Initiativen. Jeder Ungar hatte das verbriefte Recht, alle drei Jahre mit einem Touristenvisum und versehen mit $ 300 für 30 Tage in den Westen zu reisen. Damit war Ungarn das freieste Land unter den von der Sowjetunion beherrschten Staaten, auch wenn die Kommunistische Partei die politische Macht nach wie vor fest in den Händen hielt und im Bedarfsfalle auch vor der gelegentlichen Anwendung polizeistaatlicher Maßnahmen nicht zurückschreckte.

Ausgestattet mit kleineren Freiheiten und versorgt mit einem beachtlichen Lebensstandard neigte die ungarische Bevölkerung weniger zum Protest als die polnische und war politisch weitgehend ruhig gestellt. Für die Opposition, die aus unterschiedlichen Strömungen – kleinen Zirkeln von vornehmlich liberal-demokratischen Intellektuellen in der Hauptstadt, volkstümlerisch bzw. nationalpopulistisch orientierten Historikern und Literaten und reformorientierten Ökonomen – bestand (vgl. Szabó 2009 und in diesem Band), bedeutete dies, dass sie von der Bevölkerung weithin isoliert blieb und nur wenige Möglichkeiten der politischen Mobilisierung besaß. Dabei wurde die Opposition in Ungarn zusätzlich dadurch geschwächt, dass es einen gewissen parteiinternen Pluralismus gab und der Reformflügel innerhalb der Partei intellektuelles Protestpotential absorbierte.[10] So bestanden relativ enge Beziehungen zwischen Reformkräften in der Partei und den Volkstümlern in der Opposition, während die so genannte demokratische Opposition der Budapester Intellektuellen offiziell weniger akzeptiert war, obschon auch sie beachtliche Handlungsspielräume besaß und kaum ernsthafte Verfolgungen zu erleiden hatte.

Hinter der moderaten Form der politischen Machtausübung durch die Kommunistische Partei und ihrer Art und Weise der Gesellschaftsgestaltung stand das Trauma des Volksaufstandes von 1956, das tabuisiert war und ein nicht kontrollierbares Konfliktpotential in sich barg. Die Politik der Kooptation und des inneren Ausgleichs sowie der Versorgung mit Konsumgütern war eine Reaktion auf dieses Trauma, um die Gesellschaft emotional zu befrieden und sozial zu integrieren – ein Ziel, das die Ungarische Sozialistische Arbeiterpartei weitgehend erreichte.

Mitte der 1980er Jahre begann das Kádársche Wohlstandsarrangement allerdings an Integrationskraft einzubüßen. Die Leistungskraft der mit marktwirtschaftlichen Elementen versetzten Planwirtschaft konnte mit den gewachsenen Konsumansprüchen der Bevölkerung nicht mehr Schritt halten. Das Land hatte sich im westlichen Ausland tief verschuldet, und die aufgenommenen Kredite konnten nur noch durch Aufnahme neuer Anleihen getilgt werden. In der Folge machte sich wachsende Unzufriedenheit nicht nur in der Bevölkerung, sondern vor allem auch in breiten Kreisen der Dienstklasse breit, insbesondere unter Wirtschaftsfunktionären und Akademikern. Daraufhin beschloss die Parteiführung im Sommer 1987 ein ehrgeiziges „Entfaltungsprogramm", das, ohne die ökonomische Eigentumsordnung grundsätzlich in Frage zu stellen, Preiserhöhungen, Steuersenkungen und privatunternehmerische Aktivitäten zuließ und damit wesentliche Veränderungen im Wirtschaftssys-

---

10 Vgl. den Beitrag von Schmidt-Schweizer in diesem Band.

tem anstrebte, die über die bloße Bekämpfung von Krisensymptomen hinauswiesen. Auch wenn die – partiell schon personell erneuerte – Parteiführung auf diese Weise die Initiative ergriff, war dieser Schritt doch zweifellos eine Reaktion auf die sich verdüsternde Stimmung in der Gesellschaft. Offenbar war in Ungarn die Kommunikation zwischen den unterschiedlichen Teilen der Gesellschaft, der Parteispitze, den Funktionseliten, der Arbeiterschaft und der Opposition, nicht so stark gestört wie in anderen sozialistischen Ländern. Jedenfalls gab es innerhalb der Opposition Teile, die wie etwa das im September 1987 in der Provinz, in Lakitelek, gegründete Ungarische Demokratische Forum zumindest partiell in der Partei auf Akzeptanz stießen, und es gab Reformkräfte innerhalb der Partei, die in der Lage waren, Kontakte zur Opposition und zur Bevölkerung herzustellen. Wahrscheinlich war der Reformflügel der wichtigste intermediäre Interaktionspartner, der die unterschiedlichen gesellschaftlichen Interessen aufzugreifen und mit der Verfolgung eigener Ziele zu verbinden vermochte.

Die Bedeutung der parteiinternen Reformkräfte zeigte sich im Mai 1988, als Kádár nach mehr als dreißig Jahren Amtszeit von seinem Posten als Generalsekretär der Partei zurücktrat. Parteireformer wie Miklós Németh, Rezsö Nyers und Imre Pozsgay wurden in das Politbüro aufgenommen, und Károly Grósz, ein Parteimann der Gorbatschow-Linie, trat an die Stelle von Kádár. Die neue Parteielite nahm sich vor, das Konzept eines „sozialistischen Pluralismus" und einer „geregelten Marktwirtschaft" zu verwirklichen – ein widersprüchliches Konzept, das seine Protagonisten schon bald auseinander treiben sollte.

Kádárs Rücktritt wirkte wie ein Dammbruch (Dalos 2009: 77). Bis zum Jahresende bildeten sich fast 100 neue Organisationen, darunter die große *Agrarpartei der Kleinen Landwirte*, die *Sozialdemokratische Partei* und die *Demokratische Volkspartei*, die es bereits bis 1948 gegeben hatte, aber auch das *Netzwerk Freier Initiativen* und der *Bund Freier Demokraten* (SZDSZ), das *Komitee für historische Gerechtigkeit*, die Sammelbewegung der 56er, die aus der Opposition hervorgingen, sowie zahlreiche ökologische Gruppen, Opferverbände und Interessenvertretungen. Für den 29. November 1988 wurde die erste Graswurzelassoziation der Parteireformer in Szeged angekündigt – eine Allianz lokaler Parteiverbände, die die Politiker der nationalen Führungsebene das ganze kommende Jahr über irritieren sollte (Swain 2006: 146). Doch nicht nur in organisatorischer Hinsicht, sondern auch kulturell, geistig und atmosphärisch veränderte sich die Gesellschaft. Es erschienen neue Zeitungen ohne offizielle Genehmigung sowie bislang verbotene Bücher. Die politische Diskussion gestaltete sich offener. Die Aussicht auf tiefgreifende Veränderungen elektrisierte die Gesellschaft. Die Euphorie der Wende ereichte Ungarn ein Jahr früher als die anderen Ostblockländer. Beobachter sprachen vom „Frühling im Herbst",[11] um die Aufbruchsstimmung in Ungarn zu beschreiben. Insbesondere die Erwartung, in die Europäische Gemeinschaft aufgenommen zu werden, begeisterte die Menschen, denn von der Übernahme westlicher Normen und Verfahren erhofften viele einen schnellen und durchschlagenden Aufschwung.

Die spontane innenpolitische Mobilisierung kam auch für die Parteireformer unerwartet, und löste nun auch im Lager der Reformkommunisten weitere Differenzierungsprozesse aus. Die Auseinandersetzung um die Frage, ob sie den aufbrechenden Pluralismus in der Gesellschaft wieder unterdrücken oder ihm nachgeben sollte, führte Ende 1988 zur Spal-

---

11   Dies war der Titel einer eines Dokumentarfilms von Karl Stipsicz für das Österreichische Fernsehen 1988.

tung zwischen radikalen und moderaten Parteireformern. Während erstere sich zur Akzeptanz eines Mehrparteiensystems auf demokratischer Grundlage durchrangen, drängten letztere darauf, den politischen Pluralismus sozialistisch einzuhegen und der Partei die Vorherrschaft im politischen System zu sichern.

Öffentlich sichtbar wurde dieser Konflikt am 27. Januar 1989. Während der als moderat geltende Generalsekretär Grósz zu einem Staatsbesuch in der Schweiz weilte, verkündete Politbüromitglied Pozsgay, der Wortführer der radikalen Reformer, in einem Radiointerview, es habe sich bei den Ereignissen von 1956 um einen Volksaufstand gegen eine die Nation demütigende Herrschaftsform gehandelt. Damit forderte Pozsgay die Mehrheit der moderat reformerischen Parteiführung dazu heraus, sich zwischen der Fortsetzung der Linie eines "Kádárismus ohne Kádár" und einer konsequenten Demokratisierung zu entscheiden. Auch wenn sich Parteireformer wie Pozsgay und Németh in dieser Zeit gewiss nicht darüber im Klaren waren, dass sie mit ihrer Strategie dabei waren, den Sozialismus als politische Ordnung aufzugeben, sprengten ihre Aktivitäten doch die Grenzen des sozialistischen Systems. Im Januar 1989 setzten sie gegen die sozialismuskonservativen Parteireformer um Grósz ein Vereinigungs- und Versammlungsgesetz durch, das westlichen Kriterien zu genügen vermochte. Kurz darauf ließen sie im Parlament eine Verfassungskonzeption verabschieden, die mit den sozialistischen Politikgrundsätzen brach und im Grunde eine demokratische und rechtsstaatliche Grundordnung vorsah (Sitzler 1989). Damit waren – wie Schmidt-Schweitzer[12] zu Recht feststellt – die grundlegenden Schritte zur Demokratisierung der Gesellschaft getan. Allerdings erfolgten sie nicht ganz ohne Druck aus der Gesellschaft, sondern in unmittelbarer Reaktion auf die Welle von Vereinigungs- und Parteigründungen im Laufe des Jahres 1988, die sie auf diese Weise nachträglich legalisierten. Die Demokratisierungspolitik des radikalen Reformflügels war insofern eine Folge des gesellschaftlichen Aufbruchs im Herbst desselben Jahres, zugleich aber auch ein Schachzug gegen die konservativen und moderaten Kräfte innerhalb der Partei.

Die Opposition hingegen spielte in dieser Zeit eine eher marginale Rolle. Sie umfasste damals etwa 20.000 Personen und war nach ihren eigenen Angaben schwach, zersplittert, unerfahren und unorganisiert.[13] Am 22. März 1989 fanden sich die unterschiedlichen Gruppierungen zum Oppositionellen Runden Tisch zusammen, um ihre Meinungsverschiedenheiten auszutragen und gegenüber der Partei eine einheitliche Handlungslinie auszuarbeiten. Erst im Juni 1989 kam es zur Einrichtung des Nationalen Runden Tisches und damit zu Verhandlungen mit der USAP und anderen politischen Organisationen. In diesen Verhandlungen trat die Opposition allerdings von Anfang an geschlossen und zielgerichtet für die Durchführung unbeschränkter freier Wahlen ein. Anders als in Polen ließ sie sich nicht auf ein Machtteilungsarrangement ein und als Juniorpartner für die Lösung wirtschaftlicher und sozialer Probleme einspannen. Auch wenn die Opposition von der Bevölkerung weitgehend isoliert war und zur herrschenden Partei Beziehungen unterschiedlicher Art unterhielt, gab es in ihr konsequent liberaldemokratische Kräfte – insbesondere die *Freien Demokraten* (SZDSZ), die *Jungen Demokraten* (FIDESZ) und die *Liga Freier Gewerkschaften* –, die die von der USAP angestrebte Umarmung zu verhindern wussten.

---

12   In seinem Beitrag in diesem Band.
13   So János Kis, vgl. Dalos 2009: 85.

In der Zwischenzeit hatte sich die politische Lage im Lande deutlich geändert. Am 15. März 1989 fanden in Eigenregie der Opposition offiziell geduldete Feiern zum Gedenken an die ungarische Freiheitsrevolution von 1848 statt, die das Selbstbewusstsein der Opposition stärkten. Am 16. Juni 1989 wurde eine Kundgebung zur Neubestattung der Opfer vom Oktober 1956 mit einer Beteiligung von 200.000 Teilnehmern auf dem Heldenplatz in Budapest abgehalten, die noch einmal zur Stärkung der Opposition beitrug.[14] Ab Mai begann der Abbau des Eisernen Vorhangs mit teilweise spektakulären Aktionen. Zunächst gedacht als ein Propagandaakt gegenüber dem Westen, der diesen zur finanziellen Unterstützung Ungarns motivieren sollte, gewann die Öffnung der Grenze – vor allem aufgrund des wachsenden Drucks der Flüchtlinge aus der DDR – immer mehr den Charakter eines eigendynamischen Prozesses, der sich nur noch mit hohen Gesichtsverlusten hätte aufhalten lassen. So nutzten ihn die ungarischen Politiker unterschiedlichster Couleur, um sich im Lande und in der Weltöffentlichkeit zu profilieren und als demokratische Humanisten zu inszenieren.

Die demokratischen Veränderungen im Lande sowie die Öffnung des Eisernen Vorhangs aber wären nicht möglich gewesen, wenn Moskau nicht bereit gewesen wäre, sich zurückzuhalten. Auch wenn die Entscheidung, in die inneren Belange der Satellitenstaaten der Sowjetunion nicht einzugreifen, vom Politbüro der KPdSU bereits im Juli 1986 getroffen worden war, hielten die Machthaber in Moskau diese Entscheidung bis Dezember 1989 im Verborgenen und übten so auf die Westmächte und die demokratischen Kräfte in den Ostblockstaaten noch immer einen schwer bestimmbaren Druck aus. Diese Ungewissheit war das wichtigste Pfand in der Hand der Kommunistischen Parteiführung Ungarns, die damit ihren widersprüchlichen Kurs eines pluralistischen Sozialismus bis zuletzt zu rechtfertigen vermochte.

Die politische Entwicklung in den anderen staatssozialistischen Ländern überholte jedoch die Demokratisierungsprozesse in Ungarn, und als am 26. November 1989 das von den radikaldemokratischen Strömungen der ungarischen Opposition angestrebte Referendum über die Wahl des Präsidenten und andere ungeklärte Fragen stattfand, konnte sich die liberale Opposition gegenüber der Allianz zwischen Parteireformern und populistischen Teilen der Opposition durchsetzen, wenn auch nur mit einem Vorsprung von 1 Prozent. Zu diesem Sieg der Radikalopposition über die gemäßigten Kräfte aus Partei und Opposition, die die Wahl des Präsidenten den allgemeinen demokratischen Wahlen voranstellen und auf diese Weise dem Kandidaten der Partei, Imre Pozsgay, einen Vorteil verschaffen wollten, trug zweifellos die gewandelte internationale Situation bei. Nach dem Fall der Berliner Mauer, der nicht zuletzt selbst eine Folge der ungarischen Entscheidung über die Grenzöffnung war, und dem Sturz fast aller sozialistischen Regime konnte sich auch in Ungarn ein sozialistischer Präsidentschaftskandidat nicht mehr behaupten. Die Opposition, die anfangs recht schwach war, verfolgte in den Rundtischgesprächen von Anfang an einen kompromisslosen Kurs und konnte sich damit, begünstigt durch den Wandel der innenpolitischen Stimmung sowie der internationalen Lage, schließlich durchsetzen.

---

14   Mit der Umwertung der Vergangenheit, wie sie mit der Kundgebung auf dem Heldenplatz vollzogen wurde, änderte sich die Interpretation der gesellschaftlichen Lage radikal: Die politischen Machtverhältnisse gerieten unter Legitimationsdruck; wenn der Protest von 1956 ein Volksaufstand war, dann besaß die aus der Unterdrückung des Aufstands resultierende kommunistische Herrschaft keine demokratische Rechtfertigung mehr. Mehr und mehr Menschen erkannten, dass es an der Zeit war, sie durch eine neue Ordnung zu ersetzen. Zur revolutionären Rolle veränderter Situationsdeutungen vgl. auch unten S. 320.

Für ihren Erfolg benötigte sie nicht nur günstige gesellschaftliche Bedingungen im Innern wie im Äußern, sondern auch das Entgegenkommen einer reformbereiten kommunistischen Partei. Wie in Polen so war es auch in Ungarn die Kommunistische Partei, die sich aufgrund der nicht beherrschbaren ökonomischen Probleme und ihrer internen Fragmentierung gezwungen sah, sich auf die Opposition einzulassen. Für diese Bereitschaft war aber wohl der „Frühling im Herbst" ausschlaggebend. Erst in Reaktion auf den gesellschaftlichen Aufbruch im Herbst 1988 unternahmen die konsequenten Reformkräfte der Partei Anfang 1989 die entscheidenden rechtlichen Schritte zur demokratischen Umgestaltung der Gesellschaft. Insofern motivierten die gesellschaftlichen Veränderungen die politischen Reformschritte. Gewiss wären die Reformer in der Lage gewesen, mit den populistischen Teilen der Opposition einen moderaten Kurs durchzusetzen, wenn sich die außenpolitischen Kontextbedingungen im Herbst 1989 nicht radikal verändert hätten, denn sowohl die konsequenten Reformkräfte der Partei als auch die populistischen Teile der Opposition besaßen bis in den Sommer 1989 hinein eine breite Unterstützung in der Bevölkerung. Insofern war die Opposition in Ungarn, so zielorientiert und strategisch geschlossen sie auch in den Verhandlungen mit der USAP ab Juni 1989 auftrat, in nicht geringem Maße ein Profiteur des Wandels günstiger außen- und innenpolitischer Umstände.

DDR

Noch unmaßgeblicher als in Ungarn waren die oppositionellen Gruppierungen in der DDR für das Zustandekommen des Umbruchs.[15] Jahrelang unter dem Schutzdach der evangelischen Kirche operierend war es den Friedens-, Umwelt-, Frauen- und Menschenrechtsgruppen bis in den Sommer 1989 hinein nicht gelungen, eine tiefere Resonanz in der Bevölkerung zu erzeugen. Auch wenn es seit 1985 in dem kirchlich eingehegten politisch alternativen Milieu zu Prozessen der Politisierung kam – erkennbar etwa an einer stärkeren Ausrichtung auf das Thema Menschenrechte und einer stärkeren Aktionsbereitschaft –, blieben die oppositionellen Gruppen bis in die Zeit des Umbruchs hinein organisatorisch schwach, strukturell zersplittert und in ihren Zielorientierungen diffus. Strebten sie den Dialog mit der SED an oder verweigerten sie ihn, waren sie für einen demokratischen Sozialismus oder lehnten sie alle Gesellschaftsutopien, auch den Sozialismus, ab, ja verstanden sie sich überhaupt als politische Opposition oder nicht? – all diese Fragen blieben in den Diskussionen der politisch alternativen Gruppen unentschieden.[16] Möglicherweise auch aufgrund dieser inhaltlichen Unklarheiten vermochten es die oppositionellen Gruppierungen nicht, eine DDR-weite Sammlungsbewegung zu initiieren, obwohl diese immer wieder gefordert wurde. Sie waren aber nicht nur intern fragmentiert, sondern auch von anderen gesellschaftlichen Gruppen isoliert, selbst solchen, die potentiell als Verbündete in Frage kamen wie etwa die Künstler und Literaten der Untergrundszene, die intellektuellen Parteireformer der jungen Generation oder die Ausreisewilligen, die Gruppe der unerbittlichsten DDR-

---

15   Zum Folgenden vgl. ausführlicher Pollack 2000: 124-136, 209-252.
16   Beobachter wie Beteiligte verorteten die alternativen Gruppen stärker im vorpolitischen Raum als im Raum des Politischen, der von der Kommunistischen Partei vollständig besetzt war. Der Anspruch, politische Kraft zu sein, hätte unweigerlich den Frontalzusammenstoß mit dem Führungsanspruch der SED bedeutet (vgl. Templin 1988; Timmer 2000). Vgl. dazu auch Ehrhart Neuberts Beitrag in diesem Band.

Kritiker, von denen sie sich nicht selten sogar distanzierten. Insbesondere aber vermochten sie es nicht, die Masse der Bevölkerung zu erreichen, die sie als konsumistisch und politisch angepasst verachteten. Dennoch konnten sie oftmals bereits mit kleinen Aktionen teilweise beachtliche Aufmerksamkeit erzielen. Bekannt gemacht wurden diese Aktionen über die westlichen Medien, die für die kleine oppositionelle Szene[17] einen wichtigen Resonanzverstärker darstellten.

Wie begrenzt die sozialen Effekte dennoch waren, wird an der geringen Anteilnahme der Bevölkerung an allen demonstrativen Aktionen der Opposition bis zum Sommer 1989 deutlich. An keiner Protestaktion, wie sie etwa von der sehr agilen oppositionellen Szene in Leipzig initiiert wurden, beteiligten sich vor der friedlichen Revolution mehr als einige hundert Personen. Ob es sich dabei um den Pleißegedenkmarsch im Juni 1988 und 1989 (Umweltblätter, August 1988: 21ff.; Unterberg 1991: 48), die Luxemburg/Liebknecht-Demonstration im Januar 1989 (Mitter/Wolle 1990: 12) oder die Demonstration am Rande des Kirchentags im Juli 1989 (Unterberg 1991: 136) handelte, nie überschritt der Kreis der Protestierenden eine Zahl von 200 bis 300. Selbst der in Reaktion auf die Fälschung der Ergebnisse der Kommunalwahl vom 7. Mai 1989 in Gang gesetzte Protestzyklus an jedem 7. der Folgemonate in Berlin vermochte kaum mehr als 100 bis 200 Demonstranten zu mobilisieren.[18]

Als nach der Sommerpause die Leipziger Friedensgebete im September 1989 wieder einsetzten, erhöhte sich die Zahl der Demonstranten jedoch innerhalb weniger Wochen von einigen hundert auf mehrere Tausend. Am 18. September demonstrierten bereits 1.000 Personen auf dem Nikolaikirchhof, am 25. September beteiligten sich 5.000 an der Montagsdemonstration, am 2. Oktober etwa 15.000, und am 9. Oktober waren es 70.000, die um den Leipziger Innenstadtring zogen. Was war geschehen? Wieso gingen die Menschen, die sich jahrzehntelang nicht zum Protest motivieren ließen und mit dem staatssozialistischen Regime ihren Frieden geschlossen zu haben schienen, auf einmal zu Tausenden auf die Straße?

Was sich geändert hatte, war die allgemeine Interpretation der gesellschaftlichen Problemlage, denn nachdem am 11. September die Grenzen zwischen Ungarn und Österreich aufgegangen waren und hunderte und aber hunderte junge und gut ausgebildete Menschen mit ihren Familien die DDR über Ungarn/Österreich verlassen hatten, wurde jedermann im Lande klar, dem Kirchenmann ebenso wie dem Staatsfunktionär, dass es so nicht mehr weiter gehen konnte. Die DDR musste sich ändern, und wenn die Menschen zu Tausenden auf die Straße gingen, dann um dieser Forderung Nachdruck zu verleihen. Niemand hatte

---

17 Wie groß diese Szene war, lässt sich aufgrund von Indikatoren nur schätzen. In Leipzig mit mehr als 500.000 Einwohnern gehörten zu den politisch alternativen Gruppen ungefähr 300 Personen (Findeis 1990: 94) und damit weniger als 0,1 %. Diese Größenverhältnisse wird man auch für die gesamte DDR unterstellen dürfen. Ulrike Poppe (1988: 68f.) als Beauftragte vom Fortsetzungsausschuss „Frieden konkret" zählte 1988 325 Gruppen. Insgesamt dürften den Gruppen nicht mehr als 4.000 bis 6.000 Mitglieder angehört haben (vgl. Pollack 2000: 139).

18 Am 7. Juni 1989 waren es 40 Personen, die sich im Innenhof des Evangelischen Konsistoriums versammelten. Zuvor waren bei 160 potentiellen Teilnehmern des Protestes Personenkontrollen durchgeführt worden (Mitter/Wolle 1990: 72f.). Am 7. Juli wurden 94 Personen am Zugang zum vereinbarten Treffpunkt an der Weltzeituhr auf dem Alexanderplatz gehindert und weitere 30 polizeilich zugeführt (109). Und am 7. September waren es noch immer nicht mehr als 189 Personen, die auf dem Alexanderplatz aufgegriffen und „zum Verlassen des Sicherungsraumes aufgefordert" werden mussten (139). An diesem Tage wurden 59 Personen polizeilich zugeführt (140).

sie auf den Platz des Protestes gerufen, auch nicht die oppositionellen Gruppen, die in dieser Zeit anderes im Kopf hatten als die Organisation von Massendemonstrationen. Sie setzten in den entscheidenden Wochen des September und Oktober nicht auf die Masse der Bevölkerung, sondern auf die frisch gegründeten Bürgerbewegungen, die sie legalisieren lassen und mit deren Hilfe sie in die Gesellschaft hineinwirken wollten. Die staatsoffiziell kriminalisierten Demonstrationen zu unterstützen, wäre zu diesem Zeitpunkt taktisch ausgesprochen unklug gewesen.[19] Die Menschen kamen spontan, sie bewegten sich nicht mutig drauflos, sondern vorsichtig abtastend, jedes Mal abschätzend, was machbar war und was wohl zu weit gehen würde, und in der steten Bereitschaft, im Falle einer Gefahr für Leib und Leben, sich unbemerkt wieder zurückzuziehen. Sie wagten den Schritt auf die Straße, weil die Staatsmacht in den Wochen zuvor viel von ihrer Autorität eingebüßt und sich sowohl als unfähig erwiesen hatte, die Flüchtlingsbewegung unter Kontrolle zu bringen, als auch die aufkeimenden Proteste niederzuhalten. Für die Entstehung der Massenproteste war insofern nicht nur die durch die Flüchtlingswelle ausgelöste Veränderung der Problemwahrnehmung ausschlaggebend, sondern auch die durch die Passivität des Staates begünstigte Wahrnehmung, dass sich die politischen Gelegenheitsstrukturen für kollektives Protesthandeln erweitert hatten.

Während die Demonstranten in Leipzig am 4. September noch gerufen hatten „Wir wollen raus!", wurde am 11. September aus „Wir wollen raus!" der Ruf „Wir bleiben hier!" – ein Slogan, mit dem die Demonstranten sowohl Loyalität zur DDR bekundeten als auch eine Drohung ausstießen. Der seit dem 25. September skandierte Ruf „Wir sind das Volk!" griff auf der einen Seite die Legitimationsrhetorik des SED-Regimes auf und bestritt der SED doch zugleich auch, die legitime Vertretung der Interessen der Bevölkerung zu sein. Bis zum 9. Oktober blieb das Vorgehen der Demonstranten von Vorsicht geprägt. Daraus erklärt sich ein Großteil ihrer Friedfertigkeit. Angesichts des hochgerüsteten Sicherheitsapparats, dem sich die Demonstranten gegenüber sahen, war es nichts anderes als taktisch klug, auf jede Gewaltanwendung zu verzichten und auch die eigenen Mitdemonstranten zur Gewaltlosigkeit aufzurufen. Obwohl die Opposition über Jahre hinweg versucht hatte, die Bevölkerung politisch zu mobilisieren und dafür Verfolgung, Ausgrenzung und Benachteiligung in Kauf genommen hatte, spielte sie in der Umbruchphase nicht die Rolle des Initiators der Protestbewegung, sondern wurde von den protestierenden Massen als Symbol des Widerstands an die Spitze der revolutionären Gegenbewegung geschoben. „Neues Forum zulassen!" war eine der ersten Forderungen der Demonstranten. Gleichwohl nahm die politische Opposition in der DDR insofern eine wichtige Funktion im Umbruchprozess wahr, als sie ebenso wie die Kirchen als Kristallisationspunkte des sich formierenden Protests diente. Nur weil es oppositionelle Vereinigungen, Friedensgebete und kirchliche Gebäude gab, wussten die Menschen, wo sie hinzugehen hatten, wenn sie protestieren wollten. Zudem hatten die diversen Aufrufe zur Gründung von politischen Bürgerbewegungen, die beginnend mit dem Gründungsaufruf des Neuen Forum vom 9. September von verschiedenen Aktivistengruppen der politisch alternativen Szene veröffentlicht wurden, auch mobilisierende Effekte auf weitere gesellschaftliche Gruppen außerhalb des engeren Milieus im

---

19   Tatsächlich existierte bis zum 9. Oktober in Leipzig nicht ein einziger Aufruf der oppositionellen Gruppen zur Demonstration, und bis in die zweite Hälfte des Oktober hinein erklärten Vertreter des Neuen Forums immer wieder, dass Demonstrationen nicht das geeignete Mittel seien, um politische Veränderungen herbeizuführen (vgl. Kaufmann/Mundus/Nowak 1993: 282; Rein 1989: 25).

Umfeld der Kirchen, die ihrerseits mit öffentlichen Stellungnahmen zur Veränderung der allgemeinen Problem- und Situationsdeutung beitrugen. Zu erinnern ist hier insbesondere an die entsprechenden Initiativen von Rockmusikern und Theaterschaffenden. Nicht zuletzt ist den aus den politisch alternativen Gruppen hervorgegangenen Bürgerbewegungen ein nicht unmaßgeblicher Beitrag für die Gewährleistung des gewaltfreien Charakters der Protestbewegung auch nach der Leipziger Montagsdemonstration vom 9. Oktober und der weiteren Schwächung der SED-Machtstrukturen, insbesondere auch auf lokaler Ebene, zuzusprechen (vgl. Wielgohs/Johnson 1997).

Warum aber wandte die Gegenseite, als sich die Situation am 9. Oktober in Leipzig zuspitzte, keine Gewalt an und schlug den Aufruhr mit polizeilichen Mitteln nieder? Ein wichtiger und vielleicht der wichtigste Grund lag darin, dass die Sowjetunion die Breschnew-Doktrin aufgegeben hatte und daher die SED jeden Einsatz von Gewaltmitteln selbst verantworten musste. Im Sommer war Honecker jedoch krank und hatte daher die Dinge nicht mehr so fest im Griff wie zuvor. Wertvolle Zeit, die die SED-Spitze zur Lösung des Flüchtlingsproblems und des aufkeimenden Protestes gut hätte gebrauchen können, verstrich auf diese Weise tatenlos. Hinzu kam, dass Honecker bis zum 7. Oktober, dem 40. Jahrestag der DDR, den Gewalteinsatz so gering wie möglich halten wollte, um der Weltöffentlichkeit das Bild einer heilen DDR vorzuspielen. Zudem musste das SED-Regime nach einem polizeilichen oder militärischen Einsatz Sanktionen seitens westlicher Geldgeber befürchten, von denen die DDR aufgrund ihrer hohen Auslandsverschuldung ökonomisch abhängig war. Manche SED-Spitzenfunktionäre mögen die ergriffenen propagandistischen Maßnahmen auch für ausreichend gehalten haben; für viele von ihnen war der Untergang der DDR trotz aller Beschwörungen der Gefährlichkeit des Klassenfeindes schlichtweg unvorstellbar geworden. Gewiss wollten außerdem viele von ihnen ein Massaker wie das auf dem Platz des Himmlischen Friedens in Peking vermeiden. Im Herzen Europas war für viele die chinesische Lösung schlicht unvorstellbar. Und schließlich dürfte ab einem bestimmten Punkt den Machthabern auch nicht mehr klar gewesen sein, ob sie sich im Falle des Befehls zur Gewaltanwendung auf den Gehorsam der ihnen unterstehenden Truppen hätten verlassen können.

Nachdem der Zeitpunkt, an dem ein polizeilicher Eingriff die Massen noch hätte von den Straßen vertreiben können, verpasst worden war, half auch der Wechsel von Honecker zu Krenz im Amt des SED-Generalsekretärs nichts mehr. Im Gegenteil. Er gab den Protestierenden das Gefühl, mit ihrem Protest diesen Wechsel erzwungen zu haben und bestärkte sie daher darin, weiterhin auf die Straße zu gehen und ihre Forderungen zu radikalisieren. Nach der Ablösung Honeckers kam es zu Demonstrationen im ganzen Lande, und der Flächenbrand der Revolution breitete sich aus, ohne noch gestoppt werden zu können. Gerade weil die SED-Spitze sich über Jahre und Monate unnachgiebig und kompromisslos gezeigt hatte, bestärkte der Führungswechsel den Protest. Was die SED-Führung hinfort auch tat, provozierte die Bevölkerung dazu, ihren Widerstand nur noch zu verstärken. Mit der halb gewollten, halb ungewollten Öffnung der Berliner Mauer am 9. November 1989 gab die SED schließlich ihren letzten Trumpf aus der Hand und konnte hinfort auf die Forderungen der immer mutiger auftretenden Bevölkerung nur noch reagieren, indem sie sie Zug um Zug erfüllte. Die Entmachtung der SED und der Übergang zu einer demokratischen Ordnung waren damit unausweichlich geworden.

ČSSR

Das traumatische Ereignis, das das Gesicht des Sozialismus in der ČSSR in den 1970er und 1980er Jahren bestimmen sollte, war die Niederschlagung des Prager Frühlings im August 1968. Im Zuge der so genannten Normalisierung wurden etwa 500.000 Personen aus der Kommunistischen Partei ausgeschlossen (fast die Hälfte der bisherigen Parteimitglieder) und über eine Million neu aufgenommen. Die Beendigung der Ära Dubček hatte einen enormen Aderlass der intellektuellen und künstlerischen Elite des Landes zur Folge. Literaten, Künstler, Filmregisseure und Wissenschaftler verließen scharenweise das Land, und die Freiräume für schöpferisches und geistiges Leben wurden derart eingeschränkt, dass aus einer blühenden kulturellen Landschaft eine intellektuelle und kulturelle Einöde wurde. Die Mehrheit der Bevölkerung versank in Apathie, Skepsis und Resignation. Selbst die nach der Niederschlagung des Prager Frühlings noch hie und da aufflammenden oppositionellen Aktivitäten konnten so gut wie vollständig unterdrückt und ausgeschaltet werden.[20]

Erst nach der Verabschiedung der Schlussakte der Konferenz für Sicherheit und Zusammenarbeit in Europa meldeten sich in der ČSSR am 1. Januar 1977 oppositionelle Kräfte mit der Erklärung der Charta 77 wieder zu Wort. 242 Personen hatten sie unterschrieben. Bis in die späten 1980er Jahre hinein überstieg die Zahl der Signatoren nicht einige hundert; im November 1989 waren es knapp 2.000. Die Anzahl derjenigen, die sich aktiv in oppositionellen Gruppierungen engagierte, dürfte damit in der ČSSR kaum größer gewesen sein als in der DDR. Bis in den Juni 1989 hinein blieben die Charta 77 und andere oppositionelle Initiativen in ihrem Umfeld wie das *Komitee zur Verteidigung zu Unrecht Verfolgter* oder die *Tschechisch-Polnische Solidarität* von der breiteren Bevölkerung ebenso isoliert wie die oppositionellen Gruppen in der DDR. Auch wenn sich die Charta 77 von Anfang an für die Respektierung der Menschenrechte einsetzte und in dieser Hinsicht eine konsequentere Position als weite Teile der DDR-Opposition einnahm, die erst ab Mitte der 1980er Jahre begann, den Schutz der Menschenrechte explizit zu fordern, war sie ähnlich zersplittert wie die DDR-Opposition und programmatisch ebenso unentschieden. Wie ihr Pendant in der DDR verstand sie sich selbst nicht ausdrücklich als Opposition zum kommunistischen Regime und agierte im vorpolitischen Raum (Balík/Holzer/Kopeček 2008: 25). Havel, der informelle Führer der Initiative, vertrat das Konzept einer unpolitischen Politik, das Politik als eine Technologie der Macht und der Manipulation, der Kalkulation und zweifelhafter Praktiken betrachtete, und stellte dieser Art von Politik ein „Leben in Wahrheit", also eine moralische Praxis gegenüber, die zur Politik, auch zu den traditionellen politischen Massenparteien westlichen Zuschnitts, Distanz halten sollte. Er präferierte ein postdemokratisches System, in welchem sich selbst organisierende Gemeinschaften, nicht aber Parteien und Parteienkonkurrenz eine zentrale Rolle spielen sollten. Zersplittert war die Charta 77 insofern, als sich in ihr Personen mit äußerst kontroversen politischen Standpunkten zusammenfanden. Neben Künstlern und Literaten aus dem Untergrund gab es in ihr konservative Christen und darüber hinaus auch ehemalige Kommunisten und Reformkommunisten, die nach 1968 ihre teilweise hohen Funktionen verloren hatten und daher aus ganz anderen Gründen als die Künstler, Literaten und Intellektuellen gegen die nach 1968 betriebene Politik der Normalisierung protestierten.

---

20 Vgl. die Beiträge von Tůma sowie Balík/Holzer/Šedo in diesem Band.

Anders als die kleine Oppositionsszene in der DDR, die nicht in das Entspannungs- und Annäherungskonzept der jeweiligen westdeutschen Regierungen und der westdeutschen demokratischen Parteien hineinpasste, wurde die Charta 77 international breit beachtet. Ihren Einfluss auf die Bevölkerung konnte dieser Umstand allerdings nicht verstärken, denn die Spielräume für politisches Handeln waren in der ČSSR ähnlich eingeschränkt wie in der DDR. Schon kleine abweichende Aktivitäten wurden mit Argwohn beobachtet und, sobald sie an die Öffentlichkeit zu gelangen drohten, unbarmherzig unterdrückt.

Wie in Ungarn und der DDR erkaufte sich die Kommunistische Partei der ČSSR die Loyalität der Massen durch die Garantie eines gewissen Wohlstandsniveaus und band die sozialistische Dienstklasse durch Privilegien an sich. In politischer und kultureller Hinsicht aber machte sie keinerlei Zugeständnisse und verfolgte damit eine Politik, die sich deutlich von dem gemäßigten, auf Ausgleich und Kooptation bedachten Führungsstil der ungarischen Kommunisten unterschied und mehr dem restriktiven Herrschaftsmodus der SED entsprach. Anstatt die Gesellschaft durch die Gewährung begrenzter politischer und kultureller Freiheiten zu befrieden, hat sie den Schockzustand, in den die sowjetische Intervention von 1968 das Land versetzt hatte, durch ihre restriktive Politik faktisch auf Dauer gestellt. Gegessen und getrunken wurde auf Betriebsfeiern und im privaten Kreise viel, und am Wochenende fuhren die Familien mit ihren klapprigen Skodas ins Grüne; politisch, sozial und kulturell herrschte hingegen Friedhofsruhe. Trotz des vergleichsweise beachtlichen Lebensstandards war die Unzufriedenheit in der Bevölkerung der ČSSR daher hoch. Sie stieg in der zweiten Hälfte der 1980er Jahre nochmals an, als das Regime auch die materiellen Erwartungen der Bevölkerung nicht mehr zu erfüllen vermochte. Bereits im Mai 1989 sprachen sich einer repräsentativen Befragung des Instituts für öffentliche Meinungsforschung zufolge trotz der politischen Überwachung 32 Prozent der Bevölkerung für die Streichung der führenden Rolle der Partei aus der Verfassung, 77 Prozent für einen Kaderwechsel in der Führung, 60 Prozent für eine Veränderung des Wahlsystems und 59 Prozent für eine Veränderung der Bewertung von 1968 aus (Vaněk 1994: 22ff.). Selbst unter den KPČ-Mitgliedern und -Funktionären hatte mehr als die Hälfte kein Vertrauen mehr in die Führungskraft der Partei. Im Herbst 1989 sahen 74 Prozent der Bevölkerung die ökonomische Situation als überwiegend mangelhaft an, und nur 14 Prozent meinten, dass die positiven Aspekte in der Ökonomie dominierten. Bezüglich der politischen Situation betrachteten 52 Prozent die negativen Aspekte als vorherrschend, hingegen nur 26 Prozent die positiven (ebd. 44f.).

Ende 1988, Anfang 1989 kam auch in der oppositionellen Szene neue Bewegung auf. Neue, nicht genehmigte Vereine wie die *Bürgerliche Freiheitsbewegung* oder das *Komitee der Humanitären Zusammenarbeit für Menschenrechte* entstanden. Ebenso schlossen sich einige Reformkommunisten von 1968 in der Organisation *Obroda* (Wiedergeburt) zusammen. Mit der Petition „Einige Sätze" vom 29. Juni 1989 wandte sich die Charta 77 an die Führung des Landes und forderte die Einleitung einer wirklich freien und demokratischen Diskussion, die Freilassung aller politischen Gefangenen, Versammlungsfreiheit, Befreiung der Medien von Zensur und politischer Manipulation und eine offene Debatte über die eigene Geschichte. Nur wenn es zu einem echten sozialen Dialog komme, könne ein Ausweg aus der gegenwärtigen Sackgasse der Tschechoslowakei gefunden werden (Dalos 2009: 182). Die demokratische Opposition versuchte also, über an die Machthaber gerichtete Appelle Einfluss auf die politischen Prozesse zu gewinnen.

Einen ähnlichen Weg schlugen auch kirchliche Petitionsbewegungen ein, deren bedeutendste Anfang 1988 auf den Weg gebracht wurde. Die *Katholische Initiative zur Besse-
rung der Lage der Gläubigen* thematisierte die Bevormundung der Religionsgemeinschaften durch den atheistischen Staat, kritisierte die Einmischung des Staates in innerkirchliche
Angelegenheiten, die Diskriminierung christlicher Eltern und Kinder und forderte die seit
langem verweigerte Besetzung von zehn Bischofsämtern. Unterstützt wurde sie durch Kardinal František Tomašek. Im Unterschied zu den 50.000 Unterschriften, die die Petition
„Einige Sätze" bis zum November 1989 erhielt, unterschrieben die Petition der Katholischen Initiative über eine halbe Million (Balík/Holzer/Kopeček 2008: 28), was diese zu
einer Massenbewegung machte.

Es mag sein, dass dies einige katholische Laiengruppen in Bratislava ermutigte, am 25.
März 1988 eine Kerzendemonstration durchzuführen, auf der sie sich für Glaubensfreiheit
und Menschenrechte aussprachen.[21] Die etwa 4.000 mehrheitlich jugendlichen Kundge-
bungsteilnehmer wurden von der Polizei unter Anwendung von Gewalt vertrieben. Es war
dies die erste Demonstration in der ČSSR nach 20 Jahren, und sie setzte ein Signal, das
nachhaltige Wirkung zeigen sollte. Wie auch in anderen staatssozialistischen Ländern[22]
ging der Durchbruch in der Politisierung alternativer Kräfte - offenbar nicht zufällig - von
der Provinz aus und nicht vom Zentrum, In den folgenden Monaten kam es jedenfalls anlässlich von Jahrestagen und Jubiläen immer wieder zu nicht genehmigten Demonstrationen
mit zumeist mehreren tausend Teilnehmern, die regelmäßig von Polizei- und Sicherheitskräften auseinandergetrieben wurden, so etwa am 21. August 1988 aus Anlass der Niederschlagung des Prager Frühling, am 28. Oktober im Anschluss an eine offizielle Gedenkfeier
anlässlich der Gründung der tschechoslowakischen Republik 1918, am 16. Januar 1989
anlässlich der Selbstverbrennung von Jan Palach im Jahre 1969 sowie am 21. August 1989.
All diese Demonstrationen waren nicht von Gruppen der „traditionellen" Opposition organisiert, sondern entstanden weitgehend spontan, und sie folgten offensichtlich einer anderen
Logik als die Petitionen der Opposition und der katholischen Laieninitiativen, die sich um
einen Dialog mit der Partei- und Staatsmacht bemühten, während die Demonstranten diese
anscheinend eher provozieren wollten.

Als es bei einem der Jubiläen – in diesem Falle handelte es sich um die offizielle Feier
zum Gedenken an den von den Nazis ermordeten Studenten Jan Opletal – am 17. November 1989 zu einem spontanen Protestzug von etwa 10.000 vor allem studentischer Demonstranten kam, schlugen die Polizeikräfte so brutal zu, dass die Stimmung in der Bevölkerung kippte. Das Gerücht, einer der Studenten sei erschlagen worden, machte die Runde.
Obwohl es sich zwei Tage später als falsch herausstellte, war die Empörung in der Bevölkerung so groß, dass sich der Protest der Studenten ausweitete und auch andere Generationen
erfasste. Mit den Slogans „Sie erschlagen unsere Kinder!" und „Wir sind nicht so wie sie!"
brachten die Menschen ihre Distanz zum Regime zum Ausdruck und verschafften dem
Protest die notwendige Legitimation. Durch die Gewaltanwendung am 17. November hatte
sich der Rahmen geändert, in welchem das System interpretiert wurde. Sie war das kritische

---

21 Es passt zu der um Konfliktminimierung bemühten Petitionsbewegung, dass die Kundgebung dem Stadtrat
    vorher angekündigt wurde.
22 Man denke nur an die Rolle, die Leipzig in der DDR, Temesvar in Rumänien, Szeged und Lakitelek in
    Ungarn spielten.

Ereignis, das vielen Menschen das Gefühl gab, es müsse sich etwas grundlegend ändern im Lande.[23]

Am 18. November riefen die Studenten zu einem Proteststreik auf. Dem Aufruf schlossen sich noch am selben Tag die Schauspieler und Mitarbeiter der Prager Theater an. Am 19. November wurde das *Bürgerforum* gegründet, das von den bereits bestehenden Dissidentengruppierungen, aber ebenso von Personen außerhalb der Dissidentenzirkel ins Leben gerufen wurde. Es forderte den Rücktritt der Hardliner in der Parteispitze und die Einsetzung einer Kommission zur Untersuchung der Ereignisse vom 17. November. Außerdem proklamierte es seine Strategie des Dialogs und rief für den 27. November zu einem zweistündigen Generalstreik auf. Am 20. November demonstrierten über 100.000 Menschen auf dem Wenzelsplatz. Von Prag breitete sich die Protestwelle auch in andere Städte aus. Am 23. November trat Alexander Dubček zum ersten Mal seit 20 Jahren in Bratislava wieder vor die Öffentlichkeit. Der stellvertretende Ministerpräsident, der vor den Zehntausenden, die sich auf dem Hauptplatz versammelt hatten, ebenfalls reden und die Demokratisierung der Gesellschaft versprechen wollte, wurde ausgepfiffen und mit Rufen wie "Zu spät!" und „Wir glauben Ihnen kein Wort" zum Schweigen gebracht.

Um das Zustandekommen und die Ausbreitung der Massenproteste zu verstehen, muss man einen Blick auf die dramatischen Veränderungen der internationalen Lage werfen. In der benachbarten DDR war am 9. November die Mauer gefallen. Demonstrationen erschütterten das Land, dessen Bevölkerung bislang als die regimetreueste in ganz Osteuropa gegolten hatte. Auch war durch die Ereignisse in Polen, Ungarn und der DDR immer deutlicher geworden, dass mit einem gewaltsamen Eingreifen seitens der Sowjetarmee kaum noch gerechnet werden musste.

Die Führung der Kommunistischen Partei der ČSSR erwies sich jedoch als unfähig, auf die Situation angemessen zu reagieren. Der Versuch, die Parteiarmee zu mobilisieren, scheiterte am mangelnden Durchsetzungswillen der Kommandeure und an der Verweigerungshaltung ihrer Mitglieder. Die in der Nationalen Front zusammengeschlossenen verbündeten Parteien fielen Schritt für Schritt von der KPČ ab. Auch die Medien machten sich mehr und mehr vom Parteieinfluss frei. Als das Politbüro der KPČ nach langem Zögern am 24. November schließlich zu seiner ersten Sitzung nach den kritischen Ereignissen am 17. November zusammenkam, konnte die Führungsmannschaft unter Milouš Jakeš nur noch zurücktreten. Nicht aber die neu gewählte Führung der KPČ, sondern der Premierminister Adamec nahm Verhandlungen mit dem Bürgerforum auf. Er verlangte die Begrenzung des Generalstreiks auf einen symbolischen Akt. Das wies das Bürgerforum jedoch zurück.

Nachdem der Generalstreik am 27. November mit überwältigender Beteiligung stattgefunden und die Bevölkerung dem Bürgerforum damit auf eindrucksvolle Art und Weise ihre Unterstützung signalisiert hatte, rief dieses, anstatt den Druck auf die Regierung durch weitere Massenprotestes zu verstärken, zur Beendigung der Demonstrationen auf. Es zeigte keinerlei Interesse an der Übernahme der Macht und drängte auf die Aufrechterhaltung der legalen und verfassungsmäßigen Kontinuität. Tatsächlich ging daraufhin die Protestwelle zurück, und Adamec hatte freie Hand, eine neue Regierung, bestehend aus 15 Kommunisten und 5 Nichtkommunisten, zusammenzustellen. Als das Bürgerforum die neu gebildete

---

23   Angeblich gab es bereits einen Tag vor dem 17. November einen stillen Marsch oppositioneller Studenten in
      Bratislava (Hvorecký 2009).

Regierung nicht zurückwies, formte sich, kaum war die Liste der Minister veröffentlicht, am 3. Dezember der Widerstand auf der Straße von neuem. Erst dann lehnte auch das Bürgerforum das neue Kabinett ab. An die Stelle von Adamec als Premierminister trat Marián Čalfa, der sich schon bald von dem Einfluss Adamecs lossagte und Havel das Angebot unterbreitete, ihn für die Position des Staatspräsidenten vorzuschlagen. Havel nahm an, und am 28. Dezember wählte ihn das noch aus staatssozialistischen Zeiten stammende Parlament einstimmig zum Präsidenten der Tschechoslowakei.

Rumänien

Die politische, soziale und ökonomische Situation in Rumänien vor 1989 ist mit der Lage der bislang behandelten staatssozialistischen Gesellschaften nicht vergleichbar. Nicht nur waren politische Freiräume noch weitaus stärker beschnitten als in allen anderen staatssozialistischen Ländern, wenn man von Albanien einmal absieht. Es fehlte auch an sozialen und wirtschaftlichen Ausgleichsmechanismen. Nach den selbst für osteuropäische Maßstäbe bescheidenen Verbesserungen der sozioökonomischen Lebensbedingungen in den 1960er und 1970er Jahren verschlechterte sich der allgemeine Lebensstandard ab Anfang der 1980er Jahre rapide. Lebensmittel wurden rationiert, Arzneimittel knapp. Oft hatten die Menschen nicht genug zu essen. Im Winter wurden die Fernheizungen auf ein Minimum reduziert, so dass die Wohnungstemperaturen zuweilen auf 12 Grad absanken. Per Dekret wurde der Sonntag zum Arbeitstag erklärt. Ceauşescu herrschte mit restriktiven Methoden über eine weitgehend verängstigte Bevölkerung, der es im alltäglichen Leben oft am Nötigsten fehlte und deren Verhalten effektiv überwacht wurde. Auf der Grundlage von Dekreten griff der Conducator rücksichtslos in die privaten Belange der Familien ein und legte sogar fest, wie viele Kinder in der sozialistischen Familie aufzuwachsen hätten. Abtreibungen waren per Dekret verboten und mit drakonischen Strafen sowohl für die betroffenen Frauen als auch für die beteiligten Ärzte belegt. Im März 1988 kündigte Ceauşescu an, 6.000 Dörfer dem Erdboden gleichzumachen und die Dorfbewohner in 558 Plattenbausiedlungen umzuquartieren. Der Diktator, der danach strebte, das gesamte gesellschaftliche Leben zu überwachen, ließ sich in der Presse als „Genie der Karpaten", als „Sohn der Sonne", „Erlöser der Erde" und als Führer in das „Goldene Zeitalter" feiern und hatte dafür gesorgt, dass auch seine Ehefrau, seine Brüder und sein Sohn wichtige Funktionen im Machtapparat erhielten. Staatssozialistischer Totalitarismus und klientelistische Clanstrukturen wirkten in Rumänien Hand in Hand und gaben dem Regime einen gleichermaßen diktatorisch modernen und vormodern dynastischen Charakter.

Zwar kam es in den 1970er und 1980er Jahren zu einer bemerkenswerten Zahl von Arbeiterstreiks. Doch kollektive oppositionelle Aktivitäten im politischen Sinne gab es in dieser Zeit so gut wie überhaupt nicht. Wo Dissidenten hervortraten, wie etwa Anfang der 1970er Jahre die Aktionsgruppe Banat rumäniendeutscher Schriftsteller um Herta Müller, Richard Wagner und William Totok, oder im Frühjahr 1977 der Schriftsteller Paul Goma mit seiner Petition zur Unterstützung der Charta 77, wurden die Aktivitäten zügig und effektiv unterdrückt. Bis Ende 1989 konnte sich eine demokratische Opposition nicht einmal ansatzweise formieren (vgl. C. Petrescu in diesem Band). Am ehesten kam Widerstand und Protest noch aus der etwa zwei Millionen starken ungarischen Minderheit, deren kritische

Wortführer mit einer gewissen Rückendeckung aus Ungarn rechnen konnten und sogar eine neun Mal erschienene Samizdatzeitschrift auf den Weg brachten.

Es ist daher kein Zufall, dass der Protest, der schließlich zum Fall des Ceauşescu-Regimes führen sollte, von einem Pfarrer der ungarischen Minderheit ausging. László Tőkés, der Pfarrer der evangelischen Gemeinde im multinationalen Temesvar, wandte sich in einem Brief vom 6. September 1988 an seine kirchlichen Vorgesetzten und machte sie auf die Gefahren aufmerksam, die aus der angekündigten Dorfsystematisierung, wie die Zerstörung der Dörfer im offiziellen Sprachgebrauch hieß, folgen würden. Nachdem der ihm vorgesetzte Bischof seine Versetzung in einen abgelegenen Ort in Siebenbürgen anordnete und auch die Geheimpolizei seine Versetzung betrieb, stellte sich seine Gemeinde vor ihn und schützte ihn vor der Zwangsumsiedlung (Deletant 2006: 95ff.). Ungarische, aber auch deutsche, serbische und rumänische Gemeindemitglieder hielten Mahnwache vor seinem Haus. Am 16. Dezember 1989 gelang es der Polizei zwar, die etwa 1.000 Demonstranten vor dem Haus von László Tőkés zu vertreiben und den Pfarrer mit seiner Familie nach Siebenbürgen zu verschleppen, doch die anhaltenden Proteste der Temesvarer Bürger konnten nicht unter Kontrolle gebracht werden. Am 17. Dezember wurde auf Befehl von Ceauşescu auf die demonstrierende Menge das Feuer eröffnet. 58 Menschen starben, 92 wurden verletzt und über 800 verhaftet. Mit der angewandten Gewalt vermochte die Staatsmacht die Bürger jedoch nicht von der Straße zu vertreiben. Am 19. Dezember waren es 20.000, die in Temesvar demonstrierten. Diesmal verzichtete die offenbar überraschte Staatsmacht auf den Einsatz von Gewalt und versuchte, die Situation durch den Rückgriff auf „sanfte" Methoden zu befrieden, die sich bei der Beilegung früherer Arbeiterproteste bewährt hatten.[24] Der Ministerpräsident persönlich reiste an und unterbreitete den demonstrierenden Massen den Vorschlag, alle Gefangenen freizulassen, wenn sie friedlich nach Hause gingen. Daraufhin wurde er ausgebuht. Eilig übergab die Staatsmacht die Verhafteten den Demonstranten und füllte die Regale in den Lebensmittelgeschäften mit Waren auf. Doch jetzt funktionierte diese früher erfolgreiche Taktik nicht mehr. Mit billigen Geschenken ließen sich die demonstrierenden Bürger nicht mehr kaufen. Inzwischen hatte sich die Nachricht von dem in Temesvar angerichteten Blutbad in der Weltpresse verbreitet. Am 20. Dezember gründete sich die erste unabhängige politische Organisation Rumäniens seit 1947, die *Rumänische Demokratische Front*, die nicht nur die Aufklärung der Ereignisse von Temesvar verlangte, sondern auch den Rücktritt Ceauşescus. Dieser ließ am 21. Dezember auf dem Platz vor seinem Palast im Herzen Bukarests ein Großmeeting durchführen, auf dem das Volk ein weiteres Mal auf die altbekannten Losungen eingeschworen werden sollte. Das Fernsehen berichtete live, und das Volk erschien zahlreich. In der Hand trugen die Menschen Transparente, auf denen sie ihre Empörung gegen die Aktionen ausländischer Agenturen und einheimischer Faschisten sowie ihre Entschlossenheit, alles zur Stärkung des Sozialismus zu tun, zum Ausdruck brachten. Doch dann kippt die Stimmung. Pfiffe und Buhrufe sind zu hören und übertönen die Losungen aus dem Lautsprecher. „Ceauşescu verspricht hastig Gehaltserhöhungen, mehr Kindergeld, schließlich verspricht er sich, bringt Zahlen durcheinander" (so ein Augenzeuge, zitiert nach Dalos 2009: 229). Die Pfiffe und Buhrufe werden lauter. Schließlich ein Explosionsgeräusch, ein Frauenschrei, und die Menge verlässt panikartig den Platz und stiebt angstbesessen auseinander.

---

24 Vgl. C. Petrescus Ausführungen zum Bergarbeiterstreik von 1977 in diesem Band.

Der Conducator ruft ins Mikrofon: „Bleibt stehen, Genossen, geht zurück, Genossen, schreitet zurück ... was ist denn, was ist los, kommt doch zurück". Doch der Platz leert sich, und Ceauşescu zieht sich wild gestikulierend in seinen Palast zurück. [25] Selbst für seine Mitstreiter ist er nun nicht mehr haltbar. Am 22. Dezember erscheint er noch einmal auf dem Balkon seines Palastes, aber als ihm wiederum nur Buhrufe und Steine entgegenfliegen, verlässt er am Nachmittag im Hubschrauber das Gebäude und glaubt zu fliehen, ohne zu merken, dass er sich schon in der Hand seiner Henker befindet. Drei Tage später wird er standrechtlich erschossen - auf Beschluss der Führung der gerade gegründeten „Front zur Nationalen Rettung", die im Kern aus ehemaligen, von Ceauşescu geschassten Spitzenfunktionären der Partei sowie Generälen besteht, die im letzten Moment die Seiten gewechselt hatten.[26] Um die Welt geht das Bild, das ihn tot neben seiner Frau zeigt, der „Gelehrten von Weltruhm", die zur Vorsitzenden der rumänischen Akademie der Wissenschaften mit einem eigenen, etwas kleineren Palast gleich neben dem ihres Mannes aufgestiegen war. Militärische und geheimdienstliche Gruppierungen aus der unmittelbaren Umgebung des Machtzentrums übernahmen die Geschicke des Landes und entledigten sich seiner, ohne ihm einen fairen Prozess gemacht zu haben.

Schlussbetrachtung

Wenn nun – die Relevanz der internationalen Kontextveränderungen vorausgesetzt – im Vergleich der Umbruchsdynamiken in den hier betrachteten Ländern die endogenen Faktoren herausgearbeitet werden sollen, die für die Ablösung der staatssozialistischen Regime unmittelbar ausschlaggebend waren, dann fällt zunächst auf, dass die politische Opposition in all den untersuchten Fällen nur eine sekundäre Rolle spielte. Am bedeutsamsten war sie noch in Polen. Aber selbst in diesem Land, in dem sie 1980/81 eine Volksbewegung darstellte, wurde sie 1988, als sie an gesellschaftlicher Relevanz verloren hatte, erst durch das Verhandlungsangebot der Kommunistischen Partei politisch wieder ins Spiel gebracht. In Ungarn trat sie in die Verhandlungen am Runden Tisch erst ein, nachdem die wesentlichen Schritte auf dem Weg zur Demokratisierung auf Veranlassung der konsequenten Reformer der Kommunistischen Partei bereits getan waren (Vereinigungs- und Versammlungsgesetz, Veränderung der Verfassung). In der DDR und in der ČSSR liefen die auf Dialog ausgerichteten Bestrebungen der Opposition und die die Provokation der Staatsmacht suchenden Demonstrationen in der Zeit der Formierung des öffentlichen Protests und auch danach immer wieder getrennt voneinander. Oft gingen die Demonstranten in ihren politischen Forderungen weiter als die Oppositionsgruppierungen, die lange Zeit auf Reformen, Ver-

---

25 Angesichts der demonstrierenden Masse weigerte sich der Verteidigungsminister Vasile Milea, auf die Demonstranten schießen zu lassen, und wurde mutmaßlich auf Befehl Ceauşescus hingerichtet. Im Gefolge dessen wütete daraufhin der offene Kampf zwischen Armee und Securitate, der weitaus mehr Opfer forderte als die Ablösung Ceauşescus.

26 Militärischer Leiter der Verhaftungs- und Hinrichtungsaktion war General Victor Stănculescu, den Ceauşescu selbst am 22.12.1989 als Nachfolger von Milea zum Verteidigungsminister ernannt hatte. Wenige Tage zuvor hatte Stănculescu noch den Armee-Einsatz gegen die Demonstranten in Temesvar befehligt, wofür er 1999 zu 15 Jahren Haft verurteilt wurde. Sein Kommentar zum abrupten Seitenwechsel: Ihm sei nur die Wahl geblieben, entweder „von den Revolutionären oder von den Ceauşescus getötet zu werden" (Der Spiegel, Nr. 42, 12.10.2009, S. 109).

ständigung mit den Mächtigen und Kompromissfindung ausgerichtet blieben und eine unkontrollierbare Eskalation von Bevölkerungsprotesten befürchteten. Selbst wenn Oppositi-
ons- und die Demonstrationsbewegung in der DDR und der ČSSR über weite Strecke zu-
sammengingen, muss zwischen ihnen doch unterschieden werden. Keinesfalls ist es zutreffend, dass erstere letztere hervorgebracht habe. Vielmehr standen sie zueinander in einem
Verhältnis der wechselseitigen Verstärkung. Und in Rumänien bildete sich die erste freie
Assoziation überhaupt erst nach den Protestdemonstrationen in Temesvar heraus.

Als weitaus bedeutsamer für den Rückzug bzw. die Kapitulation der staatssozialistischen Machteliten erwiesen sich die realen oder antizipierten Proteste der ökonomisch
unzufriedenen, politisch entmündigten und menschlich gedemütigten Bevölkerungen, deren
Rolle in vielen Darstellung der Umbruchsprozesse von 1989/90 unterbewertet wird. Im
Falle Rumäniens ist das besonders offensichtlich. Die Bürger von Temesvar wollten mit
ihren Demonstrationen nicht nur ihren Pfarrer vor der Deportation bewahren, sie gingen
auch auf die Straße, nachdem dieser zwangsevakuiert worden war, und die Menge der Demonstrierenden vergrößerte sich sogar noch, nachdem 58 von ihnen erschossen, fast 100
verwundet und mehrere hundert verhaftet worden waren. Als ebenso bedeutsam erwies sich
das Auftreten der Masse für die Entmachtung Ceauşescus. Indem sie eine als Akklamation
geplante Massenveranstaltung in eine Protestkundgebung umfunktionierte, machte sie den
Diktator für die Herrschaftselite untragbar und beförderte deren Distanzierung von ihrem
Führer. Elitenspaltung war hier nicht die Voraussetzung für Massenprotest, sondern umgekehrt, Massenprotest die Voraussetzung für die Spaltung der politischen und militärischen
Elite. Auch für den Umsturz in der DDR und der Tschechoslowakei ist die bedeutsame
Rolle der Massen offenkundig. In der ČSSR kam es seit dem Frühjahr 1988 anlässlich von
herausgehobenen Jahrestagen und Jubiläen immer wieder zu spontanen Demonstrationen,
die nur noch durch den Einsatz polizeilicher Mittel aufgelöst werden konnten. Die Umbruchsdynamik setzte ein, als nach der gewaltsamen Niederschlagung der Demonstration
am 17. November die Empörung in der Bevölkerung derart anwuchs, dass von Tag zu Tag
immer mehr Menschen auf die Straße gingen und sich an den Protestdemonstrationen beteiligten. Nachdem sich der Massenprotest von Prag im ganzen Lande ausgebreitet hatte und
die Proteste eine Woche lang anhielten, trat die Parteispitze zurück. Noch während des
Umbruchprozesses gingen die entscheidenden Impulse von den Massen aus, so als sich eine
überwältigende Mehrheit am Generalstreik des 27. November beteiligte und damit die Forderungen des Bürgerforums mit dem nötigen Gewicht versah oder als die Protestwelle, die
zuvor aufgrund des Votums des Bürgerforums zurückgegangen war, nach Bekanntgabe der
kommunistisch dominierten Regierungsmannschaft durch Adamec am 3. Dezember wieder
anstieg. Erst infolge der neu aufflammenden Massenproteste sprach sich das Bürgerforum,
das bis dahin bereit war, die neu gebildete Regierung Adamecs zu tolerieren, ebenfalls
gegen diese aus, was in der Folge dann zum Rücktritt Adamecs und letztendlich zur Installation Havels zum tschechoslowakischen Präsidenten führte. Ebenso war auch in der DDR
die Bevölkerung die treibende Kraft des Umbruchs. Erst löste die Flucht tausender DDR-
Bürger über die österreichisch-ungarische Grenze die tiefste Krise in der Geschichte der
DDR seit dem Juniaufstand von 1953 aus. Dann wagten die Menschen in Dresden, Leipzig,
Plauen, Magdeburg und anderswo den Schritt auf die Straße und veranlassten damit das
Politbüro zur Absetzung Honeckers. Schließlich erzwangen sie durch ihre schiere Präsenz
die Öffnung der Mauer, mit der die Selbstauflösung der Machtstrukturen der SED unwider-

ruflich eingeleitet wurde. Selbst in den Fällen Ungarns und Polens, in denen Massenproteste nicht den unmittelbaren Anstoß für den Zusammenbruch bzw. Rückzug des Regimes gaben wie in der DDR und der ČSSR, ist die Logik des Umbruchgeschehens ohne Berücksichtigung der Bevölkerung als eines relevanten, real oder potenziell handelnden Akteurs nicht adäquat zu verstehen. Im polnischen Fall ist der Zusammenhang offensichtlich: Erst unter dem Druck der Streikwelle vom August 1988 und der danach latent anhaltenden Streikbereitschaft der Arbeiter rangen sich die Parteireformer dazu durch, sich auf offizielle Gespräche mit der Opposition einzulassen. Und erst das eindeutige Votum der Bevölkerung für die *Solidarność* bei den Juniwahlen veranlasste die Kommunistische Partei endgültig, ihr Machtmonopol schrittweise aufzugeben. Sowohl die Aufnahme der Rundtischgespräche als auch der Umgang mit den Ergebnissen der Gespräche wurden also maßgeblich durch die Bevölkerungshaltung bestimmt. Weniger ausschlaggebend für die Einleitung des Demokratisierungsprozesses, aber keineswegs unbedeutend für den Verlauf des Umbruchgeschehens, war das Handeln der breiteren Bevölkerung in Ungarn. Auch wenn die Initiative weitgehend ohne unmittelbaren Druck seitens der Bevölkerung oder der Opposition von den Reformern in der Parteiführung selbst ausging, war es gleichwohl vor allem der Aufbruch der Bevölkerung im Herbst 1988, der die Reformkommunisten zum Einlenken bewog. Dabei war die Legalisierung politischer Freiheiten maßgeblich durch die Absicht motiviert, die Bevölkerung für die absehbaren sozialen Kosten der geplanten Wirtschaftsreformen zu entschädigen, d.h. auch durch antizipierten Bevölkerungsprotest, dem man vorbeugen wollte (vgl. Schmidt-Schweizer in diesem Band). Auch verlieh die anlässlich der Umbettung von Imre Nagy manifest gewordene Protestbereitschaft breiterer Bevölkerungsgruppen der Opposition den Rückhalt, der notwendig war, um die KP zur Aufgabe auch der letzten machtpolitischen Privilegien zu drängen. Und nicht zuletzt war es das Votum der Bevölkerung, das schließlich über das Scheitern des sozialistischen Präsidentschaftskandidaten Pozsgay entschied.

Ohne die abwehrende Haltung der Bevölkerungen, ihre Aktionsbereitschaft und ihr mutiges Auftreten wäre der radikale Umbruch der kommunistischen Diktaturen Osteuropas undenkbar gewesen. Allerdings spielten für die Handlungsbereitschaft der Massen unterschiedliche äußere Umstände eine teilweise ausschlaggebende Rolle. Die anhaltende und nicht abstellbare ökonomische Misere stellte noch einen recht unspezifischen Grund für die Protestbereitschaft der Massen dar. Als bedeutsamer erwies sich die immer sichtbarer werdende Ineffektivität der vom Machtapparat eingesetzten Repressionsinstrumente. Ob die Sowjetunion in die inneren Angelegenheiten ihrer Satellitenstaaten eingreifen würde, blieb bis zum Dezember 1989 unklar, mit den fortschreitenden Veränderungen in den einzelnen Staaten wurde eine Intervention aber zunehmend als unwahrscheinlich wahrgenommen. Und je weiter die Umwälzungen fortschritten, desto geringer wurde auch die Repressionsfähigkeit oder -bereitschaft der einheimischen Machthaber.[27] Dadurch erweiterten sich die

---

27 Für das Schicksal der demokratischen Revolutionen spielte das Verfließen von Zeit eine große Rolle. Nicht nur die Angebote von Reformschritten kamen oft zu spät, so wie am 23.11.1989 in Bratislava oder am 19.12.1989 in Temesvar oder Anfang 1989 in Ungarn. Oft erwies es sich für die herrschenden Kader auch als verhängnisvoll, dass sie in den entscheidenden Stunden der Auseinandersetzung unfähig waren, sich schnell zu einem harten Vorgehen zu entschließen. Dies gilt zum Beispiel sowohl für den Umgang mit der Flüchtlingsbewegung im Sommer 1989 in der DDR als auch für die Reaktion des Sicherheitsapparates auf die Demonstrationen im Oktober in Leipzig, Dresden, Plauen und anderswo.

Gelegenheitsstrukturen für die Formierung öffentlicher Protestaktionen. Die Aussicht auf die erfolgreiche Durchführung von Protesten beflügelte deren Zustandekommen, wie in der DDR und der ČSSR besonders offensichtlich war. Hier zeigt sich auch die besondere Bedeutung von Framing-Prozessen für die Konstitution von Massenprotesten. In der DDR war es die Unfähigkeit der SED-Führung zu einer angemessenen Reaktion auf die Ausreisewelle, in der ČSSR die unangemessene Anwendung polizeilicher Gewalt zur Auflösung der Demonstration vom 17. November, in Rumänien die Dorfzerstörung sowie die Erschießung friedlicher Demonstranten, die die allgemeine Wahrnehmung der Problemlage nachhaltig veränderten. Es waren diese als kritisch zu bezeichnenden Momente, von denen an vielen Menschen klar wurde, dass es sich etwas Grundsätzliches ändern müsse. Diese veränderte Problemdeutung, zusammen mit der Wahrnehmung, dass die Risiken der Beteiligung an kollektiven Aktionen gesunken waren, hat die Bereitschaft zu öffentlichem Protest maßgeblich befördert.

Einflussreich war aber auch die Präsenz und Zugänglichkeit oppositioneller Gruppierungen im jeweiligen Land. Oppositionelle Zusammenschlüsse boten der Bevölkerung einen Adressaten, den man ansprechen konnte, um seinen Unmut über die Politik der Kommunistischen Partei zu äußern, stellten Angebote für die Deutung der Probleme im Lande bereit, und artikulierten Forderungen, die der diffusen Unzufriedenheit der Bevölkerung Ausdruck verliehen. Sie waren Kristallisationspunkte des Aufbegehrens und dienten als integrierende Akteure des breiteren Protests. Auch wenn sie vielfach die Demonstrationen der Massen weder organisiert noch willentlich unterstützt haben, nahmen sie für das Zustandekommen der Massenproteste doch wichtige Bündelungs-, Symbolisierungs- und Expressionsfunktionen wahr und trugen als Intermediäre zwischen Bevölkerung und Kräften des Regimes nicht unmaßgeblich zum weitgehend gewaltfreien Verlauf der Umbruchprozesse bei. Die Eskalation der Konfrontation zwischen Regime und Bevölkerung in Rumänien, dem einzigen der hier behandelten Länder, in dem keine handlungsfähige Opposition zur Verfügung stand, scheint diese Bedeutung zu bestätigen. Auch die Kirchen erfüllten vielfach derartige Konzentrations-, Transfer-, Symbolisierungs- und Vermittlungsfunktionen. Da sie oft die einzigen staatsfreien Institutionen in einem ansonsten politisch durchorganisierten System waren, konnten sie für oppositionelle Aktivitäten nicht nur einen Schutzraum, sondern auch eine Plattform bereitstellen und die Formierung des Massenprotests befördern. Ebenso übten auch die Veränderungen im internationalen Kontext einen beachtlichen Einfluss auf die Protestbereitschaft der Massen aus. Für den Ausbruch der Massendemonstrationen in der ČSSR waren die internationalen Rahmenbedingungen, etwa der Fall der Berliner Mauer oder die Unruhen in der DDR, essentiell. Eine ganz besondere Funktion kam zudem den westlichen Medien zu, die durch ihre Berichterstattung die Menschen auf die Aktionen der Opposition sowie die Forderungen der Opposition im eigenen Land überhaupt erst aufmerksam machten und auch der wichtigste Transmitter der Veränderungen im Ausland waren.

Von ausschlaggebender Bedeutung für die Verlaufsformen des Umbruchs waren der Zustand und die Reaktionen der kommunistischen Parteien auf die spätsozialistischen Krisensymptome. Wo die Parteiführungen sich bis zuletzt substanziellen ökonomischen und politischen Reformen geschlossen verweigerten, wie in der DDR, der ČSSR und Rumänien, brach der Unmut der Bevölkerung eruptiv auf und nahm die Form öffentlicher Massenproteste an, welche sich direkt gegen das System und seine Repräsentanten richteten. Wo da-

gegen die Parteiführung wahrnehmbar fragmentiert war und kompromissbereite Reformkommunisten die Oberhand gewannen, wie in Polen oder Ungarn, war die Reaktion der
Bevölkerung weniger radikal. Hier reichte ihre latente, aber wahrnehmbare Protestbereitschaft, um die Parteielite zur Akzeptanz konsequenter Demokratisierungsschritte zu veranlassen. In Polen und Ungarn gingen von den reformbereiten Teilen der Kommunistischen
Partei selbst wichtige Impulse zur Umgestaltung der Gesellschaft aus, in Polen zum Beispiel durch den Versuch, relevante Gruppen der Gesellschaft, zuletzt die oppositionelle
Solidarność, für die anstehenden ökonomischen Reformvorhaben zu gewinnen; in Ungarn
durch die Schaffung gesetzlicher und verfassungsmäßiger Grundlagen für den Übergang
zur Demokratie. Auch in diesen Ländern überließ die Bevölkerung das politische Geschehen jedoch nicht tatenlos den handelnden politischen Eliten, sondern griff durch spontane
Streiks und Demonstrationen sowie durch Abstimmungen und die Verweigerung von Partizipation und Engagement im Interesse des Systems unmittelbar in das politische Geschehen
ein. Besonders dann, wenn sich Handlungsspielräume eröffneten wie etwa im März und
Juni 1989 in Ungarn oder im Zusammenhang mit den *Sejm*- und Senatswahlen im Juni
1989 in Polen wurde die Bevölkerung aktiv und brachte ihren politischen Willen zum Ausdruck. Dabei löste vor allem der wahrgenommene Eindruck einer Spaltung der Eliten mobilisierende Effekte aus.

Von derartigen Handlungsspielräumen konnten die Menschen in der DDR, in der
ČSSR und in Rumänien zunächst nur träumen. Doch sobald sich Risse in dem geschlossenen Regime andeuteten, wurden die neu entstandenen Freiräume umgehend genutzt. Die
mobilisierende Wirkung der erst spät und unter unmittelbarem Druck der zuvor ausgebro-
chenen Massenproteste sichtbar gewordenen Elitenspaltung fiel dabei umso stärker aus.
Man denke nur an die Ausbreitung der Massendemonstrationen in der DDR nach dem Sturz
Erich Honeckers am 18. Oktober 1989 oder an die Ausweitung der Massenproteste in Prag
nach dem 17. November, die durch den Abfall der Blockparteien von der KPČ sowie die
Liberalisierung der Berichterstattung in den offiziellen Medien verstärkt wurde.

Insgesamt ergibt sich so das Bild eines Umbruchprozesses, der multikausal bedingt war
und in den einzelnen Ländern äußerst unterschiedlich verlief. Strukturelle Bedingungen wie
etwa die Zentralisierung aller Ressourcen in einer Hand und die daraus resultierende Infle-
xibilität des Machtapparats spielten ebenso hinein wie zufällige Konstellationen – man
denke nur an die Entscheidungsunfähigkeit der Parteiführungen am 9. Oktober in Leipzig
oder in den Tagen nach dem 17. November in Prag . Externe Faktoren wie die Aufhebung
der Breschnew-Doktrin oder die Öffnung des Eisernen Vorhangs durch Ungarn waren nicht
minder relevant als interne Faktoren, etwa der Zeitpunkt und die Reichweite der Eliten-
fragmentierung oder das Verhalten der Kirchen.

Ob aber der Umbruch durch reformkommunistische Eliten initiiert oder erst durch den
Druck von Massenprotesten ausgelöst wurde, in beiden Fällen kam die demokratische Opposition, wenn überhaupt, erst zum Zuge, als die Zusammenbruchsdynamik bereits eingesetzt hatte. Sie griff in das Geschehen einmal mehr durch die dialogische Auseinandersetzung mit den reformkommunistischen Eliten ein, ein anderes Mal mehr durch die Interaktion mit den demonstrierenden Massen, war aber nicht der Wegbereiter des Umbruchs.
Vielmehr konnte die Opposition, die sich in den einzelnen Ländern über Jahre vergeblich
um eine grundlegende Veränderung der politischen Verhältnisse bemüht hatte, erst aufgrund des Eintretens bestimmter außen- und innenpolitischer Konstellationen politisch und

sozial wirksam werden und war insofern ein Profiteur äußerer Umstände, die sie nicht zu verantworten hatte. Zugleich nahm sie unter günstigen politischen, sozialen und ökonomischen Konstellationen wichtige Funktionen für die Vollendung der demokratischen Revolutionen wahr. Insofern war sie zweifelsohne nicht nur ein Profiteur günstiger äußerer Umstände, sondern auch ein Akteur des sozialen und politischen Wandels, der dem Geschehen seinen Stempel aufdrückte und ohne den vieles anders gelaufen wäre.

Literatur

Balík, Stanislav/Holzer, Jan/Kopeček, Lubomír (2008): Czechoslovakia in 1989: A Case of Successful Transition, in: Totalitarismus und Demokratie 5: 19-41.

Bohle, Dorothee/ Neunhöffer, Gisela (2009): Why Is There No Third Way? In: Dariusz Aleksandrowicz/ Stefani Sonntag/ Jan Wielgohs (Hrsg.): The Polish Solidarity Movement in Retrospect. A Story of Failure or Success? Berlin: GSFP: 66-87.

Brie, Michael (1996): Staatssozialistische Länder Europas im Vergleich: alternative Herrschaftsstrategien und divergente Typen, in: Wiesenthal, Helmut, (Hrsg.): Einheit als Privileg: Vergleichende Perspektiven auf die Transformation Ostdeutschlands. Frankfurt/M.: Campus, 39-104.

Dalos, György (2009): Der Vorhang geht auf: Das Ende der Diktaturen in Osteuropa. München: Beck.

Deletant, Dennis (2006): Romania, 1945-89: Resistance, Protest and Dissent, in: McDermott, Kevin/Stibbe, Matthew (Hrsg.): Revolution and Resistance in Eastern Europe: Challenges to Communist Rule. New York: Berg, 81-99.

Deppe, Rainer/ Tatur, Melanie (1997): Transformationssequenzen und Gewerkschaftskonstellationen in Polen und Ungarn. In: E. Dittrich/ F. Fürstenberg/ G. Schmidt (Hrsg.): Kontinuität im Wandel. Betriebe und Gesellschaften Zentraleuropas in der Transformation. München: Hampp: 131-154.

Dudek, Antoni (2004): Reglamentowana rewolucja: Rozkład dyktatury komunistycznej w Polsce 1988-1990 (Reglementierte Revolution: Der Zerfall der kommunistischen Diktatur In Polen 1988-1990). Kraków: Arcana-Verlag.

Ettrich, Frank (2003): „Die "Zerstörung des Zerstörten" (Hegel). Der Zusammenbruch des Sozialismus sowjetischen Typs als sozialwissenschaftliches Problem. In: M. Brussig/ F. Ettrich/ R. Kollmorgen (Hrsg.): Konflikt und Konsens: Transformationsprozesse in Ostdeutschland. Opladen: Leske + Budrich: 215-254.

Findeis, Hagen (1990): Überblick über die sozialethisch engagierten Gruppen in Leipzig Anfang 1989, in: Grabner, Wolf-Jürgen/Heinze, Christiane/Pollack, Detlef, (Hrsg.) 1990: Leipzig im Oktober: Kirchen und alternative Gruppen im Umbruch der DDR; Analysen zur Wende. Berlin-West: Wichern, 91-96.

Hirschmann, Albert O. (1993): Exit, Voice, and the Fate of the German Democratic Republic: An Essay in Conceptual History, in: World Politics 45: 173-202.

Hvorecký, Michal (2009): Als sich jeden Tag die Welt änderte, in: Frankfurter Allgemeine Zeitung vom 21.12.2009.

Kaufmann, Christoph/Mundus, Doris/Nowak, Kurt (Hrsg.) (1993): Sorget nicht, was ihr reden werdet: Kirche und Staat in Leipzig im Spiegel kirchlicher Gesprächsprotokolle 1977-1989. Leipzig: Evangelische Verlagsanstalt.

Kenney, Padriac (2002): A Carneval of Revolution. Princeton, NJ: Princeton University Press.

Kitschelt, Herbert/ Mansfeldova, Zdenka/ Markowski, Radoslaw/ Tóka, Gábor (1999): Post-Communist Party Systems. Cambridge u.a: Cambridge University Press.

Lemke, Christiane (1991): Die Ursachen des Umbruchs 1989: Politische Sozialisation in der ehemaligen DDR. Opladen: Westdeutscher Verlag.

Mayntz, Renate (1996): Gesellschaftliche Umbrüche als Testfall soziologischer Theorie. In: L. Clausen (Hrsg.): Gesellschaften im Umbruch. Frankfurt (Main)/ New York: Campus: 141-153.

Meuschel, Sigrid (1992): Legitimation und Parteiherrschaft in der DDR: Zum Paradox von Stabilität und Revolution in der DDR 1945-1989. Frankfurt/M.: Suhrkamp.

Mitter, Armin/Wolle, Stefan, (Hrsg.) (1990): „Ich liebe euch doch alle ...": Befehle und Lageberichte des MfS; Januar - November 1989. Berlin (DDR): BasisDruck.

Ost, David (1990): Solidarity and the Politics of Anti-Politics. Philadelphia, PA: Temple University Press.

Oswald, Ingrid/ Voronkov, Viktor (2004): The Public-Private Sphere in Soviet and Post-Soviet Society. In: European Societies 6 (1): 97-117.

Pollack, Detlef (1990): Das Ende einer Organisationsgesellschaft: Systemtheoretische Überlegungen zum gesellschaftlichen Umbruch in der DDR, in: Zeitschrift für Soziologie 19: 292-307.

Pollack, Detlef (1998): Die konstitutive Widersprüchlichkeit der DDR-Gesellschaft. Oder: War die DDR homogen? Eine Fortsetzung der Diskussion zwischen Sigrid Meuschel und Ralph Jessen, in: Geschichte und Gesellschaft 24: 110-131.

Pollack, Detlef (2000): Politischer Protest: Politisch alternative Gruppen in der DDR. Opladen: Leske + Budrich.

Poppe, Ulrike (1988): Das kritische Potential der Gruppen in Kirche und Gesellschaft, in: Pollack, Detlef (Hrsg.) (1990): Die Legitimität der Freiheit: Politisch alternative Gruppen in der DDR unter dem Dach der Kirche. Frankfurt/M.: Lang, 63-79.

Rein, Gerhard (Hrsg.) (1989): Die Opposition in der DDR: Entwürfe für einen anderen Sozialismus. Berlin-West: Wichern.

Roszkowski, Wojciech (2007): Historia Polski 1914-2005. Warszawa: Wydawnictwo Naukowe PWN, 2007.

Sitzler, Kathrin (1989): Ungarns politische Reformen im Spiegel der neuen Verfassungskonzeption, in: Aus Politik und Zeitgeschichte B 23/1989, 29-38.

Swain, Nigel (2006): Negotiated Revolution in Poland and Hungary 1989, in: McDermott, Kevin/Stibbe, Matthew (Hrsg.): Revolution and Resistance in Eastern Europe: Challenges to Communist Rule. New York: Berg, 139-155.

Szabó, Máté (2009): Urbanisten versus Populisten. Die Pluralität oppositioneller Diskurse in Ungarn als Ausgangspunkt der Polarisierung des postsozialistischen Parteiensystems. In: Berliner Debatte Initial 20 (3): 74-87.

Templin, Wolfgang (1988): Bemerkungen zur politischen Orientierung in der Friedensbewegung, in: Spuren: Zur Geschichte der Friedensbewegung in der DDR; Vorgelegt zum Seminar „Frieden konkret VI" 26.-28.2.1988 Cottbus, hrsg. von S. Bickhardt, M. Haeger, G. Poppe, E. Richter und H.-J. Tschiche. Berlin (DDR): Samisdatdruck, 72-75.

Thaa, Winfried/ Häuser, Iris/ Schenkel, Michael/ Mayer, Gerd: Gesellschaftliche Differenzierung und Legitimationsverfall des DDR-Sozialismus. Tübingen: Francke

Timmer, Karsten (2000): Vom Aufbruch zum Umbruch: Die Bürgerbewegung in der DDR 1989. Göttingen: Vandenhoeck & Ruprecht.

Unterberg, Peter (1991): „Wir sind erwachsen, Vater Staat!": Vorgeschichte, Entstehung und Wirkung des Neuen Forum in Leipzig. Diplomarbeit, Fakultät für Sozialwissenschaft an der Ruhr-Universität Bochum.

Vaněk, Miroslaw (1994): Veřejné mínění o socialismu před listopadem 1989 (Öffentliche Meinung über den Sozialismus vor 1989). Prag: Ústav pro soudobé dějiny AV ČR, Maxdorf.

Wallace, William (1989): Moving Forward. In: Clarke, Roger (Hrsg.): Poland: The Economy in the 1980s. Harlow: Longman, 139-149.

Welzel, Christian (1995): Der Umbruch des SED-Regimes im Licht genereller Transitionsmechanis-
    men, in: Politische Vierteljahresschrift 36: 67-90.
Wielgohs, Jan/ Johnson, Carsten (1997): Entstehungsgründe, Handlungsbedingungen, Situationsdeu-
    tungen. Analytische Perspektiven auf die DDR-Opposition der 80er Jahre. In: D. Pollack und D.
    Rink (Hg.): Zwischen Verweigerung und Opposition. Frankfurt (Main)/ New York: Campus:
    332-363.

Verzeichnis der Autorinnen und Autoren

Stanislav Balik, Prof. Dr., Politikwissenschaftler am Lehrstuhl für Politikwissenschaft und am Institut für vergleichende politologische Forschung, Masaryk-Universität Brno

Erich Bryner, Dr. theol., Leiter des Instituts Glaube in der 2. Welt in Zürich und Professor für osteuropäische Kirchengeschichte an der Theologischen Fakultät der Universität Zürich

Jan Holzer, Prof. Dr., Politikwissenschaftler am Lehrstuhl für Politikwissenschaft und am Institut für vergleichende politologische Forschung, Masaryk-Universität Brno

Ehrhart Neubert, Dr., Theologe; Vorsitzender des Bürgerbüros e.V. Berlin (Verein zur Aufarbeitung von Folgeschäden der SED-Diktatur), Erfurt

Marc-Dietrich Ohse, Dr., Historiker, Redakteur der Zeitschrift Deutschland Archiv, Hannover

Andrzej Paczkowski, Prof. Dr., Historiker, Institut für Politische Studien der Polnischen Akademie der Wissenschaften und Collegium Civitas, Warschau

Christina Petrescu, PhD, Historikerin, Institut für Politikwissenschaft, Universität Bukarest

Dragoş Petrescu, PhD, Historiker, Institut für Politikwissenschaft, Universität Bukarest

Detlef Pollack, Prof. Dr., Religionssoziologe am Excellenzcluster Religion und Politik sowie am Institut für Soziologie an der Westfälischen Wilhelms-Universität, Münster

Andreas Schmidt-Schweizer, Dr., Historiker, Wissenschaftlicher Mitarbeiter am Institut für Geschichtswissenschaft der Ungarischen Akademie der Wissenschaften (Budapest).

Jakub Šedo, PhD, Historiker und Politikwissenschaftler am Lehrstuhl für Politikwissenschaft und am Institut für vergleichende politologische Forschung, Masaryk-Universität Brno

Stefanie Sonntag, MA, Historikerin, Dekanatsassistentin an der Kulturwissenschaftlichen Fakultät der Europa-Universität Viadrina, Frankfurt (Oder)

Máté Szabó, Prof. Dr., Politikwissenschaftler an der Eötvös Loránd Universität Budapest, Ombudsmann für Menschenrechte des ungarischen Parlaments

Karsten Timmer, Dr., Historiker, Geschäftsführer der *panta rhei* Stiftungsberatung GmbH, Bielefeld

Oldrich Tůma, Prof., Dr., Direktor des Instituts für Zeitgeschichte der Tschechischen Akademie der Wissenschaften, Prag

Jan Wielgohs, Dr., Politikwissenschaftler, Koordinator des Frankfurter Instituts für Transformationsstudien (FIT) der Europa-Universität Viadrina, Frankfurt (Oder)

Neu im Programm
Politikwissenschaft

Volker Rittberger / Andreas Kruck /
Anne Romund

Grundzüge der Weltpolitik

Theorie und Empirie des Weltregierens
2010. 827 S. mit 90 Abb. (Studienbücher
Außenpolitik und Internationale Beziehungen) Br. EUR 34,90
ISBN 978-3-531-16352-9

Dieses Lehrbuch bietet eine verständliche
und umfassende Einführung in die Grundzüge und die Analyse der heutigen Weltpolitik.

Volker Schneider / Frank Janning /
Philip Leifeld / Thomas Malang (Hrsg.)

Politiknetzwerke

Modelle, Anwendungen und
Visualisierungen
2009. 406 S. mit 49 Abb. u. 50 Tab. Br.
EUR 34,90
ISBN 978-3-531-16401-4

Quantitative Netzwerkanalyse hat sich
innerhalb der letzten drei Jahrzehnte zu
einem Standardinstrumentarium der Sozialwissenschaften entwickelt. Das Buch
richtet sich an fortgeschrittene Studenten
und Wissenschaftler und schlägt eine
Brücke zwischen inhaltlicher Anwendung,
methodischem Vorgehen und der konkreten Umsetzung in visone.

Joachim Raschke / Ralf Tils (Hrsg.)

**Strategie in der
Politikwissenschaft**

Konturen eines neuen Forschungsfelds
2010. 389 S. mit 4 Abb. u. 9 Tab. Br.
EUR 34,95
ISBN 978-3-531-17066-4

Langsam erobert Strategie die Politikwissenschaft. Das ist der Anlass, die Konturen des neuen Forschungsfelds auszu-
leuchten. Ziel dieses Bandes ist eine
Selbstverständigung zum bisher erreichten Stand politischer Strategieanalyse,
außerdem die Erweiterung der Politikwissenschaft durch den Einbau des Strate-
giefokus. Namhafte Vertreter des Faches
diskutieren die konzeptionellen Grundlagen politischer Strategie, das Verhältnis
von Strategie zu Anforderungen der
Demokratie und die Anwendung von Strategie in unterschiedlichen politischen
Handlungsfeldern. Der Band enthält theo-
retisch und empirisch orientierte Beiträge,
die die Strategiefrage mit unterschiedlichen Bereichen politikwissenschaftlicher
Forschung verknüpfen. Im Ergebnis wird
deutlich, dass sich politische Strategieanalyse zu einem neuen, wichtigen Feld
der Politikwissenschaft entwickelt.

Erhältlich im Buchhandel oder beim Verlag.
Änderungen vorbehalten. Stand: Januar 2010.

www.vs-verlag.de

VS VERLAG FÜR SOZIALWISSENSCHAFTEN

Abraham-Lincoln-Straße 46
65189 Wiesbaden
Tel. 0611.7878 - 722
Fax 0611.7878 - 400

VS Forschung | VS Research
Neu im Programm Politik

MIX
Papier aus verantwortungsvollen Quellen
Paper from responsible sources
FSC® C105338

If you have any concerns about our products,
you can contact us on
ProductSafety@springernature.com

In case Publisher is established outside the EU,
the EU authorized representative is:
Springer Nature Customer Service Center GmbH
Europaplatz 3, 69115 Heidelberg, Germany

Printed by Libri Plureos GmbH
in Hamburg, Germany